Heinrich Breloer

Unterwegs zur Familie Speer

Heinrich Breloer

Unterwegs zur Familie Speer

Begegnungen, Gespräche, Interviews

Propyläen

Mitarbeit: Rainer Zimmer

Propyläen ist ein Verlag der Ullstein Buchverlage GmbH

ISBN 3-549-07249-X

Inhalt

Vorwort

»Ich will nicht die Rolle von Golo Mann spielen!« Albert Speer jun. sitzt mir in der Lobby des Hotels »Vier Jahreszeiten« in München gegenüber und macht ein bedenkliches Gesicht. Ich hatte meinen Film über die Familie Mann ins Gespräch gebracht, um meine Arbeitsweise zu erklären, und war damit nicht gut angekommen: Erzähler der Vater-Geschichte, dessen Erklärer wollte Albert Speer auf gar keinen Fall sein. Viel lieber zeigte er, einer der bedeutendsten deutschen Stadtplaner der Gegenwart, mir seine eigene Arbeit, die Projekte seiner über hundert Mitarbeiter im Büro AS&P, Albert Speer und Partner, Welten entfernt von den brutalen, megalomanen Ideen des Vaters – ein intelligenter, lebendiger, humaner Städtebau. Damals, im März 2002, waren gerade die Planungen für die Weltausstellung in Shanghai und für das neue große Stadion in München in Arbeit. Darüber und über die anderen Vorhaben könnte man jederzeit gerne mit ihm reden. Aber die Geschichte seines Vaters, und sei es auch nur jener Teil davon, den er selbst miterlebt hatte – das müsse er sich noch überlegen. Den entscheidenden Anstoß für seinen Entschluss, dann doch mitzuarbeiten, gab schließlich seine zweite Frau, die Schauspielerin Ingmar Zeisberg. »Albi, wir machen es!«

Als ich ihm damals meinen Plan skizzierte: die Geschichte eines begabten, intelligenten jungen Menschen aus gutem Hause zu erzählen, der in die Fänge des Verführers und Verderbers Adolf Hitler gerät und mit ihm aufsteigt und untergeht, ein Drama, gesehen nicht ohne Sympathie für das vermeintliche Opfer – da machte der Sohn die Bemerkung: »Das habe ich schon öfter gehört. Am Anfang mögen sie ihn; aber das ändert sich mit der Zeit.« Genau so ist es gekommen.

»Am Anfang« – das war bei mir im Jahre 1981. Speers Verlag hatte mir, einem jungen, unbekannten Fernseh-Dokumentarfilmer, gleich die private Heidelberger Telefonnummer gegeben; etwas beklommen wählte

ich und hatte auf einmal sozusagen die Geschichte am Telefon: Albert
Speer, ehemals einer der mächtigsten Minister des NS-Regimes und
Freund des Führers Adolf Hitler, war selbst am Apparat.

Die Geschichte, an der ich damals arbeitete und über die ich Albert
Speer befragen wollte: *Das Beil von Wandsbek,* der Zeitroman des jüdischen, vor den Nazis aus Deutschland geflüchteten Autors Arnold Zweig,
geschrieben im fernen Haifa, etwas kolportagehaft erscheinend – doch
gerade um die Frage, was trotzdem an Realität dahintersteckt, ging es
mir. Erzählt wird von dem Hamburger Schlachter Teetjen, der 1933 um
eines materiellen Vorteils willen für den verhinderten Scharfrichter ein-
springt und mit seinem Handbeil vier zum Tode verurteilten Kommunisten den Kopf vom Rumpf trennt. Die Geschichte geht übel für ihn aus:
Die Sache spricht sich herum, man boykottiert ihn, seine Frau erhängt
sich, er versenkt ihre Leiche im Fundament der neuen Elb-Hochbrücke
und folgt ihr in den Tod. Eine Parabel auf die deutschen Zustände – auch
hier wird böse ausgehen, was zunächst nur Profit versprach.

Wie das ideale Thema für das Gespräch mit einem ehemaligen Top-
Nazi sah diese blutige Geschichte eigentlich nicht aus; Albert Speer schien
das aber gar nichts auszumachen. Wir trafen uns zum Frühstück im Gäs-
tehaus eines Industriellen an der Elbe, und er war aufgeräumt, interessiert, freundlich und entgegenkommend; es gelang ihm blitzschnell und
spielend, eine Art von Vertrauensverhältnis herzustellen – fast fühlte ich
mich wie sein Sohn, dem er als Nachgeborenem die Wahrheit über Adolf
Hitler und sein Regime zu überliefern bereit war, auch über seine eigene
Rolle darin, seine Schuld des Wegsehens, die er nun zutiefst bereute.
Hilfsbereit und auskunftsfreudig war er dann auch später, als er mir im
Staatsarchiv die Pläne für die große Hängebrücke über die Elbe erläuterte. Er zeigte mir, wie die Auffahrt der Brücke durch den schönen Vor-
ort Othmarschen gebrochen werden sollte, unter Opferung vieler klassi-
zistischer Villen, und er erläuterte mir offen, als ich ihn nach dem
Widerspruch zwischen Hitlers sonstigen Vorurteilen gegenüber Amerika
und dessen scheinbarer Vorbildfunktion bei Hamburgs Neugestaltung
fragte – die Brücke war gedacht als Pendant zur Golden Gate Bridge, der
Turm des Gauhauses ein deutscher Wolkenkratzer –, dass das mit Hitlers
Ziel zusammenhing, die Weltherrschaft zu erringen; dass der in Amerika
einen potenten zukünftigen Gegner sah, zunächst ideologisch, aber möglicherweise tatsächlich in einer Kriegsauseinandersetzung in späterer
Zeit, vielleicht 1950 …

Ich zeigte Albert Speer ein Foto, das ihn, bescheiden zurückgenommen, neben Gauleiter Kaufmann zusammen mit Hitler vor dem Modell des neuen Hamburg zeigt; ich las ihm eine Notiz vom Hitlerbesuch vor: »Der Führer fährt auf der Elbe, macht eine Handbewegung in der Luft und sagt: ›Da sehe ich eine Brücke!‹« Mit meiner Frage: »Konnte Hitler mit einer Handbewegung eine Brücke bauen?« gab ich Speer eine freudig aufgenommene Vorlage: »In gewissem Sinne ja. Wenn er sich zu so etwas positiv äußerte oder seine Phantasie ihm irgendwelche Bilder eingab, so wurde das von der ganzen Umgebung begeistert aufgenommen …« Und er schilderte mir Hitler als den Dilettanten, der alles selber machen wollte, auch später im Krieg, und der dadurch Deutschland zugrunde richtete.

Irgendwann kam ich im Gespräch auf die vier hingerichteten Kommunisten in Arnold Zweigs Roman zurück, keine literarische Erfindung: »Haben Sie das damals in Berlin mitgekriegt?« Speer: »Nein. Das stand nicht in den Zeitungen und wurde auch sonst nicht irgendwie verbreitet, das hat man nicht erfahren.« Habe ich mich damals tatsächlich mit dieser Antwort zufrieden gegeben? Fast sieht es so aus – nachprüfen lässt es sich nicht mehr, die Aufzeichnung im NDR-Archiv ist längst gelöscht. Eigentlich wusste ich es doch besser, denn es gab da Dokumente: Die Hinrichtungen waren in Hamburg sogar an den Litfaßsäulen plakatiert worden, und in den Zeitungen hatte man selbstverständlich »reichsweit« darüber berichtet – schließlich sollte gerade die Exekution mit dem Handbeil abschreckend auf alle Regimegegner wirken.

Ich habe damals vieles nicht gefragt.

Wir betrachteten gemeinsam die Fotos, die Speer und Hitler in vertraulichem Tête-à-tête über das Zeichenbrett gebeugt zeigen – fast hätten ihre Hände einander berühren können beim Hinüberreichen des Bleistifts. Der Möchtegern-Architekt Hitler hatte hier einen jungen Mann gefunden, der seine Phantasien berechnen und in steinerne Wirklichkeit übersetzen konnte. Ich ließ mir aus erster Hand erzählen von Hitlers »leuchtenden Augen« beim Anblick der Modelle, und Albert Speer zitierte mir Alexander Mitscherlich, der gesagt haben soll, in solchen Momenten sei Hitler vom Bösen und Zerstörerischen etwas entfernt gewesen, weil er hier in seinem Wahn Befriedigung gefunden habe. Ich war beeindruckt: Das war ein Gedanke, den ich gut verstehen konnte. Und Albert Speer war der Mann, der den wüsten Träumer, wenn auch nur kurzfristig, dem Menschlichen etwas näher gebracht hatte, wenn er ihn vor die Modelle seiner Traumwelt führte. Es was eine schauriges Lust, mich hier im Gespräch anscheinend so nahe an Hitlers Seele heranfragen zu können; und die Auskunft kam nicht von irgendjemandem, sondern von Albert Speer, Hitlers Freund (wenn Hitler einen Freund hätte haben können).

Aber wer war Albert Speer wirklich? Was wir damals in Hamburg erlebten, war der Zeitzeuge – jemand, der als solcher rastlos unterwegs war, um sein eigenes Bild in der Öffentlichkeit, in der Geschichte zu verbreiten und zu festigen.»Denkmalspflege« nannten das, wie ich viel später erfuhr, seine Kinder. Dass es mehrere Versionen dieser Geschichte gab – die der ersten Befragungen durch westalliierte Geheimdienste 1945, die des Nürnberger Prozesses, die seiner verschiedenen schriftstellerischen Entwürfe im Spandauer Gefängnis und danach, schließlich die der zahllosen Zeitungs-, Rundfunk- und Fernsehinterviews –, lernte ich erst, als ich mich ein zweites Mal auf den Weg machte, sein Leben zu erkunden, und versuchte, diese verschiedenen Schichten einigermaßen voneinander abzulösen. Was wir 1981 bekamen, war das Standardprogramm – dargeboten vielleicht ein bisschen frischer und lebendiger als sonst, weil ich ihn ohne vorbereitete Fragezettel in ein Gespräch verwickelte, ihn mit immer neuen Plänen, neuen Fotos interessieren und überraschen konnte. Dabei muss er sofort bemerkt haben, wie bruchstückhaft und vorläufig mein Hintergrundwissen über sein Leben war. Er brauchte mich nicht zu fürchten.

Während des ganzen Gesprächs hatte ich aber auch schon eine Art von doppeltem Blick auf den Mann, der uns und der Kamera da so scheinbar freimütig Interessantes aus seinem Leben, aus dem inneren Kreis des Naziregimes erzählte: Er sprach immer langsam und vorsichtig wie jemand, der auf jedes seiner Worte achten muss. Vor allem aber war beunruhigend, wie er über sich in der dritten Person sprach – als seien wir zwei Ärzte, die um das Bett des Patienten herumgingen.»Er hätte wissen können, wenn er gewollt hätte« – das war diese Grunddisposition. »Er sprach über den Speer von 1936 als über einen Mann, der zwar auch er gewesen war, der aber eine eigene, andere Existenzform gehabt haben musste« – so erinnert sich Horst Königstein, der damals neben der Kamera stand, an diese seltsame Begegnung. Am Anfang der zweiten Forschungsreise zu Albert Speer sprachen wir noch einmal über diesen Eindruck von damals: Dieser Mann musste sein Selbstbild 1945 in zwei Teile geteilt haben – den Nazi-Speer, der Architekt und Rüstungsminister war, und den anderen, den überlebenden Speer, der Hitler am Schluss verraten hatte, um Deutschland zu retten. Im Angesicht der Niederlage, bei der Konfrontation mit den Verbrechen, an denen auch er sich hätte schuldig fühlen müssen, löste er sich von dem Ersten ab und wurde der Zweite, der einsichtige und reuige Zeitzeuge. Der Täter und der Berichterstatter – das waren zwei verschiedene Personen, die anscheinend keinen gefühlsmäßigen Kontakt miteinander hatten. So konnte der Zeuge Speer vor dem Nürnberger Tribunal Verantwortung für den Täter Speer übernehmen, ohne unter der Last der Schuldgefühle – das Wort »Schuld« vermied er damals wohlweislich – zusammenzubrechen.

Davon war 1981 in Hamburg noch keine Rede. Damals sah ich in ihm noch den unschuldigen Architekten, der dann fast gegen seinen Willen durch Hitler zum erfolgreichen, immer noch unpolitischen Rüstungstechnokraten gemacht worden war. Ich wusste noch nicht, dass es dieser freundliche ältere Herr war, der für seine »Neugestaltung« der Reichshauptstadt die Entrechtung der Berliner Juden, deren Vertreibung aus ihren Wohnungen vorangetrieben hatte – erste Station auf einem Weg, der bald direkt in die Ghettos im Osten, in die Konzentrationslager und Vernichtungsstätten führen sollte. Die Dokumente dieser Verbrechen, die kenntlich gefälschten Blätter der »Chronik der Speer-Dienststellen«, lagen zu dieser Zeit noch in Coesfeld bei Speers ehemaligem Freund Rudolf Wolters, und der war gerade im Begriff, sie einem jungen Doktoranden zu wissenschaftlicher Auswertung zugänglich zu machen. Gerade als wir uns mit Speer unterhielten, überlas Wolters die fertigen Kapitel von Matthias Schmidts *Albert Speer. Das Ende eines Mythos* – und billigte sie.

Vielleicht wusste Speer, was da auf ihn zukam – merkwürdigerweise hatte er selber Schmidt auf die Quelle Wolters aufmerksam gemacht –, und vielleicht lud er mich auch deshalb nach Heidelberg ein. Ich hatte ihm von meinem Vorhaben erzählt, mit einer Serie über Alltags-Tagebücher aus der Nazizeit einen anderen Blick auf die deutsche Geschichte zu werfen, und er hatte mir daraufhin angeboten, die fast 20 000 Blatt an herausgeschmuggelten Tagebuchaufzeichnungen aus seiner Spandauer Haftzeit, die bei ihm zu Hause lägen, zu sichten und einen Film darüber zu machen. Als ich ihn auf dem Weg vom Staatsarchiv zum Hotel »Vier Jahreszeiten« an der Binnenalster begleitete und wir uns verabschiedeten, verabredeten wir ein Treffen in Heidelberg, um über das Projekt zu sprechen. Er wollte erst einmal nach England reisen. Im September kam

dann die Meldung von seinem Tod. So musste meine Serie »Mein Tagebuch – Geschichten vom Überleben« ohne ein Kapitel über Albert Speers
Spandauer Tagebücher auskommen.

Als ich mich dann auf den Weg machte auf die Dachböden, in die Keller, um die geheimen Welten zu entdecken, die sich da in den Tagebüchern aus der Nazizeit auftaten, und mich mit den Schreibern dieser
Selbstbehauptungstexte darüber unterhielt, wie sie die Jahre des Schre-
ckens überlebt hatten, stellte ich fest: Es war wesentlich leichter, eine
wildfremde Frau über ihre verschwiegene Liebe zu einem Besatzer zu befragen, als ein solches Thema auch nur von weitem mit meiner Mutter
zu besprechen; und mir bis dahin völlig unbekannte Männer waren
leichter auf das Grauen ihrer Kriegserlebnisse anzusprechen als die Ex-
wehrmachtssoldaten in meiner eigenen Verwandtschaft.

Albert Speer war tot, sein Bild verblasste allmählich. Als ich mich auf
die zweite Recherchereise machte, sollte es diesmal nicht nur ein Film
über ihn und über seine, die Täter- und Opfergeneration werden, sondern ein Film auch über uns, ihre Kinder. Wie leben wir mit den Schrecken, die sie uns vererbt haben? Wie fügen wir sie ein in die Bilder, die wir
uns vom »Dritten Reich« machen? Was haben sie uns erzählt, was durften
wir sie fragen? Wo haben wir zu fragen aufgehört? Darüber wollte ich mit
den Speer-Kindern sprechen; aufgrund der prominenten Rolle ihres Vaters im Naziregime sind sie zwar Sonderfälle, doch, so hoffte ich, würde
sich vielleicht gerade deshalb Grundsätzliches deutlicher zeigen. Der
weltläufige Architekt und Planer humaner Städte Professor Albert Speer,
die Erziehungswissenschaftlerin und moralische Instanz bei den Grün-
Alternativen Dr. Hilde Schramm, der aufopfernde Landarzt Dr. Arnold
Speer – diese drei, die sich unseren Fragen stellten, und die anderen
Speerkinder, die sich leider dazu nicht bereit finden konnten, gewiss
ebenso, gehören sozusagen zum moralischen Rückgrat der Bundesrepublik; und ihre Art, mit dem Vater und mit ihrem Wissen über ihn
umzugehen, kann uns vielleicht einiges über unser Land sagen. Unsere
Eltern haben 1945 viel unter den Trümmern begraben: Hoffnungen,
Träume, Illusionen – aber auch ihr Mitwissen oder ihre Beteiligung an
den großen und kleineren Verbrechen des deutschen Faschismus. Dieses
verscharrte Erbe ist auf uns alle gekommen, und wir alle müssen damit
leben und umgehen.

Albert Speer, der im Nürnberger Prozess scheinbar alles gestanden
und bereut und in seinen autobiographischen Schriften danach viel er-

klärt, viel erzählt hatte, hat dennoch viele Fragen offen gelassen. Für seine Kinder existierte er in wenigstens zwei Gestalten: zunächst einmal als der meist ferne, freundlich liberale Vater, der bei seinen seltenen Besuchen zu Hause immer zu Späßen aufgelegt war; in dieser Rolle hat er, durch seine Briefe voller Witz und Anteilnahme, in ihren Augen auch die Spandauer Gefängniszeit überstanden. Ein anderer Vater – der war mit wichtigen Aufgaben des Reiches unterwegs, ein Freund des Führers Adolf Hitler oben auf dem Berghof; der war berühmt, der wurde in der Wochenschau für sein »Rüstungswunder« gefeiert – ein Genie. Warum er bei all seiner Intelligenz trotzdem den Krieg verloren hat, blieb ein Rätsel. Und dann machten die Sieger ihm auch noch den Prozess und nannten ihn einen Kriegsverbrecher. Die Nummer 5 in Spandau dann, der Vater hinter dem Gitter des Besuchszimmers, blieb weitgehend ein Phantom. Man hatte Mitleid mit ihm – obwohl er von jedem Einzelnen immer neue Briefe verlangte und ein Auge auf sie alle hatte, aus seiner fernen Zelle die Geschicke der Familie steuerte, gerade so, als ob er zu Hause am Kopfende des Tisches säße. Die Vergangenheit, die Verbrechen dieses Mannes konnten die Kinder lange Zeit von sich fern halten, sie gaben sich mit beschwichtigenden Auskünften zufrieden – zumal es ja auch diese anscheinend unbezweifelbar guten Taten gegen Kriegsende gab, die man in einer imaginären Bilanz immer noch gegen die ja von ihm selbst zugegebenen Verfehlungen aufrechnen konnte. Meist begann die ernsthafte Beschäftigung mit der dunklen Seite des Vaters erst mit der Veröffentlichung seiner *Erinnerungen*. Da war er schon wieder draußen, da hätte man ihn fragen können – aber man tat es nicht, und er blieb merkwürdig fern.

Ganz unterschiedlich waren die Reaktionen, wenn in meinen Gesprächen mit Hilde, Albert und Arnold Speer bei Durchsicht der Dokumente die verschwiegenen, schmerzhaften Wahrheiten aus dem Leben des Vaters auf den Tisch kamen: Hildes so verständliches, leicht skeptisches Festhaltenwollen an ihrer Überzeugung von der subjektiven Ehrlichkeit seiner Umkehr, bei Albert die plötzliche Kälte im Blick – »Ja, das wusste er« –, Arnolds freundliche, zögernde Selbstbefragung, das Bangen um das heile Vaterbild, das man doch irgendwie braucht, trotz allem – es waren schwierige und kostbare Momente, die ich miterleben durfte, und ich bin dankbar dafür.

Denn meine Fragen an die Kinder Albert Speers waren immer auch zugleich Fragen an mich selbst. Mit meinem Vater habe ich kein Wort über die Vergangenheit sprechen können – er starb, als ich zwölf Jahre alt war. Ich kann aber eine Autorität der Art, wie sie Albert Speer seinen Kindern gegenüber aufgebaut haben muß, vollkommen nachfühlen – auch ich hätte nie gewagt, bestimmte Fragen zu stellen, und noch als Jugendlicher wäre ich kaum auf die Idee gekommen, dass es da überhaupt offene Fragen an die Elterngeneration gab, die beantwortet werden mussten, damit wir unsere eigene Geschichte erfahren konnten. Die Abwehrgeste Margarete Speers, der Mutter: »Lasst doch den alten Kram!«, dieses ›Frage nicht‹, gesprochen mal mit flehendem, mal mit drohendem Unterton – wir kannten es, und als wir uns in den sechziger Jahren über das Schweigegebot hinwegsetzten, laut und sehr oft voll anmaßender Selbstgerechtigkeit, war kein Gespräch mehr möglich.

Ich wollte gemeinsam mit den Kindern Albert Speers zurückgehen in die geheimen Zimmer unserer Eltern, in die versperrten Räume aus der Zeit des großen Mordens. Dafür sind wir auf Reisen gegangen – zunächst zurück in die Zeit, mit den Erinnerungsmitteln Foto, Film, Brief, Dokument. Die Gespräche verlangten Zeit, Ruhe und Konzentration – bis zu sechs Stunden am Tag, manchmal zwei oder drei Tage hintereinander. Hinzu kamen Reisen im buchstäblichen Sinn – zum ehemaligen Elternhaus, zu den Orten der Kindheit nach Berchtesgaden und Heidelberg, auf einen Parkplatz in Spandau, auf dem die Bäume aus Albert Speers Gefängnisgarten immer noch wachsen. Mit Albert Speers Neffen Wolf gingen wir in die Höhlen des Konzentrationslagers Mittelbau-Dora im Harz, wo Häftlinge sich im Auftrag Speers zu Tode schuften mussten.

Der letzte Bunker-Telefonist Rochus Misch, Speers Freundin und Kunstgefährtin Leni Riefenstahl, der Nürnberg-Dolmetscher Richard W. Sonnenfeldt und andere Zeitzeugen erinnerten sich für uns, Speer-Redakteur Joachim Fest und Speer-Verleger Wolf Jobst Siedler standen uns offen Rede und Antwort, und einige Zeithistoriker stellten uns ihr Wissen zur Verfügung, wie etwa der Architekturhistoriker Werner Durth, der selber noch eine Reihe von Speers Architekten hat befragen können, oder die Historikerin Susanne Willems, die jahrelang in Aktenbergen der Behörden nach dem »Fingerabdruck« der Menschen gesucht hat, die für die Vertreibung der Berliner Juden verantwortlich waren.

Im Verlauf der vielen Gespräche und durch die Lektüre von immer mehr Akten, Dokumenten und wissenschaftlichen Untersuchungen hat sich mein Bild des Generalbauinspektors und Rüstungsministers Albert Speer deutlich verfinstert. Diese Erfahrung auf meiner Reise unterwegs zur Familie Speer soll man den Filmen auch ansehen. Ich will die Zuschauer teilhaben lassen an meiner Suche, denn ein Ergebnis-Fernsehen, das auf einem Bildteppich dem Zuschauer, der das im Augenblick gar nicht nachprüfen kann, fertige Urteile präsentiert, interessiert mich weniger. Ich kann dem Publikum aber auch keine Scheinobjektivität, keine Wertungsfreiheit vorgaukeln. Das ist bei diesem Thema, dem vermutlich größten Verbrechen der Menschheitsgeschichte, auch völlig unangebracht. Meiner Generation sind die Entscheidungen erspart geblieben, vor die unsere Eltern gestellt wurden. Wir hatten Glück – wir sind nicht in so düstere Zeiten hineingeboren. Deshalb darf es hier keine moralische Überheblichkeit geben, denn wir wissen nicht, wie wir gehandelt hätten. Wir dürfen, wir müssen aber fragen, um diese Geschichte, um uns selber besser zu verstehen. Und auf der Suche nach Antworten begegnen wir immer wieder einem Rätsel: der Verführbarkeit des Menschen.

Margarete Speer musste nach 1945, wie so viele andere auch, einen Schleier des Vergessens und Verschweigens über die Vergangenheit legen, um die Kraft zum Überleben für sich und ihre sechs Kinder zu finden: »Wir Speers müssen leise durchs Leben gehen.« Jetzt endlich, wo die eigenen Kinder und Enkelkinder an die Reihe kommen, ihre Fragen zu stellen, haben sich die Kinder über das Gebot der Mutter hinweggesetzt und angefangen zu sprechen. Wir möchten ihnen dafür danken.

FAMILIE SPEER

Die erste Tochter

Hilde Schramm geb. Speer

Geboren 1936 in Berlin. Kindheit dort, in Berchtesgaden und in Heidelberg. 1952/53 als Austauschschülerin in den USA. 1955 Abitur in Heidelberg, Studium der Erziehungswissenschaften ebendort, in Frankfurt am Main, München, Tübingen und Berlin. 1968 Zweite Staatsprüfung für das Amt des Studienrats (Deutsch und Latein), 1970 Diplom in Soziologie an der Freien Universität Berlin, 1976 Promotion und 1982 Habilitation in Erziehungswissenschaften. 1972–1982 Assistentin und Assistenzprofessorin an der Freien Universität Berlin. 1985–1987 und 1988 bis 1990 für die Alternative Liste/Die Grünen im Berliner Abgeordnetenhaus, 1989/90 dessen Vizepräsidentin. 1992 Leiterin der Regionalen Arbeitsstellen für Ausländerfragen, Jugendarbeit und Schule in Brandenburg. Seit 1999 im Ruhestand. 1961 Heirat mit dem Literaturwissenschaftler Ulf Schramm (gest. 1999), zwei Kinder.

»… wie ein intelligenter Mensch so etwas machen konnte«

Seit den 60er Jahren wohnt Albert Speers Tochter Hilde in einer geräumigen Villa in Berlin-Lichterfelde. Das Haus war damals preisgünstig zu erwerben, und man lebte hier in einer Wohngemeinschaft, wie sie als neue Lebensform überall im Lande ausprobiert wurde, besonders unter Künstlern und Jungakademikern. Eine Art von Biotop für ein anderes, richtigeres

Leben sollte das sein, freiere Formen des Zusammenlebens, des Umgangs miteinander, der Partnerschaft, der Kindererziehung wollte man erproben, erleben – und in ständigen Diskussionen reflektieren. All das in bewusster Absetzung von der Elterngeneration, die so viel verschwieg, so lange gehorcht und Gehorsam erzwungen hatte. Ein großes Experiment, das manchen überforderte – auch ich kann mich gut an eigene gescheiterte Selbstversuche erinnern.

Im Dezember 2002 sitzen wir uns bei ihr zu Hause gegenüber. In der Zwischenzeit hat Hilde Schramm ihre Ziele der frühen Jahre, modifiziert, in Wissenschaft und politischer Praxis weiterverfolgt, als Universitätslehrerin, als grün-alternative Abgeordnete. Sie hat sich für die materielle Entschädigung der Opfer des deutschen Faschismus eingesetzt und gegen den Rechtsradikalismus, mit der Stiftung »Zurückgeben« versucht sie jüdischen Künstlerinnen und Wissenschaftlerinnen zu helfen. Für ihr Lebenswerk ist sie, während wir an dem Film über ihren Vater arbeiteten, mit dem Mendelssohn-Preis der Stadt Berlin für Versöhnung, Toleranz und Zivilcourage ausgezeichnet worden.

Das alles ist beeindruckend, und es klingt fast perfekt. Dennoch traten im Gespräch mit ihr immer wieder leichte Irritationen zu Tage – vor allem wenn es darum ging, den durchaus nicht unkritisch geliebten Vater mit Verbrechen in unmittelbarsten Zusammenhang zu bringen, die weit über das von ihm selbst zugegebene Maß hinausgehen. In vielen Gesprächsstunden setzte sie sich für uns vor laufender Kamera diesen schmerzhaften Erörterungen aus, blätterte mit mir zum ersten Mal wieder in den Briefen, mit denen ihr Vater sie damals aus dem Gefängnis auf ihre ersten vorsichtigen Fragen hin beruhigt hatte: Von den »scheußlichen Dingen« habe er nichts gewusst. Und sie las wieder, mit ambivalenten Gefühlen, wie gern, wie voller Liebe, Bewunderung und Vertrauen sie ihm geglaubt hatte. Auch darüber konnte ich mit ihr reden: dass da vielleicht auch jetzt noch Fragen sind, die zu stellen sie bisher nicht gewagt hat – aus jener Angst, die in uns allen ist, der Angst vor dem Abgrund.

BRELOER: Zunächst möchte ich Sie nach den ersten Erinnerungen fragen, die Sie an Ihren Vater haben. Wie weit geht Ihre Erinnerung überhaupt zurück?

HILDE SCHRAMM: Ich glaube nicht, dass ich direkte Erinnerungen an ihn in Berlin habe. In Berchtesgaden[1] ja, wenn er zu Besuch kam. Aber da war ich ja auch schon sechs, sieben, acht.

Breloer: An welche Bilder erinnern Sie sich?

Hilde Schramm: Von einem sehr lockeren, zu Späßen aufgelegten Mann, der die Ordnung, die dort durch die Kinderschwester und andere aufgebaut war, völlig durcheinander brachte, sobald er da war, sich quasi mit uns gegen die Ordnung solidarisierte. *(Lacht.)* Wir haben uns gefreut, wenn er gekommen ist. Ein Detail: Wir hatten diesen Hund, Ruppi. Der Dackel durfte, wenn mein Vater da war, in alle Zimmer. Sonst durfte er nicht in die Schlafzimmer und auch nicht in die Kinderzimmer. Dieser Hund wusste genau: Wenn mein Vater kommt, darf er überallhin. Elemente von Chaos, die dann kurz in das Haus kamen, und das hat uns gefallen.

Breloer: War das der Hund, der all die Jahre da war? Einmal brachte er einen Hund mit …

Hilde Schramm: Ja, das weiß ich auch noch ganz genau, wie er ihn mitbrachte. Das ist eine sehr klare Erinnerung, die muss auch relativ früh sein: Es war an Weihnachten, mein Vater hatte einen Mantel an, und wir waren im Weihnachtszimmer. Da zog er einen kleinen Hund unter dem Mantelrevers hervor, mein Vater war da sozusagen der Ruprecht, und brachte uns diesen Hund. Und der hieß deswegen Ruppi. Und nachher war es nicht immer derselbe, die sind mal unters Auto gekommen oder verschwunden. Es war aber immer dieselbe Sorte, immer diese Langhaardackel, und sie hatten alle denselben Namen, die hießen immer Ruppi. Wir haben eine Kontinuität hergestellt, als wäre es derselbe – war es aber nicht.

Breloer: Wissen Sie noch, wie das Ritual zu Weihnachten war?

Hilde Schramm: Es wurde eine Spannung aufgebaut, bis es dann die Geschenke gab und bis man in den Raum konnte. Ich sehe uns auch auf dem Schoß sitzen von, sagen wir mal, Fräulein Klara[2] oder Fräulein Leidheuser[3] oder Schwester Paula,[4] und dass Geschichten erzählt wurden und dann auch gesungen wurde.

Breloer: Weihnachtsgeschichten? Doch die übliche deutsche Weihnacht?

Hilde Schramm: Ja, denke ich schon. Geschichten von irgendwelchen Weihnachtsmännern, die jetzt ums Haus rumlaufen oder so was, Sankt Ruprecht – und das war dann eben der Vater.

Breloer: War er oft zu Weihnachten da?

Hilde Schramm: Ich erinnere mich genau nur an dieses Mal; das will nicht sagen, dass er nicht an anderen Weihnachten auch da war. Aber ich weiß, dass er später oft nicht da war, weil er dann irgendwo in Norwegen, im Polargebiet oder sonst wo war.[5]

BRELOER: Wussten Sie eigentlich, wann er wo war?

HILDE SCHRAMM: Nein. Oder ich habe es vergessen, oder es machte keinen Eindruck auf mich.

BRELOER: Wie war denn der Alltag sonst, wenn der Vater nicht da war, unter der Herrschaft Ihrer Mutter – ging es da streng zu?

HILDE SCHRAMM: Meine Mutter war ja auch oft nicht da, die war relativ viel in Berlin – wenigstens in meiner Erinnerung. Das lief, ob sie da war oder nicht, ziemlich gleich. Ich denke, das eigentliche Regiment hatten die beiden Frauen, Fräulein Leidheuser und Schwester Paula.

BRELOER: Welche war die Strengere, die Vertretung der elterlichen Gewalt?

HILDE SCHRAMM: Das war die Schwester Paula.

BRELOER: Was verlangte die von Ihnen, damit Sie ordentliche Menschen werden?

HILDE SCHRAMM: Ich denke, das war, wie in ganz vielen Häusern damals, die Vorstellung, dass man Kinder nicht verwöhnen darf, dass sie gehorchen müssen, dass sie aufräumen müssen, dass sie regelmäßig, also immer zur selben Zeit, ins Bett gehen müssen und diese ganzen Disziplinierungsmaßnahmen. Das war nicht strenger als woanders. Und außerdem haben wir ja den Auslauf gehabt, wir haben ganz viel draußen gespielt, waren untereinander. Ich habe es nicht als eine wirklich repressive Situation erlebt; dieses Ordnunghalten und Sich-die-Hände-Waschen, all diese Geschichten wurden allerdings schon sehr streng eingehalten.

BRELOER: Erinnern Sie sich, dass dem Albert oft, bevor er zur Schule musste, so übel war, dass er kotzen musste?

HILDE SCHRAMM: Ja. Der Albert hatte eine schwerere Rolle als ich. Das hängt sicher damit zusammen, dass die Schwester Paula ihn als ganz kleines Baby noch nicht hatte und vielleicht neidisch war auf seine frühere – ich sage mal Amme, aber das war sie nicht –, die er sehr geliebt hat, die ihm dann weggenommen wurde. Bei mir war das anders: Ich war das erste Kind, das sie von Anfang an großgezogen hat, und die Liebe zwischen ihr und mir war sehr stark. Sie hat mich später auch auf Bergwanderungen mitgenommen, und ich denke, sie hat mich ein bisschen bevorzugt. Oder ich habe mich auch nicht so störrisch angestellt, sodass ich einen relativ guten Stand bei ihr hatte.

BRELOER: Dieser lange Schulweg war ja für Albert schon eine ziemliche Zumutung.[6]

HILDE SCHRAMM: Na, den hatten wir ja alle.

BRELOER: Aber Sie sind doch nicht bis nach Berchtesgaden ...?

HILDE SCHRAMM: Aber sicher. Ich denke, bis zur zweiten Klasse. Und erst dann kam die Schule oben, aber die Schule oben war ja auch weit weg, die war nicht sehr viel näher.

BRELOER: Der Weg war gar nicht so dramatisch?

HILDE SCHRAMM: Der Weg selbst war nicht so dramatisch. Der war lang – ich habe es als etwa eine Stunde in Erinnerung, das kann aber auch übertrieben sein. Ich habe aber auch in Erinnerung, dass wir da ganz heiter rauf- und runtergelaufen sind. Da liefen ja alle anderen auch, und die liefen zum Teil barfuß. Das weiß ich noch, das hat mich damals beeindruckt. Es war ganz normal in den Bergregionen, dass man so lange Schulwege hatte. Ich fand das nicht schlimm. Kann sein, dass ich damals insgesamt in einer vielleicht auch körperlich besseren Verfassung war als Albert. Der Albert war ein sehr weicher Junge.

BRELOER: Die Hitlerjugend hat ihm auch gar nicht gefallen, die Pimpfe?[7]

HILDE SCHRAMM: Nein, das war gar nicht nach seinem Geschmack. Ich erinnere das so, aber das mag eine nachträgliche Legendenbildung in der Familie sein, dass er in die Hitlerjugend kam und dann aber nach einiger Zeit wieder nach Hause zurückgeschickt wurde, weil er besonders Mutsprünge und Ähnliches gar nicht machen konnte und so ein schlechtes Vorbild war – mit diesem Vater. Das habe ich immer für sehr genial von meinem Bruder gehalten: Er hat sich instinktiv verweigert.

BRELOER: Was sind die schönen Bilder dieser Jahre bis 1945, die Sie tief in Ihrer Erinnerung haben?

HILDE SCHRAMM: Zum Beispiel dieser Brunnen, ich weiß nicht, ob der jetzt noch da ist – dieser Holzbrunnen. Das Wasser floss immer, ganz kaltes Wasser natürlich, und dann plätscherte der Brunnen so auf die Erde. Da konnte man alles Mögliche spielen, mit Schiffchen und Hölzchen und so. Dann die schöne Schaukel. Dann die vielen Hasen, die wir hatten. Und ich denke, auch das Spielen untereinander, unter uns Geschwistern war sehr schön. Und es gab ja noch ein paar andere Kinder, die manchmal dazukamen.

BRELOER: Die Bormann-Kinder?[8]

Hilde Schramm: Nein, das waren Kinder vom Gutshof, die in der Nähe waren. Von den anderen Kindern von Prominenten waren keine unter unseren direkten Spielgefährten, die kamen nicht zu uns. Aber wir sind auf den Wiesen Schlitten gefahren, wir sind die ganze Rodelbahn runter nach Berchtesgaden gefahren, haben mit großem Schwung Bergtouren gemacht. Ich liebte die vielen Blumen, die da waren, habe mir dann auch, wie das die Mädchen so machten, Kränze daraus gemacht. Es war ein sehr großes Privileg, da aufzuwachsen. Wenn mein Vater kam, hat er uns ins Auto gesetzt und hat mit uns Abenteuertouren gemacht, durch schmale Wege, und hat dann immer vorher die Gefahren geschildert. Wir wussten aber, dass es keine sind. Trotzdem: Das war das Spiel, dass er über Brücken fährt, kleine Stege, die dann hinter uns zusammenbrechen – was sie natürlich nicht taten. Aber das waren so Spiele, Abenteuerspiele mit dem Vater im Auto.

Breloer *(zeigt ein Foto Speers mit den Kindern im Cabriolet)*: Das ist so eine Situation, nicht wahr?

Hilde Schramm: Ja, das ist so eine Situation. Wir sehen da ja auch alle ganz vergnügt aus. Und er sieht auch ganz zufrieden aus mit all seinen Kindern.

Breloer: Und trotzdem ist es eine gestellte Szene, ein Pressefoto sozusagen.

Hilde Schramm: Mag sein. Aber wenn ich es mir so anschaue – meine Erinnerung an Stimmungen ist da eingefangen. Wir hatten auch überhaupt keine Scheu oder Respekt vor meinem Vater, er war ja keine autoritäre Person im Bereich der Familie. Wir haben uns wirklich gefreut, wenn er kam.

Breloer: Was haben Sie noch gemeinsam gemacht, wenn er da war?

Hilde Schramm: Ich erinnere mich an gemeinsame Frühstücke oder auch sonst an Mahlzeiten, wo er da sitzt. Ich habe mich gewundert, dass er Knäckebrot isst. Und er mochte schwarze Johannisbeermarmelade. Wir wurden auf alle Fälle sehr gesund ernährt. Wir mussten als Zwischenmahlzeit rohes Sauerkraut essen. Das mochten wir nicht besonders, dann wurden Äpfel reingerieben, da war es schon besser. Wir wurden nach den Regeln der damaligen Kenntnis von Reformkost ernährt, meine Mutter hatte in den zwanziger, dreißiger Jahren einiges davon mitgekriegt.

Breloer: Wenn Ihre Mutter in Berlin war – war sie bei ihrem Mann?

Hilde Schramm: Ja.

Breloer: Wo haben sie dann gewohnt? Noch in der Schopenhauerstraße?[9]

Hilde Schramm: Nein, seit 1938 ja nicht mehr, da waren sie dann in
Schwanenwerder.[10] Die Schopenhauerstraße wurde vermietet.[11] Und
das andere Haus war auch gemietet, das in Schwanenwerder.

Breloer: Da haben Sie auch mal eine Zeit lang gewohnt?

Hilde Schramm: Auf alle Fälle erinnere ich mich, dass wir da bisweilen
waren, aber entweder war das in den Ferien oder noch in der Zeit, als
ich noch nicht zur Schule ging. Aber nur immer phasenweise. Das
heißt – es kann auch sein, dass wir ganz am Anfang eine gewisse Zeit
da kontinuierlich lebten, denn eine ganz frühe Erinnerung von mir ist,
dass ich da in den Kindergarten geschickt wurde, und zwar zusammen
mit meinem Bruder Albert. Das wirkliche Drama für mich war, dass
die mich da von meinem Bruder Albert trennen wollten, und da habe
ich wohl ganz fürchterlich geweint und immer wieder geweint, sodass
sie das dann aufgegeben haben. Und ich weiß auch, wie wir da durch
den Wald gegangen sind – so Kieferngeruch.

Breloer: Sie sitzen hier neben dem Vater und strahlen ihn an. Ist das
Zufall?

Hilde Schramm: Dass ich ihn anstrahle, ist vielleicht kein Zufall; dass
ich neben ihm sitze – weiß ich nicht.

Breloer: Was bedeutete Ihr Vater in dieser Zeit für Sie?

Hilde Schramm: Jemand, der im Alltag nicht da war und, wenn er da
war, eine wunderbare Ausnahmesituation schuf. Jemand, dem gegenüber ich freundliche Gefühle hatte.

Breloer: Freundliche Gefühle – nicht Liebe?

Hilde Schramm: Das Wort ist immer so hoch und irgendwo dann auch
leer. Ich würde es lieber anders umschreiben, als Kind hatte ich ja noch
gar keinen Begriff davon. Es ist einfach, ob man sich auf jemanden
freut oder ob man sich in der Gegenwart von jemandem wohl fühlt,
ob man Angst hat vor ihm oder keine, und ich hatte keine Angst vor
ihm. Diese ganzen Beschreibungen kann man dann vielleicht zusam-
menfassend Liebe nennen. Aber es ist nun auch nicht so, dass ich,
wenn er nicht da war, im Bett gelegen und geweint habe und Sehnsucht nach ihm hatte. So war es auch nicht.

Breloer: Aber es sieht wie eine innige Verbindung aus.

Hilde Schramm: Auf alle Fälle eine harmonische, schöne Beziehung –
das, denke ich, war es.

BRELOER: Die Mutter dagegen hatte die Last des Alltags zu tragen. Hat sie nach Ihrem Gefühl darunter gelitten, dass er nicht da war?

HILDE SCHRAMM: Die Gefühle unserer Mutter waren nicht sehr sichtbar, ich weiß also nicht, was sie wirklich gefühlt hat. Gleichzeitig war ja alles, was sie machte, immer von großer Selbstverständlichkeit. Sie war eben da oder nicht da, und das wurde nicht problematisiert. Sie war freundlich, denke ich, ein bisschen distanziert, ein bisschen kühl, aber doch auch verlässlich, und das ist für Kinder ja eine Menge. Sie hat uns nicht hängen lassen, war nicht launisch oder, was Kinder ja sehr stark empfinden, ungerecht in dem Sinn, dass sie ein Kind sehr vorzieht, und das andere hat immer Schuld. All solche Macken hatte sie nicht. Sie hat sicher einen Teil der Strenge an die Schwester Paula delegiert, sodass sie selbst nicht so streng zu sein brauchte.

BRELOER: Hatten Sie auch so ein inniges Verhältnis zu ihr wie zum Vater?

HILDE SCHRAMM: Na ja – ich hatte auch vor ihr keine Angst. Ich denke, man ist nicht mit Sorgen zu ihr gegangen. Aber ich weiß auch nicht, ob ich mit Sorgen zu meinem Vater gegangen wäre. Da wäre ich eher zu meiner Großmutter gegangen, die ja manchmal zu Besuch kam, zu der Großmutter Weber.[12] Die war sicher die mir emotional am nächsten stehende Person.

BRELOER: Gab es körperliche Nähe zwischen Mutter und Kind, Küssen, Drücken, Streicheln, einen Gutenachtkuss?

HILDE SCHRAMM: Nein, wenig. Aber das gab es auch. Und sie ist immer abends die Treppe hochgekommen, das weiß ich noch, weil sie da so bestimmte Laute ausstieß – so *Hu, hu, hu, hu* – dann ist sie offenbar noch an die Betten gegangen. Ob es jetzt da einen Kuss gab, weiß ich nicht, aber dieses Trappeln und diese Art Jauchzen, das war jeden Abend. Das muss man schon alles auch auf dem Hintergrund der Erziehungsvorstellungen dieser Zeit sehen – da wurde ja den Eltern vorgeschrieben, die Kinder nicht zu verwöhnen, nicht zu stark mit ihnen zu schmusen und lauter solche Geschichten.

BRELOER: Haben Sie diese körperliche Nähe, die Berührungen vermisst?

HILDE SCHRAMM: Das denke ich schon. Aber das habe ich vielleicht nicht sagen können und nicht gewusst.

BRELOER: Ihr Vater war ja auch eher zurückgezogen. Ist er ans Bett gekommen, hat Sie gedrückt, geküsst?

HILDE SCHRAMM: Nein, das konnte er gar nicht. Wenigstens habe ich

nicht in Erinnerung, dass das passiert ist. Das war nicht seine Aus-
drucksform.

BRELOER: Was war seine?

HILDE SCHRAMM: Wie man es auf dem Foto sieht: sich anlächeln, irgendwie ein kurzes Verständnis herstellen ... Ich erinnere ihn auch als
sensibel, er hat uns nie bloßgestellt.

BRELOER: Die Verbindung zwischen Ihren Eltern – wie haben Sie sich die
erklärt?

HILDE SCHRAMM: Ich denke, die Beschreibung, die er selber gibt, ist
schon richtig, oder ich weiß keine bessere: dass ihn dieses warme bürgerliche Elternhaus seiner zukünftigen Schwiegereltern, wo viel gelacht
wurde, mit seiner Herzlichkeit sehr angezogen hat. Und warum meine
Mutter nicht dieselbe Herzlichkeit und Wärme entwickelt oder gezeigt
hat, habe ich nie verstanden. Ich weiß ja auch nicht, wie sie mit fünfzehn, sechzehn, siebzehn war – ich nehme fast an, sie war schon ähnlich. Ich glaube, sie hat sich wiederum auch von ihrem Elternhaus abgegrenzt. Meine Mutter hätte ja gerne die Schule zu Ende gemacht, sie
hätte ja vielleicht auch gerne studiert. Ich denke, sie wollte auch aus
ihrem Milieu heraus. Es war ihr irgendwo zu eng – die Liebenswürdigkeit war ja auch eng. Sie hat selber öfter darüber geredet: Sie hatte
alle Voraussetzungen für eine moderne junge Frau, sie hat Sport gemacht, sie hat ganz früh Auto fahren gelernt, sie hat sich die Haare
kurz geschnitten. Erstaunlich ist, dass sie sich nachher in dieser Ehe so
stark in die Rolle von Frau und Mutter hat drängen lassen. Das ist viel
erstaunlicher, denke ich, als dass sie sich zunächst von ihrem Elternhaus und dem Milieu abgrenzen wollte, und von da auch eine Neigung
hatte zu einem Mann sowohl aus einer anderen Schicht ...

BRELOER: Der wohlhabenden.

HILDE SCHRAMM: Nein, ich glaube nicht, dass das eine simple Aufstei-
ger-Motivation war, so schätze ich sie gar nicht ein. Sondern das Zu-
sammenkommen mit wichtigeren und größeren Themen, die Welt erkunden wollen, was lernen. Meine Großeltern – so entzückend sie
waren – sind jedes Jahr an denselben Ort in die Ferien gefahren; da war
eine *table d'hôte*, und alle Gäste kamen wieder.[13] Das finde ich so bezeichnend. So eine junge Frau – die wollte dann weg.

BRELOER: Bei den anderen Großeltern ging es anders zu. Die reisten
nicht an denselben Ort, da ging man zur Bühlerhöhe; das war sozusagen die große Welt.

Hilde Schramm: Aber das hat meine Mutter zu dem Zeitpunkt ja nicht interessiert. Das hat meinen Vater zu dem Zeitpunkt auch nicht interessiert, sondern abgestoßen. Es war ja bei meinem Vater eine ganz starke Abgrenzung gegen diese großbürgerliche Fassade in seinem Elternhaus. Er suchte etwas anderes, deshalb hat er sich auch jenseits seines Milieus bewegt, und das wurde bekanntlich von seiner Familie gar nicht akzeptiert.

Breloer: Was wissen Sie über Ihre Großeltern väterlicherseits, über diese Welt, in der der Vater aufgewachsen ist, in der er seine innere Ausstattung bekommen hat?

Hilde Schramm: Mein Großvater[14] war ziemlich kantig und wortkarg, aber freundlich, auch zu uns Enkeln. Die Omi,[15] wie wir sie nannten, war sicher nicht frei von Eitelkeit und liebte die schöne Umgebung, liebte – man kann schon sagen: die Fassade. Liebte das gesellschaftliche Leben und zeigte auch gern den Reichtum. Meine Großeltern väterlicherseits waren erfolgreiche Gründerzeit-Personen mit wenig wirklich kulturellem Verständnis, auch wenig geistesgeschichtlicher Bildung, sodass sie dann – zumindest meine Omi – umso leichter auf irgendwelche schönen Worte oder auf Komplimente reingefallen ist.

Breloer: Und die Herzensbildung?

Hilde Schramm: Das muss auch eher wenig gewesen sein.

Breloer: Der Sohn sollte nach oben heiraten.

Hilde Schramm: Ja, oder zumindest, was man damals für standesgemäß hielt. Aber da hat sich ja mein Vater überhaupt nicht beirren lassen, und meine Mutter auch nicht. Da waren sie sehr souverän und insofern auch moderne Personen, die sich nicht nach den Wünschen der Eltern richten.

Breloer: Die Aufsteigermentalität – die Kinder müssen etwas Besseres werden. Das muss auch die Projektion auf Albert gewesen sein.

Hilde Schramm: Ja, zumindest wollte man das, was man erreicht hat, halten und nicht wieder so etwas wie sozialen Abstieg riskieren. Aber ich denke, das sind alles Verhaltensformen, die zu der Zeit die Mehrzahl der bürgerlichen Familien gekennzeichnet haben.

Breloer: Sie haben Ihre Großmuter ja noch in der Nachkriegszeit erlebt.

Hilde Schramm: Da gibt es unterschiedliche Erinnerungen. Zum Beispiel mein Bruder Arnold, der hat eine Zeit lang bei ihr gelebt, der spricht sehr liebevoll von ihr, und die haben Spaß zusammen gehabt.

Ich habe auch immer mal in den Ferien bei ihr oben gelebt, und ich war auch gerne da. Da weiß man jetzt aber nicht, ob das im Alter anders war als vorher. Ich kann ja nicht wissen, wie sie früher war. Was ich schon annehme, ist, dass sie Interesse an gesellschaftlichem Erfolg, am Zurschaustellen von Reichtum hatte und sehr wenig an wirklich fundierter Bildung in dem Sinne, dass sie reflektiert hat, dass sie Literatur gelesen hat, dass sie politische Zusammenhänge – das gehört ja nach unserem Verständnis auch zur Bildung – mit anderen zusammen analysiert hat. Da ist, glaube ich, wirklich eine Leerstelle. Und die ist vermutlich viel fataler für das spätere Leben meines Vaters als die Tatsache, dass sie mehr oder weniger distanziert war. Dass in dem Haus und auch gerade durch die Mutter überhaupt nicht Zusammenhänge, die über ihr gesellschaftliches Leben hinausgingen, besprochen wurden, dass die Themen, mit denen meine Kinder aufgewachsen sind, nämlich solche des Zusammenlebens, nicht in Worte gefasst wurden, sondern dass das sehr sprachlos lief und sehr klischeehaft und dass die Ereignisse darum herum, sei es Erster Weltkrieg oder sei es die Phase danach, soweit ich weiß, einfach keine Themen am Tisch waren, so ungefähr: Über Politik spricht man nicht.

Breloer: Das ist eine intellektuelle Lücke, die Sie beschreiben; aber ...

Hilde Schramm: Es ist nicht nur eine intellektuelle Lücke, es ist auch eine Lücke in Bezug darauf, welches Umfeld der Welt man überhaupt in die Familie hineinkommen lässt, für bedeutsam hält.

Breloer: Entscheidend dafür, wie man sich im Leben verhält, ist aber auch, mit wie viel Herz man durchs Leben geht – mit diesem Radar bewertet man ja anders als mit dem Kopf. Und da scheint Ihr Vater etwas zu wenig mitgekriegt zu haben. Sehe ich das richtig?

Hilde Schramm: Ja, das sehen Sie sicher richtig. Aber um es mal ganz zugespitzt zu sagen: Meine ganz entzückenden Großeltern Weber haben ja auch weggeguckt, als die Juden abgeholt worden sind, beziehungsweise haben später nicht darüber geredet. Und die waren so mit Herzensbildung ausgestattet, wie ich keinen Menschen mehr kennen gelernt habe. Und trotz dieser Liebenswürdigkeit und dieser Wärme und dieser Herzlichkeit und auch dieser Mitleidsfähigkeit haben auch Lina Weber und Friedrich Weber weggeguckt. Die haben in keiner Weise an irgendeiner Stelle in dem NS-Regime mitgemacht, die sind noch nicht einmal Mitläufer in dem Sinne, dass sie in der Partei waren. Aber sie haben auch nicht den Schritt gemacht, dass sie jemanden versteckt oder jemandem geholfen haben oder dass das überhaupt nach dem Krieg Thema gewesen wäre. Das heißt: Das Gefühl ist als Grundlage ganz wichtig, aber wenn nicht so ein politisches Bewusstsein oder Bewusstsein von Gerechtigkeit und Ungerechtigkeit dazukommt, auch als durchdachtes, trägt das nicht.

Breloer: Mit welcher inneren Ausstattung kam Ihr Vater nach Berlin?

Hilde Schramm: Er war auf einer fundamentalen Ebene desorientiert, desorientiert von Jugend auf. Und er versuchte später, vor allem in Spandau, da etwas nachzuholen und eine Art Sicherheit in Werthaltungen, Einschätzungen aufzubauen. Aber erst einmal ist er jemand, der ohne wirklich moralische Verankerungen in dieses Leben eingetreten ist. Er hat die Etikette, die äußeren Regeln der bürgerlichen Gesellschaft ziemlich missachtet, das gehört auch dazu. Etliche haben sich ja, wie auch immer, gerettet, indem sie diese äußerlichen Regeln der bürgerlichen Gesellschaft, dass man das und das nicht tut, noch als Korsett in sich hatten. Das hat er relativ früh über Bord geschmissen, er hatte ja auch einen antibürgerlichen und antizivilisatorischen Zug. Gleichzeitig hatte er keinen reflektierenden politischen Einblick in Zusammenhänge der modernen Welt. Die Schwierigkeiten von hochkomplexen Gesellschaften, deren Regelung, um Barbarei zu verhindern, wo Gefahren lauern – das alles sind Themen, die ihn offenbar in seiner Jugend und auch in seiner Studentenzeit nicht erreicht haben. Warum, ist eine andere Frage. Es gibt ja Leute, auch aus seiner bürgerlichen Schicht, die haben darüber nachgedacht, haben reflektiert, haben sich etwas erarbeitet, haben historisch-politische Deutungen gehabt, die sie nachher davor bewahrt haben, auf diese Slogans und Propaganda und Entweder-oder-Parolen und darwinistische Welterklärungen hereinzufallen. Das alles hat er nicht gehabt.

Breloer: Im Gegenteil – er ist in einer Familie aufgewachsen, in der man sozusagen den Darwinismus leben musste, um durchzukommen.

Hilde Schramm: Ja, sicher. Aber das alles sind für mich nur Erklärungen und keine Entschuldigung, denn ich weiß, es gibt andere, wenn auch wenige, aus ähnlichem Hintergrund, aus ähnlich distanzierten und emotional verhaltenen Familienkonstellationen, auch aus Geschwisterrivalitäten, die dann doch eine Sicherheit hatten zu sagen: Bis hierhin, und weiter gehe ich nicht; hier wird es wirklich falsch.

Breloer: Und dann beginnt die Geschichte zwischen Ihrem Vater und

Hitler. All das, was er mitgebracht hat, den gelebten Darwinismus, sein Nichtwissen, seinen Ehrgeiz …

HILDE SCHRAMM: … seine Orientierungslosigkeit …

BRELOER: … all das setzt Hitler in Brand. »Sie bauen mir das!«, sagt er zu ihm, und dann irgendwann zu Ihrer Mutter: »Frau Speer – Ihr Mann wird Bauwerke für die nächsten viertausend Jahre errichten.«

HILDE SCHRAMM: Das sind Größenphantasien ganz ungeheurer Art, Machbarkeitswahn ist es auch. Es ist natürlich auch eine ungeheure Missachtung der Menschen und der Geschichte, die in diesem Fall verbunden sind mit Gebäuden und Wohnstätten. Das ist für unsere Begriffe unvorstellbar, dieses Verfügen über alles. Gleichwohl – wie kann einer so besoffen sein, seinen Verstand auszuschalten, sein Gefühl für Redlichkeit auszuschalten und frei den Ehrgeiz, den Größenwahn laufen zu lassen? Es ist eine simple, abgegriffene Formel, dass Macht korrumpiert – aber man wird schon sagen können, dass die hier stimmt. Und dass Macht generell korrumpiert, davon bin ich überzeugt. Deshalb muss Macht ja kontrolliert werden, deshalb ist das demokratische System mit allen seinen Schwierigkeiten ja angetreten: um Macht zu kontrollieren. Was dann mehr oder weniger gut klappt. Aber dasselbe ist so ein freigesetzter Ehrgeiz: Man kennt auch Leute, die sich in weniger exponierten Stellungen und unter weniger unmenschlichen Bedingungen sehr weit vorwagen, nur um ihren Ehrgeiz zu befriedigen. Das sind alles für mich Verlängerungen von falschen oder von verheerenden Möglichkeiten, die in den Menschen stecken, in vielen anderen Menschen auch, und die unter den jeweiligen Zeitbedingungen explodiert sind. Mein Vater ist das Beispiel, an dem man studieren kann, wie solche Dinge explodieren können, die in unserer Gesellschaft und in den Individuen eingelagert sind, wenn nicht Kontrollen, Reflexion, Einfluss von Freunden, alle möglichen ernüchternden, einschränkenden und zur Besinnung bringenden Elemente das korrigieren. Das Erstaunliche ist, dass trotzdem bei so einer Person die Liebenswürdigkeit nicht ganz verloren gegangen ist; und das ist es, was die Menschen in seiner Umgebung damals so gefangen genommen und es ihnen erleichtert hat, die Beteiligung an Verbrechen zu übersehen.

BRELOER: Was hat Hitler in ihm gewittert, erkannt, das er in Bewegung setzen, radikalisieren konnte?

HILDE SCHRAMM: Da fällt mir erstaunlich wenig ein. Denn die Gestalt von Hitler ist ja auch nicht nur eindimensional zu deuten. Ihm hat gefallen, dass da jemand aus einem anderen Milieu kommt, dass da jemand kommt, der sich zu benehmen weiß, der nicht das war, was mein Vater später *Nick-Esel* nannte, jemand, der sich verhalten, ein bisschen zurückhaltend verhielt und nicht in Kumpanei machte – es sind auch solche äußeren Züge, glaube ich, die ja auch vielen anderen Leuten an meinem Vater gefallen haben. Und es mag schon sein, dass er die Tatkraft gespürt hat, auch die Fähigkeiten und die Bereitschaft, sich unterzuordnen.

BRELOER: Den Hunger nach Aufstieg und Erfolg?

HILDE SCHRAMM: Mag schon sein.

BRELOER *(zeigt ein Foto)*: Das sind die beiden beim Spaziergang zum Teehaus.

HILDE SCHRAMM: Ich kenne das Bild. Das finde ich schon eindrucksvoll, denn es hat gar nichts Gefährliches. Es hat mehr etwas Romantisches, so, wie Caspar David Friedrich die Menschen vielleicht gezeichnet hätte. Gut, bei ihm kommen die Menschen, wenn, dann noch kleiner vor. Es hat etwas Distanziertes, keiner bedrängt den anderen – fast so, als würde der Jüngere auf den Älteren aufpassen. Dieses Bild zeigt nichts von der Brutalität des Regimes, möchte ich meinen.

BRELOER: Vielleicht haben sie in diesem Moment so geredet: ›Ach, Herr Speer, wie ich den Winter hasse! Den Osten! Überhaupt der Krieg. Die Juden – sie sind an allem schuld! Aber ich werde ihnen die Rechnung präsentieren, diesmal kommen sie uns nicht davon!‹

HILDE SCHRAMM: Vielleicht haben sie auch gar nichts geredet. Sieht ja auch so aus. Es läuft der eine ein bisschen hinter dem anderen.

BRELOER: Aber so haben sie auch geredet, Ihr Vater hat es aufgeschrieben.[16] Hitler hat gesagt, was er vorhat. Warum sollte er es vor seinem besten Freund verheimlichen?

HILDE SCHRAMM: Ja, ich muss das annehmen. Es ist ja grade die Frage, wie intelligente Menschen – und mein Vater gehörte zweifellos zu den intelligenten Menschen – sich mit solchen Kriegs- und Herrschaftszielen, Welteroberungszielen auch nur im Geringsten anfreunden konnten, ohne zu fragen, was das für ein Irrsinn ist – und sei es nur unter der Frage der Machbarkeit. Abgesehen davon, was das für eine Unmenschlichkeit ist. Wie mein Vater sich dazu verhalten hat im Sinne von: akzeptieren, teilweise weghören, teilweise vielleicht als ein bisschen Angeberei abtun, weiß ich nicht. Sträflich leichtsinnig, sagt man rückwirkend. Aber dieses Bild, denke ich, drückt davon nichts aus.

BRELOER: Sie sind auch oben auf dem Berghof zu Gast. Dort gibt es Kaffee und Kuchen, man gibt dem netten Onkel Hitler Blümchen und wird ihm auf den Schoß gesetzt. Wie erinnern Sie das?

HILDE SCHRAMM: Ich glaube, ich habe den Bereich verdrängt, weil ich nicht daran erinnert werden wollte – anders kann ich es mir gar nicht erklären. Ich erinnere mich aus der Zeit in Berchtesgaden an ganz viel, an die Schulzeit, ans Skifahren, an Fräulein Leidheuser, an meine Mutter, an meinen Vater, an alles – aber ich erinnere mich nicht daran, dass ich da oben war. Das muss ich verdrängt haben. Ich muss das wirklich mit Gewalt in mich reingesenkt haben, dass es nie mehr hochkommt. Weil das natürlich in dem Maße, wie ich größer wurde, für mich eine schreckliche Erinnerung ist. Einfach die Tatsache, dass ich in dieser Umgebung mit dem Hitler und mit den anderen Personen, die ich ja nur verabscheuen kann, in meiner Kindheit so engen Kontakt hatte. Ich glaube, das wollte ich dann doch nicht mehr wahrhaben. Ich erinnere mich an eine andere Situation, dass wir irgendeine Aufführung probten mit etwas Tanzen, und da war ich im Vorfeld voller Angst und wollte das überhaupt nicht, sodass ich richtig krank geworden bin und heilfroh war, dass ich dann im Bett lag. Die Bormann-Mädchen, so wurde mir dann berichtet, haben einmal geprobt und es gleich gekonnt, und mir war das so schrecklich.

BRELOER: Wenn man sich die Filme, die Eva Braun da gedreht hat, so ansieht …

HILDE SCHRAMM: Das kann ich nicht zusammenkriegen. Ich war keineswegs so frei, wie es vielleicht scheint. Ich war in vielen dieser Situationen voller Angst und Scheu. Und das Erstaunliche ist und auch das Nachdenkenswerte über mich selbst: Wie kann ein Kind so klar ein Gefühl *Ich will nicht!* haben und gleichzeitig so gut funktionieren? Offenbar habe ich auch auf dem Berghof die Rolle gut ausgefüllt: Knicks, und gestrahlt. Aber ich wollte es vermutlich später nicht wahrhaben, dass ich so ein Vorzeigemädchen war. Und immer noch, wenn ich so einen Film sehe und bin da in der ersten Reihe oder überreiche den Blumenstrauß, sehe ich das höchst ungern. Ich will es nicht wahrhaben, dass ich da so nah dran war.

BRELOER: Haben Ihre Eltern Sie da ein bisschen abgerichtet?

HILDE SCHRAMM: Ich denke, meine Überlebensstrategie war sowieso die Anpassung. Alle Kinder haben Überlebensstrategien, und ich hatte die der Anpassung.

BRELOER: Da gab es sicher auch Wünsche von Mutter und Vater im Hinblick auf Ihr späteres Leben; Sie waren eine der ersten Familien des Reichs, ganz oben am Berghof, und wenn man den Krieg gewonnen hätte …

HILDE SCHRAMM: Weiß man nicht. Weiß man nicht, wie das weitergegangen wäre. Ich denke, Kinder sind nicht so korrumpierbar. Ich glaube, ich hatte ein ziemliches Gefühl von Gleichheit, ich wollte diese Rolle nicht. Ich erzähle Ihnen eine Geschichte. Die Bormann-Kinder wurden von der Schule abgeholt, obwohl deren Weg viel kürzer war. Wir wurden nicht von der Schule abgeholt und mussten laufen. Dann kam mal ein Fahrer und hat gefragt: »Willst du nicht mitfahren? Ich fahre dich nach Hause.« Ich wusste nicht, wie ich das ablehnen sollte, bin also mitgefahren. Und als der mich zu Hause abgesetzt hatte, habe ich geguckt, dass mich keiner sieht, und bin den Weg zurückgelaufen, um wieder mit den anderen anzukommen. Ich wollte nicht in so einer herausgehobenen Rolle sein, ich wollte nichts Besseres sein als die anderen in der Klasse. Kinder haben, wenn sie nicht völlig ruiniert sind – und offenbar war ich nicht völlig ruiniert worden –, da unter Umständen ein ganz klares Gefühl; und wenn man so ein Gefühl von

Gleichheit erst einmal hat, ist so eine Rolle, man soll was vortanzen oder irgendwelche Blumensträuße überreichen, schon einmal nicht genehm. Ich habe mich auch einfach geniert – und dann offenbar aber als Kind schon immer den Sprung gekriegt: *So, jetzt mache ich es!* Trotzdem erstaunt es mich – die Bilder, die ich da von mir selbst sehe, wo ich einen ganz souveränen und glücklichen und gelösten Eindruck mache. Wie das zusammengeht … Ich erinnere das andere, aber diese Bilder sind auch wahr.

BRELOER: Sie sagten: »nicht völlig ruiniert«. Fühlen Sie sich denn überhaupt durch die Erziehung ruiniert?

HILDE SCHRAMM: Ja, natürlich.

BRELOER: Wieso? Sie hatten doch eigentlich eine glückliche Jugend. Und doch fehlte etwas?

HILDE SCHRAMM: Ja, sicher: Die Zuwendung der Eltern war relativ gering. Außerdem, denke ich, kann man diese Kindheit und Jugend nicht nur als reine Erinnerung verstehen. Die Erinnerung wird immer gedeutet von dem, was man später weiß. So ein Gedächtnis ist ja eine aktive und selber konstruierende Instanz. Ich überlege dann natürlich und habe auch schon bald überlegt: Was habe ich alles nicht gewusst? Was war eigentlich alles falsch, ohne dass ich es gemerkt habe? Trotzdem stimmt beides: Es stimmt, dass wir da eine heitere, lockere und unbeschwerte Kindheit hatten, wir haben nicht gehungert, wir wurden nicht durch Bomben bedroht, wir hatten keine Überlebensängste. Verglichen mit anderen ist das ungeheuer viel. Aber wenn ich dann mit zwölf, dreizehn anfange, mir eine Vorstellung davon zu machen, was die Rolle meines Vaters in der NS-Zeit war und was ich alles nicht mitgekriegt habe – dann kann ich rückwirkend nicht mehr nur an eine behütete Kindheit denken.

BRELOER: Was haben Sie in Berchtesgaden vom Krieg mitgekriegt?

HILDE SCHRAMM: Ganz wenig. Zum Beispiel: Der Bruder von der Schwester Paula ist gefallen, und das hat mich sehr mitgenommen. Ich habe wahnsinnig viel geweint, also kann da nicht alles in Ordnung gewesen sein. Ich habe als Kind viel geweint.

BRELOER: Das hätte ich nicht gedacht; auf den Bildern strahlen Sie immer.

HILDE SCHRAMM: Nein – es ist ja beides. Die Menschen haben verschiedene Elemente in sich, das Funktionieren und die Weichheit und die Trauer und dann wieder das Überspringen der Weichheit und der

Trauer. Das hatte ich auch alles schon als Kind. Ich war nicht nur das heitere Mädchen, das hier gezeigt wurde.

Breloer: Sie haben auch etwas gespürt, eine Schieflage?

Hilde Schramm: Warum Kinder weinen, weiß ich nicht. Es gibt Kinder, die weinen leicht. Ich hab auch nicht geweint, weil mir etwas verboten wurde. Ich habe einfach geweint.

Breloer: Albert hat einfach gekotzt.

Hilde Schramm: Genau. Kinder, denke ich, sind ungeheuer sensibel. Was ich da mitgekriegt habe, weiß ich gar nicht. Vielleicht habe ich auch nur einen Mangel empfunden. Ich habe zum Beispiel immer fürchterlich geweint, wenn die Lina Weber weggefahren ist, die Großmutter. Aber ich habe auch in der Schule geweint, wenn etwas Trauriges vorgelesen wurde – aber auch, wenn etwas Schönes vorgelesen wurde. Besonders dann. Das alles würden Leute, die etwas davon verstehen, natürlich so deuten: dass in mir viele unverarbeitete Brocken sind. Aber schon von Anfang an. Was mir, glaube ich, Schwierigkeiten machte, wenn ich zurückdenke: dass ich das Gefühl habe, ich musste mich verstellen. Und offenbar hat mir das Probleme gemacht. Aber ich war unfähig, das in Worte zu fassen. Ich hätte sicher sehr gerne über vieles schon damals geredet, über Beobachtungen, über Unbehagen oder auch einfach über meine Ängste, mein Unwohlsein. Offenbar war das nicht möglich. Ich habe mich oft, erinnere ich mich, geniert, ich war nicht eins mit mir, wie ich mich verhielt. Dass das etwas mit der speziellen Situation auf dem Berghof zu tun hat oder mit Berchtesgaden, möchte ich eigentlich bezweifeln. In meiner Angepasstheit habe ich mich wieder geniert für meine Angepasstheit. Die Szene habe ich schon öfter geschildert: In Berchtesgaden meinte ich, ich müsste alle Leute, die vorbeigehen, mit »Heil Hitler!« begrüßen. Und da hat Fräulein Leidheuser zu mir gesagt, das solle ich nicht tun. Ich habe das ganz genau in Erinnerung, aber ich erinnere mich nicht, dass ich nachher mit Fräulein Leidheuser, die die allerliebenswürdigste und sanfteste und freundlichste weibliche Person in der Umgebung war, über die Blamage, die es ja für mich war, hätte reden können.

Breloer: Wie kamen sie darauf, dass man »Heil Hitler« sagen muss? Wer hatte Ihnen das beigebracht?

Hilde Schramm: Offenbar in der Schule und auch an anderen Stellen. Ob man es nun wahrhaben will oder nicht: Es wurde ja morgens »Heil Hitler!« gesagt, und manche Leute, die man traf, musste man auch mit »Heil Hitler!« begrüßen.

BRELOER: Am Berghof oben war es ja sicher angebracht?

HILDE SCHRAMM: Ich weiß nicht, ob das da oben nicht gerade nicht angebracht war. – Das mit dem »Heil Hitler« ist wirklich nur ein Beispiel, das zeigen soll, dass ich verunsichert war, keine natürliche Selbstverständlichkeit haben konnte, weil zu viele unterschiedliche Einflüsse und vielleicht gespürte Anforderungen sich bei mir trafen, die ich nicht verarbeiten konnte. Mit meiner Mutter oder auch der Schwester Paula habe ich über nichts geredet. Ich denke, das war die Einsamkeit und die Traurigkeit.

BRELOER: Mit dieser Sensibilität hätten Sie sich für eine Führungsaufgabe im zukünftigen Reich nicht geeignet.

HILDE SCHRAMM: Da bin ich nicht sicher. Das ist ja gerade der Punkt: Mein Vater war auch sensibel. Und ich war ja auch tüchtig …

BRELOER: Bei aller Sensibilität, die Sie auch bei Ihrem Vater gesehen haben, kann man trotzdem, fürchten Sie, in so einer Maschinerie funktionieren?

HILDE SCHRAMM: Ja, sicher. Man kann Gefühle und Sensibilitäten abtöten, mindestens auf Zeit. Man kann aber auch überspringen, was da alles eigentlich an Erkenntnissen in einem ist.

BRELOER: Wegschauen, umdeuten, leugnen.

HILDE SCHRAMM: Das alles, ja. Ich hatte als Kind schon mehrere Gesichter. Einerseits war ich eine strahlende kleine Person, die hochgeschaukelt ist und offenbar auch gern Schlitten gefahren ist und Spaß hatte mit den Tieren; andererseits weiß ich, dass ich oft sehr, sehr traurig war und vor mich hingeweint haben, auch im Bett geweint habe. Ich weiß gar nicht, warum, aber ich habe geweint, und da war auch viel Trauer in mir. Meine Geschwister haben mich auch Heulsuse genannt.

BRELOER: Wer geht auf dem Foto spazieren? Speer und er. Und die Mutter sitzt zu Hause bei den Kindern. Niemals hätte er sie zu so einem Spaziergang mitgenommen. Künstler verstehen zwar auch eigentlich nichts von Politik – aber Frauen schon gar nicht.

HILDE SCHRAMM: Nein. Mein Vater hat die ganze Familie – die Mutter und auch uns – bewusst rausgehalten. Das ist ganz wahr. Und damit weiß ich nicht, ich ahne: Die haben auch untereinander nicht über Politik und über sein Handeln gesprochen. Ich ahne: Sie hat auch nicht gefragt. Gleichzeitig konnte man nach dem Krieg auch wieder froh sein, dass er sie nicht reingezogen hat. Sie war ja dann nicht in irgendeiner Form belastet in dem Sinne, dass sie in Organisationen gewesen wäre, Parteimitglied oder in sonstigen Funktionen. Ich glaube, sie war noch nicht mal in der NS-Frauenschaft. Aber das Motiv dahinter ist natürlich schon: Das eine ist Männersache, und Frauensache ist ganz was anderes.

Breloer: Ich möchte noch über zwei Gäste sprechen, die vielleicht am Berghof auch wichtig waren für Sie: Sepp Dietrich kam manchmal.

Hilde Schramm: Der war für uns Kinder irgendwie herzlich.

Breloer: Und dann gab es diesen netten Doktor.

Hilde Schramm: Den Brandt? Ja, das ist ein richtiger Freund gewesen, das ist anders als mit Sepp Dietrich. Und die Frau, die Anni Brandt, war eine richtige Freundin. Es waren da im Umfeld ja wenig richtige Freunde; und das waren welche. Die Frau sah ich häufiger. Und die hatten auch einen Sohn, Karl-Adolf hieß der, der war so in unserem Alter. Die Anni Brandt war ja eine Schwimmerin gewesen, hatte irgendwelche Meisterschaften gewonnen, hatte noch ihre ganz kurzen Haare. Lachte viel, war eine strahlende, herzliche Person. Wenn die da waren, war es gute Stimmung – wie wenn eben Freunde da sind.

Breloer: Er war der Mann, der alle Frauen auf dem Berghof in Entzückung versetzte.

Hilde Schramm: Ja. Ich weiß genau, wie er aussah. Er war sehr nett, auch zu den Kindern. Und nach dem Krieg hat mich sehr beschäftigt, dass er hingerichtet wurde und dass er diese »Euthanasie«-Programme entscheidend mit veranlasst hat. Das konnte ich überhaupt nicht in Zusammenhang bringen.

Breloer: Das könnte auch am Berghof oder bei Ihnen zu Hause Gesprächsthema gewesen sein. Es gab da diesen Spielfilm[17], das war ein Zeitthema, das wurde akzeptiert.

Hilde Schramm: Das war akzeptiert. Ich erinnere mich, es ist wirklich wahr, dass in diesem Gutshof, wo mein Kinderfreund Fredi herkam, offenbar ein Kind war, das hatte – ich weiß es nicht, welche Art von psychischer oder physischer oder sonstiger Störung, und es ist so dunkel an mich gekommen, dass dieses Kind in einem Heim war und dann umgebracht wurde. Und dass die Eltern das richtig fanden, weil er jetzt ›von seinem Leiden erlöst‹ war. Das ist eine Kindheitserinnerung, die hat mich irritiert, ich würde es sonst nicht behalten haben. Trotzdem war für mich nach dem Krieg ganz klar, dass »Euthanasie« zu den zentralen Verbrechen gehört, die das »Dritte Reich« begangen hat, da war gar kein Zweifel. – Vorhin habe ich abgebrochen mit dem Krieg. Der

Krieg ist in Form von einigen Menschen, die, wie man das nannte, ›gefallen‹ sind, schon auch an mich herangekommen, und ich fand das
ganz schrecklich, überhaupt nicht heroisch oder sonst was, sondern
nur schrecklich – die Vorstellung, da werden Menschen getötet. Und
ich war nur froh, natürlich völlig unverantwortlich, kindisch, weil ich
dachte: ›Mich erwischt es nicht, ich bin ja ein Mädchen.‹ Es war auch
die Vorstellung, dass es immer so weitergeht und dass dann die Brüder
groß werden – da habe ich Ängste gehabt. Und als der Onkel Ernst mit
der Uniform da war – das war mir alles sehr unheimlich. Der tauchte
noch mal in Berchtesgaden auf, war auch schon an der Front gewesen
und ist dann wieder gegangen. Das muss relativ kurz vor Stalingrad gewesen sein. Ich habe aber nur eine dunkle Erinnerung, sonst gar nichts.
Und selbst diese Erinnerung kann falsch sein, und es kann Wolf[18] gewesen sein, auch schon in Uniform. Ich habe Onkel Ernst praktisch
nicht gekannt. Ich erinnere mich nicht, dass mein Vater damals da war.
Ich habe sonst den Onkel Ernst als Kind nicht wahrgenommen.

BRELOER: Er kam nicht wieder.[19] Wie sprach man darüber?

HILDE SCHRAMM: Das weiß ich nicht mehr. Wirklich nicht.

BRELOER: Die schöne Bergwelt, eine grandiose Kulisse – und dahinter
der Weltkrieg. Was dachten Sie eigentlich, was der Vater macht in diesem Krieg?

HILDE SCHRAMM: Dass er zur Führungsgruppe gehört, habe ich schon
verstanden.

BRELOER: Führungsgruppe im Krieg – ein General war er eigentlich
nicht. Was konnte der sein?

HILDE SCHRAMM: Also den Titel wusste ich schon, den hatte ich, weil der
ein bisschen kompliziert war, gelernt: *Minister für Waffen und Munition.*

BRELOER: Darunter konnte man sich schon was vorstellen: Der macht,
dass die Soldaten Patronen und Panzer haben.

HILDE SCHRAMM: Ja, schon.

BRELOER: Und wussten Sie auch, dass Hitler sozusagen der Oberste ist
und Ihr Vater sein Freund? Wie da die Machtverhältnisse waren?

HILDE SCHRAMM: Ja, sicher. Das wurde ja hinreichend inszeniert, um es
als Kind zu verstehen. Auf dem Berghof war eben der Hitler, und die
anderen waren darum herum. Schon das Wort *Führer* konnte ich ja
verstehen. So war auch die Bezeichnung zu Hause.

BRELOER: Dann teilen sich sozusagen die Berge, und Sie fahren nach

Norden, um am Ende des Krieges 1945 in der Nähe des Vaters zu sein. Wo sind Sie da zuerst hingefahren?

Hilde Schramm: Meiner Meinung nach gleich nach Sigrön. Ein Gut von diesem Frank.[20]

Breloer: Haben Sie auf dieser Fahrt schon etwas vom Krieg gesehen?

Hilde Schramm: Ich habe da keine Erinnerungen. Ich war so voller Trauer, dass wir aus Berchtesgaden wegmussten.

Breloer: Und von Sigrön sind Sie dann im April 1945 …

Hilde Schramm: Ja, das muss Anfang April gewesen sein.

Breloer: … weitergeleitet worden nach Oehe. Wie muss man sich Oehe vorstellen?

Hilde Schramm: An Oehe habe ich wieder Erinnerungen. Aber wie wir dahinkamen und was ich gesehen habe, welche Bedrohungssituationen da vielleicht waren, oder die zerstörten Städte – das habe ich nicht wahrgenommen. Oder wir sind nachts gefahren – kann auch sein. Ich glaube, der Herr Cliever hat uns hingebracht. Und die Frau Cliever ist ja dann auch bei uns geblieben.

Breloer: War das ein Mitarbeiter aus dem Rüstungsministerium?

Hilde Schramm: Weiß ich nicht. Nannte sich Adjutant. Der war ziemlich nah.

Breloer: Sie sind jetzt in Oehe. Auch ein Gutshof, der noch in Betrieb ist –

Hilde Schramm: Ja. Ein funktionierender Betrieb mit Feldern, mit Gänsen, mit Enten, alles, was man hat. Und mit einem Verwalter. Ich weiß gar nicht, wer der eigentliche Besitzer war. Der Verwalter hieß Platen, und Frau, und zwei Kinder. Mit einer Tochter habe ich mich dann angefreundet, sie war ein bisschen älter als ich. Die waren sozusagen die Tonangebenden und Herrscher auf diesem Gutshof. Das Haupthaus, das sogenannte Herrenhaus, das aber auch, wenn man es sich heute anguckt, nicht besonders prächtig ist, war voll mit Flüchtlingen, und da hatte mein Vater irgendwie für uns zwei, drei – auf keinen Fall mehr – Zimmer reserviert, sodass wir dann in dem Haus zusammen mit anderen Flüchtlingen untertauchten. Die Erklärung, die ich behalten habe, die mein Vater gegeben hat, war, dass das einmal englische Zone sein würde und er am meisten Vertrauen in die Fairness der Briten hatte, bezogen auf Familie.[21] Und zweitens: dass wir nicht verhungern würden, weil auf alle Fälle Fisch im Meer zu fangen sein würde. Und das hat sich ja auch beides bewährt. Wir haben dann

immer Fisch gegessen, fast zu jeder Mahlzeit. Oehe ist direkt an der
Ostsee, wir konnten in der Ostsee baden gehen. In Marsholm sind wir
zur Schule gegangen, da hatten wir wieder ungefähr eine Stunde
Schulweg. Das kannten wir ja schon, darin waren wir geübt.

BRELOER: Konnten Sie dort selber kochen?

HILDE SCHRAMM: Ja. Meine Mutter sehe ich am Herd, und auch meinen
Bruder Albert; der hat immer morgens die Suppe gemacht. Er selbst
erinnert sich, glaube ich, nicht daran. Und zwar weiß ich genau, dass
das eine Mehlsuppe war – wie man die macht, weiß ich nicht. Milch
hatten wir vom Bauern, und Mehl hatten wir durch Ährenlesen und
dann, wie alle das damals gemacht haben, durch Trennen der Spreu
vom Weizen durch Schleudern – das haben die Kinder ja gern gemacht. Und dann gemahlen. Und der Albert stand komischerweise jeden Morgen immer als Erster da am Herd und hat eine Mehlklunker-
suppe gekocht. Und ansonsten haben wir uns von Fisch ernährt.

BRELOER: Wer hat den geliefert?

HILDE SCHRAMM: Der wurde nicht geliefert, geliefert wurde gar nichts;
aber es gab da Flüchtlinge, die konnten fangen, und es gab Flüchtlinge,
die haben geräuchert. Was meine Mutter dagegen eingehandelt hat –
sie wird irgendwas gehandelt haben. Dorschleber gab es als Brotauf-
strich, Suppe war auch aus Fisch, aus den Gräten. Aber wir haben wunderbar überlebt, wir haben nicht gehungert und konnten nur nachher
alle keinen Fisch mehr sehen.

BRELOER: Wann wurde Ihnen klar, dass nun der Krieg verloren geht, und
was das für Folgen haben könnte?

HILDE SCHRAMM: Ich nehme an, als wir in Oehe waren, oder schon als
wir von Berchtesgaden wegmussten, war mir klar, dass jetzt eine Ka-
tastrophe heranrückt – für uns auch.

BRELOER: Aber das musste doch den Kindern irgendwann mal mit einfachen Worten gesagt werden: ›Wir verlieren den Krieg‹ oder: ›Die
Russen kommen.‹ Ist der Satz zum Beispiel gefallen?

HILDE SCHRAMM: Dass die Gefahr ist, dass die Russen immer näher kommen – das, denke ich, habe ich schon in Berchtesgaden verstanden.

BRELOER: Wie sah überhaupt, wenn man an den Krieg dachte, *der Feind*
aus? Was war *der Feind*? Engländer, Franzosen – was stellten sich Kinder darunter vor?

HILDE SCHRAMM: Ich nehme an, ich habe das auch nachgebetet, aber im
Gefühl habe ich kein Feindbild in Erinnerung.

Breloer: Nur die Russen eben. Die waren Feinde, das war klar.

Hilde Schramm: Nein, die waren eine Bedrohung. – Man weiß ja nicht, wie weit man Dinge verdrängt hat, weil man sie nicht wahrhaben will. Es ist ja auch viel darüber geschrieben worden, wie auch andere sich nicht erinnern, dass im Schulunterricht eine Indoktrination war. Ich würde für mich auch behaupten: Ich bin nicht indoktriniert worden in der Schule. Natürlich bin ich das, ständig, aber ich habe es nicht gemerkt. Das ist ja grade der schleichende Weg.

Breloer: Kam *der Jude* in der Schule im Unterricht vor?

Hilde Schramm *(schüttelt den Kopf.)*

Breloer: In Ihrem Leben?

Hilde Schramm: Nein.

Breloer: Hatte man in Oehe noch Angst, dass die Russen kommen könnten?

Hilde Schramm: Nein. In Oehe war klar, dass da die Engländer kommen. Aber dass der Krieg zu Ende sein würde, war auch klar. Da ich aber sowieso den Krieg ja gar nicht mochte, sondern Angst davor hatte, für andere Menschen oder ahnend, dass meine Brüder da mal reingehen müssten, war ich doch nur froh, dass dieser Krieg zu Ende war. Das habe ich nicht als eine Situation von Niederlage und von Depression erlebt, sondern ich glaube eher, dass ich erleichtert war.

Breloer: Aber es war aus der Welt von Berchtesgaden erst mal ein Abstieg, mit anderen Leuten so zusammengedrängt auf kleinem Raum zu leben.

Hilde Schramm: Ja. Aber Sie wissen ja, dass Kinder so etwas ganz anders erleben. Das war wunderschön; da waren viele andere Kinder, diese ja doch etwas strenge Erziehung mit Regeln und mit Hausangestellten war vorbei, die Nähe zur Mutter war größer. Und dann war noch Frau Cliever da. Frau Cliever war eine sehr angenehme, sehr unterstützende Frau. Sie war übrigens Polin, vielleicht war sie auch extra deswegen mitgenommen worden, damit jemand von einer anderen Nationalität dabei ist. Aber auch, weil sie eine sehr warmherzige, auch couragierte, tüchtige und wunderbare Frau war, die ich sehr mochte. Da waren also jetzt zwei Frauen, die miteinander die sechs Kinder durch diese schwierige Zeit brachten. Und wir waren ja auch jetzt nicht mehr nur Kinder, wir wurden mehr ernst genommen; wir haben Ähren gelesen, wir haben das gemacht, wir haben jenes gemacht, wir haben mit zum Überleben beigetragen, und das sind ja auch Aufwertungen für Kinder. Es ist ganz falsch zu meinen, dass solche Notsituationen, Krisensituationen für die Kinder nur nachteilig sind – das schweißt die Familie zusammen. Und dann kam dazu, dass die Kontrolle der Erwachsenen praktisch weg war – die hatten erst einmal genug zu tun, die Lebensmittel ranzukriegen, und wenn sie noch Zeit hatten, sich vielleicht auch ein bisschen zu orientieren. Meine Mutter hat viel Radio gehört, das weiß ich – die saß am Radio, und wir sind rumgetobt. Wir haben jeden Abend, wenn es dunkel wurde, in großen Horden Räuber und Gendarmen gespielt. Und ansonsten haben wir uns halt da versteckt und auf so einem Gutshof die Welt erkundet. Es war auch eine Art Befreiung gegenüber der Behütetheit, und gerade in dem Alter richtig, wo wir groß genug waren – also ich zumindest –, um das genießen zu können.

BRELOER: Aber dann kam er, der Feind. Wie war das?

HILDE SCHRAMM: Der Feind kam in Form von Engländern. Die haben uns nichts getan, die kamen in alle Räume, sind durch alle Räume gegangen und haben geguckt, ob man was versteckt hat. Meine Mutter hatte irgendwas, vermutlich Schmuck, im Bett vom Ernst versteckt, der war ja noch ein halbes Baby, und da haben sie auch gar nicht gesucht. Da waren wir alle froh, dass sie das nicht gefunden haben. Wir wussten alle, dass das da versteckt war, war ja auch nicht ein besonders einfallsreiches Versteck. Die haben uns nicht schlecht behandelt, die haben uns nicht gedemütigt, die sind durch die Räume gegangen, dann sind sie wieder gegangen.

BRELOER: Haben Sie vor Kriegsende oder kurz danach Ihren Vater noch einmal in Oehe wiedergesehen?

HILDE SCHRAMM: Ich erinnere mich nur an eine Szene: Da landet er auf einer Wiese mit einem – ja, was immer? – hubschrauberähnlichen Flugzeug –

BRELOER: So ein Fieseler Storch?

HILDE SCHRAMM: Vermutlich Fieseler Storch. Die Kinder aus dem Dorf kamen angerannt und haben gerufen: »Euer Vater ist da! Euer Vater ist da!« Dann sind wir auch alle auf diese Wiese gelaufen, und dann ist er mit in diese Räume gegangen. Das ist meiner Meinung nach sein letzter Besuch gewesen. Wann der nun genau war, vor oder nach Kriegsende, das weiß ich nicht.[22] Aber das Aufregende war, dass er da auf der Wiese gelandet und dann auch wieder hochgestiegen ist.

BRELOER: Haben Sie seinen Abschied von der Mutter gesehen – eine letzte Umarmung?

Hilde Schramm: Nein, habe ich nicht gesehen.

Breloer: Wann haben Sie ihn nach diesem letzten Tag in Oehe wiedergesehen?

Hilde Schramm: Dann erst sehr viel später, in Spandau.

Breloer: Wie haben Sie erfahren, dass er nun den ganzen Sommer über von Lager zu Lager gebracht wird? Hat Ihre Mutter irgendwelche Informationen bekommen, wo er war – in Luxemburg, in Paris, in Kransberg, schließlich in Nürnberg?

Hilde Schramm: Weiß ich nicht. Ich nehme an, dass sie das jeweils wusste, denn ich erinnere mich nicht an eine Beunruhigung. Ob meine Mutter nun wusste, wo er im Einzelnen war, weiß ich nicht, aber dass er irgendwo in Lagern war – ich nehme an, das hat uns immer als Information erreicht.

Breloer: Ende 1945 taucht er dann wieder auf – was erinnern Sie da?

Hilde Schramm: Meine Mutter saß ja am Radio und hat die Nürnberger Prozesse verfolgt. Sie hat nicht eigentlich mit uns darüber geredet, aber wir haben trotzdem mitgekriegt, dass da ein Prozess ist, dass da die Leute, und auch unser Vater, als Hauptkriegsverbrecher angeklagt sind; und dass dann auch meine Mutter sehr besorgt war und nicht gestört werden wollte, wenn sie Radio hörte, also sehr konzentriert dagesessen ist und das gehört hat.

Breloer: Sie schickte Sie raus?

Hilde Schramm: Ob sie uns nun wirklich rausgeschickt hat oder ob wir einfach so vom Gefühl her gemerkt haben, dass sie alleine sein will, das weiß ich nicht. Aber ich erinnere mich nicht, dass ich daneben saß und auch zugehört habe. Und trotzdem ist genug an mich gekommen. Vielleicht bin ich auch mal ein paar Sätze dabei gewesen.

Breloer: Was haben Sie davon verstanden? Hat man Ihnen erklärt, wieso er als Hauptkriegsverbrecher angeklagt war, was das bedeutete? Oder konnten Sie sich das schon selbst erklären?

Hilde Schramm: Schwer zu sagen. Ich denke nur, ich habe gegen diesen Vorgang nicht rebelliert. Wenigstens erinnere ich mich nicht daran. Ich erinnere mich nicht, dass meine Umgebung oder ich selbst das Gefühl hatte, hier geschieht etwas ungeheuer Ungerechtes – sondern eher so ein Entsetzen. Auch bei meiner Mutter.

Breloer: Entsetzen?

Hilde Schramm: Über die Sachen, die da geschildert wurden.

Breloer: Hinter den Bergen von Berchtesgaden – die Leichenberge.

HILDE SCHRAMM: Ja. Auch meine Mutter war sehr in sich gekehrt, und deshalb haben wir sie auch in Ruhe gelassen, wenn sie Radio hörte.

BRELOER: Da muss sie gezweifelt haben, wenn ihr Mann es ihr nicht erzählt oder angedeutet hatte ...

HILDE SCHRAMM: Ja, sicher. Das hat ja andere auch aufgewühlt. Aber sie hat sich nicht dagegen gewehrt. So wenigstens habe ich es nicht in Erinnerung, dass sie es gehört und dann gesagt hätte: ›Das stimmt nicht.‹ Oder irgendeine andere Art von Abwehr, Ausrede oder Bestreiten der Dinge.

BRELOER: 1946 – zehn Jahre waren Sie alt, als die Urteile verkündet wurden. Haben Sie um das Leben Ihres Vaters gezittert?

HILDE SCHRAMM: Ja, das schon. Ich glaube, meine Mutter war da auch schon in Heidelberg, wir lebten bei den Großeltern am Hausackerweg. Am Tag der Urteilsverkündung bin ich offenbar ganz normal in die Schule geschickt worden. Das zeigt natürlich auch, wie damals meine Mutter mit der Situation umgegangen ist: einerseits hilflos, aber andererseits auch den Alltag aufrechterhaltend. Ich fuhr mit der Straßenbahn; mein Bruder Albert war schon zu Hause, hat mich abgeholt und hat gesagt: »Er wird nicht gehängt.«

BRELOER: Und das war eine Erlösung für Sie.

HILDE SCHRAMM: Ja, sicher.

BRELOER: Sie wussten, dass er hätte gehängt werden können?

HILDE SCHRAMM: Ja, sicher, das war ganz klar. Er hatte ja auch an seine Frau geschrieben, dass es möglich ist, oder auch, dass er damit rechnet – je nachdem, wie die Briefe formuliert sind. Dass sie sich darauf einstellen muss, und wir auch.

BRELOER: Haben Sie die Spannung Ihrer Mutter gesehen?

HILDE SCHRAMM: Meine Mutter war ganz erstaunlich, was man gehalten nennt, also dieses Sichzusammennehmen, die Familie nicht Belasten. Mit dem Alltag, den vielen Kindern, eine Mischung aus Ablenkung und was man Pflichterfüllung nennt. Sie war in der Zeit, denke ich, schon beachtlich stark.

BRELOER: Und jetzt ist klar: zwanzig Jahre. Was war das für eine Vorstellung für sie, dass ihr Mann jetzt zwanzig Jahre eingesperrt wird?

HILDE SCHRAMM: Das war sozusagen erst mal nebensächlich. Die Hauptsache: Er bleibt am Leben. Und zwanzig Jahre sind so viel – die kann man sich gar nicht vorstellen.

BRELOER: Hat man sich am Abend mit den Großeltern zusammengesetzt und das gefeiert?

HILDE SCHRAMM: Das weiß ich nicht. Eine Erleichterung war schon da, aber wie wir das nun gestaltet haben? Vermutlich überhaupt nicht.

BRELOER: Was hatten Sie von dem verstanden, was im Nürnberger Prozess zur Sprache gekommen war – was Ihr Vater getan hatte?

HILDE SCHRAMM: Ich glaube, das geht so nach und nach. Man schnappt da was auf, schnappt da was auf … Dann habe ich natürlich auch nach dem Krieg aufgeschnappt, dass er wesentlich dazu beigetragen hat, dass die Industrie nicht so zerstört wurde, wie sie sonst zerstört worden wäre, dass er sich gegen den »Verbrannte Erde«-Befehl gewandt hat.[23] Das war ja in der Nachkriegszeit vielen Menschen viel näher als das andere und kam deshalb auch stärker an mich, und dann natürlich immer mit einer positiven Bewertung meines Vaters. Sodass ich auch immer Ankerpunkte von positiven Einschätzungen durch die Umgebung bekam, die nicht unbedingt die Zwangsarbeit und die Rüstungsproduktion an sich betrafen, sondern sein Verhalten in der Endphase des Krieges. So konnte ich eine respektvolle Einstellung ihm gegenüber haben und bekam nach und nach immer mehr Informationen darüber, was seine Rolle in dem Regime gewesen ist.

BRELOER: Die düstere Seite mussten Sie sich sozusagen selber heranziehen?

HILDE SCHRAMM: Ja, die musste ich mir selber heranziehen. Andererseits war ich, seit ich zehn war, also seit 1946, schon auf dem Gymnasium, an dieser Schule, deren Leiterin, Elisabeth von Thadden, in Zusammenhang mit dem 20. Juli hingerichtet worden war. Und in dieser Schule wurde uns ganz eindeutig vermittelt, dass das ein inhumanes, barbarisches Verbrecherregime gewesen ist.

BRELOER: Wurden dort die Überfälle auf die Nachbarländer als Überfälle angesprochen? Wir haben damals nur vom Krieg gehört. Die Judenvernichtung kam bei uns nicht vor auf der Schule.

HILDE SCHRAMM: Nach meiner Erinnerung habe ich mit zwölf, also in der Quarta, in der Schule einen Film gesehen, der wohl die Grundlage war für den späteren Film »Nacht und Nebel«.[24] Wir haben die Leichenberge gesehen. Wir haben die Befreiung von Konzentrationslagern gesehen. Man hat uns damit auch, denke ich, noch nicht einmal überfordert – ich finde das heute noch richtig, dass wir das gesehen haben. Ich wusste, dass es diese Judenvernichtung, den Pogrom, den Völkermord gegeben hat. Wir hatten in derselben Schule auch ein Mädchen, deren Vater nach dem 20. Juli hingerichtet worden war, Töchter von Kriegerwitwen mit vier Kindern und so weiter, und die Biographien dieser Klassenkameradinnen in ihrer Unterschiedlichkeit waren ja zum Nachdenken sehr angetan.

BRELOER: Haben Sie damals gedacht: ›Mein Vater hat irgendetwas mit diesen Leichenbergen zu tun‹?

HILDE SCHRAMM: Nein – das weiß ich nicht, ob ich das so direkt gedacht habe. Ich habe ja auch immer gefunden, dass mein Vater zu Recht verurteilt worden ist. Das hat er uns ja leicht gemacht, weil ich ihn so verstehen konnte und auch heute noch so verstehe, dass auch er fand, dass er zu Recht angeklagt und verurteilt worden ist. Ich brauchte mich nicht in zwei Welten zu bewegen, einerseits meinen Vater hochzuhalten und andererseits in der Schule diese Bilder zu sehen. Die Frage war nur: Wie kriege ich das zusammen? Und dann habe ich mich sicher auch noch lange davor gedrückt, diese Handlungen und diese Verbrechen direkt mit meinem Vater in Verbindung zu bringen; aber dass er wesentlich teilhatte an dem Krieg und auch an der Kriegsverlängerung, damit auch an der Zerstörung – dem konnte ich nicht ausweichen.

BRELOER: Und die Verbindung herzustellen auch zu den Leichenbergen? Denn ohne Kriegsverlängerung wäre das ja nicht möglich gewesen.[25]

HILDE SCHRAMM: Ja, sicher. Ob ich das alles schon so in Beziehung gesetzt habe …

BRELOER: Das würde Sie überfordert haben.

HILDE SCHRAMM: Das hätte mich überfordert, das glaube ich auch. Ich habe halt immer so viel an mich herankommen lassen, wie ich gerade ertragen konnte – also abgedichtet, wo ich nicht mehr konnte.

BRELOER: Aber nun gibt es sozusagen zwei Vaterbilder: Der nette Mann, der den Hund hervorzaubert – und jetzt kommt ein anderer Vater dazu, den Sie so nicht kannten, mit dunklen Seiten, von denen sie nichts gesehen hatten. Es muss sehr schwierig gewesen sein, als junges Mädchen, das ja erst einmal selber leben will, sein Herz nicht damit zu beschweren. Wollten Sie eigentlich so viel davon wissen?

HILDE SCHRAMM: Ja, ich wollte es schon wissen. Sicher lebt ein Mensch wie ich dann trotzdem mit seinen Geschwistern, mit der Schule, hat andere Themen, hat andere Aufgaben, lässt sich ein, hat Spaß. Es hat mich also offenbar wieder nicht so beschwert, dass es mich davon abgehalten hätte, da in Heidelberg eine schöne Jugend zu haben. So auch nicht. Wie ein Mensch das hinkriegt, müssen vielleicht andere beurteilen. Auf alle Fälle habe ich immer versucht, so viele Informationen wie möglich zu kriegen; ich habe mit Annemarie Kempf geredet, ich hab mit Leuten geredet – mit meiner Mutter habe ich nicht geredet.

Breloer: Konnte man das nicht?

Hilde Schramm: Na ja – man schont sich ja wechselseitig. Sie meinte, uns zu schonen, und ich habe sie geschont, indem ich nicht gefragt habe. Das sind diese unausgesprochenen Verträge. Ich habe auch, was ich kriegen konnte, gelesen. Wichtig ist, glaube ich, dass ich das Schlusswort und das Verhalten meines Vaters in Nürnberg so verstanden habe, dass es auch in seinem Interesse ist, wenn ich mich dafür interessiere und wissen und verstehen möchte; sodass ich da nicht in Konflikt geraten bin mit meiner Zuneigung zu meinem Vater, sondern eher das Gefühl hatte, genau das zu tun, was er im Gefängnis auch versucht.

Breloer: Das Schlusswort in Nürnberg – hatten Sie mit zwölf, dreizehn, vierzehn Jahren verstanden, wie er da seine Rolle im »Dritten Reich« formuliert hat?

Hilde Schramm: Vermutlich habe ich es nicht eigentlich verstanden. Aber ich habe wahrgenommen, dass er sich nicht rausreden wollte und dass er entsetzt war über die nur kurz zurückliegenden Ereignisse. So habe ich mir das vielleicht auch nur zusammengereimt – wobei ich aber immer noch denke, dass es im Kern stimmt.

Breloer: In Nürnberg hat er zunächst einmal von der Verantwortung gesprochen. Was war damals Ihr Eindruck, und wie würden Sie das heute beurteilen?

Hilde Schramm: Er versucht, die Verantwortung zu übernehmen. Er geht dabei sehr, sehr weit, und es ist die Frage, wann das dann deklamatorisch wird. Wenn er von Gesamtverantwortung redet, denke ich heute: Das ist so fürchterlich, das kann er gar nicht. Aber was er zumindest in Nürnberg und auch später verstanden hat: dass man sein Handeln und seine Schuld nicht nur auf seinen eigenen Bereich beziehen kann.

Breloer: Kreuzverhör in Nürnberg, Justice Jackson: »Was verstehen Sie unter ›Gesamtverantwortung‹ zusammen mit noch anderen?« – »Ja«, sagt Speer, »es gibt meiner Ansicht nach im Staatsleben zwei Verantwortungen; die eine Verantwortung ist für den eigenen Sektor, dafür ist man selbstverständlich voll verantwortlich. Darüber hinaus bin ich

persönlich der Meinung, daß es für ganz entscheidende Dinge eine Gesamtverantwortung gibt und geben muß, soweit man einer der Führenden ist, denn wer soll denn sonst die Verantwortung für den Ablauf
der Geschehnisse tragen, wenn nicht die nächsten Mitarbeiter um ein
Staatsoberhaupt herum? Aber diese Gesamtverantwortung kann nur
für grundsätzliche Dinge sein. Sie kann nicht sein für die Abstellung
von Einzelheiten, die sich in den Ressorts anderer Ministerien oder anderer verantwortlicher Stellen abspielen, denn sonst kommt ja die gesamte Disziplin im Staatsleben vollkommen durcheinander … Die
Einzelverantwortung auf dem eigentlichen Arbeitsgebiet muss sauber
und klar trotzdem erhalten bleiben …«[26] – Und so weiter. Er unterscheidet hier also zwischen der Gesamt- und der Einzelverantwortung.
Eine moralische Verantwortung übernimmt er für das Schreckliche,
das zu Tage kommt. Aber er sagt nicht: ›Daran war ich schuld‹, denn
gleichzeitig beteuert er ja: ›Ich weiß davon nichts.‹ Für mich sieht es
so aus, als ob das ein kalkuliertes Risiko war. Er war eine erfreuliche
Ausnahme für die Veranstalter des Nürnberger Gerichts, weil er sie an-
erkannte und mit ihnen zusammenarbeitete. So konnte er hoffen, dass
man das nicht zu einer Schulderklärung ummünzt und ihn dafür
hängt. Nur was in seinen Bereich fällt, ist prozessfähig, das andere ist
lediglich ein moralischer Satz.

HILDE SCHRAMM: Ich glaube nicht, dass das ganz stimmt. Ich bin der
Meinung, dass er in der Zeit wirklich solche Aussagen wichtiger genommen hat als sein Leben. Ich glaube also nicht, dass er ein kalkuliertes Risiko eingegangen ist, indem er überlegt hat: ›Bringt mir das
was, oder bringt mir das nichts, wenn ich das jetzt so sage?‹ Ich bin der
Meinung, dass seine Aufrichtigkeit so weit geht, wie er es auch an seine
Frau geschrieben und dann im Schlusswort gesagt hat, dass er da nicht
um seinen Kopf gekämpft hat, sondern darum, dass Deutungen vermittelt werden, von denen er meinte, dass sie erstens richtig und moralisch notwendig sind; dann aber auch, dass sie Entlastungsfunktion
haben für die anderen, die weniger an der Führung beteiligt waren,
dass er also die Verantwortung übernahm, um dadurch das deutsche
Volk zu entlasten. Das war ihm offenbar ganz wichtig.

BRELOER: Er hat aber auch gesagt, was die drei Westmächte hören wollten: Das autoritäre System führt zu Verbrechen, und als Regierungs-
form effektiv ist es auch nicht. Ich finde, dass er sehr klug um seinen
Kopf gekämpft hat.

HILDE SCHRAMM: Aber warum unterstellen Sie ihm als zentrales Motiv, dass er um seinen Kopf gekämpft hat? Das tue ich nicht.

BRELOER: Weil ich vom Ergebnis ausgehe. Und weil ich von seinen Manipulationen hinter der Bühne weiß.[27]

HILDE SCHRAMM: Nein, ich finde, das ist viel zu einfach. Ich denke, es war für seinen Rest an Selbstachtung der einzig mögliche Weg, im Gericht so aufzutreten, nachdem er etwas verstanden hatte. Ich denke schon, dass er in dieser Situation primär so etwas wie ein Vorbild sein wollte; und das ist natürlich eine Rolle, die sehr anspruchsvoll ist, vielleicht hat er sich damit auch übernommen, aber für seine Selbstachtung, vielleicht auch für sein historisches Bild schien ihm das das Entscheidende zu sein.

BRELOER: Es ist vielleicht beides da, man darf es nicht ausschließen.

HILDE SCHRAMM: Man darf es gar nicht trennen.

BRELOER: Diese Geschichte von seinem Plan eines Attentats auf Hitler – haben Sie ihm die geglaubt?[28]

HILDE SCHRAMM: Die nehme ich als Schritte in dieser Endphase, wo eine Verrücktheit die andere jagte. Ich glaube schon, dass es stimmt. Ich denke nur nicht, dass es in der Zeit für ihn selbst so eine große Bedeutung hatte. Ich glaube nicht, dass es geschwindelt ist – es sind Möglichkeiten, die durchdacht werden. Dass er davon überzeugt war, dass es gut wäre, wenn Hitler umgebracht würde, damit er auch diese *Verbrannte Erde* nicht weiter fortsetzen kann, das glaube ich schon. Aber das war dann wieder weg, und es kam wieder ein anderer Strang. In der Endphase ist sein Verhalten nicht mehr stimmig, wenigstens nicht stimmig auf der Ebene der Handlungen. Denn seine ambivalenten Gefühle Hitler gegenüber und gleichzeitig die Tatsache, dass er sich widersetzt und bei ihm auch sehr viel an Verständnis sehr schnell, ganz sprunghaft geradezu, heranreift – das kriegt er nicht mehr unter einen Hut, das geht in der Endphase alles durcheinander.

BRELOER: Er beendet sein Schlusswort mit einem Appell, der deutlich schon in den Kalten Krieg hineinweist: »Die Kriegstechnik wird in fünf bis zehn Jahren die Möglichkeit geben, von Kontinent zu Kontinent mit unheimlicher Präzision Raketen zu schießen. Sie kann durch die Atomzertrümmerung mit einer Rakete, bedient vielleicht von nur zehn Menschen, im Zentrum Newyorks [sic!] in Sekunden eine Million Menschen vernichten, unsichtbar, ohne vorherige Ankündigung, schneller wie der Schall, bei Tag und bei Nacht. […] Darum muß die-

ser Prozeß ein Beitrag sein, um in der Zukunft entartete Kriege zu verhindern und die Grundregeln menschlichen Zusammenlebens festzu-
legen. Was bedeutet mein eigenes Schicksal nach allem, was geschehen
und bei einem solch hohen Ziel? Das deutsche Volk hat in früheren
Jahrhunderten viel zu dem Aufbau menschlicher Kultur beigetragen.
[…] Ein Volk aber, das an seine Zukunft glaubt, wird nicht untergehen.
Gott schütze Deutschland und die abendländische Kultur!«[29]

HILDE SCHRAMM: Ich weiß schon, das ist sehr zwiespältig. Sich selbst
klammert er aus und springt auf die abstraktere, allgemeinere Ebene.
Aber bei solchen Passagen ist für mich immer wieder die zentrale
Frage: Wie kann ein Mensch, der solche richtigen Einsichten hat, die
er auch gut formulieren kann, ein bisschen zu pathetisch der Schluss
– klar, ist nicht mehr unsere Welt –, wie kann ein solcher Mensch über
Jahre die Vernunft ausschalten und nur noch die Rationalität im Sinne
von Funktionieren in seinem Bereich aktivieren? Das ist mir immer
noch unverständlich. Gut, manchmal kommt man an Erklärungsan-
sätze heran, kann die auch zusammenfügen, aber es bleibt für mich
immer noch ein ungelöster Kern. Ich kann zum Beispiel sehen, dass er
jeweils die Rolle, in der er war, sehr stimmig ausgefüllt hat – stimmig
nach den jeweils vorgegebenen Regeln. Er hat die Rolle des Rüstungsministers nach den vorgegebenen Regeln und den Erwartungen
extrem effizient ausgefüllt; er hat nachher in Spandau die Rolle des Gefangenen auch in einer wirklich – mir zumindest – Respekt abnöti-
genden Art und Weise ausgefüllt, ohne sich gehen zu lassen, ohne
Selbstmitleid, er hat versucht, Dinge zu verstehen, er hat also aus dieser Zeit das Bestmögliche gemacht, was man aus so einer Zeit machen
kann; und jetzt ist der Nürnberger Prozess, und er hat die Fähigkeit,
sich ganz auf diesen Prozess und die Zusammenhänge, die da mitgeteilt werden, einzulassen und daraus eine Kehrtwendung in seinem
Denken zu vollziehen. Das ist für mich ein Phänomen. Nach der Frei-
lassung schließlich war er wieder in einer bestimmten Rolle, die hat er
auch wieder ausgefüllt, nämlich zu schreiben, Rede und Antwort zu
stehen. Er hat also eine Fähigkeit gehabt, sich ganz in die Situation einzulassen – mit den Vor- und Nachteilen, die das hat.

BRELOER: Das, was man von ihm erwartete, zu wittern.

HILDE SCHRAMM: Jeder kluge Mensch macht das ja, jeder kluge Mensch
hat eine Taktik und eine Strategie, die gar nicht mehr rational ist – ein
Gespür für Situationen, dass er intuitiv und richtig auf Situationen

reagiert, dass er die Menschen um sich herum einschätzt, Nebeneffekte vorausberechnet, aber gar nicht Schritt für Schritt, wie einen Generalplan, sondern das sind sehr schnelle und dann zusammenschießende Einstellungen und Situationseinschätzungen. Und ich denke, das macht einen erfolgreichen Menschen aus, egal, wo er ist. Das Schlimme ist halt nur, dass diese Art von Fähigkeit offenbar in diesem System, in einem anderen, in noch einem weiteren immer gleich gebraucht wird und, unter den Kriterien des jeweiligen Systems, immer auch gleich überzeugend ist. Das finde ich das Erschreckende daran. Das sind ja alles Fähigkeiten, die wir heute auch wertschätzen. Dazu gehört noch eine gewisse Kreativität – dass er unerwartet handeln, die anderen verblüffen kann. Das alles macht den erfolgreichen Menschen unserer Zeit aus.

BRELOER: Damit haben Sie, glaube ich, die beste Charakteristik Ihres Vaters gegeben. Er war ein mathematisches Genie und konnte seine Schritte sehr schnell und sehr weit vorausberechnen.

HILDE SCHRAMM: Ja, das gehört dazu.

BRELOER: Das hat aber nichts mit Moral zu tun.

HILDE SCHRAMM: Das hat überhaupt nichts mit Moral zu tun. Das ist ja der Punkt! Es hat überhaupt nichts mit Moral zu tun, und die Frage ist: Wie können stabile Werthaltungen und Barrieren, humane Hemmschwellen, so stabil eingebaut werden, dass nicht ein Fehlverhalten sich dieser Fähigkeiten bedienen kann? So ungefähr, denke ich, muss man die Sache verstehen, und dann kann man nicht sagen: Er hat kalkuliert um seinen Kopf gekämpft. Das ist zu einfach. Er hatte ja in Teilen der Bevölkerung ein gewisses Ansehen speziell durch die letzte Kriegsphase; und ich finde es eigentlich viel interessanter zu überlegen: War die Rolle, die er übernommen hatte, aus unserer Sicht richtig? Er hätte sie sicher noch besser ausfüllen können; aber war sie richtig? War sie sozusagen in der Zeit für andere Menschen – ja, einerseits vielleicht erleichternd, aber andererseits doch auch vorbildhaft?

BRELOER: Vorbildhaft? Sie wissen ja heute, dass er nicht die ganze Wahrheit gesagt hat.

HILDE SCHRAMM: Ja.

BRELOER: Was hätte er zum Beispiel sagen können, wenn er die Wahrheit gesagt hätte? Was hat er verschwiegen?

HILDE SCHRAMM: Das will ich jetzt hier nicht ausführen. Das soll ein Historiker tun.

BRELOER: Wann hat Albert Speer Ihrer Meinung nach erkannt, dass das ein verbrecherisches Regime ist?

HILDE SCHRAMM: Das hat er überhaupt nicht erkannt. Erst in Nürnberg. Dass es ein verbrecherisches Regime ist, hat er auf dem Teilsektor der Zerstörung der, wie man das nannte, »Überlebensmöglichkeit des deutschen Volkes« erkannt. Aber ich weiß nicht, ob er in dem Zusammenhang überhaupt an die Ermordung der Juden gedacht hat oder an den Angriffskrieg und an alle diese Komponenten, die ja dazugehören, wenn ich wirklich eine kritische Meinung zu dem Regime habe. Ich glaube, die hat er wirklich erst in Nürnberg gewonnen. Davor war das sozusagen eine Teilvernunft auf seinem eigenen Gebiet, und das eigene Gebiet war eben die Industrie, die Infrastruktur, die Transportwege und was dazugehörte. Das Gesamtregime hat er damals noch nicht durchschaut.

BRELOER: Warum eigentlich nicht? Warum hat er erst, als er sah, dass der Krieg verloren war, ihn für verbrecherisch erklärt?

HILDE SCHRAMM: Ja, die Frage stelle ich mir auch. Das heißt halt, dass er doch stark in dem NS-Denken und auch in der Ideologie befangen war – anders kann man es eigentlich nicht erklären. Aus meiner Sicht ist es ja einfach hirnverbrannt, einen solchen Krieg anzufangen und die Weltherrschaft beziehungsweise die Herrschaft bis nach Russland hinein und im Westen und überall haben zu wollen. Jeder rational denkende Mensch muss doch sagen, dass das gar nicht geht – abgesehen davon, dass es nicht gehen soll. Und das verstehe ich nicht: dass ein Mensch wie mein Vater mit all dieser Intelligenz und mit der Fähigkeit, Zusammenhänge zu sehen, nicht von Anfang an gesagt hat: Das ist ein irrsinniges Unternehmen, davon muss man sofort die Finger lassen. Wenn die anderen nicht, dann wenigstens ich! Wie das auseinander fallen kann – so eine formale Intelligenz, dazu noch Intuition und Menschenkenntnis und auch Liebenswürdigkeit, und dann sich einlassen auf diesen Irrsinn. Da hilft es auch nicht, dass man sagt: Das haben viele gemacht. Ich kann es nicht verstehen. Außer eben, dass ich versuche, mir auf einer allgemeineren Ebene die Gefahr klarzumachen, in der wir alle sind: dass wir immer nur unseren Bereich sehen, dass wir Erfolg haben wollen, dass wir ehrgeizig sind und dass wir dann ausblenden, um welcher Ziele willen.

Bei der Durchsicht von Briefen

BRELOER: Da sind auch seltsame Materialien dabei ...

HILDE SCHRAMM: Schnipsel von seinem Tabak, und das ist das berühmte Toilettenpapier.

BRELOER: Was ist das hier?

HILDE SCHRAMM: Das ist 1952, das war offenbar in Vorbereitung meiner Amerikareise. »Ich schreibe Dir, weil es mir natürlich sehr am Herzen liegt, Dir zu Deinem Erfolg zu gratulieren und Dir dann auch, wie das Väter so an sich haben, einige weise Ratschläge zu geben. [...] Bei politischen Fragen hast Du es einfach, auf Deine Jugend zu verweisen und abzulehnen. Daß Du Hitler kanntest, solltest Du nicht erwähnen. Auch nicht, daß Ihr am Obersalzberg gewohnt habt. [...] Ich überschätze nicht den Einfluß, den diese Reise auf Dich haben wird. Sicher gibt es drüben vieles zu lernen. So ist dieses Jahr vielleicht ein wirklicher Einschnitt in Deinem Leben. Jedenfalls bin ich stolz auf Dich und sicher, daß Du Deine Sache gut machen wirst.«[30]

BRELOER: Wie kam diese Reise zustande?

HILDE SCHRAMM: Ich habe mich ganz naiv beworben. Man muss wissen, dass damals die Chance, genommen zu werden, sehr gering war, und ich verdanke das wohl einer Lehrerin von mir; die war mit in der Auswahlkommission. Ich war ja damals schon in der Schule in der Selbstverwaltung tätig, war auch sonst eine junge Frau, die durchaus ihren Mund aufmachte, hatte auch mal bei den Pfadfindern eine kleine Gruppe gehabt und so weiter. Die suchten ja, um es ein bisschen direkt zu sagen, junge Leute, die später mal – wir würden heute sagen: Multiplikatoren werden könnten, die in ihrem Land die Demokratie befördern würden. Man kann natürlich nicht immer vorher wissen, wen man da greift. *(Lacht.)*

BRELOER: Amerika 1952 – Sie kamen in eine ganz andere Welt. Hat Ihnen Amerika gefallen?

HILDE SCHRAMM: Hat mir durchaus gefallen. Aber ich war in einer Quäker-Familie, also es waren Pazifisten, die selber eine sehr kritische Haltung ihrem eigenen Land gegenüber hatten. Insofern hatte ich auch immer Einflüsse, die mich mit dem Elend, das in den USA schon damals bestand, in Bezug brachten. Gleichzeitig habe ich aber auch die viel größere Selbständigkeit der jungen Menschen in meinem Alter erlebt. Die konnten sprechen, die konnten auftreten. In der Schule, das hat mich vermutlich am meisten beeindruckt, war kein autoritärer Stil, war viel Selbstverwaltung, Mitbestimmung der Schüler – ich denke, ich habe dort intensiver gelernt als bei uns in der Schule in Heidelberg.

BRELOER: Und die Gastgeber? Die wussten, dass die Tochter eines Hauptkriegsverbrechers kommt. Wie sind die auf Sie zugegangen?

HILDE SCHRAMM: Dieser Austausch war Teil des Reeducation-Programms der US-Regierung, der dem American Field Service übertragen worden war. Da waren in leitender Position Juden, da waren Menschen, die den Kriegsdienst verweigert hatten, aber *ambulance drivers* waren, also im Ersten und Zweiten Weltkrieg durchaus gefährliche Arbeit gemacht hatten; aber nicht selber schießen wollten. Diese sehr bewundernswerten Menschen, die diese Organisation leiteten, wussten natürlich, wen sie da nehmen. Die haben eine Familie gesucht, bei der sie sicher waren, dass man mich schonend behandeln, sich aber gleichzeitig offen und nicht verschweigend meiner Vergangenheit gegenüber verhalten würde. Und so war es dann auch. Die waren ja dann sehr vertraut, wie zweite Eltern. In der Schule hat mich niemand darauf angesprochen. Ich bin sicher, dass die Schulleitung das wusste, aber da ist man, indem man das gar nicht zum Thema machte, fair und taktvoll mit umgegangen. Man muss übrigens noch sagen, dass sich Reporter schier nicht für mich interessiert haben. Es war also nicht so, dass mein Auftreten in USA irgendjemand interessiert hat, nachdem ich einmal da war.

BRELOER: Sie hatten ja noch einen zweiten Auftrag: bei wichtigen Menschen dort für Ihren Vater zu werben. Sie sind auch, wie er sich das gewünscht hatte, zu Politikern gegangen …

HILDE SCHRAMM: Nein, das ist nicht richtig. Ich sollte sicher auch einen guten Eindruck machen in der Hoffnung, dass es dann irgendeinen freundlichen Glanz auf ihn wirft; aber ich bin selber nicht aktiv zu irgendjemandem gegangen – das war auch nicht mein Auftrag. Sondern Mr. McCloy hat mich eingeladen – seine Schwiegermutter und damit auch ein Teil seiner Familie lebte im gleichen Ort, und die haben mich zwei-, dreimal eingeladen. Herr McCloy hatte sich ja für mich eingesetzt.[31] Ich erinnere mich aber wirklich nur, dass ich da in einem gepflegten Haushalt freundlich Tee getrunken habe. Wir haben nicht über Politik gesprochen, aber vielleicht hat er auch ein paar freundliche Sätze über meinen Vater gesagt.

Breloer: Dieses Training in Selbständigkeit und Selbstbewusstsein in Amerika hat auch zur Folge, dass Sie jetzt Fragen an den Vater stellen, die sie vorher so nicht gestellt haben. Die erste zielt auf die Religion. Dezember 1952, Weihnachtsglückwünsche. Sie fragen nach seinem Kirchenaustritt im »Dritten Reich«: »War das aus Überzeugung oder habt ihr nur aus Gleichgültigkeit und weil es bequemer ist, eben weil damals viele Leute, die Führenden, ausgetreten sind? Ich habe eigentlich eine bessere Meinung von Euch, bin aber nicht sicher. Weil ihr uns dann gleich nach dem Krieg habt taufen lassen. Ich kann mir gar nicht helfen, aber das sieht so aus, als ob ihr euch nach dem Wind in Religionsfragen gerichtet habt.«[32]

Hilde Schramm: Ja, ich war schon ganz schön ehrlich.

Breloer: Wissen Sie noch, was Sie da eigentlich rausfinden wollten?

Hilde Schramm: In der Zeit war die Frage nach Religiosität und meiner eigenen Beziehung zur Kirche durchaus für mich ein Thema. Ich war ja erst vor zwei Jahren konfirmiert worden. Ich war zwar keine Kirchgängerin, war auch nicht in der Jungen Gemeinde, aber wollte schon eine Klarheit über die Frage nach Gott. Das ist der eine Punkt. Der andere Punkt ist ja sehr deutlich ausgesprochen: ›Was war eigentlich euer Motiv? Seid ihr sozusagen Wendehälse?‹

Breloer: Er schreibt nun in diesem Antwortbrief, dass er eigentlich nicht viel mit der Religion im Sinn hatte, erinnert sich dann aber an den letzten Brief, den er Hitler geschrieben hat: »Die Vorsehung hat uns fallenlassen, weil wir es nicht verdienten, weil wir, hochmütig, nicht den Erfolg vertragen konnten.«[33] Er versucht zu verstehen, warum Deutschland den Krieg verliert, und sagt, sie hätten den Sieg über Frankreich 1940 verspielt, sie hätten da massiver aufrüsten müssen und nicht meinen, sie hätten schon gewonnen. Seine religiöse Vorstellung hing also noch an dieser *Vorsehung*. Haben sie das damals realisiert?

Hilde Schramm: Der Begriff ist ja in der NS-Zeit und danach immer gebraucht worden, und bei ihm eben auch. An der Stelle verblüfft mich mehr, wie sehr er noch immanent in diesem NS-Denken steckt und argumentiert, das ist hier für mich schon sehr erschreckend. Die Frage, warum man Paris überhaupt erobern wollte, wird hier nicht gestellt.

Breloer: Dann schildert er ihnen auf vielen Seiten, dass Religion und Religiosität jetzt positiv zu bewerten seien, und die christliche Religion sei nicht nur die am höchsten stehende, die anspruchsvollste, sondern auch die schönste. »Ich kann mir nichts Schöneres vorstellen, als dass

Gott seinen Sohn zu den Menschen sandte, der dort alle die Leiden und das furchtbare und doch schöne Ende auf sich nahm, um dann wieder zu Gott aufzuerstehen« – hat sie das damals überzeugt?

Hilde Schramm: Mein Gott, Herr Breloer – das ist so lange her. Weiß ich nicht mehr, ob mich das überzeugt hat. Überzeugt hat mich sicher etwas anderes, nämlich dass er so lange auf meine Frage eingegangen ist, dass er die Frage so ernst genommen hat, dass das ein Anlass für ihn war, ganz lange und auch reflektierend sich mit mir schriftlich zu unterhalten. Und ich schätze, dass diese Antwort, die Länge der Antwort und auch die Ernsthaftigkeit des Bemühens, mir etwas zu vermitteln, mich dann wieder ermutigt hat, weitere Fragen zu stellen.

Breloer: Er schreibt Ihnen auch, dass er sich von der Kirche abgewandt habe, als diese begann, sich gegen Hitler zu stellen. Dabei waren doch schon seine Parteitagsbauten in Nürnberg als Weihestätten einer Nazi-Religion ein Teil der Umsetzung von Hitlers Entschluss, die Kirchen nach dem Krieg zu zerstören.[34]

Hilde Schramm: Scheint so, ja.

Breloer: Ihnen das einzugestehen wäre vielleicht zu schwer gewesen – denn er wollte Sie ja nicht verlieren.

Hilde Schramm: Er wollte sicher, auch in den folgenden Briefen, immer mein Verständnis und auch meine Zuneigung nicht riskieren, nicht verlieren.

Breloer: Sie haben dann die nächste, die essentiellere Frage gestellt – Sie wissen es selber sicher am allerbesten.

Hilde Schramm: Ich weiß nur so viel, dass ich geschrieben habe: ›Ich kann ja noch verstehen, warum sozusagen ungebildetere Menschen darauf reingefallen sind.‹ Das würde ich heute nie mehr so fragen, das halte ich für ganz problematisch, aber ich war eben sechzehn; das hat ja mit formaler Bildung, wie man heute weiß, gar nichts zu tun. Aber damals habe ich das so aufgebaut: ›Ich kann ja noch verstehen, wie manche Leute, die in großer Not waren, dieses als Ausweg aus ihrer materiellen Misere‹ – so habe ich es natürlich nicht ausgedrückt – ›ergriffen haben; aber jemand wie Du, und dann mit Bildung, mit Verstand und so weiter, wie du darauf reinfallen konntest, das kann ich nicht verstehen.‹ Das war wohl der Tenor.

Breloer: Er antwortete Ihnen am 14. Mai 1953 aus der Zelle ins ferne Amerika: »Nun liebe Hilde, zu Deiner schwierigen Frage. Du fragst zwar allgemein, wie ein intelligenter Mensch so etwas machen könnte, aber ich möchte Dir an meinem Beispiel zeigen, wie so etwas vielleicht kommen kann. Das Schwerste will ich dabei an den Anfang stellen, es gibt nämlich dafür, wenn man nicht feige ausweichen will, keine Entschuldigung. Daher bin ich auch überzeugt, daß ich tatsächlich eine Schuld auf mich geladen habe. Es gibt nämlich Dinge, an denen man Schuld ist, auch wenn man sich entschuldigen könnte, einfach weil das Ausmaß so übergroß ist, daß davor jede menschliche Entschuldigung zu nichts verblaßt. Wie ich darüber denke, kann ich dir am besten klarmachen, wenn ich dir von meiner Einstellung zu dem Problem schreibe, wie ich sie im Nürnberger Prozeß hatte. Während alle andern erklärten, daß sie nur auf Befehl Hitlers gehandelt hätten und daß sie das, was neben ihnen geschah, nichts anginge, habe ich erklärt, daß alle Befehle, die mir Hitler gab, dadurch, daß ich sie angenommen, gleichzeitig meine Befehle waren, die ich auf mich nehme. Und dann, was wichtiger war, daß ich mich verantwortlich fühle für das, was in dieser Zeit geschah, auch wenn es mich nichts anging und selbst wenn ich es nicht gewußt hatte. Zu deiner Beruhigung. Von den scheußlichen Dingen habe ich nichts gewußt.«[35] – Sie waren mit dem Brief sehr zufrieden, weil er Ihnen einen Verdacht nahm, den sie offenbar hatten: Er musste etwas gewusst haben. Und jetzt beruhigt er Sie: ›Von den scheußlichen Dingen habe ich nichts gewusst.‹ Haben Sie damals diese Beruhigung angenommen?

Hilde Schramm: Nun mal langsam; der Brief hat ja mehrere Aussagen, und Sie können vielleicht ermessen, dass die Passagen bis dahin für mich auch äußerst relevant waren. Also die Passagen davor, wo er sagt, die Befehle, die ergangen sind, die ich ausgeführt habe, waren damit auch meine Befehle – dass er sich also nicht rausredet auf irgendwelche höheren Befehle. Und als Weiteres, dass er mir nicht diese Fragmentarisierung: ›Mein Bereich – und alles andere geht mich nichts an‹ als Deutung vorlegt, sondern im Gegenteil eine sehr weite Verantwortlichkeit.

Breloer: Haben Sie das aber damals so gelesen, dass der Vater Ihnen sagt: Die Befehle zur Ermordung der Juden sind auch meine Befehle? Hitlers Befehle sind meine, hat er gesagt.

Hilde Schramm: Die Befehle, die sich auf meinen Bereich bezogen. So habe ich das gelesen, so lese ich es auch jetzt noch. Die Frage, die dann das ganze weitere Leben durchzieht: Was hat er gewusst von der Ermordung der Juden – die Formeln und die Sätze, die hier stehen, ziehen sich ja dann weiter durch.

BRELOER: Was wussten Sie damals von den Befehlen, die Hitler ihm gegeben und die er befolgt hatte?

HILDE SCHRAMM: Ich wusste etwas von der Zwangsarbeit, ich wusste etwas von der Erhöhung der Kriegsproduktion, vermutlich wusste ich auch, dass KZ-Häftlinge in Industriebetrieben eingesetzt worden sind, vermutlich wusste ich damals auch schon, unter welchen fürchterlichen Bedingungen diese Arbeit in vielen Fällen stattfand. Ich habe ja nie die Meinung gehabt, dass mein Vater schuldlos ist. Im Gegenteil, ich habe die Meinung gehabt, dass er ganz ungeheure Schuld auf sich geladen hat. Das schließt aber nicht aus, dass ich mich freue, dass er in so einem Brief seine Schuld nicht klein redet. Das ist erst einmal die Basis, dass ich weiter mit ihm korrespondieren konnte. Und das mit dem Wegschauen bis hin zur Realitätsleugnung, bis hin zum Selbstbetrug im Sinne von Nicht-wissen-Wollen, Abschotten der Wahrnehmung – darüber habe ich natürlich seither viel nachgedacht und maße mir nicht an, das aufzulösen. Es hat für mich ganz viel damit zu tun, dass Menschen generell Dinge, die sie nicht wahrnehmen wollen, zum ganz großen Maß auch nicht wahrnehmen. Und wenn man das einübt, immer mehr einübt und sich immer mehr verhärtet und immer mehr weghört, entwickelt man vielleicht auch einen Instinkt, dass man, wenn so ein Gespräch oder eine Information kommen könnte, schnell vorher den Raum verlässt, damit es einen nicht erreicht. Es gibt ja diese Episode mit Herrn Hanke, der da fast zusammenbricht und sagt: »Fahr nie nach Niederschlesien, da gibt es einen Ort …«[36] Mein Vater fragt offenbar nicht nach: ›Was ist denn dort?‹, sagt nicht: ›Erzähl weiter …‹

BRELOER: Er sagt erst recht nicht: ›Dort ist doch Auschwitz, das KZ, in das ich den Stahl liefere‹ – denn er kannte das natürlich.[37]

HILDE SCHRAMM: Ja, sicher. Das sind ja Mechanismen zum Selbstschutz, und ich denke, die können Menschen ganz ungeheuer perfekt entwickeln.

BRELOER: Könnte es sein, dass der Mechanismus des Wegschauens auch Sie selber betrifft? Dass Sie sich mit dieser Erklärung gerne zufrieden geben, weil sie Sie beruhigt in Ihrer Angst?

HILDE SCHRAMM: Ja, natürlich. Ich wollte ja die Beziehung zu meinem Vater nicht zerstören, im Gegenteil – in gewissem Sinne habe ich sie durch die Briefe überhaupt erst aufgebaut. Und das hat mein Vater mir erleichtert, aber ich habe es ihm auch erleichtert, indem meine Fragen an einer bestimmten Stelle aufgehört haben beziehungsweise ich seine Antworten akzeptiert habe. Aber ich bin ja der Meinung, dass mein Vater mit dieser Frage so ehrlich umgegangen ist, wie er es konnte, um weiterzuleben.

Breloer: Vielleicht lesen sie selbst mal, was sie ihm damals geantwortet haben.

Hilde Schramm *(liest)*: »Dein langer Brief hat mir sehr gefallen, ich war gar nicht erschrocken. Nachdem Du mir den Brief geschrieben hast, bin ich stolzer auf Dich und habe mehr Achtung vor Dir, als wenn Du der Präsident der Welt wärst und noch so ein paar großartige Gebäude wie die Reichskanzlei hingestellt hättest.«[38] – Das lese ich natürlich heute äußerst ungern. Der Brief ist mir heute völlig fremd. Damals war ich offenbar auch sehr unkritisch seinen Gebäuden gegenüber. Heute erkenne ich jeden NS-Bau aus großer Ferne und finde ihn einfach scheußlich. Aber damals offenbar noch nicht. Der Brief – ein Schreck für mich.

Breloer: Aber die Grundhaltung Ihrem Vater gegenüber ist, dass Sie stolz auf ihn sind.

Hilde Schramm: Ja, offenbar. Aber ich war damals gerade siebzehn.

Breloer: Sie schreiben weiter: »Vielleicht ist es Dir nicht recht, aber ich habe von Deinem Brief auch Mrs. Day erzählt, man kann ihr unbedingt vertrauen, die ihn auch ganz großartig findet. Das klingt jetzt so, als ob ich vorher keine Achtung vor Dir gehabt hätte, was aber durchaus nicht stimmt. Ich habe Dich auch nie angezweifelt …«

Hilde Schramm: Na gut, da habe ich offenbar doch eine sehr hohe Identifikation mit meinem Vater, aber, das ist schon damals wichtig, nicht mit dem Hauptkriegsverbrecher, sondern mit dem, der versucht, das später zu bearbeiten.

Breloer: Sie entschuldigen sich noch dafür, dass Sie den Brief Mrs. Day zeigen – nichts anderes wollte er doch.

Hilde Schramm: Das weiß ich nicht. Sie haben immer die Taktik im Blick, und ich wehre mich dagegen.

Breloer: Sie sollen doch seine Botschafterin sein, ob Sie es wissen oder nicht.

Hilde Schramm: Na ja, gut.

Breloer: Der Brief ist ja noch aus einem anderen Grund geschrieben:

Er war ein zukünftiger Bestandteil seines Buches. Alle Briefe werden gesammelt, und sie sind einerseits durchaus persönlich gemeint, an Sie gerichtet – aber auch eine Zukunftsinvestition.

HILDE SCHRAMM: Nun gut, das mag schon sein. Aber ich denke nun wieder, das hat ihn rege gehalten, das hat ihn gezwungen, sich auseinander zu setzen. Auch ich bin immer sehr viel intensiver an irgendetwas dran, wenn ich eine gewisse Produktorientierung im Hinterkopf habe, als wenn es alles nur so zerfleddert. Umso besser, wenn er in seiner sechzehnjährigen Tochter eine Gesprächspartnerin hat, wo das dann noch mit Emotionalität, also mit Zuwendung zurückgemeldet wird. Ich kann und will ihm daraus überhaupt keinen Vorwurf machen.

BRELOER: Bei seinen Versuchen, sich selbst zu verstehen, probiert er verschiedene Möglichkeiten aus. Über Religion und *Vorsehung* sprachen wir. Er liest *Faust* und sagt: Ich habe Hitler meine Seele verkauft für ein einziges gültiges Kunstwerk.[39] Er probiert verschiedene Rollen, um eine Antwort zu finden auf diese fürchterlichen Frage: Wer bin ich, wie konnte das geschehen mit mir?

HILDE SCHRAMM: Dass er Deutungen probiert und dazu Mythologien und literarische und historische Beispiele heranzieht, um das selber besser verstehen oder auch benennen zu können, ist schon auffallend. Er hat sich ja vorher weder mit Psychologie noch mit dem, was wir Soziologie nennen, beschäftigt, mit Gesellschaftswissenschaften – überhaupt nicht, das sind ja alles Leerstellen. Im Grunde auch nicht mit Literatur – das war diese bildungsbürgerliche Form der Übermittlung von Literatur, da konnten die von Humanität bei Iphigenie reden, aber es hatte mit ihnen gar nichts zu tun. So ist er ja aufgewachsen. Und dann ist er vermutlich selber fasziniert, und deshalb liest er mit so großem Interesse, welche Überlegungen, Einflüsse und auch Dramen, Tragödien in der Geschichte Bezüge zur NS-Geschichte und zu ihm herstellen lassen, wenn man will. Und das tut er dann. Er versucht ja, Weltliteratur, Weltgeschichte und Mythen, Legenden, Religionsgeschichte sozusagen nachzuholen; und das sicher immer mit Blick auf mögliche Erklärungen für sich selbst.

BRELOER: Im selben Brief probiert er noch ein weiteres Modell aus: »Es gibt ein griechisches Drama von Sophokles, ›Oedipus‹. Dieser wird von der Vorsehung auf das grausamste gestraft, weil er seine Mutter und seinen Vater umbrachte, ohne etwas dazuzukönnen. Vor jedem modernen Gericht würde er freigesprochen, aber nach der sittlichen

Auffassung der Griechen muss er dafür schwer leiden, und ich kann mir das selber nicht erklären, warum ich so denke, aber ich finde es ganz richtig so.«

Hilde Schramm: Na ja, hier ist immer so ein Schwanken dabei – dass er einerseits sein eigenes Handeln überspringt und in etwas Allgemeines, in eine allgemeine Schuldverstickung, wie man das damals nannte oder auch manchmal heute noch nennt, ausweicht. Es ist dann eine Entlastung für ihn selbst, und gleichzeitig bekommt es eine pathetische Dimension. Aber dieses Ödipus-Motiv hat er ja nicht weiterverfolgt, nicht zur Grundlage seiner Biographie gemacht. Das sind Versuche, die Einsicht in die Ungeheuerlichkeit der Schuld im Gesamtgefüge des NS-Regimes für sich erträglich zu machen. Da bedient er sich dieser Mythen und jener Mythen. Wenn das das Einzige wäre, wäre es ja nur verblasen; aber er schildert daneben immer wieder Situationen und Szenen, wo er deutlich seine Beteiligung nicht verschweigt.

Breloer: Ich muss fürs Drehbuch gerade von diesen konkreten Szenen ausgehen. Ich bin also seine Fahrstrecke von seinem Haus in Schlachtensee zur Generalbauinspektion am Pariser Platz nachgefahren, und tatsächlich, er beschreibt das auch irgendwo, kam er da am Bahnhof Grunewald vorbei, von wo aus die Berliner Juden deportiert wurden. Vielleicht hatte er gerade ein paar Tage vorher ein paar Räumungen von Judenwohnungen angeordnet. Nun sah er die Juden auf dem Bahnsteig – oder sah er sie nicht?[40] Jedenfalls fuhr er vorbei.

Hilde Schramm: Ja – aber das unterscheidet ihn leider nicht von der Mehrzahl der deutschen Bevölkerung. Ich wünschte, die Mehrzahl der deutschen Bevölkerung hätte hingeguckt, dann wäre so eine Person wie mein Vater nicht in dieser Rolle gewesen und hätte vielleicht auch hingeguckt, weil die ganze Ausgangslage eine andere gewesen wäre. Das ist ja grade die Schrecklichkeit des gesamten Vorgangs: Er war nicht der Einzige, er war nur an einer exponierteren Stelle.

Breloer: Und wusste etwas mehr.

Hilde Schramm: Er hätte vor allen Dingen noch viel mehr wissen können. Die anderen wussten auch ganz viel, das ist ja inzwischen alles nachgewiesen. Die Zwangsarbeiter, die sowjetischen Kriegsgefangenen, die nur noch zu den Arbeitsstätten getaumelt sind – das haben die Leute doch gesehen. Die Leute, die von der Front auf Urlaub kamen, die haben vielleicht nicht alles erzählt, aber doch etliches. Die These ist ja längst nicht mehr zu halten, dass die Menschen mehrheitlich nicht gewusst haben, was geschehen ist. Die wollten es alle nicht wissen. Oder, falsch – nicht alle, die meisten wollten es nicht wissen. Genauso wie mein Vater.

BRELOER: Wie haben Sie für sich die problematischste Frage entschieden: Hat Ihr Vater in Posen die Rede Himmlers über die Vernichtung der Juden gehört?[41]

HILDE SCHRAMM: Es ist vielleicht für mich das Leichtere, meinem Vater jeweils zu glauben. Und meine Interpretation erlaubt es auch, weil ich denke, sein Instinkt war so ungeheuer gut, seine Antennen für Situationen, dass er merkte, wenn es brenzlig wird – und er hat sich dann ferngehalten. So unwahrscheinlich es klingt – ich glaube ihm das. Das sind ja gerade Phänomene, die sich durchziehen, dass er manchmal fast traumwandlerisch irgendeiner Situation entgangen ist. Das ist vorrational. Ich kann mir das so zurechtlegen; andererseits maße ich mir auch nicht an, da ein Urteil zu haben. Und vielleicht ist auch da wieder für mich das Einfachere, es so zu sehen – das gebe ich schon zu.

BRELOER: Zur Kriegsverlängerung hat er Ihnen auch etwas geschrieben aus Spandau: »Dadurch, dass ich den Krieg verlängert habe, habe ich im richtigen Moment folgendes welthistorisch richtig gemacht: Die Deutschen, wenn sie zusammengebrochen wären an der Front, wären von den Russen überflutet worden, ohne daß der Westen in dem Moment, das wissen wir jetzt von den Amerikanern, schon in der Lage gewesen wäre, die Russen aufzuhalten.«[42] – Damit ist diese Schuld auch weg.

HILDE SCHRAMM: Nein, nicht nur – so ein Mensch, auch mein Vater, hat ja viele Widersprüche in sich, und das ist die Interpretation des Kalten Krieges. Es gibt aber auch andere Briefe, und in einem der letzten an mich schreibt er: »Es war richtig, dass ich die ganze Zeit im Gefängnis bleiben musste.« Und das bezieht sich speziell auf die Russen und das Leid, das sie durch die Kriegsverlängerung erfahren haben.[43]

BRELOER: Das Annehmen der Strafe macht ihm auch das Leben im Gefängnis leichter.

HILDE SCHRAMM: Ja sicher. Das schreibt er oft.

BRELOER: »… während meine Kameraden mit ihrem unverdienten Schicksal hadern, es ist nicht meine Sache zu sagen, ob sie damit recht haben, und schwere Nervenkrisen durchmachten, blieb ich zum allgemeinen Erstaunen frisch, eben weil ich einen tiefen Sinn in meinem Schicksal hier sehe und das Gefühl habe, dass, wenn ich nun frei-

komme, ich aber auch frei bin von einer Schuld, die ich redlich abgebüßt habe.«[44]

HILDE SCHRAMM: Das ist dann wieder komisch. Na ja – ich denke, auch
dazu findet man andere Stellen. Dass er sich dann frei fühlen kann, ist
seine Hoffnung – er tat es ja später nicht.

BRELOER: Der Brief geht noch weiter: »Ich habe mir schon manchmal
die Frage vorgelegt, was ich nun getan hätte, wenn ich mich für das,
was Hitler auf anderen Gebieten tat, mitverantwortlich gefühlt hätte.
Leider ist die Antwort, wenn ich ehrlich bin, negativ. Meine Stellung
als Architekt, die schönen Aufgaben waren mir so unentbehrlich geworden, dass ich wohl alles geschluckt hätte. [...] Ich wurde eigentlich
erst wach, als ich merken mußte, daß Hitler mit seinem Ende auch das
deutsche Volk mitreißen wollte. Und fast alles, was ich dann tat, war
nur ein Kampf dagegen.« – Das halte ich für ehrlich: Hitler wurde erst
sein Feind, als er ihm keine Zukunft mehr bieten konnte. Er konnte
über Hitlers Tod hinausdenken, das konnte kaum einer der führenden
Nazis.

HILDE SCHRAMM: Für die Götterdämmerung war er nicht empfänglich.
Da hat seine Vernünftigkeit oder auch seine Nüchternheit die Ober-
hand bekommen.

BRELOER: Dass er eine Art Wiederaufbauminister unter den Amerikanern oder im Auftrag der UN werden wollte, war ganz klar sein Traum.

HILDE SCHRAMM: Ja, das kann schon sein. Aber ich glaube, es wird immer falsch, wenn wir das so eindimensional sehen. Es gibt ja auch die
Aussagen, dass in Nachkriegs-Deutschland für ihn mit seiner Belastung durch die Stellung, die er in der NS-Zeit innehatte, kein Platz
mehr ist in einer politischen Rolle.[45] So etwas habe ich auch mal
gelesen. Ich denke, das sind immer solche Probehandlungen oder ab-
gebrochenen Handlungen, halbherzig, gleichzeitig mit Hoffnung verbunden – aber das andere, dass er gleichzeitig weiß und auch akzeptiert, dass er verspielt hat, ist auch da. Und ich kann verstehen, wie so
etwas nebeneinander läuft. Wenn die Amerikaner ihn so freundlich
interviewt haben und er plötzlich wieder eine wichtige Person zu sein
schien, und sei es als Informant, dann überwog diese Hoffnung; aber
dieses andere, dass er verspielt hat und keine politische Rolle mehr wird
spielen können, das scheint ihm auch klar gewesen zu sein. Ich denke,
man kommt meinem Vater immer etwas näher, wenn man versteht,
dass es abgebrochene Handlungen gibt, die halbherzig gemacht wer-

den, und dass es dann manchmal ganz entschiedene Klarheiten bei ihm gibt – wie dieses Herumrasen, um die »Verbrannte Erde« wo immer möglich aufzuhalten, mit Risiko und auch mit viel Klugheit. Diese Probehandlungen und abgebrochene Handlungen kann man nicht mit dem Maßstab ›richtig oder falsch‹, ›gelogen oder nicht gelogen‹ messen; und insofern habe ich immer das Gefühl, meinem Vater im Verständnis nahe zu kommen, wenn ich diese Zwei- und Mehrgleisigkeit gerade in ausweglosen Situationen versuche zu verstehen.[46]

Breloer: Seine Mehrgleisigkeit am Ende des Krieges: Himmler, Göring leben in einer Illusionswelt, mit keinem von denen werden die Westalliierten reden wollen; ihn dagegen kennen sie als Manager,[47] und er könnte beim Wiederaufbau eine Rolle spielen. Gleich in den ersten Gesprächen gibt er ihnen Ratschläge, und überhaupt hat er für den Wiederaufbau die ganze Truppe schon zusammen. Er kann Deutschland reparieren.

Hilde Schramm: Das ist die Haltung eines Technokraten, der unabhängig von den Rahmenbedingungen seine Tüchtigkeit, seine Effizienz, sein Wissen zur Verfügung stellt. Das ist typisch technokratisches Denken, dass er die veränderten Rahmenbedingungen, die Notwendigkeit eines Schnittes, einer Abrechnung unterschätzt. Dass er Hoffnung schöpft, als Technokrat seine Leistungen wieder zur Verfügung stellen zu können, bezweifle ich überhaupt nicht; aber ich bezweifle, dass das sein einziger Zugang, sein einziges Verständnis der Situation war. Wenn man nur diesen Strang betont, kommt der andere Strang zu kurz, von dem ich, so ist mein Verständnis von seiner Person, zu wissen glaube: dass er gegen Ende des Kriegs auch das Gefühl hatte, verspielt zu haben, und jetzt versuchte, noch zu retten, was zu retten ist, aber nicht mehr in erster Linie in eigenem Interesse, sondern langsam anfangend, an andere zu denken. An andere – das wird dann hier etwas pathetisch ›das deutsche Volk‹ genannt. Ich denke, er war einfach heilfroh, dass die traumatische Situation von davor zu Ende war. Das ist die Hauptsache. Und dann kamen eben wieder Lebensmut und Lebensgeist und Tüchtigkeit, die jetzt neuen und aus seiner Sicht vernünftigen Zielen dienten. Und da hat er sicher auch seine eigene Rolle davor, als Minister für Waffen und Munition, gerne ausgeblendet, die diese Zerstörung verursacht hatte. Ich kann es ja nicht wissen – aber ich kann mir einfach nicht vorstellen, dass nicht auch schon in dieser Zeit ein sehr tiefes Gefühl von – ja, Schuld, Versagen in ihm gewesen sein muss.

BRELOER: Kommen wir auf die Zeit Ihres Vaters im Gefängnis Spandau zu sprechen, wo er die nächsten zwanzig Jahren verbringen sollte. Haben Sie überhaupt geglaubt, dass es zwanzig Jahre werden?

HILDE SCHRAMM: Nein, das haben wir sicher nicht geglaubt. Wir haben gedacht, das geht irgendwie früher zu Ende.

BRELOER: Für die Briefe dorthin gab es Regeln – die Worte mussten gezählt werden.

HILDE SCHRAMM: Das hat die Spontaneität sehr gebremst. Erstens die Anzahl, und dann der Zeitpunkt, wann man schreiben sollte. Es gab auch, um ehrlich zu sein, viele Situationen, wo wir alle keine Lust hatten, Briefe zu schreiben, wo wir mit anderen Dingen beschäftigt waren und wo die Mutter dann sagte: »Jetzt bist du aber dran, du hast letztes Mal nicht …« Es ist ja nicht so, dass uns der abwesende Vater immer im Sinn war; wir waren beschäftigt mit unseren Freundinnen, mit unserer Schule, mit der Natur, mit dem Schwimmen, mit allem Möglichen, und da war es bisweilen eine Störung. Manchmal hat man sich auch darum gerissen, wer die Worte kriegt, manchmal war es einfach nur eine Pflicht. Und dann hat man natürlich nur Äußerliches geschrieben, schon weil man wusste, dass alle möglichen Leute mitlesen – das war eine unangenehme Vorstellung. Man wusste: Wenn man zum Beispiel Personen mit Namen nennt oder Ereignisse des Zeitgeschehens in irgendeiner Form in den Brief einfließen lässt, wird das sowieso rausgeschnitten. Man hat sich selbst zensiert, weil man wusste, es gibt bestimmte Zensuren. Und was dann übrig bleibt, sind halt sehr harmlose Beschreibungen von irgendwelchen Ereignissen. Wenn ich diese Briefe jetzt lese, bin ich schon erstaunt über die Äußerlichkeit. Aber man fragt sich natürlich, ob man in einem anderen Fall seinem Vater oder seiner Mutter viel mehr von sich preisgeben würde. Das war ja damals nicht üblich, wenigstens in vielen Familien nicht. Ich weiß auch, dass wir versucht haben, einen ein bisschen ironischen Ton zu finden,[48] weil er das ja auch versucht hat. Mehr oder weniger gelungen ist uns das, sicher auch manchmal misslungen. Das Bestreben war schon, ihm das Leben zu erleichtern, indem man ihm, so gut es ging, Freundlichkeit vermittelte.

BRELOER: Sie wohnten damals, in der ersten Zeit in Heidelberg, noch nicht im großen Haus, das war noch von den Amerikanern besetzt.

HILDE SCHRAMM: Ja. Wir sind erst bei den Großeltern unten am Hausackerweg [untergekommen], und da haben die Betten nicht gelangt, da war einfach nicht genug Platz.

BRELOER: Und wann sind sie oben in das kleine Haus eingezogen?

HILDE SCHRAMM: Vielleicht so 1948 oder 1949. Am Hausackerweg waren wir nicht sehr lange.

BRELOER: Wer hat in dem kleinen Haus oben noch gewohnt?

HILDE SCHRAMM: Die Omi hatte drei Zimmer, die gingen ineinander. Der *kleine Hermann*, wie wir sagten, das war der Vetter Hermann,[49] der hatte eine kleine Kammer, und dann war eben lange noch die Käthe da. Die Käthe war die Haushälterin, die meine Omi versorgt hat – mit Häubchen.

BRELOER: Omi, in aller Armut, immer noch mit Bedienung.

HILDE SCHRAMM: Die hätte auch gar nicht anders existieren können. Und auch mit schönen Möbeln, die hatten ein paar schöne Möbel mit hochgenommen, und es war sehr kultiviert da oben. Das war schon immer noch ein bisschen herrschaftlich. Da konnte sie Besuch empfangen, und das hat sie auch. Und es gab dann eben unten eine Frau mit sechs Kindern, und die hatten sehr wenig Platz. Meine Mutter und mein Bruder Ernst, der Jüngste, hatten zusammen ein Zimmer, und die drei anderen Jungs hatten Doppelbetten, also irgendwie gestapelt. Margret und ich hatten ein Zimmer, auch mit Doppelbetten, glaube ich. Auf alle Fälle waren alles sehr kleine Zimmer. Und dann gab es noch eine Küche und einen ganz kleinen Raum, in dem man essen konnte. Ein Bad wird es auch noch gegeben haben, aber auch ganz klein. Dazu kommt noch Rösel. Rösel hat aber nicht da gewohnt, Rösel lebt übrigens noch. Rösel war ein junges Mädchen aus der Rombach, die dann nach einiger Zeit der Mutter zur Hand ging. Die kam morgens herauf und ging abends wieder zurück und hat geholfen. Und Rösel liebte uns alle und die Mutter über alles, und das ist jetzt noch ihre schönste Zeit. Die war dann auch noch relativ lange im anderen Haus.

BRELOER: Also man hatte doch genug Geld, um eine Bedienstete zu bezahlen?

HILDE SCHRAMM: Die hat ja auch nicht viel gekriegt. Nein, wir hatten wirklich sehr wenig Geld. Das Geld, das wir hatten, kam über Wolters. Der hatte das Schulkonto eingerichtet, und in dieses Schulkonto haben alle möglichen ehemaligen Mitarbeiter, Architekten, aber auch Industrielle, die sich meinem Vater verpflichtet fühlten wegen der verhinderten Zerstörung ihrer Werke, eingezahlt. In dieser Zeit lebten wir im Wesentlichen von den guten Gaben von Mitarbeitern und Freunden. Ich habe mich um diese Finanzen wirklich nie gekümmert, und deshalb bin ich da eine schlechte Auskunftgeberin. Aber ich weiß, dass wir wirklich sehr geldknapp gelebt haben, bezogen auf Was-Neues-Kaufen oder Am-Essen-Sparen – was aber damals in der Nachkriegs-zeit auch alles ganz üblich war, insofern hat uns das auch nicht irgend-einen schlechten Tag bereitet; so war eben das Leben. Man findet sich ja sehr schnell mit solchen Gegebenheiten ab, solange man nicht wirk-lich hungert.

BRELOER: Von wem ging die Idee aus, ein solches Schulgeld-Konto ein-zurichten?

HILDE SCHRAMM: Nur von Wolters, ganz klar.[50] Und er verwaltet das und er überweist das, meine Mutter brauchte keine Bettelbriefe selber zu schreiben.

BRELOER: Bei Wolters haben wir eine Liste der Zahler gefunden. Sagen Ihnen die Namen etwas?

HILDE SCHRAMM: Ja, sicher, da kenne ich etliche. Tamms kenne ich na-türlich, der war Stadtplaner, nachher für Düsseldorf. Rohland war ein ganz wichtiger Mann, der in der Stahl- und Eisenindustrie die Ver-bindungsperson war. Der hat uns später mal sein Ferienhaus zur Ver-fügung gestellt, das war jemand, mit dem wir auch weiter persönlichen Kontakt hatten. Das ist eine wichtige Figur. Piepenburg war auch ein engerer Freund, den wir auch besucht haben. Der ist auch ein Bau-mensch, aber mehr so ein Bau-Organisator. Auch nach dem Krieg war das wieder ein reicher Mann. Zum Beispiel mein erstes Zimmer zur Untermiete in Berlin hat mir Herr Piepenburg verschafft. Es ging schon so, dass ich solche Kontakte auch mal benutzt habe. – Reuter[51] war ein wichtiger Mann, der Leiter der Demag, den habe ich auch be-sucht, der hat sich sehr eingesetzt. Mommsen, von Rheinrohr Thyssen der Generalmanager und auch ein Mensch, wo ich immer anfragen konnte, später, der mich empfangen oder nach Hause gebeten hat. Es war ja immer die Frage: Wer erreicht irgendjemanden in der Sowjet-union? Und da setzte man auf die Industriellen, die da die Geschäfte machten, dass die bei passender Gelegenheit sich für den Speer ver-wenden. Dieses Röhrengeschäft – die haben ja den Kalten Krieg sozu-sagen unterlaufen.

BRELOER: Sehen wir uns das System näher an, mit dem die Briefe Ihres Vaters aus dem Gefängnis geschmuggelt wurden. Da kommt schon sehr bald ein holländischer Sanitäter auf ihn zu …

HILDE SCHRAMM: Der Sanitäter muss es ihm angeboten haben. Der hieß

Toni mit Vornamen, hatte eine deutsche Frau und war im Krieg als Zwangsarbeiter nach Deutschland gekommen. Dort hatte er es wohl aus seiner Sicht sehr gut getroffen – er ist dann nach dem Krieg hier geblieben. Wie er als Sanitäter ins Gefängnis kam, weiß ich nicht.[52] Es gab auch immer noch andere Angebote, Briefe rauszuschmuggeln, und zwar von Angehörigen verschiedener Nationalitäten. Keine von russischer Seite.

BRELOER: Irgendwann sind auch Sie in diesen Kurierverkehr eingeschaltet worden.

HILDE SCHRAMM: Das kann erst gewesen sein, als ich in Berlin war. Ich nehme mal an, das war 1959, als Ulf Schramm, mein späterer Mann, auch schon hier studiert hat. Die gesamten sechziger Jahre bis 1966 lief die Post nicht ganz, aber weitgehend über uns. Das heißt, manches wurde auch direkt von ebendiesem Freund, einem Wärter im Gefängnis, an Wolters nach Coesfeld geschickt, manches wurde von uns abgeholt und von uns weitergeschickt.

BRELOER: Sie gingen in seine Wohnung?

HILDE SCHRAMM: Ja, wir gingen in seine Wohnung, der hat uns besucht, das war eine richtige Familienfreundschaft.

BRELOER: Gab es denn keine Kontrollen mehr?

HILDE SCHRAMM: Doch, es war immer noch so, dass mein Vater aufpassen musste, und es ging ja auch ein paar Mal fast schief. Die Wärter selbst wurden ja nicht kontrolliert. Und auf diese Weise sind nicht nur Briefe reingeschmuggelt worden, sondern zu Weihnachten und zum Geburtstag und auch sonst bisweilen Leckerbissen, Esswaren. Kaviar und Sekt sind dann die Höhepunkte, aber mit Sicherheit nur selten. Es ist schon erstaunlich, dass niemand uns auf die Spur gekommen ist, denn die Vorsichtsmaßregeln, zumindest auf unserer Seite, waren nicht hoch. Man hätte sich nur dafür zu interessieren brauchen, wo wir hinfahren, und man wusste ja, wo die Wärter wohnen – vielleicht hätte man uns dann auch erwischt. Wir sind mit dem alten, klapprigen Kabriolett, auch noch mit einer Tübinger Nummer, die ja auch nicht so häufig in Berlin ist, ganz verschworen nicht ganz bis vor die Tür gefahren, sondern haben drei Straßen weiter gehalten. Aber gerade das alles hätte ja nun jemandem auffallen können. Nun war das allerdings auch nicht so häufig – nur alle paar Monate wurden Briefe abgeholt und gebracht. Manches ging auch noch immer über eine ehemalige Sekretärin meines Vaters, um die Post ein bisschen zu streuen.

BRELOER: Da gab es, neben der offiziellen Post, zum einen den Briefwechsel zwischen Ihrem Vater und Wolters über die Geschäfte, über
die Zukunft, in dem dann auch ab 1952 die Autobiographie entstand.
Und dann gab es noch eine andere Sorte von schwarzer Post ...

HILDE SCHRAMM: Es gab noch die »Spanische Illustrierte«, das waren die
zum Teil sehr witzig geschilderten Episoden aus dem Gefängnis, mit
viel Skurrilität und viel Ironie, auch Selbstironie. Wir haben die sehr
gerne gelesen und darüber gelacht. Er hat das sicher gemacht, um uns
aufzuheitern, aber sicher auch, um sich selbst immer wieder eine dis-
tanziert-ironische Sicht auf die Dinge zu verordnen.

BRELOER: Wenn man Ihren Briefwechsel mit dem Vater liest, fällt auf,
dass er ziemlich gut orientiert ist über die Familie, darüber, was jeder
macht, welche Zensuren die Kinder haben, in welchen Fächern sie
stark und schwach sind. Er wird auch zu Berufsentscheidungen befragt. Aus der Ferne regiert er die Familie – oder lässt die Familie ihn
regieren und macht doch, was sie will?

HILDE SCHRAMM: Ich denke, beides. Wir haben ihm die Illusion gegeben, dass sein Rat sehr wichtig ist und uns etwas bedeutet. Ich will
nicht sagen, dass er uns nichts bedeutet hat – aber im Zweifelsfall hätten wir auch alleine und anders entschieden.

BRELOER: 1953 waren Sie nach Berlin gereist und hatten Ihren Vater zum
ersten Mal seit 1945 wiedergesehen. Wenn Sie uns dieses Wiedersehen
schildern würden?

HILDE SCHRAMM: Man antizipiert so eine Situation oft, man spielt sie
vorher durch, und dann ist die Realität, der man begegnet, auch ein
Abspielen von etwas, das man sich vorher vorgenommen hat. Man
darf sich das gar nicht so dramatisch vorstellen; man hätte sich vielleicht reinsteigern können in eine Dramatik, aber weder mein Vater
noch ich sind Personen, die in solchen Situationen die Dramatik lieben. Ich hatte ja durch die Briefe, besonders durch die Briefe in USA,
inzwischen einen, wie ich denke, sehr engen Draht zu meinem Vater
und auch in meinem Vater einen sehr vertrauensvollen und mir wichtigen Kommunikationspartner gefunden. Und ich wusste, dass diese
halbe Stunde nicht mehr sein konnte als sich zu vergewissern: Wie
sieht dieser Mensch aus? Wir haben das also runtergespielt, so gut es
nur ging – zumindest erinnere ich das so. In diesem Gefängnis kam
man ja erst in den Vorbau, wo die Dolmetscher und irgendwelche
Leute von der Gefängnisverwaltung einen in Empfang nahmen. Wir

mussten den Pass zeigen und wurden dann zusammen hingeleitet. Er kommt von der anderen Seite her, und es sitzen Leute rechts und links und hören zu – das ist sowieso eine entfremdete Situation. Und dann schaut man halt, wie man die halbe Stunde einigermaßen übersteht, wissend, dass das eine Art Konversation ist, zum Glück wissend, dass man nachher einen Brief würde schreiben können, der sehr viel tiefer und dichter ist als diese Szene, in dem man sich über die Situation mokiert oder sie analysiert oder auch etwas Ernsthaftes nachträgt. Sicher war schon wichtig, in diesem Gesicht zu lesen, ob es einen befremdet oder ob man es akzeptieren kann oder ob es mit dem Bild, das man sich durch die Briefe gemacht hatte, übereinstimmt oder ob mich etwas daran stören oder entsetzen würde – hat es aber nicht, es war sehr sanft und freundlich und vielleicht ein bisschen verlegen. Das war ich auch, das hat man dann überspielt. Ich denke, wir sind mit der Situation ganz gut umgegangen. Wir haben sie runtergespielt, haben es nicht dramatisiert, haben uns nicht bemitleidet. Ich weiß nicht, ob ich damals schon im Kopf hatte, dass es ja wirklich viel schlimmere Gefängnisse und viel grausamere Begegnungen gab in anderen Gefängnissen, auch in der NS-Zeit – oder überhaupt keine Begegnungen. Er musste das schließlich auch im Kopf haben. Er war gut genährt, wir waren gut genährt, keiner hat gefroren. Man musste es also ein bisschen runterschrauben, und ich glaube, das haben wir getan. Ich weiß nur, dass ich davor mal so ein bisschen Bauchweh hatte, aber das ging dann in der Situation weg – also eine gewisse Aufregung hatte ich schon. Aber die Hauptsache war wirklich, ihm das nicht schwer zu machen, und er wollte es uns nicht schwer machen, das war die entweder ausgesprochene oder unausgesprochene Absprache. Ich erinnere mich nicht, dass ich je geheult habe im Gefängnis, obwohl ich eigentlich sehr viel und leicht heule. Wenn er dann nach hinten wegging, sich umwandte und noch mal winkte, war das schon ein bisschen wehmütig oder traurig, aber es ist keine irgendwie unzumutbare oder traumatisierende Situation gewesen, wirklich nicht.

BRELOER: Er notiert nach Ihrem ersten Besuch: »Vorgestern kam nun Albert, heute Hilde, da Kinder über sechzehn Jahren nur einzeln zum Besuch zugelassen sind. Albert war erregt und gerührt, was mich sehr mitnahm; Hilde ließ sich ihre Aufregung nicht anmerken. Wie wir in unseren Briefen abgesprochen hatten, entwickelte sich eine Plauderei über ihre amerikanischen Erlebnisse.«[53]

HILDE SCHRAMM: Auch gut. Das wusste er ja alles schon; im Grunde hat man ja nur Dinge, die er schon wusste, gesagt. Diese Fakten hatte ich auch schon in den offiziellen Briefen geschrieben. Wie wir das nun gestaltet haben, dass da wenigstens ein Minimum an Neuigkeitswert war, weiß ich nicht mehr.

BRELOER: »War ich, um nicht von meinen Gefühlen überwältigt zu werden, bei diesen Besuchen zu trocken?« – Das können Sie beantworten.

HILDE SCHRAMM: Nein, ich hätte sonst ja auch die Fassung verloren. Das war doch gerade gut.

BRELOER: »Nach wenigen Minuten waren beide mir vertraut, als ob keine lange Trennung zwischen uns liegt. Seltsam beglückend, dass sich so nah mir Zugehöriges sich in der Freiheit bewegt. Auch in einem biologischen Sinne lebe ich durch die Kinder außerhalb des Gefängnisses. Ihre Freuden sind also meine, selbst wenn ich nicht daran teilhabe.«

HILDE SCHRAMM: Ganz schön.

BRELOER: Sie antworten darauf – wenn Sie uns das mal vorlesen würden?

HILDE SCHRAMM *(liest)*: »Ich bin sehr froh, dass Dir unser Besuch so viel Freude gemacht hat, wie ich aus Deinem Brief sehe. Jetzt werde ich mal versuchen zu beschreiben, welchen Eindruck Du auf mich gemacht hast. Nachdem Du uns darauf vorbereitet hattest, daß Du kaum mehr Haare hast und auch sonst älter geworden bist, war ich sehr überrascht, meinen Vater doch durchaus jung zu finden. Komischerweise hatte ich Dich nicht mit mehr Haaren in Erinnerung, aber mit einer etwas anderen Nase. […] Ich bin jetzt froh, dass ich Dich besuchen konnte, weil ich jetzt weiß, wie du richtig aussiehst und wie ich mir Dich vorstellen soll. Du machtest überhaupt keinen irgendwie bedrückten Eindruck. Ich bin schon sehr stolz auf meinen Vater.« – Ich denke, das ist ein offizieller Brief gewesen, die inoffiziellen klingen anders.

BRELOER: Ihr Bruder Albert sagte uns, für ihn seien die Besuche die reinste Qual gewesen.[54]

HILDE SCHRAMM: Irgendwie geht jeder unterschiedlich damit um; ich habe das offenbar mehr wie so ein Rollenspiel genommen.

BRELOER: Die inoffizielle Verbindung nach draußen war für Ihren Vater sehr wichtig, und er hat sie ja auch mit einer unglaublichen Produktivität aufrechterhalten – Tausende von Seiten wurden hinausgeschmuggelt, das Material für seine *Erinnerungen* und die *Spandauer Tagebücher,* aber auch Geschäftsbriefe, Direktiven und Anweisungen für die Mutter. Er hat dafür, vor allem in Coesfeld, ein unsichtbares Büro.

HILDE SCHRAMM: Ja, das nennt man heute virtuell.

BRELOER: Da gab es jemanden, der sah so aus *(zeigt ein Foto)*.

HILDE SCHRAMM: Marion Riesser.

BRELOER: Was wissen Sie über Marion Riesser?

HILDE SCHRAMM: Das war eine hübsche, liebenswürdige Frau. Sie war, wie man so sagt, die Frau zur Linken von Rudolf Wolters.

BRELOER: Die Geliebte.

HILDE SCHRAMM: Ja, aber das war ganz offen. Das war zur damaligen Zeit erstaunlich und auch für mich interessant, denn es war nicht geheim in Coesfeld. Wenn Geburtstag war, war sie eingeladen, und alle wussten, dass das die Frau zur Linken ist. Und Frau Wolters gab es außerdem. Das war sehr eigenständig, mir hat das damals imponiert: nicht in dem Sinn Geliebte, wie man jemanden versteckt, sondern wie man eben mit zwei Frauen lebt. Die Umgebung kann sich die Zunge zerreißen, wie sie will – man macht es trotzdem.

BRELOER: Das war aus dem heidnischen »Dritten Reich« ins Katholische mit hinübergenommen worden.

HILDE SCHRAMM: Das weiß ich nicht – das gab es ja schon in allen früheren Jahrhunderten auch, die Frau zur Linken ist schließlich eine Erfindung des Adels. Sie war in Berlin, glaube ich, auch Sekretärin gewesen, sie hatte jüdische Vorfahren, wie eng, wie gefährdet, weiß ich nicht.

BRELOER: Ihre Großmutter musste ihre Wohnung verlassen, als Albert Speer die für den Umbau Berlins brauchte. Sie kam nach Theresienstadt und starb dort.

HILDE SCHRAMM: Das wusste ich nicht.

BRELOER: Wie kam Ihnen Onkel Rudi vor? Wie fühlten Sie sich da?

HILDE SCHRAMM: Onkel Rudi war ein wahrer Patriarch. Strenges Regiment. Alle, alle waren unter seinem Regiment. Er hatte auch sehr liebenswürdige Züge, Patriarchen können ja auch liebenswürdige Züge haben. Aber der Herr im Haus war schon er. Wie ich da als Kind aufgewachsen wäre, will ich nicht wissen.

BRELOER: Wussten Sie, wo er politisch stand?

HILDE SCHRAMM: Nein. Ich würde sagen, er war Nationalist. Er war aber auch jemand, der bockig war, also einer, der auf keinen Fall sein wollte, was man später einen Wendehals nannte. Natürlich hat so eine Sturheit, wenn sie nicht mehr begründbar ist, keine Rechtfertigung, aber von der Mentalität, vom Charakter war er so. Er hat alle Leute verachtet, die, wie er meinte, ihre Fahne nach dem Winde drehen. Ob das der

Fall war oder ob da eine wirkliche Bearbeitung, Gesinnungsänderung und auch Einsicht zu dieser Wendung geführt hatten, hat er nicht so genau wissen wollen. Aber es ist auch nicht so, dass ich große politische Gespräche mit ihm geführt hätte, außerdem liegen meine Besuche bei der Familie Wolters vor der Zeit, als ich hier politisch aktiv war. Man muss sich vorstellen: Wir hatten ja gar kein Geld dazu, irgendwohin verreisen zu können. Wir sind nicht ein einziges Mal als Familie verreist – das war ja damals auch in fast keiner Familie üblich. Unsere Mutter hat immer geguckt, dass wir in den Ferien irgendwo unterkommen, damit wir mal eine Abwechslung haben, aber auch, damit sie mal ein bisschen entlastet ist. Und da hat sie uns verteilt, an die Schwester Paula und sonst wohin, alle kamen irgendwo unter. Und so kamen wir alle mal abwechselnd nach Coesfeld, und in meiner Erinnerung war ich damals noch mehr ein Kind als eine junge Frau und habe mich halt mit den beiden Schwestern, Fritz[55] war noch viel zu klein, gut verstanden und mit denen zusammen gespielt. Und mit der Frau Wolters, die ich sehr mochte, habe ich im Haushalt mitgearbeitet, wie alle Kinder das taten. Aber ich erinnere mich nicht, dass ich ihn später, als ich für meinen Vater Leute aufgesucht habe, noch besucht habe. Vielleicht habe ich es aber auch vergessen.

BRELOER: Im Briefwechsel zwischen Ihrem Vater und Wolters zeichnet sich schon in der Spandauer Zeit ein Meinungsunterschied ab: Albert Speer kritisiert Hitler, und Wolters widerspricht ihm, hält sich aber zurück, weil er Speer nicht beunruhigen will. Als Ihr Vater dann 1966 entlassen wird und beginnt, sich öffentlich zu äußern, setzt sehr schnell ein Prozess der Entfremdung zwischen den beiden ein, der mit dem Bruch endet. Haben Sie verstanden, woran das lag, auch jenseits der politischen Differenzen?

HILDE SCHRAMM: Ich denke, die politische Geschichte ist schon sehr wichtig. Die kann man zwar, solange man eine räumliche Distanz hat, herunterspielen. Das kann man ein paar Jahre machen, wenn jeder seine Rolle hat: Der eine hatte die Rolle, sich als guter Freund um die Familie und um ihn zu kümmern, ihm seinen westfälischen Schinken zu schicken und auch sonst alle Annehmlichkeiten, was nur geht, und alle Bitten zu erfüllen; das hat er sehr treusorgend gemacht, der Herr Wolters, gar keine Frage. Und dann ist die wechselseitige Enttäuschung, als sie sich wiedersehen und nicht mehr miteinander reden können, nicht mehr zu überbrücken.

Breloer: Er hatte Wolters einmal, sehr früh schon, beauftragt, seine Erinnerungen herauszugeben.[56] Diesen Auftrag entzieht er ihm nun definitiv, und als das Buch dann erscheint, wird Wolters dort namentlich nicht einmal erwähnt.

Hilde Schramm: Das ist auch sehr undankbar. Ich weiß nicht, was die wirklichen Hintergründe sind, ob da die Zerstörungen der Beziehung auf der inhaltlichen Ebene schon so groß waren – aber ich denke, er hätte ja schreiben können: ›Bei aller Unterschiedlichkeit in den Einstellungen verdanke ich ihm das und das.‹ Das befremdet mich auch, aber ich kann es nicht erklären.

Breloer: Da war dann auch noch die Geschichte mit den Nachkriegs-Streichungen, die Wolters in der »Chronik der Speerdienststellen« vorgenommen hatte. In London war eine verloren geglaubte Kopie aufgetaucht, anhand deren man feststellen konnte, dass das dem Bundesarchiv übergebene Exemplar manipuliert war. Nun saßen sie in der Klemme, und Wolters musste ihm gestehen, was er gemacht hatte, als Ihr Vater noch in Spandau saß: »Allerdings habe ich mich aber auch gezwungen gesehen, einige ganz wenige Stellen herauszunehmen, die zeitgeschichtlich leider nicht unbedingt unwichtig sind. Zum Beispiel die Stelle: ›In der Zeit vom 18. Oktober bis 2. November [1941] wurden in Berlin rund 4500 Juden evakuiert. Dadurch wurden weitere tausend Wohnungen für Bombengeschädigte frei und vom Generalbauinspektor zur Verfügung gestellt.‹ Diese sich einige Male wiederholenden Notizen gipfeln dann 1942 in einem abschließenden Bericht Deines Mitarbeiters Cl[ahes], aus dem zu entnehmen ist, dass die Anzahl der umgesiedelten ›Personen‹ ca. 75 000 betrug und insgesamt ›23 765 jüdische Wohnungen erfaßt‹ wurden. Das ist natürlich eine Leistung«, schreibt Wolters ironisch. »Da damals, als ich diese wenigen, aber vielsagenden Notizen strich, gerade wieder einige dieser Hexenprozesse gegen sogenannte Schreibtischtäter im Gange waren, hatte ich es für richtig gehalten, diese Stellen in den Abschriften (nicht im Original) unter den Tisch fallen zu lassen. [...] Den Ludwigsburgern[57] würde ich glatt zutrauen, daß sie Dir auch noch einen zusätzlichen Prozeß machen unter dem Vorwand, daß dieses ›Delikt‹ nicht Gegenstand der Nürnberger Anklage gegen Dich war.« Ihr Vater erwidert darauf unter anderem: »Mich geht, von Ludwigsburger Warte aus, wohl die Sache kaum an. Durch meine Totalerklärung umfassender Verantwortung ist bei mir ›alles incl[usive]‹?«[58] – ›Bei mir ist alles durch meine totale Erklärung umfassender Verantwortung inklusive …‹

Hilde Schramm: Ja, das ist schrecklich.

Breloer: Die moralische Geste der Übernahme einer Gesamtverantwortung in Nürnberg hat jetzt die juristisch günstige Folge, dass praktisch nichts mehr bestraft werden kann.

Hilde Schramm: Hm.

Breloer: Sie haben Wolters auch nicht wiedergesehen?

Hilde Schramm: Nein.

Breloer: Im Bürosystem Ihres Vaters war auch Annemarie Kempf tätig. Was war ihr Motiv, einen großen Teil ihres Lebens Albert Speer zu widmen?

Hilde Schramm: Die Annemarie war eine sehr von Idealen geprägte Frau, und ich glaube, zu diesen Idealen gehörte auch, dass man jemanden nicht hängen lässt, zu dem man selber sowohl eine emotionale wie auch eine berufliche Beziehung gehabt hat. Sie hat sich immer solche Aufgaben genommen, die sehr selbstlos waren. So wenigstens habe ich sie gesehen, später die Arbeit mit den Kindern, und jetzt, sich um Albert Speer zu kümmern, ein bisschen auch stellvertretend für die Familie und für die Mitarbeiter, die mal in der Behörde gearbeitet haben. Es war also Loyalität oder Zuneigung oder auch Verehrung, aber ich denke, Loyalität und Sich-verantwortlich-Fühlen kommt der Sache am nächsten.

Breloer: Sie wurden dann zur Botschafterin Ihres Vaters. Das haben Sie, glaube ich, auch gerne gemacht.

Hilde Schramm: Ob ich es nun gerne gemacht habe … Zunächst war es mir auch unheimlich, aber ich bin dann da so reingewachsen, und ich empfand schon die Verpflichtung, es zu tun. Es war für mich eigentlich keine Entscheidung, es war nur die Frage, ob ich es können würde. Es schien den Beteiligten, und auch Annemarie Kempf und Wolters waren der Meinung, dass jetzt auch mal jemand aus der Familie auftreten müsste. Meine Mutter hat es sich nicht zugetraut, mein Bruder Albert wollte nicht, und dann kam es halt an mich.

Breloer: Sie wurden ausgestattet …

Hilde Schramm: Das Einzige war, dass ich ein paar schöne Kleider kriegte – überhaupt Kleider kriegte *(lacht),* damit ich da einen halbwegs passablen Eindruck mache; wir sind ja immer ziemlich ärmlich rumgelaufen. Aber ansonsten hat man mir das wirklich überlassen, ich habe dann auch nicht mit meinen Geschwistern, selbst nicht mit meiner Mutter rückgekoppelt. Ich wurde von Herrn Schütz,[59] das war ein Freund von Herrn Wolters und damals Kultusminister in Nordrhein-Westfalen, ein bisschen eingeführt, und das Weitere habe ich dann, sicher beraten von Annemarie Kempf, [selber gemacht].

BRELOER: Wann sind sie in diese Funktion hineingekommen?

HILDE SCHRAMM: Ich denke, so 1958 oder 1957. Ich war vielleicht einundzwanzig oder zweiundzwanzig.

BRELOER: In die Zeit fällt auch der Brief Ihres Vaters: »Benutze Flugzeuge, Schlafwagen, angenehme Hotels, wenn du für mich unterwegs bist. Das ist ein Befehl!«[60]

HILDE SCHRAMM *(lacht)*: Habe ich nie gemacht. Aber mein Hauptratgeber war dann natürlich mein Vater.

BRELOER: Der steuert sie aus der Zelle?

HILDE SCHRAMM: Ja. Seine Gedanken hatten jetzt einen Adressaten. Er konnte mir seine Überlegungen schreiben, Bedenken äußern oder Ratschläge geben. Das war ja auch eine Beschäftigung für ihn, es war etwas, das ihn lebendig hielt.

BRELOER: Die Architekten, die Industriellen, die mit seinen Dienststellen zusammengearbeitet haben, sind jetzt große Leute geworden – ein Netzwerk, dessen Mitglieder Sie jetzt bei Ihren Reisen kennen lernen.

HILDE SCHRAMM: Manche. Ohne solche Unterstützung und ohne zu wissen, dass ich gegebenenfalls da anfragen, mir da einen Rat holen kann, hätte ich das ja alles gar nicht machen können. Außerdem spielte sicher auch noch eine Rolle, dass mich das stabilisiert hat: Wenn so viele Menschen, die in der Nachkriegsgesellschaft ganz offenbar hohes Ansehen haben, mir dabei helfen und sich für meinen Vater einsetzen wollen, dann muss es ja auch berechtigt sein, sich für ihn einzusetzen. Das heißt, wenn ich je Zweifel hatte, dann haben diese Menschen mir diese Zweifel, weniger durch Worte als durch ihr eigenes Eintreten, genommen oder zumindest verringert. Insofern war es nicht nur eine materielle Unterstützung und eine Unterstützung im Anbahnen von Beziehungen und Herstellen von Kontakten, sondern es war auch so etwas wie eine legitimatorische Unterstützung.

BRELOER: Auch in der Politik kommen immer mehr Menschen aus seinem Umkreis, die ihm etwas schulden, in hohe Ämter. Die haben Sie auch zum Teil kennen gelernt. An wen erinnern Sie sich da?

HILDE SCHRAMM: An Herrn Speidel[61] zum Beispiel. Ich habe Herrn

Speidel im NATO-Hauptquartier besucht, das war damals oder ist vielleicht immer noch bei Paris.

Breloer: Das ist jemand, den Albert Speer aus dem Führerhauptquartier gut kennt …

Hilde Schramm: Ja, sicher. Und es gab ja wohl auch irgendwann mal eine Situation, in der Herr Speidel Schwierigkeiten mit dem Regime hatte; und es ist schon wahr, dass mein Vater die Leute, die er kannte, versucht hat rauszuhauen. Und das sind nicht wenige. Das hat er mit Überzeugung gemacht. Da es eine größere Anzahl von Leuten gab, die nun wieder, weil sie Schwierigkeiten mit dem NS-Regime gehabt, aber überlebt hatten, sehr viel leichter Karriere machen konnten als andere, waren da in vielen Ministerien, in der neuen Bundeswehr und auch im diplomatischen Korps Anknüpfungspersonen, die meinem Vater gegenüber ein Wohlwollen hatten, manche auch eine Art Dankbarkeit.

Breloer: Erzählen Sie doch mal vom Besuch bei Speidel in Paris.

Hilde Schramm: Das Merkwürdigste fand ich: Ich wurde irgendwo vom Chauffeur abgeholt, und als ich wieder ging, da ging er ans Auto, an die Tür, und hat vor mir salutiert. Das fand ich ja nun wirklich komisch *(lacht)*. Das habe ich in erster Linie behalten, weil es mir so absurd vorkam.

Breloer: Welche Themen haben sie da besprochen?

Hilde Schramm: Das Thema war immer: Was kann man machen, dass mein Vater vorzeitig aus dem Gefängnis kommt? Wen kann man ansprechen? Wen kann man dafür gewinnen, dass die Alliierten eine Initiative bei den Russen starten? Wie kann man wiederum Leute bei den Russen gewinnen, die in Ämtern sind und die nun wieder Einfluss auf die Regierung haben oder selber zur Regierung gehören, dass sie einer Entlassung zustimmen? – Was ich jetzt im Einzelnen mit Herrn Speidel beredet habe, weiß ich nicht mehr.

Breloer: Mussten Sie auch Protokoll führen?

Hilde Schramm: Ich habe immer Bericht an meinen Vater gegeben, das sind praktisch die Protokolle. Aber die sind ja nicht erhalten, weil ich damals noch nicht auf die Idee gekommen bin, dass man eine Durchschrift macht. Ganz so freudlos war das alles übrigens gar nicht. Ich glaube, ich war zweimal in Paris, und einmal ist der Ulf Schramm mein Begleiter gewesen, und wir haben eine wunderschöne Zeit in Paris gehabt. Ich habe aber dann auch die Sachen für meinen Vater erledigt.

Breloer: Wer war da noch in der Politik, den sie ansprechen konnten?

HILDE SCHRAMM: Hettlage …

BRELOER: … sein Finanzchef im Rüstungsministerium …

HILDE SCHRAMM: Hettlage war ja dann Staatssekretär im Finanzministerium. Da war ich mehrmals.

BRELOER: Sie fahren nach Bonn und wohnen da in einer kleinen Pension …

HILDE SCHRAMM: Ich habe zum Teil auch im Dachzimmer bei Annemarie Kempf gewohnt.

BRELOER: Und dann morgens Termin bei Staatssekretär Hettlage …

HILDE SCHRAMM: Das war immer so die größte Schwierigkeit, dass ich mich aufraffe, ans Telefon gehe, irgendwo anrufe und sage: Ich will einen Termin, und warum ich einen Termin will. Das musste ich ja immer wieder machen. Und einen Brief schreiben. Wenn es dann lief, lief es halt. Dann hatte ich den Termin, und dann bin ich hingefahren.

BRELOER: Sie wurden doch freundlich aufgenommen? Eine Tasse Kaffee …

HILDE SCHRAMM: Ja, aber sicher. Die hätten mich ja nicht empfangen, wenn sie nicht schon vorab ein Wohlwollen gehabt hätten. Ich bin aber nicht nur zu Herrn Hettlage, ich bin ja auch zu Herrn Wehner, ich bin zu Carlo Schmid, ich bin später zu Willy Brandt. Ich bin dann zu Albertz, zu Niemöller bin ich auch gelaufen. Ich bin ja gerade mit Vorliebe zu Leuten gegangen, die, weil linker orientiert, andere Drähte hatten und auch nicht im Verdacht standen, in irgendeiner Sympathie zum NS-Regime zu stehen – in der Hoffnung, dass deren Wort besonders viel gilt.

BRELOER: War Herbert Wehner freundlich?

HILDE SCHRAMM: Ja, der war sehr freundlich, hat Pfeife geraucht, wie es im Buche steht, so gesogen, nachgedacht, Pausen eingelegt, nachgedacht.

BRELOER: Und wie war der Erfolg? Konnte man das Versprechen mitnehmen, er würde sich für Ihren Vater einsetzen?

HILDE SCHRAMM: Na ja, die Versprechen waren immer unverbindlich, das waren sie ja alle. Also: ›Ich werde mich kümmern, ich werde gucken, wo eine Gelegenheit ist …‹ Aber auch so jemand wie Wehner – warum sollte er mich anlügen, warum sollte er mich überhaupt empfangen? – hat gesagt, er setzt sich dafür ein, dass mein Vater vorzeitig rauskommt. Das ist gar keine Frage. Ob er es dann wirklich gemacht hat, das konnte ich nicht kontrollieren.

Breloer: Aber Sie haben daran erinnert, dass der Mann noch sitzt. Das war ja auch wichtig.

Hilde Schramm: Ja, sicher – das war auch wichtig für meinen Vater. Es war ihm sicher sehr wichtig, dass ich überhaupt empfangen wurde, weil es sozusagen spiegelte, dass er nicht verdammt ist, dass er bei aller Zwiespältigkeit seiner Person nicht einer war, mit dem man gar nichts mehr zu tun haben wollte.

Breloer: Es hat keine Folgen gehabt, aber das Thema blieb auf der Tagesordnung. Willy Brandt – wie war das denn? Der war Bürgermeister ...

Hilde Schramm: ... in Berlin. Das war relativ spät, das muss schon Anfang der sechziger Jahre gewesen sein. Ich fand ihn eigentlich ziemlich steif. Aber er hat zugehört, und zumindest über das Büro habe ich den Kontakt weiter gehalten. Die Geschichte haben Sie ja vielleicht schon mal gehört, dass Willy Brandt mir zur Entlassung meines Vaters einen großen Blumenstrauß in die Pariser Straße geschickt hat. Und das wurde in der Presse übel vermerkt, da gab es wohl in der Partei und auch in Teilen der Öffentlichkeit gewisse Befremdlichkeiten.

Breloer: Weiß man, warum Willy Brandt Ihnen Blumen schickte?

Hilde Schramm *(lacht):* Na ja – ich weiß nicht, wie weit es auch ein politisches Kalkül war. Auf alle Fälle denke ich, es war immer beides: dass die Menschen – gut, es waren auch Männer, überwiegend oder fast ausschließlich Männer, aber ich will es jetzt nicht auf dieser Schiene so betonen – ganz angetan waren, dass da eine junge Frau kam, die überhaupt keine Affinität zur NS-Ideologie hatte und auch keine Apologie dem Vater gegenüber, mindestens nicht in dem groben Sinn, wie manche anderen Kinder von NS-Größen sie hatten. Dass also jetzt jemand von der neuen, hoffnungsvollen Generation kam. Auch das mit dem USA-Aufenthalt hat mir natürlich als Visitenkarte geholfen, und dass ich da gut über die Runden gekommen bin.

Breloer: Ihr Vater hat Sie auch zu Globke geschickt, Globke war Staatssekretär unter Adenauer. Wussten Sie, als Sie ihm gegenübertraten, wer er im »Dritten Reich« gewesen war?

Hilde Schramm: Das war so: Herr Schütz nahm mich in Bonn das erste Mal quasi an die Hand und stellte mich bei ein paar Leuten vor – ich erinnere nicht mehr, wem sonst noch, aber ich weiß, dass er mich Herrn Globke vorgestellt hat, und ich weiß, dass mir das unangenehm war. Und ich weiß auch, dass ich selber, obwohl das in den Briefen wohl auch weiterhin vorkommt, vermieden habe, den Kontakt zu Herrn Globke zu intensivieren. Ob Herr Globke auch vermieden hat, den Kontakt zu mir zu intensivieren, weiß ich nicht. Ich wusste, wer Herr Globke war, und ich wollte nichts damit zu tun haben. Ich wollte ja auch nicht gesehen werden als eine, die jetzt mit den alten Nazis paktiert.

BRELOER: Ein Mann, dessen Aufstieg Ihr Vater und Wolters, der mit ihm mal in einem Bette lag, verwundert verfolgen: Heinrich Lübke.[62] Der wurde Bundespräsident.

HILDE SCHRAMM: Ja, das war sehr erstaunlich. Es sagt etwas über die Republik aus und weniger über Herrn Lübke, dass so jemand Bundespräsident werden konnte.

BRELOER: Haben Sie auch mit ihm gesprochen?

HILDE SCHRAMM: Ja, habe ich auch.

BRELOER: Wie war das?

HILDE SCHRAMM: Ja, was soll ich dazu sagen? Er war ja völlig gehemmt, er konnte gar nicht flüssig oder zusammenhängend oder lebendig reden. So habe ich ihn auch vor mir. Ich lebte ja damals schon in Kreisen, in denen Lübke eigentlich eher eine Witzfigur war. Und trotzdem bin ich zu ihm hin und habe ein Gespräch mit ihm geführt, das habe ich schon für meinen Vater gemacht.

BRELOER: Wenn ich mir das als filmische Montage vorstelle – Sie steigen in die Straßenbahn, mit Täschchen, im kurzen Schwarzen oder im kleinen Kostüm …

HILDE SCHRAMM: Nein! Kein kurzes Schwarzes, schon ein bisschen besser.

BRELOER: Aber schick, adrett.

HILDE SCHRAMM: Ja, aber mit wippenden Röcken und so, also nicht so eng, kein Kostüm. Also wenn schon – gut, aber nicht unbedingt teuer. Nicht so als graues Mäuslein, das bescheiden den Kopf senkt.

BRELOER: Nein, eine schicke junge Frau.

HILDE SCHRAMM: Ja, war ich schon. Ich war schon eine moderne junge Frau, anders hätte ich ja auch keinen Erfolg gehabt. Ich kann ihnen ein paar Kleider aufmalen, wunderbare …

BRELOER: Ich glaube, ein kleines bisschen Stolz auf sich selber war auch dabei.

HILDE SCHRAMM: Ich denke zumindest, ich habe unheimlich viel dadurch gelernt – mir selber diese Termine zu beschaffen, mich da durchzusetzen, wenn ich keine Antwort kriegte, mich noch mal zu melden – es war eine gewisse Anstrengung. Und dann alleine dahin zu

gehen – als Lehrjahre fürs Auftreten war das natürlich auch sehr gewinnbringend für später, für die Politik: dass es mir dann nichts mehr
ausmachte, mich öffentlich zu bewegen, mich beobachten zu lassen.

BRELOER: Könnten Sie uns etwas hieraus vorlesen?

HILDE SCHRAMM *(blättert in Briefen)*: Das hier sind sehr typische Strategie-Überlegungen. Kennedy kommt zu Besuch nach Berlin.[63] »Ich
halte es für zwecklos zu versuchen, ihn selbst darauf ansprechen zu lassen. Dazu hätte zwar Lübke in Bonn Gelegenheit, aber es wäre für ihn
peinlich. Mein Plan: für diesen Besuchstag Lübke nur zu bitten, mit
Brandt zu sprechen, dass dieser mit einem der nächsten Mitarbeiter
spricht, wahrscheinlich wäre es Clay, der anscheinend mitkommt.« –
Und Clay sollte dann, wenn die ganze Hektik der Reise vorbei ist, hoffentlich eine Gelegenheit finden, den Fall vorzutragen. – »Für Lübke
habe ich noch eine zweite Sache. Ich nehme sicher an, daß er mit
Schröder gut steht. Schröder seinerseits hat Ansehen bei Rusk. Er wird
ihn und Kennedy nach der NATO-Sitzung in Ottawa Ende Mai sehen.
Auch könnte Lübke bei der Gelegenheit Schröder bitten, Kroll etwas
anzuheizen …« Der war damals Botschafter in Moskau und war auch
sehr aufgeschlossen. – 16. 04. »Mit meiner stoischen Haltung bin ich
genauso zweigleisig wie Du mit Deinem vor den Besprechungen bestellten Optimismus.« – Das stimmt auch: Vor den Besprechungen
habe ich mich immer in eine optimistische Haltung hineinmanövriert,
damit ich selbst ein bisschen Überzeugungskraft habe, sonst geht das
ja gar nicht.

BRELOER: Wir haben in London einige Dokumente gefunden, die sich
auf Ihre Aktivitäten dort für Ihren Vater beziehen.

HILDE SCHRAMM *(überfliegt einige Dokumente)*: Es erinnert mich an die
Situation, die sich dann oft wiederholt hat: dass, wo ich hinkam, die
Leute, in diesem Fall die Briten, sagten, sie seien ja dafür, dass er freigelassen wird, und hier in dem Fall auch noch sagten, die US-Amerikaner und die Franzosen seien auch dafür, aber die Russen eben leider
nicht. Und dass sie es weiterverfolgen wollten und dass ich verstehen
müsse, dass sie es nicht öffentlich machen und so weiter. Diese Ermutigungen einerseits, andererseits die sich wiederholenden indirekten Absagen – denn wenn die Russen nicht mitmachen, wird ja nichts daraus – habe ich die ganze Zeit gekriegt, das hat sich nicht geändert.

BRELOER: Sie sind ziemlich viel gereist; wie konnten Sie studieren nebenbei?

HILDE SCHRAMM: Ich habe ja auch ewig studiert. Ich hatte immer eine gute Ausrede: Weil ich für meinen Vater so viel unterwegs war, konnte ich nicht so schnell zu Ende kommen. Das macht jetzt hier auch einen zeitlich zusammengeschnurrten Eindruck von hoher Konzentration – aber es war ja nicht so, dass das mein Hauptlebensinhalt war. Es war ein Teil des Lebens – das war es schon.

BRELOER: Dann läuft in Frankfurt der Auschwitz-Prozess.[64] Das ist ungünstig für Ihren Vater, da kann man ihn nicht …

HILDE SCHRAMM: … einbringen.

BRELOER: Wissen Sie noch, wie Sie darauf reagiert haben? Es war ja für uns alle ein Einschnitt, als wir zum ersten Mal in diesem Ausmaß davon hörten, was in Auschwitz passiert war.

HILDE SCHRAMM: Den Auschwitz-Prozess haben wir, der Ulf und ich, damals verfolgt. Es sind immer solche Schübe von wieder neuen Informationen gewesen, von wieder mehr Unausweichlichkeit. Es war nichts ganz Neues, es war ein weiterer Schritt auf einer Linie, die Ungeheuerlichkeit zur Kenntnis zu nehmen und an sich herankommen zu lassen.

BRELOER: Wie hat Ulf Schramm seinen neuen Schwiegervater angesehen – er hat Ihren Vater mit Auschwitz nicht in Zusammenhang gebracht?

HILDE SCHRAMM: Die Frage kann ich nicht mit Ja oder Nein beantworten. Ulf Schramm war ja ein sehr kritischer und auch ein politisch sehr wacher Mensch, aber er hatte doch auch irgendeine Sympathie und Zuneigung zu seinem Schwiegervater, vielleicht durch mich oder durch die Briefe. Es war nicht nur eine äußerliche Freundlichkeit; ihn hat auch interessiert, wie ein Mensch zwanzig Jahre lang in geistiger Wachheit, mit Ironie, mit Interesse an Literatur die Zeit übersteht. Das hat ihn geradezu fasziniert, diese, wie er es nennt, existenzialistische Situation. Er hat es zum Teil mit Beckett in Bezug gesetzt, er hat es vielleicht auch geradezu ein bisschen literarisch gesehen.

BRELOER: In der zeitgenössischen Memoirenliteratur gab es nichts Vergleichbares.

HILDE SCHRAMM: Nicht nur die Memoirenliteratur – ich denke auch an die Formulierungen in der »Spanischen Illustrierten«. Ich habe das nie mehr angeguckt und möchte es jetzt mal wieder lesen. Damals fand ich, dass mein Vater schreiben kann, dass er auf den Punkt kommt und auch oft diese Ironie und diese Distanz zu den Ereignissen sehr schön ausdrücken kann. Und Ulf, der ja Literaturwissenschaftler war und

von Literatur was verstand, hat diese Briefe auch hoch geschätzt. Er hat
sich aber auch wirklich für die Person interessiert, die diese lange Zeit
im Gefängnis auf sich gestellt war – die Mitgefangenen kann man als
Gesprächspartner, als Gleichgesinnte, mit denen man sich austauschen
konnte, vergessen –, der sein Leben mit Geschriebenem anfüllt und
anreichert. Dazu aber, darüber haben wir noch gar nicht gesprochen,
auch mit disziplinierter Gartenarbeit und seiner Wanderung ein Über-
lebensprogramm durchzuhalten – und das alles mit so einer schein-
baren Leichtigkeit. Und dann noch zu versuchen, ernsthafte Themen,
nämlich die Vergangenheit und seine Rolle dabei, wenigstens annä-
hernd zu durchleuchten. Das fand er schon ganz faszinierend. Und so
hatte der Vater Glück, dass sein Schwiegersohn mit in die Korrespondenz eingetreten ist. Übrigens in einer Zeit, als ich ermüdet war. Ich
war einfach ermüdet durch die vielen Briefe, durch die vielen Gänge,
die alle nichts gebracht hatten. Ich wollte jetzt mein Examen machen,
ich wollte den anderen Schwerpunkten im Leben ganz eindeutig Prio-
rität geben. Das äußert sich zum Teil auch in der nachlassenden Korrespondenz. Es gibt Briefe, in denen mein Vater sich beschwert, dass
ich inzwischen so nichtssagend schreibe.

BRELOER: 1961 heiraten Sie. Im selben Jahr wird in Berlin eine Mauer
gebaut, ein Teil ihrer Kommilitonen wird im Osten eingemauert. Jetzt
machen Sie etwas ziemlich Riskantes.

HILDE SCHRAMM: Wir waren gerade auf unserer Hochzeitsreise, als die
Nachricht von der Mauer kam, die hier in Berlin gebaut wird. Der Ulf
wollte sofort nach Berlin und gucken, ob wir irgendwas helfen können.
Wir sind also abgefahren, der Ulf ist ins Studentenwerk gegangen, die
hatten schon angefangen, die Listen der Oststudenten durchzugehen
und Menschen, die etwas tun wollten, Adressen zu geben. Die Studenten wurden besucht, etliche auch von Ulf, Kontaktaufnahme als erstes
Zeichen, dass sie nicht schon abgeschrieben und vergessen sind. Gleichzeitig haben andere Gruppen von Studenten verschiedene Schlupf-
löcher gefunden, ein berühmter Weg war durch die Kanalisation. Das
ging eine Zeit lang ganz gut, uns war aber klar, dass das alsbald aufflie-
gen würde, dass man sich also den nächsten Schritt ausdenken musste,
solange dieser Weg noch läuft. Und da man damals noch mit auslän-
dischen Pässen ganz einfach hinübergehen konnte, war unsere Idee,
und ich denke auch, meine Idee, dass ich in die Schweiz fahre und dort
Pässe von Leuten besorge, die einverstanden sind, dass die hier ver-

wendet werden, nach Ähnlichkeit oder mit ausgewechseltem Bild. Ich bin in die Schweiz gefahren, habe dort niemanden gekannt, hatte aber die Adressenliste von den jungen Frauen und Männern, die, wie ich, mit dem *American Field Service* in den USA gewesen waren. Das ist eine wunderbare Erfahrung gewesen: Ich habe eine dieser Adressen angerufen, Menschen, die ich noch nie gesehen hatte, habe ihnen ganz kurz gesagt, um was es sich dreht, und die haben mich zu sich eingeladen, die haben zugehört, die haben andere eingeladen, die haben angefangen, in ihrem Bekanntenkreis Pässe zu sammeln, die haben mich dann noch in andere Städte vermittelt. Da war es dann schon leicht, weil ich annonciert war. Ich hatte beim ersten Mal, glaube ich, so zwei Schuhkartons mit Pässen, also nicht gerade wenig. Die habe ich im Liegewagen über die Schweizer Grenze gebracht, nicht sonderlich professionell, ich habe mich halt draufgelegt. Damit hatten wir ein ganz gutes Fundament an Pässen. Aber das Motiv nicht nur von mir, sondern auch von allen anderen war kein Antikommunismus, das ist mir wichtig zu sagen. Das war, dass man den Leuten, mit denen man zusammen studiert hatte, die Möglichkeit geben wollte, das Studium hier zu Ende zu machen – wissend, dass sie drüben zumindest, wenn sie nicht in ein Straflager kämen, doch keine Gelegenheit mehr hätten weiterzustudieren. Wenn sie hier drüben weiterstudieren wollen, dann soll es ihnen möglich gemacht werden.

Breloer: War es nicht einfach Anti-Diktatur?

Hilde Schramm: Es war Anti-Diktatur, aber es war vor allen Dingen eine dieser Lehren, die wir meinten aus der NS-Vergangenheit gezogen zu haben: Wenn Leute in Not sind, dass wir ihnen helfen, auch wenn die Mittel dazu jenseits der Legalität sind. Legitim, aber nicht legal – das war die Formel.

Breloer: Hat Ihr Vater davon gewusst?

Hilde Schramm: Ja, das hat er gewusst, über blaue Briefe.[65] Und er hatte nun wieder große Sorge, dass ich nach Ostberlin gehe – was ich aber nicht tat. Wir sind kein Risiko eingegangen. Wir hatten die Devise: Wenn irgendetwas schief geht, hören wir sofort auf. Und wir haben sogar aufgehört, bevor wirklich was schief gegangen ist.

Breloer: 1966 wird Ihr Vater dann entlassen. Wo waren Sie da um Mitternacht?

Hilde Schramm: Da war ich schon unterwegs zu dem Ort, an dem wir uns dann trafen, bei Mölln.

Breloer: Man hatte zwanzig Jahre davon phantasiert, wie schön es sein würde, wenn man wieder zusammen ist. Reisen, ein glückliches gemeinsames Leben ... Wie war es, als Sie ihm zum ersten Mal außerhalb von Spandau wiederbegegneten?

Hilde Schramm: Es wurde dann kompliziert, weil die Distanz groß und die Vertrautheit nicht groß war und wir anderen untereinander eine schnelle, eingeübte Kommunikation hatten, bei der er dann bisweilen nicht mitkam und sich außen vor fühlte.

Breloer: Ich brauche ja immer die Genauigkeit der Szene. Die Geschwister treffen ein, man steht dort und wartet. Wie muss man sich das vorstellen?

Hilde Schramm: Völlig hilflos. Das Gute daran wiederum ist, dass wir es nicht überspielt haben; weder haben wir irgendwelche Trinksprüche vorbereitet gehabt noch irgendwelche Sketche, noch sonst uns in irgendeiner Form versucht zu präsentieren. Wir haben die Verlegenheit, wenn sie aufkam, einfach ausgehalten, und ich denke, das ist nicht so falsch. Wir sind dann auch spazieren gegangen, und die Enkelkinder waren dabei. Da war ein großer Garten, und es war schönes Wetter. Ich denke, das ist eine unlösbare Situation, wenn man kein Ritual hat, in das man sich einfügen kann, und wir hatten kein Ritual und wollten ja auch keins. Dann ist das eine Situation, wo die Verlegenheit, die Distanz, die unaufhebbare Zeit zu spüren noch relativ das Beste ist.

Breloer: Vierzehn ruhige Tage in Schleswig-Holstein. Wie lange waren sie dabei?

Hilde Schramm: Ich denke, die ganze Zeit.

Breloer: »Wir hatten am Kellersee ein Haus gemietet, und zum ersten Mal war die ganze Familie zusammen. Jeden Tag wachte ich zur gewohnten Zeit auf in aller Frühe, und noch immer drängte es mich, meine Kilometer abzuwandern. Es herrschte eine harmonische Stimmung, und alle bemühten sich um mich, aber mit ein wenig Überraschung bemerkten sie meine Eigenarten. Manchmal stieg bereits eine Ahnung in mir auf, Unüberwindliches nicht beiseite räumen zu können.«[66]

Hilde Schramm: Diese Ahnung entsteht aber nicht erst da; ich finde sie in den Briefen wieder, die er an mich geschrieben hat, und ich habe Ähnliches auch geschrieben. Man weiß doch, dass man nicht willentlich eine Nähe herstellen kann, die über Jahre nur künstlich über Briefe bestanden hat. Nein, das einzig vielleicht Mangelhafte war, dass wir

nicht über genau diese Situation reden konnten; heute würde ich das
können, damals wohl noch nicht. Das wäre ja immer eine Erleichterung, wenn man darüber reden kann – über die Fremdheit und wie
man sie empfindet und warum sie da ist. Dann hätte man eine neue
Ebene, zwar eine traurige, aber könnte wieder kommunizieren. Und
ich erinnere nicht, dass wir das hingekriegt haben.

BRELOER: »Ich denke, während ich dies einige Zeit später niederschreibe,
dass ich ihre Befangenheit nicht auf Spandau zurückführen darf. Vielleicht war sogar die Sprödigkeit, mit der wir uns im Besuchszimmer
gegenübersaßen, die mir gegebene Art des Kontakts. [...] Fremd war
ich schon in der Umgebung Hitlers, fremd in der Umgebung der Mit-
häftlinge. Wie wird es nun sein?« Also war die Wand zwischen ihm
und der Welt die existenzielle Grundbedingung seines Lebens?

HILDE SCHRAMM: So deutet er es jetzt. Das mag schon sein. Dass mein
Vater immer eine gewisse Distanz zu anderen Menschen hatte und die
nur durch Ironie oder auch durch punktuelles Verständnis – das gab
es schon! – überbrücken konnte, das stimmt schon. Man konnte sich
manchmal von ihm sehr verstanden fühlen. Das waren Situationen
von Nähe, die es auch später noch gab. Na ja – vielleicht ist es doch mit
anderen Menschen auch nicht viel anders. – Wir waren damals ja alle
erwachsen, zum Teil mit Kindern, im Beruf oder im Studium, wir hatten unser eigenes Leben, wir wollten auch unser eigenes Leben führen.
Ich hatte mich ja Jahre meines Lebens ganz intensiv auf meinen Vater
eingelassen, wenn auch nur über Briefe, wenn auch nur über Handlungen in seinem Interesse. Und ich wollte das jetzt, wo er draußen war,
nicht fortführen. Ich wollte mich stärker abgrenzen, und ich wollte
mich nicht einbeziehen lassen in seine Probleme und Schwierigkeiten
und alles, was auf ihn zukommen würde, in der Form, dass ich ihm
ständig zur Verfügung stehen würde, und sei es nur als Gesprächspartnerin. Das sage ich jetzt klarer, als ich es damals wusste, aber so habe
ich mich faktisch verhalten. Ich fand übrigens, dass ich da sehr hart
meinem Vater gegenüber war. Nachdem er zurückgekommen war,
habe ich mich sehr zurückgezogen. Ich wusste, was ich tat, und habe es
trotzdem getan. Ich hatte aber auch schreckliche Frauen-Biographien
im Kopf, wo es Töchter nicht geschafft hatten, sich von ihrem Vater ab-
zugrenzen, und dann in der Rolle einer besseren Sekretärin oder auch
Gesprächspartnerin oder Beraterin geblieben sind, auf alle Fälle unentbehrlich, und daraus ihren Lebensinhalt bezogen haben; in gewis-

sem Sinne gilt das auch für Erika Mann. Eine solche Rolle wollte ich auf keinen Fall. Es war 1966, ich war das erste Mal richtig berufstätig, wenn auch nur als Referendarin, ich hatte angefangen, in dieser neuen Funktion Rollen anzunehmen, ich war Sprecherin der Referendare, ich hatte angefangen, mein früheres Studium, das war Volkswirtschaft gewesen, jetzt mit Soziologie neben dem Referendariat fortzusetzen mit dem Ziel, es abzuschließen – was ich dann ja auch habe, ich habe später noch ein Diplom in Soziologie gemacht. Neben dem Referendariat war ich in Seminaren, ich war in der Kritischen Universität – es waren ja dann auch, 1967, 1968, hier die aufregenden Zeiten …

BRELOER: An die Kritische Universität in Hamburg erinnere ich mich sehr genau – wir haben die Nazi-Doktorarbeiten der Professoren hervorgeholt und sie ihnen öffentlich vorgelesen.

HILDE SCHRAMM: Ich meine nicht, dass das bei mir etwas damit zu tun hatte, dass ich meinen Vater jetzt kritischer sah oder ihm ablehnender gegenüberstand – das glaube ich wirklich nicht. Das war ein Selbstschutz – ich hatte Angst, wenn ich mich nicht abgrenze, komme ich in die Rolle einer Beraterin, einer emotionalen Stütze, einer Vertrauten, die mich abhält, ein eigenständiges Leben zu führen, wie ich es damals wollte.

BRELOER: Sie haben mir mal wörtlich gesagt: »Ich habe ihn fallen lassen.«

HILDE SCHRAMM: Ich habe ihn damals fallen lassen. Das war sehr schmerzlich für ihn, das war auch sehr schmerzlich für mich. Die Frage, ob es Zwischenformen gegeben hätte, kann man diskutieren. Es ist ja nicht so, dass ich den Kontakt abgebrochen habe. Ich habe Besuche gemacht, er hat uns hier besucht, er hat uns dann in diesem chaotischen Haus besucht, wir haben auch darüber gesprochen, wir sind zusammen essen gegangen, haben zusammen Wanderungen gemacht – ich erinnere mich besonders an eine im Schwarzwald, da war ich damals schon schwanger. Ich habe ja auch in der Zeit, 1968 und 1970, meine Kinder gekriegt. Er hatte einen sehr guten Kontakt zu seinen Enkelkindern und mochte besonders meinen Sohn, das war der jüngste Enkel, und umgekehrt auch. Es war ja nicht so, dass ich den Kontakt abgebrochen hätte, überhaupt nicht.

BRELOER: Er hatte ja auch sofort neue Menschen, die sich hoch professionell um ihn kümmerten: Siedler[67] und Fest.[68]

HILDE SCHRAMM: Nein, das kam etwas später, die hatte er ja nicht gleich. Die ersten Manuskripte, die Rohfassungen, hat er mir geschickt und auch anderen Geschwistern, dass wir Korrektur lesen und Vorschläge machen.[69] Dann habe ich gemerkt: Wenn ich mich darauf einlasse, an seinen Publikationen mitzuarbeiten, dann zieht mich das ungeheuer in sein Leben, in die Vergangenheit. Ich nehme an, wir hätten dann auch Konflikte untereinander gehabt. Die hätte man zwar austragen können, aber das nimmt ja alles wahnsinnig viel Zeit in Anspruch. Dann habe ich gebeten, dass er mir das nicht mehr schickt, und damit war ich aus der Kommunikation über seine neue Tätigkeit raus. Mit Absicht, ich wollte das nicht.

BRELOER: Hatten Sie nicht schon 1963 den Kontakt zu Siedler vermittelt?

HILDE SCHRAMM: Ich hatte den nicht vermittelt. Er hatte sich, glaube ich, an meine Mutter gewandt, und dann haben wir das, wie immer, unserem Vater unterbreitet. Es hatten sich ja auch andere Verlage gemeldet. Mein Vater sagte: Klingt interessant, nehmt mal Kontakt auf. Und dann haben wir uns, ich glaube, der Fritz war dabei, mit Herrn Siedler in einem Lokal getroffen.

BRELOER: Mit Herrn Fest hat er natürlich auch einen glänzenden Lektor gefunden, der ihn auf die Höhe der Zeit gebracht hat.

HILDE SCHRAMM: Wenn ich mich beteiligt hätte, hätte ich sicher andere Sachen angemerkt. Aber das wollte ich nicht.

BRELOER: Dann erscheinen die Bücher Ihres Vaters und werden Welterfolge. Damit war nicht unbedingt zu rechnen gewesen.

HILDE SCHRAMM: Nein, überhaupt nicht. Aber es ging mich nicht mehr so viel an. Ich habe die *Erinnerungen* gelesen, fand sie ganz beachtlich, finde sie auch heute noch gut, finde sie auch gut geschrieben. Ich denke auch, dass er sie wirklich selbst geschrieben hat und nicht irgendein Ghostwriter – das ist sein Stil. Ich habe die *Erinnerungen* mit Respekt gelesen, und ansonsten habe ich mich für ihn gefreut. Aber er war ja nachher in einer Rolle, dass er ständig die Dinge wiederholt hat. Das ist sicher wieder eine Mischung – dass er froh war, noch gefragt zu sein, es war ihm aber auch durchaus lästig. Er hat es sozusagen als seine Aufgabe verstanden, auch Schülern und anderen nichtprominenten Leuten zur Verfügung zu stehen. Es war irgendeine Selbstverpflichtung, die er eingegangen war, das hatte fast etwas von Abbüßen an sich. Ich war ein paar Mal dabei, meine Mutter konnte es auch nicht mehr hören. Und gleichzeitig nehme ich an, wenn er gar nicht mehr gefragt worden wäre, hätte er das auch vermisst.

BRELOER: Er wird nicht nur zum Bestsellerautor, er wird auch der Zeitzeuge.

HILDE SCHRAMM: Sicher, das hat man nicht erwartet. Und es ist eben wie bei allem davor: Die jeweilige Rolle, die er eingenommen hat, hat er sehr intensiv ausgefüllt. Und offenbar nur ausfüllen können, weil die Umgebung ihn in unterstützender und nachfragender Weise in dieser Rolle gefördert hat. Wenn die Leute es nicht gelesen hätten und sich nicht interessiert hätten, dann hätte er eben wie viele andere nur irgendwelche Memoiren geschrieben. Aber das war nicht der Fall. Es ist zwiespältig: Ich habe manchmal gedacht, aber das ist so ein jugendlicher Radikalismus, er hätte sich zurückziehen und kein Wort mehr sagen sollen; aber das ist natürlich absurd. Er hat ja auch Dinge gesagt, die für andere zum Nachdenken von Bedeutung sind.

BRELOER: Er ist auch ein gute Propagandist seiner Bücher, mit ihm kann man die gut verkaufen.

HILDE SCHRAMM: Aber auch andere Autoren freuen sich ja, wenn sie nachgefragt werden und wenn sie Interviews geben zu ihren Büchern, was wieder die Auflage steigert. Wenn die Nachfrage so ist, dann muss man auch fragen: Warum ist die Nachfrage? Und dass er sie bedient – er hat sie zweifellos bedient –, rechne ich ihm nicht negativ an. Es stimmt übrigens auch nicht ganz: Er war oft sehr traurig, er war oft sehr bedrückt. Ich habe ihn so gesehen.

BRELOER: Wie hat Ihre Mutter auf die Bücher Ihres Vaters reagiert, auf diese Interpretation des gemeinsamen Lebens?

HILDE SCHRAMM: Meine Mutter hätte am liebsten gehabt, dass er keine Interviews gibt, dass er keine Bücher schreibt, dass er ein sehr zurückgezogenes Leben führt. Das hat er aber ja nun nicht gemacht. Sie hat die Sachen auch relativ spät gelesen, sie wollte lange gar nicht wissen, was da steht. Bei Interviews hat sie immer mal dabeigesessen, dann hat sie gekocht, hat die Leute bewirtet, die jeweils zum Essen blieben. Sie hatte da wieder die Rolle der Hausfrau und ist manchmal stumm dabeigesessen. Und im Grunde war ihr das alles nicht genehm, das weiß ich.

BRELOER: Siedler hat mir einen Satz gesagt, den sie gesagt haben soll, als sie dann die *Erinnerungen* gelesen hatte: »Jetzt hast du mir auch noch diese Jahre verdorben.«[70]

HILDE SCHRAMM: Man sollte meine Mutter nicht unterschätzen. Meine Mutter hat sicher in der Nachkriegszeit sehr viel weggedrängt, aber sie hat uns sehr nüchtern und handfest und sehr unsentimental und vor allen Dingen auch ohne Selbstmitleid versorgt und uns eine Umgebung geschaffen, in der wir uns frei entwickeln konnten. Zumindest ich habe von meiner Mutter keine Repressionen erfahren. Ich durfte machen, was ich wollte, und fühlte mich akzeptiert, mit Vertrauen versehen und auch verstanden. Meine Mutter hat mit uns nicht über die NS-Vergangenheit geredet, das ist richtig; aber sie hat in keiner Weise versucht, uns auch nur einen Deut in Richtung einer positiven Einstellung zur NS-Vergangenheit zu beeinflussen, auch nicht unterschwellig. Und daraus muss ich einfach entnehmen, dass sie selber doch sehr viel mehr verstanden hatte und wusste, als sie ausgedrückt hat.

BRELOER: Haben Sie ein Bild davon, was das am Anfang für eine Beziehung war zwischen Ihren Eltern? Vielleicht das, was man als ›Kameradschaftsehe‹ bezeichnen könnte?

HILDE SCHRAMM: Kann schon sein. ›Wir gehen auf Touren, wir gehen paddeln, wir sind nüchtern …‹

BRELOER: Dann das »Dritte Reich«, der Mann wird nach oben geschleudert, dann die Kinder, schließlich Spandau – was war danach davon noch da?

HILDE SCHRAMM: Das war auch sehr schwer. Sie haben das zum Teil in Briefen versucht vorzubereiten, auch die Mängel ihrer Beziehung ein bisschen zu besprechen – mit ›Mängel‹ meine ich die Distanz, die zwischen ihnen entstanden war und vielleicht auch davor schon da war. Sie hatten die besten Vorsätze, die kommende Zeit gut miteinander zu leben – aber das kann man sich eben nicht verordnen. Sie haben sich nicht gestritten, soweit ich weiß, aber …

BRELOER: Auf welcher Seite waren Sie, als Sie feststellen mussten, dass Ihr Vater eine Freundin hat?

HILDE SCHRAMM: Ich war, wie oft in meinem Leben, vermittelnd. Ich habe versucht, meiner Mutter zu sagen, dass sie das doch verstehen sollte. Ich war die Einzige; die Geschwister haben meinen Vater, soweit ich weiß, kritisiert – ich nicht. Ich gehöre nicht mehr zu der Generation von Menschen, die diese alten Gesichtspunkte von Ausschließlichkeit und Treue und Dankbarkeit [verabsolutieren]; ich habe andere Kategorien für Beziehungen, und ich lebe auch anders. Insofern konnte ich ihr da etwas versuchen zu vermitteln, was aus meiner Sicht stimmte. Mein Vater war irgendwie ganz hilflos – ich habe ihn weinen sehen in Gegenwart meiner Mutter. Ich konnte es verstehen, ich habe es ihm gegönnt, und das habe ich versucht zu vermitteln – dass das etwas ganz anderes war als die Beziehung zu meiner Mutter. Wenn es meine Mutter besser ertragen hätte, hätte ich es ganz okay gefunden. Und ich kann auch kurz sagen, was ich über die Sache selbst denke: Es ist [nicht] nur die Sexualität – er brauchte jemanden. Er hatte uns nicht, nicht die Töchter, nicht die Mutter, alle hatten eine Distanz. Auch meine Mutter hatte eine Distanz – zu seinem Handeln, zu seiner Vergangenheit, zu seiner Biographie. Bei aller Liebe, die man hat – dass einer nun wirklich als Hauptkriegsverbrecher des NS-Staats zu Recht verurteilt ist, das ist ja da. Immer mal sitzt man dem Mann gegenüber, und es kommt einem hoch: Was hat der eigentlich gemacht? Das kann ich doch nicht wegtun. Und diese Distanz hat er gespürt. Es gibt auch Szenen, wo ich ausgerastet bin, die will ich hier nicht schildern vor der Kamera. Es ist nicht so, dass wir meinem Vater nur über das Haupt gefahren sind. Ab und zu habe ich ihn auch angebrüllt. Da war nun eine junge Frau – dass das auch mit Sexualität zu tun hatte, mag ja sein, ist ja auch legitim, ich zumindest halte es für legitim – und die hatte diese Fragen, diese Reserven nicht, und da hat er es sich noch einmal im Leben gegönnt, dass da jemand ist, der nicht immer mit einem lauernden Blick auf ihn guckt: Was hast du eigentlich gemacht? Was verschweigst du eigentlich? Warum gibst du eigentlich schon wieder ein Interview?

Breloer: Worin, würden Sie sagen, haben Sie sich bewusst abgegrenzt von Ihrem Vater?

Hilde Schramm: Phasenweise habe ich gedacht: in allem. Ich wollte nicht bürgerlich leben, ich wollte später die Kinder sehr anders aufwachsen lassen, als ich aufgewachsen war, ohne dazwischengeschaltete Personen, mit sehr viel wechselseitigem Respekt und Zuwendung und Freiheitlichkeit. Ich habe versucht, die Dinge immer, sicher zum Teil über die Maßen, zu analysieren und zu verstehen. Neulich sagte mein Sohn: »Es war ja sicher nervig, dass ihr immer über alles nachgedacht habt, aber ich glaube langsam, ihr hattet Recht. Ihr musstet es machen in Abkehr zu denen davor, die viel zu wenig nachgedacht haben.« Dazu kommt die politische Orientierung und Aktivität – ich bin ja später zu den Grünen gegangen, habe mich im Abgeordnetenhaus dafür eingesetzt, dass hier eine Landesstiftung eingerichtet wurde, später, dass ein gewisses Gesetz novelliert wurde, dass alle NS-Verfolgten anerkannt und versorgt wurden. Ich habe in meinem gesamten beruflichen Leben immer wieder das Thema Auseinandersetzung mit der NS-Vergangenheit auch ganz direkt aufgegriffen. Als ich zehn Jahre Assistentin und Assistenzprofessorin an der Freien Universität in der Lehrerbildung war, habe ich Seminare zu Frauen im deutschen Faschismus gemacht und auch versucht, Material für die Schule zu entwickeln. Ich habe dann später mit der GEW Berlin zusammen ein Buch über die ersten Erfahrungen mit antifaschistischen Projekttagen und mit entdeckenden Methoden zur Bearbeitung dieses Themas [gemacht] – also nicht diesen sturen vermittelnden Unterricht, der ja nur Abwehr erzeugt. Es ist nicht immer nur eine biographische Bearbeitung gewesen, sondern durchaus auch eine im Gebiet der Wissenschaft, auf der Gewerkschaftsebene oder später in Brandenburg auf der Ebene der Arbeit gegen Rechtsextremismus und Gewalt.

BRELOER: Es gibt noch einen Punkt, in dem Sie sich abgegrenzt haben von Ihrem Vater. Es geht da um Bilder.

HILDE SCHRAMM: Ein Teil von den Bildern meines Vaters ist bei Hamburg verbrannt, das weiß ich, und ein Teil war verschwunden. Der ist dann bei einem Freund meines Vaters, der dieses Gut in Sigrön hatte, wieder aufgetaucht. Es gab da Auseinandersetzungen, und er hat wohl letztlich einen Teil herausgegeben, einen Teil nicht.[71]

BRELOER: Und diese Bilder haben zum Teil Sie geerbt.

HILDE SCHRAMM: Die haben wir nach dem Tod meiner Mutter auf uns verteilt. Und da war mir von Anfang an klar: Diese Bilder oder die Anteile davon möchte ich nicht haben, weil ich nicht ausschließen kann, so weit informiert war ich damals schon, dass die im Zuge der Arisierung auf dem Kunstmarkt unter Wert gekauft worden waren. Nun war die Frage: Was mache ich mit diesem Erbe? Daraus ist in Zusammenarbeit mit anderen Frauen eine Stiftung entstanden, die heißt *Zurückgeben. Stiftung zur Förderung jüdischer Frauen in Kunst und Wissenschaft.* Wir vergeben jährlich Projektzuschüsse, Arbeitsstipendien an jüdische Frauen, die in Deutschland leben. Wir wollen dazu beitragen, dass die Arbeits- und Lebensbedingungen von jüdischen Frauen in Deutschland verbessert werden und sie sich unterstützt fühlen.[72]

BRELOER: Man könnte fragen: Warum haben Sie eigentlich, obwohl Sie über die Voraussetzungen dazu verfügten, die wichtigste Geschichte Ihres Lebens nicht genauer erforscht – die Ihres Vaters?

HILDE SCHRAMM: Nein, das sollen Historiker machen. Ich habe ja darüber nachgedacht, ich habe auch mit Menschen, die mir nahe stehen, viel darüber geredet. Vielleicht wollte ich eben auch frei genug sein für andere Themen und nicht immer nur in diesem Thema, dem Vater, stecken.

Breloer: Wenn die dunklen Zimmer Ihres Vaters von Ihnen ganz durchschritten wären, wären Sie es vielleicht los.

Hilde Schramm: Nein, ich glaube nicht, dass das so funktioniert. Dann kämen weitere dunkle Zimmer, dann kämen weitere ungelöste Fragen. Das ist nicht abzuschließen, da bin ich ganz sicher.

Breloer: Sie haben mir einmal gesagt, als wir an die Tür zu den dunklen Räumen kamen: Das ist *sein* Leben ...

Hilde Schramm: Ja, das ist es auch.[73]

Breloer: ... und da habe ich mich gefragt: Wie weit geht sein Leben, und wo beginnt das Ihre?

Hilde Schramm: Ich musste mich abgrenzen und habe das auch getan, sicher in Phasen unterschiedlich stark, und sicher mal mehr mit rationalen Argumenten, mal mit eher emotionalen Argumenten. Aber ich wollte auf keinen Fall mich selbst so stark durch diesen Vater definieren, dass mir ein darüber hinausgehendes eigenständiges Leben verschlossen würde. Das wollte ich nicht.

Breloer: Wo setzen Sie die Grenze und sagen: Hier hat es mit meinem Leben nichts mehr zu tun?

Hilde Schramm: Sagen wir es so: Ich denke dann phasenweise überhaupt nicht an meinen Vater. Es ist nicht so, dass das ständig präsent ist. Es gibt Phasen, da denke ich, ich bin es los, und bin dann auch froh und will auch nichts mehr davon wissen. Das kommt durchaus vor. Und dann kommt wieder irgendein Anstoß oder eine Erinnerung oder ein Verhalten von mir, wo ich denke: Das hat ja doch wieder mit der Biographie und der Verarbeitung der Biographie zu tun, oder: Das habe ich ja noch gar nicht verstanden, oder: Hier bin ich ausgewichen, das wollte ich nicht wissen. Und dann bin ich wieder in dem Prozess und bin eine Weile damit beschäftigt. Aber ich wollte auf keinen Fall mein Leben damit verbringen, sei es mit wissenschaftlicher Arbeit oder mit Trauer oder mit Versuchen, irgendetwas wieder gutzumachen, was mein Vater gemacht hat – was ja gar nicht geht. Ich wollte mein eigenes Leben haben auf dem Hintergrund dieser Biographie – der ich natürlich nicht entkommen kann.

Vor Ort: Schwanenwerder, Inselstr. 7

BRELOER: Das war mal Ihr Grundstück hier.

HILDE SCHRAMM: Ja, aber ich habe es nie betreten und habe überhaupt keinen Bezug dazu.

BRELOER: Hier wollte Ihr Vater bauen?

HILDE SCHRAMM: So habe ich es verstanden. Das andere war ja gemietet. Aber ich weiß noch nicht mal, wann er es erworben hat.

BRELOER: Ich habe die Unterlagen.

HILDE SCHRAMM *(liest):* Ah ja, ich hatte schon mal so was gehört. Wer die Frau Marie-Anne Goldschmidt-Rothschild war und was aus ihr geworden ist – ich weiß es nicht.

BRELOER: Hier ist, was Sie eigentlich nicht glauben wollten: dass Ihr Vater einen Arisierungsgewinn gemacht hat. Er hat das Grundstück 1938, kurz vor der »Reichskristallnacht«, von einer jüdischen Vorbesitzerin für 150 000 Mark gekauft und 1943 für 389 000 Mark ans Deutsche Reich weiterverkauft – also mit 240 000 Mark Gewinn.[74]

HILDE SCHRAMM: Hm.

BRELOER: Als das Grundstück dann in den fünfziger Jahren an die Vorbesitzerin zurückerstattet werden soll, fordert man diese Differenz von Ihrem Vater, der ja in Spandau sitzt, zurück, im Verhältnis eins zu zehn. Und es gelingt Wolters, das auf 10 000 DM herunterzuhandeln. Die zahlt man dann anscheinend auch anstandslos, damit das nicht in die Öffentlichkeit dringt.

HILDE SCHRAMM: Das weiß ich alles nicht. Das sehe ich so zum ersten Mal.

BRELOER: Er hat auch Land geschenkt bekommen bei Altranft, als Dotation – er war nicht frei von dem, was er den anderen immer vorwirft, er hat schon auch Gewinne gemacht.

HILDE SCHRAMM: Ja, wenn es so ist, muss man es sagen. Altranft kenne ich, aber die Sache mit dem Grundstück auf Schwanenwerder ist bisher an mir vorbeigegangen …

BRELOER: Sie wollten es wissen.

HILDE SCHRAMM: Ich muss es ja wissen. Nach und nach, immer Neues. Das ist jetzt wieder so was. Machen Sie mir davon eine Kopie?

Der Älteste

Albert Speer

1934 in Berlin geboren. Nach Schreinerlehre und Abendschulabitur von
1955 bis 1960 Studium der Architektur
an der Technischen Hochschule München, Diplom 1960. Seit 1964 eigenes
Büro für Stadtplanung und Architektur
in Frankfurt.1966 Deubau-Preis Essen.
Von 1972 bis 1997 Lehrstuhlinhaber für
Stadt- und Regionalplanung an der
Universität Kaiserslautern. Masterpla-
ner und Mitglied des Gestaltkreises der
EXPO 2000 Hannover. Das Büro AS&P
ist mit seinen 100 Mitarbeitern national, international und weltweit in den
Bereichen Stadtplanung, Architektur,
Regional- und Verkehrsplanung und
Kommunalmanagement u. a. mit Pro-

jekten in China (Internationale Automobilstadt Shanghai) und Saudi-Arabien
(Ministry for Water and Electricity Riyadh) tätig. Verheiratet seit 1972 mit Ingmar Zeisberg.

»So eng ist das Verhältnis auch nicht gewesen«

*Freundliches, großzügiges Entgegenkommen von Anfang an – bald wurde
ich zum Familientreffen in sein Haus am Riegsee eingeladen, und ich hätte
ihn auch bei einer seiner Reisen auf die Baustellen seines Büros begleiten
können, etwa nach Shanghai. Er gab mir seine Briefe mit, die er dem Vater
ins Kriegsverbrechergefängnis Spandau geschrieben hatte, und er packte für
mich vor laufender Kamera, selber neugierig auf den Inhalt, den großen
Karton mit Fotos, Zeichnungen und Dokumenten des Vaters aus – das »Ar-*

chiv Speer«. Als ich mit ihm in seinem Büro in Frankfurt am Main saß, lief
im Hintergrund seine Firma auf Hochtouren; unser Gespräch über den Va-
ter wurde hier und da vom Klingeln des Telefons unterbrochen: Zwar ar-
beiten seine jungen Leute in aller Welt selbständig, aber bei kniffligen Fra-
gen, wenn es im fernen Peking Verzögerungen gibt oder sonst irgendwo die
Verhandlungen ins Stocken geraten sind, wird der Chef eben doch gern als
eine Art senior president *eingeschaltet.*

Albert Speer ist ein kommunikativer, ja fröhlicher Mensch, und man fühlt
sich wohl mit ihm, besonders, wenn er von seiner Arbeit erzählt. Aber dann
gibt es doch Momente im Gespräch, in denen sein Lächeln versinkt, seine
Stimme sich verändert – die Augenblicke, in denen das Leben, die Schuld
des Vaters zur Sprache kommen. Er hat da, so scheint es, keine Illusionen,
er zeigt eine große Distanz – man spürt aber doch, was für eine Last dieses
Vater-Erbe war und, unter der Oberfläche, sicher auch noch ist.

In Berchtesgaden, am Obersalzberg, hat uns Albert Speer nach unserem
Besuch bei ihm in Frankfurt einen schönen Tag lang die Orte seiner Kind-
heit gezeigt: das Haus der Familie mit der zu seiner Freude erhalten
gebliebenen qualitätvollen Holztäfelung und mit einer Aussicht auf das
Bergpanorama, schöner als die vom Berghof … Ein bisschen wie eine Tou-
ristenführung war das zu Anfang, doch dann, auf dem Weg, den der Archi-
tekt und Minister Speer immer mit Adolf Hitler zusammen gegangen war,
wieder eine Ahnung von der Anstrengung, die es bedeutet, ein eigenes Le-
ben zu behaupten gegen die übermächtige Figur dieses Vaters.

In seiner Persönlichkeit, mit seiner Arbeit ist Albert Speer weit aus dessen
Schatten herausgetreten. Ein bisschen war es vielleicht auch wie ein Ritt
über den Bodensee. Sein Lebensmut, sein Optimismus haben ihn getragen,
das Eis hätte aber auch brechen können.

ALBERT SPEER: Das ist eine Kiste mit Fotos und Architekturaufnahmen
meines Vaters, die seit Jahren so auf dem Speicher liegt. Ich habe mich
auch nicht darum gekümmert. Wenn bei irgendwelchen Bilderveröf-
fentlichungen steht: »Archiv von Albert Speer« – das ist dann quasi
hier die Kiste. – Irgendwie müssen wir das jetzt hier aufkriegen, wahrscheinlich brauche ich da eine Schere. *(Holt eine Schere und öffnet die
Kiste.)* Da sind hier zum Beispiel Bilder von den Vereinigten Werkstätten – mein Vater hat ja auch sehr viele Möbel entworfen. Einen Teil
davon haben wir noch. »Möbel Eva Braun«, »Alte Reichskanzlei, Da-
men-, Wohn- und Schlafzimmer Eva Braun«[1] – ich nehme an, das sind

alles Sachen, die im Büro meines Vaters entstanden sind. – Ein schönes Porträt. – Und unser Lieblingsauto, das ist natürlich was ganz Tolles. *(Liest die Widmung auf einem Foto:)* »Meinem Freund Albert zur Erinnerung, Leni Riefenstahl.«[2]

Breloer: Wie eng war diese Freundschaft?

Albert Speer: Tja, wenn ich das wüsste. Da kann man nur spekulieren, ich glaube, das war eine enge Freundschaft. Aber ich glaube nicht, dass sie über eine Freundschaft hinausgegangen ist, weil man das wahrscheinlich damals einfach nicht getan hat.

Breloer: Haben sie Leni Riefenstahl mal kennen gelernt?

Albert Speer: Ich habe Leni Riefenstahl kennen gelernt, als ich in München ein armer Student war. Sie wohnte in der Tengstraße. Ich habe jede Gelegenheit genutzt, irgendwo ein Mittag- oder Abendessen zu schnorren, und da war ich mehrfach bei Leni Riefenstahl. Einmal hat sie, ich glaube, in einer Vorführung für mich allein, den Olympiafilm gezeigt, und da war ich ungeheuer beeindruckt.

Breloer: Hatten sie ihre anderen Filme vorher nicht gesehen? Zum Beispiel »Triumph des Willens«?[3]

Albert Speer: Nein, gar nichts. – Hier haben wir überwiegend die Neue Reichskanzlei. Und da bin ich nach wie vor der Meinung, dass das eine vom Städtebaulichen her sehr gelungene Lösung ist. Also an das Alte anzubauen, im gleichen Maßstab zu bleiben – relativ zurückhaltend in der Architektur, auch nach außen nicht zu stark zu dominieren. Vor allen Dingen finde ich die Gartenansicht, das Gewächshaus sehr schön und auch architektonisch gelungen; das ist richtig gute klassizistische Architektur.

Breloer: Die Inneneinrichtung …

Albert Speer: Da kommt Kitsch und Kunst zusammen. Der Architekt, der bei meinem Vater diese Innenarchitektur zu einem großen Teil gemacht hat, war Cäsar Pinnau, ein Hamburger Architekt, der mit seiner Frau gemeinsam an der Reichskanzlei sehr entschieden und sehr viel mitgearbeitet hat. Cäsar Pinnau war dann nach dem Kriege der Chefarchitekt von Oetker und hat unter anderem die Jacht von Onassis ausgestattet, die »Christina«. Er hat genau in diesem Stil auch nach dem Kriege weitergemacht. Den besuchte ich in Hamburg. Er hatte ein wunderschönes Haus an der Elbchaussee, daran kann ich mich noch gut erinnern. Ich war auch bei ihm im Büro. Er war nach dem Kriege ein sehr bekannter Hamburger Architekt, der sehr viel gebaut hat.

BRELOER: Wie ja überhaupt die Übriggebliebenen aus der Architekten-Gruppe, die hier an der Neuen Reichskanzlei mitarbeitete, Albert Speers »Kindergarten«,[4] in der Nachkriegszeit Deutschland wieder aufbauten. Ist Ihnen bewusst geworden, als Sie in Deutschland herumreisten, dass Sie unterwegs immer wieder den Freunden Ihres Vaters begegneten?

ALBERT SPEER: Das ist mir nicht so bewusst geworden. Ich habe die Freunde oder die Bekannten genutzt, um mich umzusehen. Bewusst geworden ist mir das erst in der Zusammenfassung in dem Buch, das ein Architekt Durth geschrieben hat,[5] wo nachgewiesen wird, dass der Wiederaufbau Deutschlands ja schon viel früher begann, dass diese Gruppe um meinen Vater sich 1943/44 getroffen hat und die überlegt haben: Was passiert, wenn das alles schief geht, und wie bauen wir dann was wieder auf? Da waren sie alle dabei, von Tamms bis Apel.

BRELOER: Auch Piepenburg.

ALBERT SPEER: Piepenburg, natürlich. Pinnau, Hebebrand und Hillebrecht, die dann Hannover wieder aufgebaut haben. Tamms wurde Stadtbaudirektor in Düsseldorf und hat die großen Brücken entworfen.

BRELOER: Gutschow in Hamburg.

ALBERT SPEER: Gutschow in Hamburg gehört dazu. Also alles Leute, die nach dem Kriege eine große Rolle gespielt haben.

BRELOER: Wie muss man sich das vorstellen? 1943, ihr Vater ist da Rüstungsminister, trifft sich eine Gruppe seiner Architekten, die planen ein Deutschland nach dem Krieg. Nach Hitlers Tod oder nach dem Endsieg?

ALBERT SPEER: Nein, nach einer Niederlage. Auf alle Fälle haben die gemeinsam über einen Wiederaufbau nach einem verlorenen Krieg nachgedacht.[6]

BRELOER: Da gibt es aber zum Beispiel einen Rüstungsminister, der glaubt noch fest an den Endsieg.

ALBERT SPEER: Wahrscheinlich. Aber vielleicht auch nicht ganz so.

BRELOER: In den einzelnen Städten müssen Bestandsaufnahmen gemacht werden, Fertigbauteile für einen schnellen Wiederaufbau werden gebraucht …

ALBERT SPEER: Da spielt noch einer eine große Rolle, der auch nach dem Kriege, als ich studiert habe, einer derjenigen war, die die Basis waren für das, was man als Architekt lernen musste: Das ist Neufert. Von dem gibt es eine Baukonstruktion[slehre], die auf diese Arbeiten zurück-

geht, in der er genau diese ganzen Sachen standardisiert, vom Badezimmer über Türgrößen bis Fertigteilfenster. Das war die Bibel für Architekten bis heute.

BRELOER: Was wollte Neufert damit erreichen?

ALBERT SPEER: Panzer oder Autos oder Flugzeuge hat man in Serien gebaut, das heißt, man hat Standards entwickelt. Genau das versucht
mein Vater für die Geschichten nach dem Kriege, übrigens auch für
KZ-Bauten.

BRELOER: Auch KZ-Bauten?

ALBERT SPEER: Ja doch, Arbeitslager-Bauten und solche Geschichten –
die hat man ja auch versucht billig zu bauen, möglichst rationell, möglichst schnell. Und das geht nur, wenn Sie Systeme haben. Neufert war
einer von den ganz großen Systematikern in der Baukonstruktion.

BRELOER: Diese jungen Leute von Albert Speer können Berlin gerade
nicht weiterbauen, denn der Krieg lässt ihnen dazu keine Mittel mehr.
Sie teilen Deutschland unter sich auf.

ALBERT SPEER: Das weiß ich nicht. Ist das so?

BRELOER: Es hat gut funktioniert. Sie ließen sich später von den Engländern oder Amerikanern »überrollen« und waren zwei Wochen später
mit ihren Büros vor Ort, und sie hatten ein Konzept. Der Neuaufbau
der Städte sollte zum Beispiel so geplant werden, dass die Menschen
bei Luftangriffen nicht mehr in kleinen, engen Altstädten verbrennen,
sondern es müssen große Schneisen und Ausfallstraßen gebaut werden; denn Deutschland wird sich ja immer weiter in Kriegen befinden,
bis zur Weltherrschaft. Und die Bundesrepublik wurde so aufgebaut,
»autogerecht« hieß das dann.

ALBERT SPEER: Das hat aber auch noch andere Hintergründe. Das ist die
Fortsetzung von Ideen aus den zwanziger Jahren – Schwagenscheidt
und andere, May – einer gegliederten und aufgelockerten Stadt. Also
dass man die Häuser zur Sonne orientiert, dass man Gärten um die
Häuser hat, dass das Ganze eben nicht mehr so dicht ist, wie es vorher
war. Die Frankfurter Innenstadt ist so aufgebaut worden, und heute
wohnt dort nur noch ein Drittel der Bevölkerung von vor dem Krieg.
Der Unterschied zwischen einem Städtebau, wie er in den dreißiger
Jahren international üblich war, und dem, was in Deutschland geschah,
ist gar nicht so groß. Die Gedanken aus den zwanziger Jahren, also die
Charta von Athen[7] und was weiß ich was noch alles, das spielt in die
Planungen meines Vaters für Berlin genauso hinein wie in Nürnberg

oder in Heidelberg. Nicht, wenn Sie das auf die Architektur übertragen; aber solange Sie es planerisch über den Städtebau und die Stadtentwicklung sehen, ist der Plan meines Vaters für Berlin von einem Masterplan von Corbusier für Paris fast nicht zu unterscheiden. Das ist einfach der Stand der Zeit. Wobei ich glaube, dass Hitler dieses Moderne eigentlich überhaupt nicht interessiert hat. Da hat er die machen lassen, was sie wollten. Interessiert war er an Denkmälern, an Protz und Prunk, an riesigen, unmenschlichen Dimensionen, wie dieses Ding hier.

BRELOER: Wie hoch wäre das etwa gewesen?

ALBERT SPEER: Ich habe keine Ahnung, 200 Meter oder irgend so etwas.[8] Aber es gibt ja von Hitler Skizzen, die schon genau diese Dimension darstellen.[9] Das ist ja eigentlich kein Entwurf meines Vaters, das ist einer von Hitler.

BRELOER: »Nach einer Idee des Führers«, schreibt Ihr Vater.

ALBERT SPEER: Genauso ist es.

BRELOER: Er führt es aus. Zunächst einmal die Modelle.

ALBERT SPEER: Ja, richtig große Modelle. Ich kann mich nicht erinnern, ob ich jemals als Kind zu diesen großen Modellen durfte, es kann sein, ich weiß es nicht. Aber ich kann mich an Gipsmodelle in dem Atelierhaus auf dem Obersalzberg erinnern, an diese weißen Dinger, die ja gegossen und dann geschnitzt wurden, was man nach dem Krieg alles ja nicht mehr gemacht hat, weil das ein enormer Aufwand ist. An den Geruch von diesen Gipsmodellen kann ich mich erinnern.

BRELOER: Wie stellen Sie sich das vor, wenn Ihr Vater Hitler an den Modellen wieder etwas Neues zeigt?

ALBERT SPEER: Wie Verschworene mit einem Spielzeugladen. Das ist doch ein Spielzeug, ein schönes Spielzeug – sich vorzustellen, was man da tun könnte und wie das mal aussehen würde.

BRELOER: Hitler geht dann auf Augenhöhe runter …

ALBERT SPEER: Ja, klar – bei Modellen muss man das machen. Ich habe immer Schwierigkeiten, meine Politiker dazu zu kriegen, dass sie nicht nur auf ein Modell von oben draufschauen, sondern auch mal runtergehen. Meistens bauen wir das jetzt schon so hoch auf, dass es fast in Augenhöhe ist.

BRELOER: Die Große Halle – 180 000 Mann sollten da hineingehen.

ALBERT SPEER: Wir bauen ja gerade in München ein Stadion für 60 000 Menschen.

BRELOER: Das ist ja nun vergleichsweise nichts – aber es nähert sich dem an.

ALBERT SPEER: Nein, das hat damit gar nichts zu tun. So ein Stadion wie heute München, das schafft ja auch eine Atmosphäre; aber wir versuchen eine Atmosphäre zu schaffen, die freundlich ist, die heiter ist, die animiert …

BRELOER: In dieser Halle wäre Hitler der Suggestionspunkt gewesen, die Menschen sollten dort zur Masse organisiert werden. Oder was hatten die beiden im Sinn, wenn sie sich die Modelle ansahen?

ALBERT SPEER: Die hatten schon bestimmt im Sinn, dass dieses einmalig ist und dass dieses beeindruckend ist und dass dieses Dimensionen hat, die es in Paris oder Washington nicht gibt. Obwohl man sagen muss, und darüber gibt es ja auch Untersuchungen,[10] dass, wenn man mal diesen monströsen Kuppelbau wegdenken könnte – was man nicht kann, das ist ja das Zentrum und der Mittelpunkt –, dann wäre die große Achse meines Vaters in den Dimensionen ungefähr das Gleiche wie die Stalinallee, die nach dem Krieg im Osten gebaut wurde. Es ist ungefähr das Gleiche wie die Champs-Élysées, und es ist ungefähr das Gleiche wie Washington, das ja auf der Basis der Champs-Élysées entworfen wurde. Solche Dimensionen tauchen immer wieder auf als Prachtstraßen, als Repräsentationsalleen.

Breloer: Worin wäre die Große Achse anders gewesen als ihre Vorbilder in den anderen Welthauptstädten?

Albert Speer: Sie wäre in einem bestimmt anders gewesen: darin, dass die Qualität der Bebauung an beiden Seiten nicht an die Vielfalt und Qualität der großen Achsen Champs-Élysées oder auch Washingtons herangereicht hätte, weil alles von einer ganz kleinen Gruppe von Architekten gebaut worden ist.

Breloer: Wenn Sie als Architekt durch Berlin gehen: Welche Schichten sehen Sie da, die diese Stadt geprägt haben, und wo ordnen Sie da Ihren Vater ein?

Albert Speer: Von dem, was mein Vater in seinen Gesamtplänen gedacht hat, ist ja fast nichts geblieben. Es bleibt als einzige Leistung die städtebaulich bedeutende und wichtige Ost-West-Achse, die aber auch nicht von ihm ist, denn die Pläne gab es vorher schon. Diese Achse und die teilweise an dieser Achse stehenden sehr schönen Straßenlaternen sind das Einzige, was von meinem Vater da geblieben ist. Wahrscheinlich ist das auch ganz gut so. Berlin ist für mich nach wie vor eine sehr großzügige Stadt, die in ihren unterschiedlichen Teilen sehr vielfältige Charaktere hat und eigentlich nicht zu einer zentralen Metropole zusammengewachsen ist, also das, was diese große Achse sollte, ist später nicht entstanden. Ich finde es positiv, dass es nicht entstanden ist, sondern dass Ku'damm, Alexanderplatz und das neue Viertel am Potsdamer Platz einzelne Bereiche sind, die alle eine unterschiedliche Funktion und unterschiedliche Qualität in der Stadt haben.

Breloer: Diese Achse wurde schon mit einer unglaublichen Brutalität in die gewachsene Stadt hineingetrieben ...

Albert Speer: Genau das. Das waren zum großen Teil Viertel aus dem letzten Jahrhundert, durch die diese Achse geschlagen werden sollte. Und wir haben ja inzwischen gelernt, dass gerade diese Viertel eine hohe Lebensqualität haben, wenn man sie wieder saniert und die Installationen erneuert und so weiter, und wir sind in der Stadtplanung zu einem großen Teil wieder zu ähnlichen Strukturen zurückgekehrt, also zu Blockstrukturen. *(Nimmt ein neues Foto zur Hand.)* Hier, das

Arbeitszimmer des Führers. Das ist großbürgerlich, »Dampferstil«[11] dafür ist nicht falsch. Ich glaube, dem französischen Staatspräsidenten hätte das vielleicht auch gefallen.

BRELOER: Es ist ja merkwürdig, dass Hitler, der Straßenpolitiker, der aus dem Asyl kommt, die Form des Bürgerlichen sucht – und das dann bei Ihrem Vater findet. Jetzt ist die Frage: Was hat ihr Vater bei ihm gesucht? Das Entfesselnde, das Formlose? Wollte das Bürgerkind entfesselt werden?

ALBERT SPEER: Ich sehe das aus der Anfangszeit meines Vaters viel primitiver, gar nicht so diabolisch-hintergründig. Mein Vater war ein hochbegabter arbeitsloser Architekt, bei Tessenow Assistent, und bekam mit den ersten Sachen für Hitler und Goebbels die Chance seines Lebens. So. Ich glaube gar nicht, dass da viel über Hintergründe und politische Aussagen und so etwas nachgedacht worden ist. Ich glaube, es ist einfach die Faszination, Architektur machen zu können – und das aus dem Vollen. Wenn wir heute etwas machen, dann sitzen uns Gremien gegenüber; und der eine will es rund, der andere will es eckig, dem Dritten gefallen die Farben nicht und dem Vierten was weiß ich was. Und dann gehen wir wieder nach Hause und machen es noch mal. Dann stellen wir es wieder vor, und dann irgendwann kommt da etwas mehr oder weniger Gelungenes heraus. Und wir müssen viele Leute davon überzeugen, bis hin zum Betriebsrat wegen der Qualität der Arbeitsplätze, und dann kommt die ganze Technik dazu – das ist ein ganz komplizierter Prozess. Jetzt haben wir einen jungen Architekten, und der hat nur ein Gegenüber, und der sagt, das findet er schön oder das findet er nicht schön – idealer kann man es nicht haben. Und Geld spielte auch keine Rolle – was bei uns bei jedem Vorhaben eine ganz entscheidende Rolle spielt.

BRELOER: Wenn dann ein Bürgermeister wie Lippert in Berlin noch ein paar Bedenken hat, kann man ihn absetzen lassen.[12]

ALBERT SPEER: So weit würde ich nicht gehen – unsere Bürgermeister sind ja demokratisch gewählt. Aber was man, glaube ich, gar nicht nachvollziehen kann: an der Seite Hitlers die Begeisterungsstürme zu erleben, im offenen Auto durch die Gegend zu fahren, und überall liegt einem alles zu Füßen – irgendwie ist das ja auch ein Rausch.

BRELOER: Zuerst komm das Maifeld.[13]

ALBERT SPEER: Das Maifeld kommt, es kommt der Umbau der alten Reichskanzlei.[14] Das ist aber nicht sehr viel. Es kommen viele Propagandaveranstaltungs-Architekturen, die mit Kulissen zu tun haben, und das tollste Beispiel für mich ist immer noch der Lichtdom. Ob das jetzt seine Erfindung ist oder nicht – das so einzusetzen und zu nutzen finde ich eine ganz tolle Idee, die ja auch den entsprechenden Eindruck gemacht hat. Wenn da Nebel durchgehen, ist das eine Wagnersche Operninszenierung.

BRELOER: Das große Stadion in Nürnberg, das mehr als 400 000 Menschen aufnehmen sollte – eine unglaubliche Größe. Man konnte das gar nicht schließen, denn dann hätten die Zuschauer Angst gekriegt.

ALBERT SPEER: Nein, das war auch offen gedacht, da waren ja die alten griechischen Stadien Vorbild. Mein Vater war ja oft in Italien und in Griechenland, glaube ich, auch. Wobei ich diese Griechenlandliebe ja übernommen habe. Nach meinem Architekturstudium in München wusste ich nicht so richtig, wie das jetzt weitergeht, und auch auf Anregung meines Vaters habe ich eine Doktorarbeit begonnen. Diese Doktorarbeit musste in der Baugeschichte sein, das war damals die einzige Möglichkeit, in der Architektur einen Doktor zu machen. Da habe ich mir den dorischen Tempel ausgewählt, und zwar die Entwicklung des dorischen Tempels von den Anfängen bis hin zum Parthenon, bis dieser Kanon in den Dimensionen und den Proportionen richtig stand. Dazu bin ich dann auch nach Griechenland und nach Sizilien gereist, und dabei ist mir etwas aufgefallen, was die Architektur meines Vaters negiert hat, obwohl er es wissen musste oder gewusst hat: dass der Parthenon und griechische Tempel in der Phantasie, in Bildern, in Grafiken bedeutend größer und monumentaler aussehen als in der Wirklichkeit. Es sind relativ kleine Bauten, aber der Stil erweckt den Eindruck von Größe. Und der Fehler in vielen Teilen dieser [nationalsozialistischen] Architektur ist, dass sie es nicht eins zu eins übertragen haben, sondern den Stil genommen und den dann ins Unendliche und Unmenschliche vergrößert haben.

BRELOER: Auch, um die Menschen klein zu machen, zu entpersönlichen.

ALBERT SPEER: Ja, sehr wahrscheinlich. Während bei den Griechen ja der Mensch im Mittelpunkt stand.

BRELOER: Ins Gesicht gesagt haben Sie ihm das wahrscheinlich nicht?

ALBERT SPEER: Bestimmt nicht, nein.

BRELOER: Warum eigentlich nicht?

ALBERT SPEER: Ich habe mich sowohl meinem Vater gegenüber als auch sonst in meinem Studium und in meiner Entwicklung vor diesen ganzen Sachen, die hier herumliegen, schlicht gesagt gedrückt. Das war eine Welt, mit der ich nichts zu tun haben wollte, das war die Welt meines Vaters, das war Vergangenheit. Ich habe mich um diese ganzen Sachen erst viel später gekümmert, erst in einer Phase, in der ich mit mir, mit meiner Entwicklung und in meinem Tun in einem Bereich war, wo ich mich sicher fühlte.

BRELOER: Als Sie als Architekt Mitte der sechziger Jahre Ihre Form gefunden hatten?

ALBERT SPEER: Nein, erst später.

BRELOER: Nach der Entlassung ihres Vaters?

ALBERT SPEER: Ja, so ähnlich ist es. Er wollte mir dann Teile seiner *Erinnerungen* zum Lesen geben, als das noch nicht fertig war, und ich habe gesagt: Nein, ich mache das, wenn das Buch raus ist. Und das habe ich dann auch gemacht, und das war dann der Anfang davon, mich mit dieser Zeit und auch der Geschichte meines Vaters ein bisschen näher auseinander zu setzen. Vorher habe ich das, heute sagt man so schön: eher verdrängt.

BRELOER: Was haben Sie sich denn während all der Jahre, während Ihr Vater in Spandau saß, vorgestellt, wofür er da saß?

ALBERT SPEER: Das war ja alles klar, wofür er saß: Rüstungsminister, Kriegsverbrechen, Sklavenarbeit und alles, was daran hängt. Ich meinte jetzt mehr seine Rolle in der Architekturgeschichte.

BRELOER: In Ihrem Studium kam die Architektur des »Dritten Reichs«, insbesondere die Ihres Vaters, gar nicht vor?

ALBERT SPEER: Überhaupt nicht. Der wurde weder erwähnt, noch wurde irgendwas gezeigt, auch nicht in der Baugeschichte. Die Baugeschichte endete mit dem Bauhaus, also mit den zwanziger Jahren, Corbusier, Gropius und Mies van der Rohe, und sprang dann hinüber in die Architektur der Amerikaner. Aber das »Dritte Reich« und diese Architektur waren tabu, das war etwas, über das man nicht geredet hat.

BRELOER: Hat Sie niemand darauf angesprochen, dass Sie der Sohn des berühmten Speer sind?

ALBERT SPEER: Ich glaube, dass ich dem eher ausgewichen bin. Meine Studienkollegen haben mich darauf nicht angesprochen. Die wussten, wer ich bin und dass das der Vater ist, und da ich Schwierigkeiten hatte, mich auszudrücken, und gestottert habe, wussten sie auch, dass das irgendwas mit dieser Vergangenheit zu tun hat. Also hat man mich da in Frieden gelassen. Gegenüber den Professoren spielte es auch überhaupt keine Rolle, ich wurde nicht besser oder schlechter behandelt als andere. Aber selbstverständlich ist es nicht so, dass wir zu Hause nicht das schöne Buch von der Neuen Reichskanzlei hatten, und ich habe da auch mal reingeguckt – aber zwischen durchblättern und sich damit auseinander setzen sind ja auch noch Welten. Oder ich habe Wolters besucht, ich habe als Student in seinem Büro in Düsseldorf gearbeitet. So weit war die Vergangenheit also schon da, das habe ich nicht ausgespart, sondern auch genutzt. Aber aus der Distanz von heute kann man einem jungen Mann schon den Vorwurf machen, dass er sich darum überhaupt nicht gekümmert hat.

Breloer: Man kann es auch versuchen zu verstehen. War da etwas, das Ihnen vom Gefühl her sagte: Unsere ganze Bundesrepublik ist auf einem Keller aufgebaut, darin lebt noch etwas Unheimliches; und die Tür zu diesem Keller, in dem auch ein Teil meines Vaters ist, mache ich besser nicht auf?

Albert Speer: Das kann natürlich auch sein, aber bewusst bestimmt nicht. Wir hatten ja in der Familie meine hochintelligente und sehr viel schnellere Schwester auserkoren, sich um meinen Vater zu kümmern und Möglichkeiten seiner vorzeitigen Entlassung zu erkunden und Adenauer zu besuchen und Willy Brandt und McCloy, Eisenhower und Brentano und wen auch immer. Ich war der Älteste, eigentlich hätte ich das ja machen müssen; ich glaube, ich war ganz froh, dass diese Rolle nicht meine Rolle war, weil es Hilde erstens viel besser gemacht hat und zweitens, weil ich mich dadurch mit diesem Thema auch nicht beschäftigen musste.

Breloer: Sie haben vorhin gesagt, Sie wussten, wofür er saß. Woher wusste man das als Kind?

Albert Speer: Wir lebten ja damals in Heidelberg bei den Großeltern mütterlicherseits und haben selbstverständlich den Nürnberger Prozess mitbekommen. Ich erinnere mich sehr gut, dass wir, alle Kinder, die Großeltern und meine Mutter, bei der Urteilsverkündung vor einem kleinen Volksempfänger saßen. Das war 1946, ich hatte schon begonnen, Englisch zu lernen, und im Gedächtnis ist nur der eine Satz: geblieben »... *to death by hanging*«. Der ist geblieben. Ob wir erlöst waren, dass das hinter dem Namen meines Vaters nicht kam – daran kann ich mich nicht erinnern.

Breloer: Sie wussten vorher, dass es darum ging, ob Ihr Vater hingerichtet wird oder nicht; das war doch Gespräch in der Familie?

ALBERT SPEER: Gespräch war es bestimmt nicht. Aber meine Mutter ist ja nach Nürnberg gefahren und war dann weg und kam wieder, und es gab Wochenschauen …

BRELOER: Wie sickerte es in Ihr Bewusstsein ein, was der Vater gemacht hatte, außer Häuser zu bauen?

ALBERT SPEER: Ich war ja erst gerade mal elf oder zwölf Jahre alt. Damals wusste ich das bestimmt nicht, und es ist sicher so, dass darüber in der Familie oder mit meinen Schulkameraden auch nicht gesprochen wurde. Aber dass da irgendetwas Schreckliches passiert ist und dass sich die Lebenswelt von uns Kindern entscheidend verändert hat, das haben wir natürlich alles richtig mitgekriegt.

BRELOER: Das war ein Absturz aus der Berchtesgadener Berghof-Welt.

ALBERT SPEER: Das war sicher ein Absturz, und meine Sprachschwierigkeiten hängen damit ganz sicher zusammen.

BRELOER: Eine doppelte Erbschaft: einmal der Absturz, und dann dieses Unheimliche; denn Ihr Vater hat sich ja auch gegen diese Tür zum Keller gestemmt mit der Behauptung, von nichts gewusst zu haben. Das brauchte er zum Überleben.

ALBERT SPEER: Lebenslüge oder nicht – das weiß ja auch keiner. Aber ich glaube schon, dass das für ihn eine eindeutige Überlebensstrategie war.

BRELOER: Die Wahrheit über die politische Rolle Ihres Vaters – wie ist die in ihr Bewusstsein gelangt?

ALBERT SPEER: Nach und nach, mit dem Älterwerden. Mit dem steigenden Interesse im öffentlichen Leben an diesen Dingen, mit mehr Fragen, die Journalisten oder andere an mich begonnen haben zu stellen. Diese Fragen kamen natürlich auch erst, als mein Büro sich einen gewissen Namen gemacht hatte. Erst da ist natürlich auch mein Interesse gewachsen, mich damit mal ein bisschen näher zu beschäftigen.

BRELOER: Sie schreiben also zwanzig Jahre lang Briefe an einen Menschen, den Sie nicht kennen.

ALBERT SPEER: So ganz stimmt das nicht: Ich schreibe Briefe an einen Menschen, den ich doch schon ein bisschen kenne. Ich kenne ihn nicht als Vater im konventionellen Sinne, er saß nicht mit mir und hat Schulaufgaben gemacht oder mir Aquarellieren beigebracht; das hat der Großvater mütterlicherseits[15] gemacht – wie man den Pinsel hält und wie man eine Kante malt und alles solche Sachen. Das war 1942/43. Wenn man als Kind anfängt – das erste Mal so ein Aquarellblock ist was Tolles. Also so kenne ich meinen Vater nicht, ich kenne ihn als humorvollen, gelassenen Herrn, der, wenn er da war, sich um uns ein bisschen kümmerte; aber eigentlich war er ja fast nie da. Es bestand immer eine gewisse Distanz. Die Erziehung hat meine Mutter übernommen und eine äußerst strenge Kinderschwester, Paula, die uns wirklich reglementierte. Es war ein gewisser Drill, es war alles ordentlich, von Händewaschen, von Zähneputzen bis Benehmen bei Tisch und nicht reden und was weiß ich nicht alles. Also so, wie man Kinder früher erzogen hat.

BRELOER: Auch mit Strafen?

ALBERT SPEER: Auch mit Strafen und Ohrfeigen und mit allem, was dazugehört. Wir wurden nicht erzogen, sondern dressiert. Nach dem Kriege ist das alles wieder von mir abgefallen, Essensmanieren und Geradesitzen und was du alles so hast. Das habe ich mir dann alles als Student so langsam wieder angewöhnen müssen.

BRELOER: Sie sollten ja sicher in der Nähe des Berghofs zu Mitgliedern der führenden Elite herangezogen werden.

ALBERT SPEER: Ich weiß nicht, ob das überhaupt eine Rolle spielte; das war so eine ganz strenge, klare Hierarchie und Ordnung, wie das im deutschen Bürgertum in den dreißiger Jahren die Regel war.

BRELOER: Händewaschen und Aufstehen und Aufessen …

ALBERT SPEER: Genau, und alles, was man als Kind nicht mag.

BRELOER: Und das hat ihre Mutter geduldet?

ALBERT SPEER: Meine Mutter war ja auch viel nicht da, und außerdem war sie auch oft mit Kinderkriegen beschäftigt. Ich habe mal bösartig gesagt: Ich kenne meine Mutter entweder im Staatsdirndl oder mit dickem Bauch. Und da ist was Wahres dran.

BRELOER: Nichts, wo man sich als Kind hinkuscheln konnte?

ALBERT SPEER: Nein, auch da eher auf Distanz. Wärme hat in der Familie immer ein bisschen gefehlt, habe ich den Eindruck.

BRELOER: Haben Sie mal Ihren Vater und Hitler zusammen erlebt?

ALBERT SPEER: Nur auf dem Obersalzberg. Zum Teil bei offiziellen Anlässen wie Geburtstagen oder irgend so was, wo wir dann schön herausgeputzt Staffage gebildet haben. Da gibt es ja viele Fotos. Dann kann ich mich aber auch erinnern, dass ein Anruf kam vom Berghof, wir sollten alle kommen; und das waren für uns Kinder aus unserem Erziehungsstress heraus sehr heitere und sehr willkommene Ereignisse. Da durfte man nämlich tun, was man wollte.

BRELOER: Wie nannten Sie Hitler?

ALBERT SPEER: Ich nehme an, Onkel Adolf.

BRELOER: Und plötzlich kam die Tante Eva Braun mit einer Kamera, und man sah, man wurde gefilmt. Onkel Adolf zog einen auf seinen Schoß. Wie war das?

ALBERT SPEER: Ich kann mich nicht richtig erinnern. Es ist natürlich auch so, dass man durch die vielen Bilder, die man im Kopf hat, das in der Erinnerung völlig durcheinander bringt. Aus meiner Kinderperspektive war das ein äußerst lieber Onkel.

BRELOER: Der fühlte sich warm und freundlich an?

ALBERT SPEER: Ja.

BRELOER: War der Vater in Hitlers Nähe anders als sonst?

ALBERT SPEER: Das kann ich nicht beantworten.

BRELOER: Eigentlich ein besonntes Sommerparadies da oben. Da brütet einer schreckliche Vernichtungsträume …

ALBERT SPEER: Also aus meiner Perspektive waren die nicht zu sehen. Nein, das war Normalität, das war für mich nichts Bedeutendes, nichts Besonderes, sondern eine schöne Abwechslung.

BRELOER: Mit Ihnen ist die vierte Generation außerordentlich erfolgreich als Architekt tätig. Es ist klar: Sie mussten etwas Neues für sich entwickeln. Wie würden Sie sich im Unterschied zu Ihrem Vater darstellen?

ALBERT SPEER: Ich glaube nicht, dass man das im Kontrast sehen kann, weil die Entwicklung, die ich gemacht habe, und die Arbeiten, die meine Mitarbeiter und ich inzwischen von China bis Saudi-Arabien machen, mit der Lebenssituation und mit der beruflichen Situation meines Vaters überhaupt nicht vergleichbar sind. Es ist die Arbeit in einer komplett anderen Welt, es ist das intensive Umgehen mit vielen Menschen, die Verantwortung vor der Natur, vor gewachsenen Kulturen und Strukturen. Das ist etwas ganz anderes als die Architektur, die sehr vordergründig auf Show und auf Effekte ausgeht, darauf, Macht darzustellen, zu beeindrucken und so weiter.

BRELOER *(zeigt auf einen Plan)*: Das hier ist das Andere – und trotzdem in der Aufgabenstellung ähnlich.

ALBERT SPEER: Es ist eine bedeutend größere Achse als die Achse meines Vaters. Es ist nämlich eine Achse von 23 Kilometern in einer der Weltmetropolen, in Peking. Und wir sind als ein internationales Büro von drei Büros weltweit eingeladen, uns mit diesem Gesamtbereich [zu befassen]. Es ist ein Schnitt durch die Geschichte Chinas, denn diese Achse geht durch das Herz und das Zentrum von Peking, durch die

Verbotene Stadt, durch den gesamten alten Bereich, und – das ist auch noch ganz toll! – es ist die kaiserliche Achse. Der Kaiser von China schaute nach Süden, alle andern mussten nach Norden gucken. Und diese Achse mit olympischen Entwicklungsflächen im Norden, mit der zweitausendjährigen Geschichte in der Mitte, mit Vorschlägen, die wir für die Entwicklung dieses Südraumes machen, unter anderem eine Parallele zu Berlin – jetzt muss ich lachen, weil mir diese Parallele gerade erst einfällt: Peking hat einen hundsmiserablen Hauptbahnhof hier irgendwo in der Mitte der Stadt. Wir haben lange überlegt: Oben ist Sport und Olympia, und für hier unten gab es kein Programm – oder wir sind diejenigen, die etwas erfinden. Jetzt haben wir etwas erfunden, wir nehmen nämlich den Transrapid von Shanghai nach Peking, die Vernetzung des Regionalverkehrs, S-Bahn und U-Bahn und den Hauptknotenpunkt der Bahnen, die dann ganz China bedienen, in einen neuen zentralen Bahnhof in diesem Südbereich und geben dem damit eine Funktion, die er heute nicht hat.

BRELOER: Was machen Sie jetzt anders als Ihr Vater?

ALBERT SPEER: Wir machen es ganz anders. Diese Achse ist eine geistige Achse. Die kaiserliche Achse gibt es zu einem Teil hier in diesem alten Bereich, auch mit Toren und mit Heiligtümern, die sich da unten anschließen. Diese 23 Kilometer sind ja als Achse auch nicht erlebbar – Sie wissen, dass ein Mensch fünfhundert Meter läuft, und dann dreht er um, also sehr viel länger als achthundert Meter oder so will er nicht. Das heißt, wir unterteilen das in unterschiedliche Bereiche. Wir bauen hier oben eine neue Stadt, in der die Olympischen Spiele stattfinden, Messen untergebracht werden und auch europäischer Städtebau, der hier schon zum Teil begonnen ist, ergänzt wird. Wir machen in dem Süden nicht nur diesen Riesen-Knotenpunkt, sondern auch regionales Einkaufen. Diese Achse taucht also immer wieder auf, und dann ist sie auch wieder weg.

BRELOER: Sie müssen nichts durchbrechen, Sie müssen nichts im großen Stil abreißen?

ALBERT SPEER: Das würden wir auch nie tun. Diese Pekinger Kaiserstadt ist ja von den Chinesen selbst schon in der Kulturrevolution kaputtgemacht worden – was da alles kaputtgemacht worden ist, ist ja auch unbeschreiblich. Im Gegenteil: Wir versuchen, diese historischen Spuren und Zusammenhänge wiederherzustellen und richtig auf ein Tableau zu stellen, hier diese zentrale Situation ist ja Weltkulturerbe.

BRELOER: Es ist also ein ganz anderes Menschenbild, das Ihrer Arbeit zugrunde liegt?

ALBERT SPEER: Es ist ein anderes Denken – aber vielleicht auch aus der Erfahrung des »Dritten Reiches« heraus, gerade für mich, oder gerade für deutsche Architekten.

BRELOER: Bedauern Sie Ihren Vater manchmal, dass er in solcher Zeit hat leben müssen?

ALBERT SPEER: Ich glaube, er ist nicht zu bedauern. Ich glaube, dass er in seinen vielen unterschiedlichen Lebensphasen, auf der einen Seite Ruhm und Ehre, wenn Sie die Architektur nehmen, und auf der anderen Seite Prozess und Kriegsverbrecher und Gefängnis, dass er ein – das ist ein blöder Ausdruck – erfülltes Leben hatte, wie man das so in Nachrufen ausdrückt. Er hat, was wenigen Menschen gegeben ist, von allem im Übermaß gehabt. Positiv und negativ.

BRELOER: Für viele Deutsche ist er eine Art Entlastungsfigur geworden – ein unschuldiger Künstler, der dann in sein Verderben gerissen wurde.

ALBERT SPEER: Die Geschichte stimmt ja so auch nicht. So unschuldig ist der nicht da hineingestolpert. Der Fest hat mal etwas Schönes gesagt, das, glaube ich, auf meinen Vater sehr zutrifft: Er hätte, vielleicht aus seiner Erziehung heraus oder auch aus seinem Charakter, in seinem ganzen Leben nie wirklich verstanden, was Verantwortung bedeutet.[16] Ich glaube, da ist etwas sehr Wahres dahinter. Wir wissen, was Verantwortung bedeutet.

BRELOER: Sie fühlen es auch.

ALBERT SPEER: Ich fühle es auch, genau. Er hat Verantwortung im formalen Sinne übernommen, es blieb ihm auch gar nichts anderes übrig. Immerhin, er hat es gemacht, und das hat er auch ehrlich gemeint …

BRELOER: Nicht als Trick?

ALBERT SPEER: Nein, bestimmt nicht als Trick – aber auch geschickt. Dumm war er ja bestimmt nicht. Aber im Sinne einer charakterlichen Verantwortung, glaube ich, hat der Fest da Recht.

BRELOER: Hat Ihr Vater eine Zeit lang Teile seines Herzens betäubt, um nicht zu spüren, was er tut?

ALBERT SPEER: Ich würde eher sagen, dass das weniger mit Betäubung zu tun hat als mit seinem Charakter. In seinem Schlusswort in Nürnberg – ich habe das seit fünfzehn oder zwanzig Jahren nicht mehr gelesen, aber eines ist mir im Gedächtnis geblieben: Das ist die Warnung vor Technokraten wie ihm, vor Menschen, die nur ihre Aufgabe sehen, die sie perfekt erfüllen, egal, was dabei herauskommt.

BRELOER: Lust an der Macht hatte er auch.

ALBERT SPEER: Garantiert. Das ist ja auch ein Rollenspiel. Das geht mir, nicht auf dem Niveau, aber ganz normal, auch so: Wenn ich Vorsitzender eines großen Preisgerichtes bin, dann spiele ich auch eine Rolle, die bis ins Diktatorische gehen kann. Ich organisiere den Prozess und ich möchte ein bestimmtes Ergebnis haben, und dann wird auch mal einem Kollegen über den Mund gefahren oder ein Witz gemacht, und damit ist das Argument tot, das der gerade hatte. Aus der Funktion heraus, die man dann hat, spielt man da auch Macht aus.

BRELOER: Er ist als Generalbauinspektor oben auf der Welle der Macht, er sieht, dass die Juden, die er aus ihren Wohnungen vertreibt, nach Osten gefahren werden. Warum versagt da das Mitleid?

ALBERT SPEER: Das ist eine Frage, die wir nicht beantworten können. Da können wir auch nicht reingucken, ob man sich Illusionen machte, die dürften ja noch auswandern und dann in Wien oder in Paris oder London leben, und da ginge es ihnen auch nicht schlecht ... [17]

BRELOER: Wenn auch der Führer beim Essen manchmal sagte: »Man wird sie im Übrigen alle umbringen müssen.«

ALBERT SPEER: Nahm er das denn ernst? Oder nahm er es nicht ernst?

BRELOER: Hat er diesen wahnwitzigen Rassismus von Hitler geglaubt? Dass es eine minderwertige Rasse gibt, die man wie Läuse abtöten darf? Dafür war er eigentlich zu intelligent.

ALBERT SPEER: Das müsste man eigentlich annehmen. Da ist er dann wieder der Künstler, der sagt: ›Das ist Politik, das ist nicht mein Bier, lass die da mal.‹ Auch eine gewisse Flucht aus der Wirklichkeit.

BRELOER: Und Ihre Mutter, wie passt die da hinein?

ALBERT SPEER: Meine Mutter ist mir auch ein Rätsel. Sie habe ich ja dann nach dem Kriege viel enger erlebt, und da war sie eine ungeheuer tapfere Frau, die ihre sechs Kinder durch schwierigste Verhältnisse durchgebracht hat, und alle sechs sind was geworden, alle haben studiert und Familien gegründet. Meine Mutter war, glaube ich, im »Dritten Reich« nach dem deutschen Frauenbild die Frau, die sich im Hintergrund hält, die das tut, was ihr Mann ihr sagt, die sich in seine Angelegenheiten nicht einmischt, die ihn nicht berät – also, meine Frau berät mich ständig und hervorragend, ich verdanke ihr äußerst viel, weil sie, hoch sensibel, mich auch mal vor Sachen zurückhält oder beeinflusst. Also eine Partnerin in dem Sinne, wie wir heute miteinander umgehen, war meine Mutter bestimmt nicht. Ihre Welt war die Familie, Ski laufen und angenehm leben, das war ja alles wunderschön. Ich befürchte, dass sie sich mit den Sachen damals bestimmt nicht beschäftigt hat. Sie hatte sich, so sehe ich das heute, viel zu sehr ihrem Mann angepasst. Also auf Distanz gehen, Gefühle sich nicht merken lassen, den Kindern möglichst nicht zeigen, wenn einen etwas berührt oder nicht berührt. Ich habe meine Mutter einmal weinen sehen; das war, als ich zum ersten Mal durch das Abendschulabitur gefallen war und ich nach Hause kam und ihr das gesagt habe. Ich wurde während dieser Prüfung auch noch krank, heute würde ich sagen, das war psychologisch bedingt, weil ich eh wusste, dass ich das nicht schaffe. Und da saß sie nun in ihrem Zimmerchen, und das war das einzige Mal, wo ich sie habe weinen sehen, also, wo sie ein Gefühl ausgedrückt hat.

BRELOER: Nicht den Moment der Niederlage 1945?

ALBERT SPEER: Ich glaube, sie war eine ungeheuer taffe Frau. Selbständig geworden in unserem Sinne ist sie nach dem Kriege. Da musste sie sich kümmern, da war kein Geld da, wir brauchten eine Wohnung, sie musste aufs Sozialamt laufen und was weiß ich was machen. Und ich glaube, dass sie ihm, als er wieder da war, als eine ganz andere Frau gegenübergetreten ist als das, was er sich da so vorgestellt hatte.

BRELOER: Sie konnte hart sein, hat mir Ihr Bruder Fritz mal gesagt. Wenn man gefallen war und eine Wunde hatte: Ab in die Schule, nicht ins Bett.

ALBERT SPEER: Gretel konnte ungeheuer taff sein, und sie hat uns das auch vorgelebt, dass man nicht bei jedem Wehwehchen nachgibt, sondern sich da auch durchboxt.

BRELOER: War es vielleicht auch das, was zur Wahl dieser Ehepartnerin geführt hat? Dass Ihr Vater geahnt hat, dass da eine ist, die auch hart sein kann, wenn mal etwas passiert?

ALBERT SPEER: Das ist schon möglich. Nur glaube ich, dass wir da viel zu viel hineininterpretieren in die Gedankengänge meines Vaters. Der war, glaube ich, eher angetan von den Großeltern, also von der Familie meiner Mutter und von der Atmosphäre in der Familie, die ganz anders, warmherzig, gefühlsbetont und liebenswert war. Und die Gretel war ja auch eine schöne Frau. Auch für uns Kinder waren die Eltern meiner Mutter diejenigen, mit denen wir Kontakt hatten. Beide haben ja noch lange gelebt nach dem Krieg, und die Großmutter,[18] das »Linale«, wie ich sie genannt habe, hat dann auch bei uns gewohnt, bis sie gestorben ist. Das war ein Original, eine ganz tolle Frau. Sie ist in der Familie das menschlichste Wesen, das freieste, das unverfälschteste ...

BRELOER: Warmherziger Ihnen gegenüber als ihre Tochter?

ALBERT SPEER: Das ist auch wieder schwierig zu sagen; es drückt sich ja manches auch aus, ohne dass man irgendjemandem gleich um den Hals fallen muss. Ich glaube, dass meine Mutter warmherzig war, dass sie aber erzogen wurde oder durch die Umstände und durch meinen Vater beeinflusst, sich auch so eine distanziertere Haltung anzugewöhnen.

BRELOER: Man fragt sich ja bei allen Zeitgenossen dieser Jahre: Wo blieb das Mitleid? Wo blieb zumindest die Sorge, dass das alles schief gehen könnte, auch für die Kinder? Das Leben am Hofe des Diktators hat man ja gern gehabt, ich sehe Ihre Mutter sehr glücklich mit Eva Braun Blumen pflücken.

ALBERT SPEER: Ja, natürlich. Die Frau von Herrn Brandt gehörte auch noch mit dazu –

BRELOER: Die war eine Schwimmerin.

ALBERT SPEER: Ich hab bei ihr das Schwimmen gelernt und mache das heute noch ganz gut.[19]

BRELOER: Der nette Onkel Brandt – Euthanasie. Das waren ja alles die guten Onkel vom Berghof, die nun auf Giftkapseln bissen oder aufgehängt wurden, von denen man jetzt schreckliche Geschichten erfuhr. Hinter der Fassade des Berghofs hatte das alles stattgefunden.

ALBERT SPEER: Da ist schon eine Scheinwelt entstanden, die gespenstisch ist.

BRELOER: Ihr Vater hat das ja aufgeschrieben – diese mediokre Gesellschaft vom Berghof mit ihrem blöden Gewäsch, auf die er, so beschreibt er das, als Außenseiter ironisch, verachtend schaut ...

ALBERT SPEER: Er spielt aber mit. Und er spielt eine Hauptrolle, also so ist es ja nicht.

BRELOER: Wie konnte er das mitmachen? Um der Macht willen?

ALBERT SPEER: Ja, klar.

BRELOER: Jetzt ist die Frage: Spielt Ihr Vater nur mit dem Mächtigen und gewährt ihm seine Nähe und Liebenswürdigkeit, oder bekommt er auch etwas dafür außer der Macht – menschliche Wärme, Zuneigung, Schutz –, das ihm im Leben bisher gefehlt hat?

ALBERT SPEER: Ich glaube, dass das eine sehr echte, tiefe, emotionale Beziehung auf Gegenseitigkeit war. In gewissem Sinne ist es eine Vater-Sohn-Beziehung; Hitler wollte ja mal Architekt werden und wollte Künstler sein, und irgendwann beschloss er dann, in die Politik zu gehen, wie er das so schön schreibt. Er sieht in diesem jungen begabten Mann natürlich auch eine Figur, von der er sich vorstellen kann, dass er solche Aufgaben gerne gemacht hätte. Und noch etwas, was auch ganz wichtig ist: Es ist auch jemand, den Hitler persönlich beeinflussen kann, ein junger Mann, der noch nicht fertig ist, sondern gerade anfängt mit seinem beruflichen Werdegang, also jemand, dem man seine eigenen Ideen überstülpen kann, ohne dass der es merkt ...

BRELOER: Der brütet die aus.

ALBERT SPEER: Die brüten sie gemeinsam aus, und die Faszination, die kann ich mir wunderschön vorstellen.

BRELOER: Joachim Fest hat ja zu dem Foto, auf dem Hitler mit Ihrem Vater auf der Bank sitzt und sie sich so verärgert anschauen, gesagt: »So ein Foto kann es nur von diesen beiden geben.« Und das verweist auf den Kern der Liebesgeschichte, in die Fest auch leichte homoerotische Schwingungen hineindeutet.

ALBERT SPEER: Aber sicher! Das ist für mich auch gar nicht so weit weg. Zum ersten Mal in seinem Leben hat er einen Bauherrn, der zuhört, der auf ihn hört, der auf die Ideen eingeht. Dass daraus eine abstrakte Liebesbeziehung entsteht, ist für mich völlig normal. Es entsteht eine Abhängigkeit, und mein Vater tut ja auch alles, übernimmt bestimmt auch Skizzen von Hitler, die ihm nicht gefallen – das ist aber in einer solchen Beziehung nichts Ungewöhnliches, sondern eine Liebesgabe.

BRELOER: ›Ich habe verstanden, was der Kern deiner Weltanschauung ist, ich kann sie in Stein ausgestalten ...‹

ALBERT SPEER: Die Weltanschauung spielt überhaupt keine Rolle, habe ich das Gefühl.

BRELOER: Hitler sagt, ganz erschüttert von der Leistung Ihres Vaters, beim Bau der Neuen Reichskanzlei: »Der Speer ist ein Genie!« Glauben Sie, Ihr Vater hat das geglaubt?

ALBERT SPEER: Ja, das glaube ich schon.

BRELOER: Und haben Sie das geglaubt?

ALBERT SPEER: Nein. Dafür halte ich ihn nun weiß Gott nicht, und nach allem, was wir wissen, schon gar nicht. Aber gerade was die Architektur angeht, hat er das ungeheuer geschickt gemacht: Er hat Architekturen entwickelt, die überwiegend nicht aus der eigenen Feder stamm-

ten, sondern von seinen begabten Mitarbeitern. Was man als wirkliche Leistung, sowohl als Architekt als auch später als Rüstungsminister, sehen muss, ist, die richtigen Leute an die richtigen Stellen gesetzt
und in dem Ganzen den Überblick behalten zu haben und das zu organisieren. Das, glaube ich, waren seine großen Fähigkeiten. Aber das
hat noch nichts mit einem Genie zu tun.

BRELOER: Ein mittelmäßiger Architekt, würden Sie sagen?

ALBERT SPEER: Ein mittelmäßiger Architekt ist jetzt ein bisschen zu wenig. Ich weiß nicht, und darüber haben wir auch nie geredet, wie viel
er nun wirklich selber gezeichnet hat.[20] Es gibt vieles, was sein Büro
gemacht hat; aber er hat es beeinflusst, er hat es gesteuert, er hat es in
der Hand behalten.

BRELOER: Ein Brief Ihrer Schwester. Die hat Fragen gestellt, und Ihr Vater hat geantwortet, 1953, aus Spandau:»Nun, liebe Hilde, zu Deiner
schwierigen Frage, Du frägst zwar allgemein, wie ein intelligenter
Mann so was mitmachen konnte, aber ich möchte Dir an meinem Beispiel zeigen, wie so was vielleicht kommen kann ...«[21]

ALBERT SPEER: Es ist ja so, dass selbstverständlich, als er dann wieder da
war, auch ich ihm diese Fragen hätte stellen können, genau diese Frage.
Ich habe mir das überlegt, und ich habe es dann nicht getan. Und zwar
aus einem relativ einfachen Grunde: Wenn es in seinem Weltbild und
in seinem Denken über zwanzig Jahre sich so verfestigt hat, dann wird
er mir, auch in einem Vieraugengespräch, nichts anderes erzählen, also
brauche ich ihm diese Frage auch nicht zu stellen, denn sie ist ihm
peinlich, sie ist ihm unangenehm, ganz logisch. Und da ich nicht zu
denen gehöre, die irgendjemanden gerne in peinliche Situationen
bringen, habe ich ihm die Frage auch nicht gestellt. Ob das jetzt nur
ein bewusstes Wegschauen ist oder ob das seine Überlebensstrategie
überhaupt war – sonst kann man sich ja nur noch eine Kugel in den
Kopf jagen oder hoffen, dass man gehängt wird. Ich wage das nicht zu
beantworten und nicht irgendwelche Spekulationen darüber anzustellen.

BRELOER: Es wäre etwas anderes gewesen, wenn Sie herausgefunden hätten, dass er sich selbst, die Familie, Sie alle auch in solchen freundlich
geschriebenen Briefen immer belogen hat und dass er viel mehr wusste,
als wir ihm heute millimeterweise nachweisen – dass er den Völkermord gebilligt hat? Dann wäre es für Sie ein anderer Vater gewesen?

ALBERT SPEER: Natürlich. Es wäre nicht nur ein anderer Vater gewesen, sondern es hätte auch ein anderes Umgehen mit dem Vater und auch mit seinen positiven Leistungen bedeutet.

BRELOER: Man gerät ja als Sohn, auch wenn man sich diese Väter nicht ausgesucht hat, irgendwie in diese Schuld mit hinein, so ungerecht das ist ...

ALBERT SPEER: Das glaube ich weniger. Ich glaube nicht, dass Schuld sich von Generation zu Generation überträgt oder übertragen lässt. Ich bin der festen Überzeugung, dass wir für unsere Väter Verantwortung mit übernehmen müssen, und dieses versuche ich in vielen Dingen zu tun, eben dadurch, dass wir mit diesem Büro hier eine ganz andere Politik machen.

BRELOER: Die jüngere Generation, die die Bundesrepublik von den sechziger Jahren an mitbestimmt hat, musste sich von den Vätern abwenden, um ein anderes Land zu gestalten.

ALBERT SPEER: Ja, ich jedenfalls glaube, dass ich das versucht habe. Deshalb vielleicht auch meine Scheu, mich zu früh mit den ganzen Geschichten auseinander zu setzen – man musste versuchen, einen eigenen Weg zu finden, man musste versuchen, ein eigenes Dasein aufzubauen, das von dem des Vaters so weit als möglich unabhängig war. Der Vater spielte da immer hinein, der Vater spielt auch heute noch hinein. Und damit muss ich auch umgehen. Deshalb auch von mir aus immer wieder der Wille, möglichst weit weg von dieser Familie und der Geschichte und dem Vater zu sein. Daher auch meine Anfänge, auf die er ja dann besonders stolz war, über anonyme Wettbewerbe. Da wusste keiner, dass es der Sohn ist. Da gibt es die schöne Geschichte, dass das Preisgericht bei meinem ersten großen Wettbewerb in Ludwigshafen nach der Urteilsverkündung die Kuverts, in denen die Namen drinstehen, aufmachte, und der erste Preis ging an Professor Albers in München, renommierter Hochschullehrer. Und dann machen sie das zweite auf mit dem zweiten Preis, und da steht »Albert Speer«, und jemand aus dem Preisgericht sagt: »Der sitzt doch im Gefängnis!« Der Vorsitzende des Preisgerichts wusste natürlich, dass der im Gefängnis sitzt, aber auch, dass der einen Sohn hat, der inzwischen Architekt ist. Das war mein Start in die Selbständigkeit. Während der ganzen Karriere ist das irgendwo natürlich immer wieder im Hinterkopf ...

BRELOER: Wenn man Ihre Briefe an den Vater im Gefängnis liest, beschreiben die Ihren Lebensweg – aber Sie bemühen sich auch immer ein wenig um Liebe. Wollten Sie von diesem Vater geliebt werden?

ALBERT SPEER: Natürlich, welches Kind will das nicht – Liebe, Anerkennung, und ihm auch zeigen, was ich jetzt alles mache und treibe. Ich lüge mir da schon auch ganz schön etwas zusammen. Es wird natürlich nur die heile Welt erzählt, es wird nur das Positive erzählt, es wird nicht erzählt, welche Schwierigkeiten ich irgendwo hatte oder wie hart in der Schreinerlehre das Durchhalten überhaupt war, oder im Studium, oder Liebeskummer oder was weiß ich.

BRELOER: Wusste er überhaupt, bevor Sie 1953 nach Spandau kamen, dass Sie stottern?

ALBERT SPEER: Ich glaube nicht.

BRELOER: Und Ihr Vater spielt Ihnen auch etwas vor.

ALBERT SPEER: Selbstverständlich. Er hatte ja nicht viel zu erzählen aus seinem Alltag.

BRELOER: Er schildert sich Ihnen gegenüber als den heilen, guten Vater, sodass beide Seiten, der ideale Papa und der ideale Sohn, miteinander leben können.

ALBERT SPEER: Genau. Und die Besuche in Berlin, einmal im Jahr, waren auf der einen Seite interessant, weil ich das natürlich immer genutzt habe, ins Theater zu gehen, und in Berlin war ja viel los, und ein Teil des Pflichtprogramms waren dann die beiden halbstündigen Besuche in Spandau. So tragisch habe ich das auch wieder nicht genommen, aber für mich waren das die längsten halben Stunden, die ich je erlebt habe; denn nach fünf Minuten weißt Du nicht mehr, was du reden sollst, und der gegenüber weiß es auch nicht. Und dann kommt die nächste Frage: »Wie geht es denn der Gretel?« – »Der Gretel geht es gut, ich war mit ihr was weiß ich wo eingeladen …«

BRELOER: Kein Wort, kein Thema berühren, unter dem das Unheimliche lauern könnte.

ALBERT SPEER: Erstens das nicht, und zweitens: Durch die beiden Zeugen, die auf beiden Seiten dabei saßen, war es ja auch verboten, irgendwelche Namen zu erwähnen. Das war eigentlich eine surrealistische Atmosphäre. In der Anfangszeit war auch noch ein Gitter dazwischen, wie man es aus Krimis kennt, ein richtiges Fenstergitter. Er kam durch eine Tür auf der anderen Seite mit jemandem, und mich führte jemand hinein. Und dann standen wir uns erst mal gegenüber, dann setzten wir uns hin, Hand geben ging auch nicht, war auch, als später das Gitter nicht mehr da war, streng verboten. Irgendwann haben wir es mal gemacht, dann wurde sofort gesagt, das geht nicht.

BRELOER: Warum haben Sie ihm die Hand gegeben?

ALBERT SPEER: Wahrscheinlich weil es verboten war. Ganz einfach.

BRELOER: Nicht aus Mitleid, um ihm nahe zu sein?

ALBERT SPEER: Nein. Sondern um zu zeigen, dass man das auch kann.

BRELOER: Sie schreiben hinterher: Ich hatte Angst, ich werde vielleicht weinen, »ich bin nah beim Wasser gebaut«. Und Sie schreiben auch: »Es war wunderbar bei Dir, Papa, es war eine schöne Begegnung.«[22] – War auch Mitleid mit dem Gefangenen dabei?

ALBERT SPEER: Ja, natürlich. Ich habe das nicht so wunderbar in Erinnerung, sondern – wie das Briefeschreiben auch, 1600 Worte oder was pro Woche in der Familie waren eine Leistung! – das war Schwerstarbeit. Aber das ist alles auch ein Spiel gewesen, es ist ein Rollenspiel, und der liebe Sohn ...

BRELOER: ... mit viel behaupteter Herzlichkeit ...

ALBERT SPEER: Nein, die gab es ja vielleicht auch, die war ja nicht gespielt. Wenn ich diese Briefe jetzt wieder lese, steht darin: ›Lieber Papa, vielen Dank für Deinen Vorschlag, was weiß ich was zu machen, *aber* ...‹ – und dann kommt meine Meinung, und ich habe immer gemacht, was ich wollte.

BRELOER: Am Anfang hatte er noch die Autorität, auch nein zu sagen. Weil die Mutter das zu Hause durchgesetzt hat?

ALBERT SPEER: Er hatte sie selbstverständlich. Also er hat sie nicht durchgesetzt, sondern das *war* so.

BRELOER: Wenn Ihre Mutter dann aus Spandau nach Hause kommt – fragen Sie sie, wie es dem Vater geht? Oder ist es Ihnen eigentlich egal?

ALBERT SPEER: Ich glaube, es ist uns eher egal. Ich kann mich an kein Gespräch erinnern, wo wir unsere Mutter gefragt haben: »Wie war es denn in Spandau?« Das wird im Laufe der Jahre auch zu einer Art Routine – wir wissen genau, wer wann dran ist, wer wann nach Berlin darf oder muss, und wir bereiten uns darauf vor, aber untereinander tauschen wir diese Erfahrung nicht aus.

BRELOER: Wussten Sie von diesem geheimen System, das Ihr Vater aufgebaut hatte, um Briefe aus dem Gefängnis hinaus- und hineinzuschmuggeln?

ALBERT SPEER: Ja. Für uns als Kinder oder auch Jugendliche war das ungeheuer spannend und wie in einem Krimi, was dann da ankam. Und wir wussten, wie das geschehen ist, und es interessierte natürlich besonders, über welche Zeichen und welche Geheimcodes das dann rausgeschmuggelt wurde. So ein Brief, wenn man den in der Hand hatte, und der war auf Klopapier geschrieben oder so etwas, das war natürlich was Tolles, das war Abenteuer, das war Wildwest. Das hatte mit dem Ernst der Situation nichts zu tun, sondern das war einfach, getrennt davon, auch ein Zeichen für die Intelligenz, mit der mein Vater und seine Helfer mit der Situation umgehen. Die haben ja später zu Weihnachten auch Kaviar reingeschmuggelt oder Gänseleberpastete oder irgendsolche Geschichten. Das fand ich jedenfalls äußerst lustig und ein Beispiel dafür, wie man mit solchen Sachen umgehen kann. Aber am Anfang, so die ersten fünf oder acht Jahre, habe ich den Eindruck, war das ein richtig hartes Gefängnis, und, je länger das gedauert hat, umso mehr kommt die »Fledermaus«[23] da mit hinein.

BRELOER: Sie versuchen immer, ihm Leben in die Zelle zu schaffen. Wussten Sie, dass Ihr Vater das braucht wie eine Bluttransfusion?

ALBERT SPEER: Ob mir das so bewusst war … Im Nachhinein ist das leicht hineinzuinterpretieren. Aber man hat sich vorgestellt, und ich wusste auch aus den Besuchen, was das da für eine trostlose Atmosphäre ist, sodass es bestimmt auch ein bisschen gewollt war, da Leben und Heiteres und irgendwelche Anekdoten zu erzählen, aus dem Studium oder mit irgendwelchen Hochschullehrern oder mit Kollegen auf irgendeiner Exkursion oder so. Wir waren weit weg, ich habe in München studiert, und München war ja damals zwischen 1955 und 1960 die Kulturhauptstadt Deutschlands, von Kortner über Guardini bis Knappertsbusch, und ich habe alles als Student in den Kammerspielen hinten oben stehend mitgemacht. Und die Eröffnung vom Cuvilliés-Theater. Ich habe das alles mit meiner damaligen Freundin, mit der ich dann lange verlobt war, mitgenossen und mitgenommen, und das hat auch Spaß gemacht. Und ein bisschen von diesem heiteren Leben habe ich wahrscheinlich versucht, ihm mitzuteilen, weil ich wusste: Furtwängler, Wilhelm Kempff oder Arno Breker – dass er also künstlerische Freunde hatte. Ich erinnere mich, als Kind im Haus von Arno Breker, dass die Kinder zwar nicht dabei sein durften, sondern schlafen gehen mussten; und dann haben wir uns oben bis an das Treppenhaus vorgerobbt und zugehört, wie unten Kempff und Schneiderhan spielten.

BRELOER: Bei Breker – das war 1943 oder so?

ALBERT SPEER: 1943 oder 1944. Breker und mein Vater waren sehr enge Freunde, und Breker hatte eine ungeheuer liebenswerte griechische

Frau, Mimina, die uns auch mit der Liebe umgeben hat, die zu Hause ein bisschen fehlte. Und da waren wir oft. Die Beziehung zu Herrn Kempff ist ja geblieben. Ich habe Kempff dann, als ich meine Doktorarbeit gemacht habe, irgendwann in Sizilien besucht. Zufällig spielte er an zwei Abenden in der Oper in Palermo alle fünf Beethoven-Konzerte, und da habe ich rausgefunden, wo er wohnt, und habe ihn besucht.

Breloer: Erinnern Sie noch die erste Reise nach Spandau?

Albert Speer: Ich weiß nicht, ob es der erste Weg war, aber ich kann mich erinnern, dass das durch die sowjetische Zone ging. Ich kann mich erinnern, dass sie mich besonders gefilzt haben mit dem Namen. Ich bilde mir ein, einmal haben sie mich auch aus irgendwelchen Gründen zurückgeschickt. Man fuhr mit der Straßenbahn bis nach Spandau und ist dann da rübergelaufen, man musste klingeln, und dann war da eine Art Pforte, da wurde man untersucht, ob man irgendwas dabei hatte oder so. Und dann ging jemand mit einem ins Hauptgebäude, und in diesem Hauptgebäude im ersten Obergeschoss war das Besuchs-Besprechungszimmer, ich bilde mir ein, wenn ich hochgekommen bin, auf der rechten Seite. Der Gast wurde zuerst in dieses Zimmer geführt und wartete dann auf den Häftling, der irgendwo von da hinten von einem Wärter vorgeführt wurde. Dann ging die Tür auf, und Papa trat mir entgegen.

Breloer: »... habe ich Dich mir viel älter vorgestellt. Hoffentlich habe ich mich nicht zu schlecht angestellt. [...] Du wirst ja nächstes Jahr Weihnachten bei uns sein« – das heißt, Sie haben selber immer geglaubt, dass er kommt?

Albert Speer: Es gab ja über die Jahre ständig irgendwelche unterschiedlichen Nachrichten. Wir haben geglaubt, beim Beginn des Ost-West-Konfliktes und der Abgrenzung von Berlin und verschiedenen anderen Sachen, dass dieses Viermächte-Institut mit Russland, Frankreich, England und USA auseinander bricht. Und da wir ja wussten, dass die Russen nicht allein, aber doch die Hauptverantwortlichen für die Verurteilung meines Vaters waren,[24] bestand die Hoffnung, dass das Ganze zu Ende geht, wenn die Russen nicht mehr dabei sind. Und das zieht sich über die Jahre hin. Dann kommt ein Regierungswechsel und was weiß ich – die Hoffnung, dass das irgendwann vor zwanzig Jahren zu Ende ist, hat ihn die ganze Zeit begleitet – und uns zu einem großen Teil auch.

Breloer: Man versteht natürlich, dass jemand aus dieser »Narrenburg«

herausmöchte, aber da gibt es auch die Rolle: ›Ich bin zu Recht verurteilt worden, und ich will büßen.‹ Ein merkwürdiger Widerspruch.

ALBERT SPEER: Ich glaube, das ist kein Widerspruch, das ist ein Gefangenenschicksal. Wenn Sie da säßen oder ich, selbst wenn wir wüssten, dass wir zu Recht da sitzen – wenn eine Chance besteht, morgen rauszukommen, dann nehmen wir diese Chance wahr.

BRELOER: Das hier ist eine in der Gefangenschaft in Kransberg von Ihrem Vater gemachte Vermögensaufstellung.

ALBERT SPEER: Na, ist doch schön. Viel ist es ja nicht gerade.[25]

BRELOER: Er hat im »Dritten Reich« bestimmt einige Millionen gehabt, denn er war ja als Architekt an riesigen Projekten beteiligt.

ALBERT SPEER: Ich habe das ja nie so ganz verstanden: Einen Teil der Aufträge hat er als Generalbauinspektor gemacht, also quasi als Beamter, und ein Teil der Sachen ist im Büro Albert Speer gemacht worden. Wie das auseinanderdividierbar war und wie das honorarmäßig abgerechnet wurde, hatte ich keine Ahnung – aber in jedem Falle hat er da gut Geld verdient. Und dann – hier steht's – hat er 950 Morgen, einen ländlichen Grundbesitz, unbebaut, meist Wald, in Altranft an der Oder gekauft.[26] Das ist heute Polen, glaube ich,[27] oder enteignet, eins von beidem.

BRELOER: Da wollte er sich so eine Art Ordensburg hinbauen, ich habe mal eine Zeichnung davon gesehen.

ALBERT SPEER: Schlimme Zeichnung, ich kenne die. Entsetzliche Architektur! Die Originale liegen in München in der Staatskanzlei. Unser Haus in der Schopenhauerstraße in Schlachtensee, das hier mit Nullwert angegeben ist, belastet mit einer Hypothek von 30 000 RM, ist, glaube ich, 1935 oder so was gebaut. Ein bescheidenes Einfamilienhaus im Stile von Tessenow, von Bonatz, von Schmitthenner, also ein richtig sehr gutes, sehr schön entworfenes Einfamilienhaus im Stil der gemäßigten Moderne. Dieses Haus ist dann 1943 oder 1944 durch eine Luftmine total zerstört worden. Wenn man das sieht und dann die Pläne von dieser Ordensburg im Oderbruch, dann versteht man das eigentlich nicht mehr.[28]

BRELOER: Nach Kriegsende war erst einmal alles weg. Zunächst waren Sie in Kappeln. Warum sind Sie überhaupt dort gewesen und nicht mehr am Berghof?

ALBERT SPEER: Warum wir von Berchtesgaden weg sind, weiß ich nicht.

BRELOER: Da war es ja an und für sich sicher.

ALBERT SPEER: Der Berghof wurde im Frühjahr 1945 auch bombardiert, aber da waren wir schon weg. Unser Haus ist so weit weg von dem eigentlichen Berghof und den anderen Bauten, dass diesem Gebäude auch nichts passiert ist, und dem Atelierhaus auch nicht. Wir sind von Berchtesgaden in die Nähe von Berlin zu engen Freunden meines Vaters, deren Name mir jetzt nicht mehr einfällt,[29] und mit denen dann mit meinem Vater mitgezogen nach Schleswig-Holstein.

BRELOER: Er wollte die Familie bei sich haben?

ALBERT SPEER: Das nehme ich mal an. Wir waren dann auf einem etwas heruntergekommenen Landgut in der Nähe von Kappeln an der Schlei, das ist in der Nähe von Flensburg.[30]

BRELOER: Sie wurden den Briten entgegengeschickt.

ALBERT SPEER: Wahrscheinlich, genau. Ich kann mich erinnern, dass die Briten das ganze Haus durchsucht haben, und meine Mutter hatte ihren Schmuck und sonstige Wertsachen unter dem Bett, unter den Windeln unseres Jüngsten, Ernst, versteckt, der war ja gerade anderthalb Jahre alt, oder noch nicht mal, 1944 geboren, also ein richtiges Baby. Wahrscheinlich brüllte der, und deshalb wurde nichts geklaut, was sonst ja üblich war. Die Familie lebte da unter sehr bescheidenen Bedingungen.

BRELOER: Er war dann in dieser merkwürdigen Regierung von Dönitz. Nitze und Galbraith vom *Strategic Bombing Survey* führen im Schloss Glücksburg Gespräche mit ihm, draußen steht noch eine SS-Wache,[31] und er erzählt den ehemaligen Feinden, warum ihr Bombenkrieg nicht den gewünschten Erfolg gehabt hat. Und von da kommt er immer noch mal herüber zur Familie?

ALBERT SPEER: Er ist noch mehrfach da gewesen, und dann war das vorbei.

BRELOER: Hat er sich von Ihnen verabschiedet?

ALBERT SPEER: Nein. Und dann gab es wieder Kontakte mit Heidelberg und den Großeltern, ich weiß nicht, über Telefon oder Briefe, da wurde eben beschlossen, dass die beiden Ältesten, Hilde und ich, dringend auf eine höhere Schule müssten. Ich war 1945 elf und die Hilde zehn Jahre alt. Dann hat meine Mutter uns beide begleitet auf einer Bahnreise, die zwei oder drei Tage gedauert hat von da oben. Ich weiß, dass wir in Hamburg in irgendeinem Bunker übernachtet haben …

BRELOER: Hatten Sie vorher schon mal so eine zerstörte Stadt gesehen wie Hamburg?

ALBERT SPEER: Ich weiß nicht, ob ich die zerstörte Stadt überhaupt gesehen habe. Wir wurden nach Heidelberg gebracht, meine Mutter ist
wieder zurückgefahren, und wir beide lebten dann bei den Großeltern
mütterlicherseits. Und das war eine Dreizimmerwohnung, wenn auch
großzügig, aber die ganze Familie passte da nicht hinein. Da habe ich
mit der Hilde zusammen bei den Großeltern gewohnt. Irgendwann,
ich weiß es nicht, 1946 oder 1947, kam dann der Rest der Familie
hinterher, und das ging in der Wohnung gar nicht mehr. Dann haben
wir, ich weiß auch nicht wann, von der Stadt Heidelberg eine Sozialwohnung im Westen der Stadt zur Verfügung gestellt bekommen,[32]
unten in der Stadt, in der Nähe vom Friedhof. Da haben wir dann alle
zusammengewohnt, sehr, sehr eng, und ich glaube, dass wir auch noch
da wohnten, als ich meine Schreinerlehre begonnen habe. Das war
1952. Es gab zu dem Schloss-Wolfsbrunnenweg ein Gärtnerhaus, weiter oben am Berg, das von den Amerikanern nicht beschlagnahmt war
oder freigegeben wurde – weiß ich nicht mehr. Da ist meine Omi, die
Mutter meines Vaters, oben eingezogen, und unten war so eine Art
Stall übrig, das wurde ein bisschen hergerichtet, und da ist dann die
Familie eingezogen.

BRELOER: Wovon haben Sie eigentlich damals gelebt?

ALBERT SPEER: Das weiß ich nicht. Es ist ja kein Geheimnis, dass Herr
Wolters Vertreter der deutschen Industrie, vor allen Dingen der Industrie aus dem Ruhrgebiet, veranlasste, ein Konto zur Unterstützung
der Familie Speer zu eröffnen. Aus Dankbarkeit, weil mein Vater ja
dazu beigetragen hat, dass ein großer Teil dieser Werke unter dem
»Nero-Befehl«[33] Hitlers nicht total zerstört, sondern nur gelähmt
wurde und das Ruhrgebiet als Ganzes doch im Wesentlichen erhalten
worden ist.

BRELOER: Und sicher verdankten ihm auch viele der jungen Architekten
einiges.

ALBERT SPEER: Die Architekten gehörten auch dazu, aber ich glaube, weniger. Architekten sind etwas weniger dankbare Menschen. (Lacht.)
Die Spenden, die da kamen, das war der Schlieker und der Mommsen
und der Rohland und wie sie alle heißen, die ganzen Leute aus dem
Stahlbereich. Die zahlten alle jeden Monat in eine Kasse, und Wolters
hat darüber verfügt.

BRELOER: Hat es denn gereicht, was Sie bekommen haben?

ALBERT SPEER: Es hat gereicht, es ging uns dann nicht schlecht. Aber ich

habe immer auch etwas dazuverdient. Es steht noch ein Sechsfami-
lienhaus in München, da habe ich für den Architekten die Architektur
gemacht und die Ausschreibung und die Bauleitung, das lief so über
anderthalb oder zwei Jahre. Und dann habe ich natürlich auch die Beziehungen mitgenutzt. Arno Breker baute in München ein Gebäude
für den Gerling-Konzern, da war ich mit in der Bauleitung.

Breloer: Dieses Netzwerk der unsichtbaren Hand – das haben Sie auch
genutzt?

Albert Speer: Ja, klar. Das Netzwerk habe ich insoweit schon genutzt,
was blieb mir übrig? Das war ja von 1955 bis 1960, und es war ja auch
damals nicht so einfach. Unter anderem habe ich, eine schöne Geschichte, in München Herrn Schacht besucht …

Breloer: Hjalmar Schacht, Reichsbankpräsident, Mitangeklagter Ihres
Vaters in Nürnberg.

Albert Speer: Genau. Hjalmar Schacht hatte eine relativ junge Frau. Ich
war immer auf der Suche, irgendetwas tun zu dürfen, um ein bisschen
Geld zu verdienen. Und Herr Schacht sagte zu mir, er hätte für mich
einen kleinen Auftrag. Ich sagte: »Ja, mache ich sofort.« Und dann ist
er mit mir hinausgefahren. In der Nähe vom Chiemsee wollte er über
fünf oder sechs Garagen, die nebeneinander standen, für seine Familie ein Wochenendhaus bauen. Und das habe ich entworfen. Nachdem
er einmal dabei gewesen war, hat er sich nicht mehr darum gekümmert, das machte dann seine Frau. Und ich weiß noch, dass Frau
Schacht und ich uns heftigst gestritten haben über die Form und Farbe
der Fensterläden. Ich wollte es was weiß ich wie, und sie wollte es blau-
weiß gestrichen haben.

Breloer: Vielleicht konnten Sie auch deshalb dieses Netz, das Ihr Vater
geknüpft hatte, benutzen, weil sie sich mit der ganzen Vergangenheit
nicht beschäftigt hatten?

Albert Speer: Ich habe auch überhaupt nicht groß darüber nachge-
dacht. Das waren alles meine eigenen Initiativen, auch, Pinnau in
Hamburg zu besuchen. Aber genauso habe ich in den USA Edmund
Bacon in Philadelphia besucht oder Halprin, einen der bedeutendsten
Landschaftsarchitekten, in San Francisco.

Breloer: NSU schenkt Ihrer Mutter eine Lambretta für Sie.

Albert Speer: Für meine Mutter. Ich habe versucht, ihr Unterricht zu
geben, Autofahren konnte sie ja. Beim Autofahren machst du alles mit
den Füßen, bei der Lambretta musst du alles mit den Händen machen

Ich habe ihr sehr ernsthaft Fahrunterricht mit der Lambretta gegeben. Gott sei Dank hat sie es nicht gelernt, und da war sie meine. So ist es.

BRELOER: Sie sind ja manchmal mit Onkel Rudi in Düsseldorf. Dort organisiert Tamms seine Architekten-Freunde, Arno Breker ist da – man macht sich schon darüber lustig im »Kom(m)ödchen«.[34] Das ist Ihnen aber gar kein Problem gewesen?

ALBERT SPEER: Ist mir in keinster Weise ein Problem gewesen.

BRELOER: Auch Onkel Rudi war nur ein netter Mann.

ALBERT SPEER: Onkel Rudi war wichtig, weil ich bei ihm einen Job in den Ferien bekam. So einfach war das: Ich brauchte einen Job, und weiter habe ich garantiert auch nicht gedacht. Ähnlich war es nachher, nach meinem Diplom, mit Otto Apel hier in Frankfurt. Mein Diplom war mittelprächtig, und ich wollte unbedingt Stadtplaner werden. Ich hatte mir ganz klar überlegt: Wenn ich in München bleibe mit den ganzen Festen und Kultur und so was, werde ich mich nie anstrengen, weil einfach das Leben zu schön ist. Und da bin ich dann zu Apel und habe ihn gefragt, ob er mich nimmt. Es blieb ihm ja eigentlich gar nichts anderes übrig, als mich zu nehmen, und das tat er dann auch. Ich habe hier in Frankfurt mit 1100 Mark im Monat als Diplomingenieur angefangen zu arbeiten und habe nebenher begonnen, Wettbewerbe zu machen.

BRELOER: Was war Apel denn zur Zeit des »Dritten Reichs«?

ALBERT SPEER: Apel war der Bürochef des privaten Architekturbüros [meines Vaters] in Berlin. Apel ist erst nach dem Kriege richtig in den Vordergrund getreten, und da er nicht belastet war, hat er sehr schnell intensive Beziehungen aufgebaut zum größten Architekturbüro der Welt, Skidmore, Owings & Merrill in Chicago, und hat mit denen sämtliche amerikanischen Konsulate in der Bundesrepublik gebaut, in Frankfurt, in München, in Bonn, in Bremerhaven … Das war in den sechziger Jahren eines der modernsten und bedeutendsten Büros in Deutschland.

BRELOER: Trotzdem ist es verblüffend, dass die Architekten-Elite des »Dritten Reichs« in der Bundesrepublik das Aufbaumandat hatte. Wann wurde Ihnen klar, wer was im »Dritten Reich« gemacht hatte?

ALBERT SPEER: Dass die für meinen Vater gearbeitet haben, das war klar. Aber was die nun alles genauer gemacht haben, wer jetzt was an der Reichskanzlei oder am Westwall oder am Atlantikwall gemacht hat, das wusste ich alles natürlich nicht.

BRELOER: Oder an der großen Straße in der Sowjetunion, wo der Bau-trupp Speer fliegende Konzentrationslager unterhielt, über die Wol-ters schreibt: ›Die jüdischen Brigaden sind sehr fleißig, sie wissen jetzt, worauf es ankommt.‹[35] Und damit war nicht der Endsieg gemeint.

ALBERT SPEER: Das Überleben war gemeint, natürlich. Schon die alten Römer haben ihre Sklaven gut behandelt, weil sie wussten, dass nur ein gesunder Sklave einer ist, von dem man etwas erwarten kann. Das ist ja nichts Neues ...

BRELOER: Nur hat man darauf keine Rücksicht genommen, als die Bau-sklaven vernichtet wurden. Ihr Vater war entsetzt, als er sah, wie die Häftlinge im V2-Werk Dora behandelt wurden.[36]

ALBERT SPEER: Genau. Das ist das Thema, das ist genau das, was ich eben versuchte zu sagen: Das hat man meinem Vater dann positiv ange-rechnet. Das ist ein Teil des Systems: Wenn die alle umkommen, hast du auch nichts mehr davon.

BRELOER: Er sieht, unter welchen entsetzlichen Umständen diese Höh-len gebaut werden, was die SS meinte: »Vernichtung durch Arbeit«.

ALBERT SPEER: Aber sicher.

BRELOER: Sie haben da noch etwas herausgesucht?

ALBERT SPEER: Ja, ich habe noch mal kurz in die erste Schublade gegrif-fen und einige Bilder gefunden. Man kann meinem Vater vorwerfen, dass er schlimme Sachen gemacht hat, in der Architektur, meine ich jetzt – das andere ist ein anderes Thema. Es gibt aber ein Gebäude, von dem ich meine, dass es wirklich in die Landschaft passt, dass es mo-dern ist, dass es den bayerischen Stil irgendwie übernimmt, aber nicht imitiert. Keine Lederhosen-Architektur, sondern modern interpretiert. Das ist das Atelierhaus. So von 1948 bis 1955 war ich in der Evangeli-schen Jugend, da sind wir durch ganz Deutschland geradelt, und eine von unseren langen Touren führte mich auch nach Berchtesgaden, da war ich mal da oben.

BRELOER: Mit der Evangelischen Jugend, sagten Sie. War es merkwürdig, 1945 getauft zu werden?

ALBERT SPEER: Nein – das mit dem Getauftwerden nach dem Krieg in Kappeln an der Schlei trifft für meine Geschwister zu. Der älteste Sohn, 1934 geboren, wurde damals noch getauft. Ich bin auch mit der Evan-gelischen Jugend kein bekennender Christ geworden, sondern die Evangelische Jugend war etwas, wo man Anschluss fand, wo Gemein-schaften entstanden, von diesen Touren durch Deutschland und Zeltlagern und all so was abgesehen. Die evangelische Kirche in Heidelberg hat sich sehr um uns bemüht, und ich habe das sehr gerne gemacht. Konfirmandenunterricht habe ich gehabt und in einem Jugendchor in der Heiliggeistkirche gesungen. Das war Bestandteil des Lebens.

BRELOER: Aber es ist keine Religion eingezogen.

ALBERT SPEER: Es ist keine Religion in die Familie eingezogen, und es ist auch, bei mir jedenfalls, von christlichem Glauben eigentlich nichts geblieben.

BRELOER: Am Berghof bis 1945 konnten die Kinder von Albert Speer sicher nicht in die Kirche gehen.

ALBERT SPEER: Nein. Ich bin ja als einziger in Berchtesgaden in die Volksschule eingeschult worden, richtig in die Dorfschule, und da hatte ich einen sehr netten weißhaarigen Lehrer, im Unterricht war alles in Ordnung. Und dann kommt da plötzlich jemand in Schwarz herein, alle stehen auf und machen ihr Kreuzchen, und ich saß da und wusste nicht, was das soll. »Was ist denn das?« Und dann wurde ich nach der Religion gefragt: evangelisch. Da war ich schon der einzige Außenseiter.

BRELOER: Gucken wir doch mal, was wir noch finden, solange wir noch Licht haben.

ALBERT SPEER: »Bauen. Wohnen. Siedeln« – von der Deutschen Arbeitsfront. Hier haben wir meinen Großvater, den geliebten. Und da ist auch dieses berühmte Foto von dem Winterspaziergang [des Vaters mit Hitler]. Und hier spiegelt sich der Lichtdom im Wasser. – Das sind Bilder von der Rückkehr nach der Entlassung meines Vaters. Da ist Hilde, und das ist der Ulf, ihr Mann. Und das der Ernst. Auf den Bildern bin ich schon nicht mehr drauf, denn nach anderthalb Tagen habe ich beschlossen: Mir reicht's. Ich habe heftigste Entwurfsarbeiten vorgetäuscht und habe die Familie allein gelassen.

BRELOER: War das in einem Hotel?

ALBERT SPEER: Nein, das war kein Hotel. Wir haben ja große Angst vor der Presse gehabt, dass die uns verfolgt. Was sie auch versucht haben. Und wir haben eine richtige Flucht organisiert, mit Wagentauschen auf der Autobahn und was weiß ich, um dieser Meute zu entkommen. Das ist uns auch gelungen. Das war die Villa von irgendwelchen Bekannten an einem See in Schleswig-Holstein.

BRELOER: Was ist bei diesem Wiedersehen so schief gelaufen?

ALBERT SPEER: Schief gelaufen kann man vielleicht gar nicht sagen. Es ist halt einfach so, dass er sich oder wir uns oder wer auch immer sich eine idyllische und harmonische und von gegenseitigen Aussprachen geprägte Atmosphäre vorgestellt hat; und jeder war gehemmt und jeder wusste eigentlich nicht, wie er sich richtig benehmen soll und wie man mit so jemand umgeht und wie man ihn anredet und wie man – pff –, es war auch Stress.

BRELOER: Was für Illusionen waren in den Briefen aufgebaut worden – ›Lieber Papa, wir werden schöne Weihnachten haben‹, ›Wir werden Flussfahrten zusammen machen …‹

ALBERT SPEER: Teilweise haben wir ja dann Reisen mit unseren Eltern gemacht. Jedes der Kinder wurde im Laufe der nächsten Jahre zu einer Reise eingeladen. Ich habe mit meinen Eltern eine einwöchige Kreuzfahrt im Mittelmeer auf einem schönen Schiff gemacht.

BRELOER: Unbefangen?

ALBERT SPEER: Schon unbefangen, aber sehr viel näher gekommen sind wir uns da auch nicht.

BRELOER: Arnold hat gesagt, er bedauert es, dass er seinem Vater zu Lebzeiten diese Fragen nicht gestellt hat, die er ihn gerne fragen würde; dass nie ein wirkliches Gespräch stattgefunden hat.

ALBERT SPEER: Mit mir haben Gespräche stattgefunden, die sich um meine Welt gedreht haben, also um das Verstehen dessen, was ich heute tue und mache. Ich war ja damals noch ganz in den Anfängen, wenn man das mit heute vergleicht, und tingelte über die Dörfer. Er war zwei- oder dreimal bei mir im Büro und hat sich da umgesehen. Man hatte aber immer auch ein bisschen den Eindruck, dass es ihn eigentlich nicht interessiert. Also, dass er so tut, als ob das jetzt für ihn wichtig ist – aber man hatte nie das Gefühl, dass das wirkliches Interesse ist, sondern eher, dass es eine gesellschaftsdienliche Umgangsform ist und halt auch dazugehört. Auf der anderen Seite war er ungeheuer stolz, hat allen Leuten erzählt, was sein Sohn da alles macht und welchen Wettbewerb der schon wieder gewonnen hat. Aber bei mir ist der Eindruck geblieben, dass nach Spandau um ihn herum genauso eine Mauer war wie vorher und er eine Rolle gespielt hat, auch gegenüber der Familie, und auch gegenüber Journalisten. Er hat ja dann sehr viel gemacht, aber eigentlich niemanden an sich herangelassen. Ob das für meine Mutter auch zutrifft, weiß ich nicht. Aber man weiß ja von anderen Leuten, die lange im Gefängnis waren, dass sie, wenn sie wieder rauskommen, gegenüber ihrer Umwelt nicht wissen, woran sie sind, weil sich das alles auch so extrem verändert hat. Und ich habe ein bisschen den Eindruck, dass das bei ihm auch so war. Es kann auch an mir liegen, dass ich da nicht näher gekommen bin und es gar nicht versucht habe.

BRELOER: Protokoll aus Spandau, mitgeschrieben, rückübersetzt. Sie sagen: »Das Abitur findet an einer Staatlichen Schule vor vollkommen unbekannten Lehrern statt. Und gewöhnlich werden von hundert Gemeldeten nur zwanzig angenommen. Starke, schwere Bedingungen.«

ALBERT SPEER: Dieses Abendschulabitur ist das Schwerste, was ich in meinem Leben gemacht habe. Und dieses hat mich lange in meinen Träumen als Albtraum verfolgt. Jahre nachdem ich mein Diplom schon hatte, habe ich noch geträumt, das gilt alles nicht, weil ich das Abitur nicht bestanden habe.

BRELOER: Über solche Dinge würden Sie Ihrem Vater nie Mitteilung gemacht haben – wie schwer das war, dass Sie wirklich bis an die Grenze Ihrer Kraft gegangen sind?

ALBERT SPEER: Das würde ich ihm so bestimmt nicht erzählt haben, sondern immer nur, wie gut das alles geht, um Hoffnung zu machen; denn vielfach war ich da komplett am Ende meiner Kräfte.

BRELOER: Es gibt da auch eine Schicht von Verzweiflung?

ALBERT SPEER: Ja, natürlich – aber sicher. Die Schreinerlehre war ja auch eine äußerst harte Angelegenheit. Das war immerhin schon Anfang der fünfziger Jahre, und das war die beste Schreinerei in Heidelberg. Unser Meister, obwohl er das Geld hatte, hat sich geweigert, einen Lieferwagen zu kaufen. Das heißt, die Lehrlinge haben sowohl Türen wie Deckenteile wie alles, was bei uns produziert wurde, Bücherschränke ... über Handwagen oder mit Handkarren, die von vier oder fünf Leuten gezogen und geschoben wurden, durch die ganze Stadt und auf den Berg hinaufgefahren, und das war völlig normal. Und das im Winter und im Sommer und im Regen und im Sonnenschein. Und dann war um fünf, nehme ich an, Schluss. Die Gesellen gingen friedlich nach Hause, und die Lehrlinge räumten auf und fegten die Werkstatt. So. Die kamen dann nicht um fünf raus, sondern um sechs. Und dann also unten geblieben und dreimal die Woche in die Abendschule gegangen, und die ging dann abends bis um zehn.

BRELOER: Das Programm, das ein Schüler dann von morgens acht bis zwei Uhr hatte, hatten Sie sich drangehängt.

ALBERT SPEER: Ich habe das drangehängt. Das ist ganz wichtig, weil es, glaube ich, auch für mein späteres Verhalten typisch ist: Ich habe das drangehängt, weil mir erzählt wurde, dass man ohne Abitur auf die Staatsbauschule gehen kann, also Schreinerlehre und dann Staatsbauschule. Dass aber die Staatsbauschule wieder eine richtige Schule ist, also wenn Sie da nicht morgens um acht da sind, brauchen Sie eine Entschuldigung. Es ist eine Schule, es ist Zwang. Und um dem zu entgehen und an einer Universität studieren zu können, wo ich bestimme, was ich soll und darf und mache, deshalb habe ich das auf mich genommen. Ich bin ja auch froh über die Härte meiner Lehrjahre, denn damit kriegt man einen ganz anderen Blick und eine ganz andere Beziehung zu Kollegen und Menschen, mit denen man umgeht, als wenn das alles einem zufliegt und man durchgeleitet wird. Was ja bestimmt passiert wäre, wenn der Krieg anders ausgegangen wäre: Dann wären wir, ich bestimmt, als Bonzenkinder aufgewachsen, ist ja logisch. Vor den Pimpfen, da konnte ich mich noch drücken, weil wir am Obersalzberg oben waren und die Versammlung unten in Berchtesgaden, da habe ich Fliegeralarm erfunden und bin nicht erschienen. Oben gab es keine Sirenen, man hörte die von Berchtesgaden, und dann habe ich halt Fliegeralarm gehört, und es war gar keiner. Aber der nächste Schritt wäre doch bestimmt eine Napola[37] gewesen, ich kann es mir nicht anders vorstellen.

BRELOER: Ihr Vater hat sich zeitweilig ausgerechnet, eventuell der Nachfolger Hitlers zu werden. Haben Sie das mal unter diesem Aspekt gesehen – dass, wenn Hitler den Krieg gewonnen hätte, Ihr Vater eventuell der Herrscher eines Germanenreichs gewesen wäre …

ALBERT SPEER *(lacht)*: Das wäre toll!

BRELOER: … und Sie sein Erbe.

ALBERT SPEER: Oh Gott.

BRELOER: Haben Sie sich das mal ausgemalt?

ALBERT SPEER: Nein! Das habe ich mir nicht ausgemalt, das ist auch so weit weg, das wäre auch so schlimm, dass man es sich besser nicht ausmalt. Aber für mich ist es garantiert ein Glücksfall, dass es ganz anders gekommen ist.

BRELOER: Ihr Vater hat in den *Spandauer Tagebüchern* über die Besuche bei ihm im Gefängnis berichtet: »Vorgestern kam Albert, heute Hilde, nachdem Kinder über sechzehn Jahre nur einzeln zu Besuch zugelassen sind. Albert war erregt und gerührt, was mich sehr mitnahm.«[38] – War die Situation aufregend? Wer ist der Mann hinter dem Gitter, wie gehe ich damit um?

ALBERT SPEER: Ja. Vor allen Dingen: ›Wie gehe ich damit um?‹ Das war schon eine äußerst bedrückende Situation.

BRELOER: Er interpretiert das gern als Rührung und Liebe.

ALBERT SPEER: Das ist es natürlich irgendwo auch. Er ist ja der Vater.

BRELOER: In einem Brief an seine Frau schreibt er: »Ich zeichne jetzt für jedes der Kinder eine kleine romantische Skizze. Es tut mir gut und ist den Kindern eine Erinnerung, denn sie haben ja so wenig von mir gehabt und hängen trotzdem so sehr an mir.«

ALBERT SPEER: Das stimmt schon. Es gibt ja eine Situation, wo wir von unserem Vater mal ein bisschen mehr hatten, das war nach seiner Krankheit 1944. Da ist die ganze Familie auf eine in der Nähe von Meran gelegene Burg gezogen. Zu seiner Erholung musste er da in den Süden. Es war schon Frühling da unten, und in Deutschland war es noch Winter oder kalt. Ich weiß nicht, ob wir da vier Wochen waren oder drei. Das war so die Zeit, wo er mit seinem kaputten Bein sich kaum bewegen konnte und wo wir ein bisschen was von unserem Vater hatten. Ich erinnere mich, dass er dann, obwohl die Ärzte gesagt haben, dass er das nicht darf, das Bein unterfüttert hat und in sein Auto gestiegen ist, in seinen BMW, und mich mitgenommen hat. Dann haben wir das Geburtshaus von Andreas Hofer besucht, und wir sind da durch die Gegend gefahren. Also da war er mal da. Aber das war auch wieder keine Alltagssituation, weil auch die Kinder Ferien hatten.

BRELOER: Erinnern Sie auch die Flugzeuge über dem Haus in Meran, die Amerikaner, die nach Deutschland flogen, um dort ihre Bomben abzuwerfen?

ALBERT SPEER: Nein.

BRELOER: Das war, schreibt er, der Moment, in dem er sich zum ersten Mal von Hitler abwendet und die Idee hat, alles hinzuschmeißen.[39] Es müssen dann auch Abgesandte gekommen sein wie Generalfeldmarschall Milch.

ALBERT SPEER: Ich erinnere mich noch, dass da öfter Leute in Uniform zu Besuch kamen. Aber an Flugzeuge oder irgendeine Bedrohung erinnere ich mich nicht.

BRELOER: Dieses Autofahren – es gibt ja auch ein Foto von Hubmann mit all den Kindern im Auto.

ALBERT SPEER: Er fuhr ja sehr gut und sehr schnell. Dieses Autofahren ist auf der einen Seite für mich etwas ungeheuer Aufregendes und Positives gewesen, aber ich erinnere mich auch an Träume, wo dieses

Auto mit mir drin diese Serpentinen hochfährt den Kehlstein oder so
was und dann irgendwann durch die Brüstung rauscht und wir
irgendwo runterfallen.

BRELOER: Wann haben Sie solche Träume gehabt?

ALBERT SPEER: Die muss ich als Kind gehabt haben.

BRELOER: Der Sommerurlaub in Meran – was gibt es sonst noch in der
Erinnerung an den Vater, das rückblickend Ihr Herz wärmt? Ein Bild?

ALBERT SPEER: Keins. *(Lacht.)* Nein, solche Sachen wie diese Autofahrt
und Besuche und …

BRELOER: Aber wärmt das besonders?

ALBERT SPEER: Doch! Dass ich da mitdurfte, war schon was. Die anderen Geschwister durften ja nicht mit. Ich durfte. *(Lacht.)*

BRELOER: Wie oft im Jahr waren Sie in Spandau?

ALBERT SPEER: Wir alle haben das immer so organisiert, dass zwei Besuche hintereinander stattgefunden haben. Ich war immer im Winter
dran, November, Dezember oder Anfang Januar, sodass man einen Besuch am 30. November hatte und den zweiten dann am 1. Dezember,
sodass man nur eine Reise hatte mit zwei Besuchen.

BRELOER: 1963: »Pünktlicher Besuch Alberts, der zu nahe geht, als daß
ich meine Gefühle schildern möchte. Albert machte einen hervorra-
genden Eindruck, bringt vorher zensierte Modellfotos und Arbeiten
mit, an deren Entwurf er beteiligt war. Unser Architektengespräch ist
so mitreißend, daß die halbe Stunde wie fünf Minuten erscheint.«

ALBERT SPEER: 1963 war ich ja schon hier in Frankfurt und habe meine
ersten anonymen Wettbewerbe gemacht und verloren, und 1964 dann
den ersten gewonnen. Da war ich also schon auf dem Wege, zu versuchen, in eine Selbständigkeit zu kommen.

BRELOER: Haben Sie das Ihrem Vater gesagt? ›Ich mache das anonym,
denn unser Name …‹

ALBERT SPEER: Nein, so ist es nicht. Es gibt in Deutschland ein sehr altes und sehr ausgearbeitetes Wettbewerbswesen, das im Prinzip überall anonyme Wettbewerbe vorsieht, um die Gleichheit der Arbeiten zu
gewährleisten.

BRELOER: Warum sind Sie überhaupt Architekt geworden? Denn das war
doch eine große Belastung mit dem Namen und mit den drei Generationen vor Ihnen?

ALBERT SPEER: Auf der einen Seite war es eine große Belastung, und auf
der anderen Seite ist es so, dass ich ja in der Schule relativ schlecht war,

dass ich die großen Sprachschwierigkeiten hatte, dass ich ganz gut zeichnen konnte, dass ich als Ausweg diese Schreinerlehre gemacht habe. Und dann aus dieser Schreinerlehre und dem Abendschulabitur hast du eigentlich nur noch die Wahl, Bauingenieur zu werden, also ein Konstrukteur – in der Mathematik war ich aber nie gut, Statik in meinem Studium habe ich mit Hilfe meiner Mitstudentinnen überstanden. Also führte der Weg einfach in dieses Feld hinein. Und das Vorbild Vater war vielleicht gar nicht so groß wie das Vorbild Großvater. Der alte Speer war ja eine imposante Erscheinung und für einen Jugendlichen auch ein Vorbild.[40] Und der Großvater auf der anderen Seite war Schreiner und Zimmermeister mit einem großen Geschäft, das er schon in den dreißiger Jahren nicht mehr hatte, aber das ganze Umfeld hatte irgendetwas mit dem Bauen zu tun; und so war das nicht unbedingt ein Entschluss wie bei Hitler: »Ab morgen werde ich Politiker«, sondern ich bin da reingestolpert. Und dann kommt hinzu, dass ich in München im Studium einen Professor kennen gelernt habe, den alten Döllgast, der in seinen letzten Jahren, oder im letzten Jahr sogar, noch da war und mir und den anderen auch [gezeigt hat], was Architektur ist: nämlich Sachen so lange zu durchdenken, bis sie so einfach werden, dass derjenige, für den es gebaut wird, sagt: »Ja, das hätte ich auch gekonnt.« Dieser Döllgast hat mich also sehr beeinflusst. Auch in der Art, wie man zeichnet und wie man mit Dingen umgeht. Und das begann mir dann auch immer mehr Spaß zu machen. Von allem Anfang an, schon im Studium, habe ich mich auf den Städtebau gestürzt – dieses ganz bestimmt auch als eine Reaktion auf meinen Vater. Ich habe in der Hochschule hervorragende städtebauliche Entwürfe gemacht und wollte Stadtplaner werden.

BRELOER: Sie schreiben 1960 an Ihren Vater: »In Coesfeld habe ich das Büro von Onkel Rudolf besichtigt und war ganz begeistert, was der alles macht, vor allen Dingen wie. Nicht die Architektur, sondern vom Prinzip. Er macht Städtebau in kleinem Maßstab und erhält dadurch fast seine ganzen Aufträge.« – War Rudi Wolters ein Vorbild?

ALBERT SPEER: Rudi war kein Vorbild in dem Sinn, aber Rudi hatte ein sehr gut gehendes Büro, das von Coesfeld aus sehr viele Kommunen betreute, Flächennutzungspläne, Ortserneuerungen und solche Sachen in anderen Kommunen machte. Und das war etwas, mit dem ich ja dann auch gestartet bin. Diese ersten gewonnenen Wettbewerbe haben dazu geholfen, dass ich von Bürgermeistern wie zum Beispiel

Frankenthal Aufträge für die ersten Bebauungspläne bekam, und das war der Start in den Bereich Städtebau und Stadtplanung.

Breloer: Was war für Sie das Faszinierende am Städtebau?

Albert Speer: Das Faszinierende ist, glaube ich, dass man jedes Mal in einer Stadt eine völlig andere Situation hat, was die Örtlichkeit, was die Landschaft, was die Geschichte angeht, aber natürlich auch, was die Menschen angeht: die Politiker, den Stadtrat, den Bauausschuss und die Beamten, die da sitzen. Und Sie erarbeiten jedes Mal – bis heute, wir bemühen uns, das zu tun – ein Konzept, das ganz spezifisch für diesen Ort oder für diese Region ist. Die Vielfältigkeit und die Unterschiedlichkeit der Aufgaben ist es, was mich da fasziniert hat. Und das Zweite ist, was im Laufe der Jahre immer mehr in den Vordergrund gekommen ist: Der Stotterer ist zum Moderator geworden. Meine Hauptaufgabe heute ist zu kommunizieren, und Beratung in Form von runden Tischen oder von Zusammenbringen von unterschiedlichen Interessen von Investoren und Städten. Oder, wie in München für das Stadion, mit der Stadt München und den Vereinen gemeinsam erst mal einen Standort zu finden, der in der Stadt politisch durchsetzbar ist, und einen Bürgerentscheid vorzubereiten – der dann äußerst positiv ausging.

Breloer: Sie sagten gerade: der Stotterer. Wie schlimm war es denn eigentlich?

Albert Speer: Es war so schlimm, dass ich bis in meine Lehrtätigkeit hinein immer Angst hatte – manchmal heute auch noch –, dass die Sprache versagt, dass ich das nicht rauskriege, was ich sagen will.

Breloer: Wie war Ihr Einstieg in die internationale Planung?

Albert Speer: Das ist eine richtige Abenteuergeschichte. Der Staat Libyen hat noch unter König Idris, also vor Ghaddafi, das Land in vier Regionen aufgeteilt und vier internationale Unternehmen damit beauftragt, in diesen Regionen sowohl Regionalplanung als auch für die einzelnen Städte Stadtplanung zu machen. Und ein Bekannter von mir mit einem Luftaufnahme-Unternehmen war Teil eines Konsortiums, das von einer dänischen Architektengruppe geführt wurde, und die haben sehr nordeuropäisch den Libyern neue Städtchen und Städte geplant, was denen überhaupt nicht gefallen hat. Der kam eines Tages, das war 1967 oder 1968, also schon ganz früh in meinen Anfängen, zu mir und sagte: »Albert, würde dich das interessieren, in Libyen zu planen?« Und selbstverständlich habe ich nicht nein gesagt. Sagt der: »Da kommt in zehn Tagen eine Delegation, und die wollen diese dänische Gruppe loswerden. Wir haben schon viel Geld ausgegeben, aber es geht darum, West-Tripolitanien, Hauptstadt Tripolis, und die ganze angrenzende Region mit Flächennutzungsplänen zu überziehen, insgesamt fünfundzwanzig Stück.« Ob wir so was könnten. Da habe ich gesagt: »Gemacht haben wir so etwas noch nicht, aber es würde mich ungeheuer interessieren.« Und dann kam diese Delegation, und ich hatte mein Büro und die Wohnung in einer großen Altbauwohnung im Westend. Wir haben mein Wohnzimmer ausgeräumt, haben Türblätter gekauft als Tische mit Böcken drunter, haben einen grünen Filz gekauft und in meinem Wohnzimmer, das dann großes Besprechungszimmer war, einen grünen Tisch und Stühle aufgebaut. Ich hatte anderthalb Mitarbeiter, mehr nicht, und nebendran arbeiteten plötzlich für den Besuch der Libyer sechs oder acht oder zehn Leute; es war organisiert, dass das Telefon ständig klingelte, die Leute, die da arbeiteten, hatten weiße Kittel an, was bei uns ja sonst überhaupt nicht üblich ist – also ich hatte ein richtig gutgehendes Büro und habe die Delegation, das waren drei Herren aus dem Ministerium, davon überzeugt, dass wir die Richtigen sind, die Arbeit, die die Dänen schon begonnen hatten, zu übernehmen und weiterzumachen. Die Entscheidung kam dann vierzehn Tage später mit einem Telegramm, und dann hatte ich meinen ersten großen Auslandsauftrag. Das war mein Start in einen Bereich, den ich ja bis heute immer wieder beackere, nämlich Planen in Entwicklungsländern und im Ausland.

BRELOER: Wenn ich hier sehe, dass Sie eine Stadt in China bauen, fühle ich mich daran erinnert, dass Ihr Vater einmal zusammen mit Hitler überlegt, wie sie in den weiten russischen Räumen für die deutschen Siedler deutsche Städte nachbauen werden, ein bisschen Nürnberg, ein bisschen Heidelberg, damit die sich dort zu Hause fühlen.[41]

ALBERT SPEER: Und das junge Team von Albert Speer baut heute in Shanghai eine deutsche Stadt … *(lacht)*

BRELOER: Aber nicht mit Butzenscheiben.

ALBERT SPEER *(lacht)*: Aber nicht mit Butzenscheiben. Das muss man ganz kurz ein bisschen erklären: Die Stadt Shanghai hat neun Satellitenstädte vor, um die eigentliche Innenstadt etwas zu entlasten; und hat Architekten aus unterschiedlichen Ländern – USA, Italien, England, Deutschland, Frankreich – eingeladen, Satellitenstädte zu bauen, die nach heutigen Ansprüchen Charakteristika einer deutschen Stadt beinhalten, oder einer italienischen. Und wir haben lange gekämpft, dass dieses nicht in Rothenburg endet und in Butzenscheiben, und es ist uns jetzt gelungen. Wohnungsbau für Shanghai, für Chinesen, für den chinesischen Markt, aber mit deutschen Standards, mit deutschen Wärmevorschriften. Also sie wollen deutsche Qualität haben und auch deutsche Produkte verwenden.

BRELOER: Der gute Freund Wolters in Coesfeld lässt Woche für Woche die Riesenmengen an Manuskripten, die da aus Spandau kommen, von seiner Sekretärin abtippen. Kannten Sie Marion Riesser?

BRELOER: Ja, natürlich. Das war eine sehr nette Frau.

BRELOER: Es kommt dann mehr und mehr zu einem Dissens zwischen Ihrem Vater und Wolters, weil der nicht damit einverstanden ist, wie sein ehemaliger Chef das »Dritte Reich« beschreibt.

ALBERT SPEER: Der Dissens kommt, glaube ich, erst, als die beiden sich wieder begegnen. Da prallen diese Welten aufeinander. In der Phase vorher, also bis zu diesem Brief: ›Hol mich ab in was weiß ich wo …‹

BRELOER: … Guadalajara …[42]

ALBERT SPEER: … ist die Welt, glaube ich, noch in Ordnung.

BRELOER: Die Büßerrolle Ihres Vaters wird Wolters sozusagen unheimlich – eine Rolle, die man als Architekt in der Bundesrepublik gar nicht zu spielen braucht.

ALBERT SPEER: Das ist natürlich auch zu verstehen, weil die Rolle meines Vaters als Architekt im »Dritten Reich« ja auch nicht die kritische ist. Die kritische ist die des Rüstungsministers, und das sind die Kriegsverbrechen und alles, was da dranhängt. Der Wolters hatte es viel leichter, zu sagen: »Ich habe da mitgemacht; aber das blieb alles in den üblichen Grenzen, und gebaut haben sie alle.« Da verstehe ich meinen Vater schon, dass er seine Rolle als eine völlig andere sieht und aus diesem Grunde auch völlig anders handeln muss.

BRELOER: Hinzu kam, dass das Buch, das Wolters ihm durch die Abschreibe-Aktion ermöglicht hatte, keine Widmung, keine Danksagung enthielt. Als dann Wolters einen jungen Doktoranden, Matthias Schmidt, Unterlagen für die Arbeit *Albert Speer – Das Ende eines Mythos* zur Verfügung stellte, war es ganz aus. Das haben Sie aber nicht mehr so mitgehört?

ALBERT SPEER: Das habe ich nicht direkt mitgehört. Ich weiß, dass es zu einem richtigem Krach gekommen ist, aber wann und wie – nein.

BRELOER: Dann war auch für die Familien erst einmal der Kontakt beendet?

ALBERT SPEER: Der Kontakt zu meiner Mutter war sehr eng, zu den Kindern war der nicht so eng.

BRELOER: Und die Mutter konnte das nicht kitten?

ALBERT SPEER: Ich glaube nicht, dass sie das versucht hat.

BRELOER: Die Umkehr Ihres Vaters zu Gott. In Nürnberg, im November 1945, lange vor dem Urteil, schreibt er an Ihre Mutter: »Erziehe die Kinder in einem echten, tiefen Glauben an Gott. Das fehlte mir in meiner Jugend, dadurch auch später. Hier in der Zelle habe ich es wieder gelernt. [...] Es gibt eine unsterbliche Seele. Du und ich werden belohnt werden, denn wir haben ein anständiges Leben geführt. Nun, liebste Grete, wollen wir einander gute Nacht sagen.«

ALBERT SPEER *(schmunzelt):* Tja.

BRELOER: ›Wir haben ein gutes Leben geführt‹ – 1945!

ALBERT SPEER: So, jetzt sind wir so langsam durch, oder?

BRELOER: Und wie ist Ihnen zumute nach der Reise durch das Leben Ihres Vaters?

ALBERT SPEER: Es ist mir, ehrlich gesagt, sehr fremd. Es ist weit weg. Das bricht jetzt so über mich herein, und es fällt mir da auch manches ein, was ich komplett vergessen hatte – aber nichts, womit ich mich auf Dauer beschäftigen möchte. Es hat ja auch manche heitere Seite, aber es ist doch insgesamt ein sehr, sehr düsteres Kapitel, und belastend.

Vor Ort: Berlin, Pariser Platz, Akademie der Künste (ehemaliger Sitz des Generalbauinspektors[43])

BRELOER: Das müsste hier die Etage gewesen sein, wo Ihr Vater sein Büro hatte.

ALBERT SPEER: Ja, wahrscheinlich hier irgendwo. Da guckt man rüber bis auf den Reichstag. Und die andere Bebauung hier gegenüber hatte damals auch schon ungefähr die gleiche Dimension. Wobei man sich jetzt daneben – und zwar Richtung Brandenburger Tor – diese absolut irrsinnige Kuppel in der dreifachen Höhe vorstellen muss, also etwas, was man sich gar nicht vorstellen kann in der Dimension.

BRELOER: Das heißt, der ganze blaue Himmel, den wir da sehen …

ALBERT SPEER: … der wäre völlig weg gewesen. Also ich verstehe immer noch nicht, wie man so etwas hat überhaupt denken können, geschweige denn bauen. Das ist mir völlig unbegreiflich.

Breloer: Wir hätten hier auf ein weißes Gebirge gesehen.

Albert Speer: Das hat auch nichts mehr mit irgendwelchen geschichtlichen Maßstäben zu tun oder mit irgendetwas, was man kennt. Das
hat auch nichts mehr mit dem Pantheon zu tun, das ist einfach mon-
strös riesig und sonst gar nichts.[44]

Breloer: Und was hätte es mit der umgebenden Architektur gemacht,
mit dem Brandenburger Tor, mit der Berliner Geschichte?

Albert Speer: Das schrumpft alles auf einen Zwergen-Maßstab. Und
das passt nicht zueinander. Aus dieser Logik heraus ist es natürlich
konsequent zu sagen: Da passt auch der Reichstag nicht mehr hin, weil
er zu klein ist. Verstehen kann das keiner. Mit Größe hat das nichts
mehr zu tun, das hat auch nichts mit Monumentalität zu tun, sondern
das ist einfach größenwahnsinnig. Sonst nichts. Ich verstehe, dass man
sich ein Denkmal setzen möchte, dass Mitterrand in Frankreich große
Gebäude hat errichten lassen, aber das hier hat mit Größe nichts zu
tun, das hat mit der Stadt Berlin nichts zu tun, das ist einfach unvorstellbar in den Dimensionen und dadurch auch völlig unmenschlich.

Breloer: Es muss aber in Ihrem Vater gesteckt haben. Und das ist die
zentrale Frage: Was hat in dieser bürgerlichen Familie Speer an Anlagen gesteckt, die Hitler in Brand setzen konnte? Was hatte dieses Bürgertum angelagert an Möglichkeiten?

Albert Speer: Ich möchte behaupten, dass das mit dem Bürgertum
überhaupt nichts zu tun hat. Ich glaube, das ist einfach die Chance und
die Blindheit eines sehr jungen Architekten, Träume zu träumen, ohne
darüber nachzudenken, welche Konsequenzen so etwas hat. Ohne Reflexion, ohne Gedanken an die Geschichte oder an menschlichen
Maßstab zu verschwenden: Das ist ein Spiel. Das ist ein Drama.

Breloer: So weit verstehe ich das. Aber er stammt ja aus einer besonderen Familie, und da muss ihm schon etwas mitgegeben worden sein,
das diesen Ausbruch vorbereitete. War es der Ehrgeiz?

Albert Speer: Es ist natürlich auch ein Riesen-Ehrgeiz. Aber sein Vater,
der ja auch ein ganz bekannter Architekt war, dem er diese Modelle
hier mal gezeigt hat, hat darauf nur kurz geantwortet: »Ihr seid alle
verrückt geworden.«[45] Und das stimmt. Es ist rational nicht nachvollziehbar.

Breloer: Aber die Mutter – wäre die vielleicht stolz gewesen?

Albert Speer: Die war auf alle Fälle stolz auf ihren großen Sohn, der solche tollen Sachen macht. Aber sie hätte wahrscheinlich auch die Di-

mension nicht begriffen, wie ein Laie das an Modellen eh nicht erkennen kann. Das ist ja das Schlimme an Modellen, dass sie eine Welt vortäuschen, die so nachher gar nicht gebaut wird, sondern die gebaut völlig anders aussieht. Ein Modell ist ein Spielzeug. Und ich glaube, für den Führer war das auch ein Spielzeug, das war ein Leben in Phantasien.

BRELOER: Glauben Sie, dass Ihr Vater diesen Rausch, in den er versetzt wurde, immer mehr genossen hat?

ALBERT SPEER: Aber sicher.

BRELOER: Das war die Prämie, die ihn bestärkte im Weitermachenwollen bis zum Ende – nichts aufzugeben vom Traum?

ALBERT SPEER: Ja, das glaube ich schon.

Vor Ort: Berlin
Über dem ehemaligen »Führerbunker«

DIPL.-ING. DIETMAR ARNOLD – *Bunkerarchäologe, Vorsitzender von »Berliner Unterwelten e. V.«.*

DIETMAR ARNOLD: Um sich das mal vorzustellen: Der Führerbunker hatte eine Innenausdehnung von 20 mal 15 Metern unter der ganzen Fläche. Wir stehen jetzt auf der westlichen Außenwand, die sich noch unter dieser Böschung befindet. Die nördliche Außenwand, im Verlauf der zwei Bäume, knickt hinten am letzten Baum ab, läuft unter dem Parkplatz hinüber, und da, wo die parkenden Autos stehen, ist die südliche Außenwand vom Führerbunker gewesen. Also man kann sagen: Das Arbeitszimmer von Hitler, wo er sich erschossen hat, lag zwischen den beiden Autos hier vorn. Und rausgetragen wurde er dann durch den Gartenausgang, der sich an dieser Böschung hier oben befunden hat – da, wo jetzt das Mosaikpflaster liegt. Und verbrannt worden ist er ungefähr an der Stelle, wo die Ausfahrt hier rauskommt, in dem Bereich des Bordsteins; da ist damals eine Baugrube gewesen, und da hat man dann die Leichen hineingeschmissen, mit Benzin übergossen und dann angezündet.

BRELOER: Albert Speer in der Hauptverhandlung des Nürnberger Hauptkriegsverbrecherprozesses: »Ich kannte als Architekt diesen Bunker genau. Dieser hatte eine Frischluftanlage, ähnlich wie sie hier auch eingebaut ist im Saale. Es war nicht schwer möglich, in die Ansaugöffnung der Frischluftanlage, die im Garten der Reichskanzlei war, das Gas zu bringen. Es musste sich dann in kurzer Zeit durch diese Anlage im gesamten Bunker verteilen. Ich habe daraufhin Mitte Februar 1945 den mir besonders nahestehenden Leiter meines Hauptausschusses Munition, Stahl, zu mir kommen lassen und habe ihm, da ich mit ihm bei den Zerstörungen schon eng zusammengearbeitet hatte, offen meine Absicht gesagt, wie aus seiner Zeugenaussage hervorgeht, und habe ihn gebeten, mir aus der Munitionsfertigung dieses moderne Giftgas zu besorgen. [...] Ich hatte daraufhin Besprechungen mit dem Obermonteur der Reichskanzlei, Hentschel, ab Mitte März 1945, und erreichte durch diese Gespräche, daß der Gasschutzfilter nicht mehr dauernd eingeschaltet war. [...] Natürlich hat Hentschel keine Kenntnis davon bekommen, warum ich diese Gespräche mit ihm führte. Als ich soweit war, besichtigte ich mit diesem Hentschel die Ansaugöffnung im Garten der Reichskanzlei und mußte dort feststellen, daß kurz vorher auf persönlichen Befehl Hitlers auf diese Ansaugöffnung ein vier Meter hoher Kamin gemauert war. Das ist heute noch dort festzustellen. Damit war die Durchführung dieses Planes nicht mehr möglich.«[46] – Wo wäre diese Ansaugöffnung hier im Boden gewesen?

Dietmar Arnold: Es hat hier an dem Bunker nie eine Ansaugöffnung im Boden gegeben. Das kann ich definitiv nachweisen.

Breloer: Er sagt doch, dass es eine am Boden gegeben hat, die dann übermauert wurde – und diesen Turm gibt es doch auf dem Foto?

Dietmar Arnold: Nein, das muss man noch einmal trennen, und zwar: Es sind zwei Türme vorgesehen gewesen, ein Turm für die Ablufttechnik und ein Turm für diese Belüftungstechnik. Beide Türme wurden zusammen mit dem Ausgangsbauwerk errichtet. Es gab dann allerdings 1944 eine Baustellenunterbrechung, wodurch der Turm für die Frischluft nicht mehr fertig gestellt worden ist. Von dem sind nur die unteren drei Meter fertig gestellt worden, diese kegelförmige Spitze hat man auf dem Turm nicht mehr errichtet, da ist nur noch die Stahlkonstruktion, die Armierung fertig geworden. Die ist aber mit Sicherheit schon 1944 begonnen worden. Es gab noch einen weiteren Ansaugturm, der wesentlich niedriger war, das war die Ansaugöffnung für den Diesel. Aber hätte man hier Giftgas reingeleitet, wäre das durch den Diesel durchgegangen und wieder sozusagen über den Auspuff des Diesels – da gab es auch noch einen kleinen Turm hinten im Garten – ausgeblasen worden.

BRELOER: Aber er sagt doch, hier im Boden war eine Ansaugöffnung, die dann übermauert wurde?

DIETMAR ARNOLD: Es gab keine übermauerte Frischluftöffnung, es ist alles Stahlbeton gewesen. Es gab keine übermauerten Ansaugöffnungen für den Führerbunker. Was auch nicht stimmt, ist die Belüftungsgeschichte mit dem Hentschel. Die Belüftungsanlage im Führerbunker, die Schutzfilter, die sind dort unten nur bei Bombenangriffen in Betrieb gewesen. Die Gasschutzanlage einer Bunkeranlage funktioniert so: Normalerweise wird von außen die Frischluft reingeblasen, und die wird gar nicht gefiltert, denn dazu gibt es ja keine Notwendigkeit, wenn kein Angriff stattgefunden hat. Die Luftfilteranlagen sind dort unten nur in Betrieb gesetzt worden, wenn in Berlin ein Luftangriff stattgefunden hat oder wenn es hier eine Bedrohung gab. Dann gab es Umschalter im Belüftungssystem, die befanden sich hier hinten im Raum.

ALBERT SPEER: Und das Ganze wurde normal über diesen Punkt hier angesaugt?

DIETMAR ARNOLD: Genau. Es wurde hier die normale Frischluft reingesaugt, wurde direkt in den Maschinenraum reingepumpt. Und zwar lagen die Ansaugöffnungen innerhalb des Betons, die sind nicht durch die Räume gegangen. Dann kamen die in den Maschinenraum rein, wo auch der Hentschel saß. Dort haben sich die Luftfilter befunden, und da konnte man dann gegebenenfalls umschalten auf den Schutzlüfterbetrieb. Ansonsten gab es hier in den Räumlichkeiten in den Decken überall die Verteilerrohre, wo die Frischluft in die Räumlichkeiten hineingedrückt und dann über ein anderes System außen wieder hinausgeblasen wurde über den Abluftturm. Das sind also zwei getrennte Systeme gewesen. Dann ist da natürlich noch der Fakt gewesen: Dieser Turm beziehungsweise der ganze Zugang ist fürchterlich bewacht worden. Es gab hier einen dreifachen Sicherheitskordon um den sogenannten Führerbunker, wenn Hitler in Berlin gewesen ist, es gab Wachen direkt vor den Eingängen, dann gab es einen zweifachen Sicherungskreis, einmal einen außen um das ganze Ministergartengelände, dann aber auch einen im Inneren der Reichskanzlei. Da wäre keiner rangekommen.

BRELOER: Speer wäre immer hineingekommen. Er konnte immer zum Führer, und er hätte, wenn da so eine Öffnung im Boden ist, etwas fallen lassen können, Giftkugeln oder -kristalle oder irgend so etwas, so habe ich mir das immer vorgestellt – wäre das nicht denkbar gewesen?

DIETMAR ARNOLD: Nein, hier standen immer Wachen am Eingang.

BRELOER: Was hat er denn dann am Boden gesehen? Ich stelle mir so einen Rost vor, durch den wurde die Luft angesaugt ...

DIETMAR ARNOLD: Nach meinem Kenntnisstand hat es hier nie im Boden eine Ansaugöffnung gegeben. Man baut auch normalerweise bei Bunkeranlagen keine Ansaugöffnung in den Boden hinein, denn wenn es eine Explosion gibt, ist diese Ansaugöffnung sofort weg. Es kann ja eine Bombe direkt neben der Ansaugöffnung einschlagen, dann kriegt man unten keine Luft mehr rein. So werden Bunker nicht gebaut.

ALBERT SPEER: Nein, also irgendwie muss das oben gewesen sein ...

DIETMAR ARNOLD: Ja. Trümmersicher, und dafür sind ja auch die Türme gewesen. Man hätte da erst eine Leiter ranstellen müssen ...

ALBERT SPEER: Genau.

DIETMAR ARNOLD: ... und dann das Gift von oben reinschmeißen können. Das wäre gegangen.

BRELOER: Aber so hat er es nicht geschildert. Er hat etwas Ebenerdiges geschildert, das dann mit einem Turm übermauert wurde. Was meint er? Er sagt ja: Den Turm kann man heute noch sehen.

DIETMAR ARNOLD: Das wird der Belüftungsturm gewesen sein. Aber erstens ist es keine Mauer gewesen, sondern Stahlbeton, und der ist von Anfang an zusammen mit dem Ausgang hochgezogen worden.

BRELOER: Gibt es nach Ihrer Kenntnis einen realistischen Kern dessen, was wir hier vorgetragen haben?

DIETMAR ARNOLD: Ich möchte nicht ausschließen, dass Albert Speer die Idee hatte oder drüber nachgedacht hat, wie man Hitler umbringen kann. Das halte ich sogar nach dem, was ich über ihn gelesen habe, für möglich. Aber das kann nur eine Idee gewesen sein. Wie es geplant war, wie Sie es gerade vorgelesen haben, war das an dieser Stelle ...

ALBERT SPEER: ... technisch nicht machbar. Das sehe ich auch so.

BRELOER: Albert Speer hat die Geschichte ja in Nürnberg aufgebracht in der Stunde, als es um seinen Kopf ging. Könnte es sein, dass er da eine Phantasie, die er hatte, zu einer konkreten Handlung ausgebaut hat?

ALBERT SPEER: Ich halte das für sehr wahrscheinlich nach dem, was ich jetzt hier gesehen habe. Für ihn ging es wirklich um seinen Kopf, und da kann ich mir schon vorstellen, dass die Gedanken, die er in der Realität hatte, dann auch ein bisschen übertrieben dargestellt wurden.

DIETMAR ARNOLD: Aber, wie gesagt: baulich war es nicht möglich.

BRELOER: Warum traut er sich das in Nürnberg zu sagen? Man hätte ja doch herfahren können, man hätte es kontrollieren können. War das nicht mehr zu sehen?

DIETMAR ARNOLD: Doch, das war zu prüfen, der Turm war ja nur halb fertig. Was er erzählt hatte, war ja durchaus plausibel, denn der Turm war ja nicht fertiggestellt. Ich kann aber nachweisen, dass dieser Turm bereits im Jahre 1944 begonnen wurde, dass man aber dann die Baulichkeiten unterbrochen hat, weil man die Arbeiter für wichtigere Dinge gebraucht hat. Der Turm war im Sockelbereich fertig gestellt …

BRELOER: Das heißt: Er musste diesen Sockelbereich schon gesehen haben.

DIETMAR ARNOLD: Ja.

ALBERT SPEER: Klar.

DIETMAR ARNOLD: Und wenn tatsächlich eine alliierte Untersuchungskommission gekommen wäre, was hätte die gesehen? Einen Betonturm, der halb fertig ist. Die hätten aber zu dem Zeitpunkt nicht prüfen können, wann der begonnen worden ist. Es hätte gepasst.

BRELOER: Zeigen Sie das bitte noch mal auf dem Lageplan – wo war die Lüftung, um die es geht?

DIETMAR ARNOLD: Das ist der Lüftungsturm, den sehen wir hier. Das ist der Gartenzugang gewesen, da gingen die hier rein, und er hat quasi diesen Turm gesehen. Den muss er immer gesehen, auch wahrgenommen haben, das ist nämlich der nicht fertig gestellte Frischluftturm. Hier oben sieht man die Rohre, da wurde die Luft reingesaugt, und da ging ein dickes Rohr nach unten rein in den Bunker, in den Maschinen- und Lüfterraum.

BRELOER: War der Punkt mit einer Wache besetzt?

DIETMAR ARNOLD: Ja. Hier oben war immer eine Wache.

BRELOER: Wie will er dann da oben Giftgas hineintun?

ALBERT SPEER: Das verstehe ich auch nicht.

DIETMAR ARNOLD: Mit einer Leiter.

ALBERT SPEER: Mit einer Leiter – aber trotzdem … Wenn da eine Wache steht, kannst du nicht wie der Schornsteinfeger mit einer Leiter ankommen und die da anlegen und auch noch einen Koffer dabei haben, oder was weiß ich. Also das geht alles gar nicht.

BRELOER: Zumal er ja alle, die er kannte, wie seine Freundin Eva Braun, hätte mitvergiften müssen, die Sekretärinnen, Frau Junge …

ALBERT SPEER: Nein, das geht alles gar nicht.

BRELOER: Wie viele Leute waren da unten?

DIETMAR ARNOLD: Dreißig, vierzig höchstens im Hochbetrieb …

ALBERT SPEER: Dreißig, vierzig Leute ist eine ganze Menge.

DIETMAR ARNOLD: … mit Vorbunker.

ALBERT SPEER: Ja, trotzdem.

BRELOER: Und ist das hier nicht vielleicht doch auch eine Lüftung?

DIETMAR ARNOLD: Nein. Das ist einfach irgendein Rohr, das im Boden steckt.

Flakbunker Humboldthain

ALBERT SPEER: Gott! Das ist ja irrsinnig! So etwas habe ich auch noch nie gesehen. Gespenstisch!

DIETMAR ARNOLD: Das ist der Traum jeden Statikers. Was das Material noch aushält …

ALBERT SPEER: Ja, da ist aber auch Stahl drin …

DIETMAR ARNOLD: … ohne Ende.

ALBERT SPEER: Ohne Ende, genau.

DIETMAR ARNOLD: Und man sieht hier auch, was die Wucht der Sprengung ausgemacht hat. Der ist ja dann mit dem Trümmerschutt übererdet worden, und das ist in der Nachkriegszeit hier alles reingeschüttet worden. Das ist sozusagen der zerstörte Wedding, den sie hier abgekippt haben.

ALBERT SPEER: Und draußen auch, oder?

DIETMAR ARNOLD: Ja, der ganze Hügel. Man hat 1,4 Millionen Tonnen Trümmerschutt am Volkspark Humboldthain abgekippt. Es geht jetzt hier noch fünf Etagen nach unten, und da gibt es einen unterirdischen See, bis zu drei Meter lange Tropfsteine. Jetzt überwintern hier ein paar hundert Fledermäuse.

BRELOER: 22. November 1943, Protokoll Rudi Wolters: »Gegen 19.30 Uhr wurde Alarm gegeben. Der Chronist, der auf Einladung des Erbauers der Flaktürme, Professor Tamms, Gelegenheit hatte, den Flakturm in Tätigkeit zu sehen, beobachtete den Beginn des Angriffs vom Umgang des Leitturms am Bahnhof Zoo. Der Abend war stockfinster. Die Wolkendecke hing dicht und außergewöhnlich tief über der Stadt. Es regnete. Es dauerte nicht lange, als erste Bombenwürfe im Westen die

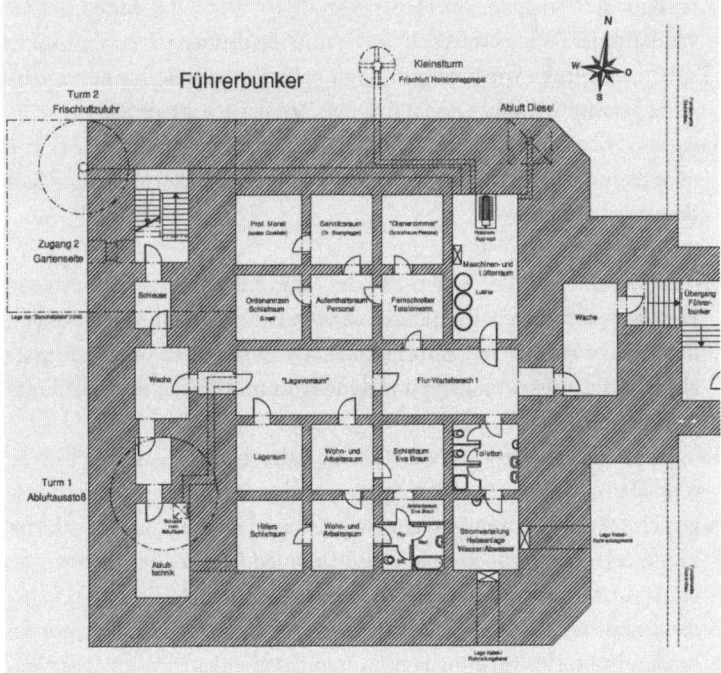

Stadtsilhouette blitzartig erleuchteten. Kurz darauf konnte man vom Turm aus zwei Kaskaden beobachten, die schätzungsweise ein [sic] Kilometer westlich und eineinhalb Kilometer südwestlich herunterkamen. Aus der niedrigen Wolkendecke tropfte es in rotem Licht auf die Stadt und beseitigte die Dunkelheit. Man sah jetzt auch die Rohre des Geschützturms, der jedoch noch nicht in Tätigkeit trat. Wenige Minuten später durchbrach eine Kaskade die Wolken über dem Zoogebiet und beleuchtete die Umgebung taghell. Die jetzt immer näher kommenden Bombeneinschläge trieben uns in den Turm zurück – im gleichen Augenblick, als der Minister, der bis zum Beginn der ersten Einschläge im benachbarten Ministerium geblieben war, oben auf den Turm kam und sich auf den Umgang begab. Sekunden darauf mußte er jedoch im Turm Deckung nehmen, als schwerste Einschläge in nächster Nähe den Turm trotz seiner starken Wände erschütterten. Ihm folgten in Abständen schwer angeschlagene Flaksoldaten, die durch den Luftdruck an die Wände geschleudert und verletzt waren. Es folgte nun – schätzungsweise zwanzig Minuten lang – Schlag auf Schlag. In der Halle des Turms sah man von oben eine dicht gedrängte Menschenmenge im Dunst, der durch den von den Wänden fallenden Betonstaub immer dichter wurde.«[47] – Die müssen drüben im Zoobunker in solchen Räumen wie hier gestanden haben. Wie viele Tausende werden Speer und Wolters gesehen haben, wenn sie runterguckten?

Dietmar Arnold: Offiziell 15 000 Personen. Sie können aber davon ausgehen, dass pro Flakturm ab 1944 an die 50–60 000 Menschen hier drin gewesen sind.

Albert Speer: Oh Gott!

Dietmar Arnold: Die saßen auf den Treppen, weil nicht genügend Platz war, die ganzen Treppenhäuser. Und dann sind die Flaksoldaten in so einem schmalen Spalt, der Platz, der freigehalten werden musste auf den Treppen, am Treppengeländer immer hoch- und runtergerannt.

Breloer: »Etwa gegen 20.30 Uhr schien der gröbste Stoß vorüber zu sein. Der Chef« – also Albert Speer –, »der inzwischen im Divisionsgefechtsstand gewesen war, ging wieder auf den Umgang und sah von hier aus ringsum zahlreiche Brände, die jedoch im einzelnen wegen starken Dunstes und Qualmes nicht genau auszumachen waren. Inzwischen hatte Annemarie Wittenberg,[48] die beim Ministerium im Stadtbahnbogen Deckung genommen hatte, angerufen und die Mel-

dung vom Brand des Ministeriums durchgegeben, fast gleichzeitig
– gegen 21.30 Uhr – wurde entwarnt.«[49]
ALBERT SPEER: Gespenstisch. Gespenstisch. Ich bin froh, das alles nicht
miterlebt zu haben.
BRELOER: Was hat er hier gesucht? Warum hat er sein Leben riskiert?
ALBERT SPEER: Das ist schwer zu sagen. Wahrscheinlich einfach auch,
um als Mitverantwortlicher in der Realität zu erleben, was da passiert.
Das kann ich mir schon vorstellen.
BRELOER: Bei all diesen tollkühnen Unternehmungen – Bombenangriffe
von oben zu sehen, mit seinem Wagen allein an die Westfront und an
die Ostfront zu fahren – hat er immer wieder sein Leben aufs Spiel gesetzt. Dabei hatte er sechs Kinder zu Hause – da musste er doch sehen,
dass er durchkam.
ALBERT SPEER: Ich glaube, die Familie hat da keine große Rolle gespielt,
und die sechs Kinder auch nicht. Das waren zwei Leben nebeneinander.
BRELOER: Die waren dann vergessen, und die gab es gar nicht?
ALBERT SPEER: Die gab es nicht. So ähnlich sehe ich es auch.

Gelände des Alliierten Kriegsverbrechergefängnisses Spandau

ALBERT SPEER *(anhand einer Gefängnisgarten-Skizze von Albert Speer
sen.)*: Das ist hier das Eck, und da ist diese Allee von Bäumen, und hier
schreibt er »Pappel« – das andere kann man nicht lesen.
BRELOER: Hier steht die Legende: »Reihe Nußbäume«.
ALBERT SPEER: Hier erkennt man schöner diese relativ gleichmäßige Allee, und wir stehen genau auf dieser Allee, ungefähr hier irgendwo.
BRELOER: Wir stehen in seinem Garten – von einem Garten kann hier
wirklich nicht die Rede sein, das ist eher eine Wüstenei. Hier geht er
seine Runden, steckt die Böhnchen von einer Tasche in die andere.
»Einsamkeit, tiefer Schnee, Taiga. Ich bin einige hundert Kilometer
nördlich von Ochotsk. Endlose Wälder umgeben mich, in der Ferne
rauchende Berge mit Gletscherzungen. Ich passiere heiße Quellen, um
die bereits Veilchen blühen. Noch rund zweitausend Kilometer bis zum
Übersetzen an der Beringstraße, wo ich in etwa sechzig Wochen ein-
treffen sollte.«[50]
ALBERT SPEER: Es ist ja auch eine Lebensleistung, in einem solchen Gefängnis und in einer solchen Einsamkeit zu überleben. Diese Idee, im

Kopf um die Welt zu marschieren, hat mich immer fasziniert, das fand ich eine grandiose Leistung meines Vaters. Über diesen Weg hier stundenlang im Kreis rumzulaufen – und groß ist das hier ja nicht, das sieht man – und sich dabei vorzustellen, dass man durch Russland läuft, durch Kurdistan oder was weiß ich wo … Ich glaube, dass das ein ganz wesentlicher Teil seiner Überlebensstrategie war, und das hat er eisern durchgehalten und konsequent gemacht.

BRELOER: Auch eine Überlebensstrategie, und vielleicht die wichtigste, war: Die Raupe Speer hatte sich sozusagen schon in Nürnberg verpuppt, ein neues Gewand angenommen, das des Distanzierten, des Gentleman-Nazi; und hier in Spandau wird er eine Biographie über Hitler schreiben, wie nur er sie aufschreiben kann. Damit wird er zurückkommen. Vielleicht kommt man ja schon in zwei oder drei Jahren raus – die Hoffnung war immer da.

ALBERT SPEER: Die Hoffnung war immer da und wurde auch immer durch irgendwelche politischen Gegebenheiten genährt. Und meine Schwester hat sich da ja ungeheuer eingesetzt bei den verschiedensten Leuten.

BRELOER: Der Schmetterling Speer, der dann 1966 hier rauskommen wird …

ALBERT SPEER: Ja, gut – Schmetterling ist natürlich auch ein bisschen übertrieben. Ich bin der Überzeugung, dass es schon eine Leistung ist, zwanzig Jahre Gefängnis überhaupt so zu überstehen. Und dazu brauchst du natürlich auch irgendein Bild, das am Ende sagt: ›Ich tue dann noch mal was.‹ Die eigentliche Vorstellung war ja, dass er wieder Architekt wird. Was er mir immer erzählt hat: Er kommt raus und wird wieder ein richtiger Architekt, mit Wolters gemeinsam, mit Neufert zusammen. Und die Vorstellung, dass er mit ihnen gemeinsam dann auch wieder große Architektur machen könnte, war, glaube ich, genauso wichtig wie Memoiren oder Bücher. Nur das hat dann überhaupt nicht geklappt, er hat es versucht, er hat mit Neufert gemeinsam eine Brauerei entworfen, Dortmunder Union, Familienbeziehungen vom Großvater her. Damit sind sie gleich auf die Nase gefallen, weil sämtliche Rahmenbedingungen nicht dem entsprachen, was er sich vorgestellt hatte.[51] Und seine Ausrede war dann auch: »Albert, ich will dir keine Konkurrenz machen!« *(Lacht.)* Solche Hoffnungen muss man, glaube ich, auch haben. Wenn er am Anfang gewusst hätte, dass er zwanzig Jahre da sitzen muss …

BRELOER: Andererseits: Bei der Abstimmung über das Urteil in Nürnberg hat er Glück gehabt. Er ist noch gut davongekommen.

ALBERT SPEER: Das glaube ich auch. Bei aller Liebe zu meinem Vater und der Hochachtung, die ich vor ihm empfinde: Kriegsverbrecher ist schon richtig, und zwanzig Jahre sitzen ist auch nicht falsch. Das ist schon eine Sühne, die angemessen ist.

Ost-West-Achse (Straße des 17. Juni)

BRELOER: Bei der Übergabe der Ost-West-Achse wartete Hitler auf eine lange Rede, und Ihr Vater konnte ja eigentlich nicht reden.

ALBERT SPEER: Nein, dass wollte er auch nie.

BRELOER: Er sagte nur: »Möge das Werk für mich sprechen!«

ALBERT SPEER: Ehrlich? *(Lacht.)* Das wusste ich auch nicht.

BRELOER: Eine riesige Heerschau, mit großen Pylonen und Fackeln. Manchmal ging die Architektur auch in Dekoration über.

ALBERT SPEER: Ja, sehr viel sogar. Während das hier ja ein städtischer Raum ist, ein sehr schöner sogar. Vor allen Dingen mit diesen sehr gut gelungenen Straßenlaternen.

BRELOER: Die sind von Ihrem Vater?

ALBERT SPEER: Die sind von meinem Vater. Ob Sie jetzt von meinem Vater selbst sind, das weiß ich nicht; aber sie sind aus seinem Büro.

BRELOER: Es ist ja sonst nicht viel von Ihrem Vater übrig geblieben in Berlin.

ALBERT SPEER: Nein. In Berlin nur diese Ost-West-Achse, die Versetzung der Siegessäule an die Stelle also, wo sie jetzt steht. Das ist das Einzige, was in Berlin geblieben ist. An Architekturen eigentlich nur diese Lampen.

BRELOER: Für den Baumeister, der der größte in tausend Jahren sein sollte …

ALBERT SPEER: … ist das nicht besonders viel. Das ist richtig. *(Lacht.)*

BRELOER: Und warum gefallen Ihnen diese Lampen?

ALBERT SPEER: Es ist eine großstädtische Leuchte. Eine, die ein bisschen monumental ist, die Hauptstadt ausdrückt. Wenn Sie mit dem Auto diese große Straße runterfahren, sehen Sie alle Arten von Leuchten, und das Komischste sind nachgemachte Gaslaternen rings um die Siegessäule. Da sehen Sie den Kontrast zwischen der Einstellung von Nachkriegs-Berlin und dem, was hier mal entstehen sollte.

BRELOER: Sie stehen zu Recht hier?

ALBERT SPEER: Ja, sie stehen Gott sei Dank noch. Es gab ja hier in Berlin eine längere Diskussion, ob man die nicht beseitigt. Man hat sich dann entschlossen, sie als einen Teil der Stadtgeschichte zu erhalten. Und ich finde das sehr gut so.

Vor Ort: Obersalzberg
Auf dem Weg vom Berghof zum Teehaus

ALBERT SPEER: Das ist hier der Weg vom Berghof runter zum Teehaus. Das ist doch ein sagenhafter Blick hier rüber …

BRELOER: Unten wurde sie aufgepickt und mit dem Auto …

ALBERT SPEER: … wieder hochgefahren.

BRELOER: Und dann begann wieder das öde Ritual: Abendessen, Sitzen, Monologe hören …

ALBERT SPEER: … oder Filme angucken, »Micky Maus« …

BRELOER: Durften Sie mal Filme sehen am Berghof?

ALBERT SPEER: Ja, klar, »Micky Maus« zum Beispiel. Die neuesten Produktionen, nehme ich an.

BRELOER: Die hat der Führer sich dann auch angesehen.

ALBERT SPEER: Ob der dabei war, weiß ich nicht.

BRELOER: Fräulein Braun?

ALBERT SPEER: Ja, auch Fräulein Braun und noch ein paar Leute waren da.

BRELOER: Wusste man, wer Fräulein Braun war?

ALBERT SPEER: Die Kinder wussten es bestimmt nicht. Das war eine Freundin meiner Mutter und eine Freundin von der Frau Brandt.

BRELOER: Dass es die Freundin vom Onkel Hitler war, wusste man nicht?

ALBERT SPEER: Nein.

BRELOER: Was haben Sie noch für Filme gesehen auf dem Berghof? Deutsche Lustspiele?

ALBERT SPEER: Bestimmt auch. Diese Filme waren immer schön, da haben wir uns drauf gefreut.

BRELOER: Wo wurden die Ihnen gezeigt?

ALBERT SPEER: In dem großen Saal, also in dieser großen Empfangshalle im Berghof.

BRELOER: Nachmittags, Kindervorstellung?

ALBERT SPEER: Ja.

BRELOER: Kinder vom Berghof, alles, was hier wohnte?

ALBERT SPEER: Ja.

BRELOER: Die Bormann-Kinder?

ALBERT SPEER: Die Bormann-Kinder waren bestimmt dabei. An die kann ich mich gut erinnern.

BRELOER: Wenn Sie nachher von der Wahrheit hinter diesem schönen Bild hier erfuhren – wurde da die Kindheit ein bisschen mit einem schwarzen Schatten versehen?

ALBERT SPEER: Ich glaube, dass unsere Kindheit, solange sie hier auf dem Obersalzberg war, eine richtige normale Kindheit war. Das Einzige war: Unser Vater war nicht da. So. Der kam dann ab und zu, und dann war es auch lustig und fröhlich. Oder er musste schlafen, und dann mussten alle still sein. Aber für uns Kinder war das hier eine richtig heile Welt, und das ging ja auch noch den ganzen Krieg über. Bomben und Flugzeuge habe ich dann mal in Berlin erlebt, aber zu Besuch, also nicht ständig.

BRELOER: Die Kulisse hat gehalten?

ALBERT SPEER: Die Kulisse hat für uns Kinder ganz bestimmt gehalten, ja. Und von dem anderen wussten wir nichts.

BRELOER: Wie lange hat sie gehalten?

ALBERT SPEER: Die brach in jedem Falle zusammen, als wir über Berlin nach Kappeln an der Schlei transportiert wurden und Tiefflieger über uns hinwegflogen und schossen und wir dann in einem etwas heruntergekommenen Landgut landeten.

BRELOER: Was waren hier die Helden der Kindheit? Bergsteiger, oder Flieger?

ALBERT SPEER: Was mich fasziniert hat, ist alles, was mit Fliegen zu tun hatte. Ich durfte ja manchmal mit meinem Vater mitfliegen, und sein Pilot hat ihn dann auch die Maschine fliegen lassen, und das hat mich fasziniert. Ich erinnere mich auch, das muss aber dann schon 1944 gewesen sein, dass ich bei einer Vorführung in einer der Kasernenhallen auf dem Obersalzberg, also hier irgendwo da oben, gesehen habe, wie die Frau Reitsch in der Halle einen Hubschrauber geflogen ist. Nur so ein Stückchen.

BRELOER: Wollten Sie Flieger werden?

ALBERT SPEER: Nein.

BRELOER: Architekt?

ALBERT SPEER: Bestimmt nicht. Ich weiß, dass ich mich in dem Atelierhaus, bei den Architekten gerne aufgehalten habe, aber ich glaube nicht, dass ich da irgendwelche Ambitionen oder Vorstellungen hatte. Das ist erst viel später gekommen, und da ja auch nicht ganz freiwillig, sondern als Lösungsweg meiner Probleme.

BRELOER: Als diese Kulisse dann weggezogen war, sah man dahinter ein Land in Trümmern und unglaubliches Elend und Not. Hatten Sie damals das Gefühl, dass Ihr Vater etwas damit zu tun hatte?

ALBERT SPEER: Ich glaube nicht. Es ist ja bei mir nicht so eindeutig oder klar, ich weiß ja auch nicht so genau, wann ich wirklich das Stottern bekommen habe. Es kann sein, dass das damit zusammenhängt, die Wahrscheinlichkeit ist sehr groß.

BRELOER: Aber diese Frage stellte man sich nicht.

ALBERT SPEER: Die Frage stellte man sich in keinem Falle direkt. – Die Frage stellte man sich wahrscheinlich schon, sonst hätte ich ja keine Probleme mit mir gehabt.

BRELOER: Aber es gab da keine weiterführenden Antworten.

ALBERT SPEER: Die ganze Auseinandersetzung mit Vater und »Drittem Reich« und allem, die begann ja sehr viel später bei mir, intensiv mit dem Vater direkt nach der Entlassung. Der Auslöser war das erste Buch, wo ich mich zum ersten Mal intensiv mit dem »Dritten Reich« beschäftigt habe und, als Kurzzusammenfassung, erstaunt war, wie improvisiert und wie unvorbereitet oder unorganisiert das Ganze eigentlich war. Man staunt, wenn man dieses Buch liest, welche Zufälle und welche Emotionen Dinge beeinflusst haben und wie leicht es auch war, diese Hierarchie zu umgehen und eigene Wege zu finden. Aus der Schule hatte man den Eindruck, dass das eine durchorganisierte, grunddeutsche Organisationsstruktur war, in der alles funktioniert hat, und zwar weil das so gut organisiert war. Wenn man das Buch liest, kriegt man genau den gegenteiligen Eindruck.

BRELOER: Das sahen die Leute ja auch erst nach dem Krieg, und vor allen Dingen durch das Buch.

ALBERT SPEER: Das macht ja auch einen großen Teil des Erfolges diese Buches aus: weil es das eben nicht als Organisationswunder und Machtstaat zeigt, sondern mit allen Möglichkeiten, diesen Machtapparat auch auszutricksen.

BRELOER: Obwohl Ihr Vater schon alles darauf hin geschrieben hat, dass seine Arbeit als ein Wunderwerk stehen blieb.

ALBERT SPEER: Ja, das liest man raus, man liest aber auch raus, dass er eine junge Garde, Schlieker und Rohland und wie sie alle hießen, um sich geschart hat und die einfach mit gesundem Menschenverstand da herangegangen sind und Dinge gemacht haben, die man schon drei, vier Jahre früher hätte machen können oder müssen. Diese sogenannte Leistung ist ja eigentlich auch wieder ein Beispiel dafür, wie hundsmiserabel der ganze Verein organisiert war. Und von daher ist es keine so besonders hervorzuhebende Leistung, sondern im Grunde hat er Normalität hergestellt, Kriegsnormalität.

BRELOER: Und den Krieg, wie er selbst sagt, verlängert.

ALBERT SPEER: Dazu hat er bestimmt mit beigetragen, und das ist ja auch mit ein Grund, warum er dann zwanzig Jahre im Gefängnis gesessen ist. Das hängt ja direkt miteinander zusammen.

BRELOER: Vor allem wegen der Sklavenarbeit ist er verurteilt worden.

ALBERT SPEER: Nicht nur, sondern ich glaube, dass der Rüstungsminister als solcher, der mit diesen Maßnahmen wesentlich zur »Wehrtüchtigkeit« der Deutschen beigetragen hat und damit auch den Krieg verlängert, dass das mindestens so schwerwiegend gewesen ist wie die Frage Fremdarbeiter-Einsatz.[52]

BRELOER: Das Dilemma hat er wohl gesehen, dass er einerseits stolz auf die Verlängerung des Krieges war, dass aber gleichzeitig dadurch ein Großteil des Massenmords unter kriegsmäßigen Bedingungen überhaupt erst möglich wurde.

ALBERT SPEER: Ja, und das wusste er auch. Ich glaube nicht, dass er da nichts wusste, aber Verdrängungsprozesse kennen wir alle, eigene und fremde.

BRELOER: Siedler sagt auch, bei der Himmler-Rede in Posen muss er dabei gewesen sein.[53]

ALBERT SPEER: Ob er da war oder nicht, ist wohl gar nicht so wichtig. Ich glaube, dass man nicht in einer solchen Position gewesen sein kann, ohne mindestens über Dritte und Vierte davon gewusst zu haben.

BRELOER: Aber konnten Sie als Erwachsener nicht einmal etwas zu ihm sagen wie: ›Sage es mir, Deinem Sohn, damit ich in dieser Frage erlöst bin‹?

ALBERT SPEER: Ich habe es nicht getan. Es hätte mich auch nicht erlöst, weil es mich so nicht bedrückt. Ich glaube, man soll Menschen auch ihre Geheimnisse lassen. Ich bin da kein Inquisitor, sondern ganz im Gegenteil. Nach dem Erfolg der Bücher wurde er ja bedrängt, von Gitta

Sereny, und jede Woche war in Heidelberg jemand anderes, und er hat geredet wie ein Wasserfall, zum großen Teil um den heißen Brei herum. Ich hatte das Gefühl, dass die seltenen Fälle, wo wir uns gesehen haben, für mich nicht Zeiten waren, wo ich jetzt auch noch komme und die gleichen Fragen stelle. Und im Grunde wusste ich ja auch, das er darauf keine Antwort gibt. Wenn er die anderen nicht gibt, warum soll er sie mir geben? So eng ist das Verhältnis auch nicht gewesen.

Das ehemalige Wohnhaus der Speers

ALBERT SPEER: Das hat mein Vater umgebaut. Ich erinnere mich: Ich hatte richtig Schiss, mit meinem Vater da durchzugehen. Das ist ja ein altes Gebäude, eines, was vielleicht hundert Jahre alt ist, das er dann umgebaut hat auf die Bedürfnisse der Familie hin. Und ich erinnere mich, da war ich dann vielleicht fünf, sechs, mit meinem Vater durch das Gebäude gegangen zu sein und über Balken oder Bretter gelaufen zu sein, und dann gucktest du runter, da war die Decke noch nicht drin, und ich erinnere mich, dass ich da richtig Angst hatte. Das war meine erste Begegnung mit dem Bauen.

BRELOER: Hat der Vater Ihnen erklärt, warum man jetzt hier wohnen wird für die nächsten Jahre?

ALBERT SPEER: Nein, das hat er nicht.

BRELOER: Und was haben Sie sich gedacht?

ALBERT SPEER: Das habe ich mir damals überhaupt nicht überlegt. Jetzt habe ich mir das mal überlegt, es gibt mehrere Gründe: Der eine Grund ist der, dass die Familie ja ständig wuchs, jedes Jahr kam ein Kind dazu, und das Haus in Berlin-Schlachtensee war garantiert schon viel zu klein. Das ist ja ein sehr bescheidenes, sehr schönes Haus, Tessenow-Stil, und das war für die Familie nicht groß genug. Das Zweite, was ich mir denken kann – das war ja noch vor dem Krieg –, ist, dass er die Familie in einer guten Luft und schönen Landschaft und in Bayern aufwachsen lassen wollte. Und das Dritte ist bestimmt die Nähe zu Hitler.

BRELOER: Das war für ihn das Entscheidende, sagt er.

ALBERT SPEER: Eben. Sehr wahrscheinlich. *(Betritt das Haus.)* So, jetzt bin ich wieder im Haus meiner Kindheit und erkenne es erst mal nicht wieder, denn hier war das Frühstückszimmer; soviel ich mich erinnere, war hier eine Wand und hier eine Tür. Und hier ist die Küche, die ist immer noch da. Nur sieht sie natürlich sehr viel schöner aus, und es kommt natürlich etwas, was aber, glaube ich, alle Menschen haben, wenn sie wieder an einen Ort kommen, den sie als Kind erlebt haben: Das Ganze kommt einem viel kleiner vor, als es damals war. Das hier war ein Frühstückszimmer, Bügelzimmer, Aufenthaltsraum. Und dann geht es hier drüben in die Herrschaftsräume, das sieht man sofort an den Eichenholztüren. Ach, das ist ja noch genau so, wie es war! Das ist ja wunderschön. Also, das hier war das Wohnzimmer, wobei es völlig klar war, dass die Kinder, wenn der Vater nicht da war, hier nicht reindurften. Unser Aufenthaltsraum war der da drüben, und das war, wie in einer gutbürgerlichen Familie, das Sonntagszimmer. Genauso hier drüben: Das nächste ist das Esszimmer, auch da wurde nur gegessen, wenn die Familie zusammen war, und sonst war das hier abgeschlossen. Aber ich staune über die wunderschöne Eichenholztäfelung, das ist garantiert in den Vereinigten Werkstätten in München gemacht oder von den Deutschen Werkstätten, das ist richtig schön, und ich finde das toll, wie das erhalten worden ist.

BRELOER: Was sah man, wenn man als Kind die Tür aufmachte und hier reinschaute? Wer saß hier?

ALBERT SPEER: Hier saß niemand. Ich weiß es nicht mehr. Aber hier war auch ein Tisch und ein Sessel. Ich erinnere mich, dass hier, glaube ich, ein Schreibtisch stand, irgendein größerer Tisch …

BRELOER: Und der Vater arbeitete daran? Wo war sein Arbeitszimmer?

ALBERT SPEER: Hier im Haus keines. Auch kein Platz mit Zeichnungen und Skizzen und so was.

BRELOER: Wo hielt er sich allein auf in diesem Haus?

ALBERT SPEER: In diesem Raum, in dem hier drüben.

BRELOER: Dort las er Zeitung?

ALBERT SPEER: So oft war der gar nicht da, dass der hier Zeitung gelesen hätte. Ich weiß nicht, ob er überhaupt Zeitung gelesen hat. *(Lacht.)* Das zweite Zimmer hier – das ist ja noch kleiner! Das hier war der Speisesalon, Esszimmer kann man es ja eigentlich nicht nennen. Aber, Sie sehen, das ist sehr niedrig und klein.

BRELOER: Wann saß man in diesem Raum?

ALBERT SPEER: Nur zum Essen, wenn die Familie hier zusammen war oder Gäste da waren. Also wenn die Familie Brandt zu Besuch war oder so, dann aß man hier, aber sonst waren diese beiden Räume für die

Kinder tabu. Brekers waren oft zu Besuch. Die Mimina Breker hat unten im Atelierhaus für die Kinder Feste veranstaltet. An solche Sachen erinnert man sich eben. Hier war Ruhe. Hier war eigentlich gar nichts.

Breloer: Die Mutter konnte doch da sitzen und ein Buch lesen …

Albert Speer: Ich glaube nicht, dass die Mutter alleine hier dringesessen hat, die hat dann eher mit uns da drüben gesessen. Unser Aufenthaltsbereich war da drüben, oder natürlich hier immer draußen. Hier bist du ja, wenn das Wetter einigermaßen ist, nicht im Haus, sondern hinter dem Haus. An dem Brunnen haben wir gespielt. Neben dem Brunnen gab es Kaninchenställe.

Breloer: Hat sich Hitler mal das Haus angesehen?

Albert Speer: Daran kann ich mich nicht erinnern. Ich nehme sicher an, dass er auch mal hier war.

Breloer: Beim Frühstück sitzen Sie hier? Wie viele Kinder sitzen um den Tisch, 1942 oder so?

Albert Speer: 1942 sitzen da immerhin schon vier; der Arnold ist 1940 geboren, der sitzt da noch nicht. Vier Kinder, die Kinderschwester Paula, Frau Leidheuser, das war die Mannschaft.

Breloer: Man hört ein Poltern auf der Treppe, der Vater guckt, er geht schon wieder. Was hat er gesagt, wenn er schnell wieder wegmusste?

Albert Speer: Weiß ich nicht. Gar nichts wahrscheinlich. Der ist einfach gegangen. Einer der Lieblingsaufenthalte der Kinder war auch dieser Wintergarten hier, das war so unser Spielbereich innen. Da schien auch schön hier die Sonne rein, von Süden. Hier haben wir uns viel aufgehalten. Und die Schlafzimmer waren dann hier drüben. Hier nebendran war dann das Bad, aber natürlich nicht so luxuriös, wie das heute ist. Ich erinnere mich aber gut, dass es ein Gerät gab, das ich nicht kannte und mit dem ich rumgespielt habe, das war ein Bidet. Und plötzlich spritzte mir das Wasser ins Gesicht.

Breloer: Wenn Ihr Vater über Nacht gekommen war, merkte man dann im Haus, wenn er aufstand?

Albert Speer: Dass er da war, merkte man daran, dass im Haus Stille herrschte. Jeder musste still sein, keiner durfte laut reden, der Hund durfte nicht mehr bellen. »Papa ist da und schläft!« Ich war ja viel krank als Kind, nicht nur Masern und Windpocken, sondern auch mit diesem Weg runter und wieder rauf, da wehrt man sich ja dann auch mit Krankheiten, deshalb auch morgens das Erbrechen, das Frühstück wieder erbrochen, und dann bekam ich ein paar hinter die Löffel. Ich weiß nicht, ob ich dann wieder was gegessen habe. Auf alle Fälle hieß es nur: »Stell Dich nicht so an!« und »Auf geht's!«. Aber wenn ich krank war, durfte ich hier im Bett der Eltern schlafen. Die waren dann aber nicht da, die waren in Berlin oder was weiß ich.

Breloer: Konnte man morgens zu ihm ins Bett hüpfen, wenn er mal gekommen war?

Albert Speer: Nein. So was tut man doch nicht. *(Geht auf den Balkon.)* Ja, das ist es. Daran kann ich mich erinnern, das ist wunderschön! Man guckt hier runter bis nach Berchtesgaden. Und ich behaupte, dass der Blick von diesem Haus nach Berchtesgaden mit diesem Panorama bedeutend schöner ist als der Blick früher vom Berghof. Hier haben Sie den schönsten Blick, den Sie in Berchtesgaden überhaupt haben können.

Breloer: So, jetzt gehen wir mal nach oben.

Albert Speer: Die Kinder waren hier oben. Hier war so eine Art Vorratskammer. Und das ist dieser Balkon, von dem ich vorhin geredet habe. Der ist schön in der Nachmittagssonne. Und da erinnere ich mich eben, dass sie hier nebeneinander lagen und sich gesonnt haben.

Breloer: Das Kindheitsgefühl – was könnte das sein?

Albert Speer: Das Kindheitsgefühl? Für mich ist Berchtesgaden Heimat. Ich bin ja in Berchtesgaden unten aufgewachsen, hier aufgewachsen. Mit allen Schwierigkeiten, die ich da hatte, weil das Ganze sehr, sehr anstrengend war – für mich ist das hier Heimat, obwohl ich ja in Berlin geboren bin. Mit der Stadt Berlin kann ich bis heute nicht viel anfangen.

Albert Speer *(tritt auf einen Balkon am Ende des Flurs)*: Nein – schön! Von hier oben ist es noch schöner! Hier hat man den schönsten Blick. Aber wenn ich hier stehe, fällt mir etwas anderes ein, was die Kindheit und unser Spielen hier mit beeinflusst hat: Da unten sieht man jetzt noch Trümmer herumliegen. Auf diesem Grundstück hier drüben wie auf dem Grundstück da drüben waren die Reste von zusammengefallenen Bauernhäusern. Für die Kinder ideale Spielgründe. Es roch vermodert, es war kaputt, alte Balken – was weiß ich, was da alles rumlag. Im Nachhinein überlegt man sich: Warum sind hier Trümmer von Bauernhäusern? Dass man sich nicht einmal die Mühe gemacht hat, die wegzuräumen? Die wurden hier bestimmt enteignet, entschädigt, was weiß ich, und die Bauern vertrieben, die Häuser wurden zerstört, und man ließ sie liegen. Das hat keinen gestört.

Breloer: Die Zeugen der Gewalt gegen die Alteingesessenen, die Bormann hier sozusagen mit eisernem Besen vom Berg gefegt hatte.

Albert Speer: Das ist mir natürlich auch erst später wieder eingefallen, was das eigentlich für eine Symbolkraft hat.

Breloer: Das war hier ganz praktische Gewalt.

Albert Speer: Ja, das ist klar, aber was ich jetzt meinte, ist etwas anderes: dass man sich nicht einmal die Mühe gegeben hat, diese Gewalt zu vertuschen. Sondern das war so, störte auch niemanden.

Breloer: Man sprach auch nicht darüber?

Albert Speer: Nein. Das war halt so.

Breloer: In den Baum da scheint der Blitz gefahren zu sein.

Albert Speer: Der war schon damals, glaube ich, kaputt. Alte Bäume gab es ja immer schon, kaputte auch.

Breloer: Hier oben, das ist Ihr Bereich. Es ist Sommer, jetzt wird es Abend, es wird dunkel und ein Gewitter kommt. Wie war das hier unter dem Dach, wenn es rollte und donnerte?

Albert Speer: Ich würde sagen, in der Erinnerung: grandios und angsterregend, beides. Sie sind hier ja völlig einsam. Die Natur von Berchtesgaden und der Alpen ist ja eine aggressive, das ist keine friedliche – es gibt friedlichere Landschaften. Und es ist eine Landschaft mit großen Kontrasten. Mein Gefühl war also eher, diesem ausgeliefert zu sein, und eher ein ängstliches Umgehen damit. – Schön. Da hat sich nicht viel geändert, wenn man das hier wieder mal betrachtet.

Breloer: Nur Sie sind ein anderer.

Albert Speer: Gott sei Dank! *(Lacht.)* Aber diese Kindheit hat mich schon mit geprägt, das ist bestimmt richtig.

Breloer: Hat man sich hier mit den Geschwistern noch gut verstanden?

Albert Speer: Die waren ja alle sehr klein, ich war bei Kriegsende elf, also die Hauptzeit hier zwischen fünf und zehn, und die anderen waren noch kleiner. Da gibt es noch keine Situation, wo man sich nicht versteht. Ich war der Einzige, der in Berchtesgaden in die Schule gegangen ist. Die andern sind erst später in die Schule gekommen, und da gab es dann schon auf dem Obersalzberg eine Volksschule für die ganzen Bediensteten hier oben und die Prominenz natürlich auch. Ich bin aber gerne in der Schule in Berchtesgaden geblieben, weil ich da meine Freunde hatte. Vielleicht auch, würde ich heute sagen, weil ich ein bisschen weiter weg war und mehr Freiheiten hatte. Das kann man ja nicht so kontrollieren, was ich in der Zwischenzeit getrieben habe,

wenn ich morgens in der Schule war und nachmittags erst um vier heimkam.

ALBERT SPEER: Dieses Foto *(Speer mit Kindern im Cabriolet)* ist wahrscheinlich genau hier an dieser Stelle gemacht. Man guckt von hier runter auf den Weg und auf die Kinderschar. Hilde, das bin ich – die Großen vorne und Fritz, Margret, Arnold hinten drin.

BRELOER: Das innige Verhältnis zwischen Tochter und Vater.

ALBERT SPEER: Ja, ich glaube schon, dass sie der Liebling war. Das ist ein schönes Bild, das ist auch typisch. Auto und Vater gehört zusammen.

BRELOER: Dann gibt es noch eines mit Häschen …

ALBERT SPEER: Ja, das ist auch hier gemacht. Die Häschen oder die Kaninchen hatten wir hinterm Haus da hinten, und die mussten wir auch selber pflegen und misten und sauber halten und füttern. Im Krieg wurden die dann auch dezimiert, indem sie uns angeblich weggelaufen waren, aber im Küchentopf gelandet sind.

BRELOER: Ich sehe da vorn einen Fahnenmast. Einen Rest im Boden – Stahl. War hier nicht eine Fahne? Müsste eigentlich.

ALBERT SPEER: Daran kann ich mich nicht erinnern. Ich glaube nicht.

BRELOER: Das ist von damals.

ALBERT SPEER: Also hatten wir einen Fahnenmast – aber in meinem Bewusstsein hat der keine Rolle gespielt. Wir hatten hier keine Fahne.

Breloer: Nur einen Mast?

Albert Speer: Nur einen Mast. Also, ich kann mich hier nicht an Fahnen erinnern.

Breloer: Das war doch eigentlich selbstverständlich – jeder hatte das damals an seinem Haus bei feierlichen Gelegenheiten.

Albert Speer: Keine Ahnung, aber ich würde sagen: Da stand nur ein Mast ohne Fahne.

Breloer: Was sind die Momente von Glück, die Sie hier im Zusammenhang mit diesem Haus erinnern?

Albert Speer: Sie stellen immer Fragen!

Breloer: Keine Bilder dafür, wo es mal besonders schön war?

Albert Speer: Ich habe keine Bilder. – Also, so ein Bild ist, da oben in der Sonne zu sitzen, so leger und oben ohne irgendwas. Und da erinnere ich meinen Vater als einen äußerst humorvollen Menschen. Also einen, der spontan Wortwitze macht, nicht Witze im üblichen Sinne, aber so blödelt. Aber sonst – glückliche Zeiten hier –, es war eine relativ glückliche Kindheit, das ist schon richtig, hier in der Natur … Ich erinnere mich, dass mein Vater mal kam im Winter mit einem ganz dicken Pelzmantel an, und dann hatte er so einen komisch dicken Bauch vorne, und da brachte er uns einen kleinen Hund mit. So was weiß ich auch noch.

Breloer: Er zauberte ihn heraus.

Albert Speer: Er zauberte ihn quasi aus diesem dicken Mantel heraus. Ich glaube, dass er Überraschungen sehr geliebt hat. Also, andere Leute zu überraschen – nicht, überrascht zu werden. Das glaube ich wieder weniger. Aber dass er auch im Umgang mit seinen Mitarbeitern und Partnern für viele Überraschungen gut war und auch für viel Spott. Und für viele Späße.

Breloer: Was hat Ihre Mutter, soweit Sie das wissen, aufgeben müssen, als sie in diese Ehe kam?

Albert Speer: Das ist ja schon beinahe eine Kinderliebe gewesen. Das hat sehr, sehr früh begonnen, und beide Elternteile haben ja versucht, das auseinander zu halten. Die Eltern meiner Mutter haben sie nach Freiburg ins Internat gesteckt, und das hat nichts genützt. Und der Vater meines Vaters hat bei jeder Gelegenheit die Schreinerarbeiten in der Villa Speer schlecht gemacht und gesagt: »Hier guck mal, Albert, die Schiebetüren funktionieren schon wieder nicht.« Bloß, das hat ja alles nichts genützt. Sondern die beiden waren aufeinander fixiert. Und meine Mutter kommt eben aus einem eher kleinbürgerlichen Haus,

und ich glaube, dass sie ohne diesen Mann ein ganz anderes Leben geführt hätte, ein viel heitereres, offeneres: Dieser Mann, der ja erstens
ein großer Sturkopf sein konnte, aber auch nicht gelernt hatte, mit seinen Gefühlen umzugehen, der hat sie ganz wesentlich geprägt, und am
Ende war sie genau so. Und das, glaube ich, ist auch ein Schicksal. Ich
meine, das äußerliche Schicksal, das kommt dazu, von einer gesellschaftlichen Prinzessin, die mit Cocteau und Vlaminck und was weiß
ich wem umgeht, in Frankreich mit Arno Breker zusammen und der
Mimina, und dann nach dem Kriege sechs Kinder durchbringen muss
und in Heidelberg in so einer winzigen Sozialwohnung wohnt, die wir
durch die Gnade der Stadt gekriegt haben.

BRELOER: Sie hat hier auf dem Berghof eine Zeit lang auch Freunde gehabt, es war ein ganz akzeptables Leben für sie.

ALBERT SPEER: Ja, natürlich. Das war ein schönes Leben. Bestimmt ein
wunderschönes Leben.

BRELOER: Man konnte schnell – das sind ja nur Minuten von hier gewe-
sen – mal raufgehen, Eva Braun langweilte sich. Man machte Touren.
Ich habe jetzt sogar einen Film gesehen, da ist sie mit Eva Braun in
Rom …

ALBERT SPEER: Ja. Die waren in Rom, die waren in Sizilien, die waren,
glaube ich, auch mal in Griechenland, das weiß ich nicht so genau.
Aber das war ein großbürgerliches Leben ohne Sorgen, ohne politischen Hintergrund, ohne sich dabei irgendwas zu denken, außer dass
es schön ist.

Speers Atelierhaus

ALBERT SPEER: Es wirkt auf dem Foto monumentaler, als es in der
Wirklichkeit ist. Es ist für mich eines der Kleinode in der Architektur
meines Vaters. Es passt in die Landschaft, es ist modern, es hat eine gewisse Eleganz, es ist funktional super: Die Leute haben hier gearbeitet,
unten gekocht, oben geschlafen, es ist eine Jugendherberge für Architekten, wenn Sie so wollen, und es steht wunderschön frei in der Landschaft. Heute leider nicht mehr, es ist eingewachsen, und die Amerikaner haben es auch so weit verhunzt: Wo wir jetzt stehen, ist ein
großer, vorgebauter Balkon, der nicht da war; auch die Kleinteiligkeit
der Fenster ist nicht mehr da. Die Amerikaner haben es als Promi-

nentenhotel ausgebaut. Eisenhower war hier, und die ganzen Oberbefehlshaber der Amerikaner wohnten, wenn sie in Berchtesgaden waren, ausgerechnet im Atelierhaus meines Vaters.

BRELOER: Hier hat ja Ihr Vater Hitler seine Modelle und seine Pläne gezeigt, es gibt dieses berühmte Foto, wo die beiden ganz eng zusammen
stehen. Haben Sie so eine Szene mal gesehen?

ALBERT SPEER: Nein, bei solchen Arbeitstreffen gehörten die Kinder
nicht dazu.

BRELOER: Was für Erinnerungen haben Sie an den Raum?

ALBERT SPEER: Erinnerung habe ich nur daran, dass hier sehr viel Papier
lag und viele Menschen gearbeitet haben. Im Zimmer meines Vaters
kann ich mich an ein wunderschönes silbernes Heinkel-Flugzeug-
modell erinnern. Und ich erinnere mich auch, in dem Zimmer gespielt
zu haben, während er irgendwas gezeichnet oder telefoniert hat. Da
gab es überhaupt keine Hemmschwelle.

Wo der Berghof stand

ALBERT SPEER: Der Berghof stand direkt hier nebendran.

BRELOER: Hundert Meter waren es vielleicht?

ALBERT SPEER: Hundert Meter höchstens. Hier hat man jetzt, wenn man sich die Bäume wegdenkt, genau den Blick, den man aus dem großen Fenster des Berghofs hatte, nämlich hinüber genau auf den Untersberg. Und hier gingen dann irgendwo auch die Bunker rein. Ich erinnere mich, dass man in den fünfziger Jahren diese Bunker noch besichtigen konnte und das als Eingänge zu einem Führerbunker gezeigt wurde, von dem ich genau wusste, dass es nicht der Führerbunker ist. Aber das spielt ja keine Rolle – die Phantasie machte ihn zum Führerbunker. Aber es ist schon schön hier, nicht? Jetzt wird es langsam diesig.

BRELOER: Eine merkwürdige Hofgesellschaft, die hier beim Führer zu Besuch war. Mittelmäßige Leute zum Teil. Ihr Vater verachtet sie, schreibt er nachher. Und trotzdem war er dabei.

ALBERT SPEER: Das wollte ich gerade sagen: Und wie war er dabei! Es gibt ja den schönen Spruch von dem berühmten, inzwischen fünfundneunzigjährigen Architekten Philip Johnson, der nicht nur in Beziehung auf meinen Vater, sondern überhaupt gesagt hat: »Architekten sind Huren. Wenn die einen neuen Bau riechen, tun die alles. Und wenn der Kunde von ihm ein Hochhaus im gotischen Stil haben will, dann macht er das auch.« Und er hat es auch gemacht, in New York steht eins von ihm, das wirklich gotische Elemente hat.

BRELOER: Ein Architekt ist verführbar, wenn jemand ihm große Bauten schenkt.

ALBERT SPEER: Das ist der Reiz der Aufgabe, der Reiz, so etwas machen zu dürfen …

BRELOER: … etwas hinzustellen, dass es sichtbar ist.

ALBERT SPEER: Hinzustellen – genau, das ist es. Natürlich auch Ewigkeitsanspruch und andere Dinge, aber ein Architekt kämpft sein ganzes Leben lang um Aufträge, und er kämpft mit der Konkurrenz und mit wirtschaftlichen Schwierigkeiten und was weiß ich was alles. Und da ist dann so ein junger Mann, der mit Mühe achtundzwanzig Jahre alt ist, dem wird zu Füßen gelegt, dass er im Grunde machen darf, was er will, wenn er sich an das hält, was ihm vorgegeben wird.

BRELOER: Ein sehr starker Sog, könnte man meinen.

ALBERT SPEER: Ja. Irrsinnig.

BRELOER: Vom Geld her hätte Ihr Vater Hitler nicht nötig gehabt, er war ja reich genug.

ALBERT SPEER: Das Geld ist es nicht, sondern es ist Ruhm und Ehre, es ist Ewigkeit. Nicht umsonst haben Charles de Gaulle, Mitterrand, alle großen Bürger gebaut – was bleibt, ist das, was sie gebaut haben, und Bauen ist eben ein Urtrieb des Menschen. Und da völlige Freiheit zu haben, Mittel spielen keine Rolle, und Demokratie war auch keine, wo die Hälfte widersprechen kann und eine Bürgerinitiative sagt: »Das wollen wir nicht« – das gibt es ja alles nicht, sondern …

BRELOER: … der Marmor wird bestellt.

ALBERT SPEER: … der Marmor wird bestellt. Nein, das ist schon eine irrsinnige Faszination, und ich habe auch immer gesagt, ich wüsste nicht, ob ich mich anders verhalten hätte. Mit dem heutigen Wissen ist es klar, dass ich mich anders verhalten hätte – aber ohne das Wissen wäre ich dem wahrscheinlich genauso erlegen.

BRELOER: Es ist fast wie eine Droge, bauen zu dürfen.

ALBERT SPEER: Ja, und wie. Und mitbestimmen, was in Linz passiert und in Nürnberg und in Hamburg …

BRELOER: Wenn da ein paar Leute von der SA erschossen werden und man sieht einen Blutfleck – das ist Politik …[54]

ALBERT SPEER: … da gucken wir weg. Das will man dann nicht wissen. Das ist ja eine der Geschichten, die man ihm immer vorgeworfen hat. Das ist ja auch richtig. Aber auf der anderen Seite auch seine Geschichte, dass er in seinem Schlusswort in Nürnberg als Einziger dieses auch anprangert: dass in unserer Zeit Technologen, Techniker, nicht nur Techniker der Macht, sondern auch Techniker der Wissenschaft und in anderen Bereichen, unkontrolliert Dinge tun können, die zum Guten sein können oder zum Bösen. Und dass keiner mehr da ist, der eine Kontrolle ausübt.

BRELOER: Aber es ist schon ein Unterschied, ob er verführbar war, weil er als Künstler angesprochen war, oder weil er sein Ego verwirklichen wollte.

ALBERT SPEER: Nur – es führte ja dahin.

Epilog

BRELOER: All die dunklen Räumen, die wir nicht öffnen können – was hat er wirklich gewusst? Und wenn er es gewusst hat, warum ist er dann nicht ausgestiegen? –, die sind wahrscheinlich auch für Sie unheimliche Rätsel?

ALBERT SPEER: Ja, das sind Rätsel. Aber ich glaube, für unsere Generation, die sich viel stärker mit Psychologie und menschlichem Verhalten [beschäftigt], und auch in meinem Beruf, wo ich ja ständig mit Politikern und Kommunikation zu tun habe, ist es halt so, dass man Sachen verdrängt und dass man Dinge, die man nicht wissen will, dann auch nicht weiß. Das gibt es. Ob das jetzt ehrlich ist oder ob das ganz bewusst ist oder unbewusst – solche Sachen passieren heute genauso.

BRELOER: Aber er sitzt in Spandau, versucht sich zu erinnern und schreibt dann manchmal haarscharf an bestimmten Dingen vorbei, verschweigt auch wahrscheinlich ganz bewusst manches. Er entwickelt die eigene Legende.

ALBERT SPEER: Ja, das glaube ich auch, das bestimmt. Aber auch dieses ist zu verstehen und zu verzeihen – sagen wir mal so.

BRELOER: Das ist Ihre Sache. Mit dem Verzeihen haben wir nichts zu tun.

ALBERT SPEER: Nein, klar.

BRELOER: Er hat Ihr Leben belastet, das Leben der Kinder, die dieses Erbe mitbekommen und auch tapfer angenommen haben.

ALBERT SPEER: Man hat ein Erbe, und deshalb kommt man irgendwann darauf, dass man sich mit diesem Erbe auch auseinander setzen muss. Aber vielleicht hat man ja auch aus diesem Erbe irgendwelche Gene mitbekommen, die einem helfen. Wir sind damit fertig geworden.

BRELOER: Sind Sie ganz sicher?

ALBERT SPEER: Ich bin mir völlig sicher. Für mich bin ich mir völlig sicher.

BRELOER: Aber Sie wissen vielleicht nicht alles über Ihren Vater.

ALBERT SPEER: Nein, Gott sei Dank! Das ist dann meine Flucht.

BRELOER: Sollen wir Ihnen alles sagen, wenn wir es wissen?

ALBERT SPEER: Ja, gerne. Es kann mich nicht mehr erschüttern.

Der dritte Sohn

Arnold Speer

Geboren am 5. April 1940 in Berlin.
Frühe Kindheit in Berchtesgaden. Nach
dem Schulbesuch in Heidelberg 1958
Wirtschaftsabitur, Beginn eines Be-
triebswirtschaftsstudiums in Mannheim, externes Abitur. Ab 1961 Studium der Meeresbiologie (Schwerpunkt:
Biologie und Chemie) in Kiel, Promotion zum Dr. rer. nat. 1975 Aufnahme
eines Medizinstudiums, seit 1980 Fach-
arzt für Allgemeinmedizin. Zweimal
verheiratet. Lebt als Landarzt in Norddeutschland.

»Ich habe alles ausgeblendet …«

*Im Norden der Republik, eine Stunde Fahrt über Hamburg hinaus, hat sich
Dr. Arnold Speer in einem Dorf ein kleines gemütliches Haus eingerichtet.
Die Arztpraxis liegt im Ort. Arnold Speer ist Landarzt, und er ist es aus
Überzeugung und mit Leidenschaft. Er liebt die Menschen, denen er helfen
kann. Und er hat, scheint es, mit der richtigen Frau sein Glück für dieses
Leben gefunden.*

*Als ich ihm am Esstisch gegenübersitze und die Fotoalben, seine Briefe an
den Vater durchstöbern darf, habe ich wie bei keinem andern der Kinder
sofort das Gefühl, jede Frage stellen zu dürfen. Arnold Speers erster Name*

war Adolf gewesen, und im Jahr 1945, bei der protestantischen Taufe, wurde die Führer-Widmung zurückgenommen; es war sicher eine kluge Entscheidung der Eltern, dem Kind nicht auch noch diesen Namen als Ballast mit auf den Weg zu geben. Damals hat das den Jungen nicht weiter stutzig gemacht – er nahm überhaupt das Leben als Sohn des Kriegsverbrechers Albert Speer »wie Sonne und Regen« – so sagt er wenigstens. Er hat sich einfach keine Gedanken gemacht und ist damit über den Abgrund hinweggekommen.

Merkwürdig ist nur: Arnold Speers Gedächtnis hat alles gelöscht, was vor dem Jahr 1945 geschehen ist. Sein Erinnerungsvermögen setzt erst ein auf der Fahrt hinaus aus der Berchtesgadener Berghof-Welt, hinab in die Ebene, ins Norddeutschland der allerersten Nachkriegszeit. Was ist das für ein Vater, der da noch unerkannt in diesem Sohn lebt und wirkt, der verhindert, dass der in Büchern über die deutsche Geschichte auch dort weiterliest, wo das »Dritte Reich«, und damit der große Albert Speer, dem Untergang entgegengeht? Das versuchen wir gemeinsam herauszufinden, mit Dokumenten, mit Fragen. Arnold Speer hält dem geduldig und höflich Stand. Er springt nicht auf und wirft uns aus dem Haus mitsamt unseren hässlichen Fragen, die an seinem Vaterbild, das sich so massiv gegen jede Beschädigung wehrt, kratzen wollen – wenn ihm auch manchmal danach wäre. Und selbst diesen inneren Widerspruch gesteht er sich und uns ein.

Er zeigt uns auch das letzte Auto seines Vaters, das bei ihm in der Garage steht, unter viel altem Hausrat. Warum muss er das aufbewahren? Was will er noch von seinem Vater? »Wahrscheinlich, wie alle Welt, geliebt werden – auch wenn er tot ist.« Er sagt es und lacht, etwas verwundert über seine eigenen Sätze.

Nach zwei Tagen begeben wir uns auf eine Reise zum Haus seiner Kindheit in Heidelberg, dann zum Alterssitz des Vaters im Allgäu. Den hat Arnold beim Tod der Mutter geerbt. Es hängen noch die Bilder aus großer Zeit an der Wand, die Originale der Bauzeichnungen für Nürnberg und Berlin, und der Kamin besteht aus Stein, der schon für die übergroßen Fenstersimse von »Germania«, dem gemeinsamen Traum Albert Speers und Adolf Hitlers, zugehauen war. Arnold Speer ist ein wenig ratlos, aber er will nun mehr über den Vater wissen.

ARNOLD SPEER: Ich bin 1940 geboren, und man sollte eigentlich denken, so mit drei Jahren fängt die Erinnerung an. Ich habe alles bis 1945 ausgeblendet.

Breloer: Was heißt das, »ausgeblendet«?

Arnold Speer: Ich habe keine Erinnerung an die Zeit. Ich sehe Fotos von der Zeit, es gibt Filme von der Zeit, und es stellt sich natürlich die Frage: Was ist Erinnerung und was ist Film? Eine richtige Erinnerung wie andere Kinder … Ich habe eine Erinnerung an so eine große Mauer, ich habe eine Erinnerung, dass da irgendwo hinter dem Haus eine Flak gestanden haben muss …

Breloer: In Berchtesgaden?

Arnold Speer: Berchtesgaden. Aber wie das Haus von innen war, ob es ein Arbeitszimmer gab, wo ich geschlafen habe – keine Erinnerung.

Breloer: Und der Berghof?

Arnold Speer: Keine Erinnerung.

Breloer: Der Onkel Adolf nimmt Sie auf den Schoß?

Arnold Speer: Weiß ich nicht.

Breloer: Das wird er sicher getan haben.

Arnold Speer: Ja, wahrscheinlich. Nur – ich erinnere das nicht. Eigenartigerweise fängt dann nach 1945 eine ganz lebhafte Erinnerung an.

Breloer: Wo setzt Ihre Erinnerung ein?

Arnold Speer: Die setzt ein, wie wir an meinem Geburtstag von einem Gut in Mecklenburg[1] auf dieses Gut Oehe gefahren sind. Da setzt sie ein, und da erinnere ich dann auch eine ganze Menge.

Breloer: Was ist da, am Beginn Ihres Lebensfilms, zu sehen? Die Mutter ist da, Albert junior …

Arnold Speer: Ja, alle Geschwister und irgendein Chauffeur. Und dann war da ein Auto, das mit Holz betrieben wurde, so ein Holzvergaserauto. Das erinnere ich auch noch.

Breloer: In welchem Monat sind wir?

Arnold Speer: Wir sind an meinem Geburtstag, 5. April 1945. Ich weiß auch, dass es einen Geburtstagskuchen gab.

Breloer: Lebt der Führer noch?

Arnold Speer: Ja.[2] Adolf Hitler hat mich anscheinend als Kind nicht so interessiert. Die Kapitulation habe ich dadurch mitgekriegt, dass die Engländer dieses Gut durchsucht haben. Die kamen, und der jüngste Bruder Ernst und ich durften im Haus bleiben. Die anderen mussten alle raus, soweit ich es erinnere. Und ich sehe noch, dass ich da irgendwo im Bett gelegen habe. Es war gegen Abend. Und meine Mutter fing dann da in Oehe an, Englisch zu lernen, über den Rundfunk. Da war noch eine Bekannte in Oehe, da weiß ich aber nicht genau, wie die hieß;[3] ich weiß nur noch, dass die versucht haben, Englisch zu lernen. Denn diese Generation hatte ja in der Schule Französisch gehabt, und nun war Englisch angesagt.

BRELOER: Nachdem Ihre Erinnerung einsetzt – taucht da der Vater noch einmal auf?

ARNOLD SPEER: Da ist es auch ganz schwierig zu unterscheiden: Was hat man mir erzählt und was erinnere ich? Er taucht noch einmal auf, und zwar mit einem Fieseler Storch,[4] und mir ist so, als ob wir Kinder da über den Deich an der Ostsee gingen, und dann hieß es: »Da kommt ein Flugzeug, alle hinwerfen!« Und das war der Vater. Der kam wie vom Himmel herunter und war dann auch schnell wieder weg.

BRELOER: Wie lange war er dann weg?

ARNOLD SPEER: Mein erster Besuch in Spandau muss Anfang der fünfziger Jahre gewesen sein.[5] Aber er blieb ja weg. Jemanden einmal im Jahr sehen – er war schon in der Kriegszeit nicht da gewesen, er war dann diese sieben oder acht Jahre nicht da. Als er nach Hause kam, war er ein fremder Mann, den man irgendwie erobern musste.

BRELOER: Erobern?

ARNOLD SPEER: Ja. Denn er hatte eine unnahbare Art, die ihm, glaube ich, selber leid tat, da konnte er nicht über seinen Schatten springen. Ich für meinen Teil gab mir größte Mühe, irgendwie so ein Stückchen sichtbare Liebe aus diesem Mann, so muss ich das sagen, herauszukitzeln. Das gelang aber kaum.

BRELOER: Um was haben Sie ihn geliebt?

ARNOLD SPEER: Ich glaube, das ist, was uns nie verlässt: dass man die Liebe der Eltern haben möchte und darum buhlt. Das geht bis ins hohe Alter, das hört nicht mit dem Kindsein auf.

BRELOER: Obwohl er ein Phantom war?

ARNOLD SPEER: Ja, genau. Es ist irgendwie der Vater, und es muss doch möglich sein, dass ein Vater den Sohn liebt und dass er das irgendwie rüberbringt. Auf der anderen Seite ist es natürlich genauso: Man muss es als Sohn ja auch rüberbringen, dass man den Vater liebt.

BRELOER: Was wusste man von ihm?

ARNOLD SPEER: Da kommt eigentlich heraus, dass man diesen Mann überhaupt nicht kannte. Man kannte ihn von den Erzählungen her und wusste, dass er ein großer Organisator war, dass er im »Dritten Reich« die Rüstungswirtschaft so richtig vorangetrieben hat, dass er also irgendwie ein genialer Mensch gewesen ist. Aber das hat alles mit

Gefühl wenig zu tun. Gefühl zu dem Vater – solange er im Gefängnis war, tat er mir leid, weil er im Gefängnis war. Dass das der Vater ist, ist eher über den Verstand gelaufen als über die Emotionen.

BRELOER: Es gibt kein Bild, dass er Sie in den Arm genommen, Ihnen Fahrrad fahren beigebracht hat, dass man im Bett der Eltern geschlafen hat – Bilder, um die man den Vater geliebt hat?

ARNOLD SPEER: Nein, nicht dass ich wüsste. Aber ich habe anscheinend meine Mutter auch nicht aus ihrer Liebesverantwortung gelassen und bin ganz schlicht bei ihr unter die Bettdecke gekrabbelt, so mit zehn, elf Jahren. Sie hat dann weitergelesen, und ich habe mich da wohl gefühlt. Ich habe nie eines von meinen Geschwistern bei meiner Mutter im Bett gesehen. Ich glaube, ich war der Einzige, der sie schlicht nicht aus dieser Mutterrolle entlassen hat.

BRELOER: Passte diese Frau, so gesehen, zu ihrem Mann?

ARNOLD SPEER: Ja, ich denke schon. Die passten schon gut zusammen: beide von der sichtbaren Emotion her unterkühlt.

BRELOER: Dieses Paar, das sich in den zwanziger Jahren gewählt hatte, bei aller Distanz, wenn die so auf ihrem Paddelboot in einen vorehelichen Urlaub fuhren und morgens im Zelt aufwachten – wie war das wohl?

ARNOLD SPEER: Ich kann mir das gar nicht vorstellen, dass die sich je näher gekommen sind. Ich meine, die sechs Kinder sprechen da eine andere Sprache, aber das kann ich mir überhaupt nicht vorstellen.

BRELOER: Liebe, Küsse, Zärtlichkeit, die Intimität jeder Liebesgeschichte, das sind für Sie Bilder …

ARNOLD SPEER: Die sind etwas schwierig. Wie gesagt, ich kann mir das kaum vorstellen.

BRELOER: Haben Sie, die Geschwister, nie miteinander darüber gesprochen, warum das so ist mit Ihren Eltern?

ARNOLD SPEER: Nein. Das war wirklich tabu. Diese Fragestellung war richtig tabu.

BRELOER: Was wissen Sie über die frühe Zeit Ihres Vaters und über Ihre Großeltern? Ihr Vater hatte reiche Eltern.

ARNOLD SPEER: Richtig reiche Eltern. Ich glaube, diese Eltern waren schon genauso unnahbar. Ich glaube, da sind Parallelen zwischen der Ehe meiner Eltern und der der Großeltern väterlicherseits. Ich habe ja lange bei dieser Großmutter gelebt, bei meines Vaters Mutter.

BRELOER: Die hat nicht mit dem Enkel gekuschelt?

ARNOLD SPEER: Der Hund war mir näher. Dem konnte man ja auch seine Liebe geben. Der wedelte mit dem Schwanz, dann wusste man, okay, man kam an. Und wenn ich in den Ferien war, dann hatte ich nicht Heimweh nach der Mutter oder den Geschwistern, sondern nach dem Hund. Und diese Großmutter väterlicherseits – wenn die mich wusch, dann nahm die den Waschlappen, so einen Handschuhwaschlappen, aber nicht als Handschuh, sondern sie zerknüllte den wie so ein Stück Papier in der Hand und rubbelte rauf und runter. Und das charakterisiert für mich diese Frau. Auch sie konnte Emotionen nicht loswerden, nicht rauslassen.

BRELOER: Deren Sinn stand nach Höherem.

ARNOLD SPEER: Ja. Sie versuchte ja, so eine Art Salon zu führen. Sie kannte alles, was Rang und Namen hatte in Heidelberg, und wie mir erzählt wurde, wurde das natürlich auch mit Stiftung und Spenden und so aufrechterhalten.

BRELOER: Und was wissen Sie von diesem Großvater?

ARNOLD SPEER: Der ist 1947 gestorben, glaube ich. Diesen Großvater habe ich noch in Heidelberg erlebt als einen Mann, der diese Holzöfen in der Wohnung so befeuerte, dass es an der Tür Brandblasen gab. Aber mehr erinnere ich nicht. Er muss ein Kauz gewesen sein, wirklich ein eigentümlicher Mensch.

BRELOER: Sie lebten dann bald in der Nachkriegszeit – 1948, 1949 – in diesem Gartenhaus?

ARNOLD SPEER: Nein, das ging so: 1945 an die Ostsee und dann 1945 auf 1946 zu den Großeltern mütterlicherseits, zur Weber-Familie.[6] Wobei in diesem Haus nicht genug Platz war und immer einer oder zwei ausquartiert wurden. Und von dem Weber-Haus ging es dann in das Gartenhaus des Speer'schen Anwesens. Da wohnten wir unten drin. Da passten auch nicht alle rein, da musste auch einer ausgesiedelt werden.

BRELOER: Oben wohnte die Großmutter, nachdem 1947 ihr Mann gestorben war.

ARNOLD SPEER: Unten wohnten dann meine Mutter, zwei Jungs, zwei Mädchen, der Ernst, wenn ich das richtig erinnere, bei meiner Mutter im Zimmer, und ich – ich weiß nicht mehr genau, wo ich da abgeblieben bin, ich glaube, zum Teil oben, wo die Großmutter wohnte.

BRELOER: Hatte man das Gefühl, eine gestürzte Größe zu besuchen, wenn man bei ihr war?[7]

ARNOLD SPEER: Nein. Sie versuchte, dieses Bild aufrechtzuerhalten. Diese

Grande Dame hatte ihre Köchin, die sie bediente, und sie wohnte da alleine. Hatte drei Zimmer, und wir da unten waren doch recht beengt.

Breloer: Aber da war noch eine Grande Dame, die war auch gestürzt.

Arnold Speer: Sie meinen meine Mutter? Darüber habe ich mir nie Gedanken gemacht bis in die letzte Zeit. Das muss wirklich ein Sturz gewesen sein. Ich war ganz überrascht, als ich in diesem Buch von Gitta Sereny[8] gelesen habe, dass sie auf dem Berghof ein- und ausgegangen ist. Wir haben über diese Zeit nicht ein Wort gesprochen.

Breloer: Es muss für sie erschreckend gewesen sein, was da nachher in Nürnberg während des Prozesses sichtbar wurde – dass sie so dicht mit Massenmördern zusammen gewesen war. Wie hat sie das überstanden?

Arnold Speer: Ja, das wäre für mich eine Frage gewesen. War sie eigentlich auch vorher so unterkühlt? Ich hätte gerne gewusst, ob sie eigentlich mehr eine offene Frau war und ob diese zurückgezogene Frau, die in sich gekehrte Frau – ob das der Effekt von 1945 war.

Breloer: Fand sie die Ideologie des »Dritten Reichs« richtig? War sie davon überzeugt, dass wir das Herrenvolk sind? Dass man andere Völker unterwerfen muss für die neue Weltordnung?

Arnold Speer: Ich sagte ja, darüber haben wir überhaupt nie gesprochen. Wenn ich mir den Typ Mensch angucke, würde ich eher denken: unpolitisch. Diese Herrschaftsideologie, Rassenideologie, das wäre nicht meine Mutter, wie ich sie kennen gelernt habe. Nur, dann ist natürlich die Frage: Warum hat sie ihrem Mann nicht Bescheid gestoßen, wie man das normalerweise macht?

Breloer: Oder ihn wenigstens gewarnt: ›Wir landen alle in Russland, wenn das hier schief geht!‹?

Arnold Speer: Ich weiß nicht, ob sie so weit gedacht hat. Sie war ein Mensch, der sehr stark von jetzt auf gleich lebte. Dass sie so furchtbar in die Zukunft dachte – so empfand ich sie nicht.

Breloer: Die älteren Geschwister, Hilde, Albert, waren ja oft am Berghof, mit guter Erinnerung daran. Haben die nicht davon erzählt?

Arnold Speer: Nein. Kein Wort.

Breloer: Über das gesamte »Dritte Reich« – kein Wort?

Arnold Speer: Nein. Nicht, dass ich mich da an irgendwelche Diskussionen über Schuld und Unschuld oder über freudiges Leben oder so etwas erinnern könnte.

Breloer: Haben Sie mit Ihrer Mutter nachher mal darüber gesprochen, warum sie Ihnen nie etwas davon erzählt hat?

Arnold Speer: Nein, ich habe das einfach so hingenommen. Ich bereue es heute, ich hätte gerne vieles gefragt.

Breloer: Was hätten Sie Ihre Mutter gerne gefragt?

Arnold Speer: Das, was Sie vorhin angesprochen haben: ›Wie wart ihr denn zueinander?‹ Das hätte ich gerne gewusst. Woher kommt die eigene Kühle? Das wird ja weitergegeben, und man hat dann in seinem eigenen Leben, gelinde gesagt, ein kleines Problem.

Breloer: Und was hätten Sie Ihren Vater gefragt?

Arnold Speer: Warum man nicht aufhören konnte. Als intelligenter Mensch wusste er mit Sicherheit oder hätte wissen müssen, dass das, was er macht, den Krieg und das Elend verlängert. Warum er nicht hingeschmissen hat.

Breloer: Haben Sie eine Vermutung, warum?

Arnold Speer: Was ich überhaupt nicht begreifen kann, ist dieses Treue-Ideal. Das ist so ein Punkt. Und mit Sicherheit auch die Macht, die er hatte – es muss ein tolles Gefühl sein, so eine Macht zu haben. Und die dann freiwillig aus der Hand geben …

Breloer: Sie wollten ihn nicht fragen: ›Was hast du gewusst von den Verbrechen?‹

Arnold Speer: Die Frage erübrigt sich im Grunde für mich. Denn er muss es gewusst haben. Ich kann mir nicht vorstellen, dass einer, der so weit oben ist, von den Sachen nichts weiß. Man kann da nur die Augen zumachen und sich nicht genau informieren. Und man weiß: Aha, da läuft dieses, da läuft jenes. Man holt sich kein Zahlenmaterial …[9]

Breloer: Sie wissen, er hat später geschrieben: »Eines Tages, etwa im Sommer 1944, besuchte mich mein Freund Karl Hanke und sagte mir, nie solle ich einer Einladung folgen, im Gau Oberschlesien ein Konzentrationslager zu besichtigen. Nie, unter keinen Umständen.«[10] Gemeint ist Auschwitz. Ihr Vater genehmigte aber soundso viele Tonnen Eisen und Lagermaterial für Auschwitz.[11] Wusste er, dass ein Völkermord geplant war, dass die Juden dort wirklich umgebracht wurden?

Arnold Speer: Wenn er die Fähigkeit zu verdrängen gehabt hat, die ich habe, und da müssen ja Gene rübergekommen sein, dann sind Hören und Vergessen ein und dasselbe. In seiner Position und bei den Ankündigungen, was mit den Juden zu geschehen hat – das hat ja eine lange NS-Tradition –, muss er eigentlich auch vom Völkermord gewusst haben. Ich kann mir nicht vorstellen, dass man in dieser Position gar nichts wusste. Aber wir haben nie darüber gesprochen, ich habe ihn auch nie gefragt. Ich habe ihn ja nie nach irgendwelchen Sachen aus dem »Dritten Reich« gefragt. Darüber habe ich erst nach meines Vaters Tod nachgedacht. Ich habe ja eine Ausbildung als Psychotherapeut gemacht, und innerhalb der Ausbildung wird diese Selbsterfahrung gefordert. Ich denke, alle Kinder, egal wie alt, möchten einen Vater haben, der etwas ist, der etwas darstellt, auf den man blicken kann. Bis 1945 war er ein Vater, auf den ich blicken konnte, und nach 1945 war er Kriegsverbrecher. Ich hatte das Gefühl, dass ich ihm zu nahe trete, wenn ich ihn was frage zum »Dritten Reich«.

BRELOER: Sie waren rücksichtsvoll, Sie mussten ihn alle schonen, auch im Gefängnis.

ARNOLD SPEER: Ich weiß nicht, ob man das »schonen« nennen kann.

BRELOER: Aber Sie schreiben ja nicht ins Gefängnis: ›Lieber Papa, erkläre mir, was ein Kriegsverbrecher ist.‹

ARNOLD SPEER: Es gibt da eine schöne Geschichte. Die Kinder wurden in der ersten Klasse gefragt: Was ist euer Vater? Und dann ging das über Schuster, Schlachter und so weiter, und ich habe gesagt: »Kriegsverbrecher.« Das war der Beruf meines Vaters.

BRELOER: War das etwas Böses in Ihren Augen?

ARNOLD SPEER: Nein, das war der Beruf.

BRELOER: Wann haben Sie begriffen, was das Wort »Kriegsverbrecher« bedeutet?

ARNOLD SPEER: Ganz spät, vielleicht so mit zwanzig. Ich habe das wirklich alles weggeschoben. Wahrscheinlich auch deshalb diese Gedächtnislücke bis 1945. Ich sage das mal ein bisschen anders: Geschichte interessiert mich, und wenn ich Bücher lese über die Weimarer Republik, und das geht dann über ins »Dritte Reich«, kommt zum Zweiten Weltkrieg, dann interessiert mich das, kann ich es wunderbar lesen. In dem Moment, wo das »Dritte Reich« nicht mehr siegt, das ist so mit Stalingrad, muss ich aufhören zu lesen. Ich kann nicht weitermachen. Ich höre auf.

BRELOER: Weil da der Untergang Ihres Vaters sichtbar wird, und auch die Schuld?

ARNOLD SPEER: Wahrscheinlich ja. Es ist sicher eine Frage, dass er verliert, dass es da anfängt, dass er untergeht. Es muss so gewesen sein, dass man als Kind einen unbeschädigten, genialen – so war er anscheinend bei mir angekommen – Vater hat, der aber mit seiner ganzen Intelligenz nicht siegt, sondern untergeht. Das ›nicht siegen‹ ist ein falsches Wort. Er geht ja unter.

Breloer: Und wie war das, als Sie seine *Erinnerungen* gelesen haben?

Arnold Speer: Das war ganz schwierig. Da habe ich mich regelrecht durchgefräst.

Breloer: Wo fingen die bitteren Seiten an?

Arnold Speer: Die bitteren Seiten fangen immer da an, wo man als Leser begreift, dass das »Dritte Reich« den Berg runtergeht. Wo die militärischen Erfolge umschlagen in einen Rückzug.

Breloer: Sie sind doch nun wirklich kein Nazi – ganz im Gegenteil. Sie müssten doch eigentlich gerade diese Kapitel mit Freude lesen.

Arnold Speer: Richtig. Mit dem Verstand ist es so. Gott sei Dank, was wäre alles passiert, wenn Adolf Hitler gesiegt hätte! Man mag sich das überhaupt nicht ausdenken. Das ist kein Thema für mich. Gott sei Dank, dass es so gekommen ist. Nur eben diese Frage: Warum kann ich da nie weiterlesen? Das muss mit der Größe und mit dem Fall des Vaters zu tun haben.

Breloer: Überfällt Sie dann eine Trauer?

Arnold Speer: Nein, eine Scham.

Breloer: Weil Sie Ihren Vater jetzt erleben müssen, wie er auch schlimme Dinge tut?

Arnold Speer: Wahrscheinlich kommt das dann mit hinein. Ich kann auch keine Filme über das »Dritte Reich« sehen – also, was heißt ›Ich kann sie nicht sehen‹, ich kann mich hinsetzen und ich schaffe es auch. 1995, zum Jahrestag der Kapitulation, gab es ja relativ viele Filme im Fernsehen, wie das »Dritte Reich« gearbeitet hat und so weiter. Da habe ich mich hingesetzt und einen Film über Auschwitz gesehen, den ersten und einzigen. Aber ich musste mich zwingen dazusitzen.

Breloer: Wie haben Sie Ihren Vater dazu gedacht?

Arnold Speer: Mit der Frage: Warum hat er mitgemacht in diesem System?

Breloer: Ein paar Geschichten wird man in Heidelberg ja über ihn erzählt haben. Oder war der Vater überhaupt kein Thema?

Arnold Speer: Ich würde eher sagen, er war kein Thema. Er hat uns zwar, so empfand ich das, aus dem Gefängnis heraus regiert, aber wir wuchsen im Wildwuchs auf, ohne Vater. Er war überhaupt nicht präsent in meinem Kopf.

Breloer: Störte er nicht eigentlich eher?

ARNOLD SPEER: Ja, da ist schon was Wahres dran. Ich hätte gut ohne ihn leben können.

BRELOER: Er wirkt wie ein verbannter Fürst, der der eigentliche Herrscher im Hause ist; dem man nun Briefe schreibt.

ARNOLD SPEER: Das Briefschreiben war doch eine furchtbare Sache. Jedes Wochenende kam die Mutter und sagte:»Noch einen Brief schreiben.« Da habe ich immer gesagt:»Ich habe aber erst letzte Woche einen Brief geschrieben.« Und da ließ sie einen natürlich nicht aus, denn diese Briefe mussten sein. Und dann habe ich eben auch was zu Papier gebracht. Aber so kurz wie möglich.

BRELOER: Jeder hatte so hundert Worte – oder wie war das verteilt?

ARNOLD SPEER: Nein, jeder konnte so viel schreiben, wie er wollte, und dann – ich kann nur von mir reden – brauchte ich glücklicherweise weniger zu schreiben. Ich glaube, das waren 1200 Worte pro Sendung.[12] Und wenn ich meine Briefe lese, da habe ich die Worte zusammengeklaubt. Und die Mutter hat sehr aufgepasst, dass nicht immer dieselben geschrieben haben.

BRELOER: Führte Ihre Mutter eine Liste darüber?

ARNOLD SPEER: Nein, das machte sie aus dem Kopf.

BRELOER: Und sie schrieb auch jede Woche?

ARNOLD SPEER: Sie schrieb auf alle Fälle jede Woche.

BRELOER: Aber das haben Sie nicht zu lesen bekommen?

ARNOLD SPEER: Nein.

BRELOER: Die Briefe der anderen Geschwister auch nicht?

ARNOLD SPEER: Ich glaube, die hätte man lesen können. Das war kein Geheimnis, was man da schrieb, und das, was meine Mutter schrieb, war auch kein Geheimnis.

BRELOER: Wurden die Briefe des Vaters an die Einzelnen gemeinschaftlich vorgelesen, oder bekam jeder das einzeln?

ARNOLD SPEER: Jeder bekam es einzeln.

BRELOER: Mutter schnitt das mit der Schere durch?

ARNOLD SPEER: Nein. Die kamen, glaube ich, schon geschnitten von Herrn Wolters. Ich kenne die nur geschnitten.

BRELOER: Sie schreiben aber auch lange Briefe mit lustigen Erlebnissen, wenn Sie etwa an der Donau wandern …

ARNOLD SPEER: Dass ich so lange Briefe geschrieben habe, weiß ich gar nicht, ist mir eigentlich fern. Aber von dieser Donau-Paddeltour kann ich mir schon vorstellen, dass ich da lange Briefe geschrieben habe. Ich habe mir auch überlegt, warum ich das Paddeln angefangen habe: Die Eltern haben gepaddelt, und ich wollte der liebe Sohn sein.

BRELOER: Sie schreiben: »Lieber Papa, komm bald heim«. – »Hoffentlich bist Du bald wieder da …«

ARNOLD SPEER: Mich wundert, dass ich das so geschrieben habe, dieses ›Komm bald nach Hause‹ und so etwas. Er tat mir leid, dass er da in Spandau sitzen musste. Und wenn man diese Besuche hatte, dann ging er vom Besuchszimmer so einen kleinen Gang entlang, und dann kam bald eine Tür, und dann dieser traurige Blick, bevor er in dieser Tür verschwand – das machte schon Mitleid.

BRELOER: Viel »schwarze« Post haben Sie nicht mit dem Vater gewechselt?

ARNOLD SPEER: Gar keine.

BRELOER: Haben Sie Ihrem Vater danach noch mal einen Brief geschrieben?

ARNOLD SPEER: Ich glaube nicht.

BRELOER: 1949. »Mein lieber Arnold, Du hast sicher mit dem kleinen Dackel schon große Freundschaft geschlossen. Das nächste Mal musst Du mir mehr erzählen, was er macht. Sicherlich treibt er allerhand Unsinn und frisst alle Kissen auf. Aber dafür ist er eben auch so lustig, dass ihr über seine Streiche vielleicht noch mehr lachen müsst, als über den dummen August im Zirkus. Hast Du jetzt auch angefangen, ein Musikinstrument zu spielen? Omi würde mir eine große Freude machen, wenn Sie Dir eine Violine geben könnte. Und was macht eigentlich Deine Schule? Von der schreibt Ihr alle so wenig. Hoffentlich bekomme ich keine Enttäuschung, wenn Ihr über Eure Zeugnisse schreibt. Sei weiter brav, wie bisher. Recht herzliche Grüße von Deinem Vater.«[13]

ARNOLD SPEER: Na ja – das sind gute Regieanweisungen. Und so war es eben auch. Man kriegt ja sehr sauber die Schwingung mit, ich sehe das heute. Das mit dem Dackel als Einleitung, unter der Überschrift: geheuchelt, um Kontakt aufzubauen, und dann kommt das Eigentliche, was ihm unter den Nägeln brennt.

BRELOER: Die Aufsicht spürten Sie, die er aus dem Gefängnis über alle hatte?

ARNOLD SPEER: Ja.

BRELOER: Ein idealer Vater – der kümmert sich, der weiß alles über Zensuren, der steuert die Familie. Und Sie sind ideale Kinder, die ihm mit lieben Briefen antworten. Nur Ihre wahren Gefühle kommen da nie vor.

Arnold Speer: Über Gefühle wurde nicht gesprochen. Darüber wurde echt nicht gesprochen.

Breloer: Dann können sie einem auch nicht richtig bewusst werden. Und wenn man sie verdrängt, toben sie woanders herum. Haben Sie gemerkt, dass Ihr älterer Bruder plötzlich stotterte?

Arnold Speer: Ja. Der stotterte sehr.

Breloer: Haben Sie gedacht, das könnte damit zusammenhängen?

Arnold Speer: Nein, ich nahm das Leben wirklich wie Sonne und Regen. Ich habe über nichts nachgedacht, über gar nichts. Habe gesehen, dass ich mich durch die Schule lavierte, habe meinen Garten gemacht in Heidelberg und war im Grunde, was so Überlegungen anging, wie es anderen Menschen geht, ein bisschen ein leerer Topf.

Breloer: Aber von heute her – sehen Sie da einen Zusammenhang?

Arnold Speer: Das hat mit der gefühllosen Welt im Elternhaus zu tun. Wir hatten zu essen, zu trinken, es ging uns materiell gut. Nur mit Gefühlen war nicht viel. Unter uns Geschwistern nicht, und zu den Eltern auch nicht.

Breloer: War Albert ein Vorbild für Sie?

Arnold Speer: Ja. Er war oder ist mein Lieblingsbruder. Albert war einer, der mich in meiner Art gestützt hat, dass ich meinen Weg so gehe, wie ich das wollte. Die anderen Geschwister wollten gern einen anderen Arnold haben. Der Albert war wie ein Sonnyboy in diesem zum Teil auch verkopften Speer'schen Haus. Und er war auch einer, der eher mal Gefühle zuließ, während man das bei den anderen vielleicht nicht so merken konnte. Das war wirklich angenehm.

Breloer: Der hat dieselben Fragen an den Vater wie Sie.

Arnold Speer: Der hat sie auch nicht gestellt.

Breloer: Es gibt eine, die hat sie gestellt, und da hat Ihr Vater eine Antwort gegeben.

Arnold Speer: Das war Hilde. Hilde hat die Frage gestellt.

Breloer: Kennen Sie den Brief, mit dem er ihr geantwortet hat?

Arnold Speer: Nein.

Breloer: Hilde fragt, wie ein intelligenter Mensch da mitmachen konnte. – »Einmal war, als ich mit dem Nationalsozialismus bekannt wurde (das war etwa 1931) die antisemitische Propaganda weit in den Hintergrund getreten«, schreibt er. Und dann erzählt er von der Rede, die Hitler vor den Studenten hielt, die für ihn den Ausschlag gab. »Aber ich glaube nicht, dass er auf die Juden schimpfte.« – Und dann tritt er in die Partei ein.»Sehr aktiv war ich da nicht, da mir das Politische nicht liegt. Man glaubte, dass sich die verschiedenen ›Unebenheiten‹ schon abschleifen würden, wie das ja oft schon geschah. Hätte damals, vor 1933, Hitler gesagt, dass er einige Jahre später die jüdischen Gotteshäuser abbrennt, die Juden verfolgt, Deutschland in einen Krieg verwickeln und die Juden und seine politischen Widersacher töten lassen würde, dann hätte er mit einem Schlag die meisten seiner Anhänger verloren und ich denke, auch mich.«[14]

ARNOLD SPEER: Kann man sich vorstellen. *(Liest leise weiter.)*

BRELOER: Was können Sie dem entnehmen?

ARNOLD SPEER: Er versucht da, eine ehrliche Antwort zu geben. Nur so, wie er, sagen wir mal, in den Bauten, in der Organisation der Größte war, ist er manchmal beim Mea Culpa auch der Größte. Für mich ist immer die Frage gewesen – was heißt immer, das sind ja Sachen, die im Grunde erst nach seinem Tod auf mich zugekommen sind –, wie weit ist das wirklich Denkmalspflege, wie weit ist es opportunistisch, und wie weit ist es ehrlich?

BRELOER: Dieses ›Ich bin ein anderer geworden, ich habe eingesehen‹?

ARNOLD SPEER: Das billige ich ihm nicht nur zu, sondern ich glaube, das ist wahr.

BRELOER: In welchen Punkten?

ARNOLD SPEER: Dort, wo er Schuld auf sich geladen hat. Dass er sagt: ›Ich sehe das ein, ich will mit dem Hitler-Reich nichts mehr zu tun haben.‹

BRELOER: Aber von welcher Schuld spricht er denn überhaupt, die er auf sich geladen hat?

ARNOLD SPEER: Er beziffert sie ja nicht, es ist alles pauschalisiert. Wenn Sie sich Schuld konkret angucken – ich rede jetzt nicht von meinem Vater –, dann kriegen Sie ein schlechtes Gewissen. Dann kriegen Sie Mitgefühl, dann kriegen Sie Emotionen. Wenn Sie pauschalisiert ›Schuld‹ sagen, ›Ja, ich bin mit schuld‹, dann sind die Themen nicht benannt und dann ist die Emotion nicht dabei. Das ist einfacher. Es ist viel einfacher zu sagen: ›Ich bin überhaupt schuld.‹

BRELOER: Als man ihnen die Filme vom KZ vorspielte in Nürnberg,[15] da sah er das konkret, was er angerichtet hatte. Was würde wohl passieren, wenn er jetzt dieses Elend in millionenfacher Zahl an sich heranließe, wenn die Toten Platz genommen hätten in seinem Herzen – wenn er die Schuld gespürt hätte?

ARNOLD SPEER: Ich glaube, das hält man überhaupt nicht aus. Vielleicht

hatte er ja dieselbe Möglichkeit, die Sachen zu verdrängen, wegzu-
beamen, wie ich das so gut kann.

Breloer: Aber beamen Sie mal fünf Millionen Tote weg!

Arnold Speer: Nur wenn ich es pauschalisiere, dann beame ich das
weg – das ist ja der Punkt. Sie haben vorhin gefragt, was ich meinen
Vater gefragt hätte oder warum ich ihn nicht gefragt habe. Das ist der
Punkt, ich habe mir das nie so überlegt: Ich hätte ihn dann ja aus dem
Pauschalisieren herausgekitzelt mit den Fragen. Und da war mir anscheinend klar: Das geht unter die Wäsche, da trete ich ihm zu nah. Ich
will ihn aber leben lassen. Sonst hätte ich vielleicht früher gefragt.

Breloer: Ist er eigentlich jetzt tot und weit weg?

Arnold Speer: Nein, das eigentlich nie. Weil ich angefangen habe, mich
mit ihm zu beschäftigen. Das war ja im Grunde auch ein Punkt, warum ich zu diesem Unternehmen hier ja gesagt habe: Ich will ihn gerne
ranlassen.

Breloer: Sie sind jetzt alt genug geworden, selbstbewusst genug. Jetzt
wirft es Sie nicht mehr um, wenn Sie rausfinden, was hinter dieser Tür
ist, die er immer zugehalten hat?

Arnold Speer: Das würde mich wirklich nicht umwerfen. – Er hat mal
irgendwann zu mir gesagt, das fällt mir nur gerade ein als eines der wenigen Emotionsworte:»Du bist mein Sohn, an dem ich Wohlgefallen
habe«, diesen Bibelspruch: Aber das ist auch das höchste der Gefühle
gewesen bei ihm.

Breloer: Was für eine maßlose Geste – Gott spricht so zu seinem Sohn.

Arnold Speer: Nein, das war gut gemeint. Er leiht sich irgendwoher
einen Satz, den er nicht selbst formulieren muss, und sagt ihn. Nein, ich
sehe da keine Maßlosigkeit; ich sehe einfach einen Menschen, der die
Emotionen nicht loswerden kann und jetzt einen Satz aus der Bibel zitiert, damit er das mal sagt, was ihm eigentlich durch den Kopf geht.

Breloer: Hatten Sie das Gefühl, er hatte an Ihnen, an Ihrem Leben wirkliches Interesse?

Arnold Speer: Ganz spät: ja. Lange Zeit: nein. Erst als er aus Spandau
nach Hause kam, da habe ich versucht, an ihn heranzukommen; das
ist aus meiner Sicht nicht gelungen. Ich hatte immer das Gefühl, dass
ich nicht genug Leistung gebracht hatte, um diese Anerkennung zu
kriegen. Das war so ein Gefühl, dass bei diesem Vater durch Leistung
auch die Anerkennung kommt. So wie beim Albert – die zwei konnten ganz viel miteinander reden. Und er fragte mich zwar schon, was

ich im Studium mache, aber ich habe mich an diesem Studium ja auch
so furchtbar festgehalten – also, da konnte ich nun nicht gerade mit
Leistung glänzen. Ich denke, die letzten drei, vier Jahre war das anders
mit ihm, mir gegenüber.

Breloer: Hatte er da schon die Freundin?

Arnold Speer: Ja. Ich könnte mir vorstellen, dass das einen Einfluss
hatte. Ich brauchte mich nicht mehr so abzuzappeln, um irgendwie ein
Lächeln in dieses Gesicht zu kriegen oder dieses Gefühl zu bekommen:
Du bist angenommen. ›Du bist angenommen‹ – das ist schon viel zu
stark.

Breloer: ›Beachtet‹ wäre für Sie genug gewesen?

Arnold Speer: Ja, genau. Das Gefühl ›Du genügst‹, oder ›So ist es in
Ordnung‹ – das reichte schon. Mit diesen Brosamen war ich ja schon
ganz zufrieden.

Breloer *(legt Arnold Speer eine Zeichnung vor.)*

Arnold Speer: Ich sehe diese Zeichnung zum ersten Mal.

Breloer: Die hat er Ihnen aus dem Gefängnis geschickt, gleich am Anfang.

Arnold Speer: »Meinem liebsten Sohn Adolf zur Erinnerung. Sei be-
ständig und nütze deine Gaben, dann kannst du vieles erreichen. Dein
Vater.«

Breloer: Was sehen Sie auf der Zeichnung?

Arnold Speer: Einen Haufen Gräber da unten.

Breloer: Gräber? Das könnten auch Hütten sein.

Arnold Speer: Ja. – Wenn Sie so wollen, sind das anonyme Häuser,
ohne Gärten, ohne Individualität. Das sind Ghettohütten, diese kleinen Hütten, die ich als Gräber gesehen habe, mit Steinen, wie es in
Bayern ist.

Breloer: Was haben Sie denn beim ersten Mal, als Sie das sahen, gedacht, was das ist?

Arnold Speer: Ich sehe das sozusagen zum ersten Mal. Und wie ich
mich kenne von früher: ›Na gut, das ist ein Bild.‹ Und dann lege ich es
weg. Diese Hochhäuser, diese großen Dinger da – das ist die Unper-
sönlichkeit in Person. Aber ist schon heiß, dass ich diese Hütten als
Gräber …

Breloer: Zuerst nennt er Sie aus dem Gefängnis noch Adolf. Wussten
Sie, warum Sie dann umgetauft wurden?

Arnold Speer: Ich kann mir das vorstellen. Ich bin auch dankbar, dass es so ist. Umgetauft wurde ich 1945. Das war auch wie Sonne und Regen. Ich erinnere, dass man auf mich zuging und sagte: Du heißt jetzt Arnold. Und dann ist das so.

Breloer: Wann hatten Sie es verstanden?

Arnold Speer: Ach, schon früh – dass das auch etwas Schützendes hatte.

Breloer: Und dass Sie ihm vorher gewidmet waren mit dem Namen?

Arnold Speer: Über dieses Widmen habe ich überhaupt noch nicht nachgedacht. Dass ich Adolf Hitler mit dem Namen gewidmet bin, in diesen Verflechtungen, dass das also wirklich ein Symbol war – das habe ich nie gedacht. Das sagen Sie jetzt zum ersten Mal zu mir, und ich kann gut annehmen, dass das so war.

Breloer: Einmal fragt er sich in Spandau: »Was bin ich überhaupt für meine Kinder? In den geheimsten Gedanken, die sie sich vielleicht selbst nie eingestehen. Und was wird sie schwerer ankommen: dass ich Hitlers Architekt war, der ihm nicht nur seine Paläste und Ruhmeshallen entwarf, sondern mit den Reichsparteitagsdekorationen auch die Kulisse für seine Massenhypnosen schuf – oder dass ich sein Rüstungsminister war, Dirigent einer Kriegsmaschinerie und Arbeitgeber einer Sklavenarmee.«[16] – ›In den geheimsten Gedanken, die sie sich selbst nicht eingestehen‹ – was hätte das sein können? Sie haben ihm nicht alles gesagt, was sie von ihm denken.

Arnold Speer: Ich glaube, ich habe eher gelogen an der Stelle, wo ich schreibe: »Ich freue mich, wenn Du nach Hause kommst.« Das sind so Brieffloskeln. Hier in diesem Satz ist es ja so, dass er im Grunde Angst hat, verachtet zu werden, nicht geliebt zu werden.

Breloer: Dass er die Kinder verliert, wenn sie ihn erkennen?

Arnold Speer: Ja.

Breloer: Hat er auch deshalb getrickst, um die Kinder zu behalten?

Arnold Speer: Er hat sich Mühe gegeben. Er hat sich wirklich richtig Mühe gegeben. Er hat jeden von uns oder die Familien eingeladen auf irgendeine Reise irgendwohin. Er hat diese Reisen finanziert. Wir waren mit ihm in Spanien.[17] Er hat zumindest versucht zu zeigen, dass er Interesse an diesen Kindern hat. Nur, es ist immer wieder dasselbe: Als Kind kam man an diesen Mann nicht heran.

Breloer: Es gibt ein Foto von Ihrem Familientreffen nach seiner Ent-

lassung aus Spandau. Da geht er ganz alleine vorneweg und die Familie hinterher.

Arnold Speer: Ja, das wäre typisch. Oder auch diese Geschichte: Kaum war er weg, wurde das alles lustig. Das war wirklich so. Solange er da war, machte keiner einen faulen Witz, sondern jeder suchte sich zu profilieren. Das ist das richtige Wort: Jeder versuchte, sich vor diesem Vater zu profilieren.

Breloer: Und er verteilte Noten mit seinen Blicken.

Arnold Speer: Ja, das mag sein. Man will ja dann selbst auch was abkriegen … Ich habe es eigentlich nie gemerkt, dass das in Ehrlichkeit rüberkam: ›Gut gemacht.‹ Es fehlte da diese Wärme, dass ich ihm das auch abgenommen hätte.

Breloer: Kann es auch sein, dass er überhaupt kein direktes Gefühl erleben, keinen direkten Draht zu Menschen herstellen konnte, dass es immer über den Kopf ging?

Arnold Speer: Das ging über den Kopf. Er hatte ja für Leute, die wichtig waren, wahnsinnige Antennen. Das hatte er sofort raus, ob einer wichtig war oder nicht. Und das, was er mir immer vermittelte, war eben diese Unwichtigkeit.

Breloer: »Du willst Fritz ins Internat tun? Nein«, schreibt er an Ihre Mutter, »bitte nicht. Du weißt, im Internat werden Jungs verdorben. Wie wäre es denn mit Arnold? Der wechselt sowieso gerade die Schule.«

Arnold Speer: Ja. Ich war ja derjenige, der wie so ein Springer immer weitergereicht wurde. Von 1946 ab so bis 1949 war ich immer irgendwo, und auch 1947 im Kinderheim mit der Margret zusammen. Das fördert natürlich auch nicht, dass man lernt zu lieben.[18]

Breloer: Das Herz muss offen sein. Wann mag das angefangen haben, dass er sein Herz narkotisiert hat – schon in Kindertagen?

Arnold Speer: Ja, das muss ganz früh angelegt gewesen sein.

Breloer: Weiter im Text von 1952. »… je tiefer ich mich auch Zettel über Zettel in das Problem verbohre, desto deutlicher wird mir, dass ich für die Kinder vermutlich weniger ein Gegenstand von Schuldkomplexen als von Schamgefühlen bin.«

Arnold Speer: Das ist das, wonach Sie mich vorhin fragten, als ich sagte: Irgendwo schäme ich mich. Ich sollte mich freuen, dass der Krieg verloren geht; aber ich schäme mich wahrscheinlich für diesen Vater, dass er das nicht gebracht hat, was er bringen wollte oder bringen sollte. Es ist ja immer noch diese Frage in mir: Warum kann ich nicht weiter als bis Stalingrad lesen? Da kann man Trauer empfinden, man könnte Freude empfinden. Das ist es alles nicht – es ist einfach eine Scham. Ich schäme mich für irgendetwas, aber habe dann auch aufgehört, weiter intensiv nachzudenken, was das ist.

BRELOER: Es ist der Untergang des Vaters – aber es ist auch die Zeit der großen Verbrechen. Die Vernichtungslager laufen auf Hochtouren.

ARNOLD SPEER: Diese Konzentrationslager-Geschichten schiebe ich ja auch so vor mir her, das muss auch etwas damit zu tun haben. Nur mit Mühe und Not kann ich diese grauenhaften Verbrechen im Fernsehen verfolgen. Da muss ich mich schon zwingen, dass ich nicht aufstehe und gehe. Das muss schon auch damit etwas zu tun haben, dass ich mich da für ihn schäme. Das kommt mir jetzt in unserem Gespräch: Es ist nicht nur diese Geschichte, dass der Vater nicht gesiegt hat, sondern das andere ist es auch. Denn dass er nicht gesiegt hat, dafür sich zu schämen – ich weiß nicht, ob das Sinn macht. Es muss auch diese andere Ecke sein, mit den sinnlos ermordeten Juden.

Ein Seitenblick – Monika Wichers

MONIKA WICHERS – *die zweite Ehefrau von Arnold Speer.*

BRELOER: Sie haben ihn noch kennen gelernt – wie war Albert Speer?

MONIKA WICHERS: Ich fand den immer – ja, die graue Eminenz. Für mich war er irgendwie unerreichbar, ein bisschen furchteinflößend, so war mein Eindruck. Ich habe ihn auch nur ganz kurz auf der Konfirmationsfeier von Christian[19] getroffen, und ich habe ihn mit Ehrfurcht beguckt, er hatte auch diese buschigen Augenbrauen, die waren ja sehr stark, und die Haare schütter. Er war sehr freundlich, aber ich hatte immer ein Gefühl, man müsse sich ein bisschen leiser verhalten, also nicht so spontan losplappern, sondern sich eher stiller verhalten. Ich bin ja sonst jemand, der immer gerne frei von der Leber redet, aber das habe ich mich bei ihm nicht getraut.

BRELOER: Und das Pendant dazu – die Mutter?

MONIKA WICHERS: Lebendig, aber immer damenhaft. Das fand ich an ihr sehr faszinierend. Sie war für mich immer, was ich mir unter einer Dame vorstelle. Immer gepflegt bis ins hohe Alter, aber jemand, mit dem man auch richtig spontan lachen konnte, und sie hatte Lebensfreude. Ich mochte sie. Sie hatte für mich immer das, was ich mir von mir auch, wenn ich mal alt werde – ganz alt werde –, wünsche: die Haltung.

BRELOER: Das leicht Frostige, Harte, von dem die Kinder sprechen, die Distanz – das haben Sie nicht so gesehen?

MONIKA WICHERS: Das habe ich als Damenhaftigkeit gesehen. Mir ist sicher aufgefallen, dass sie keine Kuschel-Großmutter oder Kuschelmutter war. Der Umgang mit Arnold war sehr freundlich, immer sehr nett, und sie lachte, aber es war immer eine Distanz da. Sie war auf der anderen Seite wieder, was ich herrlich fand, völlig verrückt in diesem Weihnachtsurlaub, da sind wir Schlitten gefahren, und Arnold nahm seine alte Mutter vorne auf den Schlitten …

ARNOLD SPEER: Die war bald achtzig.

MONIKA WICHERS: … und wir allesamt fuhren diesen steilen Berg runter, nachts, mit Taschenlampen vorweg, und sie …

ARNOLD SPEER: … freute sich.

Eine Diagnose

BRELOER: Speers übliche »Weihnachtsreise« zur Organisation Todt führt ihn 1943 an die Eismeerfront, und dort zieht er sich eine Kniegelenkentzündung zu. Er begibt sich ins Krankenhaus des SS-Arztes Gebhardt in Hohenlychen. Und ich würde jetzt gern von Ihnen als Arzt etwas über die Erkrankung Ihres Vaters hören. Was könnte da in Lappland passiert sein? Er hatte draußen geschlafen …[20]

ARNOLD SPEER *(sieht sich die Krankenberichte[21] an)*: Da könnte schlicht durch die Kälteeinwirkung eine Entzündung im Gelenk gekommen sein. Dann wurde das Bein ganz ruhig gestellt, und da muss sich dann irgendwie eine Thrombose draufgesetzt haben. Auf alle Fälle scheint es so zu sein, dass er eine Lungenembolie hatte, dass von diesem Thrombosematerial ein Teil sich löst, mit dem Blut weitergeschwemmt wird und dann einen Teil der Lunge verstopft.

BRELOER: Lungeninfarkt – wie lebensbedrohlich ist so etwas?

ARNOLD SPEER: Das ist richtig lebensbedrohlich. Kommt aufs Ausmaß an, da können Begleiterscheinungen am Herzen auftreten, sekundär. Und wenn man diesen Behandlungsbericht durchliest, dann ist das im Grunde eine Fehldiagnose, die der Dr. Gebhardt, der SS-Arzt, hier stellt. Ich weiß nicht, was für Medikamente man da früher hatte, welche Möglichkeiten, aber auf alle Fälle behandelt er ihn rein, als ob er irgendeine Krankheit aus dem rheumatischen Formenkreis hätte. So-dass also aus meiner Sicht hier ein falsches Behandlungskonzept ein-geführt worden war. Hier ist ein Arztbericht, da wird das sehr deutlich – da schreibt Professor Koch[22] von der Charité, dass die Situation »außerordentlich bedrohlich« gewesen sei, »höchste Atemnot, starke Blauverfärbung, Pulsbeschleunigung bis 120, Temperatur 38,3 °C, blu-tiger Auswurf« – das Bild ist schon gefährlich.

BRELOER: Anfang 1944 – er hat die Tagung in Posen[23] hinter sich, was immer er dort gehört haben mag, und er hat Dora[24] gesehen, diese fürchterlichen Höhlen, und ahnt, was dort Schlimmes passiert. Jetzt liegt er im Bett und kann nachdenken, gewinnt Abstand von Hitler. »Ich biete, ausgerechnet an Hitlers Geburtstag, durch einen Abge-sandten von meinem Krankenurlaub aus meinen Rücktritt an. [...] Meine engsten Mitarbeiter drängen mich, zu bleiben. Wir wissen; der Krieg ist verloren. Wir sprechen offen. Es ist notwendig, dass ich die Zerstörungsabsichten Hitlers verhindere.« – Wie weit ihm das eigent-lich hier schon klar sein konnte, weiß ich nicht.[25] »Ich bleibe in mei-nem Amte.«[26] Das war der Punkt, auf den Sie gehofft hätten?

ARNOLD SPEER: Ja, das ist der Punkt – dass ich als erwachsener Mensch mir sage, irgendwann muss man es doch merken, dass der Weg ins Ver-derben führt. Irgendwann muss man merken, was für ein Spiel gespielt wird, und dann hätte ich gesagt, ich muss die Konsequenzen ziehen. Ich kann die Reaktion nicht nachvollziehen, dass äußere Umstände ihn wieder so eingefangen haben. Man könnte zur Entlastung sagen, er stellte sich vor, dass er gebraucht wird wie so ein Retter der Nation. Ja, das könnte man denken, dass so etwas in einem Menschen mit so viel Macht vor sich geht. Aber das ist Spekulation.

BRELOER: Ihr Vater war ja zeitweise als Nachfolger Hitlers im Gespräch. Haben Sie ihn so gesehen?

ARNOLD SPEER: Nein – als Nachfolger habe ich meinen Vater nie gese-hen. Auch die Idee, dass er solche Gedanken gehabt haben könnte, ist mir nicht gekommen.

BRELOER: Aber das ist die Wirklichkeit – diese Teilhabe Ihres Vaters an der Macht, an den Welteroberungsplänen.

ARNOLD SPEER: In der Theorie kann ich das glauben; in der Wirklich-keit ist es mir unvorstellbar, diese Macht, die er hatte. Vielleicht ist es der Kinderwunsch, einen Vater zu haben, der mit diesem Größenwahn und den Gräulichkeiten nichts zu tun hat, dass ich das gleich wieder wegschiebe, dass ich mir das gar nicht vorstellen kann. Ich habe mich mit meinem Vater ja erst später auseinander gesetzt, und ich könnte mir vorstellen, dass ich mich immer noch davor drücke, mich fertig mit ihm auseinander zu setzen. Und unser Gespräch hier – vielleicht ist es eine Hilfe.[27]

Breloer: Er ist manchmal mit großer Brutalität vorgegangen. Den Bürgermeister von Berlin lässt er absetzen, als der seinen Anweisungen nicht sofort folgt,[28] den Gauleitern droht er mit Himmler,[29] »Bummelanten« sollen gleich ins KZ,[30] und wenn er in den Fabriken seine Durchhalte-Reden hält[31] – da hörte man schon einen Ton heraus …

Arnold Speer: … den ich nicht kenne. Ich kenne eben nur das eine Gesicht, und das andere, das kenne ich gar nicht. Mit meinem Verstand und Intellekt kann ich es zwar wahrnehmen, aber in mir selbst das Ausmaß dieser Macht, vielleicht auch dieses, wie Sie sagten, brutalen Durchsetzens anzunehmen – das fällt mir schwer.

Mehr Briefe, mehr Dokumente

Breloer: Ich habe Ihren Vater ja einmal interviewen können. Er sprach manchmal über sich in der dritten Person: »Ja«, sagte er, »das hätte er wissen müssen, wenn er nicht die Augen zugemacht hätte.« Und ich dachte: Der spricht ja von sich im »Dritten Reich« als von einer anderen Person, die er zur Analyse auf die Couch legt, als ob er damit gar nichts mehr zu tun hätte. Menschen, die nach schrecklichen Taten zu sich kommen, müssen Tag und Nacht beobachtet werden, damit sie sich nicht umbringen, die sind suizidgefährdet. In dieser Gefahr wäre er auch gewesen. Oder er konnte sich in zwei Teile spalten, den Speer vorher und den nachher; ein anderer werden und den gewesenen weit von sich wegtun.

Arnold Speer: Wenn ich mir überlege, wie ich mit diesen Genen, die ich habe, Probleme löse, dann würde ich sagen: Den Teil, wo ich Schuld auf mich geladen habe, würde ich gerne abspalten und versuchen, ein neues Leben anzufangen. Und dann kann ich mir das auch neutral anschauen. Das wäre eine Möglichkeit, wie man mit diesen ganzen Ungeheuerlichkeiten fertig wird: indem ich es neutral anschaue, indem ich sage: ›Das war alles falsch, die Schuld nehme ich auf mich‹ …

BRELOER: Aber neutral zu sagen: ›Ich nehme die Schuld auf mich‹, und die Schuld zu *fühlen* …

ARNOLD SPEER: … das sind zweierlei Stiefel. Das ist der Schutz der Seele, dass ich diese Schuld verbal betone, sie aber nicht so nahe an mich herankommen lasse, dass sie mich erdrückt. Sonst müsste ich wirklich Selbstmord begehen. Dieser Schutz der Seele ist wahrscheinlich der Mechanismus bei ihm, diese Neutralität, die so aussieht, als ob er damit überhaupt nichts zu tun hätte. Ich glaube, wenn man da graben würde, dann käme schon raus, dass er unter der ganzen Geschichte leidet. Aber das kann er bei dem Ausmaß nicht zulassen. Das hält keiner aus. Ich habe ihm diese Frage nie gestellt: Wie kannst du damit leben – mit diesen Bildern, die du gesehen haben musst?

BRELOER: Wie oft haben Sie Ihren Vater in Spandau besucht?

ARNOLD SPEER: Ich glaube, am Anfang war das nicht so ganz jedes Jahr; später war es wirklich jedes Jahr einmal.

BRELOER: Hatte er sich verändert, wenn man ihn von Jahr zu Jahr wiedersah?

ARNOLD SPEER: Nein. Er ist noch nicht einmal älter geworden, so vom Eindruck her. Die Art war die gleiche geblieben, er ging so wankend, den Oberkörper schwankend. So kam er auf einen zu, und man konnte ihn dann auch wieder so weggehen sehen. Und kurz bevor die Tür dann zuging, drehte er sich noch einmal um und winkte so ein bisschen unbeholfen und war dann weg. – Für mich waren das mehr so Pflichtbesuche.

BRELOER: Eröffnete er bei den Kindern das Gespräch mit ›Wie geht es Dir?‹

ARNOLD SPEER: Ja, als ob man einen Freund trifft. Und so blieb das auch. So blieb das ganze Gespräch, es blieb eigentlich auf der Kameradschaftsebene, das ist ein guter Ausdruck. Ich bin ja damals ausgesprochen schüchtern gewesen, ich glaube, der bekam so viel aus mir gar nicht heraus, ich habe dann ja und nein gesagt, ›Ja, es geht mir gut‹ – Schluss. Dieser arme Mann wollte Kontakt aufnehmen, und er bekam wirklich immer nur ganz kurze Brocken hingeworfen.

BRELOER: Wie war der Schluss?

ARNOLD SPEER: Er war eigentlich eher derjenige, der so in die Runde guckte mit der Zeit. Und dann kamen die Wärter und sagten: »Die Zeit ist um.« Ich glaube nicht, dass er wirklich viel Freude an mir hatte mit diesen Besuchen, weil sie einfach zu viel Distanz hatten.

Breloer: Haben Sie ihm in die Augen gesehen?

Arnold Speer: Ja, und gelächelt, versucht, eine fröhliche Stimmung herzustellen. Das war auch sein Bestreben, dass es eine lockere Atmosphäre war. Nach richtigen Problemen, die unter die Haut gehen würden, hat er nicht gefragt. Er hat mich also nie gefragt, ob ich Liebeskummer habe. Es ging um die Schule, um das Fortkommen.

Breloer: Hat er mal erzählt, was er tut?

Arnold Speer: Nein, von sich hat er nichts erzählt. Er kam immer auf diese Berufsgeschichten.

Breloer: Um da Druck zu geben, oder um zu beraten?

Arnold Speer: Beratend, nie Druck. Das wollte er ja gerade vermeiden, er wollte eigentlich eher eine fröhliche Atmosphäre in dieser für ihn traurigen Zeit. Die Erinnerung ist, dass diese Freundlichkeit, diese Zuwendung eher gespielt waren.

Breloer: Er kommt heraus wie auf eine Bühne, gibt sich einen Ruck …?

Arnold Speer: Nicht so negativ. ›Wie auf einer Bühne‹ – so nicht; diese Unnahbarkeit gehörte zu ihm, das wusste ich ja nicht – wahrscheinlich war er da fast authentisch. Nur, mir kam es so vor, als ob er eine Rolle spielt, um mich einzulullen: ›Hier ist dein Vater, der liebt dich, der interessiert sich für dich.‹

Breloer: Sind Sie darauf reingefallen?

Arnold Speer: Nein. Dieses Gefühl der Rolle, das blieb bei diesen Besuchen. Aber das Wort ›darauf reinfallen‹ passt ja nicht: Ich glaube, das war authentisch. Das war er wirklich. Vielleicht ist es besser, wenn ich sage: Es war ein gespieltes Interesse. Aber ich glaube, er hat wirklich Interesse gehabt, nur konnte er das nicht rüberbringen. Dieser Eindruck des Gespielten – der blieb.

Breloer: Träumen Sie manchmal von Ihrem Vater?

Arnold Speer: Nein. Ganz selten von der Mutter, vom Vater – nein.

Breloer: Wie tritt Ihre Mutter in Ihren Träumen auf?

Arnold Speer: Als freundlicher Mensch, als eine Frau, die liebevoll auf mich zugeht, nie irgendwelche Vorwürfe macht, die das, was da so kommt im Traum, akzeptiert. Die hat keinen negativen Drall in den Träumen.

Breloer: Gibt es in Ihrer Erinnerung viele Stunden im Zusammensein mit Ihrer Mutter, die Ihnen auch jetzt noch das Herz wärmen?

Arnold Speer: Ja. Es waren von der Liebe her Brosamen, die auf uns Kinder herabfielen, aber die Erinnerung ist warm.

BRELOER: Gibt es etwas Entsprechendes auch von Ihrem Vater?

ARNOLD SPEER: Da muss ich ehrlich sagen: Nein. Ich sehe diesen Mann immer mit seinem Versuch, etwas Wärmendes herüberzubringen, und ich merkte die Mühe, die er damit hatte. – Er sagte einmal, wenn ihm etwas zustoßen sollte, dann wollte er ins Rissener Krankenhaus; da gab es eine anthroposophische Abteilung – er war kein Anthroposoph –, und Frau Kempf und ich sollten dann dafür sorgen, dass er dort hinkommt. Das waren diese kleinen Brosamen, die runterfielen im Sinne der Anerkennung.

BRELOER: ›In der letzten Stunde vertraue ich dir mein Leben an‹ …

ARNOLD SPEER: Ja. In diesem Sinne.

BRELOER: … und der Sekretärin.

ARNOLD SPEER: Das hängt aber damit zusammen, dass die Sekretärin, die Frau Kempf, in die anthroposophische Schiene rübergewechselt war und diesen Dr. Fintelmann kannte. – Wo mal so ein bisschen Wärme kam, war, wenn ich das Haus betrat. Da konnte man in diesen Augen Freude sehen. Dann wurde er wieder sozusagen geschäftlich, und es war wieder diese Unnahbarkeit.

BRELOER: Er hat selber über das erste Wiedersehen nach seiner Entlassung aus Spandau und das Problem dabei Folgendes geschrieben: »Vierzehn ruhige Tage in Schleswig-Holstein. Wir hatten am Kellersee ein Haus gemietet, und zum ersten Mal war die ganze Familie beisammen. […] Es herrschte eine harmonische Stimmung, und alle bemühten sich um mich, aber mit ein wenig Überraschung bemerkten sie meine Eigenarten.«[32]

ARNOLD SPEER: Ich glaube, das ist gut beobachtet. Es herrschte wirklich – ich sage mal, Einvernehmen, Harmonie unter uns Kindern zusammen mit der Mutter. Nun kam sozusagen ein Fremdkörper da hinzu. Wenn ich sage, er war selbst schuld dran, dass er nicht aufgenommen wurde, dann ist das zu einfach: Er konnte gar nicht anders. Der konnte nur so sein, wie er war, und das reichte nicht aus, um aufgenommen zu werden in diese fröhliche Runde der Familie. Diese Familie empfand ich als eine ausgesprochen fröhliche Familie mit Blödsinn im Kopf, mit Streichen, mit …

BRELOER: Auch ein bisschen zerstritten untereinander, nicht?

ARNOLD SPEER: Nein, überhaupt nicht. Erst später. Das war so ein Clan, wo jeder seiner Wege ging, aber wenn es einem mal schlecht ging, konnte er sich auf die Familie verlassen. Das war so meine Vorstellung.

Und er hätte da Zutritt gehabt, ich glaube nicht, dass sich da einer geweigert hätte; aber er fand den Zutritt nicht, und wir fanden die Tür
nicht, die wir hätten öffnen müssen.

Breloer: 1962 – »Lieber Papa, entgegen den Gepflogenheiten der Speerschen Sippe möchte ich Dir ein wenig über das Privatleben, über
meine charmante Begleiterin schreiben. So wie ich Dich kenne – übrigens: Mama denkt wie Du! – so denkst Du, dass ein Studium unter solchen Begleiterscheinungen zu leiden hat, weniger das Studium als der
Fleiß. Ich muss Dich aber eines Besseren belehren, ich arbeite mehr
denn je. Der Satz entspricht der Wahrheit.« – Sie hatten in Kiel eine
junge Frau kennen gelernt.

Arnold Speer: Das kann nur meine erste Frau gewesen sein.

Breloer: Das erste Mädchen wird auch gleich geheiratet?

Arnold Speer: Ja, genau so. Der erste Mensch, der bewusst ja zu mir
sagt, der wird geheiratet.

Breloer: Sie waren ausgehungert nach Liebe.

Arnold Speer: Ja, so kann man das nennen.

Breloer: 1964: »Dein Argument: ›man fühlt sich als verkrachte Existenz‹ ist mir aus der Seele gesprochen. Manchmal fühle ich mich ja
jetzt schon so. Wie wäre es erst, wenn ich mein Studium noch einmal
wechseln würde? Du hast ganz recht: Man sollte wirklich die Probleme
frontal angehen« – und so weiter und so weiter. Brauchten Sie Ihren
Vater als Berater für Ihre Lebensentscheidungen? So klingt das hier.

Arnold Speer: Ich habe Wirtschaftsabitur gemacht. Mit diesem Wirtschaftsabitur konnte man nur Betriebswirtschaft, Volkswirtschaft studieren und, wie es damals hieß, Volksschullehrer werden. Meine
Schwester Hilde hatte beschlossen – ich lästere mal ein bisschen rum –,
mangels fehlender Intelligenz sei der Volksschullehrer für mich genau
das Richtige. Da musste man damals nur zwei Jahre in die sogenannte
PH [Pädagogische Hochschule] gehen und war dann fertig. Ich habe
das ja nicht gemacht, ich weiß nicht, warum. Ich habe dann zwei Se-
mester Betriebswirtschaft studiert, ein externes Abitur nachgemacht
und dann Meereskunde studiert. So. Diese biologische Meereskunde
brachte für mich nicht das, was ich wollte, und ich merkte, ich habe
doch irgendwie was falsch gemacht. Ich wollte aber nicht mehr wechseln und habe das dann auch durchgezogen, hart mit mir.

Breloer: Im Sinne des Vaters.

ARNOLD SPEER: Ja. Der Übervater sagt eigentlich, es wird nicht mehr gewechselt, das wäre eine Schande gewesen. Er hat es nie gesagt so in dem
Sinne –

BRELOER: Obwohl Sie auf dem falschen Dampfer waren.

ARNOLD SPEER: Nur – ich hätte auch keinen anderen Dampfer gewusst.
Und dann habe ich – da war ich 35, nicht von jetzt auf gleich, aber
überraschend für die ganze Freundschaft, für meine Frau – gesagt: Ich
will Medizin studieren. Und ich habe meinen Eltern von diesem Wechsel nichts gesagt. Wenn meine Mutter angerufen hat, habe ich gesagt –
da war ich in Lohn und Brot: »Ich komme gut vorwärts, und die Leute
sind zufrieden, bei denen ich arbeite« – und da war sie zufrieden. Erst
als ich das Physikum in der Tasche hatte nach nicht ganz neun Monaten, habe ich das gebeichtet, quasi nach dem Erfolg.

BRELOER: In welchem Jahr war das?

ARNOLD SPEER: 1975/76.

BRELOER: Da ist er schon lange draußen.

ARNOLD SPEER: Ich bin auch froh, dass ich nicht Lehrer geworden bin.
Ich glaube, das wäre nicht meine Sache gewesen. Dieser Arztberuf, da
fühle ich mich zu Hause.

BRELOER: Und gerade hier, im Norden?

ARNOLD SPEER: Das hängt mit dem Meereskundestudium und mit meiner Frau zusammen. Die Mutter hatte hier im Ort die Apotheke,
meine Frau war als Erste fertig mit dem Studium, und so bin ich hier
hängen geblieben. Aber es war auch schön, ich war sozusagen abge-
taucht. Ich konnte dann so ganz langsam mein eigenes Leben entwickeln, und ich war nicht mehr der Sohn von Albert Speer, sondern Arnold Speer.

Der Ro 80

ARNOLD SPEER: Das ist das Auto meines Vaters, das letzte Auto, das er
hatte. Ein NSU Ro 80. Er war der Technikfreak. Und irgendwann wird
es auch wieder fahren.

BRELOER: Warum müssen Sie das aufbewahren?

ARNOLD SPEER: Ich glaube, das ist Sentimentalität. Ich bin auch Auto-
freak, aber wenn ich mir vorstelle, ich müsste es verkaufen …

BRELOER: Was hängt denn dran an dem Auto?

ARNOLD SPEER: Ach, ein Stück von diesem Vater wahrscheinlich.

BRELOER: Was wollen Sie noch von Ihrem Vater?

ARNOLD SPEER *(lacht)*: Wahrscheinlich, wie alle Welt, geliebt werden – auch wenn er tot ist. Es käme mir irgendwie komisch vor, wenn ich das weggäbe. Wie ein Stück Verrat oder so etwas – es ist schon eigen. Wenn das nicht meinem Vater gehören würde, dann würde ich ihn wahrscheinlich verkaufen, weil ich ihn nicht brauchen kann. Einmal anspringen, und der Tank ist leer – so war das leider.

BRELOER: Merkwürdige Anhänglichkeit. Sie heben sich hier ein Stück vom Vater in der Garage auf.

ARNOLD SPEER: Ich gehe aber ganz selten zu diesem Friedhof.

Vor Ort: Heidelberg
Schloss-Wolfsbrunnenweg, am oberen Haus

ARNOLD SPEER: Das war unsere Rodelbahn. Hier diesen Weg runter nach hinten auf diesen Holzschuppen zu. Und da unten, ungefähr da, wo das so ein bisschen eben wird, wo die zwei Büsche stehen, da war ein Gemüsegarten, da haben wir anscheinend was angebaut. Ich weiß nur, dass da irgendwie Gemüse war. Und hier, das ist diese Beerdigungsgeschichte von diesen Großeltern. Die sind ja hier oben beigesetzt.

BRELOER: Wo würden die jetzt liegen?

ARNOLD SPEER: Irgendwo hier.

BRELOER: Gibt es keinen Grabstein?

ARNOLD SPEER: Nein.

BRELOER: Beide liegen dort, in einer Urne?

ARNOLD SPEER: Ja. So erinnere ich das.

BRELOER: Und wo könnte die Urne vergraben sein?

ARNOLD SPEER: Keine Ahnung.

BRELOER: Ist man nicht manchmal hingegangen zum Grab?

ARNOLD SPEER: Das war wie Sonne und Regen. Das war eben so, als Kind. – Das Haus ist umgebaut, nicht? Das ist vollkommen anders. Da war so ein Steg rüber in das zweite Fenster oben. Das war die Küche. Hier in dem oberen Teil wohnte die Omi. Und meine Mutter mit ihren sechs Kindern wohnte unten. Und es war schön in dieser Wildnis hier. Ich wollte so gern Schlitten fahren, da habe ich meine Omi gefragt: »Wann wird es Winter?« Und da hat die arme Omi, die wusste ja nun nicht, was sie sagen sollte, gesagt: »Wenn alle Blätter von den Bäumen sind.« Und dann bin ich auf den einen Baum rauf – der stand hier vorne – und habe alle Blätter runtergeholt – da war aber auch nichts mehr drauf! – in der Hoffnung, es wird Winter. Ich habe richtig gearbeitet, dass es Winter wird. Also hier waren Bäume, ganz viel Obstbäume. Und weiter unten, da, wo das Gestrüpp ist, waren Himbeeren und Brombeeren. Und da drunter war auch Speer-Grundstück, aber von den Amerikanern besetzt.

BRELOER: Wenn Sie sich einen Sommertag vorstellen, wie Sie hier spielen – was sehen Sie?

ARNOLD SPEER: Ich habe hier relativ wenig gespielt. Ich bin immer zu Freunden, ein bisschen weiter hier rauf, und da sind wir in die Wälder. Und hier – ich erinnere mich, da unten waren große Nussbäume, und da habe ich den Eichhörnchen – es tut mir heut noch leid – mit Prügeln nachgeschmissen, dass die vor lauter Schreck die Nüsse fallen ließen, damit ich die dann ›ernten‹ konnte.

BRELOER: Walnüsse?

ARNOLD SPEER: Walnüsse, ja. Meine Mutter war ganz scharf hinter Walnüssen her.

BRELOER: Was war das für ein Baum für sie?

ARNOLD SPEER: Sie mochte Nussbäume.

BRELOER: Nussbäume standen auch in Spandau. Widerstandsfähige Bäume. Für die Kelten heilige Bäume, mit der Kraft, den Geist zu reinigen und von der Vergangenheit zu lösen. So die Sage.

ARNOLD SPEER: Ich war ja ganz viel ausgelagert hier herauf. Im Hausackerweg, wo die Mutter mit den Kindern und ihren Eltern wohnte, war das zwar eine schöne große Wohnung, aber doch zu klein für die sechs Enkelkinder. Dann wohnte ich hier oben und ging – da hatte ich eine unwahrscheinliche Angst – nachts manchmal zur Mutter runter, einfach so. Und einmal war ich auf halbem Wege, da krachte es hier oben, da war der Gasofen hochgegangen. Da habe ich eine ganze Weile gebraucht, bis ich mich wieder hierher getraut habe. Das muss so zwischen 1946 und 1949 gewesen sein, dass ich viel hier oben war. Meine Mutter wollte immer drüben wohnen auf der anderen Seite vom Neckar, weil es da sonniger ist. Da war der Schnee schneller weg. Und dann hat sie eben für ihre Kinder den ganzen Kram zu Fuß aus Heidelberg, also aus der Stadt, hierher geschleppt, und ab und zu kam mal einer her von Schlierbach und hat auch Lebensmittel gebracht.

Breloer: Wenn Sie sich erinnern – wie lief das Leben hier ab? Es war doch sicher auch stark von der Natur bestimmt.

Arnold Speer: Als Sieben-, Achtjähriger denken Sie über diese Sachen überhaupt nicht nach. Das ist einfach so gegeben. Aber ich war, glaube ich, derjenige von den ganzen Geschwistern, der am meisten durch den Wald stromerte. ›Naturverbunden‹ will ich nicht sagen, aber das war mein Leben, hier in den Wäldern. Fahrrad gefahren, Ski gelaufen. Dazu hat man sich mit den anderen Kindern auf der sogenannten Boschwiese getroffen, da vorne. Wenn hier unten noch kein Schnee war, war oben Schnee, dann mussten wir eben diese anderthalb Stunden hochlaufen.

Breloer: War das hier ein Paradies für Kinder?

Arnold Speer: Für mich ja. Diese Zeit hier in dem kleinen Haus, das war die schönste Zeit, die schönste Kinderzeit.

Breloer: Was war das Schöne daran?

Arnold Speer: Ich glaube, das war eher eine schulische Frage. Hier war das noch die Volksschule; und dann kam ja das Gymnasium mit den höheren Anforderungen, und der Fleißigste war ich nicht. Von daher waren auch die Noten nicht so, wie sich die Eltern das vorgestellt haben. Und natürlich gab es dann einen gewissen Druck. Obwohl ich glaube, dass es jeder verneinen würde, dass es bei uns Leistungsdruck in dem Sinne gab – es gab gut Leistungsdruck. Der war aber sehr viel unterschwelliger.

Breloer: Wenn Sie mal zum Haus schauen – wen sehen Sie da?

Arnold Speer: Das Bild ist anders, es ist sofort: Wie haben wir da drin gelebt? Draußen sehe ich nur mich Kohlen holen für die Heizung. Und da, wo dieser Weg ums Haus herumgeht, war so ein Holzboden, da wurden die sogenannten Orgelpfeifenbilder für meinen Vater gemacht. Da stellten wir uns der Reihe nach hin, und das sah bei sechs Kindern dann eben aus wie die Orgelpfeifen.

Breloer: Läuft ein Hund vor dem Haus herum?

Arnold Speer: Nein, eine Katze.

Breloer: Wie hieß die?

Arnold Speer: Murr. Das war eine Schwarzweiße, und die liebte ich inniglich. Die schlief bei uns im Bett. Ich glaube, die Mutter sah das nicht so gerne.

Breloer: Wenn man die Fotos aus der Zeit sieht und sich das hier vorstellt: ein freies Leben, eine glückliche Familie. Man lebt intensiv zusammen, jeder kümmert sich um jeden …

ARNOLD SPEER: Ach nein. *Intensiv – ja. Jeder kümmert sich um jeden* – das würde ich nicht so sagen. Eher so ein bisschen: Aufzucht der Wilden. Jeder machte seinen Bereich, und wenn er vielleicht zu sehr ausartete oder so, dann wurde er wieder reingeholt. Aber da kümmerte sich nicht jeder um jeden. Man sprach viel miteinander, aber jeder ging so seinen Weg. – Nein, ich muss das anders sagen: Diese Erinnerung an die Geschwister ist die aus meiner Sicht: Albert war so ein bisschen gradlinig, zog so seine Spur. Hilde hatte mehr die Aufgabe übernommen, sich um die jüngeren Geschwister zu kümmern – nachträglich gesehen also eine extrem undankbare Aufgabe. Fritz und Margret ließ man so laufen, wobei Fritz, glaube ich, hier oben häufiger ausquartiert war; es passten ja nur fünf Kinder rein von den sechs, und einer musste immer wieder ausquartiert werden. Und ich war ganz früh derjenige, der irgendwas mit dem Erdreich zu tun hatte. Unten am Haupthaus, da war so eine Riesenkuhle, ich denke, fünfzehn mal fünfzehn Quadratmeter, die wurde per Lastwagen aufgefüllt, aber nicht mit Bauschutt, sondern mit richtiger Erde. Und dann waren diese Lastwagenhügel da, und die habe ich alle per Hand eingeebnet. Einen Sommer habe ich gebraucht oder so. Wir sind hier wirklich aufgewachsen wie die Wilden, also vollkommen frei.

BRELOER: Albert hatte ein Handicap: Er stotterte.

ARNOLD SPEER: Ja. Ich glaube, der Fritz auch. Aber das weiß ich nicht mehr ganz genau.

BRELOER: Hilde wurde »Heulsuse« genannt, weil sie so schnell weinte.

ARNOLD SPEER: Ja, das habe ich auch. Das geht relativ fix.

BRELOER: Wie hat Margret auf die Situation reagiert? Hat sie auch irgendetwas ausgebildet?

ARNOLD SPEER: Nein, Margret ist auch relativ bodenständig geblieben. Und meine Wenigkeit – hier oben und auch im Haupthaus hieß es halt immer: ›Der Arnold ist lieb, aber doof.‹ *(Lacht.)* Das ist ein Handicap, das man sein ganzes Leben mit sich rumschleift, dieses Stigma. Da entsteht etwas, das Sie nie wieder loslässt. Mich interessierte irgendwelche Bildung nicht; ich wollte Lastwagenfahrer werden, noch als ich sechzehn war. Mich interessierte nicht Schiller und nicht Goethe, mich interessierte keine Klassik. Ich passte überhaupt nicht in diese Clique rein, ich fiel richtig raus. Heute sagen die Geschwister: ›Wir haben dich beneidet um deine Art.‹ Ich habe richtig darunter gelitten. Ich wollte natürlich – vom Gruppenzwang her gesehen – in diesem Verein drin sein, mitreden können. Nur – da hätte ich ja was tun müssen. Da hätte ich lesen müssen, da hätte ich mich hinsetzen müssen und irgendwelche Musik hören, die ich nicht mochte. Das habe ich nicht gemacht.

Breloer: Vielleicht Querflöte lernen …

Arnold Speer: Nein, Geige! Ich war, glaube ich, für Geige vorgesehen.

Breloer: Sie schreiben: »Mein lieber Vater, an dieses Instrument kriegen mich keine zehn Pferde ran!«

Arnold Speer: Ja, das war dann schon die höchste Not, so zu schreiben. – Ernst da unten gärtnerte auch.

Breloer: Der Ernst lebt da unten?

Arnold Speer: Der lebt da unten.

Breloer: Was hat er für ein Handicap bekommen?

Arnold Speer: Das ist das Handicap einer Schüchternheit, die fast krankhaft ist. Das ist der letzte Eindruck.

Breloer: Jedes Kind musste auf seine Weise mit dem Erbe des Vaters fertig werden, und er hat den Rückzug gewählt. Glauben Sie, dass Sie heute zu Ihrem Bruder die hundert Meter hinuntergehen könnten?

Arnold Speer: Ach, können schon. Es ist nur so, wie in jeder Familie: Irgendwie hat man sich da, aus welchem Grund auch immer, auseinander gelebt mit diesem jüngsten Bruder. Und ich denke, irgendwann kommt die Zeit, wo ich für meinen Teil – ich kann nur für mich sprechen, nicht für die Geschwister – mit Sicherheit noch einen Kontaktversuch machen werde. Und er muss auf Kontaktversuche nicht reagieren, das ist dann seine Sache, aber ich glaube, ich lasse es nicht so stehen.

Breloer: Wissen Sie, wie er über seinen Vater denkt?

Arnold Speer: Nein.

Breloer: Riecht es noch ein bisschen nach früher?

Arnold Speer: Nein, überhaupt nicht.

Breloer: Ihre Großmutter musste aus dem Haupthaus ausziehen …

Arnold Speer: Die Amerikaner haben das beschlagnahmt. Da musste sie sich eine Bleibe suchen, und dann lebte sie hier oben. Einmal in der Woche holte sie ein Taxi, dann fuhr sie in die Stadt. Manchmal lief sie auch in die Stadt, und dann nahm sie mich auch mal mit. Und irgendwann bekamen wir aus der Schweiz mal so eine Art Carepaket mit furchtbaren Hosen, die so bermudashortartig waren, mit Jackett – und die musste ich anziehen, weil es vornehm aussah. Ich fühlte mich darin überhaupt nicht wohl. Die Großmutter machte diese Räume oben wieder so ein bisschen wie im Haupthaus, so ein bisschen auf vornehm. Da hatte sie ein Wohnzimmer, Schlafzimmer, diese beiden Fenster, und hinten war noch ein Zimmer mit Badezimmer. Und in diesem hinteren Zimmer, da lebte ich. Und da war so eine Tapete, und darunter war, wie man das früher machte, Zeitungspapier geklebt. Und als ich dann entdeckte, dass da Zeitungspapier drunter war, konnte ich ja was lesen in der Langeweile. Und da habe ich mir die Tapete immer weiter heruntergeholt, bis sie das merkte – zu ihrer Freude. Ich muss ja 1946 hier oben gewesen sein, denn ich erinnere, dass sie da von sieben bis halb acht Uhr saß und den Bericht vom Nürnberger Prozess hörte.

BRELOER: Haben Sie etwas davon verstanden?

ARNOLD SPEER: Nein, ich wusste gar nicht, um was es geht. Warum sie das hörte, das hat sie mir nicht gesagt. Das habe ich irgendwann mal spitzgekriegt, dass es da irgendwie um einen Prozess ging.

BRELOER: Wir sprachen schon vom Absturz Ihrer Mutter. In Berchtesgaden eine der ersten Frauen des Reiches, und dann hier …

ARNOLD SPEER: Ja. Herr Breloer – bis ich fünfzig Jahre alt war, noch länger, habe ich mir darüber überhaupt keine Gedanken gemacht, weil meine Mutter kein Wort – aber auch wirklich nicht eins! – darüber verloren hatte. Ich konnte mir gar nicht vorstellen, dass sie auf dem Berghof ein und aus ging. Aber es interessierte mich auch nicht. Für mich war es eine ganz liebe Mutter. Und ich könnte mir vorstellen, wenn man sie angesprochen hätte, dann hätte sie auf ihre Art und Weise, liebevoll, aber – gesagt: ›Nein, lass mal.‹ – Ich weiß nicht, wie das hieß – dieser Mutterschaftsorden ab dem vierten, fünften Kind,[33] den haben wir uns zum Spielen um den Hals gehängt. Das mochte sie nicht. Das haben wir zwar teilweise respektiert, aber wenn das Ding wieder kam, haben wir natürlich wieder angefangen, wie Kinder so sind.

BRELOER: ›Wir Speers müssen leise durchs Leben gehen‹, soll sie gesagt haben.

ARNOLD SPEER: Ja. Wir sind so erzogen. Wir sind im Grunde in einem extremen Understatement erzogen. ›Seid schön leise, seid schön ruhig, dann fallt ihr nicht auf.‹ Wenn ich mir vorstelle, wie wir Kinder so durchs Leben gekommen sind, dann hat diese Frau mächtig was geleistet: uns vom Dünkel, vom Hochmut abzuhalten, uns eine politische Richtung zu geben, die ausgesprochen liberal war. Und aus den sechs Kindern, aus jedem ist was geworden – jeder hat Abitur gemacht, jeder hat studiert, jeder hat das Studium zu Ende gebracht – nein, die Margret hat dann geheiratet, aber ist auch eine bekannte Fotografin geworden. Hut ab vor meiner Mutter, wie sie es gemacht hat mit dieser zurückhaltenden Mentalität.

Breloer: ›Wir Speers dürfen nicht auffallen‹ – was hätte denn auffallen können, was die anderen nicht so sehen sollten?

Arnold Speer: Ich glaube: dass unser Vater Albert Speer ist. Dass man nicht zum Vogel Strauß – äh, zum Paradiesvogel wird. Wahrscheinlich auch, damit man sich darauf nichts einbildet.

Breloer: Denn die Speers der vorigen Generation waren gegenüber den Menschen unten im Tal etwas Besseres. Die Webers,[34] die Handwerker, waren für den Vater Speer nicht gut genug, da sollte Albert Speer nicht hineinheiraten.

Arnold Speer: Das sind nur Handwerker, das war unter Niveau. Und der Triumph von Linale, also von Lina Weber, kam dann, als es nichts mehr zu fressen gab, 1945. Da kamen die beiden anderen Großeltern bei ihr an, und sie hat sie nicht geradezu durchgefüttert, aber da gab es mal Pflaumenkuchen, da gab es mal dieses und jenes, und die erschienen am Hausackerweg. – Ich habe die Webers ja erlebt; die wohnten dann mit uns; das waren ganz liebe Menschen, und mit beiden Beinen auf dem Boden. Das war der große Unterschied zu hier oben, wo man eben vornehm war.

Breloer: Was könnte Ihr Vater in diesem kalten Herrenhaus abgekriegt haben, das dann Hitler gut gebrauchen konnte?

Arnold Speer: Da fragen Sie mich zu viel.

Breloer: Diese gewisse Kälte, der Wunsch, etwas Großes zu werden – das war wohl auch in Ihrem Vater.

Arnold Speer: Das mit der Karriere, dass man was Großes werden musste – das wurde bei uns Kindern auch noch gehandelt. Sehr unterschwellig, aber wenn ich mich betrachte, dann ist es so: Man musste nicht Leistung bringen, man musste irgendwie etwas Besonderes werden. Als ich sagte, ich mache Meereskunde, da war der Vater ganz angetan. Nein – da ist etwas hängen geblieben. Dieser Anspruch, der wirklich in dieser Familie durchläuft, und der Anspruch, den man dann auch selbst an sich hat, der ist viel zu groß für das, was man leisten kann.

BRELOER: War es der Druck, doch auch ein wenig von der Größe des Vaters zu erreichen, von seinem Genie – sich seiner würdig zu erweisen?

ARNOLD SPEER: So hätte ich es nicht ausgedrückt, aber da war immer – für mich, also vorsichtig: vielleicht für die anderen nicht – ein Druck, da war mächtig Druck. Ich meine, für mich besonders: »Lieb, aber doof«. Da hatte ich ja diesen Familiendruck. Und dann als Erster in der Familie promoviert – das passte alles nicht zusammen. Aber für mich war der Druck noch nicht zu Ende, der war erst zu Ende in dem Moment, als ich meine Medizin fertig und mein Leben gefunden hatte. Und als man dann im Krankenhaus sagte: »Mit Ihnen können wir etwas anfangen«, und die Patienten mir Vertrauen entgegenbrachten. Wenn ich das heute betrachte: Aus diesem Beruf habe ich dann unwahrscheinlich viel Selbstbewusstsein gezogen, das vorher nicht da war, weil ich ja nur »lieb, aber doof« war.

BRELOER: Der Vater wäre fast Herrscher eines germanischen Weltreichs geworden. Aber Sie, wie sollten Sie das schaffen? Aus dem Kuhstall heraus die Welt erobern, mit Löchern in den Strümpfen zur Schule –

ARNOLD SPEER: Nein, ohne! Im Sommer garantiert ohne Strümpfe, und im Winter mit diesen Leibchen und den Strapsen daran und den kurzen Hosen.

BRELOER: Da konnte man trübselig werden.

ARNOLD SPEER: Dass da ein gewisser depressiver Zug in der Familie ist, das lässt sich nicht verleugnen. Trübselig – nein, es war so ein bisschen Verzweifeln.

BRELOER: Da war aber jemand in Spandau, der hatte eine unausgesprochene Lebensplanung für jedes Kind – der hatte immer Ideen, der hatte die Kontrolle aus der Ferne.

ARNOLD SPEER: Eine ganz extreme Kontrolle. Ich weiß noch: Ich hatte so ein ganz kleines Auto, und dann war ich in Kiel, und da wollte ich ein größeres Auto haben, und das habe ich auch gekauft, ihm aber nicht geschrieben. Das war schwierig, das war richtig schwierig! Und irgendwann habe ich das dann gebeichtet, und das ging dann natürlich auch gut. Was sollte er denn dazu sagen? Das ging alles über ihn. Alles! Er hatte jetzt Zeit und wollte den Vater spielen und vieles aufholen, was er versäumt hatte. Er hatte so gewisse Ideen, was aus diesen Kindern werden sollte, werden könnte. Ich weiß nicht, wo der Druck herkam – ob der von ihm kam oder innerfamiliär war, also dass das über eine zweite Person ging.

BRELOER: Über die Mutter?

Arnold Speer: Über die Mutter und über die Geschwister. Wobei ich denke, dass ich mich, zusammen mit der Margret, am meisten geweigert habe, irgendetwas anzunehmen. Ich glaube, mit mir war das am schwierigsten, denn ich hatte ja diese Wälder hier, und der Vater interessierte mich nicht. Da hatte ich ein schlechtes Gewissen, aber er interessierte mich nicht. Und ich denke manchmal, wenn ich das so vergleiche mit den Geschwistern: Ich fühle mich da nicht als Außenseiter – gar nicht, ich fühle mich von diesen Geschwistern gemocht, aber ich bin trotzdem ein Außenseiter in der Art. Und das muss mit Berchtesgaden zusammenhängen, weil ich mich dort immer zur Küche hingeflüchtet habe, da habe ich mir meine Streicheleinheiten geholt. Dass ich nämlich meine Streicheleinheiten bekam, während die anderen ihre Streicheleinheiten nicht bekamen. Und von daher war ich schon ein bisschen außen vor. Und dann diese ganzen Fahrradtouren. Mit elf Jahren hat mich meine Mutter allein losgelassen auf die Walze, da bin ich allein auf dem Fahrrad nach Erlangen gefahren. Und später habe ich Deutschland mit dem Fahrrad durchkämmt. Alleine.

Breloer: Weg von der Familie, eigene Wege finden …

Arnold Speer: … die für mich gut sind. Und habe natürlich dafür ordentlich eingesteckt, eher von den Geschwistern als von der Mutter. Da habe ich ordentlich eingesteckt, weil ich da nicht reinpasste. Ich bin Weihnachten um halb acht ins Bett gegangen. Da war ich der Einzige, der das durfte. Und wenn man mir das verboten hätte, wäre ich auch ins Bett gegangen. Als wir dann in der Franz-Knauf-Straße waren unten in Heidelberg, in der Zwischenzeit zwischen hier und dem Haupthaus, bin ich jeden Tag, den Gott werden ließ, hier heraufgefahren, habe hier hinten mit meinen Kumpanen gespielt und kam jeden Abend, den Gott werden ließ, zu spät nach Hause. Jeden Abend! Da hab ich meine Tracht Prügel gekriegt oder auch nicht, aber es hat nichts genutzt.

Breloer: Haben Sie in der Zeit, als Sie hier schliefen, noch von Ihrem Vater geträumt?

Arnold Speer: Nein. Ich erinnere nicht, dass ich von meinem Vater geträumt habe. Überhaupt nicht. Nur, dass ich als Kind, als Jugendlicher gebetet habe, dass er nach Hause kommt, also dass er freigelassen wird. Das ja.

Breloer: ›Lieber Gott, mach mich fromm, dass ich in den Himmel komm, und bitte, lass meinen Vater aus dem Gefängnis‹?

ARNOLD SPEER: So ähnlich, in diesem Sinne. Und das heißt: Auch wenn ich diese Briefe ungern geschrieben habe, irgendwie existierte er ja doch. Der sollte kommen. Und er tat mir da auch leid. – Das mit dem Beten fällt mir ein, wo wir hier stehen. Ich war so gespannt, dieses Haus wieder zu sehen.

BRELOER: Fünfzig Jahre. Ist das eigentlich wie gestern?

ARNOLD SPEER: Nein, nicht wie gestern. Das ist weit weg. Das sind wirklich fünfzig Jahre. Aber ein bisschen melancholisch macht es einen schon.

BRELOER: Es ist nicht bedrückend, hier zu sein?

ARNOLD SPEER: Doch. Es ist so eine Art Wonnegraus.

BRELOER: Wonnegraus?

ARNOLD SPEER *(lacht)*: Ja. Es ist schon ein bisschen bedrückend.

BRELOER: Was ist das Bedrückende daran?

ARNOLD SPEER: Vielleicht so etwas Ähnliches wie ein verlorenes Paradies – denn das muss ein Paradies für mich gewesen sein. Ich habe mir überlegt, wie das – meine Kindheit – alles so war, und ich kann nur sagen: Das war das Paradies hier, diese Jahre.

BRELOER: Aber mit bedrückenden Ansprüchen.

ARNOLD SPEER: Damals noch nicht zu merken.

BRELOER: Man merkt es durch die Haut.

ARNOLD SPEER: Hier oben war ich ungefähr, bis ich elf war. Und, gut – der Anspruch, mich, der sich mehr auf den Bäumen aufhielt als auf dem Fußboden, hier aufs Gymnasium zu schicken, diese Idee war sicher nicht die intelligenteste.

Vor Ort: Das Speer-Haus im Allgäu

BRELOER: Seit wann ist dieses Haus in der Familie?

ARNOLD SPEER: Das muss so Anfang der Achtziger, 1978 – so um diese Zeit von den Eltern gekauft worden sein. Es war ursprünglich, glaube ich, ein Bauernhof, dann eine Gastwirtschaft, und schließlich hatte das hier der Jagdpächter; der hat das dann an die Eltern verkauft.

BRELOER: Als Alterssitz oder als Sommerhaus?

ARNOLD SPEER: Mehr so ein Sommerhaus, ein Ferienhaus.

BRELOER: Hat Ihr Vater hier auch geschrieben, gearbeitet?

ARNOLD SPEER: Ja. Er hat es dann umgebaut; die Stallung ist das Wohnzimmer geworden. Und der Giebel stand hier oben anders. Das war die Auflage, dass er die Stallung ausbauen durfte.

Breloer: Der Blick hat ja ein ganz klein bisschen Ähnlichkeit mit dem vom Obersalzberg in Richtung Österreich.

Arnold Speer: Na ja, ich war mal wieder auf dem Obersalzberg und habe mir das angeguckt; es ist nicht ganz so alpin. Das Alpine war nicht sein Ding. Sein Ding war das Allgäu, das hat er auch gesagt. Es war schon immer sein Traum: Allgäu, und nicht Oberbayern. Dieses ein bisschen Lieblichere wie hier in der Voralpenlandschaft ist es, was ihn wohl sehr angezogen hat. Er hat dieses Sichzurückziehen hier genossen und hatte dann Besuch von guten Freunden. Es war eigentlich eher der Nicht-Arbeitsplatz.

Breloer: Wenn man ihn sich hier in der Dämmerung auf seinem Balkon vorstellt: Er guckt über die Landschaft, kann sein Leben überblicken – was ihm wohl für Gedanken durch den Kopf gegangen sind, wenn er hier allein war?

Arnold Speer *(lacht):* Da fragen Sie mich zu viel! Dem muss bei dieser Ruhe hier vieles durch den Kopf gegangen sein, viele Rückblickgedanken, wie das im höheren Lebensalter nun mal so ist.

Breloer: Was für ein Leben.

Arnold Speer: Höhepunkte und tiefe Talfahrt.

Breloer: Das reiche Elternhaus, die wilden Zwanziger, die schwindelerregenden zwölf Jahre bis kurz vor der Weltherrschaft, das große Blutbad in Europa, der Prozess, zwanzig Jahre Spazierengehen in Spandau; zurück in den großen Wirbel der Bundesrepublik, und noch einmal Erfolg. Die Kinder sind etwas geworden. Noch einmal alles bekommen, was man will, am Schluss sogar noch die Liebe kennen gelernt. Er hat alles gekriegt.

Arnold Speer: Das freut mich ja irgendwo für meinen Vater, dass er alles gekriegt hat. Der Preis war vielleicht ein bisschen hoch …

Breloer: Den wer bezahlt hat?

Arnold Speer: Na ja – das gesamte Deutschland.

Breloer: Sie auch, die Familie. Und noch viele andere.

Arnold Speer: Und viele andere. Ja.

Breloer: Ganz zum Schluss, sagt uns Joachim Fest, hat er noch einmal Glück gehabt, indem er starb, kurz bevor die ersten Bücher kamen, die den »Mythos Speer« entlarvten, die seine Fälschungen aufdeckten. Das ist ihm erspart geblieben.

ARNOLD SPEER: Ich bin ganz froh, dass ihm das alles erspart worden ist – schlicht deswegen, weil es eben der Vater ist.

BRELOER: Vielleicht hat er alles – wie Sie sagten – gut verdrängt, und die Toten kamen hier nicht zu Besuch abends.

ARNOLD SPEER: Weil er es nicht will, denke ich. Aber nicht, weil es willentlich passiert, sondern das verschwindet. Es verschwindet einfach, einbetoniert im Keller, und bleibt da unten drin. Und kommt bei manchen hoch, wenn der Keller angebohrt wird. Aber freiwillig entlässt der Keller das nicht. Der muss von außen angebohrt werden.

BRELOER: Er hat sich gegen die Tür gestemmt, dass keiner herauskommt, dass sie alle drinbleiben. Denn da war was im Keller.

ARNOLD SPEER: Ich wollte gerade einen blöden Satz loslassen.

BRELOER: Ja, machen Sie mal.

ARNOLD SPEER: Wir haben alle was im Keller und sehen zu, dass das unten bleibt. Der eine mehr, der andere weniger. Auf alle Fälle: Rein technisch gesehen, ist es ja eine Bomben-Einrichtung, dass wir an unseren Keller nicht rankommen. Nehmen wir mal die ganze Geschichte mit dem »Dritten Reich« – wenn ihm die den ganzen Tag hochgekocht wäre, vom Sohn zum Vater gesprochen: was für ein schlimmes Leben!

BRELOER: Es gibt Erinnerungen, die töten können.

ARNOLD SPEER: Da kann man sich doch nur einen Strick nehmen. Wenn das alles hochkocht … Die Verantwortung, die man übernommen hat, alles das. Und das hätte ich ihm wahrlich nicht gegönnt.

BRELOER: Hätten Sie es sich gegönnt, mehr an Wahrheit über das Leben Ihres Vaters zu erfahren?

ARNOLD SPEER: Heute, wo er tot ist, würde ich sagen: ja. Zu Lebzeiten: nein. Ich glaube, da hätte ich Angst gehabt, einen Vater sehen zu müssen …

BRELOER: … mit Blut an den Händen.

ARNOLD SPEER: So hätte ich das nicht ausgedrückt. Es ist wie überall: Der Vater soll den Glorienschein behalten. Und wenn man erwachsen wird, dann fällt so manche Zacke aus der Krone des Vaters, aber er bleibt der Vater, und man möchte schon haben, dass noch ein paar Zacken an der Krone dranbleiben. Das ist Kind-Vater-Beziehung, und ich finde es schade, wenn Kinder den Eltern die ganze Krone runterzupfen. Es fehlt etwas. Ich würde gerne meinen Vater ein Stück lieben und nicht verachten. Und wenn – theoretisch gesprochen – an diesem Vater etwas Verachtungswürdiges wäre – ich als Sohn würde da, glaube ich, die Augen zumachen.

Breloer: Sind Sie ihm hier näher, wenn Sie das Haus betreten, in dem er zum Schluss gelebt hat?

Arnold Speer: Nein – meiner Mutter. An die Mutter muss ich viel denken, wenn ich hier bin, an den Vater weniger.

Breloer: Was denken Sie, wenn Sie hier an die Mutter denken zum Schluss?

Arnold Speer: Zum Schluss? An die Einsamkeit dieser Frau. Hier oben alleine, hat sechs Kinder gehabt, ab und zu kam mal einer vorbei … Wir haben versucht, ihr eine Hausdame beizugeben, aber das war mit meiner Mutter nicht zu machen. Ich denke, dass sie viel einsam war hier oben, nachdem der Vater gestorben war.

Breloer: Wann ist Ihre Mutter gestorben?

Arnold Speer: Das muss 1990/91 gewesen sein.[35] Sie war hier noch eine ganze Weile alleine und freute sich riesig, wenn man kam. Also anders als früher.

Breloer: Was sie wohl gedacht hat, wenn sie allein hier in der Dämmerung saß und ins Land schaute?

Arnold Speer: Ich glaube, sie hat sich mehr Gedanken als er gemacht über den Ablauf des Lebens. Sie war ja sehr viel bodenständiger. Sie war das irdische Gewächs in dieser Beziehung.

Breloer: Ich kenne ein Foto, da sitzt sie auf einer kleinen Bahnstation ganz allein, von ihren Koffern umgeben. Ganz alt.

Arnold Speer: Das ist diese Einsamkeit, von der ich erzählt habe. Dieses Bild vom kleinen Hermann – das rührt einen zu Tränen. Und ich kann mir vorstellen, dass das am Ende auch wirklich ein Stück dieses Leben zeichnet.

Breloer: Erinnern Sie sich an das Bild, das Sie von Ihrem Vater geschenkt bekommen haben – ›Meinem lieben Sohn Adolf‹? Über das Sie gesagt haben, das seien ja Gräber unter den steilen Türmen?

Arnold Speer: Ich weiß es nicht mehr. Ich weiß gar nicht, wie das Bild aussieht.

Breloer: Ich hab es Ihnen doch gestern noch einmal gezeigt.

Arnold Speer: Ja, Herr Breloer – das ist dieses Phänomen. Weg.

Breloer: Da waren Türme im Gebirge, und unten, sagten Sie, sind Gräber, oder Hütten kleiner Leute …

ARNOLD SPEER: Weg!

BRELOER: Auch Sie können Ereignisse wegdrücken?

ARNOLD SPEER: Ja, das Wegdrücken geht am besten mit dieser Zeit. Mit Müh und Not hole ich mir diese kleinen Häuser wieder rein. Ja – das war so ein bisschen wie diese Lehmhochhäuser in Arabien. Aber wenn Sie jetzt nicht angefangen hätten zu sagen, so und so sieht das aus – es war weg. Wenn mein Vater das so gut konnte, wie ich es kann, dann kann der mit Fug und Recht bei vielen Sachen sagen: ›Ich weiß nichts mehr. Ich weiß das nicht.‹ Das könnte der beeiden. Gut, das ist Spekulation – aber diese Eigenschaft hatte er. Wo soll ich sie sonst herhaben?

BRELOER: Als aufkam, dass Ihr Vater bei der Konferenz in Posen dabei war, auf der Himmler diese Rede über den Mord an den Juden gehalten hat,[36] war er zutiefst erschrocken. Aus seinem Briefwechsel mit Kempner, einem der Ankläger in Nürnberg, geht hervor, dass er nicht sofort wusste, ob er nun bei der Himmler-Rede anwesend war oder nicht.[37]

ARNOLD SPEER: Das ist dieses Phänomen. Bei unangenehmen Sachen reichen zwölf Stunden, dass ich es nicht mehr weiß.

BRELOER: Erschreckt Sie das?

ARNOLD SPEER: Nein, überhaupt nicht. Warum?

ARNOLD SPEER: Diese Möbel waren nicht drin, als er hier wohnte. Die hat meine Mutter hier hineingestellt, als er tot war. Die waren da unten im Hausackerweg-Haus, und die Sage geht, dass die noch der Schwiegervater nach seinen Plänen gemacht haben soll.

BRELOER: Hat Ihr Vater Klavier gespielt?

ARNOLD SPEER: Nein, meine Mutter. Die war ja eine sogenannte Höhere Tochter, hatte Gesangsunterricht und Klavierunterricht gehabt. Sie hat auch noch viel Klavier gespielt, hat sich hier hingesetzt und Klavier gespielt.

BRELOER: Als wir mit Albert darüber sprachen, was für ein Leben die Mutter dort am Hofe Hitlers gelebt hat, sagte er: ›Ach, die Tragödie meiner Mutter – wie sie sich in Staatsdirndl und Schwangerschaften hat stecken lassen, ganz gegen das, was sie vielleicht vorgehabt hatte im Leben.‹[38]

ARNOLD SPEER: Das kann ich gut verstehen. Aber ich weiß nicht, ob sie sich wirklich so hat da reinstecken lassen, ob sie nicht doch ihr eigenes Leben geführt hat. Ich kann mir nicht vorstellen, dass meine Mutter auf ihre Art und Weise nicht gegen den Stachel gelöckt hat. Sie müsste sich eigentlich Freiräume geschaffen haben, die ihre Freiräume waren.

Breloer: Dass sie diese ganze Zeit so völlig im Dunkeln gelassen wurde über das, was ihr Mann tat, dass sie so viele Dinge nicht wusste – nehmen Sie das auch an?

Arnold Speer: Ich könnte mir vorstellen, dass sie nicht gefragt hat. Das wäre sie gewesen.

Breloer: Man ist sehr gut mit Anni und Dr. Karl Brandt befreundet gewesen – der war der Chef des »Euthanasie«-Programms, der hat im großen Stil Kinder vergasen lassen. *Lebensunwertes Leben.*

Arnold Speer: Das ist mit Sicherheit nie besprochen worden, davon bin ich fest überzeugt. Man hat, wie es in vielen Ehen ist, das Tagesgeschäft da gelassen, wo es hingehört – entschuldigen Sie, das ist vielleicht nicht das richtige Wort bei diesem Holocaust, aber man hat das Tagesgeschäft hinter sich gelassen und kam nun zum schönen Teil des Abends.

Breloer: Nun war die »Euthanasie« aber ein Thema in Deutschland, das offen besprochen wurde.

Arnold Speer: Bei Dr. Brandt war da vielleicht noch nicht einmal ein Unrechtsbewusstsein.[39]

Breloer: Nach dem Krieg wurde er aufgehängt. Ist in der Familie mal über die Brandts gesprochen worden?

Arnold Speer: Anni Brandt war ja häufiger zu Gast, in Heidelberg auf alle Fälle. Ich meine, auch noch hier oben. Ich erinnere die ja sehr gut. Auch in der Nachkriegszeit, als mein Vater noch in Spandau war. Und der Sohn – ich glaube, der heißt auch Karl –, der studierte Medizin in Heidelberg; ich meine, der hat auch bei uns mal eine Weile überbrückt.

Breloer: Aber darüber wurde auch nie gesprochen, dass die Anni das nicht gewusst hat, und die Mutter hat nicht darüber gesprochen.

Arnold Speer: Nein. Das mag unglaublich klingen, aber es wurde in dieser Familie über die NS-Zeit nicht gesprochen. Heute würde man modernerweise sagen: Das war ein Tabuthema.

Am Kamin – Briefe, Figuren

Breloer: Mit diesem Kamin ist es ja auch eine seltsame Geschichte.

Arnold Speer: Da rief eines Tages ein italienischer Steinbruchsbesitzer aus Italien an, er hätte noch Teile, so ein Muster quasi von irgendeinem

Sims, aus dem »Dritten Reich« stammend. Und dann haben die das ganze Ding hierher geschafft, und nun ist es hier Kamin.

Breloer: Hat das wirklich Ähnlichkeit mit dem Kamin in der Reichskanzlei?[40]

Arnold Speer: Nein, das hat mit dem Kamin nichts zu tun. Es gibt ein Bild mit einer Musterfassade von irgendeinem Bau, und da kann man genau sehen, dass dieses ganze Ding überm Fenster war. Und das hatten die da noch im Steinbruch liegen.

Breloer: Ist ja doch merkwürdig, dass Ihr Vater sich solche Erinnerungen an so böse Zeiten zur Gemütlichkeit hergeholt hat, dass er damit leben wollte.

Arnold Speer: Gut, wenn einer mit irgendwas lebt – aber wenn er rein die Architekturseite betrachtet, dann kann ich das wieder verstehen.

Breloer: Das sind Kassiber von Annemarie Kempf aus Bonn, geschrieben an den Vater in Spandau.

(Arnold Speer liest)

Arnold Speer: Ich habe das jetzt nur so überflogen. Da schreibt Frau Kempf, wo überall wer sitzt in dem Ministerium aus der alten Zeit, den man eventuell brauchen könnte für Gnadengesuche.[41]

Breloer: Wie haben Sie Annemarie Kempf in Erinnerung?

Arnold Speer: Als einen unwahrscheinlich freundlichen, liebenswürdigen Menschen, und extrem loyal. Als Kind mochte ich sie gerne.

Breloer: Sie widmet in der Nachkriegszeit ihr Leben ihrem ehemaligen Chef. Warum hat sie das wohl gemacht? Sie geht nach Bonn, arbeitet dort ja wohl im Büro eines Abgeordneten …

Arnold Speer: Ich glaube, das lief andersherum: Sie war zuerst bei Freudenberg in Weinheim Sekretärin. Der wurde als unabhängiger Abgeordneter nach Bonn gewählt, und sie ging mit ihm nach Bonn. – Es muss natürlich eine wie auch immer geartete intensive Beziehung zwischen meinem Vater und Annemarie Kempf gegeben haben. Alles andere darüber wäre Spekulation.

Breloer: Verehrung von ihrer Seite?

Arnold Speer: Ja, könnte ich mir gut vorstellen. Aber eben auch eine Loyalität. Sie war ja später dann in diesem Kinderheim und hat auch diese Arbeit genauso anspruchslos durchgezogen, wie sie war – sie war ja eine hochintelligente Frau.

BRELOER: Sie war wirklich Albert Speers rechte Hand, und sie muss auch viel mitbekommen haben von den Verbrechen, die vom Rüstungsministerium ausgingen. Wie geht das mit dieser herzlichen, freundlichen Frau zusammen?

ARNOLD SPEER: Sie war mir gegenüber herzlich, freundlich und von einer extremen Anspruchslosigkeit.

BRELOER: Aber der Tonfall: »Übrigens überlege ich angestrengt, ob es jetzt wohl schon der Zeitpunkt ist, Herrn Heuss« – der war damals Bundespräsident – »die Rechnung vorzulegen, für Dein Anerbieten in damaliger Zeit an ihn, ein Buch zu schreiben?! Wenn er es auch nicht getan hat, ›wir‹ haben es ihm angeboten.«[42] Hier werden Leuten Rechnungen präsentiert, denen man damals geholfen hat. Passt das in Ihr Bild von Annemarie?

ARNOLD SPEER: Ja. Wenn es um die Verfolgung von Zielen ging, würde ich schon sagen, dass sie zur Sache kam.

BRELOER: Onkel Rudi, den kannten Sie auch?

ARNOLD SPEER: Nur so ganz eben.

BRELOER *(zeigt Fotos)*: Aus dem Fotoalbum von Rudolf Wolters aus Russland, 1942.

ARNOLD SPEER: Das sind ja heiße Bilder.

BRELOER: Ihr Vater schickt Ende 1941 seine Bautrupps dorthin, um die Verkehrswege für den Krieg in Stand zu setzen. Und Wolters fährt in die Ukraine, OT-Einsatz[43] Russland-Süd, Mai/Juni 1942 – inzwischen war Ihr Vater Rüstungsminister und auch Chef der Organisation Todt geworden. Von dieser Reise berichtet Wolters: »Auf der Straße«, der DG IV[44], »wird überall mit Hochdruck gearbeitet. Unter dem Kommando der deutschen OT-Männer wirken hier die fremden Kolonnen. In der Qualität stehen die Judentrupps mit an erster Stelle. Wie uns berichtet wird, arbeiten sie teils freiwillig zwei Schichten hintereinander. Sie wissen, worum es jetzt geht.« Verstehen Sie den Satz: »Sie wissen, worum es jetzt geht«?[45]

ARNOLD SPEER: Ja, klar. Aus der heutigen Sicht ...

BRELOER: »Unter den russischen Kriegsgefangenen sieht man sehr verschiedenartige Trupps: gutaussehende Männer ukrainischer oder russischer Herkunft, vielfach und zwar weit häufiger Trupps mit zusammengewürfelten Gestalten aller asiatischen Rassen, wie sie aus den Wochenschauen bekannt sind, mit unglaublich stets stupiden, geradezu tierischen Physiognomien.«[46] – Onkel Rudi. Der beste Freund.

Arnold Speer: Geprägt von der Propaganda.

Breloer: Er *war* die Propaganda für Ihren Vater. Er schrieb die Chronik, zeigte Ausstellungen in ganz Europa, schrieb die Lobartikel über Ihren Vater …

Arnold Speer: Halt – das meinte ich nicht. Ich meinte die Goebbels'-sche Propaganda, der sich keiner entziehen konnte. Oder den Zeitgeist …

Breloer: Wolters war auch einer der Gestalter des Zeitgeistes. Er hat ja selbst vor Ort diese Menschen so fotografiert, die da barfuß für ihn arbeiten; er hat das Tierische in ihnen gesehen.

Arnold Speer: Das meine ich doch damit. Das kommt irgendwoher, das bekommt man nicht als Kind erzählt, sondern da wird man so indoktriniert durch diese Mühle des »Dritten Reiches«, dass irgendwann auch intelligente Menschen glauben: Das sind Tiere. Man muss es nur lange genug sagen, dann glauben die das.

Breloer: Meinen Sie, dass Wolters ein anderer geworden war nach dem Krieg, als er gesehen hatte, wozu das geführt hatte – zum Massenmord?

Arnold Speer: Ich habe mich ja mit Rudi nie über solche Dinge unterhalten; aber ich glaube, er ist stark in diesen Vorstellungen hängen geblieben.

Breloer: Konnte man irgendetwas davon spüren, wenn man bei ihm zu Gast war?

Arnold Speer: Rudi war für mich unnahbar. Ich war vielleicht zwei- oder dreimal in Coesfeld; und wenn er dann auftauchte, war er jemand absolut Fremdes, der zu mir als Kind keinen Zugang suchte oder vielleicht auch nicht fand – das ist eine zweiseitige Sache. Auf alle Fälle: Mit Rudi konnte ich nichts anfangen.

Breloer: Haben Sie mal Marion Riesser getroffen? Wussten Sie, dass er seine Geliebte mitgebracht hatte?

Arnold Speer: Nein, das wusste ich alles nicht.

Breloer: Hier ist ein Foto mit einem Auto. Können Sie die Autonummer lesen?

Arnold Speer: COE – H 88.

Breloer: Können Sie übersetzen, was das heißen soll?

Arnold Speer: H 88? Nein.

Breloer: H ist der achte Buchstabe des Alphabets. 88 ist HH. Das war damals in Insiderkreisen die diskrete Abkürzung für ›Heil Hitler‹.

Arnold Speer: Ist ja irre. Das erschüttert mich. Das haut mich vom Hocker.

Breloer: Sie kennen doch vielleicht das Bild, wie Ihr Vater mit Hitler im Schnee spazieren geht?

Arnold Speer: Ja.

Breloer: Das hing in Coesfeld über seinem Bett.

Arnold Speer: Da gibt es bei mir immer so einen Satz: »… und nichts dazugelernt.«

Breloer: Albert Speer hatte sich ja in dieser großen Straße, die er für Berlin geplant hatte, wo die Generale ihre Mausoleen bekommen sollten, auch schon seine Grabstätte als eines der Großen des Reichs, als mythische Figur, eingeplant.

Arnold Speer: Davon weiß ich auch nichts. Das ist eine grässliche Geschichte. Das ist dieselbe Geschichte, wie dass ich mir vorstellen muss, dass meine Mutter auch mal auf dem Berghof aus und ein gegangen ist und sie darüber nie gesprochen hat. Genau so ist diese Vaterfigur, die ich, ob ich will oder nicht, ein bisschen umdenken muss. Das ist ein Grund, warum ich hier mitmache. Ich will wirklich wissen, wer er war – auch wenn es wehtut. Ich habe mich um diesen Vater nie gekümmert, wahrscheinlich, weil ich Angst vor der Wahrheit hatte – das könnte ich mir vorstellen. Diese Art von Größenwahnsinn ist so abstrus, dass mir die Haare zu Berge stehen.

Breloer: Das Bild Ihres Vaters in der Öffentlichkeit: der Zeitzeuge, ein Gentleman-Nazi – ein außerordentlich positives Bild. »Warum grüßen mich die Leute vom Nebentisch freundlich«, fragt er Siedler, »wenn ich in die Gaststätten gehe?« – »Weil Sie«, sagt Siedler zu ihm, »der Engel sind, der aus der Hölle kam.«[47]

Arnold Speer: Ich habe eine andere Idee, warum das so war: Hinter dieser Gestalt konnten ganz viele, die im »Dritten Reich« mitgemacht haben, sich wunderbar verstecken: ›Das Dritte Reich war doch nicht ganz so schlimm. Seht Albert Speer an!‹

Breloer: ›Wenn der es nicht gewusst hat, dann musste ich es auch nicht wissen.‹

Arnold Speer: Richtig. Das ist nur ein Aspekt der ganzen Geschichte. Das ist eines der großen Triebräder, warum mein Vater nach dem Krieg so populär war. Und derjenige, der ihn anguckt vom Nebentisch, sagt: ›So war ich doch auch! Ich habe doch gar nichts Böses getan!‹ – Er hat ein Vorbild.

Breloer: Haben Sie hier in diesem Haus, vor diesem Kamin mal mit ihm zusammengesessen?

Arnold Speer: Ja, viel. Aber schweigsam. Ich hatte immer das Gefühl desjenigen, der nichts konnte; er suggerierte mir sehr gut so eine Minderwertigkeit – also nicht im bösen Sinne, sondern: Ich habe kein Thema, worüber ich mit dir reden könnte, was dich wirklich interessiert. Von der Meereskunde oder von der Virologie gab es nicht allzu viel zu berichten; die Familie war hier, die konnte er sich angucken; das häusliche Umfeld bei mir war ein bürgerliches, normales Umfeld, da gab es auch nicht viel zu berichten. Und wenn ich ihm erzählt hätte, dass der und der Baum umgefallen ist und ich den dann gesägt habe, das hätte ihn schlicht nicht interessiert.

Breloer: Man saß hier, das Feuer brannte, man brütete vor sich hin …

Arnold Speer: Nein, er versuchte, Kontakt aufzunehmen. Er fragte dann dies und jenes, nur, da kam, wie Sie es bei mir manchmal auch hier sehen, nur ›Ja‹ – ›Nein‹. Weil ich immer das Gefühl hatte, wenn ich jetzt weitererzähle, wie es mir geht, dass es ihn nicht interessiert. Aber das ist eine Unterstellung meinerseits.

Breloer: Interesse spürt jeder Mensch sofort.

Arnold Speer: Ich nehme noch ein Beispiel mit den eigenen Kindern: Sie waren mir die liebsten Kinder, wenn sie schliefen. Da liebte ich sie. Das ging eine ganze Zeit so, das hörte aber Gott sei Dank irgendwann auf, und man kam wirklich zu Kontakt. Aber so könnte ich mir meinen Vater vorstellen: Ans Bett dieses erwachsenen Sohnes gehen und Liebe empfinden.

Arnold Speer: Ohne dass der andere überhaupt den Mund aufgemacht hat – ich übertreibe das ein bisschen – hatte der Vater sofort das Gefühl: ›Den kann ich brauchen – den kann ich nicht brauchen – den kann ich brauchen.‹ Und das ähnliche Gefühl muss er mit mir gehabt haben: ›Der hat eine weiche Seite.‹ Ich habe mir da keine Mühe gegeben, mich mit dem Vater auseinander zu setzen, aber wenn ich das jetzt langsam aufarbeite: Diese Sohn-Vater-Liebe lässt sich nicht wegbeamen, dieser Versuch der Beziehung. Und da muss er das Gefühl gehabt haben, dass ich ihn wirklich geliebt habe, diesen Vater. Ein Gefühl, das ich nicht hatte! Wovon ich aber denke, dass es wirklich da ist – heute.

Wahrscheinlich kam es da rüber, dass ich, aufgeweicht durch meine Frau, dann so etwas wie Liebe zu den Eltern zugelassen habe. Aber auch nur im Mikromaßstab. Das muss er schon gespürt haben. Man kann natürlich auch sagen: Wenn er das schon gespürt hat, dann muss er ganz schön ausgehungert gewesen sein.

Breloer: Sie würden ja am liebsten wissen, wie er war, wenn er wirklich geliebt hat – was ihm zum Schluss ja noch passiert ist. Mir sagte Siedler dazu: »Er hat mir ein Foto gezeigt, wie er auf einem Balkon in Südfrankreich beim Frühstück mit seiner Geliebten ist. Und hat mir dann gesagt: ›Siedler, ich habe das ganz im Alter überhaupt erst entdeckt, was das heißt, die körperliche Liebe.‹«[48]

Arnold Speer: Ich muss nur lachen – der Satz hätte von mir stammen können. Ich meine jetzt aber nicht die körperliche, ich meine dieses Lieben, in dem das körperliche Lieben eine Durchgangsstation ist, nicht der Höhepunkt. Meine Biographie ist da ja sehr ähnlich.

Breloer: Wer weiß, wie er es gemeint hat. Vielleicht meinte er auch die Lust.

Arnold Speer: Ich hoffe für ihn, dass er es im Sinne der von mir formulierten Durchgangsstation erlebt hat. So hart das für meine Mutter war und anfangs auch für mich.

Breloer: Sie waren empört?

Arnold Speer: Ja, das war ich. Meine Mutter war da in so einer Art Kur am Bodensee, da habe ich sie besucht; und da hat sie mir das gesagt. Doch, ich stand zu meiner Mutter. Wenn ich das aus der heutigen Sicht betrachte, war dieses Zur-Mutter-Stehen richtig, okay – aber ich kann ihn verstehen. Meine Mutter war bitter enttäuscht, aber auch wieder in dieser damenhaften Art, es nicht zu zeigen. Keine Träne, nichts.

Breloer: Hilde wollte bei der Mutter um Verständnis werben für ihren Vater, dem sie das gönnte.

Arnold Speer: Das kann ich mit meinem Intellekt auch. Aber vom Herzen her kann ich es nicht. Wenn er diesen Schritt macht, dann hoffe ich für ihn, dass es der Schritt war, den ich meine. Weil er dann auch zu sich findet. Wenn das wirklich so gewesen wäre, dann ist natürlich die Gemeinheit: Dann stehen Tote auf, dann kriegt er Mitleid. Und das gönne ich ihm auch. Das heißt, das gönne ich ihm nicht – da würde ich für diesen Vater hoffen, dass er alles im Keller behalten hat.

Breloer: Sie meinen, wenn das Herz auftaut, dann kann es auch zerreißen, dann kann man daran sterben?

ARNOLD SPEER: Das kann gut sein. – Ich sage mal wieder etwas, was vielleicht hier nicht so reingehört. Ich sage das nicht gerne, wie ich es sage,
aber so geht es am schnellsten: Ich bin gläubiger Christ. Und als Christ
leiste ich, was eigentlich die Pastoren leisten müssten: Sterbehilfe im
christlichen Glauben, mit Gebet, mit Absolution. Und diese Gebete
sind in der Wir-Form, weil ich genauso dazugehöre, genauso im christlichen Glauben in einer Gottferne lebe. Wenn ich dann diesen Menschen dieses Weitergehen im christlichen Glauben vermittle, und zwar
nicht durchs Hemd in die Socken, sondern ich springe da rein wie ins
Schwimmbecken mit Riesen-Wellen – da habe ich ja keine Zeit mehr,
ich kann nicht bei Adam und Eva anfangen und Konfirmandenunterricht machen. Und diese Leute schlafen in Frieden ein. Ich frage sie:
»Möchten Sie Gottes Segen haben?« Ich habe nur einmal ein Nein erlebt. Jetzt komme ich zu meinem Vater: Wenn da jemand ist, der ihn
aufweicht, kann dieser Mann, der mal gläubig war, dann aber den Faden wieder verloren hat, an der Stelle seiner größten Schuld und aus
dieser Erfahrung sagen: »Vergib mir!«, dann hat er seinen Frieden mit
Gott und kann sterben. – Eine ganz andere Schiene. Dieses Aufweichen
ist schon ein Thema für mich.

BRELOER: Vielleicht müssen Sie, um die Antwort zu bekommen, diese
Frau einmal kennen lernen.

ARNOLD SPEER: Wahrscheinlich werde ich mich mal irgendwann auf den
Weg machen.

Beim Betrachten alter Filme

Wochenschauen

SPRECHER: »Im Führerhauptquartier: Der Reichsminister für Bewaffnung und Munition, Albert Speer, erstattete dem Führer Bericht über
die außerordentliche Steigerung der Waffen-, Panzer- und Munitions-
erzeugung. Er konnte melden, dass die vorgesehenen Produktionszahlen ausnahmslos weit überschritten wurden. Der Führer dankt den
verantwortlichen Männern der deutschen Rüstungsindustrie und
überreicht Albert Speer in Anerkennung seiner einmaligen Leistungen den Fritz-Todt-Ring der deutschen Technik.«

ARNOLD SPEER: Da strahlt er richtig, nicht?

BRELOER: Ja, das hat ihm gefallen. – Man schunkelt.

ARNOLD SPEER: Das wird ihm schwer gefallen sein, das war nichts für ihn. Aber das Gesicht eben war wirklich authentisch, mit einem Stück Freude. Das war schon ein Stück Stolz, das alles geleistet zu haben. Und dieser Stolz war auch nach dem Krieg da. Die Frage ist: Ich habe auf der einen Seite den Stolz und auf der anderen Seite die Scham …

BRELOER: Die war verlangt worden. Wie stark Ihr Vater die Scham wirklich gefühlt hat – da bin ich mir nicht sicher.

ARNOLD SPEER: Das kann ich Ihnen auch nicht sagen.

BRELOER: Er hätte ja sagen können: ›Ich habe mich grässlich geirrt – so darfst du es nie machen, das ist mein Vermächtnis an dich.‹

ARNOLD SPEER: Das hat er nicht gesagt. Nein, das erinnere ich nicht, dass er das je gesagt hat. Aber man spürt ja, was der andere denkt, die Emotion kommt rüber, wenn man dabei ist. Stolz ist rübergekommen; Scham, um bei dem Wort zu bleiben – Scham nicht.

Amateurfilme vom Berghof

BRELOER: Immer neben ihm, immer hinter ihm, ganz dicht bei der Macht. Wenn sie dieses Filmmaterial damals, als Ihr Vater noch lebte, gekannt hätten – was hätten sie ihn fragen mögen?

ARNOLD SPEER: Wenn ich diese, nicht die militärischen Bilder sehe, hätte ich ihn, glaube ich, gefragt, was für eine Freundschaft das war. Da muss eine persönliche Anziehung gewesen sein. Der Einzige, der Mimik zeigt, ist mein Vater. Das Gesicht Hitlers zeigt keine Mimik. Gut, vielleicht buhlt man um die Gunst eines so mächtigen Mannes, und der mächtige Mann hat es nicht nötig, zurückzulächeln.

BRELOER: Joachim Fest meint, es sei eine Art sublimierter Erotik.[49]

ARNOLD SPEER: Das ist ja genau das, was ich sage. Sie haben mich gefragt, was ich fragen würde, und das ist die Frage: Warum hast du dich mit diesem Mann abgegeben, außer eben um teilzuhaben an der Macht? Da war ja mehr, da muss mehr gewesen sein. Ich kenne ja von mir so einen eigentümlichen Treuekodex.

BRELOER: Dennoch hat er ihn am Schluss verraten.

ARNOLD SPEER: Richtig.

Vor Ort: Berchtesgaden, das ehemalige Haus der Speers

ARNOLD SPEER: Das da vorn ist also die Mauer. Aber da gibt es so viele Filmaufnahmen, dass man wieder nicht mehr weiß, was Gedächtnis ist und was Film. Aber ich denke, das ist Echt-Erinnerung. Und die Flak stand für mich hier oben.

BRELOER: Da ist noch etwas.

ARNOLD SPEER: Diese Dinger da?

BRELOER: Die mit den Haken da oben, die sind noch aus der Zeit. Wissen Sie, was da war?

ARNOLD SPEER: Wahrscheinlich die Schaukel, aber – nichts.

BRELOER: Da schaukelt Hilde hoch …

ARNOLD SPEER: Ja, da schaukelt Hilde. Aber ich habe da nie geschaukelt, ich erinnere das nicht.

BRELOER: Sie könnten geschaukelt haben, Sie wissen es nur nicht.

ARNOLD SPEER: Genau, ich könnte da geschaukelt haben. Ich bin ja nun wirklich scharf drauf, was mir da wiederkommt – aber da kommt gar nichts. Dieser ganze Vorraum – davon weiß ich nichts mehr.

BRELOER: Das Plätschern des Wassers … Die Geschwister spielen …

ARNOLD SPEER: Nichts, gar nichts. Nein.

BRELOER: Hier haben Sie um einen runden Tisch gegessen. Mutter hatte eine Fußklingel fürs Personal, die ist noch im Boden zu sehen.

ARNOLD SPEER: Nein – ich würde aber gerne noch mal andersherum reingehen. – Also ganz dunkel, ganz dunkel: Das war so ein – nicht ein verbotener Raum hier, aber ein bisschen, wie man im Norddeutschen sagt, die gute Stube, wo die Kinder nicht immer … irgendwie war was Verbotenes an diesem Raum.

BRELOER: Man durfte nicht hinein. Es war Vaters Raum.

ARNOLD SPEER: Das sind so ganz tiefe Ahnungen mit diesem verbotenen Raum; das ist natürlich nicht richtig, der war sicher nicht richtig verboten. Ich würde jetzt so gern mal zur Küche gehen. Ich bin da ganz neugierig. – Oh, die habe ich viel größer in Erinnerung.

BRELOER: Warum war die Küche für Sie ein besonderer Ort?

ARNOLD SPEER: Da war ich sicher. Die Köchin liebte mich wohl als kleines Kind. Und wir hatten anscheinend eine sehr strenge Kinderschwester. Köchin und Kinderschwester konnten nicht gut miteinander, und ich habe die Lücke im System entdeckt, und dann war diese

Küche kindermädchenfreie Zone. Da hatte ich dann – nicht Ruhe, aber diese Strenge war raus.

(Arnold Speer geht die Treppe hoch)

ARNOLD SPEER: Waren die Kinderzimmer hier hinten?

BRELOER: Hilde, Albert, Sie – das war Ihr Stockwerk.

ARNOLD SPEER: Dieser Teil hier, rechts, links die Türen – das ist so ganz dunkel, als ob ich in diesem Teil untergebracht war. Der offene Teil hier vorn, den erinnere ich gar nicht. Ich muss da hinten irgendwo gehaust haben.

BRELOER: Die Blicke in die dramatische Landschaft …

ARNOLD SPEER: Herrlich. Bei diesen Blicken könnte man zum Alkoholiker werden, abends hier sitzen und nur gucken und vor sich hinträumen. Und von hier aus sind wir bei Fliegeralarm unseren Weg da hinunter zum Gutshof gelaufen. Später in der Schulzeit haben wir im Chemieunterricht Chlor durchgenommen, das Chlor wurde in Mini-Dosen hergestellt, und der Chemieraum roch danach; und das Gehirn hatte den Geruch von den Nebelbomben, von diesem künstlichen Nebel nicht vergessen – und das war Berchtesgaden.

BRELOER: Hier gab es künstlichen Nebel …

ARNOLD SPEER: … um irgendwelchen Angriffen …

BRELOER: … die Sicht zu nehmen. Der Berghof war ja auch zum Teil unter Tarnnetzen. – Das Geräusch der Sirene, die Aufregung, das Weglaufen in den Bunker?

ARNOLD SPEER: Darüber habe ich noch nie nachgedacht. Das Geräusch der Sirene ist mir heute noch sehr unangenehm. Wenn die Feuerwehrsirenen losgehen bei uns im Dorf, ist mir das sehr unangenehm.

BRELOER: Die ersten frühen Schrecken, Todesangst?

ARNOLD SPEER: Angst in dem Sinne erinnere ich nicht, aber irgendetwas mit Gasmasken – dass ich das nicht mochte, weil man da wohl stärker Luft ziehen muss als normal. Und dann habe ich das wohl immer hier so aufgemacht, damit ich Luft kriege, und da, meine ich, habe ich was auf die Flossen gekriegt. Aber Dichtung und Wahrheit liegen in meiner Erinnerung sehr nahe beieinander. – Irgendwo da hinten muss ein rundes Holzhaus gewesen sein, relativ flach, und da drüben musste ich mich immer anständig benehmen. Für mich als kleines Kind war der Weg irre weit, und wahrscheinlich ist es gar nicht weit. Das wollte ich schon mal suchen, ob es das noch gibt.

BRELOER: Es ist schwer für Sie, mit dem Kind, das hier gelebt hat, das Sie waren, Kontakt aufzunehmen?

ARNOLD SPEER: Ich bin ja froh, dass da so ein ganz kleines Stückchen kommt. Das ist eben eigen, dass ich in meinem Innersten mit der Zeit nichts zu tun haben will und deswegen alles weggeschossen habe.

BRELOER: Die Grundstimmung hier im Haus muss eigentümlich gewesen sein. Der Vater ist nicht da, er kommt nur manchmal. Auch die Mutter ist manchmal weg.

ARNOLD SPEER: In dieser Psycho-Ausbildung, in dieser Selbsterfahrungsecke habe ich mir überlegt, wie es kommt, dass ich so bin, wie ich bin. Und da sagte ich zu Margret: »Ich bin ja auch ohne Vater aufgewachsen, und dann war der Vater weg, und als der Vater wieder da war, war er auch nicht erreichbar.« Da sagte sie so richtig mit großen Augen: »Nur der Vater war weg? Unsere Mutter war auch weg.« Aber das weiß ich nicht.

BRELOER: Irgendwie müssen die Kinder etwas gespürt haben, dass die Welt nicht in Ordnung war hinter den Bergen. Vielleicht am Militär, vielleicht an der künstlichen Stimmung hier. Hilde weint sehr schnell, Albert kotzt, wenn er zur Schule muss, er will nicht in der HJ sein …

ARNOLD SPEER: Aber ich wollte Soldat werden – ja, ich wollte Soldat werden. Das kommt mir jetzt, wo Sie das sagen. Als ich fünf war, also als kleines Kind.

BRELOER: Alle Männer hier waren Soldaten.

ARNOLD SPEER: Und waren wahrscheinlich freundlich.

BRELOER: Wurde nicht dagegen gesprochen, wenn Sie sagten, dass Sie Soldat werden wollen?

ARNOLD SPEER: Doch, so ganz dunkel: Es war nicht gern gesehen. – Nein, so etwas wie Spucken, Stottern und all diese Sachen – ich hatte hier ja mein Refugium, ich hatte nichts mit dieser bösen Welt zu tun, und ich denke, dass ich ein bisschen anders geworden bin als die Geschwister, dem Albert ähnlich, aber eben anders, das hängt an diesem Refugium, dass ich hier eine sichere, heile Welt in der Küche hatte. Und eines weiß ich auch: Ich mochte nicht mit meinem Vater Auto fahren; der fuhr zu schnell. So ganz dunkel: Wir sollten irgendwo mit ihm hinfahren, und da musste wahrscheinlich irgendein Tross hinterher, und ich habe mich geweigert, mit ihm mitzufahren, und bin mit dem Tross gefahren.

BRELOER: Er fuhr gern in dem offenen Sportwagen sehr schnell diese Bergstraße hoch, wo man durch die kleinen Schranken durchsehen konnte in die Abgründe, und spielte ein wenig: ›Na, ob wir noch genug Benzin haben? Ich weiß es nicht …‹ Eine Abenteuerfahrt, zu der er die Kinder einlud.

ARNOLD SPEER: Vielleicht war es das, was er schon mal mit mir gemacht hatte. Aber das gäbe einen Sinn, das ist ja auch mein späteres Leben: Ich habe *mein* Leben gelebt, und ich war traurig darüber, dass ich nicht so in die Familie integriert wurde, wie ich mir das vorstellte. Aber das war ja anscheinend hier schon so, dass ich sagte: »Nein, mit mir nicht, ich fahre woanders mit.« Und das wurde auch anders zugelassen.

BRELOER: Albert träumte dann immer wieder, dass das Auto durch den Zaun bricht und er mit dem Vater in den Abgrund stürzt.

ARNOLD SPEER: Ist ja auch nicht lustig.

BRELOER: Da ist noch etwas übrig geblieben, das rostige Teil da.

ARNOLD SPEER: Ein Fahnenstangenstiel, oder wie man dazu sagt. Haben Sie Albert mal danach gefragt?

BRELOER: Er hat es nicht so gerne in seiner Erinnerung, dass hier die Hakenkreuzfahne wehte.

ARNOLD SPEER: Was ich in der Nachkriegszeit als Kind aufgesogen habe, suggeriert mir, wie unpolitisch meine Mutter war, wie wenig sie eigentlich mit der NS-Zeit zu tun hatte. Was ja nicht stimmt. Deswegen kann ich mir auch nicht vorstellen, dass hier eine Hakenkreuzfahne geweht hat, sondern das war hier politikfreier Raum. Was auch nicht stimmt, denn Adolf Hitler soll ja auch hier mal vorbeigekommen sein zum Kaffeetrinken.

BRELOER: Natürlich war die Frau entpolitisiert in dem Sinne, dass sie sich fügte, dass sie sechs Kinder bekam, weil das ins System passte, ›und den widmen wir dem Führer, wir nennen ihn Adolf …‹

ARNOLD SPEER: Vielleicht daher, dass ich alles weggebeamt habe, so gut ich konnte – weil ich das nicht wahrhaben will.

BRELOER: Aber das gehört auch zu Ihrer Geschichte.

ARNOLD SPEER: Natürlich. Aber das sind Sachen, wo man sich gesund beamt.

Vor Ort: Atelier Thorak, Baldham

DR. WALTER BACHRAN – *Leiter des Depots Baldham der Archäologischen Staatssammlung München.*

BRELOER: Wissen Sie, wann das gebaut wurde?

WALTER BACHRAN: Das Gebäude ist 1938 errichtet worden. Die Pläne von Albert Speer sind auch 1938 unterschrieben, ich habe das Original in Kopie da. Nach einem Werbefilm so um 1941 ist das der Welt größtes Künstleratelier – scheint zu stimmen. Dieser mittlere Komplex ist ein einziger Raum mit einem sehr klaren Cluster. Der ist leider 1984 bei dem Hagel zerstört worden, sodass man nicht wusste, was man damit anfangen sollte. Es ist aber jetzt rekonstruiert und wieder hergestellt worden. Die Tore sind zwölf Meter hoch, das ist eine Aluminiumkonstruktion. Die gehen noch immer sehr leicht. Das Gebäude selber ist bis zum First zwanzig Meter hoch, und die Staubdecke ist bei sechzehn Metern Höhe.

ARNOLD SPEER: Diese Umrandung da, die ist massiv?

WALTER BACHRAN: Die ist massiv, ja.

ARNOLD SPEER: Irre.

BRELOER: Das ist das einzige große Haus Ihres Vaters, das stehen geblieben ist. Gehen wir mal hinein. – Was hat Thorak hier gefertigt?

WALTER BACHRAN: Das Gebäude ist eigentlich entstanden für eine Figurengruppe, eine Bekrönung des Märzfeldes in Nürnberg für das Reichsparteitagsgelände. Giebelförmig aufgebaut – links und rechts jeweils Pferdeführer mit Pferd. Dann gibt es weitere Männer und in der Mitte eine Siegesgöttin. Und fertig geworden in der Endgröße – den Entwurf gibt es natürlich –, aber auch nur in Gips und nie umgesetzt in Kalkstein, wie eigentlich gedacht, sind ein Pferdeführer, ein Pferd und die Siegesgöttin. Die sind dann 1947 von den Amerikanern hier auf dem Gelände hingestellt worden. Dann haben die das Gelände verlassen, und anschließend ist das zerstört worden. Es gibt also keine Figuren dieser Art mehr. Die einzige, die von Thorak vorhanden ist, ist diese Gipsfigur dort. Die war 1940 im Haus der Deutschen Kunst ausgestellt, ist dann in Bronze gegossen worden und steht jetzt in Bad Füssing vor einer Klinik. Sie heißt »Die Hingebung«.

BRELOER: Thorak hatte wohl mit kleineren Figuren angefangen?

WALTER BACHRAN: Er ist eigentlich Keramiker und hat dann seine ersten Großfiguren in Ankara für Kemal Atatürk gemacht, hat sich wohl mit ihm überworfen, ist dann 1936, soweit ich weiß, nach Berlin gegangen, hat dort für Speer gearbeitet und ist dann durch das Projekt Nürnberg hierher nach Baldham gekommen.

Breloer: In welchem Material wurden die Figuren hier fertiggestellt?

Walter Bachran: Gips. Alles eisenarmierter Gips. Mehr ist nie passiert.

Breloer: Und wie wurden die dann von hier abtransportiert?

Walter Bachran: Gar nicht. Von hier ist eigentlich nie etwas weggekommen. An Abtransport ist da gar nicht gedacht worden; als hier vor kurzem die Wege außen herum gemacht wurden, stellte man fest: Die waren noch gar nicht recht befestigt. Wobei das Projekt dann um 1941 aus Kriegsgründen zurückgestellt wurde.

Breloer: Wie hoch waren die höchsten Figuren, die hier gebaut wurden?

Walter Bachran: Um die zwanzig Meter, die Siegesgöttin mit ihrem Kranz hat etwa zwanzig Meter gehabt. Wobei die natürlich unterteilt sein musste, weil sie ja so nicht durch das Tor rauspasst. Und zunächst waren die Tore auch nur dazu da, um die Figuren bei Tageslicht zu sehen, also hinauszufahren und zu sehen, wie sie dort wirken.

Breloer: Für die großen Bauten wie die Große Halle in Berlin hätte man ja mindestens so große Figuren gebraucht, damit sie wirken.

Walter Bachran: Noch größer. Das wäre eigentlich noch zu klein gewesen.

Arnold Speer: Aber das ist schon gigantisch.

Walter Bachran: Die Grundfläche sind 36 mal 22 Meter. Und hier der Grund ist aus Granit, immer genau ein mal ein Meter. Wenn man hier drin Dinge einlagerte, brauchte man einfach nur die Platten zu zählen und wusste, wie es passt.

Breloer: Sie wissen, wer da in Flossenbürg den Granit hergestellt hat?[50]

Walter Bachran: Das waren KZ-Insassen. Das ist im Prinzip das gleiche Material, auch die gleiche Größe, wie am Königsplatz in München.

Walter Bachran: Hier in diesem Raum war die Kapitulationsverhandlung der Heeresgruppe G, der Armee Kesselring, und das ist ein Foto vom 5. Mai 1945. Das ist der alte Haupteingang, der hier etwas mit Tarnfarbe versehen ist und mit Matten verhängt, aus Kriegsgründen. Und das ist im Keller, ein Pin-up-Girl. Die Amerikaner waren ja von 1945 bis 1947 hier drin, hatten in dem Nebenraum, wo wir grade durchgegangen sind, ein Offizierskasino mit Tanz und Musik und allem Drum und Dran, Bar und so. Hier in dem Nebenraum waren mehrere an den Wänden, aber nur noch schemenhaft beim Ablaugen zu erkennen gewesen.

Breloer: Was war hier in diesen Räumen, die ja auch alle mit Marmor durchgestaltet sind?

Walter Bachran: Das ist das sogenannte Führerzimmer. Wobei die Bezeichnung nicht unbedingt besagt, dass Hitler auch hier war – es ist aber ziemlich sicher, dass er da war. In einem öffentlichen Bau gab es eben ein »Führerzimmer«, wo er sich aufhalten konnte.

* * *

Arnold Speer: Also, Herr Breloer – seit wir uns kennen, komme ich aus dem Nichts in die Welt meines Vaters.

Breloer: Und jetzt wandern die Bilder vom Kopf zum Herzen?

Arnold Speer: Ja, das hoffe ich. Es wäre schön, wenn das dabei rausspränge. Dann wäre es doch genau richtig.

Der Neffe

Wolf Speer

Geboren am 3. 4. 1924 in Heidelberg als erstes Kind von Albert Speers älterem Bruder Hermann (1902–1980) aus dessen erster Ehe mit Gustel geb. an der Heiden (1900–1968). Wuchs ab 1937 nach der Trennung der Eltern bei der Mutter in Berlin auf. Meldete sich nach dem Schulbesuch 1942 zur Wehrmacht, 1943 im Afrika-Korps eingesetzt, bei dessen Kapitulation im Mai 1943 Flucht über Sizilien. Ende 1943 Panzerlehrdivision in Potsdam. Kriegsgerichtsverfahren wegen »Wehrkraftzersetzung« mit Albert Speers Hilfe niedergeschlagen. »Frontbewährung« an der Invasionsfront, dann in Lothringen. Dort Anfang 1945 Gefangennahme durch die Amerikaner. Architekturstudium in Berlin. Tätigkeit zunächst im Architekturbüro Otto Apel, dann mit eigenem Büro. Lebt im Ruhestand in Tirol.

»Was in seinem Kopf vorgeht, hat er ja niemandem gesagt. Uns schon gar nicht.«

Wolf Speer war der erste der Familie Speer, der sofort ja zu diesem Projekt gesagt hat.

Ich habe ihn an seinem Alterssitz in Tirol getroffen: ein einfaches Apartment an einem schönen Platz in den Tiroler Bergen. Er ist ein freundlicher Mensch mit einem verschmitzten, manchmal skurrilen Humor, mit schlohweißem Haar, die Haut braun gegerbt vom Wandern. Im Winter fährt er

Ski, auch jetzt noch – fast achtzig Jahr ist er alt, als ich ihm in seiner ge-
mütlichen Behausung gegenübersitze, mit dem Blick auf die Berge rings-
um.

Noch bevor ich die erste Frage gestellt habe, legt er los, er nimmt kein Blatt
vor den Mund. Wolf hält nicht viel von seinem Vater – das war Hermann,
der ältere Bruder Albert Speers. Völlig verantwortungslos hatte der Wolfs
Mutter sitzen lassen, um mit anderen Frauen weitere Kinder zu zeugen. Als
Kind hatte Wolf im kleinen Haus über der Villa Speer in Heidelberg gelebt,
in die er auch nach der Trennung seiner Eltern, nach dem Umzug nach Ber-
lin immer wieder als Gast zurückkehrte. Daher kannte er seine Großeltern
gut; »neureich« nennt er sie, und in seinen Erinnerungsbildern spürt man
noch etwas von der Herzenskälte, die in Albert Speers Elternhaus geherrscht
haben muss. Sein eigenes Leben war auch ein Kampf gegen die »hässlichen
Eigenschaften« in der Familie Speer, zu denen er den Hochmut zählt; er hat
sich bewusst zum Architekten der Bescheidenheit entwickelt – ein Haus pro
Jahr, das etwa war seine Richtschnur.

Mit Wolf Speer konnte ich die längste Reise ins Leben Albert Speers ma-
chen. Er fuhr mit uns über Heidelberg nach Nürnberg, nach Berlin und
nach Nordhausen. Interessiert ließ er sich neue Dokumentenfunde zur Ge-
schichte seines Onkels zeigen und erläutern, und in den Höhlen des Kon-
zentrationslager Dora, wo der Rüstungsminister Speer mit Himmlers Hilfe
viele Tausende von KZ-Arbeitern unter mörderischen Bedingungen die so-
genannten Vergeltungsraketen V2 hatte produzieren lassen, traf er mit zwei
dieser ehemaligen Häftlinge seines Onkels zusammen. Er zeigte sich mitun-
ter überrascht vom Ausmaß der Beteiligung Albert Speers an den Verbre-
chen des »Dritten Reichs«; der Mythos Speer, den sein Onkel Albert gestiftet
hatte, die Zweiteilung dieses Lebens in das des unschuldigen, unpolitischen
Architekten, der dann als Rüstungsminister allmählich in die Verbrechen
»verstrickt« wurde, hielt dem Besuch in der Wirklichkeit nicht Stand.

Beim Betrachten von Fotos

WOLF SPEER: Das sind meine beiden Großeltern, Omi und Opi.[1]
BRELOER: Zwei Millionen Goldmark hatten die, oder mehr?
WOLF SPEER: Mehr glaube ich nicht, aber das reicht ja auch. Hier stehen
sie vor dem Haus,[2] das ist das große Spiegelglasfenster. Daneben war
die große Veranda, oben jede Menge Zimmer.

Breloer: Wie lebte man in diesem Haus?

Wolf Speer: Am besten ging es ihnen wohl in den 20er Jahren. Aus irgendeinem Grunde – ich weiß gar nicht, aus welchem – haben sie an der Inflation verdient, also sie haben praktisch kein Geld gehabt, das man verlieren konnte, sondern haben die Sachwerte behalten, und die waren dann plötzlich nachher wieder mehr wert.

Breloer: Ich glaube, sie haben einen Teil des mütterlichen Vermögens gegen Dollar verkaufen können, und damit waren sie in der Inflation gerettet.

Wolf Speer: Kann schon sein. Jedenfalls ging es ihnen damals großartig. Das Haus wurde ungefähr 1910 gebaut.[3] Es war als Landhaus gedacht, es war ein winziger Bestandteil des Vermögens, das sie damals hatten. Das eigentliche Stadthaus, wo der Albert seine Kindheit verbracht hat, war in der Stresemannstraße in Mannheim. Man hatte damals zwei Autos, zwei Mercedes, und eine Garage, wo beide Mercedes reinpassten. Ein Chauffeur, ein Sekretär, das war mein Großvater, ein Diener mit Frau und eine Köchin.

Breloer: Und ein Stubenmädchen?

Wolf Speer: Und ein, zwei oder drei Stubenmädchen …

Breloer: War vielleicht auch noch eine Mademoiselle für die Erziehung da?

Wolf Speer: Sicher.

Breloer: Albert wächst also als Großbürger auf. Wie haben sich seine Eltern ihr Leben gestaltet? Der Architekt – arbeitete er noch?

Wolf Speer: Er hat sich 1910 dieses Haus gebaut, es war sein letztes Werk. Das heißt – später hat er auch noch das kleine Haus oben gebaut, das war also sein allerletztes Werk. Aber hier hat er sich noch Mühe gegeben, und bei dem kleinen Haus ist geschlampt worden, das war alles nicht so gesund.

Breloer: Wie alt war der Vater von Albert Speer, als er sich mit seinen Millionen zur Ruhe setzte?

Wolf Speer: Er ist 1863 geboren – da war er also fünfzig Jahre alt.

Breloer: Und er hatte eine junge Frau, die war etwas erlebnishungrig, die wollte sich nicht zur Ruhe setzen.

Wolf Speer: Das war ja das Unglück. Der Großvater war wie viele andere Unternehmer: Er hat gern gearbeitet und es hat ihm Spaß gemacht, und er hat auch gerne verdient. Das Ziel war, sich möglichst bald zur Ruhe zu setzen und dann jeden Tag seinen Besitz abzuschreiten und sein Geld zu zählen. Das ist ihm auch geglückt. Aber seine Frau, die war sechzehn Jahre jünger als er, die hatte von Anfang an gesellschaftliche Ziele. Ich selbst kenne das nicht, ich weiß nicht, was das ist, aber viele Frauen haben anscheinend solche Ziele. Jedenfalls hatte die das auch und wollte vor allen Dingen eingeladen werden und unter den Spitzen der Gesellschaft von Heidelberg, später dann in Berlin und in München mitmachen. Das war ihr Ziel. Und wenn beide dieses Ziel haben, dann geht das ja ganz gut; aber den Großvater hat das überhaupt nicht interessiert, das war ihm langweilig.

BRELOER: Haben Sie mal an einer Gesellschaft, an einem großen Essen teilgenommen?

WOLF SPEER: Ich war anfangs jeden Sonntag zum Essen da. Später wurde das auf jeden zweiten Sonntag reduziert. Und wenn jemand eingeladen war, ein Prominenter oder so, haben wir den auch kennen gelernt.

BRELOER: Diener in Livrée, mit weißen Handschuhen?

WOLF SPEER: Selbstverständlich.

BRELOER: Stubenmädchen mit Haube?

WOLF SPEER *(nickt.)*

BRELOER: Die einzelnen Gänge kamen wahrscheinlich aus der Souterrain-Küche?

WOLF SPEER: Die Küche war ebenerdig. Erst einmal wurde ein Gong geschlagen, wenn das Essen fertig war. Zwei, drei Minuten vorher hat die Köchin auf den Gong gehauen und hat die ganze Familie, die auf dem weit verzweigten Grundstück war, zusammengeholt, und die ist dann eingetrottet. Nach dem Gong traf man sich im Esszimmer und setzte sich hin, Großmutter hier, Großvater da, und dort alle anderen der Reihe nach, wie wir da waren. Ich saß meistens hier auf der Seite, und der Puddel[4] saß neben mir. Meine Mutter saß mir gegenüber, und mein Vater[5] war sehr selten da. Albert war natürlich auch sehr selten da.

BRELOER: Wurde beim Essen gebetet?

WOLF SPEER: Nein, um Gottes willen. Man war frei, sehr liberal eingestellt.

BRELOER: Wie würden Sie die Eltern Albert Speers charakterisieren?

WOLF SPEER: Ich weiß nur, dass andauernd Diskussionen stattfanden: Sie wollte irgendetwas, meistens Geld, und er wollte es nicht rausrücken. Da hat sie dann tagelang »gekämpft«, wie sie sich selbst ausgedrückt hat: Sie hat mit Migräne gedroht und Szenen gemacht.

BRELOER: Stand die Mutter mehr für den Bereich des Gefühls, der Leidenschaft?

WOLF SPEER: Die wollte das. Sie wollte, dass es so aussieht. Aber ich habe sehr starke Zweifel, ob sie wirklich gefühlvoll war – leidenschaftlich schon gar nicht. Solche Damen aus der Gesellschaft, die waren im Grunde genommen sehr kalt.

BRELOER: Sie fühlte sich auch kalt an, wenn Sie auf ihrem Schoß saßen?

WOLF SPEER: Ich? Auf dem Schoß? Sie fragen Sachen! Nein, ich kann mich nicht erinnern, dass ich mal bei ihr auf dem Schoß gesessen habe. Als ganz kleines Kind sicher, aber da kann ich mich an nichts erinnern.

BRELOER: Nahm man sich nicht in den Arm bei den Speers?

WOLF SPEER: Nein.

BRELOER: Keine Küsse?

WOLF SPEER: Überhaupt nicht.

BRELOER: Der Umgang war distanziert.

WOLF SPEER: Distanziert und geziert. Es wurde sehr viel gelacht: ›Haha, wie geht's denn so?‹ Es sollte viel gelacht werden, man hat dadurch die Stimmung ein bisschen von dem weggetan, was eigentlich wichtig war. Es wurden bis in die Nazizeit Witze gemacht.

BRELOER: In der Nazizeit war es dann gefährlich, Witze zu machen.

WOLF SPEER: Und der Albert hat es ja seiner Mutter regelrecht verboten. 1943 war das, da bin ich aus Afrika zurückgekommen, und da war der Albert auch da beim Abendessen. Das war alles noch wie früher, das Essen wurde von einem Diener aufgetragen. Da sagte die Omi, sie möchte gern einen Witz erzählen, der wäre gut. Ich habe mich schon gefreut, da fing der Albert an: »Ist es denn ein Witz, den man auch politisch auslegen kann?« Und sie sagte: »Ja, das ist ein guter Witz, der muss erzählt werden.« Da ist er plötzlich todernst geworden und hat gesagt: »Nein, das lass mal bleiben.« Sie hat noch gegrinst, sie hat immer gegrinst, aber bei ihm war plötzlich das Grinsen weg – er hat ja auch viel gelächelt, das war aber alles nicht echt, das zählte eigentlich nicht. Und als die Großmutter das bemerkte, war auch ihr stereotypes Lächeln in Sekundenschnelle weg. Sie hatte Angst gekriegt.

BRELOER: Hatte er Angst, dass er in Schwierigkeiten kommen könnte, oder glaubte er an die Ideologie?

WOLF SPEER: Er glaubte damals noch.

BRELOER: Das meinen Sie gespürt zu haben?

WOLF SPEER: Es gab damals nur ein Thema: ob man an den Sieg Deutschlands glaubte und daran, dass Hitler das schon machen würde. Albert glaubte daran, und die meisten anderen Menschen auch.

BRELOER: Hat Ihr Großvater unter der Frau gelitten? War er einsam?

WOLF SPEER: Wahrscheinlich sehr einsam, das könnte ich mir denken. Mit meinem Vater hat er sich überhaupt nicht vertragen. Mein Vater hat ihn total verachtet. Das waren absolut die beiden negativen Pole. Und mit den Brüdern – angeblich soll er den Puddel geliebt haben, der soll sein Liebling gewesen sein. Den Albert hat er wahrscheinlich auch nicht gemocht, war aber nachher doch stolz auf ihn.

BRELOER: Warum hat ihr Vater seinen eigenen Vater so sehr verachtet?

WOLF SPEER: Den hielt er für armselig in jeder Beziehung.

BRELOER: Hat er diese Idee von der Mutter gehabt?

WOLF SPEER: Natürlich. Die beiden waren ein Herz und eine Seele, das war ja die ganze Tragik. Mein Vater und seine Mutter.

BRELOER: Worin haben die beiden sich verständigt gegen Ihren Großvater?

WOLF SPEER: Sie hielten sich für künstlerisch. Meine Großmutter hielt sich für künstlerisch begabt, sie wäre gerne Schauspielerin geworden, aber leider hat sie nach Mannheim heiraten müssen und ist da nicht gefragt worden. Man hat sich beworben, wie das damals so üblich war unter reichen Leuten, seine Konten vorgewiesen und seine Bilanzen, Steuerbescheide, und die Mädchen wurden nicht gefragt. Das war aber normal.

BRELOER: Dieses schauspielerische Talent, haben sie das auch manchmal gesehen? Gab es theatralische Auftritte?

WOLF SPEER: Einmal, und zwar beim Abschied 1951. Da bin ich zum letzten Mal in Heidelberg gewesen, ich habe damals noch in Berlin studiert. Wir haben uns nie umarmt oder so etwas, das gab es gar nicht, das war nicht üblich. Aber da haben wir uns über irgendwelche abwegigen Dinge unterhalten, und da ist sie plötzlich aufgestanden und mir um den Hals gefallen.

BRELOER: Hat Ihr Großvater mal den Enkelkindern gegenüber seine Einsamkeit gezeigt?

WOLF SPEER: Nein, aber er hat mich schon mal überrascht. Wir sind 1937 nach Berlin gezogen. Wir haben damals immer noch Heidelberg als Heimat empfunden, speziell das Grundstück, und wir waren da immer willkommen. Jeden Sommer sind wir da zwei oder drei Wochen hingefahren. Die Omi war meistens baden oder mit Menschen [unterwegs], und wir saßen vor dem Fenster in Sesseln und lasen Zeitung, oder er hat sich eine Zigarre angesteckt. Und dann kam Musik aus dem Radio, und er fing plötzlich an zu tanzen, im Dreivierteltakt. Er stand auf und drehte sich. Das hat er bloß gemacht, weil wir Kinder waren, mein Vater hätte ihn garantiert ausgelacht.

Breloer: Ihr Vater und seine Mutter hatten einen Bereich, in den sie ihn gar nicht hineinließen, wo er nichts zu suchen hatte – die Kunst.

Wolf Speer: Zunächst einmal war es Stefan George, dieser Dichterfürst, der damals in Heidelberg residiert hat und zu dessen Kreis mein Vater eine Zeit lang dazugehörte. Stauffenberg gehörte auch dazu. Und davon hat der Großvater nichts verstanden, und er hat das auch nicht gut gefunden. Vor allem auch diese homosexuellen Dinge. Er wollte den George tatsächlich anzeigen wegen Verführung Minderjähriger.

Breloer: Hat er ihn angezeigt?

Wolf Speer: Nein. Mein Vater ist dann zur Mutti gegangen, und die hat gesagt:»Wie kannst du so etwas machen? Wir blamieren uns.« – Sie hätten sich auch blamiert.

Breloer: Wie ist denn Ihr Vater in den George-Kreis hineingekommen?

Wolf Speer: Er hat Gedichte gemacht. Er war ja begabt.

Breloer: Haben sie eins da?

Wolf Speer: Ja. Das eine finde ich direkt gut.

Breloer: Er schreibt klein, wie George.

> Ihr seht mich an und glaubt mich einen finstern
> Und doch bin ich vom himmel über euch.
> Zu eurer rede weiss ich nicht die worte
> Und steh verdrossen wenn ich bei euch bin.
> Doch kommt der tag an dem ich niedersteige
> Und mich entfalte ungeahnter pracht:
> Ich bin der erbe langersehnter zeiten
> Ich bin der stern und fahre durch das land.[6]

Wolf Speer: Nicht ganz unbegabt, was?

Breloer: Nein. Im Stil von George erzählt hier jemand von seiner Sehnsucht nach Größe, nach Ruhm …

Wolf Speer: … wobei er gleichzeitig die anderen beschimpft, weil sie sich über ihn lustig machen.

Breloer: Das Bild vom Führer, der kommen wird, war ja auch bei George in ganz anderem Sinn formuliert worden. Ihr Vater imitiert das ein bisschen.

WOLF SPEER: Davon hat er sein Leben lang geträumt. Jedenfalls damals, in diesen Jahren, auf jeden Fall. Dann aber nichts dazu beigetragen, etwas zu erreichen, kein Studium, kein einziges Examen gemacht. Mit dreißig, vierzig Jahren waren das dann bloß noch Erinnerungen.

BRELOER: Ob Hermann dem Albert als Schüler solche Gedichte mal gezeigt hat?

WOLF SPEER: Natürlich hat er das, das war doch ein Angeber. Auf diese Weise hat er auch meine Mutter rumgekriegt: Gedichte gezeigt. Und meiner Großmutter und dem Großvater wird er sie auch gezeigt haben, und dem Albert sicher auch. Ich denke mir, dass der Albert damals auf ihn neidisch war. Das kann ich mir gut vorstellen.

BRELOER: War dieser Traum »ungeahnter Pracht« auch in Albert?

WOLF SPEER: Der Traum nach Größe war bei jedem, das ist schon klar. Das war aber eine andere Größe. Ich weiß nicht, ob der Hermann Speer mit George zusammen so ein Tandem abgegeben hätte wie der Hitler und Albert Speer – das kann ich mir kaum vorstellen.

BRELOER: Auch George ein älterer mächtiger Mann, der eine Aura hatte und in dessen Bannkreis Hermann geriet. Was ist es, das die Brüder Speer bei den faszinierenden älteren Freunden suchen?

WOLF SPEER: Das ist der Mangel an eigenem Elternhaus. Die waren mit ihrem Vater nicht zufrieden.

BRELOER: Keine Liebe, kein Gefühl?

WOLF SPEER: Keine Liebe, kein Gefühl, auch keine Größe, keiner, den man anbeten kann.

BRELOER: Bei Albert Speer muss später mehr als nur Bewunderung, es muss auch eine innere Anbindung da gewesen sein.

WOLF SPEER: Ich meine das schon. Albert Speer war mit seinem Vater nicht zufrieden, sah in Hitler ein Substitut, einen Ersatz dafür, und andererseits könnte es sein, dass Hitler für seinen Architektur-Bereich in ihm so eine Art Sohn sah. Denn er hat für den Albert von Anfang an eine Affenliebe gehabt, der Hitler. Als Kinder haben wir uns immer gewundert. Na schön, da ist er mal in der Zeitung erschienen – das war ja noch nicht so schlimm; doch dann hieß es immer, der Hitler würde den Albert einfach lieben.

BRELOER: So sprach man zu Hause darüber?

WOLF SPEER: Ja. Ich habe das von meiner Mutter, die hat es von meinem Vater gehabt, und der hatte es von seiner Mutter und seinem Vater.

BRELOER: Ob Albert deutlich spürte, dass er eine gewisse Macht über Hitler hatte?

WOLF SPEER: Er hatte in dem Sinn keine Macht über Hitler. Hitler hat keinem Macht eingeräumt, das war nicht möglich. Aber eine gewisse versteckte Form von Liebe und Zuneigung, soweit das bei solchen Typen überhaupt möglich ist, war schon vorhanden.

BRELOER: Ja, das ist die Frage. »Wenn Hitler einen Freund gehabt hätte«, sagt Speer im Nürnberger Prozess, »dann wäre ich es gewesen.«[7]

WOLF SPEER: Wobei ich aber nicht Freund sagen würde, sondern Sohn oder Jünger, vielleicht doch eine Art Geliebter – ohne irgendwelche Assoziationen einer Praxis aufkommen zu lassen, das war natürlich nicht drin. Aber es gab ja auch früher solche jungen Prinzen, die überall gewonnen haben, wenn sie aufgetaucht sind, und bei Albert und Hitler war das wohl so.

BRELOER: Hermann, Albert, Ernst Speer – wie war das Verhältnis der drei Brüder zueinander, und wie könnte man sie charakterisieren? Der Älteste, sagten Sie, der Künstler.

WOLF SPEER: Ja, und herrschsüchtig. Er wollte immer der Erste sein und war das sicher auch am Anfang. Dem Zweiten hat das dann wahrscheinlich nicht gepasst, er hat es aber reingeschluckt. Dann hat er sich bemüht, ein bisschen Abstand zu finden von der ganzen Gesellschaft und beruflich eben das zu machen, was alle anderen auch machen konnten. Damit hat er auch Erfolg gehabt. Und der Dritte ging eigentlich wieder mehr nach dem Ersten. Er hat auch kein Studium beendet. Der tat niemandem etwas, der war ein netter Junge, freundlicher Mensch.

BRELOER: Mit dem konnten Sie spielen?

WOLF SPEER: Das war der Einzige, mit dem man wirklich spielen konnte.

BRELOER: Warum hieß der *Puddel*?

WOLF SPEER: Das weiß ich nicht. Das war immer so.

BRELOER: Die Ältesten wurden Albert und Hermann gerufen?

WOLF SPEER: Nein, der Älteste war »der Große«, das war schon mal schlimm für die anderen, der blieb auch immer »der Große«, auch nachher noch; die Mutter hat immer nur »Großer« gesagt. Und der Zweite war das Brüderchen. Das waren die Namen, die meine Großmutter denen gegeben hat. Ich habe hier etwas, das Brüderchen Albert vortragen musste:

Die Krieger in dem Schützengraben
auch nen kleinen Weihnachtsbaum haben
mit Kerzen, Äpfeln hübsch geschmückt
hat man ihn von der Heimat geschickt.
Sie sitzen im Lichterschein
tiefer Graben in die Erde hinein ...

Das hat die Omi gedichtet, und der Albert hat es im Ersten Weltkrieg zu Weihnachten unter dem Christbaum aufsagen müssen, der Arme. Ist das nicht furchtbar?[8]

BRELOER: Albert blieb für ihren Vater das Brüderchen?

WOLF SPEER: Ja, ich denke schon.

BRELOER: Er hat ihn lange geduckt, meinen Sie.

WOLF SPEER: Er hat ihn sehr lange geduckt, und später, als er Erfolg hatte, hat er sich noch eine ganze Weile über ihn lustig gemacht, dass er mit den Nazis rummachen würde, und er hat sich nach wie vor für den bei weitem Begabteren und zur Führung Berufeneren gehalten. Das ging nach einer Weile nicht mehr, denn der Albert war dann im Windschatten von Hitler, da war nichts mehr zu machen, und dann hat er sich auch da angeschlossen. Der Albert hat ihm geholfen in der Hitler-Zeit, der hatte ja Macht und konnte, wenn er wollte, jemandem gute Positionen verschaffen.

BRELOER: Aber es fing damit an, dass Albert zielstrebig studierte. Der war sehr schnell Assistent in Berlin, Diplom-Ingenieur, das waren doch Erfolge, die Ihren Vater beeindrucken mussten.

WOLF SPEER: Dipl.-Arsch hat er gesagt, von Dipl.-Arch., dazu hat er gelacht und meinte, das sei doch ein guter Witz.

BRELOER: Wann verging ihrem Vater das Lachen über seinen mittleren Bruder?

WOLF SPEER: Er hatte angeblich in einer Berliner Zeitung einen Artikel geschrieben, der gegen die Nazis ausgelegt werden konnte.[9] Die haben sofort gedroht, die Zeitung zu schließen, und er ist nach Ostpreußen gegangen, möglichst weit weg. Und dann ist er in den Arbeitsdienst eingetreten und war da Fotograf, hat diese Fotos eingereicht, und dabei soll der Albert auch schon geholfen haben. Und dann ist er Berichterstatter geworden.

BRELOER: Das muss für Albert ja ein schöner Moment gewesen sein.

WOLF SPEER: Er war plötzlich der Gönner. Er konnte jetzt verteilen.

Breloer: Und die Herrschaft von Hermann dem Großen war zu Ende.

Wolf Speer: Die war total zu Ende.

Breloer: Welche Position hatte Albert zwischen den beiden Brüdern?

Wolf Speer: Ich glaube nicht, dass zwischen dem Ältesten und dem Jüngsten eine Koalition gegen Albert bestanden hat. Den Puddel haben sie alle nicht so richtig für voll genommen. Das war ein witziger Typ; er war nicht ein Mal so richtig böse, dass man vor ihm Angst hatte.

Breloer: Was wollte Ihr Vater eigentlich werden?

Wolf Speer: Das steht doch da drin: Kaiser, und dann über das Land fliegen.

Wolf Speer *(zeigt weitere Fotos)*: Das ist alles mein Vater, in verschiedenen Phasen, hier noch mehr wandervogelähnlich …

Breloer: Die Wandervogelbewegung war für diese Generation wichtig – das Leben mit der Natur …

Wolf Speer: Ja, mit nackten Knien und offenem Kragen und so etwas, was die Leute vorher nicht hatten. Die sind ja alle noch mit solchen Stehkragen spazieren gegangen. Davon machte man sich frei, und die Frauen haben kein Korsett mehr getragen.

Breloer: Das war die Opposition dieser Generation gegen die Zivilisation, gegen das Bürgertum.

Wolf Speer: Gegen das Bürgertum auf jeden Fall. Und gegen das vergangene Jahrhundert, das war ja etwas muffig und staubig, und das wollte man nicht mehr haben. Ich finde das gut. – *(Zeigt ein anderes Foto:)* Und das war der Albert, mein Onkel Albert Speer. Man sieht gleich, dass er etwas ernsthafterer Natur war als der Puddel oder der Hermann. Da haben Sie mal alle drei beieinander.

Breloer: Merkwürdiger Blick. Was würden Sie sagen – verschlossen, sensibel?

Wolf Speer: Er ist hübsch, würde ich sagen, und er ist in sich zurückgezogen. Und so war er auch tatsächlich.

Breloer: Gehörte Albert auch zu dem, was man Wandervogel nennt? Er war jedenfalls naturverliebt, er wanderte auch sehr gerne.

Wolf Speer: Er war der Sportlichste von den dreien. Er hat wirklich Sport getrieben. Lust an frischer Luft und Wandern hatten die anderen auch, aber der Albert ist gerudert und Faltboot gefahren und Ski gelaufen und all solche Sachen.

Breloer: Es muss ein besonderes Erlebnis für ihn gewesen sein, wenn man in die Berge ging. Man war weit weg von den Menschen mit ihrer Hast und Eile, von der Zivilisation; man war in einer anderen Welt. So hat er es erlebt.

WOLF SPEER: So hat er es geschrieben. Wahrscheinlich stimmt es auch.

BRELOER: Meinen Sie, dass da etwas Romantisches in ihm war?

WOLF SPEER: Wenn er die anderen Menschen nicht zu sehen brauchte, war ihm das sicher angenehm. Aber inwieweit das …

BRELOER: Dagegen die Großstadt, das Sündenbabel Berlin, diese 20er Jahre, das, was wir nachträglich so wunderbar finden: das Gewagte, das Schrille, auch der Zynismus – kam Ihr Onkel damit zurecht?

WOLF SPEER: Das glaube ich nicht. Mein Vater auch nicht, meine Mutter auch nicht, die haben das alle nicht sehr geliebt. Sie haben es gekannt, waren auch mal in Berlin auf Reisen. Albert war ja nun immer da, aber Berlin war eine große Stadt, da konnte man auch leben, ohne an dieser schnellen Atmosphäre teilzuhaben, die wir jetzt hinterher für charakteristisch halten.

BRELOER: Was hat Albert oder auch Ihren Vater da so irritiert?

WOLF SPEER: Das Zynische. Sie waren Idealisten.

BRELOER: Was heißt das in diesem Fall?

WOLF SPEER: Ein Ideal vom Menschen, vom Menschsein zu haben, erst einmal dieses Ideal, und dem dann nachzustreben und sich nicht unbedingt mit den Gegebenheiten, wie sie sind, zu arrangieren und sich damit abzufinden.

BRELOER: War das ein Menschenbild, das mehr aus dem 19. Jahrhundert kam – gegen die moderne Zivilisation, die Technik, gegen das Maschinenzeitalter?

WOLF SPEER: Die Goethezeit war natürlich zunächst einmal das Vorbild, die späte deutsche Romantik mit der Verherrlichung von deutschem Rittertum und Burgen und all so etwas.

BRELOER: Können Sie sich vorstellen, dass Hitler in dem Zusammenhang Albert Speer vorkam wie jemand, der sein Menschenbild beschützt und wiederherstellt – das Rückwärtsgewandte, das Handwerkliche gegen den modernen Menschen der Zivilisation?

WOLF SPEER: Hitler hat sicher gut hineingepasst. Aber ob das nun genau so definiert werden kann, wie Sie das eben gemacht haben – das kommt mir ein bisschen fremdartig vor.

BRELOER: Der ließ die Autobahnbrücken in Naturstein bauen, die Autobahnraststätten waren teilweise Fachwerkhäuser – eine Einfachheit, wie Speer sie ähnlich auch bei seinem Lehrer Tessenow kennen gelernt hatte. Da muss etwas zusammengepasst haben bei Speer und Hitler.

WOLF SPEER: Wie Sie es sagen, glaube ich das schon. Nur war ja überhaupt das Phänomen bei Hitler, dass er den Kontakt zur Masse hatte, zur Technik, er war ein total moderner Mensch, er war technikbegeistert, und er konnte die Massen begeistern. Aber seine Ideale waren diese nationalen Gedanken aus der Vergangenheit, und er hat beides verbunden ...

BRELOER: ... mit seinem vulgärdarwinistischen, kriegerischen Weltbild. In das sind Sie ja auch hineingeraten.

WOLF SPEER: Ja, ich bin mit Karl May aufgewachsen, und da hatte man, wenn man zehn, zwölf Jahre alt war, ein gewisses Ideal von Männlichkeit, von Kriegertum und von Heldentum.

BRELOER: Hitler konnte Napoleon und Old Shatterhand gleichermaßen als Vorbilder nennen.[10]

WOLF SPEER: Das konnte ich auch. Für Napoleon konnte ich mich noch begeistern, aber nicht für Hitler. Das liegt vielleicht daran, dass Hitler andauernd fotografiert wurde, und Napoleon nicht.[11]

BRELOER: Ihr Großvater hat mal versucht, Ihren Vater sexuell aufzuklären. Wie war das?

WOLF SPEER: Er soll gesagt haben: »Die Männer haben das, und die Frauen haben das. Angeblich soll es das Schönste sein, was es gibt. Mehr kann ich darüber nicht sagen, weil ich nicht mehr davon verstehe.«

BRELOER: Ich versuche, mir die Atmosphäre vorzustellen, in der diese drei Brüder aufgewachsen sind, mir das Verhältnis des jungen Albert Speer zu dem Fräulein Weber vorzustellen, das er als Schüler in Heidelberg kennen lernt.

WOLF SPEER: Es ist schwer, sich das vorzustellen.

BRELOER: Die Webers waren ja Leute, die für den alten Speer gearbeitet haben, eine Schicht darunter sozusagen, die Speers fühlten sich als etwas Besseres. Dieses Fräulein Weber war also eine Wahl, mit der der Vater nicht einverstanden war, die Mutter wohl auch nicht.

WOLF SPEER: Vor allen Dingen die Mutter nicht, die hat natürlich von einer Prinzessin oder von sonst was geträumt für ihren Liebling.

BRELOER: Wenn man sich die beiden vorstellt, wie sie mit ihrem Paddelboot auf den Seen fahren, sich ein Zelt aufbauen weit weg von den

Menschen und dort ihren Lebensbund begründen – was die sich wohl gegenseitig versprochen haben für ihre Zukunft?

WOLF SPEER: Jedenfalls keine Kinder. Das war wohl damals das Wichtigste: Sie wollten keine Kinder haben. Und dann hat der Hitler ihnen gesagt, sie müssten Kinder kriegen, und dann kamen die auch.

BRELOER: Merkwürdige Szene, als Hitler zum ersten Mal Frau Speer sieht. Warum Speer ihm seine Frau so lange verschwiegen hat?[12]

WOLF SPEER: Das weiß ich auch nicht. Hässlich war sie ja nicht, weiß Gott nicht. Aber sie hat sich auch zurückgehalten. Man sieht das. Ich habe öfter im Fernsehen Farbfilme von Eva Braun gesehen; da ist sie auch drauf, und da gibt es noch vier oder fünf andere Frauen, und man sieht denen direkt an, wie sie sich in den Vordergrund drängeln. Die Gretel hat sich immer zurückgehalten.

WOLF SPEER (zeigt ein weiteres Foto): Das ist wieder mein Vater. Motorradfahrer war er auch.

BRELOER: Immer unterwegs auf der Suche nach dem Glück.

WOLF SPEER: Zufriedenzustellen war der nicht.

BRELOER: Was war es, das er so rastlos gesucht hat?

WOLF SPEER: Vor allem hat er immer Selbstbestätigung gesucht. Dass die Leute ihn für voll nehmen. Das haben sie aber nie getan, weil er eben nie etwas gearbeitet hat, nie mit etwas fertig geworden ist.

BRELOER: Er hat sehr viele Menschen und viel Geld verbraucht auf dem Weg.

WOLF SPEER: Ja, er hat Geld verbraucht und hat immer leicht Bekanntschaften gemacht, und nach einem halben Jahr, Vierteljahr schon haben die Leute alle gemerkt, dass das doch bloß Theater war.

BRELOER: Wie viele Frauen werden es gewesen sein?

WOLF SPEER: So viele auch wieder nicht.

BRELOER: Mit Kindern drei, glaube ich.

WOLF SPEER: Vier.

BRELOER: Und dann auch noch welche ohne Kinder dazwischen. Für Albert undenkbar.

WOLF SPEER: Nein, das wäre nicht denkbar. Mein Vater hat auch nachher stolz darauf hingewiesen, der Albert hätte ihn ja in manchem übertroffen, aber der hätte nur sechs Kinder gehabt, er hätte sieben.

BRELOER (mit weiterem Foto): Wieder Ihr Vater, der beruflich nichts richtig hinkriegt.

WOLF SPEER: Nichts hat er hingekriegt.

BRELOER: Genau das Gegenteil von Albert. Aber hat es ihm etwas ausgemacht?

WOLF SPEER: Er hat ja immer wieder Hilfe bekommen. Erst hat der Albert ihm geholfen bei den Nazis. Dann, als das mit den Nazis aus war,
hat er das Geld von seinem Vater in die Hände bekommen, und als das
alle war, ist der Albert aus dem Gefängnis wiedergekommen und hat
ihn wieder unterstützt. Also hatte er nie ernsthafte Probleme.

BRELOER: Er geht also zum Arbeitsdienst. Und wie geht es von da aus
weiter?

WOLF SPEER: Dann hat er fotografiert und hat diese Bilder eingeschickt,
und zwar hatte der Albert ihm den Tipp gegeben, die irgendwo einzu-
schicken. Daraufhin ist er da hauptberuflich als Fotograf angestellt
worden, das war der erste Schritt zum eigenen Geldverdienen.

BRELOER: Was hat er denn fotografiert fürs »Dritte Reich«?

WOLF SPEER: Arbeitsdienst.

BRELOER: Männer mit Spaten.

WOLF SPEER: Ja, mit Spaten, wenn sie eine Parade gemacht haben oder
so.

BRELOER: In Nürnberg war er auch. Da muss er ja seinen Bruder getroffen haben.

WOLF SPEER: Ob er ihn getroffen hat …

BRELOER: Albert oben auf der Tribüne, er arrangiert das Fest …

WOLF SPEER: … und unten knipst er. Ich glaube nicht, dass der Albert
sich um ihn gekümmert hat.

BRELOER: Der Bruder kann ihn also beim Aufstieg mitnehmen, ihm ein
bisschen unter die Arme greifen?

WOLF SPEER: Ein bisschen sehr. Er hat ja dann die Fotografiererei ganz
aufgegeben, hat sich erinnert, dass er mal Volkswirtschaft studiert
hatte, und bekam die seltsamsten Positionen.

BRELOER: Aber Albert konnte seinen Bruder nicht so dicht heranholen,
dass er ihn etwa je Hitler vorgestellt hätte?

WOLF SPEER: Das hätte der Albert auch nicht gemacht. Dazu bestand
kein Grund für ihn; er wollte ihn von sich abhängig halten, ihn kontrollieren, sonst nichts.

BRELOER: War ihr Vater in der Partei?

WOLF SPEER: Ja, natürlich. 1933 oder 1934 wollte er eintreten, da haben
sie ihn aber nicht genommen. Da haben sie eine große Sperre gemacht,
die wurde 1937 aufgehoben. Und, das weiß ich noch: Da ist er dann

abends mit anderen Kameraden Bier trinken gegangen: *Jetzt gehören wir dazu.*

BRELOER: Ihre Großeltern waren nicht in der Partei?

WOLF SPEER: Die Omi schon.

BRELOER: Wann ist sie denn in die Partei eingetreten?

WOLF SPEER: Vor 1933.

BRELOER: Und was sagte der Großvater dazu?

WOLF SPEER: Der hatte ja nichts zu sagen. Der ist nicht gefragt worden.

BRELOER: Oder sie hat es ihm nicht gesagt.

WOLF SPEER: Ich habe es ja sogar gewusst.

BRELOER: Woran haben Sie es gemerkt?

WOLF SPEER: Wir haben uns mit meiner Mutter schon so ein bisschen über die Regierung unterhalten, Brüning, Papen und was da so war, Hindenburg vor allen Dingen, und es fing an, dass man auch immer mehr von Hitler redete. Man mochte den Hitler natürlich nicht, der galt immer als Rabauke, die hörte man betrunken in der Stadt rumgrölen, wenn er in Heidelberg war. Das mochte man nicht. Und dann erschien plötzlich die erstaunliche Meldung, dass der Albert, den man ja für einen ausgesprochen soliden Menschen gehalten hatte, da eingetreten war. Und dann kam die Omi auch schnell nach, und zwar von sich aus.

BRELOER: Nun war es ja für einen Menschen wie Albert gar nicht notwendig – er hatte genug Geld, eine Ausbildung, er brauchte nicht zu diesen Rabauken, die sich von der Straße her den Luxus und das alles erkämpfen wollten.

WOLF SPEER: Deswegen besteht kein Zweifel: Er hat das nicht aus Opportunismus gemacht, er war schon davon begeistert.

BRELOER: Albert Speer über die erste Hitler-Rede, die er hört: »Seine überredende Kraft, die eigentümliche Magie seiner keineswegs angenehmen Stimme, die Fremdartigkeit seines eher banalen Gehabes, die verführerische Einfachheit, mit der er die Kompliziertheit unserer Probleme anging – das alles verwirrte und bannte mich. Von seinem Programm wußte ich so gut wie nichts. Er hatte mich ergriffen, bevor ich begriffen hatte.«[13]

WOLF SPEER: So wird es gewesen sein.

BRELOER: Auch auf die Mutter, schreibt er, hat der Anblick der SA in Heidelberg Eindruck gemacht, die im Gleichschritt auf der Straße die Ordnung vorführte, mit der sie demnächst den Staat führen wollten.

Wolf Speer: Das hat ihr Eindruck gemacht. Wir mussten ja als Hitlerjugend auch immer durch die Stadt marschieren, das hat weniger Eindruck gemacht.

Breloer: Wann erfuhren Sie, dass Ihr Onkel für Hitler arbeitete, in enger Beziehung zu ihm stand?

Wolf Speer: Das ist schwer zu sagen. Es wird wahrscheinlich angefangen haben mit diesem Maifeier-Aquarell, das er mir schenkte.[14] Und
dann kam immer mehr, vor allen Dingen Nürnberg. Da hieß es, es
wird einen Film geben über den Reichsparteitag, und da kommt der
Albert auch drin vor. Und er kam auch drin vor. Die Leni Riefenstahl
hat mal ganz kurz unter den Prominenten in der ersten Reihe auch den
Albert aufgenommen.[15]

Breloer: Gretel war mit in Nürnberg?

Wolf Speer: Ja.

Breloer: Und man ging ins Kino und guckte Albert.

Wolf Speer: Ja. Das war schon etwas Neues, in Heidelberg besonders.
Erst hieß es ja, Albert wird General. Und da haben natürlich alle gedacht: ›Mann, ein preußischer General – wie ist denn das möglich?‹
Aber er war dann nicht General, sondern Generalbauinspektor, wir
haben alle nicht gewusst, dass das eine Oberste Reichsbehörde war, so
nannte sich das damals. Das bedeutete, dass er mit den Ministern
gleichberechtigt war und nur Hitler direkt unterstand. Das war ein
sehr wichtiger Posten. Er hat ja auch im Reichstag immer auf der Re-
gierungsbank gesessen, wenn auch ziemlich weit hinten.

Breloer: Wann ist Ihnen klar geworden, welche große Aufgabe Hitler
Ihrem Onkel anvertraut hatte?

Wolf Speer: Solche städtebaulichen Maßnahmen gehen normalerweise
nicht in das Bewusstsein der breiten Öffentlichkeit über. Aber die
Reichskanzlei gebaut zu haben, ein Haus, das man sehen kann, das benutzt wird, das war schon etwas ganz anderes. Die fertige Reichskanzlei hat uns allen erst ein Bild davon verschafft, was er ist: Generalbauinspektor. Dass er die Juden rausgeschmissen hat und solche Sachen,
das ist mir alles erst hinterher klar geworden.

Breloer: Was wissen Sie darüber?

Wolf Speer: Nur was ich jetzt gehört habe. Es ist kein Geheimnis, dass
für die Neuplanung Häuser abgerissen werden mussten. Diesen Leuten mussten neue Wohnungen zur Verfügung gestellt werden; und da
hat man die Wohnungen der Juden, die man sowieso deportieren

wollte – nicht nach Auschwitz, Auschwitz gab es damals noch gar nicht –, den Abrissgeschädigten zur Verfügung gestellt.

BRELOER: Albert Speer lässt Listen anlegen: Welche Wohnungen sind Judenwohnungen? Und diese Judenwohnungen werden jetzt in mehreren »Aktionen« geräumt, bis weit in den Krieg hinein. Die Juden werden dann nach Osten »verschickt«.[16]

WOLF SPEER: Dass die Nazis gegen die Juden waren, war ja bekannt. Aber die absolute Radikalisierung kam erst 1941. Die Befehle, sie zu töten, die Einsatzgruppen – die kamen erst mit Beginn des Ostfeldzugs. Das waren Juden aus Russland, die wurden dort auf der Stelle erschossen, und dann kam irgendjemand auf die Idee, solche Fabriken zu bauen, wo man die Leute aus ganz Europa hingeschickt hat. Und ob der Albert – das kann ich mir eigentlich nicht gut vorstellen. Aber dass Häuser abgerissen wurden, dass dafür neue Wohnungen angeboten werden mussten und dass man dafür die Juden genommen hat, das glaube ich gerne.

BRELOER: Speer hat Hitler, noch bevor er Minister wurde, einen Bautrupp Ost zur Verfügung gestellt, der in Russland-Süd hinter der Front Straßen baute[17] …

WOLF SPEER: Ost-Baustandarte und Bautrupp.

BRELOER: … mit einem kleinen wandernden KZ entlang der Straße, mit jüdischen Arbeitern. Die Historikerin Willems schreibt: »Wie viele Juden an den Baustellen des ›Baustabs Speer – Ostbau‹ entlang der ›Durchgangsstraße IV‹ auf ukrainischem Gebiet infolge der mörderischen Arbeits- und Lebensbedingungen umgekommen sind, ist nie ermittelt worden; etwa 25 000 Juden wurden bis zur Auflösung der Baustellen im Winter 1943/44 bei 84 nachgewiesenen Massenerschießungen ermordet.«[18] Speers Freund und Chronist Wolters hatte die Strecke im Frühjahr 1942 inspiziert. Aus seinem Bericht: »Die Landschaft ist hier wunderbar schön, leicht hügelig … Auf der Straße, der DG IV, wird überall mit Hochdruck gearbeitet. Unter dem Kommando der deutschen OT-Männer wirken hier die fremden Kolonnen. In der Qualität stehen die Judentrupps mit an erster Stelle. Wie uns berichtet wird, arbeiten sie teils freiwillig zwei Schichten hintereinander. Sie wissen, worum es jetzt geht …«[19]

WOLF SPEER: Ich höre das zum ersten Mal, aber ich glaube es.

BRELOER: »… worum es geht«?

WOLF SPEER: Na, um die Juden. – Tod.

Breloer: Wie war es möglich, dass ein Kind aus gutem Hause sich in solch große Verbrechen verstrickte?

Wolf Speer: Meine Erklärung wäre, dass es am Anfang die Faszination dieser großen Aufträge und dieser Möglichkeiten war, in so großem Stil Häuser zu bauen, unsterblich zu werden. Dass das natürlich überwog und dass er da kleine Sachen, von seinem Gesichtspunkt aus kleine Sachen, erst einmal weggeschoben hat. Das schien ihm dann nicht sehr wichtig. Aber das hat sich natürlich im Lauf der Jahre ziemlich stark verändert: Genau in dem Maße, in dem die Verbrechen größer wurden, ist auch Albert in seiner Stellung gestiegen und gleichzeitig auch seine Verantwortung, seine Mitverantwortung. Denn wenn er als Architekt Wohnungen – schön, das ist auch nicht angenehm, aber das ist kein so schwerwiegendes Verbrechen wie in Rüstungsfabriken oder beim Straßenbau Leute sich totarbeiten zu lassen. Das ist doch eine ganze Dimension darüber. Und in Wirklichkeit ist er ja noch eine weiter darüber gegangen. Wobei er wieder behauptet, das hätte er nicht gewusst, mit Auschwitz und so weiter.

Breloer: Noch eine Frage: Albert Speer, der selbst von Haus aus wohl kein Antisemit war, ist in einen Antisemitismus hineingeraten.[20] Die Familie Speer war doch nicht antisemitisch?

Wolf Speer: Nein, wirklich nicht. Wir haben sehr gute Freunde gehabt, die waren alle Juden, da war überhaupt nichts; für uns waren Juden normale Menschen. Ich bin ja mit dem Klaus Pringsheim zusammen auf einem Landschulheim gewesen, das war ein jüdisches Landschulheim, wo meine Mutter ein halbes Jahr als Französischlehrerin gearbeitet hat. Da war ich auch. Da waren fast alles Juden.

Breloer: Haben Sie in Berlin gemerkt, dass ihr Onkel Entmietung betreibt, dass Juden zusammengedrängt, in Häusern »geschachtelt« werden?

Wolf Speer: Nein. – Es gab ja dann nach einer gewissen Zeit die Verpflichtung, dieses gelbe Ding zu tragen, und ich habe mich in eine Frau verliebt, die dieses Ding hatte, und das war furchtbar. Aber dass mein Onkel direkt etwas damit zu tun hatte, das hab ich nicht gewusst.

Breloer: Was war das Furchtbare, als sie sich in Berlin in eine Jüdin verliebt hatten?

Wolf Speer: Ha, das war ein Schreck. Das war eine wunderschöne Frau. Ich war siebzehn Jahre alt oder sechzehn, war auf dem Weg von der Schule nach Hause, und am U-Bahnhof Hohenzollerndamm bin ich

so um sie rumgelaufen, sie hat ein wundervoll elegantes Kleid angehabt, und als ich vorne war, merkte ich, sie hat den Stern dran, und für
einen Moment denkt man: Das ist ja furchtbar. Das war ja auch furchtbar. Ich finde das auch jetzt noch furchtbar.

BRELOER: Ich kenne einen Brief ihres Vaters, nach dem Krieg geschrieben, in dem er seinem Bruder Albert Kaltschnäuzigkeit im Umgang
mit den Juden vorwirft: »Ihr habt ja alle diesen dummen Judenhass
widerstandslos mitgemacht. Ich erinnere mich daran, wie du mir 1938
erzähltest, du habest bei Himmler angeregt, im KZ Oranienburg Zie-
geleien für den Umbau Berlins einzurichten und dabei ganz gemütlich sagtest: ›Die Judde haben ja schon in der ägyptischen Gefangenschaft Ziegel gestrichen.‹«[21]

WOLF SPEER: Das hat er sicher gesagt. Das war wahrscheinlich unter Nazis ein geflügeltes Wort.

BRELOER: Hat Ihr Vater den Antisemitismus nicht so »kaltschnäuzig«
mitgemacht wie sein Bruder Albert?

WOLF SPEER: Sie werden wahrscheinlich sagen: Das ist eine alte Leier;
aber richtige Antisemiten waren die alle nicht. Auf die Idee, Juden zu
töten, wäre da keiner gekommen. Mein Vater nicht und von sich aus
Albert sicher auch nicht. Aber der Hitler hat das nun mal so angeordnet und befohlen. Antisemitismus ist in Deutschland eine alte Sache
gewesen. Aber Auschwitz war eine ganz neue Sache.

BRELOER: 1942 wurde Albert Speer über Nacht Rüstungsminister. Wie
haben Sie das erlebt?

WOLF SPEER: Ich habe gehört, dass der Todt, sein Vorgänger, tödlich verunglückt wäre; und da habe ich dann schon ein bisschen gedacht:
Eigentlich könnte der Albert der Nachfolger werden – wer sollte das
denn sonst? Aber andererseits habe ich ihm das genauso wenig zugetraut wie alle anderen. Und er ist trotzdem ernannt worden, und wider Erwarten hat er das besser gekonnt als sein Vorgänger.

BRELOER: Nun war er vielleicht nach Hitler der mächtigste Mann in Europa.

WOLF SPEER: Ja, mit Himmler gemeinsam. Jeder auf seinem Gebiet der
mächtigste Mann.

BRELOER: Es gab ja eine Menge Leute um ihn herum, die Himmler und
ihm nicht sehr wohlgesonnen waren.

WOLF SPEER: Bormann. Den Namen habe ich eigentlich nur gekannt,
weil es geheißen hat, das wäre sein Feind. Und Albert hat gejammert

und geschimpft, dass der Bormann ihm so viel Schwierigkeiten machen würde. Aber das war an sich eine persönliche Sache, denn Albert hat sich als der Liebling von Hitler gefühlt, und dem Bormann hat das nicht gepasst, der hat sich selber für unentbehrlich gehalten, und deswegen haben die sich nicht leiden können.

BRELOER: Einige Personen um Hitler, Göring, Goebbels, Bormann, Himmler, kämpften um die Nachfolge, Hitler war ja älter als sie. Konnte auch Speer sich Hoffnung machen, Hitler zu beerben?

WOLF SPEER: Er hatte sicher Hoffnung.[22]

BRELOER: Er ist nun viel öfter in der Wochenschau und auf Fotos zu sehen, und sein Gesicht verändert sich. Wie haben sie das wahrgenommen?

WOLF SPEER: Ich habe jetzt vor kurzem erst im Fernsehen einen Film gesehen mit Albert Speer, wie er im Winter 1944/45 mit einem Adjutanten von der Wehrmacht durchs Gelände fährt und sich bemüht, deutsche Rüstungsbetriebe vor Hitlers Zerstörung zu beschützen. Und da hat er dieses jungenhafte Lachen gehabt, als er gemerkt hat, der filmt mich jetzt: ›Haha, machen wir mal einen Witz dazu.‹ Und dann, als die Sache zu Ende war, ist in Sekundenschnelle dieses Lächeln verschwunden, und er hat wie ein kleines Kind, das nicht mehr weiter weiß, verlegen geguckt, und die haben den Film natürlich sofort ausgemacht.

BRELOER: Haben Sie ihn mal als Rüstungsminister in Uniform gesehen?

WOLF SPEER: Als ich damals in Heidelberg war, wurde er mitten in der Nacht um drei oder um vier Uhr geweckt und ist dann zu irgendeinem Flugplatz gefahren, und von da aus flog er gleich wieder nach Russland, um irgendetwas zu organisieren. Da hat er die Uniform angehabt, diese braunen Stiefel und braune Uniform.

BRELOER: Wenn er jetzt als mächtiger Mann nach Hause kam, wie wurde er behandelt? Waren die Mutter und der Vater sehr stolz auf ihn?

WOLF SPEER: Die waren beide stolz, aber er hat das gar nicht gewünscht. Er wollte, dass alles genauso weitergehen sollte, wie es vorher gewesen war, auch mit seinem Bruder – beiden Brüdern, solange der Ernst noch gelebt hat –, oder auch mit uns als entfernten Verwandten sollte das alles so weitergehen. Und das ist auch durchgehalten worden.

BRELOER: Worüber sprach man, wenn er nach Hause kam?

WOLF SPEER: Über dasselbe, worüber man vorher auch geredet hatte – über das Wetter, über den Garten.

BRELOER: Nicht über die Politik?

WOLF SPEER: Um Gottes willen. Kein Wort, jedenfalls nicht, solange ich dabei war. Darauf hätte er wahrscheinlich keine Antwort gegeben.

BRELOER: Sie wohnten damals im Haus bei Ihren Großeltern?

WOLF SPEER: Ja. Bei den Großeltern war es so: Oben waren Gästezimmer, die haben immer leer gestanden, und da hat dann der Albert immer gewohnt, wenn er zu Besuch war. Und ich habe unten gewohnt, im Arbeitszimmer meines Großvaters. Da habe ich ihn gehört, ich höre ihn jetzt noch, wie er die Treppe heruntertrampelt.

BRELOER: Ab an die Ostfront. Haben Sie diesen Mann bewundert, der mit dem Flugzeug an alle Fronten fliegen konnte, der im Krieg dicht beim Führer war? War Albert Speer ein Held für Sie?

WOLF SPEER: Ich habe nie irgendwelche Minderwertigkeitskomplexe anderen Leuten gegenüber gehabt. Ich habe mir nur gedacht, das würde mir eigentlich auch zustehen, ich wäre bloß dummerweise nicht dazu gekommen. Ich kann nicht sagen, dass ich da Komplexe habe.

BRELOER: Was sehen wir auf diesem Foto?

WOLF SPEER: Das ist ein Foto von einem Besuch meines Vaters am Obersalzberg, mit mir.

BRELOER: Wer sind die Kinder?

WOLF SPEER: Der Große ist Albert, Hilde, das ist Margret, dann ist das wohl der Fritz.

BRELOER: Der da im Anzug, das ist der mächtige Rüstungsminister?

WOLF SPEER: Ja. So sah der damals immer aus, er hat lieber Zivil getragen.

BRELOER: Sie wohnten ja ganz in der Nähe von Adolf Hitlers Berghof.

WOLF SPEER: Ja. Da gab es aber Sperrkreise, in den Berghof ist man gar nicht hineingekommen, wir jedenfalls. Das hat der Albert auch gar nicht erst versucht, das hätte er wahrscheinlich gar nicht verantwortet, uns da reinzuschicken; wozu auch? Hitler hat da mit Eva Braun gewohnt. Albert Speer hätte hineingedurft, aber das ist ja keine Sache, die man so ohne weiteres seinen Verwandten zeigen kann.

BRELOER: Hat er etwas über Eva Braun erzählt? In Deutschland kannte man Eva Braun zu der Zeit nicht.

WOLF SPEER: Doch, ich schon. Es wurde schon davon erzählt. Bei meiner Großmutter standen viele Fotos in den Salons, darunter auch Fotos von ihren Erfolgen in der höchsten Gesellschaft, und das war eben damals der Obersalzberg. Da wurden Fotos von ihr mit Hitler gezeigt.

Anfang 1942, kurz nachdem ich mein Abitur gemacht hatte, war ich noch einmal in Heidelberg, und da hat mir der Puddel, das war beim letzten Mal, dass wir uns getroffen haben, gesagt: »Das ist das Fräulein vom Obersalzberg, Eva Braun. Du wirst schon noch merken, wer das ist.« Da konnte man sich schon denken, dass das die Mätresse von Hitler war. Den Namen habe ich seitdem gekannt. Stimmt – die anderen Leute haben das alles nicht gewusst.

Breloer: Worüber sprach man, wenn man bei Albert Speer eingeladen war?

Wolf Speer: Das möchte ich auch gern wissen.

Breloer: Wie war die Atmosphäre?

Wolf Speer: Frostig, die war immer frostig.

Breloer: Warum war man dann überhaupt zusammengekommen?

Wolf Speer: Wenn ich da mit 18 Jahren eingeladen werde, dann sehe ich mir das doch mal an. Und er wird sich auch gedacht haben: ›Mal sehen, was der Wolf so macht. Einmal im Jahr kann man den ja ruhig mal angucken, sehen, wie er aussieht, was er im Krieg gemacht hat.‹ Dass ich in Afrika diesen heldenhaften Rückzug gemacht hatte,[23] hatte ihm mein Vater ja vorher schon erzählt, da hat er mich nicht nach Details gefragt.

Breloer: War zwischen den Brüdern immer noch die alte Spannung?

Wolf Speer: Ach, nicht so; aber ich weiß noch: Der Albert hatte das Flugzeug zur Landung in München befohlen, da gab es auch im Krieg noch diese Kunstausstellung, und er hat gesagt: »So, ich gehe jetzt die Kunstausstellung angucken, in zwei Stunden komme ich wieder.« Mein Vater hat gefragt, ob er mitkommen dürfte, und da hat er gesagt: »Nein, nein.« Wir mussten da also zwei Stunden warten bis zum Weiterflug nach Berlin.

Breloer: Was war Ihr Vater zu dieser Zeit, um 1943/44, von Beruf?

Wolf Speer: Das ist sehr schwer zu beantworten. Er galt allgemein als Sachverständiger für Tiefkühlkost. Das kann sich kein Mensch vorstellen, was das bedeuten sollte. Er hatte jedenfalls ein irrsinnig hohes Gehalt. Ich nehme an, Albert hat ihn da untergebracht.[24]

Breloer: Wohl so eine Schonecke des »Dritten Reichs«, wo man nicht an die Front musste, wo man überleben konnte.

Wolf Speer: Das wird wahrscheinlich auch die Folge des Untergangs seines Bruders in Stalingrad gewesen sein, dass seine Eltern das von ihm verlangt haben, seine Mutter vor allen Dingen.

BRELOER: Haben Sie selbst mal die Hilfe ihres Onkels in Anspruch nehmen müssen?

WOLF SPEER: Bei mir gab es ja dann diese Probleme mit diesem »Hitler verrecke«, da bin ich schon mit dem Kriegsgericht in Verbindung gekommen.[25] Außerdem hatte ich bei meinem Vater ein Buch von Lenin gesehen, und ich habe gedacht: ›Das musst du mal lesen.‹ Ich hab es in die Kaserne mitgenommen, es war aber so furchtbar langweilig, jedenfalls für mich, dass ich nichts damit anfangen konnte. Es lag in der Kaserne rum, dann hat es ein anderer in die Hand bekommen, und der hat sich natürlich prompt damit erwischen lassen. Der ist dann gefragt worden: »Von wem haben Sie das?« – »Vom Speer!« – Das war eine schwierige Situation, das ist dann an den Divisionsgeneral weitergemeldet worden, und der hat gesagt: »Eigentlich könnte man den ja gleich erschießen lassen, verhandeln wir mal lieber weiter.« Das landete dann irgendwann bei Hitlers Adjutanten, Engel hieß der. Der Albert war auch gerade da, und Engel hat mit dem Albert gesprochen, hat gesagt: »Was ist das hier?« Da hat der gesagt: »Das sind Jungensstreiche, da machen wir mal nichts.« Und das ist auch so gewesen.[26]

BRELOER: Haben sie sich jemals bei Ihrem Onkel bedankt?

WOLF SPEER: Ja, ich habe mich bedankt. Aber er war dann immer sehr kurz angebunden. Er hat gesagt, er hätte nicht geahnt, dass das schon bei Hitler gelandet war.

BRELOER: Hat Albert nicht auch mal gesagt, Sie müssten in einen anderen Panzer hinein, der sei zu dünn?

WOLF SPEER: Ich selbst bin ja aus eigenem Antrieb nie mit ihm in Verbindung gekommen, mein Vater hat das immer arrangiert. Ich denke auch, dass der selber ein bisschen für sich profitieren wollte, indem er seinen fronterfahrenen Sohn zu Albert mitgenommen hat. Jedenfalls war mein Onkel in einem Lazarett in Hohenlychen bei Berlin.[27] Ich war in einer Panzerlehrdivision in Potsdam, einem Verband, der dafür ausersehen war, die zu erwartende Invasion zu bekämpfen, und das ist auch nachher in der Praxis so gekommen. Mein Vater hat einen Termin in Hohenlychen vereinbart, und ich kam dann mit. Mein Vater hatte einen tollen BMW damals, es war alles total korrupt. Mein Onkel hat gefragt: »Wo bist du denn?« – Ich habe gesagt: »Panzerlehrdivision.« Er wusste natürlich, was das ist, und fragte: »Womit fährst du da?« Und ich habe gesagt: »Radkettenfahrzeug«, vorne mit Rädern, hinten mit der Kette. Es hatte auch eine Kanone, ich glaube, eine 2-cm-Kanone, ein stärkeres

Maschinengewehr. Er wusste genau, was das ist, und meinte: »Mann, das gefällt mir aber gar nicht. Kannst du da nicht mal zusehen, dass du in etwas anderes gehst?« – Mir hat es da sowieso nicht gefallen, wir waren schon unter Druck mit dem Lenin-Buch und allen möglichen Sachen, das lief alles schon. Da hat er mir also vorgeschlagen, in den Tiger-Panzer umzusteigen. Tiger-Panzer waren die schwersten, die es damals gegeben hat. Aber das war natürlich auch ein Himmelfahrtskommando, die haben die ja trotzdem abgeschossen. Wenn man da erst mal drin war … Eine normale Panzerabwehrkanone konnte das schon aushalten; aber jeder Panzer ist ja auch kaputt, wenn er hinten auf den Motor eine Fliegerbombe oder einen schweren Artillerietreffer bekommt, da fängt der an zu brennen, da kommen Sie nicht mehr raus.

BRELOER: Hat Ihr Onkel Sie zu den Tiger-Panzern gebracht?

WOLF SPEER: Erst einmal hatte ich die Kriegsgerichtsverhandlung, und da war ich dann schon ziemlich in Panik versetzt, wollte da jedenfalls weg. Nachdem diese Sache von Hitler gekommen war – das lief alles parallel, keiner wusste vom anderen, und ich wusste am allerwenigsten –, haben sie gesagt: »Speer, Sie haben sich ganz schön was eingebrockt, aber heute ist der Tag, heute ist die Invasion da« – man sah überall schon die Flugzeuge herumfliegen –, »gehen Sie mit an die Front, Sie haben jetzt die Gelegenheit zur Frontbewährung, danach ist alles vergessen.« – Während der ganzen Zeit ist schon diese Versetzung vom Albert gelaufen, aber es gab übergeordnete Befehle, dass keiner aus der Front herausgezogen werden durfte, solange die Schlacht noch ging. Und als die Amerikaner dann endlich durchgebrochen sind, war die Schlacht zu Ende, und man hat mich in diese Tiger-Abteilung versetzt. Die Tiger-Abteilung war in Thüringen auf einem Truppenübungsplatz, und man hat mir befohlen hinzufahren. Ich habe mich da gemeldet, 501 hieß die Abteilung, und da wurde mir gesagt: »Die ist doch in der Normandie«, also dort, wo ich gerade hergekommen bin. »Fahren Sie sofort dort hin, nehmen Sie keinen Urlaub.« Und er hat mir ein Paket mit Munition in die Hand gedrückt – er hat sich eingebildet, das wäre kriegsentscheidend. Ich habe erst einmal in Heidelberg übernachtet, und dann bin ich nach Metz gefahren, das war die Frontleitstelle. Inzwischen waren 14 Tage vergangen, die Kriegslage hatte sich total geändert, und ich bin dann zu diesen Werfern gekommen. Das war in Nancy, in Lothringen. Das ging so, bis die beiden Werfer kaputt waren, und dann hat man gesagt, ich sollte als vorgeschobener Beobachter das Feuer der Artillerie leiten. Das hat nicht lange gedauert, dann war ich eingekesselt und habe mich ergeben.

BRELOER: Jetzt sind Sie in amerikanischer Gefangenschaft. Erlöst?

WOLF SPEER: Ja, da war ich froh. Das ist natürlich immer schwer – den ersten Moment, den muss man überstehen. Da kommt es darauf an, an wen man da gerät. Es gibt da milde und andere, die haben gerade einen Kameraden verloren und schießen einen zusammen. Aber es ist gar nicht so schlimm gewesen.

BRELOER: Was passierte, als die Amerikaner entdeckten, dass Sie mit dem Minister verwandt waren?

WOLF SPEER: Das mit diesem ›Hitler verrecke‹[28] – das ging zurück auf einen Dada-Club. Kennen sie Dada? Ich hatte so ein paar Freunde, und wir waren ein bisschen kindlich, Dadaisten …

BRELOER: … das Absurde im Leben …

WOLF SPEER: … das passte natürlich überhaupt nicht in die Hitler'sche Wehrmacht. Von diesem Dada-Club habe ich den Amerikanern erzählt, und ich habe auch gesagt, ich hätte den Dada-Club gegründet, und ich wollte mich bereit erklären, an einer eventuellen gegennationalsozialistischen Umerziehung teilzunehmen.

BRELOER: Vielleicht Radiopropaganda für die deutschen Soldaten machen?

WOLF SPEER: Ob ich mich so viel getraut hätte, weiß ich nicht; ich wollte ja keinen Verwandten schädigen.

BRELOER: Die wären in Sippenhaft genommen worden.

WOLF SPEER: Ja. Irgendetwas wäre passiert, meine Mutter … Und ich wollte mich auch nicht direkt gegen Albert erklären, und das wäre ja automatisch die Folge gewesen.

BRELOER: Hat man nicht versucht, mit Ihnen Propaganda zu machen, wo sie doch gezeigt hatten, dass sie gegen Hitler waren?

WOLF SPEER: Die haben das versucht und haben auch meinen Namen in ihrer Sendung für Deutschland benutzt. Sie haben gesagt, der Neffe von Albert Speer hätte einen Dada-Club gegründet und sich gegen Hitler erklärt. Ich hatte ihnen nur die Sache erzählt, wie sie war, und ihnen gesagt, ich mache da eventuell mit, und wenn da was ist, sollen sie Bescheid sagen. Und dann haben sie das gemacht, ohne sich bei mir zu bedanken. Das habe ich aber alles erst viel später erfahren, als ich wieder in Deutschland war. Da haben mir alle gesagt: »Du bist fein raus, du bist ja ein Widerstandskämpfer.«

Breloer: Das hatte aber für einen Menschen böse Folgen.

Wolf Speer: Sie meinen den Eddie?

Breloer: Ja. Den hatten Sie erwähnt, und die Nazis haben ihn gepackt und – aus welchen Gründen auch immer, man weiß es ja nicht bei dem Chaos gegen Ende des Krieges – hingerichtet.

Wolf Speer: Ich kann's nicht mehr ändern. Ich habe den Namen nie genannt, nur den Dada-Club. Dass er der eigentliche Führer dieses Dada-Clubs war, müssen die irgendwie herausbekommen haben. Ich weiß nicht, ob er überhaupt noch am Leben war – jedenfalls ist er erschossen worden. Ich werde den Gedanken nicht los, dass das irgendwie mit dieser Propagandasendung zusammengehangen hat.

Breloer: Das ist einer, an den Sie denken müssen. An wie viele Tote, mit denen er etwas zu tun hatte, müsste Albert Speer denken?

Wolf Speer: Das eine sitzt mir aber näher als die Millionen der anderen.

Breloer: Ihr Onkel ist davongekommen – er sitzt in Spandau. Sie können ihn besuchen, und Sie bekommen Briefe. Wie weit waren Sie über das System geheimer Postwege informiert?

Wolf Speer: Kassiber gibt es in jedem Gefängnis. Aber über Einzelheiten habe ich nichts gewusst.

Breloer: Was schrieb Albert aus dem Gefängnis an Sie?

Wolf Speer: Das war offizielle Post. »5. 4. 1953. Lieber Wolf, es ist nett von Dir, dass du einen so langen Brief geschrieben hast. Du hast ja nach dem Krieg allerhand Pech gehabt und viel Zeit verloren, die Hauptsache ist aber, daß Du Dich davon nicht unterkriegen läßt.« – Also Allerweltszeug, wie ein Briefkastenonkel. Aha, da schreibt er immerhin: »Wie ich von Gretel hörte, haben einige Mitarbeiter aus meinem Büro auch gute Erfolge als selbständige Architekten. Ich will mich, wenn Du es willst und notwendig hast, ›stark‹ machen, daß Du irgendwo bei meinen Bekannten von früher eine Stellung bekommst. Ich denke schon, sie werden das tun, wenn ich es Gretel schreibe. Ich würde raten, die Nase mal ordentlich in die Praxis auf der Baustelle zu stecken.« Das stimmt natürlich. »Ich habe mich davor gedrückt, weil ich wegen meiner Unkenntnis in praktischen Dingen Angst hatte. Ich habe das später bedauert.« – Er ist dann immer nur als Reichsminister herumgefahren und hatte einen Stoß Leute um sich herum, die hatten Erfahrung, die haben ihm zugearbeitet. – Es stimmte natürlich alles, was er da gesagt hat; aber das hätte jeder andere einem auch sagen können.

Breloer: Sie erhielten die Erlaubnis, Albert Speer in Spandau zu besuchen.[29] Zu Anfang gab es vielleicht gar nicht so viele Menschen, die ihn besuchen wollten?

Wolf Speer: Ich weiß es jetzt nicht mehr genau, ich denke, dass es während der Blockade war. Jeder Gefangene hatte die Möglichkeit, alle vier Wochen einen Besuch zu empfangen. Man konnte ja nur mit dem Flugzeug dorthin, und es war vielleicht gar kein Geld da für die Gretel und für die Kinder, sich dahin zu wagen. In der Not hat man dann gesagt: Der Neffe Wolf Speer ist gerade da, soll der doch mal kommen. Es ist jedenfalls arrangiert worden. Ich habe mich dann erkundigt, wo das Gefängnis ist. Ich hatte eine Besuchserlaubnis, und sämtliche Türen, viele Tore, viele Gitter haben sich vor mir geöffnet. Und immer war einer neben mir, keine Soldaten, sondern Wärter. Der Soldat kam erst nachher, der Russe. Die Amerikaner, Franzosen und Engländer haben mich nur am Anfang mal angeguckt, dann sind sie weggegangen, haben gar nicht zugehört.

Breloer: Sind Sie durchsucht worden, ob sie ein Messer dabei haben oder so etwas?

Wolf Speer: Ich glaube nicht. Ich weiß nur, dass es vollkommen unmöglich war, körperlich Kontakt aufzunehmen.

Breloer: Und dann saßen Wächter dabei.

Wolf Speer: Ja, ein Russe, zwei sogar. Die konnten natürlich fließend Deutsch, sahen sehr gut aus, waren sehr angenehme Leute. Die haben vorher gesagt, es sei verboten, politische Gespräche zu führen.

Breloer: Wann hatten Sie Albert Speer zum letzten Mal gesehen?

Wolf Speer: In Hohenlychen, Februar oder März 1944.

Breloer: Hatte er sich verändert?

Wolf Speer: Wenig. Er hatte dasselbe freundliche Lächeln wie immer. Kam so auf einen zu – genau als ob er in Heidelberg zur Tür hereingekommen wäre. Im Gesicht hatte er sich wenig verändert. Das war eben alles aufgesetzt, immer schon. Mir ist aufgefallen, dass er einen kleinen Bauch hatte, so einen Spitzbauch. Den hatte er nämlich vorher nicht gehabt. Das lag aber wahrscheinlich an der mangelhaften Bewegung. Später hat er das ja dann geändert, durch Gartenarbeit und so.

Breloer: Worüber haben Sie gesprochen?

Wolf Speer: Das möchte ich auch gern wissen. Ich weiß, dass auch andere sich die ganze Zeit furchtbar gequält gefühlt haben, weil sie einfach nicht wussten, was sie dort reden sollten. Erst einmal war es in der

Familie sowieso nicht üblich, seine innersten Geheimnisse preiszuge-
ben, und dem Onkel Albert schon gar nicht. Der war ja immer weg
und war immer eine welthistorische Erscheinung. Jedenfalls ist er
dann von den Wächtern aufgefordert worden, wieder zu gehen, und
hat dann wieder dieses bei ihm übliche Lächeln gehabt, das dann
irgendwie in Sekundenschnelle in eine gewisse – Verzweiflung, könnte
man fast sagen, umgeschlagen ist. Und danach war er schon weg.

Breloer: Im Gefängnis hat er seine Erinnerungen aufgeschrieben und
sie herausgeschmuggelt. Nach seiner Entlassung gibt er sie als Buch
heraus. Sie kaufen es sich …

Wolf Speer: Ich habe es mir nicht gekauft, ich habe es geschenkt bekommen, mit Widmung, und ich habe es dann sehr interessiert gelesen.

Breloer: Haben Sie dadurch ein anderes Bild von Albert Speer bekommen?

Wolf Speer: Nein, im Großen und Ganzen nicht. Ich hatte schon gewusst, dass er mit Hitler sehr intim gewesen war, aber diese Einzelheiten hatte ich nicht gewusst, zum Beispiel, wie es auf dem Obersalzberg
zuging mit den Operettenmelodien. Ich habe das auch geglaubt, ich
glaube auch jetzt noch, dass es im Großen und Ganzen stimmt.

Breloer: Und die *Spandauer Tagebücher*? Diese Auseinandersetzung mit
der Schuld und mit sich selber?

Wolf Speer: Ich habe mir überlegt, was in seinem Kopf vorgeht. Das hat
er ja niemandem gesagt, uns schon gar nicht. Mit den Journalisten hat
er viel geredet, aber ob das nun alles ehrlich war, weiß ich auch nicht.

Breloer: Sie haben ihm dieses Schuldbekenntnis nicht so ganz geglaubt?

Wolf Speer: Da ist natürlich auch ein bisschen Opportunismus dabei.
Aber er hat sich ja gewandelt. Er hat eingesehen, dass es verkehrt war.
Das kann man doch. Ob es ehrlich war oder ob er nur gewittert hat,
was jetzt gut ankommen würde, ist eine andere Frage. – Da fällt mir
doch etwas ein: Meine Mutter hat den Albert nicht sehr geliebt, aber
sie konnte ja auch nichts machen. 1946, als dieser Prozess in Nürnberg
war – sie hatte das alles in der Zeitung gelesen –, hat sie geschrieben,
sie hätte einen Schreck bekommen über die Verteidigung von Albert,
die wäre so unglaublich raffiniert. Das hat sie damals schon erkannt
oder geahnt. Das habe ich ihm dann mal gesagt, aber in solchen Fällen ist er sofort ausgewichen. Der Albert hat schon etwas von meiner

Mutter gehalten, für blöde hat er sie nicht gehalten. Er hat gesagt: »Nein, da war überhaupt nichts raffiniert.« Und das habe ich ihm nicht geglaubt. Es war schon raffiniert. Aber vielleicht hat er es selber geglaubt, das ist auch möglich.

Breloer: Aber 1945 hatte er Ihre Mutter hängen lassen?

Wolf Speer: Ja, das ist ein dunkles Kapitel. Ist aber alles gut gegangen.

Breloer: Was war da?

Wolf Speer: Versuchen Sie mal, sich in die Jahreswende 1944 auf 1945 zu versetzen. Damals standen die Russen schon an der Oder, nein, noch an der Weichsel. Die letzte Offensive von deutscher Seite in den Ardennen war fehlgeschlagen, und es war nun zu erwarten, dass die Russen, die sich monatelang erholt hatten, jetzt angreifen und bis an die Oder kommen würden, beziehungsweise nach Berlin. Und von der Familie Speer hatte ja ein großer Teil in Berlin gewohnt. Es waren aber um diese Zeit nur noch zwei da, meine Mutter mit ihrer Tochter, meiner Schwester Sibylle, und der Albert. Die anderen waren alle weg, mein Vater hatte sich nach Garmisch verzogen, seine Frau und seine zweite Familie auch. Gretel war natürlich auch weg. Die war allerdings auch nicht in Obersalzberg, sondern irgendwo in Norddeutschland mit allen Kindern. Also hat der Albert meine Mutter zu sich ins Ministerium bestellt und hat ihr gesagt, was er machen würde. Ich muss dazu sagen, dass ich im Sommer 1944 meine Mutter das letzte Mal gesehen hatte. Ich habe ja genau vorausgesehen, dass irgendwann mal die Russen Berlin erobern würden, ich habe allerdings immer gedacht, es würde schon vorher sein. Ich habe sie beschworen wegzugehen, nach Heidelberg, oder wir haben ja noch andere Verwandte in Freiburg, in Göttingen oder sonst wo gehabt, da hätte man irgendwie seine Haut retten können. Meine Mutter hat mir versprochen, dass sie das macht. Aber sie hat einen festen Glauben an ihre Hausgötter gehabt – an die Penaten, wie die alten Römer, an ihre Möbel und alles, was sie da hatte. Sie hat gemeint, sie könnte es riskieren, einfach dazubleiben, denn wenn sie weggehen würde, dann hätte sie ja gar nichts mehr. Sie war damals 45 Jahre alt. Jedenfalls ist sie dageblieben, und der Albert hat sie gefragt, was sie denn nun vorhätte. Da hat sie gesagt: Ich bleibe erst mal da. Und der Albert hat gesagt, er bliebe auch da, er hätte vor, mit den Berlinern gemeinsam das Schicksal herauszufordern. Das war wohl so ein dummer Gedanke von ihm, den er nachher auch nicht ausgeführt hat.

Breloer: ›Das Schicksal herausfordern‹, ›mit den Berlinern‹? Was sollte das denn heißen?

Wolf Speer: Weiß ich nicht, jedenfalls hat er das gesagt. Er hat damals vielleicht an eine Zusammenarbeit mit den Russen gedacht, aber das war doch unrealistisch, und er hat dann auch selber eingesehen, dass er nur mit dem Westen eine Zukunft hatte. Die Russen hätten ihn ja sofort einkassiert. Jedenfalls hat er dann versprochen, dass er meiner Mutter einen Lastwagen zur Verfügung stellen würde, wenn die Russen an der Oder durchbrechen würden. Meine Mutter hat sich darauf verlassen – der Lastwagen kam aber nicht. Albert war weg, Albert ist nicht in Berlin geblieben. Meine Mutter hätte vielleicht, wenn der Lastwagen da gewesen wäre, das Angebot angenommen und wäre losgefahren. Aber so musste sie dableiben und die Russen überstehen. Das ist irgendwie gut gegangen. Aber sie hat schon sehr viel mitgemacht, in der Nachbarschaft sind Männer erschossen worden, Frauen vergewaltigt und alles.

Breloer: Hat Albert später mal erklärt, wie das geschehen konnte?

Wolf Speer: Nein, er hat es nicht erklärt, ich habe ihn auch nicht gefragt. Aber trotzdem: Familienzusammenhaltgefühl war durchaus immer noch da, auch uns gegenüber.

Breloer: Das sind die vielen unausgesprochenen …

Wolf Speer: Furchtbar viele unausgesprochene Dinge, die da immer geschwebt haben. Er hat dann irgendwann mal meiner Schwester gegenüber gesagt, eigentlich hätte er die ganze Zeit Angst, dass er von uns drei Kindern irgendwelche Vorwürfe zu hören bekommt, einerseits wegen dieser Berlin-Sache und andererseits natürlich auch wegen dieser Familienstiftung, bei der er selbstherrlich unsere Ansprüche negiert hat.[30] Meine Schwester hat dann gesagt: »Nein, sagen wir nichts. Was habe ich davon, wenn der jetzt gedemütigt wird?« Streit mit ihm anzufangen wäre auch [für mich] witzlos gewesen, denn mein einziges Interesse war ja damals, dass ich noch nach Heidelberg zu Besuch kommen und da wohnen konnte. Wenn er mir das verboten hätte, hätte ich ja gar nichts mehr gehabt. Geld war sowieso keines mehr zu erwarten.

Breloer: Wie fanden Sie, was Speer gebaut hatte? Selbst sein Lehrer Tessenow fand die drei Fahnen, das Modell für den 1. Mai 1933, lächerlich: »Meinen Sie, dass Sie da was geschaffen haben, Speer?«

Wolf Speer: Ja, das ist ja auch was. Aber trotzdem: Es gibt gute und schlechte Architekten. Wenn man ein begeisterter Nazi war, dann war das architektonisch gar nicht mal ein so schlechter Ausdruck für diese Überzeugung. Der Fehler ist also nicht die Architektur, sondern das Nazitum an sich. – Jetzt zeige ich Ihnen mal, was ich gebaut habe. Das ist auf dem Grundstück in der Schopenhauerstrasse, wo der Albert sein erstes Haus hatte. Er hat meinen Namen genannt, und ich habe den Auftrag bekommen. Ich habe mich nachher mit dem Bauherrn, dem Kammersänger McDaniel aus Berlin, sehr gut vertragen und habe das Haus gebaut. Von innen ist es eigentlich ganz besonders eindrucksvoll; ich bin richtig stolz darauf.

Breloer: Was ist der große Unterschied zwischen Ihnen und Albert Speer?

Wolf Speer: Ich glaube, ich habe mich mehr geändert in meinem Leben. Ich bin flexibler gewesen und habe mich mehr von meinem Schicksal leiten lassen. Ich habe mein Schicksal auch geliebt und auf mich genommen, habe es für richtig gehalten. Mein Leben ist auch in dieser Beziehung harmonisch verlaufen, bei allen Dummheiten und bei allen Niederlagen hat es trotzdem zu einer gewissen Harmonie geführt. Bei Albert war, glaube ich, bis zum Schluss keine Harmonie da, das war alles Stückwerk.

Breloer: Die Autorin Gitta Sereny meint, er habe sich in Spandau gewandelt – hin zur Humanität. War das auch Ihr Eindruck?

Wolf Speer: Eigentlich nicht. Dass er vorher meiner Meinung nach kein Schwerverbrecher war, habe ich schon ein paar Mal gesagt. Und dass er sich nachher geärgert hat und dass es ihm leid getan hat, glaube ich auch gerne. Aber ob damit eine moralische Wandlung verbunden war – davon habe ich jedenfalls nichts gemerkt, als ich ihn dann getroffen habe.

Breloer: Wie war er, als Sie ihn trafen?

Wolf Speer: Mürrisch und unfreundlich. Man hat nicht viel mit ihm anfangen können. Soviel ich weiß, war er das aber zu anderen auch. Mich wundert es, dass er fremden Leuten, Journalisten gegenüber so aus sich herausgegangen ist. Was er so im Detail erzählt hat – zum Teil auch, was die gern hören wollten.

Breloer: Sie hatten nicht das Gefühl: Das ist ein anderer Mensch?

Wolf Speer: Nein. Was denken Sie denn? Wenn ich jetzt gekommen wäre und gesagt hätte: ›Onkel Albert, erzähl mir mal was von Auschwitz‹ und so weiter – da hätte der mir gesagt: ›Kümmere dich um deine eigenen Sachen, lass mich in Ruhe.‹ Der Puddel hatte einen unehelichen

Sohn,[31] das war ein unglückseliger Mensch, der sehr krank war und auch gestorben ist. Der kam andauernd an und wollte mit ihm über die Vergangenheit reden. Das hat dem Albert überhaupt nicht gepasst.

Breloer: Haben Sie das junge Mädchen erlebt, seine letzte Liebe?

Wolf Speer: Nein, ich habe nur von ihr gehört.

Breloer: Er hat sie auch seiner Ehefrau vorgezeigt.

Wolf Speer: Ja, das weiß ich auch. Mir hat er sie nicht gezeigt, obwohl ich an dem Tag auch kommen wollte. Da hat er mir mehr oder weniger verboten, das Haus zu betreten. Ich sollte sie nicht sehen.

Breloer: Passte das zu ihm, sich plötzlich gehen zu lassen?

Wolf Speer: Eigentlich nicht. Man musste jetzt den Eindruck haben, dass er das die ganze Zeit schon gewollt hatte, und seine Rolle hatte ihm das nicht erlaubt. Aber die ist ihm so entgegengekommen, hat ihm sämtliche Brücken gebaut, und da hat er plötzlich gemerkt, wie schön das Leben sein kann. Was er vorher gar nicht gewusst hat. Und dann hat er allen Fotos geschickt – das macht man doch nicht. Seine Frau gequält – das macht man auch nicht. Wenn man so etwas macht, dann möglichst diskret.

Breloer: Er war stolz darauf?

Wolf Speer: Ja, er war richtig stolz darauf. Darin hat er mich wieder sehr an meinen Vater erinnert, der hätte das auch so gemacht.

Breloer: Gibt es da etwas bei den Speers, dass Sie auch in sich spüren?

Wolf Speer: Eine gewisse Unstetigkeit. Man ist nie zufrieden mit dem, was man hat, man will immer noch woanders hin, und das muss besser sein, man hat sich etwas vorgenommen, und das reicht noch nicht. Das ist bei mir auch so gewesen.

Breloer: Haben Sie darauf geachtet, dieses Speer'sche Erbe etwas zu zügeln?

Wolf Speer: Ja, sicher. Ich habe auch Dummheiten gemacht wie mein Vater, aber der ist immer wieder herausgekommen, weil er immer wieder Geldquellen gefunden hat, die ihm dann wieder zu neuem Selbstbewusstsein verholfen haben. Das war bei mir nie so. Ich bin immer wieder auf die Nase geflogen und musste, wie jeder normale Mensch, wieder unten anfangen, und das hilft einem natürlich auf die Dauer. Doch, ich bin ganz zufrieden mit meinem Leben.

Breloer: Sie wollten anders leben als der große, mächtige Onkel Albert?

Wolf Speer: Ich wollte nicht so werden wie mein Großvater, ich wollte kein Kapitalist werden. Ich wollte nicht reich werden. Ich wollte lieber frei sein, das war mir wichtiger. Das ist mir auch jetzt noch wichtiger. Warum wollen die Menschen reich sein? Weil sie Anerkennung erhoffen von ihren Mitmenschen, weil sie eine Fassade aufbauen vor sich selber. Ich finde es gut gerade mit den Dummheiten, wenn man etwas daraus lernt.

BRELOER: Sie sind einverstanden mit Ihrem Leben?

WOLF SPEER: Ja.

Vor Ort: Heidelberg
Eine Freundin von Margarete Speer

ELSBETH JANDA-NÖTZOLD – *geboren 1923 in Mannheim. Studium der Musikwissenschaft, Kunstgeschichte und Philosophie. Kulturhistorische Kabarettprogramme zusammen mit ihrem Mann, dem Schriftsteller Fritz Nötzold, bis zu dessen Tod 1987, danach Solo-Vortragskünstlerin und Conférencière, Schauspielerin. Seit 1962 kontinuierlich für Rundfunk und Fernsehen tätig. Buchveröffentlichungen.*

ELSBETH JANDA-NÖTZOLD: Ich lernte Frau Speer Ende 1947/48 kennen. Wir waren öfter zusammen, denn die Chefin meines Mannes war mit Frau Speer schon in die Schule gegangen, und deswegen waren wir dann auch alle miteinander befreundet. Ich habe Frau Speer immer bewundert, sie war eine Dame, sah wunderbar aus, und sie hat mit großer Haltung gelebt, hat ihre Kinder groß gebracht und nie über ihre Situation geklagt. Das hätte man damals doch verstanden.

BRELOER: Man wusste ja: Albert Speer, Kriegsverbrecher, abgeurteilt – sprach man darüber?

ELSBETH JANDA-NÖTZOLD: Mit Frau Speer habe ich nie darüber gesprochen, das war eigentlich ein Tabuthema für sie.

BRELOER: Haben Sie auch die Kinder gesehen?

ELSBETH JANDA-NÖTZOLD: Nein. Wir waren ja immer nur zum Abendessen oder mal zum Kaffee oder ganz schnell auf einen Treff beieinander. Aber Frau Speer hat schon mal von den Kindern erzählt, wie es in der Schule geht, ob sie gesund sind, aber sonst wurde nicht darüber gesprochen. Sie hat das alles sehr klug gemacht, hat sich genau überlegt, was sie macht, und hat es richtig gemacht, ohne Gejammer. Und Abschirmung war wohl auch für sie sehr wichtig.

Breloer: Sie hat mal zu einem der Kinder gesagt: »Wir Speers müssen leise durchs Leben gehen.«

Elsbeth Janda-Nötzold: Das hat sie getan, sie hat es gründlich getan, und das war wirklich gescheit von ihr.

Breloer: Hier sind sechs Kinder gewesen, die großgezogen werden mussten. Wie machte man das? Man hatte kein Auto, ein Lebensmittellieferant kam nicht …

Elsbeth Janda-Nötzold: Das war doch damals überhaupt die Frage. Wie macht man es? Und man hat es gemacht. Man hatte kein Auto, niemand hat geschickt, man war noch lange rationiert. Das musste einfach gehen – und das ging ja auch. Frau Speer hat das alles gemanagt, ohne große Worte zu verlieren. Und es hat ihr hier auch in Heidelberg kein Mensch etwas zuleid getan. Man hat sie nicht angeklagt, man hat sie nicht beschimpft. Das lag aber an ihr, weil sie so großartig war.

Breloer: Ihre Familie muss hier in Heidelberg viel fester verankert gewesen sein als die Speers.

Elsbeth Janda-Nötzold: Die Webers. Sie ist ja hier in Heidelberg geboren und hier in die Schule gegangen. Sie hatte ihre Wurzeln auf jeden Fall hier in Heidelberg.

Breloer: Der Vater war Zimmermann.

Wolf Speer: Zimmermannsmeister, hatte ein Geschäft, Inhaber eines großen Baugeschäfts.

Breloer: Das Webermädchen war also integriert, und über Albert Speer sprach man einfach nicht.

Elsbeth Janda-Nötzold: So war das. Man sprach nicht über ihn, aber er war immer da.

Breloer: Was heißt das?

Elsbeth Janda-Nötzold: Man dachte sehr viel über ihn nach, obwohl man nicht über ihn sprach. Denn man hat sich überlegt: Wie ist das? Ein Mann, der noch jung ist, muss bis zu seinem beginnenden Alter in einem Zuchthaus sitzen. Und das war ja wohl Spandau, und die Bedingungen waren für einen Mann doch sehr schlimm.

Breloer: Man hätte sagen können: Er hat sogar noch Glück gehabt, man hätte ihn auch hängen können. Hat man über das gesprochen, was durch den Nürnberger Prozess bekannt geworden war, wie weit er darin verstrickt war?

Elsbeth Janda-Nötzold: Man wusste nicht alles. Man hat vieles ja bis zuletzt gar nicht gewusst, das war so. Die Menschen konnten es sich auch nicht vorstellen, was alles passiert war. Und bei ihm, da wusste man wohl, er war nach dem manipulierten Flugzeugabsturz von Todt der Rüstungsminister und hat unendlich viel arbeiten müssen und getan. Und erst später hat man dann gelesen, dass er sich im Laufe der Zeit, in den letzten Kriegsjahren, auch distanziert hat von allem.

BRELOER: Wie sprach man in Heidelberg über Speer während seiner Zeit in Spandau? ›Das geschieht ihm recht!‹ oder eher: ›Der arme Speer‹?

WOLF SPEER: Die Letzteren waren wahrscheinlich in der Überzahl.

ELSBETH JANDA-NÖTZOLD: Die meisten sagten: »Der arme Albert Speer.« Denn er hatte zugegeben, dass er mitschuldig ist.

WOLF SPEER: Und keiner hat geglaubt, dass er die zwanzig Jahre voll absitzen muss. Sie haben alle gedacht, er kommt früher raus, und dann steigt er wieder ganz groß in die Wirtschaft oder die Architektur ein.

ELSBETH JANDA-NÖTZOLD: Ja, richtig.

BRELOER: Es war doch eine gesellschaftliche Entscheidung für Sie: ›Mag sein, dass er mehr Blut an den Händen hat, als wir wissen – wir finden ihn sympathisch, wir verkehren mit ihm, wir schneiden ihn nicht.‹ Das ist eine Entscheidung darüber, wie man sich selbst zu den Tätern des »Dritten Reichs« stellt.

ELSBETH JANDA-NÖTZOLD: Es gab bestimmt viele andere Täter des »Dritten Reiches«, die man auf jeden Fall geschnitten hätte – aber nicht den Albert Speer, und das ist das Merkwürdige. Es lag in seiner Persönlichkeit, dass man mit ihm redete und ihn fragen wollte. Die anderen hätte man ja gar nicht fragen wollen, das wäre ja undenkbar gewesen. Er hatte wirklich unendlich vieles verursacht und hat dann gesagt: »Ich fühle mich mitschuldig.« Aber das war noch nicht genug. Dann hatte er seine Strafe abgesessen, und man musste ihn danach fragen, wie das alles war. Das war wichtig.

WOLF SPEER: Er meinte, das wäre genug. Er hat sich gedacht: Ich bin zu zwanzig Jahren verurteilt worden, ich habe das abgesessen vom ersten bis zum letzten Tag, und damit ist die Sache erledigt. Das kann man ja auch so sehen, und das ist auch menschlich verständlich.

BRELOER: Wann und wie hatten Sie mit Albert Speer nach seiner Entlassung aus Spandau zu tun?

ELSBETH JANDA-NÖTZOLD: Im Frühjahr 1967 rief Frau Speer an und sagte: »Können wir zu euch zum Tee kommen? Mein Mann würde euch so gerne kennen lernen. Darf er seinen Hund mitbringen?« – Da war ich natürlich hell begeistert. Speers kamen mit einem jungen Bernhardiner an. Mein Mann hatte gesagt, ich weiß das noch wie heute: »Wie wird das sein, wenn Albert Speer zu uns ins Haus kommt?« Und das war ganz einfach. Albert Speer kam mit seiner Frau und dem Hund zu uns ins Haus, und dann gingen wir gleich in den Garten und er sagte: »Ach, hier ist ein Rhododendronbusch so ähnlich angepflanzt wie bei uns in Spandau.« Dann haben wir uns gut unterhalten. Speers gingen nach einem ausführlichen Tee wieder nach Hause. Der kleine Hund wollte bei mir bleiben, das war etwas peinlich, weil Herr Speer das nicht so gut fand. Dann haben wir uns öfter gesehen, und ich habe ihn auch oft gefragt, er war ja sehr offen allen Fragen gegenüber. Ich habe ihm gesagt, in seinen *Erinnerungen* stünde, dass er in der Reichskristallnacht, das war 1938, durch die Fasanenstraße fuhr, wo die Synagoge war, und man die Geschäfte zerstörte, ob er nicht das Chaos gesehen hätte. Und da hat er mir gesagt, wie es auch, glaube ich, so in seinem Buch heißt: Die Unordnung hätte ihn gestört.[32] Da haben wir uns lange miteinander rumgeschlagen.

BRELOER: Hatten Sie den Eindruck, wenn Sie in seiner Nähe waren, dass er eine Tür zuhält, hinter der noch ein Geheimnis ist? Spürte man so etwas?

ELSBETH JANDA-NÖTZOLD: Ja, das hat man genau gespürt. Er hat die Tür nicht böse verschlossen, sondern nur einfach so.

Hausackerweg – das Haus der Schwiegereltern Albert Speers

WOLF SPEER: Das ist jetzt ganz Tessenow-Stil. Gleichzeitig aber auch insofern revolutionär – Heraklitplatten auf einem Gerüst plattenmäßig zusammengenagelt und dann auf einem Fachwerk, einer Holzkonstruktion –, daran ist nicht viel gemauert. Sie sehen es da an den Fugen. Das ist für damalige Verhältnisse schon relativ revolutionär gewesen, auch technisch.

BRELOER: Da war er Student?

WOLF SPEER: Assistent.

BRELOER: Wenn Sie uns von hier aus ein bisschen erläutern würden, was Sie da noch an Speers Handschrift sehen?

WOLF SPEER: Die Fenster – die haben den Nachteil, soweit ich das jetzt beurteilen kann, dass diese eine Quersprosse störend, falsch liegt, weil

sie genau auf Augenhöhe liegt, wenn man innen im Raum ist. Es ist
aber auch gut möglich, dass die Fenster nachträglich von einem Nichts-
könner eingesetzt worden sind.[33]

BRELOER: Der Grundcharakter – was lässt sich darüber sagen?

WOLF SPEER: Einfach, solide, handwerklich, deutsch. Aber dabei gleichzeitig modern. Sie haben nicht viel Geld gehabt, das sieht man auch,
und in dem Rahmen hat er das ganz schön gemacht.

Vor Ort: Nürnberg
Gespräch mit Wolf Speer und Dr. Eckart Dietzfelbinger

DR. ECKART DIETZFELBINGER – *Wissenschaftlicher Mitarbeiter des Dokumentationszentrums Reichsparteitagsgelände in Nürnberg.*[34]

BRELOER: Können wir von Ihnen etwas Neues über den Zusammenhang
zwischen dem angeblich »unpolitischen« Architekten Speer, den Bauten hier in Nürnberg und den Vorgängen im Hintergrund erfahren?
Die Steine für diese Bauten kamen ja wohl aus Konzentrationslagern.

ECKART DIETZFELBINGER: Die Steine kommen auch, nicht nur aus Konzentrationslagern, zum überwiegenden Teil von privaten Firmen. Speer
hat über alle Vorgänge, die das Reichparteigelände betrafen, Bescheid gewusst, er war über alles informiert und dirigierte von seinem
sogenannten Büro Speer in Berlin aus alle Ereignisse. Das bedeutete
auch, dass er nicht nur mit der gesamten deutschen Natursteinindustrie
betreffend Steinelieferungen in Verbindung stand, sondern ebenso, dass
er auch mit der SS, Heinrich Himmler und Heydrich in Verbindung
stand und die Absichten Himmlers [kannte], die Natursteinproduktion,
die ja in der Ideologie der Nationalsozialisten eine eminente Rolle gespielt hat, zu dominieren. Und von daher hat er auch über alle Vorgänge
betreffend die Errichtung von Konzentrationslagern und die Ausbeutung von Häftlingen nach dem Prinzip »Vernichtung durch Arbeit« Bescheid gewusst. Nach unseren Aktenkenntnissen hat er das Konzentrationslager Natzweiler-Struthof in den Vogesen, nach dem Feldzug gegen
Frankreich war das angelegt worden, mitgegründet in der ausschließ-
lichen Absicht, den dortigen roten Granit von KZ-Häftlingen für den
Bau des Deutschen Stadions brechen zu lassen, das ja das größte Bau-
projekt in ganz Deutschland war.

Wolf Speer: Das glaub ich alles gerne, aber ich sehe da im Grunde genommen nichts Außergewöhnliches. Das Außergewöhnliche war die Idee, solche Riesenbauten herzustellen. Das war eine Nazi-Idee. Wer ein guter Nazi war und gleichzeitig ein guter Architekt, der musste so bauen, das gehörte dazu. Und außerdem war es der Wille seines Führers, den hat Speer zufriedengestellt. Dass man dazu viel Marmor brauchte, ist auch klar gewesen. Ich habe nachher viel mit älteren Herren zu tun gehabt, die in der Natursteinindustrie waren, ja mein Gott – die haben geschwärmt von diesen Zeiten, wie gut man da leben konnte. Die haben den Sichtbeton verdammt, der ihnen dann das Geschäft kaputtgemacht hat. – Dass man damals den Marmor in den Vogesen erst mal beschlagnahmt und für sich aufgekauft hat, ist doch klar gewesen. Dazu kommt, dass die Arbeitsmethoden im Krieg so waren, wie sie eben waren. Das heißt, überall wurden KZ-Häftlinge eingesetzt und Sträflinge und was weiß ich was noch alles. Und man weiß ja inzwischen, dass unter denen, die bei Himmler gelandet sind, sehr viele Todesfälle waren und dass die Leute zum Teil sogar mit Absicht durch die Arbeit vernichtet wurden. – Sie meinen, der Himmler hätte die Natursteingewinnung an sich gezogen?

Eckart Dietzfelbinger: Er wollte sie an sich ziehen, weil er sehr frühzeitig die große Bedeutung des Bauens im »Dritten Reich« erkannt hatte, von der Ideologie her. Er war vom Sieg des »Dritten Reiches« überzeugt und wollte deswegen die Monopolstellung über die Natursteinproduktion gewinnen, um dann daran beteiligt zu sein. Er hatte sehr früh erkannt, dass Bauen und die dazu verwendeten Bausteine einen großen, lukrativen Markt darstellten, weil Steine kein Kriegsprodukt waren. Und er hat dann ja mit Albert Speer und mit Hitler die Gründung der SS-eigenen Firma »Deutsche Erd- und Steinwerke« beschlossen …[35]

Wolf Speer: Wissen Sie, wann?

Eckart Dietzfelbinger: 1938. Es gibt einen Vertrag, der nicht mehr auffindbar ist, aber in den Akten zitiert wird. Da wurden die Einzelheiten festgelegt; und Speer hat dafür einen unverzinslichen Kredit über mehrere Millionen Mark aus seinem Ressort als Generalbauinspektor für die Stadt Berlin zur Verfügung gestellt. Aus meiner Sicht erscheint Speer als der Prototyp des modernen Technokraten, hoch talentiert als Architekt, gar keine Frage. Aber die spannende Frage stellt sich, ob und ab welchem Zeitpunkt er erkannt hat, dass die Realisierung des Bauprogramms, also einschließlich Berlin, einschließlich Hamburg, einschließlich Linz oder München und anderer vierzig Gau-Hauptstädte, nur möglich war mit einer rigorosen Kriegführung, mit einem Eroberungs- und Vernichtungskrieg. Hier in Nürnberg zum Beispiel waren die Kosten für solche Bauten gar nicht bezahlbar. Sie beliefen sich auf weit über eine Milliarde Reichsmark. Hitler hatte einen Rechnungsstopp verhängt, und man diskutierte dann hinter verschlossenen Türen darüber, wie man sich die nötigen Ressourcen und das »Menschenmaterial«, so hieß das, in den okkupierten Gebieten beschafft. Die Frage ist, ob, und wenn, wann Speer die Qualität und die Einmaligkeit dieses Eroberungs- und Vernichtungskrieges, wie er von den nationalsozialistischen Machthabern vorbereitet und durchgeführt worden ist, erkannt hat. Das ist auch die Frage, wenn man über seine persönliche Moral nachdenkt.

WOLF SPEER: Speer hatte bis Kriegsbeginn die Aufsicht über die wichtigsten Bauten – Nürnberg, Berlin und die anderen Sachen auch noch. Da wurde viel Naturstein gebraucht, und er hat sich da der deutschen Industrie bedient, hat die Aufträge erteilt für Jahre im Voraus, hat das Material gekauft und besorgen lassen. 1939 konnte man den Leuten ja nicht sagen: In einem halben Jahr ist Krieg; wenn also Frieden geblieben wäre, hätte die Sache doch auch irgendwie funktioniert, ohne Himmler. Dass die Angriffskriege gekommen sind und dass sie geplant waren, ist schon klar – aber nicht von Speer. Er hat es noch nicht einmal gewusst. Ich bin überzeugt, er war genauso überrascht wie wir alle, als der Krieg dann kam.

ECKART DIETZFELBINGER: Sie könnten mir wahrscheinlich zustimmen, dass Hitler seine Angriffspläne nicht alleine umsetzen konnte. Er brauchte dazu Helfer und Unterstützer aus der Partei und aus anderen Organisationen.

WOLF SPEER: Aus der Wehrmacht.

ECKART DIETZFELBINGER: Genau – die Wehrmacht war das Instrument zur Umsetzung des Krieges. Und im Bauprogramm, das in der Ideologie diese herausragende Rolle gespielt hat, brauchte er gute Architekten, talentierte Architekten, wie Speer einer gewesen ist; der war ihm ja auch entsprechend aufgefallen. Die Frage ist: Wie kann es passieren, dass Menschen, meist mit hohem Bildungsstandard, sich in einem Regime zurechtfinden, in diesem Regime mitarbeiten, auch wesentliche Entscheidungen in voller Verantwortung durchführen, die auch zur Vorbereitung und zur Durchführung dieses Angriffskrieges beitragen. Im Falle Speer dann auch in der Kriegszeit selber, wo er ja eine ganz aktive Rolle übernimmt, um zunächst nach Möglichkeit den Krieg siegreich zu beenden und, als das nicht mehr funktioniert, die Schäden möglichst zu begrenzen. Dafür gefährdet er als Technokrat, vom Schreibtisch und von seinen Planungsstellen aus, bedenkenlos Hunderttausende Menschen nicht nur in ihrer Gesundheit – viele davon sind auch umgekommen in Konzentrationslagern, in unterirdischen Flugzeugfabriken und Sonstigem mehr. Und das ist die Frage: Wie bringt man das zusammen?

WOLF SPEER: Bei Speer war der Punkt, dass er bei Kriegsbeginn den Fehler gemacht hat, sich um die Kriegführung zu kümmern. Er hätte bei seinen Architekten, bei seinen Planern bleiben können, er wäre von Hitler unterstützt worden, dann hätte er als Fachmann auch sagen können: ›Mein Führer, Frankreich erobert – erlauben Sie mir doch, da die Hand auf den Marmor zu legen.‹ Dann wäre doch sein Verbrechen wesentlich geringer beurteilt worden nach dem Krieg. Aber er hat nun mal den Fehler gemacht, sofort bei Kriegsbeginn seine Transportstandarte Speer zu gründen, dadurch ist er allen Leuten, vor allen Dingen seinem Führer, aufgefallen: ›Aha, das ist doch der Speer, der schon so viele Zeichen von seiner guten organisatorischen Begabung gegeben hat; jetzt ist mein Rüstungsminister tot, jetzt mache ich den zum Rüstungsminister.‹ Und dass er als Rüstungsminister millionenweise Arbeitskräfte brauchte, ist doch auch klar. Und dass ein Teil dieser Arbeitskräfte von Himmler geliefert wurde, das ist, wenn man versucht, sich in die damalige Zeit hineinzudenken, auch klar. Und dass sie schlecht behandelt wurden, auch. Das wissen wir alle, das wird auch von niemandem bestritten. Ich sehe bloß noch keinen richtig zwingenden Zusammenhang zwischen der Architektentätigkeit und diesen Kriegsverbrechen, die im Kriege stattgefunden haben.

ECKART DIETZFELBINGER: Vielleicht kann ich versuchen, Ihnen das ein bisschen zu erläutern. Die Bauten sollten Zeichen, Symbole sein, die Welt zu erobern. Das, was man in Nürnberg an Relikten sieht, sollte Architektur für die Weltherrschaft sein, daran gibt es keinen Zweifel; deshalb auch diese Megalomanie und dieser riesige, überdimensionale Maßstab. Und um die Welt zu erobern, muss man Krieg führen, das geht mit friedlichen Mitteln nicht. Und um das Bauprogramm zu realisieren – man kann das vielleicht mit einigen nüchternen Zahlen etwas unterstreichen: Die Ressourcen für Naturstein waren in Deutschland in dieser Menge gar nicht vorhanden. Die jährliche Menge der Natursteinproduktion lag bei etwa 180 000 Kubikmetern, und mehrere Millionen waren ...

WOLF SPEER: Langsam: Der Krieg ist doch unter anderem geführt worden, um die Welt zu erobern – und nicht, um sich Naturstein zusammenzusuchen.

ECKART DIETZFELBINGER: Doch, weil das Bauprogramm ja den Machtanspruch unterstreichen sollte.

WOLF SPEER: Das ist auf dem gleichen Mist gewachsen, das ist richtig. Wenn Sie es so sehen ...

ECKART DIETZFELBINGER: Ob und wann er davon eine Ahnung hatte oder ob und wann er es erkannt hatte, war meine Frage. Ich kann mich nicht rückwirkend in ihn hineinversetzen, ich kann nur nach den Dokumenten gehen. Die Dokumente sprechen dann in der Kriegszeit eine ganz klare Sprache: Er schickt 1941 im Herbst seine Bauleiter des »Deutschen Stadions« in das KZ Natzweiler-Struthof, was auch in den SS-Monatsberichten steht. Also wusste er über die Vorgänge dort Bescheid. Inwieweit er dann tatsächlich realisiert hat, was das eigentlich bedeutete – dass es dort ein mörderisches System »Vernichtung durch Arbeit« gab, das auch praktiziert worden ist –, das sei mal dahingestellt.

WOLF SPEER: Aber das ist die Hauptfrage.

ECKART DIETZFELBINGER: Über die wir aber von der Aktenlage her nur spekulieren können. Nur ist seine Mitbeteiligung erwiesen, und ich würde sogar noch einen Punkt weitergehen: Hätte man im Nürnberger Hauptkriegsverbrecherprozess gewusst, noch unterlegt mit anderen Dokumenten, was er hier getan hat, dann wäre das Urteil für ihn nicht so günstig ausgegangen ...

BRELOER: Welches wäre denn das zentrale Dokument, das 1946 in Nürnberg noch nicht vorlag, das uns Speers Beteiligung an diesen KZs zeigt, in denen seine Steine unter mörderischen Bedingungen geschlagen wurden?

ECKART DIETZFELBINGER: In den Akten im Bundesarchiv aus dem Schriftwechsel von Albert Speer findet sich eine von ihm unterzeichnete Abschrift, in der er den Zweck für die Gründung und Einrichtung des KZs Natzweiler-Struthof erläutert. Da kann man lesen, dass er dieses Projekt in die Dringlichkeitsstufe I aufnimmt, weil das Reichsparteitagsgelände für seine Fertigstellung diese Dringlichkeitsstufe besessen hat, und dass er beschlossen hat, dort den roten Granit für den Bau des »Deutschen Stadions« durch KZ-Häftlinge brechen zu lassen. Das ist ein Schlüsseldokument.[36] Es deutet darauf hin, dass das Konzentrationslager Natzweiler-Struthof in Absprache mit Himmler und auch mit Hitler, nach der Besetzung Frankreichs, ausschließlich dazu angelegt und eingerichtet worden ist, roten Granit als Baumaterial für das »Deutsche Stadion« auf dem Reichsparteitagsgelände in Nürnberg zur Verfügung zu haben.

BRELOER: Wie hätte so ein Konzentrationslager ausgesehen, wenn Albert Speer es betreten hätte, um mal nachzuschauen, wie sein Granit gebrochen wird?

ECKART DIETZFELBINGER: Vermutlich hätte es nicht anders ausgesehen, als wir es von den ganzen Überlieferungen und Dokumenten her kennen. Wir haben die Berichte von Inspektionen, von Personen in führenden Stellungen, die in das System eingebunden waren und auch Konzentrationslager besichtigt haben, darunter einmal Adolf Eichmann, dem ist ja dabei schlecht geworden, obwohl er einer der Regisseure war. Der hat dann darum gebeten, freigestellt zu werden.

WOLF SPEER: Also Albert Speer war ja in KZs. Er war in ganz schlimmen KZs, wo unterirdisch gearbeitet wurde. Und er schreibt auch, dass er da war und dass er sich danach bemüht hätte, dafür zu sorgen, dass die Leute gut zu essen bekommen.[37] Das ist auch meiner Meinung nach ohne weiteres glaubhaft, denn er war ja Rüstungsminister, und das hatte mit Menschlichkeit gar nichts zu tun – um sein Ziel zu erreichen, brauchte er gesunde Leute. Also, das war alles klar. Dass da für diese Raketen viele Leute umgekommen sind, auch klar. Das sind alles schon schwere Verbrechen, die damals für die Kriegsrüstung begangen wurden. Dagegen finde ich persönlich diese Sachen, die hier 1941 passiert sind, relativ unerheblich.

ECKART DIETZFELBINGER: Nein, das kann man nicht sagen. Wir haben mit Hilfe der Gedenkstätte Flossenbürg zwei Überlebende gefunden, die Steine für Nürnberg brechen mussten, und mit einem haben wir ein Interview geführt, das wohl mit das erschütterndste Dokument ist, das dieses Haus besitzt.

WOLF SPEER: Flossenbürg ist …?

ECKART DIETZFELBINGER: In der Oberpfalz, bei Weiden. Das war ein Steinbruch, und der Zweckverband Reichsparteitag in Nürnberg hat mehrere Steinlieferungen von Flossenbürg nach Nürnberg in Auftrag gegeben, für das Gelände, für die Bauten. Er hat die Hölle auf Erden geschildert, er hat durch Zufall überlebt.

BRELOER: Ein Beispiel?

ECKART DIETZFELBINGER: Beispiel: Strafaktion. Die Häftlinge mussten sich am Appellplatz aufstellen, es wurde von eins bis zehn durchgezählt, und jeder Zehnte wurde erschossen. Er hatte zufällig die Nummer neun.

BRELOER: Wie sah die Arbeit aus?

ECKART DIETZFELBINGER: Die Arbeit sah so aus, dass sie um sechs Uhr früh mit fast keinem Essen in den Steinbruch getrieben worden sind und dort schweres Gestein sprengen und herabtransportieren mussten. Weil es keine Sicherheitsstandards gab, wurden dabei mehrere Leute erschlagen. Und abends war es so, dass der Weg vom Steinbruch zurück in den Lagerbereich über eine Treppe führte, und auf dieser Treppe lagen zehn, manchmal zwanzig, manchmal auch mehr als hundert Leichen, weil die Menschen vor Entkräftung zusammengebrochen waren. Wenn irgendein Häftling versucht hatte, gegen die Vorschriften zu verstoßen, die natürlich willkürlich gesetzt waren, oder ein Fluchtversuch begangen worden war, wurden Strafaktionen durchgeführt, es wurden Hinrichtungen durchgeführt, und es wurde auch willkürlich von der Kommandantur, so hat er uns das erzählt, auf Häftlinge geschossen. Die SS-Wächter machten sich ein Spiel daraus, Menschen zum Zeitvertreib zu erschießen. Für ihn ist das die Hölle, er hat den Berg am Ende angeschrien, verflucht und hat gesagt, er sei absolut glücklich, dass er als Überlebender für künftige Generationen, für seine überlebenden, aber auch für seine toten Kameraden diese Aussagen hat machen können. Insofern ist es für mich nicht unerheblich.

BRELOER: Jeder Stein, den der Architekt Speer hier verbauen ließ, war mit Blut beschmiert?

ECKART DIETZFELBINGER: Nein, auf keinen Fall. Weil sich die SS mit ihren Steinlieferungen erst relativ spät hier einklinken konnte, als sämtliche Bauaufträge und Lieferungen und Leistungen, die mit der deutschen Natursteinindustrie ausgehandelt worden waren, bereits in Kraft waren, sodass der prozentuale Anteil an Steinen, die aus Konzentrationslagern hier nach Nürnberg geliefert worden sind, nach unserer Kenntnis, vorsichtig über den Daumen gepeilt, weniger als fünf Prozent betragen hat und höchstwahrscheinlich von diesen Steinen keine mehr verbaut worden sind.

BRELOER: Welches Konzentrationslager hätte denn die riesigen Quader für das neue Stadion geschlagen? Die Planung ging ja weit in die Zukunft.

ECKART DIETZFELBINGER: Die Produktionszahlen aus den vier Konzentrationslagern Flossenbürg, Mauthausen, Großrosen und Natzweiler-Struthof übersteigen die Produktionszahlen der deutschen Natursteinindustrie für die Zukunft. Und nach den Planungen der SS wollte Himmler das Monopol erringen, und die Produktion mit 180 000 oder 250 000 Kubikmetern oder noch mehr Steinen sollte aus diesen Lagern kommen.

BRELOER: Sie sagten, diese Bauten hier in Nürnberg wären seriös nur mit einem Raubkrieg zu finanzieren gewesen. Speer dagegen schreibt, die Kosten hätten vielleicht denen von drei, vier Monaten Kriegsführung entsprochen. Wer hat jetzt Recht?

ECKART DIETZFELBINGER: Wenn Sie die großen Bauprojekte nehmen, was rein die Materialien, diese ungeheuren Mengen an Naturstein betrifft, dann würde ich wohl eher zum Raubkrieg neigen. Die Finanzierungsfrage wurde folgendermaßen »gelöst«: In Nürnberg explodierten die Kosten, die beliefen sich nach Berechnungen 1934 auf 40 Millionen Reichsmark, 1936 auf 150, 1938 auf 900 Millionen, und dann war abzusehen, dass sie weit über eine Milliarde Reichsmark betragen würden. Hitler hat einen Rechnungsstopp erlassen, er hat verboten, die Kosten hochzurechnen. Die beteiligten Baufirmen wie Siemens, Mannesmann, Holzmann, wie sie alle heißen, wurden mit Krediten bezahlt, die das Deutsche Reich aufgenommen hat; und hinter verschlossenen Türen gibt es allerdings Absprachen, auch hier wieder aus Protokollen, dass man sagt, man holt sich die Ressourcen, das benötigte Material oder anderes, aus den okkupierten Ländern zurück.

WOLF SPEER: Ja, das ist Finanzierung auf Pump, auf Sieg. Auf Sieg spekuliert, und das ist dann alles total danebengegangen.

BRELOER: Wir haben vorhin über Albert Speers Bemerkungen zum Ruinenwert seiner Bauten gesprochen.[38] So ganz überzeugt hat uns das nicht.

WOLF SPEER: Na ja, diese Steine, die da waagerecht stehen, die Platten sind ja jetzt schon vollkommen gesprungen. Dass davon nach tausend Jahren noch irgendetwas übrig sein sollte – das ist normaler Kalkstein, Marmor und Sedimentsteine, die verwandeln sich unter Wassereinfluss mit der Zeit in Kies oder Erde oder Sand.

ECKART DIETZFELBINGER: Ja, natürlich. Wir haben die originalen Bau-
berichte der Zeppelintribüne, da steht drin, dass es nach zwanzig Jahren losgeht, wegen Frost, Witterung und anderem mehr. Die Zeppelintribüne ist ein Fassadenbau, ein Kulissenbau mit allen Tricks und
allen Effekten, und das hat auch gewirkt und gegriffen. Wir können
nur sagen, dass nach unseren Dokumenten – fast sämtliche Unterlagen des Bauausschusses, der Baubeschaffungsstelle, aus dem Bauausschuss, dem Zweckverband liegen vor – die Theorie des sogenannten
Ruinenwertes bei den Nürnberger Parteitagsbauten zu keinem Zeitpunkt irgendeine verifizierbare Rolle gespielt hat.

BRELOER: Speer schreibt, der Ruinenwert wäre von Hitler sozusagen angeordnet worden.[39] Wenn es den aber gar nicht gegeben hat …

WOLF SPEER: Den hat es doch gegeben. Das war eine von den vielen Sachen, die der Speer und Hitler untereinander ausgeheckt haben.

BRELOER: Oder er hat er es einfach erfunden.

WOLF SPEER: Der Speer soll das erfunden haben? Ach, das traue ich ihm
doch nicht zu. Dazu war er gar nicht witzig genug. Warum sollen die
beiden sich darüber nicht unterhalten haben? – Aber darüber brauchen wir uns wirklich nicht zu streiten.

BRELOER: Wenn er das erfunden hat, könnten auch andere Geschichten
erfunden sein.

WOLF SPEER: Ja, von all dem, was Speer geschrieben hat, das Hitler und
er miteinander besprochen hätten, braucht überhaupt kein Wort wahr
zu sein. Hitler hat nichts darüber geschrieben – da muss man prüfen,
muss überlegen, was plausibel ist und was nicht. Und wenn es von
mehreren Seiten bestätigt wird, dann kann man sagen: Das stimmt. Da
wird ja immerhin auch einiges so sein, dass was stimmt.

Im Helikopter über dem Hirschbachtal[40]

WOLF SPEER: Ich bin 1943 im Krieg aus Afrika gekommen und hatte län-
geren Urlaub. Ich bin dann eingeladen worden zum Obersalzberg, und
da kam der Albert auch zu einem Fototermin, bei dem er sich mit seinen Kindern fotografieren ließ. Anschließend hat er in Innsbruck eine
Kundgebung gehabt und flog dann nach Berlin weiter. Da nahm er
uns, meinen Vater und mich, im Flugzeug mit. Wir sind dann in Nürnberg nicht über die Stadt geflogen, haben aber dieses 1:1-Modell in

dem Tal in der Nähe von Nürnberg besucht. Wir sind in immer enger werdenden Kreisen um dieses Modell herumgeflogen. Albert hatte vorher am Steuerknüppel gesessen. Er hatte keine fliegerische Ausbildung, keinen Flugschein, aber natürlich einen erfahrenen Copiloten, und er hat sich beim Geradeausfliegen, oder ein bisschen hoch und runter, gefreut, wenn er selber fliegen durfte. Ich saß auch in der Pilotenkanzel, das war mir erlaubt worden. Mein Vater saß hinten, und später, als wir in diesem Tal waren, hat Nein, der Pilot, wieder übernommen, und diese ganzen engen Kurven, so eng, wie es mit der Ju überhaupt ging, wurden von ihm geflogen. Hinten die Leute, vor allen Dingen mein Vater, waren der Meinung, der Albert säße immer noch am Steuer, und haben eine fürchterliche Angst ausgestanden.

Breloer: Hat dem Albert bestimmt einen Riesenspaß gemacht, oder?

Wolf Speer: Offensichtlich hat ihm das Spaß gemacht. In solchen Situationen hatte er manchmal einen jungenhaften Zug.[41]

Breloer: Als Sie zum ersten Mal die Ausmaße dieses Stadions sahen anhand des 1:1-Modells, das in den Wald gelegt worden war, 400 000 Zuschauer – was war da Ihr Eindruck?

Wolf Speer: Ich will nicht sagen: überwältigend; denn eigentlich war mein erster Eindruck, und der ist es auch jetzt noch: Wie soll man bei einer solchen Größe, bei einer so großen Entfernung vom Zentrum noch etwas sehen? Denn ein Stadion ist ja dazu da, dass der Zuschauer auch ein bisschen was sieht. Aber das war den Leuten scheinbar ganz egal; die wollten möglichst viele reinbringen, und es sollte möglichst lauter Jubel ertönen. Das hätten sie ja auch bestimmt erreicht.

Vor Ort: Landesarchiv Berlin
Gespräch mit Wolf Speer und Dr. Klaus Dettmer[42]

Dr. Klaus Dettmer – *Stellvertretender Direktor des Landesarchivs Berlin.*

Wolf Speer: Also die Richtung war die: Es war eine riesige Stadtplanung da, dafür musste enteignet werden – das ist ein normaler Vorgang, der auch jetzt noch praktiziert wird. Wenn das mit Gesetzen geregelt ist, haben die Leute normalerweise keine Chance. Aber sie müssen natürlich entschädigt werden. Alle Juden oder andere mussten hier weg –

diejenigen, die nicht jüdisch waren, hat man dann in die Wohnungen außerhalb dieses Gebiets gesetzt, die frei wurden, in denen Juden drin gewesen waren.

BRELOER: Und das sind die Listen von ganz Berlin, nach denen nur jüdische Mieter rausgeklagt werden.

KLAUS DETTMER: Richtig rausgeworfen, nicht mal geklagt. Die mussten sehen, dass sie zu dem festgelegten Zeitpunkt das Gebäude verlassen hatten. Dafür hatte die jüdische Gemeinde dann ihre eigene Mieterzentrale, die versuchte, die eigenen Leute unterzubringen. Dann waren die Wohnungen für die Planung frei – und deswegen stellen sich hier in diesen Listen die Interessenten alle schon gleich mit in die Reihe, um an attraktiver Stelle Wohnraum zu bekommen.

WOLF SPEER: Interessant wäre doch zu wissen, ob diese Sache etwas mit dem endgültigen Schicksal der Juden zu tun hatte – die Leute werden sich doch nicht weiter drum gekümmert haben, was aus den Juden wird?

KLAUS DETTMER: Ich vermute schon, dass die sich zwar nicht hauptsächliche Gedanken gemacht haben, aber ein Gedanke wird sicher gewesen sein: Wo bleiben die denn, und was wird aus denen?

WOLF SPEER: Ich war damals sechzehn Jahre alt. Ich kann mich erinnern, ich habe da irgendwie gehört von Juden und so weiter – und man hat damals gedacht, es wird ein Reservat in Galizien oder Südpolen geben. Und damit hat man sich beruhigt. Das Schlimmste hat man nicht angenommen.

BRELOER: Was hat Albert Speer angenommen? Das ist die Frage.

WOLF SPEER: Wenn ich Generalbauinspektor wäre und ich müsste so ein Ding bauen, dann würde ich erst einmal alles enteignen. Wenn ich die Leute rausschmeiße, ist es allenfalls meine zweite Sorge, was aus denen wird.

BRELOER: Von woher ging die Initiative aus, den jüdischen Mietern 1939/40 Briefe zu schreiben oder die Gestapo hinzuschicken? Das kann doch nur in der Generalbauinspektion festgelegt worden sein.

KLAUS DETTMER: Sicher – die hat ja die Vorgänge dominiert.

BRELOER: Hier zum Beispiel fragt Speer vom Obersalzberg aus bei Herrn Clahes, das ist sein Mann für die Entmietungen, an: »Was macht die Aktion der Räumung der tausend Judenwohnungen – besonders Räumung Lichtensteinallee?«[43] Lichtensteinallee – da wollte er auch seine neue Dienstwohnung einrichten. Er wusste, was er da tat.

WOLF SPEER: Aber Sie fragen ja jetzt, wer die allgemeine politische Gesamtverantwortung für die Gewalttaten gehabt hat für den ganzen
Gau Großberlin, wie sich das damals nannte. Und ich kann mir nicht
denken, dass er sich da groß drum gekümmert hat.

BRELOER: Man weiß in Berlin: Albert Speer hat Judenwohnungen an der
Hand. Er vergibt welche an Leute aus der SS-Leibstandarte Adolf Hitler, und er scherzt sogar: ›Vorsicht, wenn Ihr frech werdet, lasse ich das
einfach abreißen.‹ Er war sich seiner Macht bewusst und hat die wohl
auch genossen.

WOLF SPEER: Keine Frage – keiner bleibt vollkommen unbeeinflusst,
wenn er so eine Riesenposition kriegt. – Sie sagen, die Leibstandarte
hätte ihn um Wohnungen angegangen?

BRELOER: Da gibt es einen Brief.[44]

WOLF SPEER: Das würde bedeuten, was ich eigentlich bis jetzt noch nicht
so recht glauben kann, dass er für Gesamtberlin die Vollmacht gehabt
hätte, Wohnungen, wo die Juden raus waren, weiterzuvergeben.

KLAUS DETTMER: Diese Räumungsbereiche erstrecken sich auf das Gebiet von ganz Berlin, da gibt es keine Zweifel.

WOLF SPEER: Ist das wirklich von Speer ausgegangen? Ich könnte mir
denken, das wäre von Goebbels gewesen.

KLAUS DETTMER: Nein. Der Bestand, den wir hier haben, das ist die Behörde von Speer.

WOLF SPEER: Hier – Johannisthal, Reinickendorf – das sind alles Gebiete,
die nichts damit zu tun haben …

KLAUS DETTMER: Ja – es ist die Fläche von Gesamtberlin.

WOLF SPEER: Das überrascht mich etwas. Das hätte er doch abwimmeln
können, das ist doch eigentlich von seinem Standpunkt aus eine un-
interessante Sache. Na ja, man lernt nie aus.

BRELOER: Der Stil, das leicht Scherzhafte, wie er damit umgeht – man
merkt den Genuss der Macht.

KLAUS DETTMER: In dem Alter, und so viel Erfolg – das ist eine normale
Reaktion.

WOLF SPEER: Das kann man nachvollziehen.

BRELOER: Wenn Sie ihm begegneten – konnte man da ein bisschen spüren, dass er gewachsen war seit Heidelberg?

WOLF SPEER: Nicht im primitiven Sinn. Wenn irgendein Proletarier – sagen wir mal, als Gauleiter – plötzlich die unumschränkte Macht hätte,
hätte er sich anders aufgeführt. Der Albert eigentlich nicht. Das Pro-

blem ist, dass ich ihn eigentlich nur als hohen Nazi kenne. 1934 war ich zehn Jahre alt, und da war er bereits Architekt von Berlin, 1.-Mai-Kundgebung und alles das. Ich glaube, dass er in der Zeit davor sehr viel komplizierter war und sehr viel mehr Schwierigkeiten mit sich selbst hatte. Die hatte er dann nachher nicht mehr, jedenfalls nicht nach außen hin. Wobei ich natürlich auch nicht meine Hand dafür ins Feuer legen kann, dass er vorher anders war. Ich nehme das nur an, aus allgemeinen Vergleichen in der Familie – wir haben alle dieselben Erbinformationen und dieselben Schwierigkeiten. Wir haben zum Beispiel dieses Haus in Heidelberg gesehen, das er da gebaut hat – das ist überhaupt nicht großmannssüchtig, und das Haus in Schlachtensee ist auch noch relativ bescheiden, obwohl er damals schon ein hoher Mann war. Aber kein Mensch wird die Möglichkeit haben, sich dem zu entziehen, wenn er plötzlich den ganzen Hitler hinter sich hat.

KLAUS DETTMER: Und die damit verbundenen Möglichkeiten.

WOLF SPEER: Und die Aufträge.

BRELOER: Wenn jemand sagen konnte: »Im Namen des Führers«, was ja bei Speer immer wieder auftaucht, dann war das Gesetz. Er konnte mit der Autorität des Führers Leute wegpusten, die ihm im Wege standen …

WOLF SPEER: In Berlin hat er den Bürgermeister total entmachtet, den hat er total an die Wand gedrückt.

KLAUS DETTMER: Und damit auch die ganze Stadtverwaltung.

WOLF SPEER: Das war noch halbwegs verständlich. Aber nachher als Rüstungsminister hat er ja noch wesentlich mehr in die Schicksale von anderen Leuten eingegriffen als hier. Viel mehr.

BRELOER: Ja, sicher. Aber wenn wir hier die Listen sehen – alles jüdische Namen. Ich glaube nicht, dass von denen viele überlebt haben. Gibt es Zahlen darüber, wie viele Juden von hier deportiert worden sind?[45]

KLAUS DETTMER: Wir haben im Berliner Gedenkbuch etwa fünfzigtausend Deportierte und Ermordete. Dazu kommt aber noch die ganze Zahl der zur Emigration Gezwungenen – da kommen wir auf insgesamt hundertachtzigtausend. Da sind die Toten mit eingerechnet. Hundertachtzigtausend allein nur für Berlin.

BRELOER: Das ist die Liste der Zahler, die für Speer gesammelt haben, während er im Gefängnis war. Können wir die mal durchgehen?

WOLF SPEER: Dustmann war ein Architekt. Hettlage war der Bürovorsteher, der sein Ministeramt in verwaltungsmäßiger und wirtschaftlicher Art und Weise geleitet hat. Er war dann ein wichtiger Mann im Adenauer-Staat, und er ist auch von Albert Speer beauftragt worden, seine Interessen im Familienbereich zu vertreten, gemeinsam mit Herrn Wolters und Herrn Piepenburg.

BRELOER: Wen erkennen Sie noch wieder?

WOLF SPEER: Erst einmal Rohland. Das war der »Panzer-Rohland«. Neufert, das ist ein Darmstädter Professor. Ich kenn sie eigentlich fast alle. Wer damals unter Hitler viel zu sagen hatte, weiß ich ja gar nicht, aber es sind in der Nachkriegszeit alles sehr erfolgreiche Architekten gewesen. Pinnau – ein Projekt an der Nord-Süd-Achse war für ihn vorgesehen. Pinnau war so einer, der sich auf Ozeandampfer, Freizeitzentren und solche Sachen spezialisiert hatte. Rimpl war ein sehr erfolgreicher Industriebauer. Schlempp ein OT-General, mehr ein Bauleiter. Stephan war nachher Stadtbaurat von Berlin.

BRELOER: Und vorher, bei Speer?

WOLF SPEER: Er war nicht bei Speer, sondern hatte sein eigenes großes Architekturbüro. Tamms hatte in erster Linie Autobahnbrücken gemacht und Kriegerdenkmäler, soweit mir in Erinnerung ist. Später Stadtbaurat von Düsseldorf. Apel war mein Chef in meinem ersten Job nach dem Krieg. Der hat total modern gebaut.

BRELOER: Warum spendet der für Albert Speer Geld?

WOLF SPEER: Er hatte ja nichts gegen ihn. Apel war sein Bürochef. Er hatte kein eigenes Büro, sondern war der Organisator des Büros, man kann auch sagen, der Leuteantreiber. Ein Mann mit Organisationstalent.

BRELOER: Im Berlin der Nazizeit?

WOLF SPEER: Im Berlin der Nazizeit. Nachher hat er das Büro zusammengehalten, hat es irgendwie in die Frankfurter Gegend evakuiert und hat es dann an Wettbewerben für moderne amerikanische Bauten beteiligt, zum Beispiel für das amerikanische Hohe Kommissariat in Mehlem am Rheinufer. Er hat dann große Aufträge gehabt.

BRELOER: Das heißt, er hatte die Fähigkeit, nicht nur Nazibauten, sondern auch modern zu bauen. Woher hatte er diese Fähigkeit?

WOLF SPEER: Das weiß ich nicht. Ich habe bei vielen von diesen Architekten, die bei Speer und bei Hitler Erfolg hatten, den leisen Verdacht, dass sie vorher auch durch die Bauhausschule gegangen sind und dass sie einfach ihren Mantel in die richtige Richtung gehalten haben, 1933, und nach 1945 zum zweiten Mal. Da brauchten sie gar nicht mal viel Neues zu lernen, denn dass konnten sie ja schon. – Kann auch sein, dass das nicht stimmt. – Dustmann war, glaube ich, der HJ-Spezialist. Piepenburg war der oberste Bauleiter von sämtlichen Sachen, der große Organisator, der zum Beispiel dafür verantwortlich war, dass man die Reichskanzlei in der unvorstellbaren Zeit von zwölf Monaten oder zehn Monaten bauen konnte.[46]

BRELOER: Und was war er nach dem Krieg?

WOLF SPEER: Er hatte ein großes Büro, Architekturbauleiter oder so etwas. Hentrich hatte in den fünfziger Jahren in Düsseldorf ein Riesenbüro, ich glaube, das größte in Deutschland.

BRELOER: Es gab dann nach dem Krieg ja diese unsichtbare Hand. All diese Architekten konnten gemeinsam den Bau der Bundesrepublik vorantreiben.

WOLF SPEER: Führend.

BRELOER: Wussten Sie von dieser unsichtbaren Hand? Wie sind Sie zu Apel gekommen?

WOLF SPEER: Ich habe eine ganz andere Laufbahn gehabt. Ich bin als 22-Jähriger nach Berlin gekommen, habe angefangen zu studieren, habe eigentlich gar nicht recht gewusst, was Architektur ist. Denn ich hatte ja bis dahin nur diese Speerbauten und das, was davor war, gekannt, das von meinem Großvater, tausend total verschiedene Dinge. Ich hab mich jedenfalls voll auf die moderne Architektur konzentriert, auf Le Corbusier, Mies van der Rohe, Gropius, Marcel Breuer, dieser Oscar Niemeyer – das waren meine Ideale, so wollte ich auch bauen. Das habe ich auch gelernt. Meine Entwürfe und auch meine Diplomarbeit entsprechen diesen Idealen. Ich wollte mir ein Büro aussuchen, in dem man so bauen konnte. Und ich hatte natürlich Bauzeitschriften, da habe ich mal diese Wohngebäude gesehen, die die Amerikaner zwischen Bonn und Bad Godesberg aufgrund eines Wettbewerbs gebaut hatten. Ich habe mir die Namen von den Architekten angeschaut und erfahren, dass es möglich wäre, da einen Job zu kriegen. Der hieß jedenfalls Apel. Auf anderen Kanälen hatte ich gehört, dass das andere Büro Speer schon wieder in Frankfurt am Arbeiten wäre, und das recht erfolgreich. Dass beides identisch war, habe ich dann erst erfahren. Es entsprach also meinem Wunsch, in einem Büro dieser Art zu arbeiten, und nachdem ich gehört hatte, dass da Beziehungen bestanden, habe ich dann versucht, diese Beziehungen zu nutzen. Ich hätte damals übrigens jedes andere auch gemacht. Also wenn ich den katholischen Bischof gekannt hätte, dann hätte man das auch machen können. Der Apel hat mir nachher auch viel geholfen. – Diese ganzen Leute waren im Grunde genommen keine schlechten Architekten. Die Proportionen und die handwerkliche Ausführung – das war alles überdurchschnittlich. Tamms, Dustmann, wer sonst noch da ist – das sind alles gute Leute, die haben auch nachher mit anderen Mitarbeitern ziemlich moderne Sachen gebaut. Tamms weniger, der hatte es immer ein bisschen mit robusten, großen Natursteinen.

Breloer: Die Frage ist, wie sich diese Gruppe von Speer sehr jung herangezogener Architekten auf die Nachkriegszeit vorbereitet hatte, darauf, sich den Wiederaufbau in den Städten zuzuspielen und sich gegenseitig zu unterstützen.

Wolf Speer: Die Hauptfrage war ja damals, ob es überhaupt einen Wiederaufbau geben würde; und wenn ein Aufbau kommen würde, dann würden die Fachleute auch wieder gebraucht werden, die etwas konnten. So dachte man, und so war es dann ja auch. Es war ja in anderen Berufen auch so: Ärzte, Rechtsanwälte – alle waren wieder plötzlich oben.

Breloer: Albert Speers Mitarbeiter waren nicht mal in der Partei gewesen, er hatte es ihnen erspart.

Wolf Speer: Und er ist mehr oder weniger für sie alle ins Gefängnis gegangen.

Breloer: Aber jetzt ist die Frage, Architekten können ja immer weit vorausdenken …

Wolf Speer: Können sie das?

Breloer: Hat er sich mit seinen Architekten systematisch auch auf den Wiederaufbau eines Deutschland ohne Hitler vorbereitet?

Wolf Speer: Das halte ich für ausgeschlossen. Es gab damals andere Prioritäten, es war wichtiger für ihn und für ganz Deutschland, dass möglichst wenig zerstört wurde. Auf einen Wiederaufbau konnte man zwar hoffen, und darauf, dass man noch selbst damit befasst werden würde; aber dahinein Arbeit zu investieren – das halte ich für unwahrscheinlich.

Breloer: Die Frage ist, ob der größte Teil dieser intelligenten Architekten 1943, 1944 geglaubt hat: Wir planen hier sozusagen schon den Wiederaufbau einer Bundesrepublik – und nicht den des Hitlerreichs. Denn dass der Krieg verloren war, war den meisten doch wohl klar?

Wolf Speer: Wir wollen es mal annehmen. Jedenfalls haben sie nicht miteinander darüber geredet. Das hätte sie Kopf und Kragen gekostet. Er hat ein System, eine Organisation aufgebaut, die nach einem gewonnenen Krieg die Bombenschäden ausgleicht. Und diese Organisation könnte man unter günstigen Voraussetzungen auch im gegenteiligen Fall verwenden, also nach einem verlorenen Krieg. Ich bin aber überzeugt, dass er selbst sich auch keine Rechenschaft darüber gegeben hat. Denn er hat sich verpflichtet gefühlt, noch so lange wie möglich an den Sieg Deutschlands und Hitlers zu glauben. Die Tatsachen haben ihm immer mehr widersprochen, und irgendwann hat er dann wohl eingesehen, dass da keine Hoffnung mehr war. Das wird bei ihm ziemlich spät gewesen sein, ich schätze, im Winter 1944/1945, nachdem die Westoffensive fehlgeschlagen war. Auf die hatten ja viele noch Hoffnungen gesetzt. Und als danach die letzte Offensive der Russen begann, hat wirklich jeder gemerkt, dass es aus war.[47]

Breloer: Die entwickeln nun eine Bauweise, die von der Luftsicherheit ausgeht. In der Planung werden große Schneisen in die Städte geschlagen, die ein schnelles Ausbreiten des Feuers verhindern und eine Evakuierung erleichtern sollen. Hitlers Deutsches Reich, das man wieder aufbauen will, soll sicherer gegen Bombenangriffe werden – denn man rechnet ja mit weiteren Kriegen. Wenn man sich nun die Neuaufteilung der großen Städte der Bundesrepublik ansieht – da findet man diese großen Schneisen wieder, die jetzt den Verkehrsfluss gewährleisten, die Stadt »autogerecht« machen sollen.

Wolf Speer: Luftigere Städte zu bauen, mit größeren Zwischenräumen, war ja modern, das war international. Das kann man nicht auf Speer konzentrieren.

Vor Ort: Mit Wolf Speer in Hohenlychen

Wolf Speer: Das kommt mir bekannt vor, obwohl es schon ziemlich lange her ist – vierzig Jahre.

Breloer: Das gehörte damals der SS.

Wolf Speer: Ja, das war SS, aber ursprünglich war es ein Sanatorium für Sportler, für Leute, die sich am Meniskus verletzt hatten oder so etwas.

Der Gebhardt, der oberste SS-Arzt, ein Spezialist für solche Krankheiten, hat das dann beides miteinander verbunden. Man hat damals zuerst gedacht, Albert könne sich nicht mehr bewegen am linken Bein. Er hat damals auch gesagt, die erste Diagnose war, dass er da irgendwas an den Gelenken hätte. Dass das in Wirklichkeit viel schlimmer war, kam dann hier heraus bzw. Gebhardt hätte das wahrscheinlich überhaupt nie bemerkt.

Breloer: Der Dr. Gebhardt ist ja nach dem Krieg hingerichtet worden, der hatte gleichzeitig irgendwelche Experimente an Konzentrationslagerhäftlingen gemacht.

Wolf Speer: Ja, sicher. Die hatten ja keinerlei Respekt vor menschlichem Leben und haben die Möglichkeiten, die sich ihnen medizinisch durch die große Anzahl von Häftlingen anboten, fürchterlich ausgenutzt.

Breloer: Und in dessen Obhut begibt sich nun Ihr Onkel …

Wolf Speer: Das wusste man vielleicht damals nicht. Ich weiß auch nicht, wie das zustande gekommen ist. Aber es waren noch andere Leute da – ich habe gerade gehört, dass der SS-General Daluege auch hier war, der war auch ein ganz hohes Tier. Und die Tochter von Mussolini war auch hier.[48]

Breloer: Wie war das hier? Viele SS-Wachen und Kontrollen?

Wolf Speer: Nein. Man hat das Gefühl gehabt, unter Freunden zu sein. Ich muss sagen, dass von der SS überhaupt nicht die Rede war. Es hieß: Er ist in Hohenlychen. Man wusste ja damals auch noch nicht, dass Gebhardt der SS-Arzt war. Wachtposten standen natürlich überall herum, aber so, dass ein SS-Mensch neben dem anderen gestanden hätte, war es nicht. Das machte einen ganz friedlichen Eindruck.

Breloer: Er lebt als Patient hier im Haus. Wie treffen Sie ihn an?

Wolf Speer: Das weiß ich noch genau: Wir sind in das Zimmer hereingekommen, er hat im Bett gelegen und hat einfach so gewinkt, hat sein übliches Lächeln aufgesetzt und uns freundlich begrüßt, wie er es sonst auch gemacht hätte, wenn er nicht im Bett gelegen hätte. Er trug einen grauen oder braunen hübschen Schlafanzug. Geistig machte er überhaupt nicht den Eindruck, als ob er irgendwie geschwächt wäre. Er war schon wieder ganz gut beieinander.

Breloer: War die Krise damals schon vorbei?

Wolf Speer: Das kann ich nicht genau sagen, ich habe mir ja das Datum damals nicht aufgeschrieben. Ich habe jetzt gehört, dass er Mitte

Januar eingeliefert worden sein soll. Mitte März bin ich bereits von Potsdam weggekommen nach Frankreich. Ich schätze, es war um den 15. Februar, und die Krise war vorbei, denn er hat uns mit einem gewissen Anflug von Stolz mitgeteilt, er wäre drei Tage richtig in Lebensgefahr gewesen.

BRELOER: Er ist falsch behandelt worden. Und später taucht sogar der Verdacht auf, Dr. Gebhardt, der Vertraute von Himmler,[49] hätte ihn gern ins Jenseits befördert.

WOLF SPEER: Das muss man aus den Memoiren von Albert so herauslesen.[50] Es wird aber allgemein bezweifelt, und ich glaube es eigentlich auch nicht so richtig. Es war den Nazis wirklich alles zuzutrauen, aber dass der Himmler ohne Anweisung von Hitler so einen Versuch gemacht hätte – das konnte auch Himmler sich nicht leisten. Und wenn man annimmt, der Himmler hätte den Speer nicht töten wollen, kann er natürlich trotzdem falsch behandelt worden sein, ohne Absicht. Er war total überarbeitet. Sein ganzer Körper war aus dem Gleichgewicht geraten, weil er sich zu viel zugemutet hatte.

BRELOER: Waren auch andere Gäste hier? Seine Frau, seine Sekretärin Annemarie Kempf?

WOLF SPEER: Wir haben nur ihn gesehen. Und sicher haben wir noch den einen oder anderen gesehen, vielleicht das Fräulein Klara, die für ihn gekocht hat. Ich habe es vergessen.

BRELOER: Wie hat das Zimmer hier ausgesehen? Hing ein Hitlerbild an der Wand, war was von der SS zu sehen?

WOLF SPEER: Nein.

BRELOER: Hatte er Telefon am Bett? Er steuerte von hier aus ja ein Ministerium, das sich in einem Weltkrieg befand.

WOLF SPEER: Ja, ja, natürlich, das Telefon war da. Aber man war hier mit ihm zusammen, da hat man davon nichts gemerkt.

BRELOER: Hat er von seinen Verdächtigungen gegenüber der SS gesprochen?

WOLF SPEER: Davon haben wir nichts gehört, und er hätte auch sicher nichts gesagt, wenn er das damals so empfunden hätte. Wir waren nicht die geeigneten Leute dazu, denn wir hätten ihm doch nicht helfen können.

BRELOER: Wenn man die Wochen und Monate vorher sieht: Er war bei dieser Gauleitertagung in Posen gewesen, er hatte Mittelbau-Dora besucht, mit dem Krieg lief alles auf ein Ende zu. Vielleicht, dass eine

Entzündung, die normalerweise überwunden worden wäre, sich hier unter dem großen inneren Druck, unter dem er ja wohl stand, dann erst so dramatisch weiterentwickelte?

WOLF SPEER: Das weiß ich nicht, denn beide, Hitler und Speer, hatten ja damals immer noch die Hoffnung auf die berühmten geheimen Waffen. Das war vor allen Dingen die Rakete V2, die dann im Spätsommer 1944, also ein halbes Jahr nach diesem Krankhausaufenthalt, eingesetzt wurde und sich nachher zwar als technisch revolutionär herausgestellt hat, jedoch in der damaligen Situation keineswegs kriegsentscheidend war. Aber das wussten sie damals eben noch nicht, und sie haben es anders geglaubt.

BRELOER: Vielleicht hatte Speer auch einen Eindruck davon bekommen, was mehr oder weniger hinter seinem Rücken im Gange war: *Vernichtung durch Arbeit,* der Massenmord an den Juden. Und vielleicht begann er zu realisieren, dass man damit nicht so ohne weiteres zu einem Frieden mit den Siegern kommen würde, dass damit auch seine Aussichten, falls er zweigleisig fuhr, sehr düster wurden.

WOLF SPEER: Zu diesem Zeitpunkt haben wir ja noch ungefähr 15 Monate bis Kriegsende, da war das alles noch etwas mehr in der Schwebe. Es ist bei jedem ein allmählicher Prozess der Einsicht gewesen.

BRELOER: Eine lange Zeit der Erholung war das hier für ihn, er hatte zum ersten Mal Zeit zum Nachdenken. War er ein Mann, der auch Angst kriegen konnte?

WOLF SPEER: Sicher, natürlich hat er Angst gehabt. Ich denke, dass er sogar ziemlich früh mit dem Gefühl der Angst aufgewachsen ist, mit der Angst davor, sich nicht genügend zu bewähren, sich nicht durchzusetzen, nicht das zu erreichen, was er selbst für sich gewünscht und was man von ihm erwartet hat. Diese Angst hat er sicher immer gehabt, aber …

BRELOER: Er hat ja davon gesprochen, dass er, als die großen Aufträge kamen, in engen Räumen, in Tunnels, in Flugzeugen Platzangst bekam, richtige Angst – eine Angst, die er nachher in Spandau nicht mehr hatte.[51]

WOLF SPEER: Das kann gut sein. Manche Leute, die in ein Leben gestellt worden sind, in dem persönliche Initiative von ihnen verlangt wird, die fühlen sich sehr wohl, wenn sie mal eine Zeit lang da raus sind, im Krankenhaus oder im Gefängnis oder sonst wo. Das war bei meinem Vater auch so. Ich erinnere mich, dass er das gesagt hat, als er bei den

Amerikanern interniert worden ist und niemand von ihm verlangt hat, dass er sich irgendwie bewährt oder tüchtig ist.

BRELOER: Er erzählt: Durch die Krankheit hier in Hohenlychen, durch den anschließenden Genesungsurlaub in Meran ist er lange weg vom Führer. Er hat ihn lange nicht gesehen, war nicht in seinem Einflussbereich. Und nun sieht er ihn, und er sieht ihn plötzlich anders an: Er ist hässlich. Er hat eine große Nase. Er hat all das, was wir …

WOLF SPEER: … was wir alle sowieso schon gewusst haben. Was bei ihm durch den persönlichen Charme oder die Einflussmöglichkeit von Hitler überspielt worden war, das hat er jetzt auch gemerkt. Bei allen Gefühlen, Liebe, Kindesliebe, Dankbarkeit, Verehrung, Bewunderung, die ursprünglich bei ihm waren, ist das so allmählich runtergegangen. Übrigens nicht nur bei ihm, sondern bei allen in Deutschland. Aber es war wahrscheinlich bei niemandem so explizit und so klar wie bei ihm. Keiner hat den Hitler so eng und so genau gekannt.

Vor Ort: Mit Wolf Speer in Rechlin

BRELOER: Ein Rede von Albert Speer, hier in Rechlin[52] gehalten über den Stand der Rüstungsproduktion.[53]

WOLF SPEER: 3. 12. 1944 – kurz vor der Ardennenoffensive … *(Liest still.)*

BRELOER: Ein riesiger Ausstoß von Waffen.

WOLF SPEER: Ja, aber nicht die amerikanischen Zahlen. Der kann ja schreiben, was er will. Am 16. 12. 1944 bin ich an der elsässisch-deutschen Grenze in Gefangenschaft gegangen. Ich habe noch in Erinnerung, wie wir zwei, drei Tage vorher als einsame deutsche Soldaten, jeder mit einem Gewehr oder einer Panzerfaust, durch die Wälder marschiert sind und wie wir dann gesehen haben, was die Amerikaner für einen Materialaufwand hatten. Die Überlegenheit war nicht 1:10, das war schon mindestens 1:50. Ganz abgesehen von den Flugzeugen – wir haben kein einziges deutsches Flugzeug gesehen.

BRELOER: Hier ist aber von einem unglaublichen Ausstoß von Flugzeugen die Rede – für die man vielleicht schon gar keine Mannschaften mehr hat.

WOLF SPEER: Das ist es ja, Flugzeuge alleine sind ja nicht genug. Man muss Benzin haben, und Benzin war schon keins mehr da. Die letzten Ölquellen in Rumänien waren bereits im März 1944 verloren gegangen. Dann muss er Piloten haben, dann muss er Flugplätze haben, dann muss er Munition haben. Überall hat es gefehlt. Und jetzt war die einheitliche Richtung, dass überhaupt nichts mehr da war. Nein, das ist eine ganz fürchterliche Rede.

Breloer: Welchen Zweck sollte sie haben?

Wolf Speer: Ich nehme fast an, er hat selber daran geglaubt. Er hat ja auch nicht gewusst, wie viel die Amerikaner produziert haben.

Breloer: Als Sie gefangen genommen wurden – haben Sie gehofft, dass Ihrem Onkel langsam die Luft ausgeht, dass er die Rüstung nicht noch weiter vorantreibt?

Wolf Speer: Und ob ich das gehofft habe. Im Interesse meines Onkels habe ich das nicht gehofft, aber in meinem Interesse schon.

Breloer: Ob diese Zahlen immer so stimmten? Wer konnte die nachprüfen?[54]

Wolf Speer: Nur die Soldaten vorne konnten die nachprüfen. In der ganzen Division haben wir zwei Raketenwerfer gehabt. Der eine ist explodiert, haben wir noch einen gehabt. Ist der auch explodiert, haben wir keinen gehabt. Da hätte der Speer doch kommen müssen und uns zwei neue liefern oder nach Möglichkeit vier. Wir haben aber keine bekommen. Wir haben auch gar nicht damit gerechnet.

Breloer *(liest)*: »Bei der leichten Artillerie von 7,5 bis 10,5 cm haben wir an Geschützen geliefert: im Jahre 1943: 7439, 1944: 14 565, und Amerika 10 400. Bei der mittleren Artillerie wir im Jahre 1943: 2227, 1944: 4501, und Amerika: 2800 …«

Wolf Speer: Ach, wenn das so gewesen wäre, dann hätte man das an der Front in der Normandie, zwischen Saint-Lô und Caen, wo ich war, merken müssen. Man hat aber nichts davon gemerkt. Auf hundert Einschläge von den Amerikanern kam einer von den Deutschen.

Breloer: »Schwere Panzerkampfwagen, das sind überschwere Panther und Tiger, 1944: 5150.«

Wolf Speer: Das ist richtig, die Amerikaner hatten keine so schweren Panzer wie die Tiger. Dafür haben sie aber zehnmal mehr mittlere gehabt.

Breloer: »Auch die Rüstung der Amerikaner ist nicht in ihrer Höhe unbegrenzt. Sie hat zwei Grenzen: einmal die Erzeugung von Elektrostahl, die die Grundlage jeder Qualitätsrüstung ist; sie liegt bei den Amerikanern im Verhältnis zu uns wie 4½ zu 3½« und so weiter. »Wir dürfen bei dem jetzigen Einsatz der Amerikaner und Engländer im Westen

nicht davon ausgehen, dass diese Zahlen nicht derjenigen Größenordnung entsprechen, die eine Wehrmacht auf weite Sicht halten kann.«[55]
WOLF SPEER: Dezember 1944 – das ist eine ganz unmögliche Rede. Ganz
unmöglich.

BRELOER: Zusammenfassung: »Es ist selbstverständlich in einem technischen Kriege notwendig, immer wieder darauf hinzuweisen, daß der
technische Forschritt das Entscheidende ist und daß eine Waffe, die sicher überlegen ist, unter Umständen den vier- und fünffachen Wert
an Kampfkraft haben kann als die Waffe, mit der dann der Gegner ent-
gegentritt.«

WOLF SPEER: Das ist ganz richtig. Wenn er sie gehabt hätte, wäre es ja gut
gewesen.

BRELOER: »Und wir hoffen, dass auf Grund unserer technischen Leistung, die wir zusammen mit den Waffenämtern der Wehrmachtteile
durchführen, auch der Tag nicht sehr ferne ist, an dem wir unsererseits
mit Waffen auftreten, die dann die materielle Überlegenheit des Geg-
ners mehr als ausgleichen werden.«

WOLF SPEER: Im Dezember 1944! Das wundert mich. Diese Rede wundert mich schon.

BRELOER: Oder spielt er ein doppeltes Spiel? So redet er nach außen,
macht anderen Leuten Mut, den Krieg weiterzumachen – und selber
bereitet er den Absprung zu den Amerikanern vor? Aus der Regierung
Dönitz will er dann ausscheiden, um für den Wiederaufbau zur Verfügung zu stehen.[56]

WOLF SPEER: Weil er gemerkt hat, dass die Amerikaner mit der Regierung Dönitz nichts zu tun haben wollen.

BRELOER: Weil er auch wirklich geglaubt hat, dass er für den Wiederaufbau gebraucht wird.

WOLF SPEER: Das hat er geglaubt, sicher. Die meisten Menschen sind für
sich selbst Optimisten.

BRELOER: So klug, und dann doch wieder so weltfremd. – Wie nah ist er
Ihrem Herzen, der Onkel?

WOLF SPEER: Nicht sehr nah. Es gibt verwandtschaftliche Gefühle. Diese
Arbeit, so etwas zu machen, hätte mir ja eventuell auch Spaß gemacht – zu organisieren, Erfolg zu haben und so weiter. Die dauernde
Arbeit bis zum Ruin der eigenen Physis, das hätte ich nicht gemocht,
das hätte ich weder gekonnt noch gewollt, das wäre mir zuwider gewesen. In der Beziehung sind wir völlig anders.

Breloer: Albert Speer schreibt mal in einem Brief an die Kinder: »Seid froh, wenn Ihr den Anteil Eurer Mutter in Euch habt.« Was ist das mit den Speers?

Wolf Speer: Darunter hat er selber wahrscheinlich gelitten, an dieser Zwielichtigkeit, Fahrigkeit. Unzuverlässigkeit. Nach außen hat er den Eindruck des Gegenteils gemacht, wahrscheinlich nur deswegen, weil er das von früh auf gewollt hat. Aber in sich selbst hat er es auch gehabt.

Breloer: Er war nicht offen …

Wolf Speer: Überhaupt nie. Er hat immer freundlich gelächelt, aber die ihn besser kannten, die ließen sich dadurch nicht täuschen.

Breloer: Warum erkennt man nie genau, was er will?

Wolf Speer: Ich glaube, er hat nie etwas gewollt. Er hat wahrscheinlich das Talent gehabt, Strömungen zu spüren und sich danach zu richten; aber einen aktiven Willen hat er nicht gehabt. Da darf man sich nicht täuschen lassen durch diese Tätigkeit als Rüstungsminister – da hat er ja die ganzen Aufträge, die der Hitler ihm gegeben hatte, hinter sich im Rücken gehabt. Aber dass er selbst von sich aus mal … Da war nicht viel bei ihm.

Breloer: Wie muss man richtig leben, wenn man ein Speer ist?

Wolf Speer: Das ist schwierig. Bis jetzt hat mir das noch keiner vorgemacht. Eine gewisse Intelligenz ist vorhanden, ein gewisses Geltungsbedürfnis auch. Es ist schon schwierig, das dann unter einen Hut zu bringen.

Breloer: Nicht rücksichtslos auf Kosten anderer Menschen sein Leben aufzubauen und Trümmer zu hinterlassen.

Wolf Speer: Das hat er ja nun gemacht. Das hat er sicher auch nicht von Anfang an vorgehabt. Der ausschlaggebende Punkt war die Begegnung mit Hitler. Das war nun mal ein einmaliger Zufall, der uns anderen allen erspart geblieben ist. Aber ich glaube, ich wäre nicht so in dem Maße auf ihn reingefallen.

Breloer: Wenn Ihr Onkel Nachfolger Hitlers geworden wäre, Herrscher eines großen germanischen Sklavenhalterstaates – können Sie sich vorstellen, welche Rolle Sie da gespielt hätten?

Wolf Speer: Das versuche ich mir natürlich oft vorzustellen, aber ich kann es nicht. Ich hätte meine Dummheiten gemacht, so ähnlich wie mein Vater. Ich hätte so ein ähnliches Leben geführt wie der. Es wäre mir bestimmt nicht gut bekommen. Daran denke ich lieber nicht.

BRELOER: Wenn Sie sich etwas hätten aussuchen können?

WOLF SPEER: Das weiß ich eben nicht. Ach, keine Ahnung, wirklich nicht. Aber wahrscheinlich schon ein bisschen etwas Schönes, nehme ich doch an.

Vor Ort: Mit Wolf Speer in Schwanenwerder[57]

WOLF SPEER: So ähnlich hat es damals auf dem Grundstück ausgesehen, auf dem mein Onkel ungefähr von 1938 bis 1941 gewohnt hat.[58] Soviel ich jetzt erfahren habe, ist das Grundstück im Besitz einer schwedischen Gräfin von Rosen gewesen. Das war eine Verwandte von der ersten Frau von Hermann Göring, Carin Fock. Dieser Gräfin von Rosen war das hier noch zu dicht an der Stadt dran, sie ist wohl irgendwo nach Bayern gezogen und hat das hier an Albert Speer vermietet. Jetzt ist ja nichts mehr davon erhalten, ich will aber versuchen, es einigermaßen zu beschreiben: Das Haus selbst lag in einer gewissen Höhe, so ähnlich wie dieses hier, über dem Wasserspiegel. Dann hatte man hier, auf der Seite, ein Bootshaus, direkt über dem Wasser. In dem Bootshaus hatte der Albert zwei große Klepper-Faltboote, Zweisitzer, mit denen auch wir fahren konnten. Ich selbst habe 1939 auch ein Faltboot zu Weihnachten geschenkt bekommen – ich war damals fünfzehn Jahre alt. Ich durfte dieses Boot da unten neben dem Boot von meinem Onkel unterstellen, und ich bin hier auch oft hergekommen. Ich bin natürlich gleich hier durch den Nebeneingang hinuntergegangen zum Bootshaus und habe mich hier normalerweise nicht lange aufgehalten. Ich hatte auch ehrlich gesagt etwas Angst: Es hätte mir ja passieren können, dass hier der Albert und seine Frau beim Kaffeetrinken plötzlich den Hitler zu Gast gehabt hätten. Und mich als Fünfzehnjährigen hätte der ganz fürchterlich geniert. Ich hätte in dem Augenblick überhaupt nicht gewusst, wie ich das hätte machen sollen mit dem strammen deutschen Hitlergruß und dem strahlenden Blick, der von einem erwartet wurde, wenn man seinem Führer ins Auge blickte. Ich hätte das wahrscheinlich gar nicht gekonnt, und wenn ich es doch versucht hätte, hätte ich mich ganz entsetzlich lächerlich gemacht. Es ist Gott sei Dank aber nicht dazu gekommen. 1939 war ja dann bereits Krieg, und Hitler hatte keine große Lust mehr, da noch Kaffee trinken zu gehen.

BRELOER: Und nebenan?

WOLF SPEER: Nebenan waren zwei Grundstücke linker Hand; eines gehörte dem Doktor Morell,[59] dem Arzt von Hitler, den die meisten Deutschen damals nicht mal dem Namen nach kannten. Und dann war da noch ein Grundstück, das Hitler selbst gehörte, aber er hat keinen Gebrauch davon gemacht. Soviel ich weiß, war er nie oder so gut wie überhaupt nie da, es waren aber immer so zwei Typen mit Bademantel da, und die haben sich dann auch mal bei mir vorgestellt und wollten wissen, wer ich bin. Sie haben mir gesagt, sie wären vom Führerschutz, also Leute, die nicht den Führer, aber das Grundstück bewachen sollten. Da musste ich mich ausweisen, dann war die Sache in Ordnung.

BRELOER: Sah man hier Goebbels' Kinder? Die wohnten doch auch nebenan.

WOLF SPEER: Die wohnten auf der anderen Seite. Da wohnte erst der Herr Baginski, der Erfinder der Spalttabletten und des Punktrollers – er hatte also zwei sehr lukrative Erfindungen auf medizinisch-pharmazeutischem Gebiet gemacht, damit ein unwahrscheinliches Geld verdient und sich hier ein sehr großes weißes Haus gebaut. Mit dem hatte man aber keinen Kontakt, jedenfalls ich mit Sicherheit nicht. Und noch ein Grundstück weiter war dann das riesige Anwesen vom Doktor Goebbels. Der hatte da ein riesiges Motorboot, mit dem er hier rumgefahren ist. Sonst war das damals alles noch sehr einsam, da waren noch kaum Boote hier draußen auf der ganzen Havel.

BRELOER: Hier um die Ecke Richtung Wannsee, ein paar hundert Meter von hier, hatte sich Ihr Onkel genauso ein Grundstück gekauft und wollte ein Haus da hinsetzen. Das Grundstück steht jetzt noch leer.

WOLF SPEER: Das weiß ich nicht genau. Damals war es jedenfalls total leer. Es war meiner Meinung nach viel größer als die anderen Grundstücke, überhaupt als alle Grundstücke. Und es hatte Südlage. Es war vom Wasser her sehr verkrautet, hatte sehr viel Schilf. Ich war fast nur im Sommer hier, und da war alles zugewachsen.

BRELOER: Was machte man denn auf dem Grundstück, wenn es nicht bebaut war? Hat man da gespielt?

WOLF SPEER: Nein, ich jedenfalls nicht. Da war überhaupt nichts. Es war ja Krieg, und da hat er es wahrscheinlich selbst kaum für wünschenswert gehalten, dort privat eine große Baustelle einzurichten. Aber 1945 hat sich hier, soviel ich weiß, einiges abgespielt – Leute, die mit Faltbooten versucht haben, noch aus Berlin herauszukommen. Da war das hier so ein Umschlagplatz.

Vor Ort: Mit Wolf Speer, Albert van Dijk und Carl Schwerdtfeger im Lager Mittelbau-Dora [60]

CARL SCHWERDTFEGER – *geboren 1914 in Sievershausen. Arbeitete nach einer Tischlerlehre seit 1934 in einer Möbelfabrik. 1939 wurde er zur Arbeit in einer Rüstungsfabrik in Dassel dienstverpflichtet. Am 28. 05. 1943 verhaftet, am 14. 8. 43 als politischer Häftling in das KZ Buchenwald eingeliefert und mit dem ersten Transport am 28. 8. 43 in das Außenlager Dora gebracht. Gegen Kriegsende wurde er zur »Alpenfestung« abtransportiert und am 25. 05. 1945 aus dem Lager Ebensee befreit.*

ALBERT VAN DIJK – *geboren 1924 in Kampen/Niederlande, von Beruf Koch. Wurde am 26. 11. 1942 durch die Staatspolizei Kassel verhaftet, weil er seine Dienststelle eigenmächtig verlassen habe, um illegal nach Holland auszureisen. Am 1. 1. 1943 in das KZ Buchenwald eingewiesen und am 3. 1. 1944 in das Außenlager Dora überstellt. Ab 1. 11. 1944 Zwangsarbeit in der 3. SS-Baubrigade (Wieda), deren Häftlinge am 7. 4. 45 in Richtung Wernigerode auf den Todesmarsch getrieben wurden. Am 14. 4. 45 mit den anderen Überlebenden im Raum Gardelegen von der amerikanischen Armee befreit.*

BRELOER: Das ist Herr Schwerdtfeger, das ist Wolf Speer. Herr van Dijk, aus Holland hergekommen.

ALBERT VAN DIJK: Freut mich, mit Ihnen Bekanntschaft zu machen. Ich denke, wir sind vom selben Jahrgang.

WOLF SPEER: Ich bin 1924 geboren.

ALBERT VAN DIJK: Ich bin auch 1924 geboren.

WOLF SPEER: In Holland?

ALBERT VAN DIJK: In Holland. 78 Jahre jetzt.

WOLF SPEER: Ich bin in Heidelberg geboren. Wann waren Sie hier?

ALBERT VAN DIJK: Ich bin hier in Dora angekommen am 2. Januar 1944, aber mein Kumpel war schon eher da.

CARL SCHWERDTFEGER: Ich bin hier mit der erste Häftling gewesen. Am 28. August 1943. 107 Häftlinge kamen von Buchenwald unter dem Titel *Transport Süd*. Und habe hier sechs Monate im Stollen nur auf Steinen gelegen.

BRELOER: Wenn Sie uns erzählen würden, wie die Arbeit in diesen ersten Monaten war, als Sie hier in der Höhle gelebt haben?

Carl Schwerdtfeger: ... *(unverständlich)* das Loch, das war zu, Steine, die wurden abgesprengt, und wir mussten mit Diesellok bis nach vorne hinfahren, und dann mussten wir sie mit der Dampflok in das Ammoniakwerk bringen. Und dann, wenn gesprengt wurde, da haben wir nicht mal geschlafen, und dann war alles ein Staub, und dann waren wir morgens weiß wie Müller. Aber Waschen gab es nicht. Mit unserem Urin haben wir uns ein bisschen die Augen ausgerieben. Und Toiletten gab es überhaupt nicht, aber Mauerkübel. Da mussten wir, wenn wir mal austreten mussten, nachts, und die ganzen anderen, die da schliefen – in den Stollen zog keine Luft, da war eine Seite zu, also der Gestank von den Kübeln, wenn da ein paar hundert Mann drinliegen in so einem Stollen, vier-, fünfhundert Mann – dann können Sie sich denken, was da –

Breloer: Sie haben hier in der Höhle auf den Steinen geschlafen?

Carl Schwerdtfeger: Nur auf Steinen. Aber die waren nicht so wie hier glatt. Die waren noch halbrund, einfach ein bisschen Stroh dünn hin, und da haben wir draufgelegen. Und das Stroh – da haben wir noch jeden Halm, wenn wir mal ein Korn gefunden haben, gegessen. Denn es gab ja keine Küche und nichts, als wir hierher kamen.

Breloer: Es gibt dann hier einen prominenten Besuch im Dezember 1943. Wann genau war Albert Speer hier?

Carl Schwerdtfeger: Muss den 10. oder 11. Dezember gewesen sein. Ich weiß noch, wie der da gewesen ist. Den haben sie draußen rumgeführt, da ist man da am Grenzstollen gewesen, wo ich mit der Lok – und der erste Lagerkommandant Forster hat dann noch zu Herrn Speer gesagt: »Dies war hier der erste Häftling!«

Breloer: Konnte Herr Speer an dem Tag die Toten sehen, die hier herumlagen? Die Menschen starben wie die Fliegen.

Carl Schwerdtfeger: Die Toten, die mussten jeden Morgen gleich weggebracht werden. Meinen Sie, dass die Herrn Speer die Toten gezeigt haben? Glaube ich nicht.

Breloer: Seine eigene Chronik notiert über den Besuch: »Am Morgen des 10. Dezember 1943 fuhr der Minister zur Besichtigung seines neuen Werkes am Harz. Die Durchführung dieser gewaltigen Aufgabe verlangte von den führenden Männern die letzte Kraft. Einige waren so weit, dass sie zur Auffrischung ihrer Nerven zwangsweise in Urlaub geschickt werden mussten.«[61] Die Mitarbeiter aus dem Hause Speer waren so feinnervig, dass sie das nicht ertragen konnten.

CARL SCHWERDTFEGER: Das glaube ich.

BRELOER: Später schreibt Speer: »Nach einer Besichtigung von etwa einer Stunde waren wir zur Baubaracke zurückgekehrt. Was sah ich: ausdruckslose Gesichter, stumpfe Augen, in denen noch nicht einmal Hass zu erkennen war, ermüdete Körper in schmutzig-blaugrauen Hosen. Beim Nahen unserer Gruppe nahmen sie auf schneidendes Kommando Hab-Acht-Stellung an und rissen die Mützen vom Kopf.«

CARL SCHWERDTFEGER: Die Mützen! Das waren ja schirmlose ... *(unverständlich)* hier. Und manche Häftlinge hatten noch nicht einmal Schuhe an, barfuß haben sie müssen die Steine rausschleppen ... *(unverständlich)*. So schräg haben die müssen auf der Schulter diese dicken Steine hochtragen, dass sie oben in die Kipploren an der Diesellok gekippt wurden.

BRELOER: »Sie schienen keiner Reaktion mehr fähig zu sein. Die Häftlinge waren unterernährt und übermüdet ...«

CARL SCHWERDTFEGER: Ich hatte noch 46 Kilo, wo ich sonst immer 67 Kilo gewogen habe vor meiner Verhaftung.

BRELOER: »... die Höhlenluft kühl-feucht, nach Fäkalien stinkend und verbraucht«.

CARL SCHWERDTFEGER: Ja, ja.

BRELOER: »Der Mangel an Sauerstoff machte auch mich schwindlig; ich fühlte mich benommen.«[62]

CARL SCHWERDTFEGER: Das Wasser tropfte ja von der Decke runter, das tropfte ja immer. Und wenn das auf das Stroh kommt – nach acht Tagen war es Pferdemist. Wir selber haben uns vom Ammoniakwerk hier, aus der Werkstatt Dachpappe organisiert – mein Kumpel, der war ein junger Russe aus Odessa, aus Ukraine, der konnte prima Deutsch sprechen, der hatte die Dachpappe mitorganisiert, und wir haben uns dann so schräg unter diese Dachpappe gemacht, damit wir nicht das Wasser auf den Körper kriegten. Und dann haben wir Zementsäcke, leere Tüten, mit Laub vollgestopft, haben wir uns eine Wand gemacht, damit wir den Schall von der Sprengung nicht hörten und den Staub nicht abkriegten, weil wir ja nur vor morgens um 7 Uhr hier reinkonnten und bis um 1 Uhr ein bisschen Ruhe haben wollten.

ALBERT VAN DIJK: Gerade wo wir hier an dieser Stelle stehen, ich denke, das wird zweihundert Meter, dreihundert Meter Distanz vom Eingang des A-Stollens sein: Hier, gerade an dieser Stelle, stand eine kleine Baracke, eine Ambulanz. Und dahinter, oder auch vor dieser kleinen Baracke, da war ein Leichenberg. Die Leichen aus dem Schlafstollen wurden da auf einen großen Haufen geschmissen. Das müsste im Februar 1944 gewesen sein, da kam eine Gesellschaft herein, einige Zivilen mit ranghohen SS-lern, und die sind hier an dieser kleinen Ambulanzbude vorbeigegangen und dann bis ins Tiefe der Stollen. Von fern schon war der Leichenberg zu sehen, das Gewölbe war so alle fünfzig Meter von einer Glühbirne beleuchtet, aber man konnte nicht um diesen Leichenberg herum, der Leichenberg war manchmal so ausgebreitet, dass man über die Kadaver hinwegschreiten musste. Wir haben da gestanden, als sie sagten: »Acht!« Und wir haben strammgestanden, wir haben die Mütze abgenommen, und wir durften den Herren nicht ins Gesicht sehen. Das war sehr wichtig, wir durften sie nicht erkennen. Und später sagte man, der wäre der große Chef gewesen, also entweder Kammler[63] oder [Wernher] von Braun ...

CARL SCHWERDTFEGER: Oder Saur.[64]

ALBERT VAN DIJK: Ich kann es mir nicht vorstellen, wie der Kumpel gesagt hat, dass Herr Speer die Leichen, die Toten nicht gesehen hat. Er ist hier doch ins Innere der Stollen gegangen.

WOLF SPEER: Im Februar 1944?

ALBERT VAN DIJK: Nein – im Dezember. Ich bin zwei oder drei Wochen später gekommen, und da waren hier zehntausend Häftlinge drinnen, und es wurde ringsum gestorben, und die Toten waren nicht wegzuschaffen. Er muss – er muss sie gesehen haben.

CARL SCHWERDTFEGER: Den Leichen wurden nackend die Nummer auf den Oberschenkel geschrieben, wenn nun aber *(unverständlich)* ... Tote lag, und der hatte noch eine gute Jacke an, hat vielleicht ein anderer Häftling sich die Jacke genommen und seine Nummer draufgeschrieben. Die Leichen wurden dann auf einen LKW geladen, Bretter und dann eine Plane, einer fasste an die Beine, ein anderer an die Arme, sie schmissen sie so quer rein, und die wurden dann nach Buchenwald gefahren. Ein LKW ist unterwegs verunglückt und die Plane aufgerissen unten auf dem Wege, und die Leichen sind durch ein Schaufenster in einem Lebensmittelgeschäft gelandet – und von dem Moment an war der Leichentransport nach Buchenwald vorbei. Dann ist der erste Verbrennungsofen gekommen.

ALBERT VAN DIJK: Wir stehen hier am Anfang des A-Stollens. Ich erinnere mich, wie ich am 2. Januar mit einem Transport von zweihundert

Häftlingen aus Buchenwald angekommen bin, es war acht Uhr, als wir aus Buchenwald abgefahren sind, und es war spät am Nachmittag, dass wir hier ankamen. Wir wurden dann sofort in die Stollen gejagt. Es war schon halb dunkel. Und als wir dann durch das Tor gejagt wurden, habe ich mich nochmals schnell umgeblickt. Den ganzen Tag hatte es geregnet, und – das ist für mich sehr wichtig geblieben – die Bewölkung war aufgerissen, und ich habe mich umgeguckt, ich vergesse es nicht wieder: Ich habe da einen Stern gesehen, und später, als ich in dieser Dunkelheit drin war, habe ich oft gedacht an diesen kleinen Stern, den Stern wollte ich wiedersehen, koste, was es kosten wollte. Das hat mir Mut gemacht, und das möchte ich an dieser Stelle erzählen. So kamen wir also rein, es war hier dunkel, am Gewölbe hingen an einer losen Leitung Glühbirnen, die Luft war stickig, das Wasser tropfte vom Gewölbe runter, und der Boden war nicht so glatt wie jetzt, das war noch alles unbetoniert. Und als wir Häftlinge reingejagt wurden, da haben wir uns bei der Hand gehalten, damit wir uns nicht verloren haben, und je tiefer wir in diesen Stollen hineingegangen sind, umso stickiger wurde es von den Sprengungen, aber das wussten wir noch nicht. Es hat so einen Geruch gehabt, und ich hab mir gedacht: Dieser Weg müsste geradewegs irgendwo in die Hölle führen. Da wussten wir noch nicht, wie die Realität war. So sind wir dann weitergegangen bis zu unserer künftigen Unterkunft, wo wir dann, diejenigen, die es überleben sollten, verbleiben mussten, bis sie wieder ans Tageslicht kamen. Für die Überlebenden war das nach Monaten, aber die meisten sind hier krepiert, die sind wirklich krepiert. Nach zehn, vierzehn Tagen kamen sie als Tote, als Leichen wieder raus.

BRELOER: Von 60 000 etwa 30 000 tot, nicht wahr?

ALBERT VAN DIJK: Nein. 60 000 sind über Dora gegangen, von denen 20 000 hier im Stollen, größtenteils beim Aufbau, gestorben sind. 20 000. Fast eins auf drei.

WOLF SPEER: Was war die Todesursache? Verhungert, entkräftet, oder Schläge?

ALBERT VAN DIJK: Entkräftung, Verhungerung, Schläge, Misshandlungen, aber besonders Entkräftung durch die schwere Arbeit und keine Ernährung.

WOLF SPEER: Sie meinen, man hat Sie bewusst hier reingetrieben und hat Ihren Tod in Kauf genommen, hat versucht, sie bis zu diesem Tode noch möglichst auszunutzen?

ALBERT VAN DIJK: So ist es. Es zählte nur die Arbeitskraft. Solange noch die Arme und die Beine in Bewegung waren, konnte man die benutzen zum Ausbau der Stollen, zur Einrichtung dieser unterirdischen Fabrik. Und alles Weitere, das hat man in Kauf genommen. Arbeit bis zur Vernichtung.

ALBERT VAN DIJK: Dann kamen wir, unser Transport, an dieser Höhle oder an der nächsten vorbei, und die Luft war stickig, es hatte hier eben eine Sprengung stattgefunden, und als wir hier daran vorbeigingen, schaute ich hinein, das war in dieser Grotte, da habe ich gesehen, wie Häftlinge in blau-weiß-gestreiften Jacken – das war die erste Erkennung, dass es Häftlinge aus Buchenwald waren – über die Steinbrocken geklettert sind und die großen Steinbrocken mit den Händen abgetragen haben zu den Loren. Diese Arbeit da bei Fackellicht – das war wirklich schemenhaft, gespenstisch hat es ausgesehen. Und ich wagte kaum, einen Blick hineinzuwerfen – was uns da zu erwarten stand.

BRELOER: Was sieht man in dieser Ecke hier?

ALBERT VAN DIJK: Hier drinnen wurden dann die Latrinen gebaut für die Häftlinge, die bis dahin ihre Bedürfnisse in den Schlafstollen, wo sie geschlafen haben, verrichtet haben. Da sind die drei nächsten Stollen – da drinnen waren 10 000 Häftlinge untergebracht.

WOLF SPEER: Hatten die Häftlinge in der Zeit, in der sie nicht gearbeitet haben, die Möglichkeit, sich hier frei zu bewegen?

ALBERT VAN DIJK: Die Zeit, in der sie nicht arbeiten mussten, blieben sie in ihren Schlafhöhlen und wagten sich nicht hinaus …

WOLF SPEER: … außer wenn sie auf die Toilette mussten.

ALBERT VAN DIJK: Der Weg von ihrer Schlafstelle bis zum Abort war wenigstens 80 Meter, und 80 Meter zurück – das waren 160, 200 Meter Gehens, und die Häftlinge waren so schwach, dass sie auch diesen Weg nicht machen konnten. Die machten dann trotzdem ihre Bedürfnisse im Schlafstollen selbst, es hat da gestunken …

WOLF SPEER: Hatten Sie Bekannte oder Freunde hier? Wäre es möglich gewesen, sich zu besuchen und ein bisschen zu unterhalten?

ALBERT VAN DIJK: Nein. Man kam von der Arbeit zurück, und man suchte irgendwo einen Liegeplatz, und man hat sich erschöpft hingelegt, und alle Menschen sahen ähnlich aus, waren verschmutzt, man erkannte sie nicht mehr. Ich verdanke mein Leben einer Mütze, die meine Mutter mir geschenkt hatte: Eines Tages war ich so depressiv, ich hatte mich irgendwo hingelegt, um zu sterben, und da hat mich ein Kamerad gesucht, drei Tage lang hat er mich gesucht. In einem Paket aus Buchenwald hatte ich eine Mütze bekommen, die meine Mutter mir geschickt hatte, und diese Mütze habe ich getragen, und so hat mich mein Kamerad gefunden, nach drei Tagen Suchen, zwischen den 10 000 Menschen. Wenn ich die Mütze nicht getragen hätte, hätte er mich nicht erkannt, denn alle sahen gleich aus mit ihren kahlen Schädeln, denen inzwischen die Haare wieder gewachsen und verkrustet waren vor Dreck, und die haben sich Wochen, Monate nicht waschen können, alle sahen gleich aus. Unterhalten – nein. Trotzdem ich hab mich noch einmal unterhalten, aber das werde ich Ihnen gleich erzählen. Wir legten noch ein kleines Stück zurück, Herr Speer, und dann standen wir auf einmal vor einer Grotte, und vor dieser Grotte hing eine zerrissene Plane. Der Kapo, der uns vorgegangen ist, hat die Plane aufgerissen, wir mussten durchgehen, und da fanden wir uns auf einmal in unserer künftigen – Wohnung. Das war dann der Schlafstollen. Schauen wir da mal rein – hier im Fahrstollen, wo wir jetzt noch sind, da war es kalt und feucht, aber dann kamen wir hinter die Plane, da war es nicht mehr feucht, aber da hing so ein Geruch, so ein fürchterlicher Geruch nach, sagen wir mal, verfaulten Innereien.

WOLF SPEER: Ruhr oder Durchfall, Diarrhöe oder so?

ALBERT VAN DIJK: Ja. Und dann befanden wir uns hier, in diesem Raum, und da drinnen habe ich große Kästen gesehen, ich habe in die Kästen geschaut. Es stellte sich heraus, dass es Bettgestelle waren, und die Bettgestelle waren in vier Etagen, da stand eine lange Reihe von Bettgestellen an der einen Wand, da stand eine Reihe Bettgestelle an der anderen Wand, und eine doppelte Reihe Bettgestelle verlief in der Mitte bis zum Ende. Und als ich in die Bettgestellen geguckt habe – sie waren so ähnlich wie Kaninchenställe – habe ich Füße gesehen, Menschen, die eng aneinander gedrängt zusammen geschlafen haben. Die Kästen waren überfüllt, sodass keine Nadel mehr dazwischen konnte. Und wir mussten über die Leichen, die am Boden in den Zwischengängen lagen, hinübersteigen, denn es war nicht für jeden Platz. Später wusste ich, dass in so einem Moment in diesen drei Stollen so etwa 5000 Menschen geschlafen haben, 2000 Menschen schliefen zur gleichen Zeit zwischen der Schichtruhe, es hausten hier 10 000. Nicht für jeden war Platz, und die gestorben sind oder die Schwächeren, die sind von den Mithäftlingen hinausgeschmissen worden, und die lagen

dann am Boden, die schliefen am Boden und die sind am Boden gestorben. Das war einfach fürchterlich – an einer so unwesentlichen
Stelle in einem so unwesentlichen Ort zu sein, das musste ja die Hölle
sein, das konnte ja nicht anderes als die Hölle sein. Dann ist unser
Kommando, unser Transport bis zum Ende gegangen, und da waren
die Schlafplätze für uns freigehalten. Na ja, ein paar Stunden sind wir
dagelegen, und dann ein ungeheurer Krach, eine Explosion, eine neue
Explosion fand hier in unmittelbarer Nähe statt, und da fing das Wasser an zu rinnen, Gerinnsel von Wasser an den Wänden entlang. Und
dann auf einmal: »Aufstehn! Aufstehn! Aufstehn!«, ein fürchterliches
Geschrei von Kapos und Vorarbeitern, die die Häftlinge aus ihren Betten gejagt haben, und Vorarbeiter und Häftlinge, die über die oberen
Schichten gegangen sind. Und mit Knüppeln, mit dicken Schläuchen,
mit denen die Sprengungen gemacht wurden, haben sie die Menschen
rausgeschlagen. Ich war auf der oberen Etage, und ich habe hinunter-
geschaut und habe nur Köpfe gesehen, kahle Köpfe, die zwischen den
Durchgängen nach vorne getrieben sind, verschmutzte, unwesentliche
Menschen, es waren keine Menschen mehr. – Sie fragten, ob wir nachts
Gelegenheit hatten zum Austreten. Mir ist es passiert: Eine Nacht war
ich aufgestanden, halb benebelt war ich vom Staub und von den
Sprengungen, ich war ermüdet und sehr angestrengt, und ich bin hinter das Bettgestell getreten und habe da gestanden und geschifft, und
da hörte ich: »Schwein, was machst du denn da?« Das war ein Kapo.
Da wurde ich wach und habe mich eiligst zum Abort begeben, und
unterwegs bin ich dann an einer Gestalt vorbeigekommen, die lehnte
an dem Bettgestell, und ich habe ihn da gesehen: Er hat nur noch ein
Hemd getragen, nackte, hagere Beine steckten unten heraus, und der
stand da, und es sah so aus, als ob er da geschlafen hatte. Für ihn war
kein Platz, aber für so viele gab es keinen Platz, die haben so dage-
standen. Ich bin zum Abort gegangen, und auf dem Rückweg stand
der Häftling, der Kamerad noch da in dieser selben Haltung; und ich
habe ihn bei der Hand gefasst und gesagt: »Kamerad, komm, lass uns
schlafen gehen!« Und ich wollte ihn mitnehmen, und dann hörte ich,
wie er umgestürzt ist, er war tot. Er war noch lebendig und hat dage-
standen und ist einfach tot gefallen.

BRELOER: Wenn Speer jetzt einige Schritte weitergegangen wäre, was
hätte er sehen müssen?

ALBERT VAN DIJK: Wenn Speer am 10. Dezember durch diesen Stollen gegangen ist, und ich nehme an, wie Sie es sagten, er hat sich zu den hinteren Stollen begeben, wo inzwischen die ersten Fabrikhallen fertig gestellt wurden, dann muss er an diesen Stollen, die da schon beschlafen wurden, vorbeigegangen sein. Dann muss er gesehen haben, wie hier gleich um die Ecke des Stollens ein Leichenberg lag. Das muss er gesehen haben.

BRELOER: »Wahrscheinlich kannten die SS-Führer bereits die Reaktion ihrer Besucher auf dieses grausige Bild«, schrieb er, »denn sie boten sogleich einen Korn an, den ich gegen meine Gewohnheit rasch hinunterstürzte.«

ALBERT VAN DIJK: Da sehen Sie!

BRELOER: »Dann ließ ich mir Statistiken über die hohen Sterblichkeitsraten des Lagers zeigen, über die ungenügende ärztliche Betreuung berichten und über die Schlafstätten der Menschen in den ungelüfteten Höhlen.«

WOLF SPEER: Schreibt er, was er dann gemacht hat?

BRELOER: »Anschließend ordnete ich den Bau einer Barackenstadt für die zehntausend Häftlinge an.«[65] Fünf Wochen später, am 13. Januar 1944, hält die Chronik fest: »Der Minister empfängt Dr. Poschmann, der als der ärztliche Betreuer sämtlicher Dienststellen des Ministeriums dem Minister die Gesundheitslage am Mittelwerk in schwärzesten Farben darstellt.«[66] – Er hatte es ja selbst gesehen.

ALBERT VAN DIJK: Er hatte es gesehen, muss es gesehen haben.

BRELOER: Speer will veranlasst haben, dass hier Baracken aufgebaut wurden. Es gibt Leute, die sagen: Die Baracken waren schon im Bau; das müsste man sich noch einmal genauer ansehen.

ALBERT VAN DIJK: Als wir aus Buchenwald gekommen sind, am 2. Januar 1945, sind wir hier vor den Stollen angekommen und wurden sofort zum Lager getrieben. Da standen wir vor einem Lager in Aufbau, ich hab es sofort gesehen, denn es standen Pfosten in der Erde, darauf war Stacheldraht gespannt worden, und es befanden sich keine Isolatoren daran. Der Stacheldraht war mit Nägeln befestigt. Und ich habe hineingeschaut, und das Erste, was ich da gesehen habe am 2. Januar, das war ein Leichenberg, um verfrachtet zu werden nach Buchenwald. Und ich habe mit einem schnellen Blick über das Lager hinweggeschaut, und ich habe da Baracken gesehen, die gebaut worden sind am Hang des Berges, und auch hinter dem künftigen Appellplatz wurde schon gebaut. Das Lager war in Anbau, die ersten Baracken waren schon da. Also muss, als Speer am 10. Dezember hierher gekommen ist, etwa dieselbe Situation gewesen sein.[67]

Breloer: Nach allem, was er hier gesehen hat, schreibt Speer eine Woche später einen Brief an Kammler: »Sehr geehrter Herr Kammler, der Leiter des Sonderausschusses A4 Degenkolb berichtete mir, dass Sie es fertiggebracht haben, die unterirdische Anlage in Nie.« – also hier, Niedersachswerfen – »aus dem Rohzustand in einer fast unmöglich kurzen Zeit von 2 Monaten in eine Fabrik zu verwandeln, die ihresgleichen in Europa kein annäherndes Beispiel hat, und darüber hinaus selbst für amerikanische Begriffe unübertroffen dasteht. Ich nehme deshalb Veranlassung, Ihnen für diese wirklich einmalige Tat meine höchste Anerkennung auszusprechen mit der Bitte, Herrn Degenkolb auch weiterhin in dieser schönen Form zu unterstützen.«[68]

Albert van Dijk: Es ist unvorstellbar, dass ein Mensch, der dieses Elend gesehen hat, der diese Zustände angesehen hat, seinen Mitarbeiter so [dafür] preisen konnte, was in dieser kurzen Zeit geschafft wurde. Wie Herr Carl Schwerdtfeger sagte: Er ist am 28. August angekommen, da gab es nichts. Und im Januar, als ich da war, Mitte Januar, Ende Januar, kamen schon die ersten Raketen. Die habe ich gesehen, hier verlief ein Gleis, da kamen schon die ersten Raketen. Ob die schon zum Einsatz fertig waren – ich weiß es nicht, aber im Januar waren die ersten Raketen schon in Fabrikation.

Wolf Speer: Es kommt mir vor wie das Fegefeuer aus der Göttlichen Komödie von Dante.

Albert van Dijk: Dante beschreibt es, aber Dante hat es nicht gesehen.

Wolf Speer: Diese fabrikmäßige Herstellung einerseits von Raketen, andererseits von Leichen, das eine geht nach links, das andere nach rechts – das konnte sich Dante noch nicht vorstellen. – Hatten Sie zur Jahreswende von 1943 auf 1944, als da oben die Baracken gebaut wurden, hier nicht doch das Gefühl, dass sich an Ihren Lebensverhältnissen alles ein klein wenig verbessert hat?

Albert van Dijk: Nein! Nein! Da war die Todesrate am höchsten! Im Januar war es schlimmer, es lebten hier 10 000 …

Breloer: Aber es gibt Gefangene, die sagen, dass sich dann die medizinische Versorgung verbesserte, dass Medikamente kamen, dass plötzlich sogar Zahnhygiene eine Rolle spielte …

Albert van Dijk: Ja, später, im Mai.

Wolf Speer: Aber es war dann doch immerhin etwas …

ALBERT VAN DIJK: Aber da lief die Produktion schon! Da waren die meisten schon geopfert worden beim Stollenbau. Und die Überreste, die kamen raus in ein ganz neues Lager, und da waren die Bedingungen natürlich besser, und auch das Essen war besser. Nur ganz kurze Zeit, und dann fing es schon wieder an. Schon im Mai, im Juni, im Juli verrichteten die Galgen ihre Arbeit, es war schrecklich. Wir brauchten nicht einmal mehr zuzusehen, so viele Hinrichtungen gab es dann.

BRELOER: Muss man nicht unterscheiden zwischen den Bausklaven, die diese Höhlen schufen und die man einfach durch die Arbeit vernichten konnte, denn es gab ja Nachschub, und den Häftlingen in der Fertigung, den Franzosen, den Belgiern, die die Schräubchen zusammensetzten und die besser gehalten wurden, weil sie nicht so leicht zu ersetzen waren?

ALBERT VAN DIJK: Ja. So war das. Und dann wurden die Verhältnisse natürlich wieder schlimmer. Ende 1944, als der Krieg zu Ende ging, als die Lager im Osten geräumt wurden, kamen sie zu Tausenden nach Buchenwald und nach Dora. Dieser Sanitäter erzählte mir später, er war oben im Krankenrevier, und dann kamen die Transporte aus Auschwitz, und die Menschen waren schon fast gestorben, und er hat sie dann zu viert in ein Bett gestaut – gelegt. Am nächsten Tag waren sie tot, und er hat gesagt: So haben sie doch noch ein Sterbebett gehabt. Da waren die Verhältnisse am schlimmsten, und da gab es wieder so viele Leichen hier in Dora, dass die Öfen nicht mehr nachkommen konnten mit der Verbrennung, und dann wurden sie auf Scheiterhaufen verbrannt.

ZEITZEUGEN, EXPERTEN

Die Künstler-Kollegin

Leni Riefenstahl

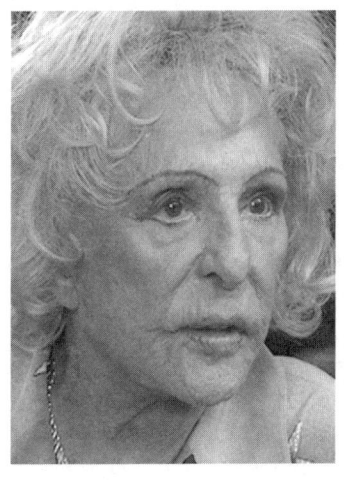

Geboren 1902 in Berlin als Tochter eines Installationsbetriebs-Besitzers. Besuch der Kunstakademie, Tanzausbildung, tritt von 1923 bis 1927 als Ausdruckstänzerin auf. Nach einem Unfall Karriere als Schauspielerin, ab 1931 auch als Produzentin und Regisseurin (»Das blaue Licht«, 1932). 1934 auf Wunsch Hitlers Propagandafilm »Triumph des Willens« über den Nürnberger Reichsparteitag der NSDAP, 1936 bis 1938 zweiteiliger Olympia-Film »Fest der Völker« und »Fest der Schönheit«. Im 1941/42 gedrehten, erst 1954 fertig gestellten und uraufgeführten Spielfilm »Tiefland« setzt sie Sinti und Roma aus Konzentrationslagern als Komparsen ein. Nach Kriegsende im Spruchkammerverfahren als »Mitläuferin« klassifiziert. Späte zweite Karriere als Fotografin: Foto-Reportagen über den sudanesischen Nuba-Stamm und, nachdem sie mit über 70 Jahren eine Taucherausbildung gemacht hat, Foto-Bildbände – und 2002 noch ein Film – mit »Impressionen unter Wasser«. Leni Riefenstrahl stirbt wenige Tage nach ihrem 101. Geburtstag in Pöcking am Starnberger See. Autobiographie: *Memoiren* (1987).

»Wir haben sehr ähnliche Empfindungen gehabt«

In einer Senke nahe dem Starnberger See liegt versteckt das Haus von Leni Riefenstahl – ein einstöckiger Fertigbau, der nicht danach aussieht mit seinen großen Glasflächen. Im Souterrain eine gut ausgestattete Werkstatt mit Schneidetischen, Diaschränken und allem, was Leni Riefen-

stahl sich immer gewünscht hat an Arbeitsmitteln – und das direkt zu Hause.

An diesem heißen Junitag des Jahres 2002 setzen wir uns in den Garten. Leni Riefenstahl lässt sich einen Spiegel bringen und kontrolliert die Einstellung. Sie ist der Regisseur, sie korrigiert immer wieder mit strengen Anordnungen an unseren Kameramann das Licht – hier fällt es noch zu hart, macht zu viele Falten, und dort glänzt die Stirn ungünstig. Das Haar hat auch noch keinen schönen Schimmer. Wir arbeiten daran. Es sind nur noch acht Wochen bis zu ihrem hundertsten Geburtstag, und dem Trubel hatte ich noch zuvorkommen wollen.

Kein Gespräch über Politik, nur Fragen zu Albert Speer – so hatten wir das auf ihren Wunsch verabredet. Aber vermeiden lässt sich die Politik natürlich nicht, wenn man über das »Dritte Reich« redet, und so will Leni Riefenstahl ein paar Mal abbrechen, macht Anstalten aufzustehen; sie lässt sich aber schnell besänftigen, wenn ich unser Gespräch wieder auf unverfänglichere Themen lenke. Auch sie hat, wie alle Menschen, die oft zu ihrer eigenen Geschichte befragt werden, eine Art Lebens-Tonband, das sie bei solchen Gelegenheiten einschalten kann und das nur wiedergibt, was wir schon öfter gehört haben. Aber selbst bei diesem Profi gibt es immer mal wieder einen Augenblick, da geht ein Leuchten über ihr Gesicht, man sieht, jetzt ist sie zurückgegangen in diese Zeit, als sie mit dem Freund Albert Speer auf dem Gipfel stand ...

BRELOER: Albert Speer hat während seiner Gefängnisaufenthalte immer wieder versucht, sein Leben in Erinnerungsbildern aufzuschreiben. Ich lese Ihnen mal vor, was er da über seine Aufenthalte in den Bergen schreibt. »Abends ging ein schönes Licht über die Gletscher, und im Hintergrund leuchtete die Wildspitze. Die täglichen Sorgen und Belastungen verschwinden in dieser großen und weiten Natur. Die klare Luft verbindet sich zu einem Gefühl der Überlegenheit über alles Kleine und menschlich Niederziehende. Dort, wo die übrigen Menschen wohnen und sich gegenseitig quälen, ist nur eine undurchdringliche trübe, graue Dunstschicht zu sehen. Wenn man nach beendeter, großer Fahrt wieder in sie eintaucht, muß man sich wieder an all die Widerlichkeiten des Alltags gewöhnen.«[1]

LENI RIEFENSTAHL: Schön gesagt – oder schön geschrieben.

BRELOER: Dieses Erlebnis in den Bergen – war das auch Ihr Erlebnis?

Leni Riefenstahl: Ja, sehr ähnlich. Wir haben überhaupt sehr ähnliche Empfindungen gehabt und auf dem Gebiet der Kunst fast die gleichen Ansichten. Der Kontakt war unglaublich, den wir auf diesem Gebiet hatten. Ich war absolut ein Außenseiter, und Speer war auch ein Außenseiter. Er war ganz anders als die anderen sogenannten Parteigenossen. Er war eine Ausnahmeerscheinung.

Breloer: Was war anders an ihm?

Leni Riefenstahl: Er war völlig anders, schon deshalb, weil er sehr verschlossen war und sehr wenig gesprochen hat. Er war ein Mann, bei dem man das Gefühl hatte, dass er nicht viel von sich, von seinem Wesen zeigen will.

Breloer: Haben Sie sich darüber verständigt, dass Sie beide etwas anders sind als die anderen?

Leni Riefenstahl: Nein, eigentlich nicht. Darüber haben wir nicht gesprochen. Aber wenn Sie ihn gefragt hätten, würde er ähnlich geantwortet haben, weil wir sehr ähnlich empfunden haben. – Wir waren ja nicht sehr oft zusammen.

Breloer: Wo haben Sie sich zum ersten Mal gesehen?

Leni Riefenstahl: Da muss ich mal überlegen – das war auf dem Parteitag 1933 in Nürnberg, da habe ich ihn zum ersten Mal gesehen. Ich war in einer schwierigen Lage, weil die Partei mich damals nicht unterstützt hat, trotzdem Hitler den Befehl gegeben hatte, dass ich den Parteitagsfilm machen sollte.[2] Da haben die das boykottiert, und da ist Speer der Mann gewesen, der mir geholfen hat, die Schwierigkeiten auszuräumen.

Breloer: Erinnern Sie noch die erste Begegnung?

Leni Riefenstahl: Ja. Wir haben uns da begrüßt, ziemlich schnell und hastig, weil alles sehr schnell ablief. Und es waren keine ruhigen Stunden oder Minuten, die wir verbracht haben, sondern es waren dringende Sachen, die erledigt werden mussten. Und da habe ich hauptsächlich bei ihm um Hilfe gebeten, den Widerstand, der mir von Seiten der Partei entgegengebracht wurde, auszuräumen.

Breloer: Da hatte er schon eine gewisse Macht?

Leni Riefenstahl: Nun ja, es waren ja keine großen Dinge, aber er konnte mir schon helfen. Es liefen Gerüchte herum, diese und jene, da konnte er helfen, das aufzuklären. Es waren so dumme Redereien, Udet hat mich darüber aufgeklärt. Der hat mir gesagt: »Leni, du musst aufpassen, gerade von Seiten der SA sind Männer dabei, die dir nicht wohlgesinnt sind und die dummes Zeug über dich verbreiten.« Und so habe ich über diese Leute und indirekt auch über Speer Sachen erfahren, die nicht gerade sehr erfreulich waren.

Breloer: Sie haben Speer zusammen mit Hitler erlebt. Wie war der Umgang zwischen den beiden?

Leni Riefenstahl: Beide zusammen habe ich kaum erlebt – da muss ich überlegen, ob ich das überhaupt je erlebt habe. Hitler und Speer zusammen? Eigentlich nicht.

Breloer: Wusste man damals, dass Hitler Speer besonders achtete?

Leni Riefenstahl: Ja, das wusste man, und es war ganz offensichtlich, dass das ein besonders gutes, ja herzliches Verhältnis war zwischen Hitler und Speer. Ich möchte sagen, es war ein ähnliches Verhältnis, wie es mit mir war, bei Speer. Auch die Gespräche: Es ging um Bilder, es ging um Kunst, und da hatten wir denselben Geschmack.

Breloer: Dass zum Beispiel die Expressionisten verteufelt und als »entartete Kunst« gebrandmarkt wurden, das ging ganz gegen Ihren Kunstgeschmack?

Leni Riefenstahl: Ja. Und wenn Sie mich heute danach fragen würden: Ich könnte mich nicht erinnern, wie Speer dazu stand. Zwiegespalten. Während ich hundertprozentig anderer Ansicht war als Hitler, habe ich bei Speer das Gefühl gehabt, dass das bei ihm nicht so hundertprozentig war. Er war da mehr auf der Linie, die Hitler bevorzugte.[3]

Breloer: Fühlten Sie sich von Hitler geachtet?

Leni Riefenstahl: Oh ja, sehr. Das war der Grund, warum er darauf bestand, dass ich einen Film über den Parteitag machen sollte, oder eigentlich machen musste. Jedenfalls hatte er darum sehr gekämpft, weil ich das nicht machen wollte. Ich habe mir das gar nicht zugetraut, ich hatte kein Interesse daran und wollte es nicht machen, konnte mich aber schließlich dem nicht ganz entziehen.

Breloer: Sie hatten ein besonderes Talent, aus Dokumentationen fast spielfilmartige Abläufe zu gestalten.

Leni Riefenstahl: Das war mir aber ganz unbewusst, was Sie jetzt sagen. Das wurde auch schon einige Male in der Presse erwähnt. Aber ich selber habe das gar nicht so empfunden. Ich habe nur versucht, nur den Gedanken gehabt, das, was ich da zu schneiden hatte, möglichst interessant zu machen, dass es nicht langweilig wurde. Darum habe ich mich bemüht. Dadurch, dass ich keine Wiederholungen machte, dass ich die Aufnahmen so geschnitten habe, dass sie interessant wirkten und nicht wie eine Wochenschau. Und das ist mir eben ganz gut gelungen. Das habe ich vorher nicht gewusst, dass ich das kann.

BRELOER: Das Verwandeln der Welt in ein Kunstwerk.

LENI RIEFENSTAHL: Das habe ich nicht so gesehen. Aber man hat über den Film geschrieben, dass er ein Kunstwerk wäre. Mir selbst war es unbewusst.

BRELOER: Hitler achtete sie; achteten Sie auch Hitler? Schätzten Sie ihn?

LENI RIEFENSTAHL: Ja, ich habe ihn damals sehr geschätzt.

BRELOER: Das ist ja ganz ähnlich wie bei Speer.

LENI RIEFENSTAHL: Ja, das ist sehr ähnlich wie bei Speer. Und umgekehrt war es auch ähnlich: Hitler schätzte Speer als Künstler, und er schätzte mich als Künstlerin.

BRELOER: Bei Speer und Hitler hatte man das Gefühl, da haben sich zwei gesucht und gefunden. Weil der eine für den anderen etwas tun konnte?

LENI RIEFENSTAHL: Ich glaube, es war etwas anderes. Ich glaube, was Hitler gefiel und was er schätzte, war mehr der Charakter von Speer. Ich sagte vorhin schon, dass Speer sehr zurückgezogen war, sich sehr verschlossen hat anderen Menschen gegenüber. Es war sehr schwer an ihn heranzukommen, menschlich. Und Hitler hat das sehr geschätzt, weil er gesehen hat, dass Speer sich nicht bemühte, Erfolg zu haben, oder dass er eitel war. Er hat die Charaktereigenschaften, die Speer hatte, sehr geschätzt.

BRELOER: Kann es sein, dass Speer einen Traum Hitlers lebte, nämlich den, Architekt zu sein?

LENI RIEFENSTAHL: Ja, das stimmt, das hat er jedenfalls des Öfteren gesagt. Das war wohl das Wesentliche. Aber wenn ich so zurückdenke, habe ich Bemerkungen Hitlers zu den Charaktereigenschaften von Speer in der Erinnerung. »Das ist ein Mann«, sagte er, »der sich nicht bemüht, anerkannt zu werden, ein Mann, der sehr bescheiden ist …«

BRELOER: ›Den muss ich rausstellen, den muss ich nach vorne bringen …‹?

LENI RIEFENSTAHL: Nein, das eigentlich nicht. Sondern er hat anerkannt, dass Speer kein Mensch war, der großen Wert darauf legte, anerkannt zu werden. Der Speer hat denen misstraut, die sich anschmeicheln wollten bei ihm oder bei Hitler. Das war ihm unangenehm.

BRELOER: Wie erinnern Sie die erste Hitler-Rede, die Sie erlebt haben?

LENI RIEFENSTAHL: Da wurde ich schon angesteckt von der großen Begeisterung, die die Rede auslöste. Es war kaum möglich, sich dem zu entziehen. Die Menschen tobten. Es war irre, wie stark die Begeisterung war und wie es unmöglich erschien, sich dem zu entziehen. Ich weiß nur, dass ich nach dieser ersten Rede, die ich gehört hatte, tatsächlich verwirrt war und gar nicht recht Bescheid wusste: Woher kommt das, was ist das? Ich konnte mir das noch gar nicht bewusst machen, warum die Rede so stark gewirkt hat. Das war mir unbewusst und hat mich nervös gemacht, weil ich nicht wusste, woher das kommt. Es war fast unheimlich, diese Wirkung.

BRELOER: Es war eine große Macht und Kraft, die da ausging und die versprach: ›Ich kann das Elend ändern, wenn ihr mir folgt.‹

LENI RIEFENSTAHL: Ja, vor allen Dingen war das der Fall. Ich erinnere mich, wie damals die Menschen die große Not empfanden, die Arbeitslosigkeit, und überhaupt die ganze trübe, düstere Stimmung, die wir damals erlebten. Und die Reden von Hitler brachten das Gefühl: Es kann sich ändern und es wird sich ändern, ihr müsst nur daran glauben. Und ihr werdet sehen – wenn wir an die Macht kommen, wird es bald keine Arbeitslosen mehr geben. Und das hat sich so eingebürgert, und alle fingen an, daran zu glauben, und es hat sich dann nachher auch so gezeigt. Zwei Jahre nach der Machtübernahme gab es praktisch keine Arbeitslosen mehr. Also es erfüllte sich damals vieles von dem.

BRELOER: Sie haben damals sogar, wenn ich mich recht erinnere, bei ihrer ersten Hitler-Rede eine fast apokalyptische Vision gehabt?[4]

LENI RIEFENSTAHL: Ja, das war schon etwas Sonderbares. Es war sonderbar, dass ich diese Vision hatte. Es war aber so. Ich hatte die Vision, dass etwas Unglaubliches geschehen ist, und das sah ich praktisch in optischen Bildern, als ob eine Erdkugel sich öffnet und eine gewaltige Wassermenge da rausspringt. Es war etwas ganz Unglaubliches an Gefühlen, die nicht üblich waren, die fast abnormal waren, so stark war das.

BRELOER: War es das Gefühl einer starken Kraft und Macht? War es auch ein Angstbild – dass hier etwas Schreckliches geschieht, auch mit Ihnen?

LENI RIEFENSTAHL: Nein. Ich habe mir das überlegt und sagte: Was ist es, wenn jemand eine solche Macht über Menschen ausübt, und der Hauptgedanke dabei ist nicht positiv, sondern vielleicht das Gegenteil? Das könnte furchtbar sein. Also ich hatte Zweifel, wie es ausgehen würde.

BRELOER: Wodurch sind die Zweifel dann beiseite geschoben worden?

LENI RIEFENSTAHL: Dadurch vor allen Dingen, dass die wirtschaftliche Not vorüberging. Die Arbeitslosen verschwanden. Es gab bald einen ungeheuren Aufschwung, und es kam plötzlich eine positive Stimmung auf.

BRELOER: Aber es muss auch mit Ihnen persönlich etwas geschehen sein. Albert Speer und vielen anderen ist es ja genauso gegangen, dass sie in seinen Bann gezogen wurden – es muss etwas im Herzen vorgegangen sein.

LENI RIEFENSTAHL: Ich muss sagen, es ist anders gewesen. Ich habe eher Angst gehabt, und das war sehr ausgeprägt bei mir – Angst, ich könnte auch so in den Bann geraten wie der große Teil der Menschen. Das wollte ich ja nicht, ich wollte frei bleiben und unabhängig. Ich wollte auf keinen Fall Parteigenossin werden oder irgendwie diesen politischen Weg beschreiten, das wollte ich unter keinen Umständen. Da habe ich schon ein Gefühl gehabt, dass mir das nicht behagen würde. Nein, das war ich nicht. Es widerstrebte mir auch, irgendeiner Organisation dieser Partei anzugehören oder da mitzumachen, das hätte ich nicht sein können. Aber ich war keine Gegnerin – ich wollte mich nur nicht damit identifizieren.

BRELOER: Hitler hat Frauen ja sonst nicht so zu schätzen gewusst. Aber Ihre Arbeit, Ihre Persönlichkeit hat er doch geachtet.

LENI RIEFENSTAHL: Nun ja, das hat er schon von meinen ersten Filmen her gehabt.

BRELOER: »Das blaue Licht«.

LENI RIEFENSTAHL: Ja, das hat ihm sehr imponiert. Einmal, dass eine Frau Regisseurin war; damals war das ja noch nicht üblich, es gab damals keine Regisseurinnen. Ich war eine der wenigen, die es als Regisseurin geschafft hatten. Also, dass ich es damals als Mädchen – ich war zwar schon 30 Jahre alt, aber mehr ein Mädchen als eine Frau – geschafft hatte, selbständig zu sein, einen Film zu machen, der nicht unterstützt wurde. Es war ja bekannt geworden, dass ich bei fast allen Gesellschaften angefragt hatte um Hilfe, um Finanzierung, um Unterstützung, und dass ich die nicht bekommen hatte. Niemand hat mir das Geld gegeben. Ich musste also versuchen, alles selber aufzubringen.

BRELOER: Aber waren es nicht auch Ihre Gestaltungskraft und die Motive des Films, die ihn überzeugt haben …

Lᴇɴɪ Rɪᴇғᴇɴsᴛᴀʜʟ: Ich weiß gar nicht so sehr, ob ihn das …

Bʀᴇʟᴏᴇʀ: … der Tanz, der Berg, die Stimmung?

Lᴇɴɪ Rɪᴇғᴇɴsᴛᴀʜʟ: Ja, das war schon die starke Beziehung zur Natur, die in meinen Filmen zum Ausdruck kommt. Das schon. Aber doch vor allen Dingen die Tatsache, dass ich einen Welterfolg hatte, denn mit dem ersten Film, den ich damals gemacht habe, bekam ich ja schon die Silbermedaille der Biennale in Venedig. Ich bekam damals Glückwünschtelegramme von Chaplin und von anderen Größen aus Hollywood, und dieser Erfolg, eben auch im Ausland, den ich als deutsche Künstlerin erhielt – das hat ihn bestimmt auch beeindruckt.

Bʀᴇʟᴏᴇʀ: Kannten sie eigentlich Margarete Speer, die Frau Albert Speers?

Lᴇɴɪ Rɪᴇғᴇɴsᴛᴀʜʟ: Ja, genauso gut wie ihn.

Bʀᴇʟᴏᴇʀ: Was war das für eine Person?

Lᴇɴɪ Rɪᴇғᴇɴsᴛᴀʜʟ: Die Frau Speer, das war eine sympathische Frau, die sich sehr zurückstellte. Eine Frau, der man ansah, dass sie nicht eitel war, die keinen Ehrgeiz ausstrahlte, sondern sich ganz und hundertprozentig ihrem Mann unterstellte.

Bʀᴇʟᴏᴇʀ: Er schreibt: »Zu meiner Frau meinte Hitler an diesem ersten Abend der Bekanntschaft, nicht ohne feierlich zu werden: ›Ihr Mann wird für mich Bauten errichten, wie sie seit vier Jahrtausenden nicht mehr entstanden sind.‹«[5]

Lᴇɴɪ Rɪᴇғᴇɴsᴛᴀʜʟ: Irgendwie empfinde ich das als Größenwahnsinn, wenn ich das jetzt so höre.

Bʀᴇʟᴏᴇʀ: Aber konnte man das damals glauben, wenn es einem von Hitler gesagt wurde? Hatte er die Autorität, solche Sätze auszusprechen?

Lᴇɴɪ Rɪᴇғᴇɴsᴛᴀʜʟ: Ja, er hat das ausgesprochen, aber aufgenommen wurde es ja von den Menschen ganz verschieden. Auf mich haben solche Reden negativ gewirkt.

Bʀᴇʟᴏᴇʀ: Als Sie Albert Speer zum ersten Mal trafen, hatten Sie, erzählt er,[6] ein Foto von ihm dabei, das sie später noch einmal nachfotografiert haben.

Lᴇɴɪ Rɪᴇғᴇɴsᴛᴀʜʟ: Das war so: Ich hatte, bevor ich Speer kennen gelernt habe, aus einer Zeitung ein Bild von ihm ausgeschnitten, weil mir das gefallen hatte. Da war er Architekt, da hatte er noch nicht die Stellung, die er später hatte. Ich habe damals, nachdem ich Hitler kennen gelernt hatte, große Zweifel gehabt an der Qualität der Leute in der Partei, der sogenannten Nationalsozialisten. Und die Bilder, die ich in der Presse gesehen hatte, die Typen und die Gesichter der sogenannten Gauleiter

und welche Stellung sie auch immer hatten, waren mir nicht sympathisch. Bis auf ein Bild von Speer, und das fiel mir so auf, dass ich es mir ausgeschnitten habe. Er wirkte auf dem Foto intelligent, und jedenfalls hat es einen sehr positiven Eindruck auf mich gemacht. Und ich dachte, wenn ein solcher Typ dabei ist, dann kann doch nicht alles schlecht sein in der Partei. Als ich ihn dann später kennen lernte, habe ich ihm das erzählt und habe ihm dieses Foto gezeigt, und daraufhin hat er mir dieses Bild geschenkt, das ich Ihnen gezeigt habe, mit dem silbernen Rahmen.[7] Und ich habe dann später, als er aus Spandau kam und ich zufällig im selben Wintersportort war wie er, in Wolkenstein, in Südtirol, das Foto im Kopf gehabt und habe ihm gesagt, ich möchte gern ein Foto von ihm machen, das ähnlich ist. Und ich hab einen roten Schal gehabt, den habe ich ihm umgehängt in der Hotelhalle, und habe dann ein paar Fotos gemacht. So ist das entstanden.

BRELOER: Diese Bauten für Jahrtausende – Speer fing an, daran zu arbeiten, und Sie kommen eines Tages in das Atelier …

LENI RIEFENSTAHL: Ja, da habe ich die Modelle gesehen und sie auch fotografieren und filmen lassen. Die Stadt Berlin, wie Hitler sie haben wollte, auch Speer sie sich vorstellte, war da aufgebaut in der Reichskanzlei, als Großmodell.

Breloer: Wie war Ihnen, als sie diesen Modellen gegenübertraten?

Leni Riefenstahl: Zwei Gefühle hatte ich: Einmal war ich beeindruckt von der Organisation der Anlage, wie das Stadtbild angelegt war, die Zusammensetzung der Plätze. Nur Gebäude für die Wissenschaft, und dann auf der anderen Seite waren wieder Gebäude für die Kunst, es gab verschiedene Gruppen, und es war sehr genial organisch gegliedert von ihm als Architekt. Aber gefallen hat mir nicht alles. Zum Beispiel hat mir diese große Kuppel überhaupt nicht gefallen, die er da aufgestellt hatte. Diese große Kuppel, die habe ich dann auch filmen lassen. Die fand ich schrecklich, die fand ich überhaupt nicht gut. Ich fand das von der Proportion im Verhältnis zu den Bauten nicht gut, diese übertriebene Größe. Also mir hat das jedenfalls nicht gefallen, muss ich leider sagen.

Breloer: Hitler und seine Modelle – wenn er seine Zukunftsvision sah, noch nicht gebaut, aber doch schon spürbar …

Leni Riefenstahl: Man spürte ein inneres Strahlen. Es strahlte aus ihm heraus. Wie ein Mensch, dem etwas erfüllt wird, was er sich sehr erwünscht, ersehnt.

Breloer: Speer und Hitler zusammen vor den Modellen – es ist irgendwie ein ganz besonderes Verhältnis der beiden Männer, fast kameradschaftlich. Gab es noch jemand anderen, der so intim mit Hitler umgehen konnte wie Speer?

Leni Riefenstahl: Ich glaube, soweit ich das überhaupt beurteilen kann, dass das Verhältnis von Hitler zu Speer ganz anders war als sein Verhältnis zu den anderen Größen der Partei und Ministern und Gauleitern. Ich hatte das Gefühl, dass sein Verhältnis zu Speer ein sehr herzliches war und dass er Speer nicht nur schätzte, sondern dass er in ihm etwas Besonderes sah. Er kannte auch seine organisatorischen Talente. Speer war ja ein Genie, was Organisation betraf. Ich fand, diese Begabung war bei Speer viel stärker als die des Künstlers.

Breloer: Es muss etwas Besonderes in der Luft gelegen haben, wenn die beiden zusammen waren.

Leni Riefenstahl: Ich war so lange nur ein- oder zweimal mit beiden im selben Raum, öfter habe ich das nicht erlebt.

Breloer: »Sie sind Hitlers unglückliche Liebe«, sagt ein Mitarbeiter zu Speer.[8] In der Zeit, als Speer Architekt war, nur in dieser Zeit, muss es fast wie eine kleine Liebesgeschichte gewesen sein.

LENI RIEFENSTAHL: Das ist ganz bestimmt sehr übertrieben. Nach meinem Gefühl ist das übertrieben. Das ist eine Vorstellung der Leute, die so etwas sagen – das habe ich jedenfalls nicht erlebt. Ein Hauch von Homosexualität …

BRELOER: Erotik.

LENI RIEFENSTAHL: Erotik – ich habe es so nie empfunden. Ich könnte das nicht sagen.

BRELOER: Es war eine tiefe Anbindung. Sie als Frau hatten nicht so eine starke gefühlsmäßige Anbindung an Hitler wie Speer?

LENI RIEFENSTAHL: Ganz bestimmt war die ganz anders. Ich wollte vor allem nicht unter den Einfluss von Hitlers Persönlichkeit geraten. Das wollte ich nicht, denn dann würde ich meine Freiheit verlieren, meine Persönlichkeit.

BRELOER: Sie wissen ja als Regisseurin: Alles entsteht im Auge des Betrachters. Wer war der Hitler, den Sie gesehen und den Sie gezeigt haben?

LENI RIEFENSTAHL: Es war in meinen Augen eine schizophrene Persönlichkeit.

BRELOER: Was war die eine Hälfte, was die andere?

LENI RIEFENSTAHL: Gut und Böse.

BRELOER: Was war das Gute, das Sie fasziniert hat?

LENI RIEFENSTAHL: Das Gute war, sechs Millionen Arbeitslose wegzuradieren, die dann nicht mehr da sind und Arbeit haben, und dadurch vielen Menschen ein gutes Leben geschenkt zu haben.

BRELOER: Er muss auch persönlich sympathisch gewesen sein.

LENI RIEFENSTAHL: Das habe ich ja nicht bestritten. Haben Sie zufällig den Film von der Traudl Junge[9] gesehen? Das sagt alles, wenn sie den Film gesehen haben. Da stimmt jedes Wort. Was die Frau sagt, stimmt. Und da ist doch alles gesagt.

BRELOER: Es gab diesen anderen Hitler, den Sie auch erlebt haben. Der sympathisch, freundlich war, der sich um andere Menschen kümmern konnte.

LENI RIEFENSTAHL: Ja, natürlich, aber das ist doch bekannt.

BRELOER: Wenn ich einen Schauspieler dafür gewinne, muss er einen österreichischen Schmäh haben, auch die Freundlichkeit in privaten Gesprächen.

LENI RIEFENSTAHL: Ja, wie heißt denn der eine, der ihn sehr gut gespielt hat? Der englische Schauspieler?

BRELOER: Alec Guinness.[10]

LENI RIEFENSTAHL: Ja, der hat das noch relativ …

BRELOER: Aber das war das Ende, der Bunker, das war der düstere Hitler. Jetzt sprechen wir über den sympathischen, der die Leute gewinnen konnte.

LENI RIEFENSTAHL: Das waren ja nur so alltägliche Gespräche, das war sein normaler Umgang mit den Menschen.

BRELOER: Wie haben sie diese Seite von Hitler erlebt?

LENI RIEFENSTAHL: Ich habe ihn nur als einen Mann erlebt, der sehr höflich war und der sich bemüht hat, einen guten Eindruck zu machen; wenn er zum Beispiel Freunden oder Bekannten zu Weihnachten Geschenke machte, dann hat er die selber ausgesucht, hat sich das wochenlang vorher bestellt und persönlich genau gesagt: »Dieses Geschenk kriegt die Frau Speer, und dieses Geschenk kriegt die Frau Göring.« Und es hat mich gewundert, das haben mir die Adjutanten von ihm oft erzählt, dass das so weit ging, dass er sich genau erinnern konnte, was er ein Jahr vorher den Leuten geschenkt hatte. Er hatte da ein ganz tolles Gedächtnis und war bemüht, den Leuten eine Freude zu machen. Das ist meiner Meinung nach eine positive Seite – die aber nicht aufwiegt, wenn Sie die schlechten dagegenstellen.

BRELOER: Mich interessieren erst einmal diese persönlichen Gespräche. Hatten Sie das Gefühl: ›Da habe ich einen Freund, der kümmert sich wirklich um mich‹?

LENI RIEFENSTAHL: Nein, das hatte ich gar nicht. Ich hatte auch nicht das Gefühl, dass der sich wirklich um einen kümmert. Im Gegenteil, ich hatte das Gefühl, dass es nur etwas gibt, was ihn interessiert: Das war seine Idee, was Deutschland nützt. Er lebte nur für Deutschland, und das war alles. Aber ich hatte nie das Gefühl, dass das Schicksal von anderen Menschen ihn irgendwie interessierte.

BRELOER: Ich denke an diese Momente, wenn er jemanden rumkriegen wollte, dass er etwas für ihn tat – dann war er ein genialer Verführer. Solche Gespräche müssen doch auch zwischen Ihnen gewesen sein.

LENI RIEFENSTAHL: Nein, so war es nicht. Als ich abgelehnt habe, den Parteitagsfilm zu machen, hat er zu mir gesagt – ich weiß es nicht mehr genau wörtlich: ›Schenken Sie mir so und so viele Wochen ihres Lebens, das werden Sie doch machen können.‹ Natürlich hat er das charmant gesagt. Aber sonst brauchte er sich doch gar nicht so zu bemühen, denn es fielen ihm alle zu Füßen. Praktisch habe ich nur erlebt, dass alle Leute, die zu ihm kamen oder bei ihm waren, ihm verfielen. Die Leute, die sich vorher über ihn lustig gemacht hatten – wenn sie ihn gesprochen hatten und zurückkamen, waren sie begeistert.

BRELOER: Sie haben ihn uns von der sympathischen Seite geschildert, aber vorhin gesagt, er sei schizophren. Was war die andere Seite?

LENI RIEFENSTAHL: Unter schizophren meine ich eben, dass er sehr höflich, sehr freundlich sein konnte und den Eindruck machte, er ist wirklich bemüht zu helfen – also, er machte einen sympathischen Eindruck. Und auf der anderen Seite hat er doch grauenhafte Sachen gemacht.[11] Das beides sind solche Gegensätze, dass ich das nur als Schizophrenie bezeichnen kann.

BRELOER: Wann haben Sie die andere Seite entdeckt?

LENI RIEFENSTAHL: Sehr spät. Ganz sicher war ich überhaupt nie; aber natürlich war ich in der ersten Zeit, in den ersten Jahren, doch mehr beeindruckt von der, wie ich glaubte, positiven Seite. Ich glaubte damals, dass es aufwärts gehen wird, dass die wirtschaftliche Situation besser wird.

BRELOER: Dass er ein Retter ist, wie es auch in Ihrem Film aussieht?

LENI RIEFENSTAHL: Nein, das habe ich nicht gesehen. Wissen Sie – es ist sehr schwer, das glaubhaft zu machen, dass Sie das verstehen können: Ich habe mich immer innerlich gewehrt, Hitler nahe zu stehen. So habe ich die meisten Einladungen nicht angenommen, ich habe versucht, nicht hinzugehen. Ich habe mich innerlich gewehrt, Hitler zu nahe zu kommen, weil ich wusste, weil ich mit eigenen Augen gesehen habe, wie die Menschen, die ihm nahe waren, ihm verfallen waren. Die hatten keinen eigenen Willen mehr, die haben ihr Ich verloren. Das waren alles nur Sklaven von Hitler.

BRELOER: Bis hin zu den Generalen – das hat auch Speer beobachtet und beschrieben.

LENI RIEFENSTAHL: Na ja, da sehen Sie mal. Und ich wollte nicht so ein General werden. Ich wollte nicht so eine Person werden, die ihm verfallen war. Und genau das Gegenteil glaubt man von mir: Die Frau, die war ehrgeizig, die wollte das und das … Ich war überhaupt nicht ehrgeizig, denn ich war, bevor Hitler an die Macht kam, weltberühmt. Im Gegenteil, ich habe nur Ärger gehabt. Der Film, den ich machen musste, »Triumph des Willens«, hat mir nach dem Krieg nur großen Kummer bereitet. Ich habe ja so viele Schwierigkeiten und Pro-

bleme bekommen, weil ich diesen Film gemacht habe, den Parteitagsfilm.

BRELOER: Ich hatte gerade gefragt: Wann haben Sie die andere, die
schreckliche Seite des Schizophrenen entdeckt?

LENI RIEFENSTAHL: Das ist mir eigentlich im Jahr 1937, glaube ich, aufgefallen, als hier in München der »Tag der Kunst« war. Damals war noch
die »entartete Kunst« ausgestellt, Bilder von van Gogh und den französischen Impressionisten, Cézanne, Monet, Manet und so weiter, alles das,
was Hitler verdammte und verurteilte. Und da hat er eine Rede gehalten.[12] Und da ich von der Malerei etwas verstehe, ich habe selbst an der
Akademie der Kunst in Berlin Malerei studiert, habe ich gesehen, dass er
sich hundertprozentig irrt mit dem, was er da über Kunst sagt. Und da
kam mir der Gedanke: Wenn er sich da so irrt – was ist denn, wenn er sich
in der Politik genauso irrt? Und von da ab war ich ganz unsicher bei allem, und vieles hat mir nicht gefallen, und ich war gegenteiliger Ansicht
wie Hitler. Aber das ist mir sehr unangenehm zu sagen, denn als mein
Gegner könnte man dazu sagen: ›Jetzt ist es leicht, jetzt kann sie so reden,
Kunststück.‹ Und unter diesen Gedanken möchte ich nicht fallen.

BRELOER: Sie haben einmal geschildert, dass Sie Hitler nach langer Zeit
wieder gesehen haben und er da doch sehr verändert war.

LENI RIEFENSTAHL: Na ja, da war er schon halb verfallen. Das war am Tag
nach meiner Kriegstrauung. Da hatte ich eine Einladung von Hitler
bekommen, auf den Berghof zu kommen. Ich weiß jetzt nur das Datum: Es war der 21. März, aber ich weiß das Jahr nicht genau. Das steht
in meinen Memoiren drin.[13]

BRELOER: Wenn man auf den Berghof kam und Hitler kam einem entgegen – was konnte man da an Veränderung sehen?

LENI RIEFENSTAHL: Er sah verfallen aus, er sah schwer krank aus, und ich
hatte ihn krank nicht gesehen. – Wie einer, der schwer krank ist, sich
verändert.

BRELOER: Er zitterte mit den Händen.

LENI RIEFENSTAHL: Das habe ich nicht bemerkt. Das muss noch nicht so
stark gewesen sein, das ist mir noch nicht aufgefallen. Das Zittern ist
wahrscheinlich erst durch den Anschlag auf ihn gekommen.

BRELOER: Das Attentat vom 20. Juli 1944.

LENI RIEFENSTAHL: Und das war wahrscheinlich vorher, dass ich ihn gesehen habe. Die Einladung war ganz kurz. Ich war da mit meinem
Mann eingeladen, und da war niemand dabei. Da war Hitler allein.

BRELOER: Haben Sie den Berghof und diese unendlich langweilige Gesellschaft dort erlebt, wie Speer sie schildert?

LENI RIEFENSTAHL: Ich war doch nicht da, ich weiß das doch nicht.

BRELOER: Einmal müssten sie doch da gewesen sein, da lief ein Film mit Marlene Dietrich ...[14]

LENI RIEFENSTAHL: Da lief auf einer großen Leinwand ein Film mit Marlene Dietrich, aber niemand hat zugeschaut. Innerlich erschien mir das ganz gespenstisch. – Zum Berghof war ich einmal hinbestellt, und zwar war das, als ich 1937 die Goldmedaille in Paris bekommen hatte, drei Goldmedaillen. Da habe ich vom deutschen Botschafter in Paris die Mitteilung erhalten, dass der Führer es wünscht, dass ich auf der Heimreise auf dem Berghof vorbeikomme, um ihm über den Erfolg zu berichten, den die Filme in Paris gehabt haben. Und da war ich einmal da und dann noch einmal.

BRELOER: Ganz am Schluss, als Speer die Nachricht von Hitlers Tod erhält, holt er noch einmal das Foto heraus, das ihm Hitler kurz zuvor mit einer Widmung geschenkt hat, und fängt an zu weinen.

LENI RIEFENSTAHL: Ja, das kann ich verstehen.

BRELOER: War es bei Ihnen ähnlich?

LENI RIEFENSTAHL: Darüber möchte ich nicht sprechen.

BRELOER: Eine letzte Frage, etwas, das Sie gerne richtig stellen möchten. Speer schreibt in seinen Memoiren, Hitler hätte auf Ihren Vorschlag angeordnet, dass einige der Szenen des Parteitagsfilms im Studio wiederholt werden sollten. Speer hätte dafür die Kulisse gebaut und gesehen, wie gut Heß und ein paar andere da ihre Rolle nachgespielt haben.[15]

LENI RIEFENSTAHL: Das war ein großer Irrtum von Speer. Der hat das durch seine Zeit, die er in Spandau war, alles durcheinander gebracht. Das hat überhaupt nicht gestimmt, das habe ich ihm auch geschrieben. Er hat da was verwechselt: Ich habe eine Lichtprobe machen müssen, bevor die Aufnahmen in der Halle gemacht wurden. Eine Lichtprobe wurde von den Adjutanten Hitlers verlangt, damit bei seiner Rede nicht zu viel Licht auf das Gesicht von Hitler kommt; und bei dieser Probe war der Speer dabei und der Heß war dabei und verschiedene Leute, und da sind auch Fotos gemacht worden.

BRELOER: Es muss aber eine Aufnahme gegeben haben, wo jemand einen Satz nachspricht. Ich glaube, der Satz hieß: »Ein Volk, das nicht auf seine Rasse achtet ...«

LENI RIEFENSTAHL: »... geht zu Grunde«, irgend so etwas. Einen Satz, den Streicher gesprochen hat. Jeder Gauleiter in dem Film spricht einen Satz; und Streicher war der Gauleiter von Nürnberg, also eine der wichtigsten Personen von dem Parteitagsfilm, und bei dem waren meinem Kameramann die Aufnahmen kaputtgegangen, wie hat er gesagt? Ein Filmsalat, der Film war verklemmt, und das musste leider nachgemacht werden. Ich selber war gar nicht dabei bei den Aufnahmen, die hat ein Assistent von mir gemacht. Und daher war weder der Heß noch sonst jemand dabei.

BRELOER: Ich habe hier ein Bild von Klaus Richter, das er in der Wolfsschanze skizziert hat. Das ist ein anderer, hässlicherer Hitler.

LENI RIEFENSTAHL: Aha, das ist ja sehr ähnlich.

BRELOER: Aber es ist doch auch etwas Wahnsinniges in dem Bild.

LENI RIEFENSTAHL: Ja, da ist etwas von dem Irrsinn drin. Das habe ich ja öfter empfunden, später, bei den Reden, dass das ein Mensch ist, der dem Wahnsinn nah ist.

BRELOER: Waren sie mit Ihrem Bild, das Sie von Hitler im »Triumph des Willens« so genial gezeichnet haben ...

LENI RIEFENSTAHL: Ich habe doch nicht gezeichnet.

BRELOER: ... gezeichnet mit den Mitteln des Films ...

LENI RIEFENSTAHL: Ach so.

BRELOER: ... waren Sie mit diesem Bild einverstanden, war das Ihr Bild?

LENI RIEFENSTAHL: Ich habe es doch gemacht! Das heißt, die Aufnahmen haben die Kameraleute gemacht, und ich habe sie nachher geschnitten.

BRELOER: Haben Sie ihn damals so gesehen?

LENI RIEFENSTAHL: So war er. Ich habe es doch gar nicht gemacht, das haben Kameraleute gemacht. Ich hatte 18 Kameraleute, und die haben diese Bilder von Hitler gemacht. Ich habe mit den einzelnen Aufnahmen überhaupt nichts zu tun. Ich habe höchstens Anregungen gegeben und habe gesagt: ›Macht Aufnahmen, die Kamera am Boden oder in zwei Metern Höhe‹, oder: ›Fahrt mit der Kamera um Hitler herum.‹ Ich habe in der Regie Anweisungen an die Kameraleute gegeben.

BRELOER: Speer hat Ihnen doch mit diesem Kran geholfen, der an einem Fahnenmast angebracht wurde und mit der Kamera hochfuhr?

LENI RIEFENSTAHL: Ich habe ihm gesagt, was ich möchte: dass ich Aufnahmen in einer Fahrt haben möchte von oben nach unten, und dass man das nur mit einem Kran machen kann. Und ob er mir helfen kann, wo und bei welcher Firma ich das bestellen kann. Dann hat er mir die Firma genannt, und mein Produktionsleiter hat den Kran dort bestellt. Ich weiß noch, was er gekostet hat, er war ganz billig. Der ganze Kran hat, glaube ich, nur 600 Mark gekostet, damaliges Geld.

BRELOER: Und damit sind die Aufnahmen entstanden, die am meisten kopiert wurden in der Filmgeschichte. Ihre Einstellung, die Hochfahrt, und Hitler kommt als Priester mit zwei Ministranten auf das Ehrenmal zu.

LENI RIEFENSTAHL: Ja, die Aufnahmen vom Luitpoldhain. Das stimmt, der Lucas hat auch diese Aufnahmen am Schluss seines Films[16] gebracht, hat man mir erzählt.

BRELOER: Sie sagten vorhin, Hitler hätte für Sie zwei Seiten gehabt. In diesem Film, wirklich genial fotografiert und montiert, ist er zweifellos ein mächtiger, großer Mann.

LENI RIEFENSTAHL: Hören sie mal – es gibt Parteitage in allen großen Ländern, in England, in Amerika, in Russland und so weiter, und wenn dort ein Regisseur den Auftrag bekommt, den Parteitag aufzunehmen, dann nimmt er ihn auf. Und so ist das auch mit dem »Triumph des Willens«. Das ist ein Auftrag, einen Dokumentarfilm über den Parteitag zu machen. Dass der so erfolgreich wurde, dass man sagt, das sei einer der besten Dokumentarfilme, die je gemacht wurden – na ja, das spricht dafür, dass ich keine schlechte Regisseurin bin. Aber sonst …

BRELOER: Wie nahe kommt Ihnen Hitler noch? Oder ist er nur noch ein Schatten?

LENI RIEFENSTAHL: Nein, ich denke da gar nicht dran, nicht einen Augenblick denke ich über Hitler nach. Das ist doch alles längst vorbei.

BRELOER: Aber auch die Gespenster gehören zur Familie.

LENI RIEFENSTAHL: Nein, ich habe damit nichts zu tun. Ich habe mich damit nicht befasst und ich befasse mich auch nicht damit.

BRELOER: Sie haben mit Ihrer Autobiographie versucht, Ihre Geschichte zu erzählen …

LENI RIEFENSTAHL: Ich habe gar nicht versucht, meine Geschichte zu erzählen, sondern ich habe eigentlich nur Sachen richtiggestellt, Sachen, die nicht gestimmt haben. Was man über mich geschrieben hat, was nicht wahr war, habe ich auf Grund von Dokumenten, mit denen ich jederzeit beweisen konnte, dass es wahr ist, [widerlegt]. Es war eine Selbstverteidigung, ich musste das tun. Wenn man über mich schreibt, ich hätte Nackttänze vor Adolf Hitler getanzt, und solche Sachen …

Breloer: Luis Trenker hat das behauptet.[17]

Leni Riefenstahl: ... dann bin ich gezwungen, mich zu verteidigen. Oder war es; heute würde ich das nicht mehr machen, weil mir das alles ganz egal wäre, was man schreibt. Weil es sich nicht lohnt. Aber da habe ich noch versucht, manches richtig zu stellen. Es sind fünfzig Prozesse, die ich gewonnen habe, weil Sachen gesagt worden waren, die reine Lügen waren.

Breloer: Haben Sie akzeptieren können, dass Speer sich nach dem Krieg gewandelt, dass er seine Schuld anerkannt hat? Das hat manchem nicht gefallen, Freunde haben sich von ihm abgewandt.

Leni Riefenstahl: Das hat mir auch nicht gefallen. Nein, das hat mir nicht sehr gefallen. Ich habe verstanden, begriffen, warum er es gemacht hat – aber es war mir nicht unbedingt sympathisch.

Breloer: Er hat damit eine Rolle in der Öffentlichkeit erfüllt, die Sie zum Beispiel gar nicht erfüllt haben. Speer hat es sozusagen richtig gemacht und ist damit gut durchgekommen.

Leni Riefenstahl: Ja. Ich habe schon gewusst, dass ich nicht gut durchkomme.

Breloer: Diese Rolle wollten Sie nicht spielen?

Leni Riefenstahl: Nein. Weil es mir auch etwas sehr schwer fällt zu lügen. Ich kann das nicht, das liegt mir nicht, ich bin nicht dazu geboren. Ich kann gar nicht anders, ich kann nur so sein ... Ich finde es ganz ungeheuer wichtig, dass man ehrlich ist.

Breloer: Speer hat Ihnen und Ihrer Mutter auch geholfen.

Leni Riefenstahl: Ja, er hat mir sehr geholfen. Als die Letzten Berlin verlassen haben, als er aus Berlin herausgefahren ist, hat er meine Mutter im Auto mitgenommen.

Breloer: Man konnte ihn anrufen, wenn man in Schwierigkeiten war?

Leni Riefenstahl: Ja, sicherlich. Der hatte mich verständigt und gesagt, dass er weggeht. Und da ist mir der Gedanke gekommen, er könnte vielleicht meine Mutti mitnehmen. Da habe ich das gefragt, und das hat er auch getan. – Ich denke gerade nach, ob noch etwas Wichtiges über Speer zu sagen wäre; aber ich glaube nicht, dass mir noch etwas einfällt.

Breloer: Sie wollten ihn mal bitten, erinnere ich mich, dass er Ihnen hilft, einen Luftschutzbunker zu bauen. Und da konnte auch er nicht helfen.

Leni Riefenstahl: Ich wollte gern. Und es hat mir sehr imponiert, aber er war eben ganz unbestechlich, der Herr Speer. Der hätte nie etwas getan, wenn was nicht erlaubt war. – Mir fällt etwas ein, was mich beeindruckt hat von ihm. Ich hatte eine große Achtung vor seiner Fairness und dass er unbestechlich war, dass er sehr wahrheitsliebend war. Und da ist mir Folgendes in Erinnerung: In Berlin, als die großen Luftangriffe waren, wohnte er nicht sehr weit entfernt von meiner Wohnung in Dahlem, vielleicht zehn Minuten zu Fuß zu gehen. Und da ist er besonders bei den späten Luftangriffen sehr oft nach Beendigung der Angriffe, die meist um Mitternacht waren, noch bei mir vorbeigekommen und hat bei mir einen starken Kaffee getrunken. Er ist dann vielleicht eine halbe Stunde bei mir gewesen, hat sich entspannt, und dann ist er nach Hause manchmal gelaufen, aber auch gefahren. Ein paar Mal war das der Fall. Und da hat mir imponiert, dass er das auf sich genommen hat nach diesen anstrengenden Tagen, die er als Rüstungsminister doch hatte, dass er dann noch abends so lange aufblieb, bis die Angriffe vorbei waren. Solche Sachen habe ich eben auch selbst erlebt, und das hat mich sehr beeindruckt. Ich hatte jedenfalls das Gefühl, dass unter sämtlichen Leuten im sogenannten »Dritten Reich«, die ich kennen gelernt habe, es nur eine einzige Person gab, von der ich sagen könnte: »Das ist ein wertvoller Mensch« – und das war Speer.

BRELOER: Noch ein Bild: der Lichtdom, vielleicht eine Erfindung von Albert Speer. Sie haben ihn ja gedreht; wie war der Eindruck?

LENI RIEFENSTAHL: Ich habe ihn gar nicht gedreht. Das war ein großes Problem, man konnte das gar nicht aufnehmen, man konnte die Lichter nicht filmen. Das war mit dem Material nicht möglich, und ich hatte ganz große Probleme, das im Film zu bringen. Da habe ich dann den Architekten, die auch beim Fackellauf die Trickaufnahmen gemacht haben, den Auftrag gegeben, und die haben mit großer Schwierigkeit wochenlang daran gearbeitet, bis sie zu einer Lösung gekommen sind, die ganz originell ist: Die haben das Stadion als Modell [nachgebaut], und damit die Strahlen sichtbar waren, haben sie die aus schwarzem Samt gemacht, und die haben sie dann angeleuchtet. Das war eigentlich schwarzer Samt, nachher im Negativ umgekehrt, dass es die Wirkung gegeben hat, dass es Strahlen waren.

BRELOER: Es ist also eine Trickaufnahme. Aber haben Sie selbst mal die Wirkung dieses Lichtdoms gesehen?

LENI RIEFENSTAHL: Nein, ich habe es nicht gesehen. Da war ich bei der Arbeit. Ich war so viel auf den Beinen bei den Nachtaufnahmen, nachts bei den Spielen. Da war ich immer bei den Kameraleuten. Aber ich habe es mir vorstellen können.

Breloer: Es muss für alle Beteiligten ein eindrucksvolles Erlebnis gewesen sein, wenn die Wolken oben durchzogen …

Leni Riefenstahl: So, jetzt gehe ich aber.

Breloer: Wir sind ja auch schon fertig.

Leni Riefenstahl: Ach, bin ich müde – bin ich müde.

Der Letzte im Bunker

Rochus Misch

Geboren 1917 in Oberschlesien, gelernter Maler. 1937 als Freiwilliger zur »Verfügungstruppe« der SS, »Leibstandarte Adolf Hitler«. Ende September 1939 während des Polen-Feldzugs schwer verwundet, nach seiner Genesung im Frühjahr 1940 zum Führerbegleitkommando versetzt; als Leibwächter, Kurier, Telefonist in Hitlers Umgebung tätig, zuletzt 1945 im »Führerbunker«. Nach Hitlers Selbstmord Fluchtversuch, neun Jahre russische Kriegsgefangenschaft. Nach seiner Rückkehr 1954 führte er bis 1994 in Berlin ein Tapeten- und Farbengeschäft.

»Ein bisschen Leonardo da Vinci«

Eine halbe Stunde hinter dem Flughafen Tempelhof, wo Berlin sich lang zieht mit flacher Bebauung, steht das kleine Einfamilienhaus von Rochus Misch. Es hat etwa die Grundfläche eines Wohnzimmers, und dort sitzen wir uns vor dem Kamin gegenüber. Rochus Misch, der letzte Mann aus dem Bunker der Reichskanzlei, »des Teufels Leibwächter«, wie BILD jüngst titelte, ist in den letzten Jahren beinahe prominent geworden, und so kommen sie vom Fernsehen aus allen Ländern in den Petunienweg gefahren. Gerade waren die Japaner da. Misch hat die Fotos in seinem Album schon mit Schutzhüllen versehen, so viele Leute möchten sie sich ansehen. Er ist ein wenig stolz darauf, jetzt so gefragt zu sein als letzter überlebender Zeuge des Endes Hitlers aus dessen unmittelbarer Umgebung, wenn auch nur aus eher subalterner Stellung. Auch auf dem Berghof war er schon dicht dabei gewesen, und die besondere Beziehung zwischen seinem Chef und Albert Speer hatte er nicht übersehen können. Dazu befragten wir ihn, und zu seinen Eindrücken von Speers Stellung in der Nazi-Führungsclique.

Rochus Misch: Ich war bei der Leibstandarte,[1] in Polen schwer verwundet, Brustdurchschuss, Lungendurchschuss am Herzen vorbei, war in der Genesungskompanie, und da kam ein Anruf aus der Reichskanzlei, es wurde mehr Personal gebraucht. Der Bataillonskommandeur kennt halt so die Mannschaften und Offiziere, der wandte sich an meinen Kompaniechef, bei dem ich zwei Jahre vorher gedient hatte, vor dem Krieg, also ich war für ihn nicht fremd, er war auch selbst verwundet gewesen, und da hat er mich empfohlen in die Adjutantur. Da wurde ich dann eine Stunde später beim Bataillonskommandeur vorgestellt, das ging im Ruck-Zuck-Verfahren, schon war ich in der Führerwohnung, in der Reichskanzlei und direkt im Zentrum. Da wurde ich dann abgeliefert, das ging ganz problemlos, die alten Kameraden sagten: »Hier ist die Führerwohnung«, dann wurde mir ein Zimmer zugewiesen, und am nächsten Tag musste ich schon arbeiten. Die Führerwohnung war in der alten Reichskanzlei.[2] Der eine Flügel war der Adjutantenflügel, wo die Vertreter vom Außenminister, von Himmler, von der Partei ihre vier, fünf Räume hatten, mehr nicht. Und dann war unten der Küchenbetrieb, da gab es auch den Mücheneingang, da konnte man reingehen bis ins Schlafzimmer vom Führer, die Wohnung war nicht bewacht.

Breloer: Die Neue Reichskanzlei war aber schon fertig. Sind Sie da mal durchgegangen?

Rochus Misch *(lacht)*: Ja, jeden Tag. Da war auch nichts bewacht, gar nichts. Wenn ich von hier zur Arbeit fuhr, bin ich in die Präsidialkanzlei, das war der Meißner, dann den ganzen langen Gang, wo auf der einen Seite Hitlers Arbeitszimmer war, mehr zur Repräsentation, dann die Räume für die Konferenzen, und dann war da die Reichskanzlei. Da war damals kein Posten, gar nichts, da konnte man spazieren gehen. Dann bin ich da runtergegangen vom Mosaiksaal ins Speisezimmer, und vom Speisezimmer war ich dann schon in der Führerwohnung.

Breloer: Ist Hitler nicht in die Neue Reichskanzlei eingezogen?

ROCHUS MISCH: Nein. Überhaupt nicht. Auch nicht gearbeitet. Das war nur zum Repräsentieren.

BRELOER: Der große Schreibtisch, die Weltkugel?

ROCHUS MISCH: Alles nur Repräsentation.

BRELOER: Als Sie zum ersten Mal diese Räume sahen, roter Marmor, riesige Fenster, der Schreibtisch des Führers mit dem halb gezogenen Schwert ... wie wirkte das auf Sie?

ROCHUS MISCH: Ich habe irgendwie ein Gefühl gehabt – na ja, das hat nicht lange gedauert, bis ich mich daran gewöhnt habe. Das ist nun mal hier mein Arbeitsplatz, das ist nun mal die Reichskanzlei. Durch die Kameraden ging das alles so leicht und problemlos, man hat mir das auch leicht gemacht. Und schon nach zehn, zwölf Tagen habe ich die erste Begegnung mit dem Führer gehabt.

BRELOER: Der engere Kreis um Hitler – da kamen selbstverständlich Göring, Goebbels, Bormann, Himmler – sicher gehörte Speer auch zu den engeren Mitarbeitern und Beratern.

ROCHUS MISCH: Ja. Die kamen natürlich alle erst mal zu uns, zum Eingang. Je nachdem, wo der Führer sie empfängt, das wussten wir, im Wintergarten oder im Arbeitszimmer, haben wir sie dann begleitet, Garderobe abgenommen, wenn es nötig war. Die hatten wir bei unserem Dienstzimmer gegenüber. Es ist egal, wer das war, ob das der Göring war oder Rommel oder irgendjemand – die kamen alle erst mal zu uns, wir haben sie empfangen.

BRELOER: Haben Sie festgestellt, dass es Menschen gibt, die mehr Sympathie und Freude bei Hitler aulösten als andere? Wenn zum Beispiel Speer gebracht wurde – wussten Sie, der war gern gesehen?

ROCHUS MISCH: Speer war so bisschen anders als viele andere – Speer gehörte mehr in einen sogenannten Freundschaftskreis, schon alleine: »Ach, Speer – wie geht es Ihnen?« und so weiter, in dieser Art – das hat er nicht zum Göring gesagt. Und dann – Speer war, was man so sehen konnte, der richtige Gesprächspartner und Unterhalter für Hitler. Speer war nicht nur ein Architekt oder ein Baulöwe *(lacht)*, sondern er war auch Künstler. Speer hat, so von uns aus gesehen, musische Veranlagungen gehabt. So haben wir ungefähr gesagt: Das wäre so mehr der Nachfolger von Leonardo da Vinci. Der war auch Künstler, aber auf der anderen Seite auch Techniker. Und das hat sich bei Speer so übertragen, er war in erster Linie Architekt und ein Mann, der auch was davon verstand, ein guter junger Architekt. Aber auf der anderen

Seite hat er die Veranlagung gehabt, Künstler zu sein. Wenn man so die anderen beobachten konnte – der Speer war anders. Nun war er noch sehr jung und von Hitler gefördert, und in Speer hat Hitler einen guten Berater gehabt, außer Politik und allem anderen, in der Ablenkung, was anderes zu tun. Denn Hitler hat viel gezeichnet, das lag da auf dem Schreibtisch, da war immer Material zum Zeichnen, und das hat er dann mit Speer besprochen. Und vor allen Dingen war Speer auch ein sehr guter Zuhörer. Das war wichtig für Hitler, dass der zuhören konnte.

Breloer: Speer war nachher auch wichtig …

Rochus Misch: Ja. Speer war der Unterhalter, und ich weiß nicht, wie er dazu gekommen ist, dann Rüstungsminister zu werden, deswegen sagte ich ja: Leonardo da Vinci. Auf einmal war er Rüstungsminister, in der Technik drinnen, nicht mehr in der künstlerischen Architektur.

Rochus Misch: Das war ein sehr gutes Gespann, Speer und Hitler, so von uns aus gesehen. Hitler brauchte ihn, er brauchte ihn zur Abwechslung, zur Unterhaltung. Und auch dieses Künstlerische, was der Speer auch hatte. Speer und Hitler haben sich irgendwie ergänzt. Der eine sehr jung, gefördert – er war natürlich sehr erhaben als derjenige, der gefördert wird –, und Hitler hat einen guten Zuhörer gehabt. Und was er sich an Gedanken gemacht hat auf dem Papier, das hat dann der Speer gut verarbeiten können.

Breloer: Speer war, was Hitler gerne gewesen wäre, und Hitler hatte für Speer, was der nicht hatte: die Macht, die Aufträge – vielleicht der größte Baumeister in tausend Jahren zu werden, denn diese Gebäude sollten ja in tausend Jahren noch als Ruinen zu sehen sein.

Rochus Misch: Ja, das waren die Gedanken, die Phantasie Hitlers, das zu machen. Und da hat er in Speer den Mann gefunden, der so etwas verwirklichen konnte, zum mindesten erst mal theoretisch. Darin haben sie die Unterhaltung gehabt, denn wenn die zusammen waren, hat es auch immer eine Zeit lang gedauert. Da ging es nicht wie alltäglich mit Goebbels, Ruck-Zuck-Verfahren, halbe Stunde oder so was – nein, mit ihm haben sie zusammen die Sache besprochen und ergänzt und was weiß ich. Das weiß ich ja nicht, da weiß der Diener mehr davon.

Breloer: Unter dem Berghof hatte Speer ein Büro gebaut, man zeichnete dort, da waren die Mitarbeiter von Speer aus Berlin einquartiert …

ROCHUS MISCH: Ja. Muss gute Mitarbeiter gehabt haben, der Speer – flei-
ßige, gute Mitarbeiter. Denen konnte er nur Anweisungen geben, be-
jahen oder verneinen, und die haben das alles gut gearbeitet, Tag und
Nacht. Bloß, wie er da plötzlich Rüstungsminister wurde, das weiß ich
nicht. Das war ja eigentlich außer seinem Bereich. Gut organisieren
konnte er, und er war auch sehr fleißig, hat auch keine Freundin gehabt. Wir haben ja alles erfahren am Telefon, wenn der oder jener
irgendwie Kontakt hatte – wir konnten das alles mithören. Geht doch
fast alles über Telefon. Wenn einer Anschluss sucht, muss er anrufen
oder angerufen werden.

BRELOER: Und Sie saßen in der Telefonzentrale?

ROCHUS MISCH: Das war hauptsächlich meine Aufgabe, die habe ich
gerne gemacht. Unser Boss hat dann gesagt: »Unten im Bunker, da
muss man jemanden sehr Zuverlässigen hinschicken – Herr Misch,
übernehmen Sie die Zentrale da unten im Bunker.« Dann war ich der
Letzte.

BRELOER: Hatten Sie Angst, dass sie da nicht wieder rauskommen?

ROCHUS MISCH: Ja, ich habe auch Angst gehabt – immer wenn ich die
Hebel von der Stahltür so runtergezogen habe, wenn ich reingegangen
bin, habe ich gesagt: »Ob ich die noch mal aufmache?« – Nein, Angst
haben wir schon gehabt. Aber man stumpfte dann immer ab. Nachher
war das egal.

BRELOER: Der Dr. Brandt war auch am Schluss gefährdet, und Speer
wollte ihm wohl helfen, aber dann ist es auch so noch einmal gut gegangen.

ROCHUS MISCH: Na ja, er wurde dann nicht mehr … War ein netter Kamerad.

BRELOER: Die Familie Speer war mit den beiden Brandts befreundet.

ROCHUS MISCH: Ja. Speer war auch, wie ich so beobachten konnte, befreundet mit dem Botschafter Hewel[3], die haben sich sehr gut vertragen, die beiden. Die waren so der gleiche Typ, die harmonierten zusammen.

BRELOER: Bormann weniger.

ROCHUS MISCH: Bormann überhaupt nicht.

BRELOER: Warum eigentlich nicht – was stand zwischen den beiden?

ROCHUS MISCH: Weiß ich nicht. Bormann mit Speer – nein, unmöglich.

BRELOER: Speer mit Himmler?

ROCHUS MISCH: Das weiß ich nicht …

Breloer: Mit Goebbels?

Rochus Misch: Speer war so mehr allein. Er hat nun dieses Amt gehabt und hat mit den anderen nicht so Kontakt gehabt, mit Himmler auch nicht. Vielleicht in irgendeiner Form, aber sonst nicht. Die waren alle sehr freundlich, Himmler auch. Der war so nett, so freundlich, wenn er da war – »Wie geht es dem Führer?«

Breloer: Aber ein Massenmörder.

Rochus Misch: Ja – das ist wieder die andere Sache. Aber das kam nicht bis zu uns.

Breloer: Göring kam als Nachfolger für Hitler nicht in Frage, Himmler nicht, Goebbels nicht – es lief eine Zeit lang auf Albert Speer zu. Er war im Ausland angesehen, er war intelligent …

Rochus Misch: Ja, da haben Sie Recht, das wäre der Mann [gewesen] – das haben wir zuletzt auch gedacht. Wir hatten uns auch manchmal gefragt: Wenn der Chef tot ist, was passiert mit uns?

Breloer: Göring war nach dem letzten Führergeburtstag nach Berchtesgaden geflüchtet. Und alle hatten Hitler überreden wollen, zum Berghof zu gehen, aber Hitler wollte nicht.

Rochus Misch: Nein. »Das ist seit 14 Tagen dasselbe«, sagte er. »Was soll ich da? Das ist seit vierzehn Tagen dasselbe.« Er bleibt da. Und er hat alle entlassen – sind alle weg.

Breloer: Speer hat ihm gesagt: »Der Führer eines solchen Reichs stirbt nicht in der Sommerfrische.«[4]

Rochus Misch: Das weiß ich nicht – persönliche Sachen weiß ich nicht. Aber ich glaube dem Speer nicht, dass er ihn vergiften wollte mit der Luftzufuhr – das nehme ich ihm nicht ab. Der Hentschel hat ja die Sache in Betrieb gehalten.

Breloer: Speer wollte, so hat er es in Nürnberg im Prozess erzählt, oben Gift hineinwerfen und alle im Bunker, damit natürlich auch Sie, vergiften.[5]

Rochus Misch: Nein – das ist ein bisschen zu gedacht, dem glaube ich nicht. Ich kenne doch die Sache ein bisschen. Mit dem Vergiften, mit Luftschacht, da Gift reinmachen – nein, so einfach war das ja nun auch wieder nicht. Da war der Reichssicherheitsdienst, dann waren Gestapoleute da, der Gestapo-Müller mit drei, vier Leuten – die hätten vielleicht zugeguckt, wie er da vergiftet? Nein – da kann er schreiben, was er will, das nehme ich ihm nicht ab. Erschießen – ja, aber da an den Luftschächten rumfummeln? Nein. Das halte ich für eine Phantasie.

BRELOER: Hätten Sie die Chance gehabt, Hitler zu erschießen? Hatten Sie eine Waffe?

ROCHUS MISCH: Ich hatte eine Pistole, 7,65er Walther, andere Waffen haben wir nicht gehabt. Im Auto hatten wir unter dem Sitz eine Maschinenpistole.

BRELOER: Speer hat auch erzählt, dass er mit anderen Verschwörern den obersten Führern in Berlin, wenn sie im Auto von der Reichskanzlei wegfuhren, auflauern und sie niederschießen wollte.[6]

ROCHUS MISCH: Ach ja – Wichtigmacherei.

BRELOER: Und dass er alle Führungsleute in ein Flugzeug bringen und nach London fliegen wollte, um sie dem Feind auszuliefern.

ROCHUS MISCH: Das ist ein Märchen. Das glaube ich nicht.

BRELOER: Haben Sie etwas davon mitgekriegt, dass Albert Speer am 23. April noch mal mit dem Flugzeug nach Berlin gekommen war und sich vom Führer verabschiedete? Der muss ja bei Ihnen vorbeigekommen sein.

ROCHUS MISCH: Ja, das kann sein – aber die kamen und gingen, ich kann mich nicht so recht erinnern.

BRELOER: Man ist jetzt seit Tagen unten, es ist irgendwie feucht – spürt man die Einschläge?

ROCHUS MISCH: Nein – ein bisschen hat man gehört. Wenn oben am Ausgang, das ist ja Beton, wenn da Volltreffer von einer größeren Granate war, dann hat das unten etwas geschallt; dann hat man gesagt: »Ist das ein Pistolenschuss oder nicht?« Wir warteten ja vom 22. April ab auf den Schuss, bis er dann endlich gefallen ist.

BRELOER: Auf welchen Schuss?

ROCHUS MISCH: Als sich Hitler erschossen hat. Da weiß ich noch, wie einer hier um die Ecke herum, wo Bormann und Linge oder Otto Günsche noch irgendwo da an der Tür waren – die war zu –, gerufen hat: »Linge, Linge – ich glaube, es ist so weit.« Da hatte einer davon den Schuss gehört. Und dann warten die noch eine Weile – ich war natürlich auch neugierig, und Angst, Goebbels war da –, und dann ist, glaube ich, der Günsche oder der Linge oder beide, die sind dann ran, da ging die Tür auf, da sehe ich, wie Hitler, eingenickt, neben Eva, angezogene Knie – das sehe ich heute noch.

BRELOER: Wie war Ihnen zumute, als der Führer tot war?

ROCHUS MISCH: Ach, das weiß ich heute nicht mehr. Voller Angst und voller Gleichgültigkeit – und auch Müdigkeit, man war vollkommen erledigt. Ich habe auch meine Pistole durchgeladen und da an meinen Arbeitsklappenschrank hingelegt.

Breloer: Warum?

Rochus Misch: Ja, warum – ich habe doch die anderen Toten gesehen, Burgdorf, Krebs und so – es war da nicht schwer zu sterben. Dann war es das Ende. Es war dann auch egal, gleichgültig. Ich habe nicht mehr denken können. Ich hätte mich da erschossen. Ich wusste nicht, geht der Bunker in die Luft? Meine Gedanken gingen überall kreuz und quer. Wir waren dann nur noch alleine – die Regierung – die Auflösung des »Dritten Reiches«, der NSDAP … Goebbels, Hentschel und ich – wir waren die Letzten. Mit uns war Schluss.

Ein verdienter Soldat

Melchior Baron von Schlippenbach

Geboren am 6.1.1918 in Berlin. Besuchte das »Landerziehungsheim« Schule Schloss Salem und machte dort 1935 sein Abitur. Nach dem Reichsarbeitsdienst meldete sich Schlippenbach zur Wehrmacht und nahm als Offizier der Panzertruppe am Frankreichfeldzug teil, wurde beim Afrika-Korps Adjutant des späteren Generalfeldmarschalls Rommel, kämpfte in der Normandie und war während der Ardennenoffensive stellvertretender Kommandant einer Panzerabteilung. Nach dem Krieg sagte Schlippenbach als Zeuge der Anklage beim Nürnberger Prozess gegen das SS-Rasse- und Siedlungs-Hauptamt aus. Anschließend Autoverkäufer in Hamburg, Offizier der Bundeswehr, Repräsentant einer deutschen, dann einer kanadischen Luftfahrttechnikfirma, Förderer der Showgruppe »Wall Street Crash«, Produzent von Fernsehshows.

»Ich kann mir nicht vorstellen, dass das der Minister weiß!«

Den ehemaligen Adjutanten von Generalfeldmarschall Rommel habe ich in Bad Reichenhall getroffen. Nicht weit vom Zentrum, in einem ruhigen Wohnviertel lebt er in einer bescheidenen Wohnung. Baron Schlippenbach ist selbstbewusst und unkompliziert. Ich darf ihm gleich mal am Kleiderschrank bei der Auswahl eines passenden Oberhemds für die Aufnahme helfen. Seine Augen machen ihm Sorgen, er sieht gar nicht mehr gut.

Er könnte viel aus seinem erstaunlichen, abwechslungsreichen Leben erzählen, in dem die Geschichte mit Speer nur wie eine Fußnote ist. Wenn er redet und dabei die Dialoge vom November 1942 vorspielt, erinnert er an die Filmkarikatur eines preußischen Generals im Kasino; aber die Geschichten, die der ehemalige Hauptmann von Schlippenbach zu erzählen hat, berichten von einem anderen Leben, jenseits von blindem Gehorsam oder Begeisterung für den Führer. Und sein Besuch beim Rüstungsminister Albert Speer brachte dem Frontsoldaten einen unmittelbaren und erschreckenden Eindruck vom Geschehen an der »Heimatfront« – von der Vertreibung der Berliner Juden.

MELCHIOR BARON VON SCHLIPPENBACH: Ich war Adjutant von Rommel, und er war zu mir, muss ich sagen, wie ein Vater. Er hat mir sozusagen das Leben gerettet. Man darf ja an und für sich keine Vorurteile haben, als Soldaten sollen alle gleich behandelt werden, aber man ist doch froh, wenn man bevorzugt wird. Denn ich war so schwer verwundet, dass Rommel die Anweisung gab, mich sofort nach Brindisi zur Operation zu fliegen. Ein anderer hätte nie einen Platz in einem Flugzeug bekommen, aber auf Rommels Anweisung: »Den Schlippenbach fliegen Sie sofort nach Brindisi!« … Ich bin da gleich am Arm operiert worden, und die haben gesagt: »Vierundzwanzig Stunden später, und der Arm wäre weg gewesen.« – Wie gesagt, der war zu mir so, dass wir auch viele persönliche Gespräche geführt haben. Und da habe ich mal gesagt: »Ich heirate.« – »Na, wo wollen Sie denn wohnen?« – Ich sagte, damals war er noch Generaloberst: »Herr Generaloberst – an und für sich in Berlin.« – »Ach, wissen Sie – da ist es so schwer, eine Wohnung zu kriegen. Aber mein Freund, der Speer, der beschafft Wohnungen für bewährte Soldaten. Ich lasse Ihnen gleich ein Schreiben an Speer geben, und mit dem gehen Sie in Berlin zum Minister.« – Gut, wir haben erst unsere Hochzeitsreise an den Wörther See gemacht. Und dann sage ich halt: ›Gehe ich mal zu Speer.‹ Und der hat mich sofort auf den Brief hin empfangen, hatte natürlich wenig Zeit, nicht für lange Gespräche. »Wie geht es meinem Freund? Wann gehen Sie denn wieder runter?« und so weiter. »Und zuständig für die Wohnung ist der Stadtrat Sommer.« Ich glaube, Landgrafen- oder Burggrafenstraße, eins von beidem, weiß ich nicht mehr. Also, ich gehe zum Stadtrat Sommer – »Ja, der kommt vom Minister!« und so weiter. »Ich gebe Ihnen mal fünf Adressen, und dann schauen Sie sich die

Wohnungen an.« Und ich komme zu einer Adresse, da macht eine Jüdin auf und zwei kleine Kinder, alle drei mit einem Judenstern. Ich sage: »Entschuldigen Sie vielmals, das muss ein Irrtum sein! Ich habe wohl falsch geklingelt ...« – »Nein, nein, das ist kein Irrtum. Kommen Sie ruhig rein.«

BRELOER: Waren Sie in Uniform?

MELCHIOR BARON VON SCHLIPPENBACH: Ja.

BRELOER: War Ihre Frau dabei?

MELCHIOR BARON VON SCHLIPPENBACH: Ja.

BRELOER: Und Sie sind nicht hineingegangen?

MELCHIOR BARON VON SCHLIPPENBACH: Ich sagte: »Nein, das muss wirklich ein Irrtum sein. Entschuldigen Sie vielmals, dass ich gestört habe!« – und bin weg. Dann bin ich zum Sommer gegangen und habe gesagt: »Hören Sie mal, Sommer, da haben Sie mich aber in Verlegenheit gebracht!« – »Ja, wieso denn?« – »Sie geben mir fünf Wohnungen auf, und eine Wohnung ist gar nicht leer; da macht eine Jüdin auf mit zwei kleinen Kindern!« – »Ach, die haben sie noch nicht abgeholt. Hat Ihnen denn die Wohnung gefallen? Ich brauche nur zu telefonieren, dann werden die heute Nacht abgeholt und sind weg. Aber wir müssen dann die Wohnung ein paar Tage desinfizieren, dann können Sie sie haben.« – Und ich habe meine Frau angeguckt, und wir waren uns gleich einig, dass ich sagte: »Ach, wissen Sie – ich glaube, wir ziehen lieber an den Tegernsee.« – Das ist das eine Erschütternde an der Geschichte. Was ich noch viel erschütternder finde: Als ich Rommel das erzählte, sagte er mit fester Überzeugung: »Ich kann mir nicht vorstellen, dass das der Minister weiß!« – »Von Judenverfolgung – davon weiß mein Freund Speer nichts.« – Ich war ja lange Zeit Adjutant vom Rommel, und da habe ich natürlich auch viele kennen gelernt. Es gab eben in dieser Generation Menschen, die dachten: Was nicht sein darf, das kann nicht sein! »Das ist doch Propaganda mit den KZs, Schlippenbach!«, sagte Feldmarschall Kluge, »so was gibt es nicht! Das macht selbst Adolf Hitler nicht.« Und die waren davon überzeugt.

BRELOER: Sie waren in Speers Büro am Pariser Patz. Welchen Eindruck machte er auf Sie?

MELCHIOR BARON VON SCHLIPPENBACH: Nicht in seinem Büro – er kam ins Vorzimmer. Und er machte den Eindruck eines wohlerzogenen Gentleman aus gutem Hause. Aber ich hatte den Eindruck, er hätte dasselbe für Stalin gemacht, für Mussolini, für Franco – das wäre ihm egal gewesen. Seine Karriere, und dass er berühmt wurde, stand bei ihm im Vordergrund. Das habe ich so ein bisschen in der Unterhaltung gespürt; man spürt es ja so ein bisschen.

Breloer: War Speer in Uniform?

Melchior Baron von Schlippenbach: Er war in Zivil.

Breloer: Und er hat Ihnen persönlich eine Empfehlung unterschrieben: »Nehmen Sie diese als einen kleinen Dank der Volksgemeinschaft für Tapferkeit und Opferbereitschaft im Kriege entgegen. Heil Hitler! Speer.« Das war eine Art Blankoformular, und Sommer hat dann die *Heilbronner Straße* hineingetippt?

Melchior Baron von Schlippenbach: Genau. Ich muss dazu sagen: Ich war mit einer tschechischen Partisanin verheiratet, keiner Sudetendeutschen, einer richtigen Tschechin. Nur, damit Sie meine Einstellung zu den Leuten wie Speer und zu den ganzen anderen – ja, auch zu Rommel – verstehen.

Breloer: Waren Sie gegen den deutschen Sieg? Sie waren Hauptmann.

Melchior Baron von Schlippenbach: Das war ja das Furchtbare: Man ist als Offizier tätig und betet eigentlich jeden Abend, dass der Krieg verloren geht. Es gab das entsetzliche Sprichwort, das wird oft falsch verstanden: »Kinder, genießt den Krieg – der Frieden wird furchtbar!« Aber damit war unter den Widerstands-Soldaten gemeint: Der Frieden wird furchtbar, wenn die Nazis gewinnen. – Es war sehr, sehr schwer. Und obwohl Rommel zu mir wie ein Vater war und ich ihm wirklich sehr viel zu verdanken hatte, das hat mich an ihm gestört: Wenn wir weiter gewonnen hätten, wäre der nie in den Widerstand gekommen. Der ist nur in den Widerstand gekommen, weil er gesehen hat, Hitler verliert den Krieg und führt Deutschland in den Untergang. Nicht KZs oder Judenverfolgung oder Gaskammern und so weiter – das hat ihn alles, entschuldigen Sie, wenn ich es so hart sage, nicht interessiert.

Breloer: Glauben Sie, das es Speer interessiert hat?

Melchior Baron von Schlippenbach: Nein.

Breloer: Oder dass er eventuell nichts davon wusste?

Melchior Baron von Schlippenbach: Der wusste bestimmt davon. Das war sein Ressort, das waren seine Untergebenen und, wie schon in dem Schreiben für mich drinsteht: »Der Führer hat mich beauftragt«, das zu machen. Der wusste doch von dem Sommer, was das für Wohnungen waren. Kann der mir doch nicht erzählen! Berlin wird ge-

DER GENERALBAUINSPEKTOR   BERLIN, DEN 3o. Nov. 42
FÜR DIE REICHSHAUPTSTADT

Der Führer hat mir auf meinen Vorschlag gestattet,
besonders verdienten Soldaten dieses Krieges bei
der Wohnungsbeschaffung zu helfen.
Ich freue mich, Ihnen nunmehr die Wohnung

         B e r l i n - S c h ö n e b e r g
         Heilbronner Str. 21

zuweisen zu können. Nehmen Sie diese als einen
kleinen Dank der Volksgemeinschaft für Tapferkeit
und Opferbereitschaft im Kriege entgegen.

                      Heil Hitler!

                      Reichsminister

Herrn
Hauptmann
M. v. Schlippenbach,
B e r l i n W 35 ,
Blumeshof 12

bombt, gebombt, gebombt, und da gibt es lauter freie Wohnungen, die
Herr Speer verteilen kann! Nein, da bin ich felsenfest überzeugt, zu
150 Prozent, dass der genau gewusst hat, was das für Wohnungen waren, die der Sommer da verteilt hat.

BRELOER: Welches Image hatte Speer als Rüstungsminister draußen an
der Front, in Afrika zum Beispiel?

MELCHIOR BARON VON SCHLIPPENBACH: Soweit ich mich erinnern kann, habe ich eigentlich das erste Mal von Rommel erfahren, dass es den gibt oder dass der der Minister ist.

Breloer: Der war am Anfang noch unbekannt?

Melchior Baron von Schlippenbach: Völlig.

Breloer: Der Architekt, der da in Berlin die großen Bauten, die Reichskanzlei …

Melchior Baron von Schlippenbach: Ja, von dem Architekten hat man gewusst, ›Wer baut denn diese imposanten Bauten?‹ – ›Das ist ein gewisser Architekt Speer‹, so wurde mal darüber geredet. Aber eigentlich war der für uns eine Null, über den lohnte es sich nicht zu reden.

Breloer: Wie werden wohl die alten Generale mit einem so jungen Rüstungsminister umgegangen sein?

Melchior Baron von Schlippenbach: Ich hatte den Eindruck, wenn ich mich unterhielt, dass die ihn einen Emporkömmling nannten und sagten: ›Der Mann hat doch keine Ahnung von Waffen und von Krieg, und den macht man zum Rüstungsminister, nur weil er ein Freund von Hitler ist. Das ist doch ein Wahnsinn! Dann entwickelt er Waffen, die wir gar nicht brauchen, und was wir dringend brauchen, kann er gar nicht beurteilen.‹ Die waren also nicht ablehnend, weil sie ihn kannten oder weil sie sagten, er sei ein großer Nazi, sondern weil sie ihn für einen Dilettanten hielten. ›Wie kann man in diesem wichtigen Krieg einen Dilettanten zum Rüstungsminister ernennen?‹

Breloer: Sein Ansehen hat sich aber verbessert, er wurde dann doch mit seinen Erfolgen bei der Steigerung der Rüstungsproduktion höher eingeschätzt von den Generalen?

Melchior Baron von Schlippenbach: Ich kann immer nur von mir sagen: Es wurde eigentlich kaum vom ihm gesprochen.

Breloer: Aber, sagen Sie mir noch eines: Sie haben in dem Moment, als da die Wohnungstür aufging und die Juden mit dem Judenstern dort standen, sofort verstanden, welche Situation das ist …

Melchior Baron von Schlippenbach: Sofort!

Breloer: … und Sie haben sich sofort richtig entschieden. Woher kam bei Ihnen diese Entscheidung?

Melchior Baron von Schlippenbach: Das kam sehr früh. Ich bin in Salem groß geworden. In Salem war der Leiter Kurt Hahn, der Jude, den sie dann rausgeschmissen haben. Bis 1933 wusste ich ja nichts von Hitler – da guckte man den hübschen Mädchen nach, ich war Hockey-Kapitän, ich war ein großer Sportler. Und dann kamen aus dem Urlaub die ersten in Uniform, drei oder vier waren es, ich weiß nicht mehr, ob es SA- oder HJ-Uniform war, und das waren Proleten! Das waren Proleten, mit denen man sowieso nicht verkehrte. Und dann war der Eindruck: Wenn diese Proleten Nazis sind, dann kann das ja nichts Gutes sein. Nicht Hitlers *Mein Kampf* gelesen, was der vorhat – eigentlich nur, weil das in unseren eingebildeten, wenn Sie so wollen, aristokratischen Augen so wirkte: Mit diesen Proleten wollen wir doch nichts zu tun haben!

Kransberg 1945

Günther Rusnok

Geboren 1915 in Oberschlesien, aufge-
wachsen in Oppeln, Lehre als Maschi-
nenbauer und Installateur. Nach dem
Reichsarbeitsdienst studierte Rusnok
Elektrotechnik in Köthen. 1939 zum
Militär eingezogen, legte er 1940 sein
Ingenieurexamen ab und wurde Aus-
bilder im Nachrichtenwesen, 1942 als
Betriebsingenieur zur Marine-Torpe-
doversuchsanstalt Eckernförde, TVA
Gotenhafen (Gdingen), dann bei der
Fertigung sich selbst steuernder Tor-
pedos in Litzmannstadt (Łódź). Bei
Kriegsende in Kiel, Thüringen, in Ber-
lin von der amerikanischen Military
Intelligence befragt, vom 15. Juli bis ca.
21. August in Kransberg/»Dustbin«[1]

interniert. Nach der Entlassung arbeitet Rusnok in den Kranwerken Köthen, anschließend selbständig in der SBZ/DDR (Motorenreparatur), geht 1956/1957
in die BRD, bis 1980 Kleinmaschinen-, Haushaltsgerätereparatur und -verkauf.
Lebt in Bielefeld.

»Ein wunderschöner Sommer«

*Kransberg – hier hatten die Amerikaner und Engländer im Sommer 1945
Vertreter der technischen und wirtschaftlichen Elite von Nazideutschland
konzentriert, um sie geheimdienstlich über ihre Arbeit zu befragen, gegebenenfalls auch über eine eventuelle Weiterverwendung zu entscheiden.
Günther Rusnoks rüstungstechnisches Spezialwissen war für die Alliierten
interessant – doch gehörte er hier zu den kleineren Fischen.*

*Im September 2003 geht er mit mir über das Gelände der mittelalter-
lichen Burg, die Albert Speer einst für Feldmarschall Hermann Göring als
Luftwaffenhauptquartier hergerichtet hat. Der Saal mit der Naziarchitek-
tur und dem germanischen Deckenleuchter ist immer noch zu bewundern.
Der Blick von der Burg hoch oben geht weit hinunter ins Tal, und Rusnok
erzählt von einem herrlichen Sommer. Wernher von Braun, Ferdinand Porsche, Fritz Thyssen, Hjalmar Schacht, Albert Speer – wenn sie nicht gerade
befragt wurden, spazierten sie auf den kleinen Wiesen und Grünflächen hier
um die Burg herum. An den »guten Kumpel« Speer erinnert sich Rusnok
und an die gelöste Stimmung – niemand unter all den hier internierten
Fachleuten, der sich irgendwie schuldig zu fühlen schien. Ein wunderschöner Sommer – »das war eine Atmosphäre, die man heute gar nicht mehr
verstehen kann«.*

GÜNTHER RUSNOK: Das ist ein bisschen lange her, sechzig Jahre … Ich
weiß nur, dass alles schlicht grau gehalten war. Wir hatten hier unseren Aufgang, das waren unsere Aufenthaltsräume.
BRELOER: Albert Speer hatte das 1939 für Göring ausgebaut.
GÜNTHER RUSNOK: Ja, ich weiß. Er wusste auch über alles Bescheid, und
ich habe von ihm Verschiedenes erfahren, was er hier gemacht hatte –
bloß in dem kurzen Moment, wo wir uns getroffen haben, wenn es
zum Essen ging. Denn wir versammelten uns vor dem Turm, die
Gruppe, zu der ich eingeteilt war, da war Speer der Höchststehende.
Mit dem hatte ich dann in diesen Momenten Kontakt. Er war ja sehr
in Anspruch genommen und war nach dem Essen gleich wieder verschwunden. Der war nicht wieder zu sehen, auch tagsüber. Das war nur
momentweise. Nicht, dass er sich abgekapselt hat, sondern er war eben
von früh bis abends in der Vernehmung tätig mit seinen beiden Damen.[2] Wo die allerdings nachts geblieben sind, weiß ich nicht – ob sie
hier gewohnt haben. Hier war tagsüber unser Aufenthalt, wir hatten
einen wunderschönen Sommer. Hier standen noch ein paar Apfelbäume. Dort die Mauer, an der saßen wir und schauten hinunter ins
Tal. Da sah man eines Tages Dr. Porsche mit seinem Wagen ankommen, mit dem holzangetriebenen VW, mit seinem Fahrer. Wir waren
hier vollständig frei, uns hat niemand gefragt, was wir machten. Wir
konnten an die Mauer gehen, wir waren vollständig unbeobachtet. Wir
haben dann hier auch Tennis oder Ringtennis gespielt. Im Verhältnis
zu dem, was die sonst alle zu ertragen hatten, lebten wir einen unbe-

kümmerten Sommer. Es war praktisch ein Hotel. Wir waren hier untergebracht, wir fühlten uns nicht als Internierte. Die Untersuchungen liefen hinten rum – die einen wurden befragt, die anderen nicht. Die Sache war bei mir folgendermaßen: 1941 auf 1942 hatte man gemerkt, dass die bei uns produzierten lenkbaren Torpedos oder sich selbst steuernden Torpedos nicht mehr funktionierten; und daraufhin hat dann Speer beim Oberkommando bewirkt, dass man die Wissenschaft auf dem Gebiete weiter vorantreiben muss, und da wurden soundso viele Ingenieure aus dem Heer entlassen. Unter anderen war auch ich dabei. Ich war damals Elektroingenieur, und Elektroingenieure gab es nicht allzu viele.

Breloer: So kamen Sie als Elektrofachmann für Torpedoentwicklung hierher. Denn hier waren Fachleute interniert. Porsche, der Vater des Volkswagens, der im Krieg Panzer gebaut hatte, war also hier – wer noch?

Günther Rusnok: Röchling war da von den Stahlwerken Saarbrücken; Thyssen, der Chef der Thyssen-Werke; Heinkel, der Flugzeugkonstrukteur, mit seinem Chefkonstrukteur; dann Dorpmüller, der Minister für das Eisenbahntransportwesen; Ganzenmüller …

Breloer: Also technische und wirtschaftliche Elite. Hjalmar Schacht war auch hier, der Reichsbankpräsident.

Günther Rusnok: Ja. Der machte jeden Tag nach dem Essen seinen Rundgang, seine zehn, fünfzehn Runden. Das war sein festgelegtes Pensum.

Breloer: Und aus Speers Mitarbeiterstab aus dem Rüstungsministerium waren auch Leute hier.

Günther Rusnok: Schulze-Fielitz, Hayler war da, Hettlage war hier, außerdem Saur, Dorsch war mit im Zimmer. Und Reuter, der war irgendwo im Vorstand von … Wie hieß denn die Firma?

Breloer: Und Stahl war hier. Der bezeugte später, als Speers Anwalt hierher kam und für die Verteidigung Aussagen einsammelte, dass Speer ein Attentat auf den Führer vorgehabt hatte.[3] Fast hätte man ja solche Dinge hier verabreden können, wenn man mit den Leuten schon zusammen war. Ich sehe die Namen Schmelter, Cliever – auch ein Speer-Mann. Schulze-Fielitz war auch bei Speer.

Günther Rusnok: Schulze-Fielitz hat im Ministerium Speer Bauvorhaben geleitet und war nach dem Krieg der Chef von Hoch- und Tiefbau und ist vor ein paar Jahren gestorben.

BRELOER: Mit einigen seiner Mitarbeiter hatte Speer ja Streitigkeiten gehabt – mit Dorsch, mit Saur, der nach Hitlers Testament Speers Nachfolger werden sollte. Haben sich diese Animositäten hier fortgesetzt?

GÜNTHER RUSNOK: Man kann nicht sagen fortgesetzt – man hat sich gemieden. Das waren Gegensätze in der Auffassung und in der Entwicklung. Während Speer in meinen Augen der geniale Techniker war – ich konnte den Mann bloß bewundern, wie der die Probleme angefasst hat. Der hat gesehen, worauf es ankommt. Ein Beispiel: Wir hatten bis 1939, 1940, 1941, 1942, während des Krieges also, mehr als fünfzehn, zwanzig verschiedene Gewinde gehabt. Bei Schraubengewinden hatten wir noch teilweise das alte Zollgewinde mit mehr oder weniger Gangsteigerung, um die Schraube mehr oder weniger fest anzuziehen oder zu heben. Die hat er vollständig beiseite gebracht und das metrische System eingeführt, das heißt, man wurde auf Millimeter Durchmesser und auf die Steigerung festgelegt, dann gab es noch die verschiedenen Steigerungen, die waren allerdings für verschiedene Maschinen notwendig. Das war so ein kleiner Eingriff, der hat bis auf den heutigen Tag immer noch Gültigkeit. Also in der Beziehung – er hat alle auf einen Nenner gebracht, er verstand das. Er verstand Menschen einzusetzen, die Durchschlagskraft mitbrachten und seine Ideen durchsetzten. Und vor allen Dingen war er ein Mensch, mit dem man reden konnte. Er hat zugehört, er hat den anderen nicht spüren lassen, welche Funktion und welche Macht er ausübt. Er war wie einer unter uns, man hat mit ihm offen geredet, wie du und ich. Er war ganz einfach.

BRELOER: Wie viele Internierte lebten damals hier?

GÜNTHER RUSNOK: Zirka siebzig Mann waren wir. Das wechselte täglich. Die einen gingen, die anderen kamen. Das Gehen, das war vollständig unauffällig, man merkte erst die nächsten Tage: Ach, der ist ja gar nicht mehr da. Mir zum Beispiel ist es so ergangen: Ich saß da mit dem alten Herrn Thyssen, spielte eine Partie Schach in dem großen Raum, und auf einmal klopft mir jemand hinten auf die Schulter, ich drehe mich um – ein Soldat. »*You are Rusnok?*« – »*Yes.*« – »*Come on.*« Und runter auf das Zimmer – »*Packen Sie die Sachen, Sie sind entlassen.*« Der blieb an mir haften, ich durfte nichts annehmen, gar nichts. Da kamen Verschiedene, die merkten, was los ist, die gaben mir Adressen, die ich rausschmuggeln sollte; die wurden mir gleich abgenommen. Aber Speer verstand es, mir in einem rechten Moment ein Ding zuzustecken, ich möchte jemanden benachrichtigen. Na, und so ist es passiert. Jeden Tag hat sich was geändert. Man hatte keine Möglichkeit, sich zu verabschieden.

Breloer: Wohin sollten Sie die Adresse bringen? Wer sollte erfahren, dass Speer in Kransberg ist?

Günther Rusnok: Das war ein Professor in Hamburg. Ich habe die Sache zur Post gebracht und weggeschickt, aber niemals eine Antwort erhalten. Ich habe auch die Anschrift nicht; ich war seinerzeit zu meiner Familie zurückgegangen und in der DDR gelandet, und alles, was eine Erinnerung an das Bisherige gewesen ist, habe ich vernichten müssen, weil ich immer eine Haussuchung durch den kommunistischen Geheimdienst befürchten musste.

Breloer: Wenn Sie hier mit Speer sprachen – worum ging es da?

Günther Rusnok: Er interessierte sich für mein Gebiet, was ich gemacht habe, die Torpedoversuchsanstalt, wie die Sache gelaufen ist.

Breloer: War er vielleicht noch auf der Fehlersuche – was im Detail schief gelaufen war?

Günther Rusnok: Nein, dazu fehlte die Zeit. Im Turm war nach einer halben Stunde das Essen fertig oder es war die nächste Gruppe dran, und dann war man schon wieder getrennt. Ich wüsste nicht, dass ich mal mit Speer ein spezielles Gespräch über die Torpedos geführt hätte. Das war mehr oder weniger nur über das allgemeine Befinden.

Breloer: Hier waren Leute, die maßgeblich an der Waffenproduktion und an der Wirtschaft dieser Diktatur beteiligt gewesen waren. Hatten Sie das Gefühl, dass die Angst hatten, dass sie jetzt zur Rechenschaft gezogen würden? Wie war die Stimmung hier?

Günther Rusnok: Die Stimmung? Ich kann nicht sagen, dass die bedrückt gewesen ist. Man lebte in den Tag hinein, man wusste nicht, was kommen wird. Die Unterbringung, die war derart human und zivilisiert, dass man an nichts Böses gedacht hat. Wir waren ja wohl in der amerikanischen Besatzungszone, aber unter englischem Kommando. Man hat in den Tag hinein gelebt, man hat sich unterhalten, man hat sich mit Problemen befasst – damals war ja die Atombombe gefallen. Wir waren zufällig in unserem Raum, da kommt einer rein und sagt: »Die Atombombe ist gefallen, in Hiroshima.« Erst mal eine große Angst – was wird? Denn damals geisterte ja noch herum, dass die Zerspaltung eines Atoms nicht mehr zu bremsen ist, die würde sich fortsetzen. Der Leiter der Technisch-Physikalischen Reichsanstalt Berlin,

Professor Esau, war zugegen, der war der kompetente Mann auf dem Gebiet. Und dann wurde die Sache durchgesprochen, und man wartete, wollte wissen: wie, was, wo? Wie war der Einschlag? Wie viele Tote gab es? Das hat auch für uns die gedrückte Stimmung ausgemacht. Vor allen Dingen glaubte man auch, dass wir sie schon einsatzbereit hätten, um damit in den Krieg einzugreifen. Aber das hat sich ja nicht bewahrheitet. Und dann ist das nach und nach in der allgemeinen Tagesordnung untergegangen. Allzu groß waren ja auch die Zeitungsberichte nicht darüber. Ich kann mich nicht erinnern, dass wir hier viel Zeitung gelesen haben.

BRELOER: Es gab Arbeitskreise, es wurden von Fachleuten Vorträge gehalten. Wurde da auch über Waffen gesprochen, über technische Entwicklungen?

GÜNTHER RUSNOK: Nein, über Waffen wurde überhaupt nicht gesprochen. Es wurde über die Nebeneffekte gesprochen, die man aus dem Krieg gezogen hatte. Damals kam das Penizillin auf, das war eine Wunderwaffe gegen so und so viele Krankheiten und Verwundungen. Dann kam dieses Plastik auf …

BRELOER: Und die Raketen kamen auf, die dann auch eine andere Nutzung bekamen.

GÜNTHER RUSNOK: Ja, die Raketen – die hatte man schon lange ins Auge gefasst. Die waren ja schon zu Friedenszeiten in Arbeit. Aber das war ja alles damals noch Utopie, denn der Wernher von Braun hat ja in Peenemünde seine Fertigungswerkstätten erst aufgebaut, und Sie wissen ja: Bis so etwas zu einer Standardreife entwickelt ist, da gibt es mehr Rückschläge als Erfolge.

BRELOER: Wusste man, dass nach der Bombardierung von Peenemünde die ganze Produktion der Raketen nach Nordhausen unter die Erde verlagert worden war, ins Mittelwerk Dora?

GÜNTHER RUSNOK: Nein, ich wüsste nicht, dass ich davon überhaupt was gehört habe. Nach dem Kriege habe ich davon gehört. An solchen Sachen waren wir auch gar nicht interessiert, beteiligt oder vorgesehen. Wir hatten andere Aufgabengebiete.

BRELOER: Es zeichnete sich ja der Ost-West-Konflikt ab, und damit die Perspektive: Wir sind was wert.

GÜNTHER RUSNOK: Wir sind was wert – dazu gab es einen Vortragsabend im großen Saal, »Schacht spricht über die Kosten und die Folgen des verlorenen Krieges«. Da war fast der halbe Saal voll von Amerikanern und Engländern, Offizieren, die sich das anhörten. Und Schacht sprach sehr offen, ohne irgendwelche Bedenken, Nachteile davon haben zu können, denn er war ja von vornherein gegen das Kriegsprogramm von Hitler eingestellt gewesen, deswegen war er ja auch ins Abseits gestellt worden. Da sprach er dann über die Kosten, und er kam am Schluss auf 500 Milliarden Goldmark. Und als letztes Wort sagte er: »Aber Deutschland – war das deine Zeit? Oder kommt erst deine Zeit?« Und er sagte: »Ich glaube, unsere Zeit kommt erst noch. Um uns werden sich mal die Alliierten, die Russen, die Amerikaner reißen.« Das war sein Schluss zu diesem Vortrag.

Breloer: War das auch die Stimmung unter den Spezialisten wie Porsche, Heinkel?

Günther Rusnok: Ja, einwandfrei. Ich weiß ganz genau, es sind viele Leute von hier aus weggekommen. Wernher von Braun – ich marschierte durch das Tor hinein, da fuhr er heraus, wurde entlassen. Der kam nach USA, nach Fort Bliss. Und alle machten sich Hoffnung, dass die Entwicklung von uns weitergetrieben werden würde.

Breloer: Hat keiner Angst gehabt, dass er für das, was Deutsche angerichtet hatten im Krieg, zur Verantwortung gezogen wird?

Günther Rusnok: Nein. Wir waren alle Techniker in diesem Kreis. Wir hatten auch nicht mehr Zugang zu den Nachrichten als jeder andere. Die wahren Verhältnisse, die wirtschaftlichen, die kriegerischen Verhältnisse, die waren uns vollständig unbekannt. Wir hörten bloß die Wehrmachtsberichte, und da hieß es immer: vorwärts und Erfolge. Und wir wussten, es wird an dem und an dem gearbeitet. Aber Angst vor der Zukunft, in Verantwortung genommen zu werden, die hatten wir gar nicht. Wir waren ja eine Kaste unter uns. Man sprach über dies und jenes, und unter Kollegen wurde auch offen gesprochen. Da hat man genauso wenig gewusst, was in Russland passiert ist, was unsere Soldaten angerichtet haben, oder was die Russen mit uns gemacht haben. Es hat überhaupt niemand etwas gewusst, erfahren. Das kam gar nicht ans Tageslicht.

Breloer: Sickerten hier nicht im August, September 1945 die Nachrichten aus den Konzentrationslagern, vom Massenmord an den Juden durch? Haben die Amerikaner nichts davon gesagt?

Günther Rusnok: Nein, dieses Thema kam hier gar nicht zur Sprache. Die Amerikaner haben sich gar nicht darüber unterhalten. Die wollten die technischen Einzelheiten von verschiedenen Fachgruppen wissen, das hat sie interessiert, das andere absolut nicht. Und die Gräueltaten, von denen man heute erfährt, die waren uns böhmische Dörfer. Die hat niemand geglaubt. Ich weiß zwar von meinen Geschwistern, die auch im Kriege waren, was sich da abgespielt hat und wie radikal man da vorgegangen ist. Und da sagte ich damals: »Gnade Gott, wenn uns das mal passiert.« Verdenken konnte man es ja niemandem, es wurde Krieg gegeneinander geführt.

BRELOER: Das heißt also: Moralisch verantwortlich fühlte sich hier eigentlich niemand für das, was man angerichtet hatte. Es herrschte gute Laune.

GÜNTHER RUSNOK: Es war gute Laune, ja. Man hat dieses Thema kaum berührt, es war Vergangenheit, man hatte den Krieg überstanden und war froh, dass man das überstanden hatte. Wissen Sie – wir wussten ja auch, wenn wir den Torpedo abschossen, dass da soundso viel hundert Leute untergehen, unter grauenhaften Umständen im Öl des Schiffes verbrennen. Aber nun blieb uns ja bloß eine Wahl: Entweder wir machen die Entwicklung mit, wir konnten sie nicht steuern, oder du sagst nein, kommst an die Front und bist in ein paar Tagen unter der Erde. So ist es doch gewesen. Da hat man das kleinere Übel vorgezogen, hat die Schnauze gehalten.

BRELOER: Als Sie gehört haben, Speer gehört zu den Hauptkriegsverbrechern und wird angeklagt, was haben Sie da gedacht?

GÜNTHER RUSNOK: Da war ich schon wieder zu Hause. Das habe ich erst nach und nach gehört. Die Nachrichten da drüber in der ostdeutschen Presse waren ja vollständig negativ eingestellt, also immer gegen die Kriegsverbrecher, was anderes gab es ja nicht.

BRELOER: Ich habe verstanden. Noch einmal zum Tagesablauf hier. Gab es morgens einen Appell?

GÜNTHER RUSNOK: Das Wecken hat Brandt in die Hand genommen. Brandt war ja der Begleitarzt Hitlers. Der wohnte uns gegenüber, der kam immer mit: »Aufstehen! Antreten und marsch, runter!«, im halbmilitärischen Ton, aber nicht so gemeint. Dann ging man erst mal runter, antreten, und da wurden irgendwelche bekannten Sachen durchgesprochen, wurde Tabak verteilt, und wenn jemand Papier brauchte, um etwas zu notieren, bekam er das. Dann ging man zum Frühstück, das war in diesem Turm da oben. Wir waren siebzig Inhaftierte oder Internierte, und der Turm fasste gerade einmal fünfunddreißig Mann, also die Hälfte davon. Wir wurden also geteilt, bei der einen übernahm

Hjalmar Schacht den Führungsanspruch, und in der zweiten war eben Speer der Stubenälteste, wie man ungefähr sagen könnte. Der Schacht ist immer erst mit seiner Gruppe hingegangen, und Speer immer mit seiner Gruppe, wenn die fertig waren. Oben war dann Williams, der die Speisen ausgab, die Schnitten. Da konnte sich jeder bedienen, auch mit Marmelade oder damals mit der Kakaobutter. Und dann was zu trinken, und mittags gab es normale Kost. Eindecken konnte man sich nicht, aber man hatte reichlich zum Überleben.

BRELOER: Sie haben Brandt erwähnt.

GÜNTHER RUSNOK: Brandt war ziemlich Kopf hoch und vollständig losgelöst. Es fiel uns nicht auf, dass dem irgendwelche Skrupel anhafteten und dass er irgendwie Bedenken hätte, dass er zur Verantwortung gezogen werden könnte.

BRELOER: Wussten Sie, was der gemacht hatte?

GÜNTHER RUSNOK: Das wussten wir nicht. Der Name Brandt ist mir hier erst aufgefallen. Ich kannte ihn gar nicht, und was er gemacht hat, das habe ich auch erst nachher aus der Zeitung erfahren und aus den Rundfunkmeldungen, Fernsehmeldungen. Ich glaube nicht, dass jemand von den Insassen, bis auf ganz wenige, wussten, was er für Versuche mit Kriegsgefangenen angestellt hatte, wie es ihm vorgeworfen wird.

BRELOER: Er hat auch das »Euthanasie«-Programm zu verantworten gehabt.

GÜNTHER RUSNOK: Ja, weiß ich. Habe ich erst jetzt erfahren, vorher noch nicht. Das waren keine Themen. Auf solche Gräueltaten zu stoßen – da hat überhaupt niemand geglaubt, dass ein Mensch fähig wäre, irgendwie mit einem anderen Menschen Versuche anzustellen zur Überlebensfähigkeit …

BRELOER: Speer war vorher besonders eng befreundet mit Brandt. Ist das hier aufgefallen?

GÜNTHER RUSNOK: Nein. Speer war zu den üblichen Zeiten präsent, wenn es notwendig war, sonst war er weg. Ich wüsste nicht, dass er mit irgendjemandem längere Gespräche geführt hätte. Das gab es nicht. Das einzige längere Gespräch, das immer stattfand, das war, wenn wir vor dem Turm standen und warteten, dass wir zum Essen hochkamen.

BRELOER: Sie mochten Speer?

GÜNTHER RUSNOK: Der war geradlinig, er war offen, er guckte einem genau offen in die Augen. Nichts von wegen verdunkeln wollen oder irgendetwas abzuwehren oder abzuschwächen.

BRELOER: Kein schlechtes Gewissen?

GÜNTHER RUSNOK: Kein schlechtes Gewissen. Der Mann war so klar und so rein … Ich habe ihn heute nur als einen richtigen Kumpel in Erinnerung. Den hätte man gut als Kumpel gebrauchen können.

BRELOER: Trotz der Distanz, die er als Autorität aufbauen konnte?

GÜNTHER RUSNOK: Ja, freilich. Die hat man ihm gegeben, die hat er auch ausgenützt. Es blieb ja keine andere Wahl, wenn er Erfolg haben wollte. Er musste gegen zwei Fronten kämpfen, einmal die Industrie, ein zweites Mal die Generalität. Und die Standpunkte von der Industrie und der Generalität waren teils diametral, was die einen wollten, das mochten die anderen nicht. Da gab es Reibungspunkte, und die mussten dann behoben werden. Ich weiß bloß, dass der Saur sich ablehnend gegen die Industrie äußerte, da müsste man Druck machen, und dies und jenes. Ich wusste noch nicht mal, wer Saur war. Den Namen hatte man gehört, aber man hatte gar keine Vorstellung, welche Macht der in diesem Ministerium hatte. Saur und – wer war da noch?

BRELOER: Dorsch.

GÜNTHER RUSNOK: Dorsch hat sich ziemlich zurückgehalten, aus dem war nicht viel rauszukriegen. Ich wusste nur, dass er der Vertreter von Dr. Todt war, aber ansonsten war er ein unbeschriebenes Blatt.

BRELOER: Man hätte jederzeit das Gelände verlassen können?

GÜNTHER RUSNOK: Total. Ein Hopser über den Zaun, und man war draußen.

BRELOER: Aber niemand wollte weg.

GÜNTHER RUSNOK: Niemand, keiner hat das Verlangen gehabt. Man wusste ja, was draußen los ist – man wusste es nicht, aber man konnte ahnen aus den Nachrichten, die durchgedrungen sind, dass Lebensmittelknappheit herrschte. Da waren zwei Scheiben Brot, das war geschnitten auf dem Teller, da nahm man die beiden größten Scheiben von unten, klappte drauf, dann die Butter, strich die drauf und hatte seins; man fragte nicht, was die Letzten bekommen.

BRELOER: Und Speer?

GÜNTHER RUSNOK: Speer war gerade das Gegenteil, der ist oft ohne rausgegangen. Der hat sich in der Beziehung nicht vorgedrängt. Ich nehme auch an, dass ihm vielleicht seine Damen mal was zugesteckt haben. Er hatte auch guten Kontakt mit Williams, das war der Feldwebel, der Spieß, wie man so sagte. Und dann Harrison, das war der Kommandant, der sich ab und zu mal blicken ließ.

Breloer: Und dann gab es einen Offizier Hoeffding, der ihn oft vernahm.

Günther Rusnok: Das waren Leute, mit denen wir nicht in Berührung gekommen sind, es sei denn die, die interessant waren, von denen man was wissen wollte. Ich wusste nur von Speer, dass er täglich mit seinen Sekretärinnen bei den Vernehmungen war. Er war immer eingespannt, er stand nicht herum.

Breloer: Die anderen lagen schon mal auf der Wiese und haben sich gesonnt.

Günther Rusnok: Ja. Es war ein wunderschöner Sommer, ich wüsste nicht einen Regentag. Ich bin sechs Wochen hier oben gewesen – ein Tag war schöner als der andere.

Günther Rusnok: Das war der Saal. Wir hatten hier ein Podium vielleicht von sechzig, achtzig Zentimetern, die ganze Breite. Und da stand ein Flügel. Wir hatten hier regelmäßig unsere bunten Abende oder andere Vorträge. Da waren solche Kabarettisten dabei – Sie können sich vorstellen, das sind ja nicht die Dümmsten gewesen. Der eine war musikalisch, der andere trug ein Lied vor, wieder einer, Schacht, las Gedichte vor. Und bei so einem bunten Abend, da lachte man sich manchmal dusselig. Glauben Sie das? Das war eine Atmosphäre, die man heute gar nicht mehr verstehen kann.

Dolmetscher der Anklage

Richard W. Sonnenfeldt

Geboren 1923 in Gardelegen als Sohn einer jüdischen Arztfamilie. Kann 1938 nach England ausreisen, wo er 1940 irrtümlich als feindlicher Deutscher interniert wird. Deportation nach Australien, gelangt von dort über Indien in die USA. Nach der Einbürgerung als US-Soldat auf dem europäischen Kriegsschauplatz: Invasion in Südfrankreich, Ardennenschlacht, Konzentrationslager Dachau. Als Chefdolmetscher für die amerikanische Anklagebehörde bei den Nürnberger Prozessen tätig. Später in den USA Karriere als Elektroingenieur, u. a. Entwicklung der Videodisk. Autobiografie: *Mehr als ein Leben* (2003).[1]

»Trotzdem hatte der Mann eine gewisse Klasse«

Erst nach langem Hin und Her war er endlich aus New York für uns zum Lokaltermin nach Nürnberg gekommen, in den Justizpalast. 1945/46 war er schon einmal hier gewesen, als GI – direkt aus dem Krieg, als Übersetzer für die Anklage.

Wir waren mit ihm im noch vollkommen erhaltenen historischen Gerichtssaal des Internationalen Militärtribunals, von dem aus die Welt zum ersten Mal die schrecklichen Einzelheiten über Art und Ausmaß der NS-Verbrechen erfahren, in dem Albert Speer 1945/46 um sein Leben gekämpft hatte.

Der kleine, quirlige Mann saust in der Arena umher, erklärt uns die Sitzordnung und die Prozessbedingungen, zeigt uns Göring damals auf der Anklagebank – ganz deutlich sieht er alle wieder vor sich, wie sie im Herbst 1945 dort saßen. Ein intelligenter, informierter Mann, der uns nach all den Jahren Genaues auch darüber erzählen kann, welche Gefühle er diesen Angeklagten gegenüber hatte, die es, als sie die Macht hatten in Deutschland, auf ihn als Juden abgesehen hatten, und vom seltsamen Eindruck, den Speer auf ihn machte, der über sich reden konnte wie bei einer out-of-body experience *– als ob er über jemand anderen spräche …*

Im Gerichtssaal des Nürnberger Justizpalasts

Breloer: Wie sah es 1945 hier aus?

Richard Sonnenfeldt: Ganz anders. Diese Fenster waren alle mit Holz verkleidet, denn man wollte nicht, dass man von außen reingucken konnte und vielleicht die Richter erschießen – denn die Richter saßen an dieser Wand hier, oben auf einer … ich würde es eine Bank nennen. Die hatten hohe Stühle, und ich weiß nicht, ob Sie es wissen: Da gab es erst einmal eine Auseinandersetzung über hohe Stühle und niedrige Stühle für die Hauptrichter und die Nebenrichter, aber dann gab es Stühle, alle dieselbe Größe. Die haben hier an der Wand gesessen, und vor ihnen waren die Assistenten vom Gericht und die Stenographen und die anderen Beamten, ich glaube, man nannte sie Offiziere vom Gericht. Der Zeugenstand war ungefähr unter dem Kruzifix dort, und die Angeklagten saßen dann hier in zwei Reihen, und hinter ihnen standen amerikanische Soldaten in weißen polierten Helmen, vielleicht auch mit weißen Handschuhen. Vor den Angeklagten saßen die Verteidiger, und da hinten in der Ecke waren die Glaskabinen für die Dolmetscher, für jede Sprache gab es drei. Und dann in dieser Richtung hier, das waren die Anklägerbänke. Manchmal war ich im Gerichtssaal. Meine Funktion, mein Auftrag im Gerichtssaal war an sich sehr klein, ich war ein Vernehmer und ein Dolmetscher für die Anklagebehörde, aber ich kam zum Gericht, wenn Angeklagte oder Zeugen etwas ausgesagt haben, das ich vernommen hatte oder das ich gedolmetscht hatte, um sicher zu sein, dass sie es das zweite Mal genauso sagen. Und deswegen war ich auch oft im Gericht, wenn Zeugen oder Angeklagte wie Göring oder Keitel, auch Speer, dann hier zur Aussage waren.

BRELOER: Herr Sonnenfeldt – zwölf schreckliche Jahre waren vorüber. Sie hatten als deutscher Jude ins Ausland flüchten können, Sie kommen zurück als amerikanischer Soldat, und nun stehen Sie vor diesen Verbrechern, Göring, Heß, Speer. Wie war diese Begegnung für Sie?

RICHARD SONNENFELDT: Ich hatte zum Beispiel schon Hunderte von Stunden mit Göring verbracht, bis ich ihn hier im Gerichtssaal sah. Und ich hatte nicht Hunderte, aber vielleicht ein Dutzend Stunden schon mit Höß, der war der Kommandant von Auschwitz, verbracht vor seinem Erscheinen hier. Aber ich muss Ihnen ehrlich sagen: Wie ich nach Nürnberg kam, da war ich 22 Jahre alt, da war ich ein ganz einfacher Soldat. Und ohne etwas dazu zu tun, war ich zuerst der einzige Dolmetscher der amerikanischen Anklagebehörde und wurde dann der Hauptdolmetscher, und dann hatte ich zwölf andere Dolmetscher und ungefähr fünfunddreißig Stenographen und Schreibmaschinenleute unter mir. Ich war so erstaunt und so beschäftigt, dass ich sehr wenig Zeit für meine Gefühle hatte. Und ich war unter Eid, alles genau vollkommen zu übersetzen, wenn ich Dolmetscher war. Ich war mehr erstaunt als alles andere, wenn ich diese Menschen gesehen habe, denn die waren in der Presse so aufgeblasen worden wie Riesen. Und wie ich sie hier gesehen habe, da wusste ich natürlich, dass sie Gefangene waren, aber die meisten waren solche ordentlichen Leute, solche zweitklassigen Leute; zum Beispiel Göring nicht und Speer nicht und Schacht nicht, aber viele von den anderen waren so Erztypen von Spießbürgern oder zweitklassigen Leuten, dass ich Ihnen ehrlich sagen muss: Es war mehr Erstaunen. Ich kam her, nachdem ich Soldat in der amerikanischen Armee gewesen war. Ich war bei der Invasion von Südfrankreich, in der Ardennenschlacht durch die ganze Schlacht, durch Deutschland bis nach Österreich [dabei gewesen]. Und ich war Frontsoldat, ich war in einer Panzerspähgruppe und hatte Hunderte von Toten gesehen und Hunderttausende von Gefangenen. Ich war einer der Ersten, die nach Dachau gekommen sind, und da habe ich die Leichen gesehen und die Lebenden und sogar ein paar Lebende, die die Befreiung nicht überleben konnten – die waren so erregt von dem Ereignis, dass sie gestorben sind. Meine Reaktion im Gerichtssaal hier kam also nach ungefähr sechs oder neun Monaten von vielen Eindrücken als Frontsoldat, als Kämpfer, als Vernehmer. Ich war mehr erstaunt als alles andere.

BRELOER: Göring hatte etwas abgenommen, er war ja wohl morphiumsüchtig gewesen, als er gefasst wurde.

Richard Sonnenfeldt: *Well, not morphium* – er hat Paracodein genommen, da hat er so zwanzig Tabletten jeden Tag geschluckt. Das war, wie er gefangen genommen wurde. Wie ich ihn zum ersten Mal gesehen habe, im Juli 1945, da war er schon etwas entwöhnt.

Breloer: Was wollte Göring hier im Prozess erreichen, und wovor fürchtete er sich?

Richard Sonnenfeldt: Zuerst einmal wollte er als ein Held erinnert werden, der nicht alles auf Hitler abgeschoben hat. Die andern haben alle gesagt, es war nur Hitler oder Himmler. Das hat Göring nicht gemacht. Er war loyal bis zum Ende. Das Zweite ist, dass er gesagt hat: Ich habe alles, was ich gemacht habe, als Regierungschef eines unabhängigen Landes gemacht, und ich erkenne die Autorität des Gerichts nicht an. Und er hat alles beschrieben, wie die Nazis die Macht ergriffen haben, wie er die Gestapo gegründet hat, wie er seine Gegner verhaftet und ins Konzentrationslager geschickt hat. Jemand hat zu ihm gesagt: »Alle sagen, dass der Führer alle Entscheidungen gemacht hat, stimmt das?« Und Göring hat dagesessen und gesagt: »Ja, deshalb war er der Führer.« Diese ganze Regierung und diese ganze Partei, das war eine Kette von Befehlshabern und Untertanen, und jeder in dieser Kette war ein Glied, aber Göring hat für sich in Anspruch genommen, das Hauptglied zu sein. Und er hat mal dem Psychologen Gilbert gesagt: Wenn dieser Prozess hier vorbei ist, dreißig Jahre *from now,* da bauen die Deutschen mir ein Marmorgrab, dann werden sie sich an mich erinnern. Göring wollte als Märtyrer oder als Held sterben, und er hat sich nicht erniedrigt wie die meisten von den anderen, zu sagen: »Davon habe ich nichts gewusst.«

Breloer: Er wollte ja wohl die anderen Angeklagten mit hineinziehen in eine gemeinsame Front, die den Siegern sagt: ›Das ist euer Prozess. Wir spielen nicht mit.‹

Richard Sonnenfeldt: Ohne Zweifel war das das Ziel von Göring. Aber da waren einige Angeklagte, die haben das nicht mitgemacht. Schacht hat das nicht mitgemacht, Speer hat sich davon distanziert, Fritzsche hat sich davon distanziert und später auch [Hans] Frank. Aber das war das Ziel von Göring.

Breloer: Speer war der Musterzeuge.

Richard Sonnenfeldt: Ich würde ihn nicht den Musterzeugen nennen, aber der hat diese Rolle gespielt, weil er wollte. Wir haben nicht einen Musterzeugen aus ihm gemacht. Ich war bei Speer schon bei der Vernehmung vor der Gerichtssitzung. Der wurde von einem amerikanischen Colonel Gurfein vernommen. Der hat auch den Funk vernommen. Und das Hauptinteresse von Gurfein war die deutsche Wirtschaft und die deutsche Rüstung, aber die Anklage gegen Speer hatte als Hauptziel die Benutzung der Sklavenarbeiter. Aber wie weltbekannt ist, hat Speer sich in den letzten Monaten des »Dritten Reiches« entschlossen, Hitler nicht mehr zu dienen, er hat behauptet – manche Leute glauben das und manche nicht –, dass er versuchen wollte, Hitler zu vergiften, und er hat beschrieben, wie das nicht gegangen ist mit dem Giftgas. Denn er war in den letzten Monaten des »Dritten Reiches« überzeugt, dass Hitler das deutsche Volk und die deutsche Nation so schädigen würde, dass er beseitigt werden muss. Und er war entsetzt, dass Hitler die Verantwortung für den Krieg und für die Niederlage auf das deutsche Volk geschoben hat. Aber in diesem Rahmen hat Speer schon in seiner Vernehmung vor dem Prozess und auch hier auf dem Zeugenstuhl eine lange Rede gehalten über den Unsinn des Führerprinzips und den autoritären Staat, und er hat beschrieben, was für dumme Dinge durch das Führerprinzip gemacht wurden. Ich kann mich noch wie heute daran erinnern: Er hat darüber gesprochen, wie die Kombination der fortschreitenden Technik mit einem Führerstaat das größte Unheil für die Menschlichkeit werden kann. Und er hat beschrieben, wie Raketen von Deutschland nach Amerika geschickt werden können, und er hat über Giftgas und all die Sachen gesprochen, die wir jetzt die Waffen der Massenvernichtung nennen. Er war meiner Meinung nach ganz objektiv, und seine Analyse der ganzen Nazizeit und des Führerprinzips und des Missbrauchs der Technik war so überzeugend und hat meiner Meinung nach die Richter so beeindruckt, dass sie ihn nicht genug über sein eigenes Tun gefragt haben. Die haben ihn etwas gefragt, aber die Anklage gegen ihn war auch nicht Vorbereitung eines aggressiven Krieges, denn da war er Architekt. Die einzige Anklage gegen ihn war die Benutzung von Sklavenarbeitern für die Rüstung. Und er war so überzeugend und ein so guter Ankläger des ganzen Führerprinzips, dieses ganzen Nazi-Ungeheuers, dass er wie ein Zauberer war. Weder die Ankläger noch die Richter haben ihn alle Fragen gefragt, und er hat alles auf Sauckel abgeschoben. Er hat so ein Bekenntnis gemacht, und ich glaube, ich weiß es noch Wort für Wort: ›Als Mitglied einer solchen Regierung muss ich an der Verantwortung teilnehmen.‹ Aber nie hat er gesagt: ›Ich übernehme eine Verantwortung für dies oder das.‹

Breloer: Und er hat zwischen Verantwortung und Schuld unterschieden.

Richard Sonnenfeldt: Ja, genau so. Aber da war auch noch etwas anderes mit diesem Mann Speer: Er hat über sich gesprochen, als ob er eine dritte Person war. Wir nennen das eine *out-of-body experience,* als ob er oben geschwebt und runtergeguckt hat. Er hat darüber gesprochen, aber nie eine Schuld begangen. Er hat nur gesagt, er war kein Antisemit; er hat niemals gesagt, dass der Antisemitismus im Grunde ganz falsch war und dass die Tötung der Menschen ein ungeheures Verbrechen war. Er war ein phänomenaler Mensch.

Breloer: Der Speer von 1945/46 war ein anderer als der vorher, über den er sich nun kluge Gedanken machte. Wenn er das alles im Herzen gespürt hätte, was er bis 1945 getan und gewusst hat – vielleicht hätte er da nicht weiterleben können.

Richard Sonnenfeldt: Ja, die Leute schützen sich vor Kenntnis, die gefährlich für sie sein kann. Ich bin kein Jurist, ich bin kein Historiker, ich bin auch kein Psychiater, aber ich dachte immer, dass der Speer der Klügste von all diesen Angeklagten war, außer vielleicht Schacht. Aber ich glaube, der Speer hat aus seinem eigenen Willen zum Leben, um sich zu beschützen, manche Gedanken nicht gedacht – oder nicht ausgedrückt.

Breloer: Haben Sie Speer in den entscheidenden Punkten geglaubt – dass die gesamte Verantwortung für die Sklavenarbeit bei Sauckel lag, dass er von den Morden an den Juden nichts gewusst hat?

Richard Sonnenfeldt: Sie fragen zwei verschiedene Fragen. Die erste Frage: Hat er über die Sklavenarbeiter gewusst? Er hatte Verantwortung für ihre Benutzung, aber nicht für ihre Betreuung. Und dahinter hat er sich versteckt. Er hat gesagt: Mir war es wichtig, sie zu benutzen, und ich wollte gern, dass man ihnen genug zu essen gibt; aber das war nicht meine Verantwortung, das war Sauckel oder das war der Fabrikbesitzer. Und er hat so die Menschen wissen lassen: Das waren Kleinigkeiten, in die er nicht direkt hineinwirken konnte. Ich persönlich habe gedacht, dass er gewusst hat, was mit diesen Sklavenarbeitern geschehen war, aber es nicht als seine Verantwortlichkeit angesehen hat. Aber über die Vernichtungslager … Ich habe mit Rudolf Höß gesprochen, der war der Kommandant von Auschwitz. Der hat mir erklärt, dass es ihm und jedem SS-Mann unter Gefahr des Todesurteils verboten war, über diese Vernichtungslager zu irgendeinem, zu all den anderen Nazis zu sprechen; denn Himmler wollte das als ein Geheimnis haben. Und ich glaube, soweit ich es beurteilen kann, dass die Deutschen im großen Ganzen gewusst haben, dass etwas geschehen ist, und die haben gesehen, dass ihre Nachbarn wegtransportiert wurden. Aber man hat ihnen gesagt: »Die gehen nach Theresienstadt, und da haben sie ein gutes Leben.« Und manche haben von Konzentrationslagern wie Dachau und Buchenwald und Oranienburg gewusst, aber das waren keine Vernichtungslager. Die Deutschen haben gewusst und verstanden: Das KZ, das war etwas Furchtbares. Aber ich glaube nicht, dass die Deutschen oder sogar Speer oder die anderen Mitglieder von dem vollen Ausmaß der Vernichtungslager wussten oder vom Holocaust. Denn ich kann mich erinnern: Als der Film hier gezeigt wurde, da sind sie zusammengebrochen. Der Frank, die Soldaten haben es bestimmt nicht gewusst. Sie wissen doch, was der Göring darüber gesagt hat? »Das war nur ein Propaganda-Film, wie der Goebbels einen gemacht hätte.«

Breloer: Der Gefängnispsychologe Gilbert schreibt: Speer »zeigte äußerlich keine Gefühlsbewegung, erklärte jedoch, er sei nun noch entschlossener, eine Kollektiv-Verantwortlichkeit der Partei-Führerschaft zu bekennen und das ganze deutsche Volk von der Schuld freizusprechen«.[2] Was hat das zu bedeuten?

Richard Sonnenfeldt: Das hat der Speer mehrmals gesagt: ›Ich muss die Übel des Führerprinzips und der ganzen Diktatur bekennen, um das deutsche Volk freizusprechen‹. Das heißt: Das deutsche Volk war nur unter der Gewalt von Hitler und der Partei, und die haben selbst keine Schuld daran gehabt. Er hat sich als einen Sündenbock gesehen, ohne jemals ein Verbrechen zu gestehen.

Breloer: Das ist ein sehr komplizierter Verteidigungsakt gewesen, den er hier vollbracht hat. Für *reeducation* war Speer wunderbar zu gebrauchen. Auch, um Göring zu isolieren.

Richard Sonnenfeldt: Er war gut dazu, und er hat nicht gejammert.

Breloer: Wie hat er Göring isoliert?

Richard Sonnenfeldt: Da waren mehrere Männer, für die es schwer war, sich gegen Göring zu wehren. Aber da waren eine ganze Reihe, die ihn gehasst haben: Schacht hat Göring gehasst, Fritzsche, der Propaganda-Mann, der wurde auch freigesprochen, der hat den Göring gehasst. Die Generäle Jodl und Keitel und Dönitz und Raeder haben Göring gehasst, weil er ein großer Angeber war, und er war der Reichsmarschall, hatte den höchsten Rang im Reich gehabt, und die dachten, er war ein Scharlatan. Und Frank, *of course,* Frank hatte sich bekannt. Speer hat dagesessen und hat gesehen, wie Göring diese Leute manipuliert hat. Und der Speer hat gewartet, bis seine Zeit kam, um in die Öffentlichkeit zu gehen, und nachdem er das getan hatte, hat auch Göring seine Macht verloren. Denn es wurde sehr schwierig für Göring, noch zu sagen, das Führerprinzip war gut, das war eine moderne Organisation – denn Speer hatte nicht nur über das Übel gesprochen, sondern über die Lächerlichkeit

BRELOER: Speer war ein nützlicher Angeklagter. War er Ihnen sympathisch?

RICHARD SONNENFELDT: Wissen Sie – die meisten von denen hätten es nie im ordentlichen Leben zu etwas gebracht. Der Speer war ein Mann, der war ein Architekt; und ob sein Geschmack einem gefallen hat, macht gar nichts aus, aber er war ein Berufsmann. Speer hätte es unter jeder Regierung, in jedem Lande zu etwas gebracht. Vielleicht hätte er nur sein eigenes Geschäft als Architekt gehabt, aber er wurde Hitlers Architekt. Und er hat besonders den amerikanischen Richter Biddle beeindruckt durch seine Erklärung über das Nazisystem und die Narrheit des Führerprinzips. Viele Leute wissen es nicht: Justice Lawrence, der hat den Gerichtssaal beherrscht, aber Birkett und Biddle waren die größten intellektuellen Einflüsse auf ihn. Und Speer hat die beeindruckt mit seiner ganzen Haltung. Die Richter haben sich zurückgelehnt, um gerecht auszusehen, aber die haben den Göring gehasst und ihn verachtet. Und ich glaube, es hat sie auch beeinflusst, dass Speer diese Einheit der Angeklagten gesprengt hat.

BRELOER: Alle Angeklagten müssen lernen, dass dieser Prozess nach amerikanischem Recht geht.

RICHARD SONNENFELDT: Es war nicht nur das amerikanische Gerichtsverfahren. Die Londoner Konferenz vom 15. August 1945 hat die sogenannte Charta dieses Internationalen Militärtribunals veröffentlicht, und das war sozusagen das Grundgesetz, unter dem die Richter, die Ankläger und die Verteidiger zu arbeiten hatten. Aber der Verlauf des Prozesses wurde nach dem sogenannten ›Common Law‹ englischer und amerikanischer Art gemacht, und das ist dreiteilig. Da gibt es das Gericht, da gibt es die Ankläger und die Verteidiger. Und dieses Verfahren ist ganz anders als das gewöhnliche deutsche oder kontinentale oder napoleonische Gerichtswesen, denn es wird dem Ankläger in erster Linie überlassen, die Anklage zu stützen. Er klagt den Angeklagten an, gewisse Verbrechen begangen zu haben, und er liefert die Beweise dafür. Der Angeklagte hat dann das Recht, mit seinem Verteidiger für sich selbst zu erscheinen, das ist auch im deutschen Recht nicht so. Er wird vereidigt und er sagt aus. Er muss es nicht, aber er darf es.

BRELOER: Er kann auch mit seinem Anwalt eine Art Frage-und-Antwort-Spiel veranstalten.

RICHARD SONNENFELDT: Der Verteidiger kann mit seinem Angeklagten jede Rolle und jedes Spiel ausüben. Der Ankläger ist der Verfolger, der Verteidigungsanwalt ist der Verteidiger, die Richter sind die Schiedsrichter, und der Ankläger hat auch nicht die Pflicht, alle entlastenden Tatsachen anzubringen. Das ist dem Verteidiger überlassen. Es ist keine Frage, dass die Verhandlungsweise etwas schwierig war für die Deutschen. Aber die Deutschen hatten einen großen Vorteil: Die kannten ihr Land, die kannten ihre Sitten, die kannten die Organisation, die kannten alles, und die Amerikaner kannten das Wenigste, denn die waren am weitesten weg. Die Engländer waren fabelhaft, denn die haben sich sehr bemüht und waren gute Studenten. Die Franzosen waren sehr theoretisch, und die Russen wollten nur damit fertig werden.

BRELOER: Alle sollten hängen.

RICHARD SONNENFELDT: Ja. ›Warum sind wir hier?‹

BRELOER: Speer sitzt in seiner Zelle, hört Stimmen von weitem, und dann tritt ein Major Neave[3] ein, neben ihm ein junger Herr Sonnenfeldt. Major Neave sagt: »*I'm Major Neave, the officer of the International Military Tribunal to serve upon you a copy of the Indictment in which you are named as defendant.*«

RICHARD SONNENFELDT: *Never happened, nothing like that at all.* Ich wurde vereidigt als Übersetzer und *representative* der Anklage, mit Major Airey Neave – Neave war ein Mitglied des Internationalen Tribunals –, die Anklage zu überreichen. Und wir gingen runter ins Gefängnis, und im Gefängnis war der Kommandant Colonel Andrus, das war der mit seinem polierten Helm, der hat Pistolen mit Juwelen dran gehabt und einen weißen Gürtel, und der hat die Hand auf der Pistole gehabt, und hinter ihm marschierten zwei russische Offiziere. Wir setzten einen kleinen Tisch auf, und dann wurden die Gefangenen zu unserem Tisch einzeln aus der Zelle gebracht, einer nach dem anderen.

BRELOER: Speer schreibt in seinen *Erinnerungen,*[4] Sie wären von Zelle zu Zelle gegangen …

Richard Sonnenfeldt: Da waren zwanzig Zellen, und wenn der Tisch erst hier stand, und dann wurde der Tisch da runter gebracht, da ist es möglich, dass er gedacht hat, dass wir zu jeder Zelle gegangen sind. Aber die Gefangenen wurden einzeln zu uns rausgebracht.

Breloer: Dann haben Sie diesen Text übersetzt – könnten Sie ihn uns vorlesen?

Richard Sonnenfeldt: »Sie sind der Verbrechen gegen den Frieden, der Kriegsverbrechen, Verbrechen gegen die Menschlichkeit, des Völkermords oder der Verschwörung zu einer der vorher genannten Handlungen angeklagt. Sie haben das Recht, sich vor Gericht selber zu verteidigen oder die Hilfe eines Verteidigers in Anspruch zu nehmen.« – Ja, das habe ich zwanzigmal gesagt.

Breloer: Und dann geben Sie ihm eine Liste von zugelassenen deutschen Anwälten. »Wir erwarten bis morgen Ihre Entscheidung.«

Richard Sonnenfeldt: Das habe ich auch übersetzt, aber Neave hat ihnen diese Liste gegeben.

Breloer: Und dann haben die Gefangenen die Anklageschrift in der Zelle, und sie müssen lesen, was für fürchterliche Dinge darin stehen: Kriegsverbrechen, Deportation, Sklavenarbeit in den besetzten Gebieten, Mord oder Misshandlung von Kriegsgefangenen … Viele brechen darunter zusammen, als sie diese Anklage lesen.

Richard Sonnenfeldt: Ich glaube, ich erinnere mich richtig, dass die Ordnung der Angeklagten in der Anklageschrift dieselbe war wie die Ordnung des Sitzens in der Anklagebank. Und ich glaube, dass Göring der Erste war, den wir sahen, und Speer vielleicht der Letzte. Aber wie wir dem Göring die Schrift überreicht haben – das hatte er erwartet. Ich weiß nicht, ob Sie wussten: Ich war Görings Lieblingsdolmetscher, er wollte nur durch mich sprechen. Das haben wir ihm nicht immer erlaubt. Aber er und ich hatten eine große Auseinandersetzung beim ersten Mal, und danach wollte er nur durch mich sprechen. Wissen Sie, warum? Er war der Hauptangeklagte, der Vernehmer war der Hauptvernehmer und ich war der Hauptdolmetscher. Das musste bei ihm so sein. Als wir ihm die Anklageschrift überreichten, hat der Göring mich angeguckt und hat gesagt: »Am Gericht brauche ich jetzt einen guten Dolmetscher mehr als einen Anwalt.« Und da habe ich zu ihm leise gesagt: »Für Sie bin ich nicht da.« – Aber die haben alle anders reagiert. Ich kann mich zum Beispiel an Speer erinnern, der war sehr kühl und sachlich, der hat die Schrift angenommen und ist wieder in sein Zelle gegangen. Andere sind beinahe zusammengebrochen, ich kann mich an Keitel erinnern, das war der Generalfeldmarschall, der wurde puterrot im Gesicht, und ich habe seine Halsader hier schlagen gesehen. Aber ich hatte auch so meine eigenen Gedanken, wie ich ihnen diese Schrift überreicht habe und diese Worte wiederholt habe: Hier waren diese Leute, und ihre Hände waren sauber. Die sahen nicht wie Missetäter oder Verbrecher aus. Die sahen wie ganz ordentliche Leute auf der Straße aus. Und das hat die Furcht erregt, dass so eine Diktatur noch einmal zustande kommen kann. Und ich habe mich gefragt: Wie war es möglich für diese Leute, die so ordentlich aussahen, solche Missetaten zu tun und so eine Furcht in der Welt zu verbreiten? Und dann kam die Erklärung zu mir, und die ist sehr einfach: Wer anders als ein drittklassiger Mensch kann für einen Führer, für einen Diktator arbeiten, der nie zuhört, der nur Befehle gibt, der seine eigene irrsinnige Anschauung von der Weltgeschichte hat? Dann versteht man: Das können nur Jasager sein, das können nur Kriecher sein. Das waren Leute, die nach oben gebuckelt und nach unten getreten haben. Und ich muss sagen: In dieser Reihe waren wieder dieselben Ausnahmen, die ich schon mal erwähnt hatte: Göring hatte seine eigene Persönlichkeit, Schacht war seine eigene Person – und Speer. Speer war immer kühl und objektiv. Die anderen haben sich immer hinter Hitler versteckt oder hinter ihrem Unwissen versteckt oder gesagt, sie waren nur Soldaten, die damit nichts zu tun hatten. Die waren wirklich drittklassig.

BRELOER: Diese Angeklagten waren diejenigen, die Sie ermordet hätten, die Ihre Familien ermordet haben. War da nicht so etwas wie Hass und Wut bei Ihnen?

RICHARD SONNENFELDT: Als wir zuerst in Nürnberg ankamen, da hatte ich schon das Konzentrationslager in Dachau gesehen, und ich hatte richtige Wut gegen Himmler, der hatte schon Selbstmord begangen, und gegen Kaltenbrunner, der war ein Teil der SS und des SD. Und ich wusste nicht, wie ich zuerst nach Nürnberg kam, welchen Anteil alle die Angeklagten an diesem Verbrechen hatten, entweder durch Wissen oder weil sie Mitglieder einer Regierung waren. Bis Rudolf Höß gefangen genommen wurde, war es gar nicht klar, wie groß das Ausmaß dieses Holocaust war oder das Ausmaß des Tötens in Russland. Das erste Mal, wie ich Höß gesehen habe, habe ich zu ihm gesagt: »Herr Höß, stimmt es, dass dreieinhalb Millionen Menschen in Auschwitz verbrannt wurden?« Und da hat er mich angeguckt und ge-

sagt: »Das stimmt nicht. Das waren nur zweieinhalb Millionen.«[5] Und
da habe ich zu ihm gesagt: »Was ist mit den anderen passiert?« – »Die
sind verhungert und die sind durch die Krankheit gestorben.« Und wie
wir dann diese Zeugen verhört haben, den Ziereis, der war Kommandant von Mauthausen – seinen Sohn habe ich getroffen, und den Sohn
habe ich gefragt, sein Vater war verschwunden: »Wie war es mit dir
und deinem Vater?«, da lacht er: »Mit dem bin ich gut ausgekommen,
außer einmal, zu meinem zehnten Geburtstag. Da hat er mir ein Gewehr geschenkt, und da musste ich auf sechs Gefangene schießen, bis
sie tot waren.« Und das war sehr schwer für mich. Und da habe ich es
mehr und mehr und mehr mit der Wut bekommen. Bis ich diesen
Film hier im Gerichtssaal gesehen habe, haben die meisten Menschen
gar nichts von dem Ausmaß dieser Übeltaten gewusst. Zum Beispiel
hatten wir nicht gewusst, in welchem Maß die deutschen Generäle sich
an diesen Einsatzgruppen beteiligt hatten oder davon gewusst hatten.
Und wir hatten nicht gewusst, dass der Göring den Befehl zur Endlösung der Judenfrage gegeben hat.[6] Wie wir herausgefunden haben,
dass die Waffen-SS amerikanische Soldaten erschossen hat, da waren
wir wütend auf sie, und da haben wir auch keine Gefangenen mehr genommen. Und ich war auf einzelne SS-Männer und Konzentrations-
lager-Kommandanten wütend. Aber wir haben am Anfang gar nicht
verstanden, genau wie Speer es gesagt hat, in welchem Maße diese
ganze Regierung, diese ganze Partei verbrecherisch war. Das hat Wochen und Monate gedauert, bis die Wut über mich gekommen ist.
Denn das hat so lange gedauert, bis ich verstanden habe, was für eine
verbrecherische Gruppe das Ganze war. Ich war 22 Jahre alt, ich war
neugierig, was für Menschen das waren, und ich habe so viel über die
Geschichte gelernt. Ich habe auch gelernt, wie die Franzosen und die
Engländer dem Hitler ausgewichen waren. Ich war zuerst wie ein Kind
im Spielzeugladen, und es hat eine lange Zeit gedauert, bis es mir wirklich klar wurde, was für eine üble Gesellschaft das war.

Breloer: Und Sie wussten ja nicht, was die Angeklagten die ganze Zeit
verschwiegen. Man hält Göring das Mittelwerk Dora[7] vor, und es gibt
Zeugen, die über die schrecklichen Verhältnisse in diesem Konzentrationslager berichten. Niemand kommt aber auf die Idee, dass Dora
dem Rüstungsministerium gehört hat, dass Speer dort gewesen ist,
dass er es gesehen hat.

Richard Sonnenfeldt: *That's right.* Ich habe versucht, es zu erklären:

Bei mir ist ein Stück nach dem anderen gekommen, bis die Leute hier im Prozess gesessen haben, bis alle die Stücke zusammengekommen waren. Zum Beispiel haben wir den Rudolf Höß erst im März gefunden, und der Prozess hat im November angefangen. Und ich habe mit dem Ziereis und den Leuten in Mauthausen gesprochen, um zu beweisen, dass Leute wie Speer oder Kaltenbrunner da waren. Bis zum Ende Oktober 1945 haben wir nur mit den Angeklagten gesprochen, und die haben entweder alles verneint oder gesagt, es war nicht ihre Schuld. Und dann zwischen November und März haben wir, ein Stück nach dem anderen, diese große ungeheure Geschichte gefunden. Und deswegen ist die Wut Woche nach Woche, Monat nach Monat über mich gekommen, bis ich das ganze Bild gesehen habe. Nach dem 20. Oktober 1945, dem Tag, wo wir die Anklage im Gefängnis ausgeteilt haben, konnten wir mit den Angeklagten nicht mehr sprechen. Ich wusste schon, dass ich nicht Dolmetscher im Gericht wurde, und da hat mein Vorgesetzter zu mir gesagt: »Okay, jetzt siehst du dir alle die Dokumente an.« Und erst dann haben wir angefangen, andere Zeugen zu finden. Zum Beispiel Höß wurde im März gefunden, Erwin Lahousen, der war der Stellvertreter von Canaris, den habe ich im Februar oder im März entdeckt. Zum Beispiel bin ich zu Besuch zu Frau Himmler gefahren, um mit ihr zu sprechen, und die hat mir nichts erzählt. Aber dann habe ich die Sekretärin von Hitler, Johanna Wolf, gefunden und den Chauffeur von Hitler, Erich Kempka, und der hat mir über die Flucht aus dem Bunker erzählt. Und da war immer die Frage: Was ist aus dem Bormann geworden, und was aus dem Müller und all diesen Leuten? Wir haben gar keine Zeit gehabt, Zeugen systematisch zu finden und zu verhören bis Oktober, November. Und dann war ich damit hundert Prozent beschäftigt. Viele von ihnen habe ich selbst verhört oder als Dolmetscher, und immer, wenn ich etwas Wichtiges gefunden habe, dann wurden sie hierher gebracht.

Breloer: Dora kam hier zur Sprache – aber niemand hatte die Idee, dass das zum Bereich des Angeklagten Speer gehört, dass der dafür verantwortlich ist. Er ist gar nicht danach gefragt worden. Wieso ist Ihnen seine Verantwortlichkeit für dieses vielleicht schrecklichste KZ auf deutschem Boden entgangen?

Richard Sonnenfeldt: Eine große Schwierigkeit war, was Speer auch auf andere Art beschrieben hat: Deutschland hatte keine Regierung wie England oder Frankreich oder die Vereinigten Staaten, wo sie klare

Verantwortlichkeitsgebiete haben; da war eine große Beirrung zwischen der Verantwortlichkeit von verschiedenen Leuten, und es hat lange gedauert, bis wir das entziffert hatten. Ich habe zuerst gesagt: »Machen Sie mir mal einen Plan von der ganzen Konzentrationslagerverwaltung.« Und wir haben zu Sauckel gesagt: »Wir wollen mal Ihre Organisation sehen.« Und er konnte es nicht zeichnen. Und Speer hat es nur im großen Rahmen gemacht. Ich muss Ihnen sagen: Wir haben es nicht entdeckt. Ich habe mir wirklich nicht erlaubt, eine eigene Meinung über so viele Sachen zu haben, die die Angeklagten gesagt haben. Die haben immer gesagt, sie haben nichts gewusst, sie waren nicht da oder sind vorher weggegangen. Sie haben nichts gewusst, bis Beweise kamen, und dann konnten sie sich plötzlich erinnern; dann kamen sie mit einem anderen Grund an. Ich kann mich an Einzelheiten mit Speer gar nicht erinnern, aber ich habe mich immer darüber gewundert, warum er so wenig wusste. Das Einzige, was ich von Speer total geglaubt habe, ist seine Behauptung, als der Vernichtungsbefehl für das deutsche Volk von Hitler kam, dass er sich dann besonnen hat und gesagt hat: ›Dieser Mann ist ein Übel, dieser Mann ist nicht ein Sohn unseres Volkes, dieser Mann ist ein Teufel.‹ Aber ob er ihn wirklich töten wollte oder ob das nur eine unausgeführte Idee war, das kann ich Ihnen nicht sagen. Aber die Überzeugung, dass es ein Unrecht von Hitler war, das deutsche Volk für seine Fehler verantwortlich zu machen, das hat dem Speer endlich eingeleuchtet. Das ist das Einzige, was ich wirklich von ihm glaube. Ich glaube, bei dem Speer war es sein Willen zum Leben, sich zu sagen: ›Was nun? Was kommt nach dem Zusammenbruch?‹ Viele von den Nazis und viele Deutsche hatten schon früh im Jahre 1945 den Verdacht, dass die Allianz zwischen den westlichen Mächten und den Russen nicht dauern wird. Und die Hoffnung von Himmler und vielleicht Speer war, dass sie mit den westlichen Mächten arbeiten könnten als Berater oder Führer oder etwas, um gegen die Russen zu kämpfen. Denn die Deutschen haben lange schon vor dem Kalten Krieg erwartet, dass diese Allianz nicht dauert.

Breloer: Speers Attentatspläne – das sind alles sehr abenteuerliche Geschichten, aber die haben Eindruck gemacht.

Richard Sonnenfeldt: Man hat die Worte gehört, man konnte Zweifel haben – und trotzdem hatte der Mann eine gewisse Klasse. Er hat einen sympathischen Eindruck gemacht. Und ohne Zweifel hat er den verdient und ausgenutzt, aber das heißt nicht, dass er kein Lügner war.

BRELOER: Und hier ist er mit seiner sympathischen Erscheinung durch das Gericht gerutscht?

RICHARD SONNENFELDT: Ein Teil der Erklärung davon ist, dass die amerikanischen Ankläger von Speer nicht in der ersten Reihe standen. In der ersten Reihe waren die Ankläger von Göring, von Ribbentrop, von Keitel. Es ist kein Zufall, dass zum Beispiel Speer etwas leichter davongekommen ist und Fritzsche freigesprochen wurde, denn das waren nicht unsere besten Ankläger. Der Speer war gar nicht in Jacksons Bewusstsein. Die *research*, die Suche nach Beweismaterial gegen Speer war viel weniger als zum Beispiel zu Göring. Vielleicht zwanzig Menschen waren daran beteiligt, Anklagematerial gegen Göring zu finden, und vielleicht drei oder vier gegen Speer. Er war der Zwanzigste auf der Liste.

BRELOER: Es gab Wetten hier im Journalistenbüro: Wer wird hängen, wer wird nicht hängen? Erinnern Sie sich?

RICHARD SONNENFELDT: Ja. Wissen Sie, was die Wette war? Dass Sauckel und Speer gleichwertig waren. Aber das Beweismaterial über Speer, wie es hier im Gericht vorgestellt wurde, war nicht so überzeugend.[8] Ich war vielleicht bei zwei oder drei Vernehmungen von Speer dabei, und ich war bei mindestens dreißig Vernehmungen von Göring dabei. Und daraus allein können Sie sehen – denn mein Hauptvernehmer war Colonel Amen, der war der Hauptvernehmer der Anklagebehörde. Der hat nicht viel Zeit mit Speer verbracht.

BRELOER: Hier lief der Prozess jeden Tag, die Arbeit war anstrengend. Und dann, wenn die Nacht kam in Nürnberg, wenn Sie sich erholen konnten – wie war das?

RICHARD SONNENFELDT: Manchmal sehr schön. Ich habe morgens um acht Uhr angefangen, Beweismaterialien zu lesen, die in den Vernehmungen benutzt wurden, denn ich habe die deutschen Versionen davon gelesen. Die Vernehmer konnten nur Englisch sprechen. Wir haben von acht bis zwölf Uhr gearbeitet. Dann habe ich schnell gegessen, um ein Uhr kamen die ersten Abschriften von diesen Vernehmungen, und die habe ich dann durchgelesen und korrigiert. Um zwei Uhr haben wir wieder angefangen mit Vernehmen und dann bis fünf Uhr gearbeitet. Das war schwere Arbeit, da musste man sich konzentrieren, ich war unter Eid. Um fünf Uhr ging es dann weg zum Grand Hotel, da hatte ich erst mal einen Martini oder einen Whisky an der Bar, und meine Freunde haben behauptet, dass, wenn sie mir etwas auf Englisch sagten, ich es auf Deutsch wiederholt habe. *(Lacht.)* Und dann ging es in den großen Esssaal, da waren so deutsche Tanztruppen. Und ich war 22 Jahre alt, und da waren viele Sekretärinnen und da waren auch sehr hübsche Korrespondentinnen, da war eine Margaret Higgins, die war sehr sexy, und die hat mich zum Tanzen aufgefordert. Das hat mich sehr gefreut. Und dann sind wir wieder zur Bar gegangen und haben Karten gespielt, denn wir waren so voll von diesen Sachen, wir wollten nicht darüber reden.

BRELOER: Die Stadt Nürnberg – wie sah die aus?

RICHARD SONNENFELDT: Da gab es keine Stadt. Das erste Mal, wie ich ankam, da kam ich mit einem zweimotorigen C-45 Flugzeug aus Paris an, das war im Juli 1945. Das Fahrwerk von dem Flugzeug ging nicht runter, und deswegen musste es über dem Parteigelände kreisen. Und so weit wie das Auge reichte, konnte ich kein Dach, kein Haus außer einem Teil des Justizpalastes mit einem Dach sehen. Und man konnte runter in die Häuser gucken, viele hatten keine Etagen mehr. Und da gab es keine Straßen, die waren noch *full of shit*. Der Pilot hat immer das Flugzeug so geschüttelt, da kam das Fahrwerk runter, und wir sind gelandet. Da war ein Panzerwagen und zwei Jeeps, um uns abzuholen. Und da waren ganz enge Pfade zwischen diesen Schutthaufen. Ich habe eine Zigarette aus dem Jeep rausgeworfen, und auf einmal sind drei deutsche Frauen darauf gestürzt wie Möwen, denn es gab keinen Tabak. Es gab keine Seife, es gab keinen Kaffee. Die haben Rüben und Kartoffeln gegessen, das Wasser kam aus dem Fluss. Da waren keine Männer, die waren alle Kriegsgefangene, außer Einarmigen oder Einbeinigen.

BRELOER: Roch es noch nach Feuer, war Gestank in der Luft?

RICHARD SONNENFELDT: Gestank. Ich kannte den Gestank von Kordit[9] aus dem Krieg, und ich kannte auch den Gestank von Leichen. Die Leichen lagen noch unter den Häusern, unbeerdigt – da waren diese großen Schutthaufen. Und ich erinnere mich noch an eine Katze, die hatte nur Knochen und Haut, die war ganz mager, und die hatte eine Ratte gefangen. Also da gab es kein Deutschland. Und da hat Jackson gesagt: »Wenn wir, die Sieger, es nicht machen, kann es nicht gemacht werden, denn es gibt auch keine Neutralen.« Und im selben Satz hat er uns auch aufgefordert, das gerecht zu machen. Denn er hat gesagt: »Wenn wir diesen Gefangenen aus einem vergifteten Becher zu trinken geben, dann wird die Geschichte kommen, und wir werden später aus demselben vergifteten Becher zu trinken haben.«

BRELOER: Nachdem Speer 1966 aus Spandau entlassen worden war, wurde er zum Erfolgsbuchautor. Ein gewandelter Mann, der von nichts gewusst hat.

RICHARD SONNENFELDT: Die Grundlage davon hat er hier in Nürnberg gelegt. In seinem Buch schreibt er über seine Gedanken, da schreibt er über das »Dritte Reich«, aber er schreibt nichts über seine persönliche Verantwortung. Ich hatte immer das Gefühl über Speer, seine Seele und sein Gewissen und seine Gefühle, wenn er die je hatte, die waren hier *(zeigt weg von sich)*, und sein Gehirn und sein Willen zum Leben und sich zu verteidigen waren hier. Vielleicht war das ein Selbstschutz – ich weiß es nicht, wie man das besser erklären kann. Aber auf einer anderen Ebene muss ich Ihnen sagen: Ich war hier in Nürnberg als ein Mitglied der Anklagebehörde, wir waren Mitglied dieses Gerichtes. Und das Gericht hat gesprochen und hat den Speer zu zwanzigjährigem Gefängnis verurteilt, und er hat seine zwanzig Jahre abgesessen. Das ist das. Das hat nichts mit meiner Meinung zu tun über den Mann und seine Moral – aber seine gerichtliche Schuld hat er bezahlt. Ob er seine moralische oder seine menschliche Schuld jemals anerkannt hat, weiß ich nicht; und wenn er sie nicht anerkennen konnte, dann konnte er sie auch nicht bezahlen. Und mein Gefühl ist, dass er seine menschliche und moralische Schuld nie anerkannt hat.

Der Bewacher

Eugene K. Bird

Geboren am 11.3.1926 in Lambert, Montana. Mit 18 Jahren zur US-Armee eingezogen, diente er während des Zweiten Weltkrieges als Infanteriesoldat und -offizier in Deutschland und Japan, später auch in Korea. 1947 wurde er amerikanischer Wachoffizier im Alliierten Gefängnis Spandau, war zwischenzeitlich für Clubs und Entertainment der in Berlin stationierten amerikanischen Truppen zuständig und amtierte von 1964 bis 1968 als Direktor des Alliierten Kriegsverbrechergefängnisses Spandau. Bird lebt in Berlin. Autor von *Hess. Der »Stellvertreter des Führers«* (1974).

»Wir alle haben sehr viel Respekt vor Albert Speer gehabt«

Als Bird 1947 zuerst als Wachsoldat nach Spandau kam, war der Gefängnishof ein grauer Platz voller Unkraut; als er dann in den sechziger Jahren hier Kommandant war, war daraus »Speers Garten Eden« geworden, wie er uns im Oktober 2002 an Ort und Stelle erzählte. Nach dem Tod von Rudolf Heß, dem letzten Spandauer Gefangenen, im Jahr 1987 wurde das Gefängnis beinahe über Nacht abgerissen; dort, wo früher die Zellentrakte standen, befindet sich jetzt ein Einkaufszentrum.

Auf dem Parkplatz dahinter hatte ich eine Reihe von Nussbäumen ent-

deckt, die ziemlich verdächtig nach jenen aussahen, von denen Albert Speer in seinen »Spandauer Tagebüchern« erzählt. Hier hatten wir uns mit Bird verabredet, und er brachte uns ein Luftbild vom Gefängnis aus den sechziger Jahren mit; anhand dieser Aufnahme und dank einiger im Umfeld stehen gebliebener Häuser waren wir uns bald sicher: Wir standen direkt im ehemaligen Gefängnisgarten von Albert Speer, der nun wieder gar nichts Paradiesisches mehr hat – nur die Nussbäume sind geblieben.

Bird spricht fließend deutsch mit leichtem amerikanischem Akzent. Er ist in der Stadt geblieben und mit einer Deutschen verheiratet. Noch heute redet er voller Hochachtung von seinem Gefangenen Nummer 5, den er stets, gegen alles Reglement, »Herr Speer« nannte.

EUGENE BIRD: Ich war unter den ersten Einheiten in Berlin, ich kam nach Berlin zuerst 1945. Ich vergesse das nie, wir sind in Berlin reingerollt, und man konnte die Toten von weitem riechen. Berlin lag bis zu 85 Prozent in Ruinen. Wir sind nach Berlin gekommen, um die Westberliner vor den Russen zu verteidigen. Und ab einem gewissen Alter sind die besten Freunde in der Welt für uns die Berliner. Ich bin in dieser Stadt über 45 Jahre und in Deutschland über 47 Jahre, und ich habe nicht ein einziges Mal persönlich Antiamerikanismus erlebt. Wir waren gewillt, in den Krieg zu gehen, um diese Stadt zu verteidigen.

BRELOER: Waren Sie, als Sie nach Berlin kamen, schon der Meinung, der internationale Kommunismus müsse hier gestoppt werden?

EUGENE BIRD: Absolut, absolut. Berlin sollte eine *showcase of freedom*, ein Schaukasten des Friedens sein. Hundertprozentig. Denn wir wussten schon, was der Kommunismus war.

BRELOER: Sind Sie, bevor Sie in Spandau eingesetzt wurden, psychologisch vorbereitet worden – was das für Gefangene sind, wie man mit ihnen umgeht?

EUGENE BIRD: Ich habe ein Ziel gehabt; und mein Ziel war, eines Tages Direktor von dem Spandauer Gefängnis zu sein und ein Buch mit Heß[1] zu schreiben. Es klingt verrückt, aber das war mein Ziel. Und das ist so gekommen. Im Leben muss man immer ein Ziel haben. *(Lacht.)*

BRELOER: Die ersten Wachen, zu denen Sie ja auch gehörten, sind also 1947 ohne große Vorbereitung auf die Gefangenen angesetzt worden?

EUGENE BIRD: Selbstverständlich ist uns extra davon erzählt worden et cetera. Ich war mehrere Male Wachoffizier in Spandau, und als Unterleutnant. Vielleicht kann ich meinen ersten Eindruck erzählen, als ich die Gefangenen von Turm Nr. 3 gesehen habe. Das war der amerikanische Wachmonat, wir haben damals von den Russen außerhalb des Gefängnisses übernommen, später innerhalb des Gefängnisses. Und da waren zwei Fahnen, russisch und amerikanisch, und der russische Leutnant hat die Wachverantwortlichkeit abgegeben im Namen von Joseph Stalin und Mutter Russland, und ich habe akzeptiert im Namen unseres Präsidenten der Vereinigten Staaten. Die Russen sind wegmarschiert, und ich habe meine erste Wachmannschaft in das Gefängnis hineinmarschieren lassen. Um dieses Gefängnis war eine große, hohe Mauer, und auf dieser Mauer waren sechs Wachtürme, und in jedem Turm war ein Soldat, bewaffnet mit einem Gewehr mit scharfer Munition. Ich habe den Russen auf Turm Nr. 1 abgelöst, bin zu Turm Nr. 2 gegangen, gleichfalls, und Turm Nr. 3. Turm Nr. 3 war der einzige Turm, wo man hineinschauen und die Gefangenen sehen konnte. Und das habe ich getan. Ich habe hineingeschaut wie in eine Arena. Da sind die, die sogenannten Hauptkriegsverbrecher! Was ist durch mein junges Gehirn gegangen? Ich habe gedacht: Wie ist es möglich, dass diese Leute mit so viel Verantwortung, die so hohe Positionen gehabt haben, so tief gefallen sein können in diesen Gefängnisgarten? Sie hätten hingerichtet sein können in Nürnberg. Wie ist das möglich? Und lass mich zuerst erzählen, wie die aussahen. Jeder trug einen langen, grau gefärbten Mantel und eine deutsche Militärkappe, und jeder hatte eine Nummer auf dem Rücken und beiden Knien. Und sie sollten nie per Namen genannt werden. Da war Baldur von Schirach, er hatte die Nr. 1, war der Reichsjugendführer. Da war Karl Dönitz, Großadmiral Karl Dönitz, Kommandeur und Admiral von den deutschen U-Booten. Da war Konstantin von Neurath, Nr. 3. Wir haben ihn in Spandau den Gentleman genannt, der war mal Außenminister, Ribbentrop hat von ihm übernommen. Da war Nr. 4: Großadmiral Raeder, der war der kommandierende Admiral von der deutschen Flotte. Und da war die Nr. 5, ich war besonders interessiert in Nr. 5, Albert Speer. Das CIA hat Albert Speer unter die hundert wichtigsten Menschen auf der Erde gelistet,[2] und wir haben ihm Kredit gegeben [es ihm als sein Verdienst angerechnet], den Krieg um etwa zwei Jahre verlängert zu haben durch sein Genie von Massenproduktion. Was er vorher nie gemacht hatte. Da war Nr. 6, Walther Funk. Er war verantwortlich für das deutsche Banksystem, und in seinen Tresoren waren mehrere Tonnen Gold, von Juden genommen. Ich kann mir vorstellen, auch aus dem Mund. Und da war der Gefangene Nr. 7, Rudolf Heß. Ich habe Heß angeschaut, ihn von weitem angesehen: tief gesunkene Augen, buschige Augenbrauen, und ich habe mich gefragt: Ist der Mann verrückt? Ist er normal? Wusste ich nicht. Ich habe dann an verschiedene Dinge gedacht, die den Deutschen passiert sind: die Ermordung von sechs Millionen Juden und verschiedene andere furchtbare Dinge. Aber ich habe auch an viel Gutes, was die Deutschen uns gegeben haben, gedacht. Beispielsweise: Nicht nur Flugzeuge und Automobile und Fernsehen und Computer und Papierpresse – auch die Bibel ist zuerst hier gedruckt worden, übersetzt worden von Hebräisch und Griechisch auf Deutsch – Röntgenstrahl, Wahltelefon, Kamera, Film – diese Liste ist praktisch unendlich. Und folgende Gedanken sind durch meinen Kopf gegangen: Könnte so etwas in Amerika passieren? Und ich wusste, das war unmöglich. Ich habe mich umgedreht, und der Soldat neben mir, als ob er mein Gehirn abgelesen hätte, sagte: »*No Sir, that could never happen in our country.*« Und ich habe zugestimmt. Heute weiß ich, dass es eine falsche Antwort war. Das kann in jedem Land passieren, wenn die Situation richtig ist. Übrigens, es gibt heute mehr Nazis in den USA als irgendwo anders auf der Welt. Das war mein erster Eindruck. Wie die ihre Nummern bekommen haben? Die sind am Gatower Flughafen gelandet, und jeder ist an einen amerikanischen Soldaten gekoppelt in einen Lastwagen ohne Fenster hinein und runter bis zum Spandauer Gefängnis gefahren worden. Die Engländer hatten ein ganzes Bataillon von Soldaten als Wachen um diese Straße gestellt. Und dann ins Gefängnis hinein, Tür zu. Die Gefangenen sind aus dem Bus rausgegangen und haben ihre Nummer bekommen in der Reihenfolge des Aussteigens, zum Beispiel Baldur von Schirach Nr. 1 und die anderen und Heß Nr. 7, einfach so: Bitte, steig aus vom Bus. Das war mein erster Eindruck. Es war ein elektrischer Zaun um das Gefängnis mit vierzigtausend Volt. Zehntausend Mark kostete der Strom pro Monat. Der Zaun ist immer geblieben, dieser Draht, aber später war er nicht an, er war einfach da. Außerdem auch Kameras und alles Mögliche. Die Soldaten waren da, um das Gefängnis zu verteidigen gegen Angriff von außen.

BRELOER: Wer sollte denn so etwas tun?

EUGENE BIRD: Weiß ich auch nicht. (*Lacht.*)

BRELOER: Es kam auch Post …

EUGENE BIRD: Zuerst, die ersten zwei Jahre war keine Post erlaubt, auch keine Zeitung, später hat das umgeändert.[3] Heß hat zu Weihnachten über tausend Briefe bekommen alleine aus den USA. Er hat natürlich keinen einzigen gesehen, die wurden in eine leere Zelle hineingeworfen und später vernichtet. Ich war verantwortlich für Zensur in Spandau, für alle Briefe, die die geschrieben haben – die konnten einen Brief per Woche schreiben, zweitausend Worte oder weniger. Und ich war von 1964 bis 1972 verantwortlich für Zensur. Diese Schrift von Nr. 1 konnte ich gar nicht lesen. Und Nr. 2[4] – ich habe nicht ein einziges bisschen herausgeschnitten. Die Russen haben immer nachkontrolliert, und die haben – knack-knack-knack – ausgeschnitten, was nicht sein sollte.

Breloer: Tausende von Seiten hat Speer geschrieben und an der Zensur vorbeigeschmuggelt. Wie war das möglich?

Eugene Bird: Wissen Sie, es kann alles Mögliche passieren. Zum Beispiel, als die entlassen wurden, sind Baldur von Schirach für seine Memoiren, ich glaube, 250 000 Mark angeboten worden dafür, ein Interview beim *Stern* zu machen. Und die haben ihm einen Vertrag hereingeschmuggelt in seine Zelle, und er hat unterschrieben. Und die haben auch Wodka, Cognac reingeschmuggelt. Wir Direktoren haben das gar nicht gemerkt. Ich habe [mal gehört, wie] Baldur von Schirach *Deutschland, Deutschland über alles!* [gesungen hat.] Ich sagte: ›Mensch, der von Schirach hat gute Laune heute.‹ Der war besoffen. *(Lacht.)* Der hat die Flaschen im Garten begraben, später kam das raus. So passierte bestimmt viel, was wir gar nicht wussten.

Breloer: Speer hatte die Gelegenheit, in der Zelle zu zeichnen. Haben Sie das gesehen?

Eugene Bird: Ja, absolut. Speer hat Hände seiner Mutter gezeichnet, wie Alfred Dürer damals. Und Speer hat auch ein Bild gezeichnet – eine große Zahl von Säulen, wofür er bekannt war, und seine Mutter auf der Bank, und er wird als Gefangener weggeholt.[5] Und er hat als Hobby mein Haus in seiner Zelle entworfen, und ich habe es nachgebaut nach seinem Plan. Er hat gesagt, dass es 12 000 Mark insgesamt kosten würde. Ich habe inzwischen einen Architekt auf der Stelle gehabt, und der hat geschätzt etwa 32 000. Ich bin zu Speer gegangen und habe gesagt: »Herr Speer, ich habe das Geld nicht, ich muss mindestens 30 000 Mark sparen. Können Sie mir bitte helfen?« – »Kein Problem. Ich streiche ein Zimmer im Keller. Da haben Sie Ihre Ersparnis.« – Ich habe es bauen lassen, ich habe dort jahrelang gewohnt.

Breloer: Gibt es das heute noch?

Eugene Bird: Nein, leider nicht, es ist abgerissen worden. Aber damals gab es nur zwei Dinge, die noch von Speer entworfen worden waren: die Kaiserdamm-Beleuchtung[6] und mein Haus. *(Lacht.)*

Breloer: Speer hat manchmal auch durchgedreht, richtige Ausbrüche den Wärtern gegenüber.[7]

Eugene Bird: Genau. Jeden Monat hat das Land, das die Wache hatte, auch das Essen gegeben; und die Russen, Menschenskinder – Schweinefleisch, Schweinefleisch am Morgen, zu Mittag und so weiter. Übrigens: Westdeutschland hätte alles bezahlt, jede Kruste von Brot – die Ostberliner gar nichts. Und Speer hat ein paar Male die ganzen Sachen genommen: »Muss das so sein?!« – und hat sie gegen die Wand geschmissen. *(Lacht.)*

Breloer: Ist das wahr?

Eugene Bird: Ja, echt die Wahrheit. Das Essen bei den Franzosen war natürlich hervorragend.

Breloer: Warum machte er so etwas?

Eugene Bird: Aus seinem Temperament, einfach so. Er wurde natürlich bestraft. Aber wieder Folgendes: Er hat sehr auf Rudolf Heß aufgepasst. Wenn Heß krank war, dann hat er sein Bett gemacht und die Zelle gereinigt und so weiter. Manche Wächter waren nicht sehr nett, zum Beispiel: »Heß, aus dem Bett steigen!« – »Nein, ich kann nicht, ich bin müde!« – Dann haben die das Bett umgekippt, kann man sich das vorstellen? Heß ist auf den Boden gefallen. Und Speer hat das einfach nicht erlaubt, hat laut protestiert: »So was geht nicht! So etwas erlaube ich nicht, auch als Gefangener nicht!« Er stand auf der Seite von Heß. Auch Baldur von Schirach hat er sehr geholfen, weil seine Augen bereits [schlecht waren]. Hat ihm immer die Zeitung vorgelesen.

Breloer: Hat Ihnen Speer etwas aus seinem Leben erzählt?

Eugene Bird: Ja, wir haben Verschiedenes gesprochen. Allerdings, wie gesagt: Mein Hauptthema bei ihm war Rudolf Heß.

Breloer: Hat er Ihnen mal vom Ende des »Dritten Reiches« erzählt, von seiner Auseinandersetzung mit Hitler im Bunker?

Eugene Bird: Ja. Er hat mir persönlich gesagt, er hat Hitler umbringen wollen, fünf verschiedene Male, glaube ich. Einmal wollte er Gas in den Führerbunker runter[schicken], in den Schornstein, und Hitler hat aus *premonition* [Vorahnung] eine Verlängerung bauen lassen.

Eine anderes Mal wartete er auf einer gewissen Straßenkreuzung mit dem Maschinengewehr, und Hitler ist eine andere Route gegangen.[8] Und er hat mir auch erzählt, dass er auf Radio gegangen ist und live gesagt hat, die Deutschen müssen kapitulieren, nachdem diese Kugelfabrik in Schweinfurt bombardiert worden war.[9] »Wir haben keine Chance mehr, den Krieg zu gewinnen.« Hitler hat befohlen: »Nehmen Sie das zurück, und wenn Sie das nicht am Radio tun, werden Sie im Garten erschossen.« Und Speer hat mir gesagt, er war mit Hitler Nase an Nase: »Das tue ich nicht, Sie können schießen, wenn Sie wollen. Wir müssen kapitulieren! Wir haben keine Chance, diesen Krieg zu gewinnen.« Davon haben wir gesprochen.

BRELOER: Haben Sie ihm das geglaubt?

EUGENE BIRD: Ich habe das geglaubt.

EUGENE BIRD: Ich habe oft mit Speer darüber gesprochen: Stadt Berlin, umgebaut in das modernste Babylon der Welt. Als Namen sollte es haben: »Germania«. Hauptstraße sollte sein von Tempelhof bis Brandenburger Tor, 21 Meter breiter als die Champs-Élysées, sagte mir Speer. Und unweit vom Brandenburger Tor sollte, hat Speer mir gesagt, ein größter *Arch* [Bogen] aller Zeit gebaut werden, nachgebaut dem Arc de Triomphe in Paris und doppelt so groß. Speer hat gesagt, die haben 129 Tonnen Zement gegossen, aber die Berliner Erde hat das einfach nicht getragen, so ist es nicht gebaut worden. Und Hitler hat, sagte er mir, diesen Dom, dieses Gebäude selbst entworfen. Und er sollte das dann umbauen, die ganze Stadt. Berlin sollte Hauptstadt der Welt sein, eine Weltregierung, sein Regime sollte tausend Jahre dauern. Viele seiner Ideen hat Hitler von der Bibel bekommen, aber dann missbraucht. Ich habe viele Fragen gestellt, nach einer gewissen Zeit haben wir offen miteinander geredet. Ich war ein Freund von Speer im Spandauer Gefängnis. Speer war ein Mann – wir alle haben viel Respekt vor ihm gehabt. Und in Spandau hat Speer immer Ziele gehabt, und ein Ziel war, in zwanzig Jahren um die Welt zu laufen zu seiner Heimat in Heidelberg. Und er ist in Wirklichkeit eineinhalb Mal um die Erde gelaufen. Ich habe ihm viele Fragen gestellt. Auch, was für ihn schwierig war im Gefängnis und was ihm am meisten geholfen hat. Viele verschiedene Themen. Rudolf Heß und sein Flug nach England. Wie gesagt – Speer war immer dabei, den anderen Gefangenen zu helfen. Er ist allerdings ein bisschen abgelehnt worden von allen – weil er seine Schuld in Nürnberg zugab. Das eine, das ich Speer nicht glauben konnte: Er hat mir gesagt, er wusste nicht von den Konzentrationslagern. Können Sie sich das vorstellen? Das hat der behauptet. Ich habe ein Bild[10] gesehen –

Breloer: In Mauthausen war er.

Eugene Bird: Mauthausen, ja. Und er wusste nichts davon, sagte er mir. Ich sagte zu ihm: »Herr Speer, das ist unmöglich.« Er war damals verantwortlich für die größte Arbeitskraft der Welt, wie viele Hunderttausende, weiß ich nicht.[11] Auch Kriegsgefangene aus Russland, aus Polen und so weiter. Und manche werden krank, wo sind die hingegangen? Konzentrationslager!

Breloer: Machte er auf Sie den Eindruck eines Menschen, der sich geändert hatte?

Eugene Bird: Ja, absolut. Ich habe Speer mal gefragt: »Herr Speer« – er hat die Nr. 5 getragen, er sollte nur per Nummer genannt werden, ich habe das nie gemacht, selbstverständlich immer *Herr Speer* –, »was war für Sie am meisten schwer im Gefängnis?« Er sagte: »Selbstverständlich der Besuch von meinen Kindern. Ich habe Tage vorher nicht schlafen können und die Nacht nachher nicht« – Besuch sollte 30 Minuten lang sein – »und nachdem wir ›Hallo‹ gesagt haben, ›Wie geht es Mama‹, ›Wie geht es in der Schule‹ und so weiter, war nichts mehr zu sagen, kein Kontakt mit meinen eigenen Kindern.« Und ich habe gefragt: »Herr Speer, was hat Ihnen am meisten geholfen?« Da sagte er: »Selbstverständlich die Bibel.« Der hat jeden Tag die Bibel gelesen. Das hat ihm am meisten geholfen. Er hatte sie in der Zelle und hat jeden Tag davon gelesen. Er hat dann vielleicht Buße getan, selbst zwischen ihm und Gott.

Breloer: War eines Ihrer Motive, diese Menschen, die so viel Böses auf sich geladen und anderen gebracht hatten, zu bekehren?

Eugene Bird: Absolut.[12] Baldur von Schirach – aber ich habe ihn nie gefragt. Heß sowieso nicht, und Speer war von mir aus okay, ein Bibelleser auf jeden Fall.

Breloer: Sie glaubten also, er sei ein anderer geworden?

Eugene Bird: Ja. Vielleicht war ich ein bisschen naiv, weiß ich nicht. Ich war interessiert an Geschichte und nichts anderem, aber ich habe oft mit ihm gesprochen. Speer hat in Spandau einen Garten gepflanzt. Wir haben das seinen Garten von Eden genannt. Er hat Blumen pollinisiert [gezüchtet]. Er hat Apfelbäume gepflanzt mit Samen und später die Äpfel davon gegessen. Zwanzig Jahre sind eine lange Zeit. Und es war eine seiner Sorgen, als ich ihn aus dem Gefängnis geleitete: »Schauen Sie zu, Herr Bird, bitte, dass mein Garten gut gewässert wird.«

BRELOER: Der Abschied, der letzte Tag, als Albert Speer 1966 entlassen wurde – wie war das?

EUGENE BIRD: Ich war offiziell dort. Ich war zum Beispiel verantwortlich, aus unserer Kasse zu kaufen, was sie tragen sollten. Das habe ich getan. Und ich habe Speer gefragt: »Herr Speer, was machen Sie heute?« Es war Nachmittag. »Was ich mache? Erst mal ein Nachmittagsessen und ein Abendessen, dann spaziere ich ein bisschen im Garten« – er konnte jederzeit in seinen Garten herausgehen und herein, weil er dort immer gearbeitet hat, die anderen nicht –, »dann lege ich mich hin.« – Zuerst wollte er Schlafmittel haben, ein paar Pillen, dass er einschlafen konnte, und um zwölf Uhr aufstehen, aber dann hat er sich hingelegt, zehn Uhr, ohne Schlafmittel, hat geschlafen, ich weiß es hundertprozentig, und ist aufgestanden ungefähr elf Uhr dreißig. Ich ging in seine Zelle hinein: »Herr Speer, Sie müssen sich anziehen.« Er hatte sich ein Hemd angezogen und hatte natürlich in zwanzig Jahren keine Schlipse getragen. Ich habe ihm seinen Schlips gegeben, aber er wusste nicht, wie er ihn knoten sollte. Ich habe gesagt: »Nein, Herr Speer, Moment bitte, ich helfe Ihnen.« Ich habe versucht, ihn zurecht zu bringen an seinem Genick, was unmöglich ist – versuchen Sie einen Schlips bei einem anderen … Dann habe ich selbst mein Genick genommen und ihn zugemacht. »Was ist das, Herr Speer?« So ein kleines Metallstück. »Ach«, sagte er, »das ist meine Münze, die ich im Garten fand, das ist meine Glücksmünze.« Die war im Schlips drin, die hatte er reingetan. Dann kam der russische Direktor rein, Oberst Lazarev, ein feiner Mann, und der hat Speer seine Hand gegeben und hat geweint. Echt! »Herr Speer, auf Wiedersehen. Ich hoffe, dass wir uns mal wieder sehen.« So gerührt war er. Wir alle haben sehr viel Respekt vor Albert Speer gehabt. Dann, als zwölf Uhr Mitternacht kam – die sind auf die Sekunde entlassen worden, ich habe vorher plädiert: »Bitte lasst die Gefangenen ein paar Wochen vorher frei wie bei Dönitz!« –, habe ich Speer an meinen linken Arm, von Schirach an meinen rechten Arm – und wir sind an Heß seiner dunklen Zelle vorbeigelaufen. Vorher haben sie mir einen Brief gegeben: »Bitte kauf Heß wenigstens einen Hund, dass er nicht alleine ist.« Und als wir die Treppe hinuntergehen wollten, im Hof, wo seine Frau war und wo Klaus, der Sohn von von Schirach war, sagte von Schirach: »Herr Speer –«

– »Ja?« – »Wir sollten in Kontakt bleiben draußen in der Welt.« Und
da sagte Speer: »Gut, ich habe nichts dagegen.« Dann haben die beiden sich die Hand gegeben vor mir, und wieder die Ärmel bei mir, runter in den Hof zu Frau und Sohn und rausgefahren. Da waren über
zweitausend Presseagenten aus der ganzen Welt vor dem Gefängnis.
Das war der letzte Abend.

BRELOER: Haben Sie ihn nach der Entlassung noch mal getroffen?

EUGENE BIRD: Ja. Nachdem er aus dem Gefängnis rauskam, kam er extra
nach Berlin, um die Wächter zu besuchen und sich bei ihnen zu bedanken. Und dann kam er zu mir und wollte mein Haus sehen. Er kam
rein ins Haus und sagte: »Ein bisschen zu viel Feuchtigkeit. Sie müssen hier die Fenster aufmachen.«

BRELOER: Wo ist all das geblieben, was hier stand? Die Gebäudeteile, die
Steine?

EUGENE BIRD: Das Gefängnis ist runtergerissen [worden] und ist unter
Bewachung in Lastwagen von hier nach … [unverständlich] gefahren
und dort in einem geheimen Tal begraben mit Erde oben drauf und
Bäume darauf gepflanzt. Ich weiß genau, wo es ist.

Die Zensorin

Margarita Nerutschewa

Verbrachte als Tochter eines sowjetischen Diplomaten ihre Kindheit während des Krieges in Tokio. Später in
Moskau Ausbildung zur Übersetzerin
für Englisch und Französisch. Kommt
1957 als Offizier der Roten Armee nach
Berlin und arbeitet dort bis 1963 für
die Viermächte-Behörde und im Alliierten Kriegsverbrechergefängnis Spandau, zunächst als Übersetzerin, dann
auch als Zensorin. Veröffentlichte im
Jahr 2000 eine Autobiografie: *40 Let Odinotschestwa* (40 Jahre Einsamkeit).

Übersetzung während des Gesprächs: Kristina Romanenkow

»Haben Sie Fragen oder Beschwerden zu stellen?«

*Es ist sehr schwierig, in Moskau Unterlagen über das interalliierte Kriegs-
verbrechergefängnis Spandau aufzutreiben oder Zeitzeugen, die als Wachmannschaften oder Direktoren dort Dienst getan haben. Umso mehr habe
ich mich gefreut, endlich über das ARD-Studio Moskau Margarita Nerutschewa ausfindig gemacht zu haben, die sowjetische Zensorin von Spandau, die einzige Frau in der Mannschaft des Gefängnisses, in Albert Speers
Spandauer Tagebüchern die »hübsche Margret«.*

Jeden Tag, an dem sie Dienst hatte, wurde Margarita Nerutschewa aus

Karlshorst über die Sektorengrenze durch West-Berlin ins Gefängnis nach Spandau gefahren. Sie übersetzte bei den Direktorenkonferenzen und wenn der sowjetische Direktor oder ein höherer Besatzungsoffizier die Gefangenen in ihren Zellen aufsuchte; sie schrieb mit, wenn die Häftlinge Besuch von ihren Familienangehörigen erhielten, und zusammen mit ihren Kollegen der anderen »Siegermächte« schnitt sie mit einer großen Schere Löcher in die Briefe der Gefangenen, wenn da Unerlaubtes stand.

Das Gespräch mit Margarita Nerutschewa, die in Begleitung ihres Ehemanns und der Dolmetscherin mit dem Zug aus Moskau gekommen war, war nicht ganz einfach und nicht frei von Missverständnissen – nicht nur, weil immer hin und her übersetzt werden musste. Auf bestimmte Fragen antwortete sie ausweichend, auch widersprüchlich – vielleicht spielte da die Verunsicherung durch einen oder mehrere Systemwechsel hinein?

Lebendig und unmittelbar wurde das Gespräch, wenn sie uns aus ihren Tagebüchern der damaligen Zeit vorlas, sich über die künstlerischen Freiheiten in Speers Darstellung ärgerte oder uns skizzenhafte Eindrücke aus dem Dienstalltag auf der anderen Seite des Gitters gab.

Speer war für sie die etwas arrogante Nummer 5 geblieben.

BRELOER: Wie sah Berlin aus, als Sie damals, 1956, durch die Stadt fuhren?

MARGARITA NERUTSCHEWA: Mein erster Eindruck war, ich bin ja mit dem Flugzeug hergekommen: traurig, trostlos, grau. Es war genauso ein Wetter wie heute, und es wurde mit Briketts geheizt.

BRELOER: Wie sind Sie auf Ihre Tätigkeit hier vorbereitet worden?

MARGARITA NERUTSCHEWA: Ich diente in der Armee und fuhr als Übersetzerin für Englisch und Französisch zur Viermächteorganisation. Als ich in Berlin ankam, konnte ich kein Deutsch; ich habe mir einen Fernseher gekauft und engagierte eine Lehrerin der Humboldt-Universität und begann, Deutsch zu lernen. Denn für mich war es komisch, in ein Geschäft oder zum Friseur zu gehen und nichts sagen zu können. Weil ich Englisch und Französisch konnte, lernte ich sehr schnell Deutsch.

BRELOER: Hat man Ihnen erklärt, wer die Männer in Spandau waren?

MARGARITA NERUTSCHEWA: Nein. Ich fuhr doch nicht als Zensor, ich wurde erst Zensor. Ich kam als Übersetzerin der englischen und deutschen Sprache, und vor mir gab es in Spandau einen anderen Zensor, und von dem habe ich die Arbeit übernommen.

Breloer: Wurden Ihnen zum Beispiel Filme über die Konzentrationslager gezeigt – und haben Sie die Hauptkriegsverbrecher gehasst?

Margarita Nerutschewa: Ich habe mir nie Gedanken über sie gemacht. Ich habe nie darüber nachgedacht, dass ich sie hassen müsste. Wissen Sie – dem Alter, in dem ich damals war, ist es nicht gegeben zu hassen. Ich kannte ja den Krieg nicht.

Breloer: Es ist doch praktisch in jeder russischen Familie jemand vom Krieg betroffen gewesen. Kannten Sie die Zahlen nicht?

Margarita Nerutschewa: Nein. Ich bin in der Familie eines Militärdiplomaten aufgewachsen, und in meiner Familie erlitten nur die Schwestern meines Vaters, meine Tanten, Unheil, die in Kiew geblieben waren. Kiew war ja besetzt. Sie erlebten dort furchtbare Dinge, an die ich mich gar nicht erinnern möchte. Die Kinder litten, der Sohn erhängte sich, das war furchtbar! Das weiß ich. Aber ich war mit meiner Familie in Japan. Der Krieg erwischte uns in Japan.

Breloer: Wie sah der Garten damals aus, vor vierzig, fünfundvierzig Jahren?

Margarita Nerutschewa: Viele Blumen gab es. Ich erinnere mich an Speer, wie er arbeitete. Von den dreien[1] war er derjenige, der arbeitete. Er arbeitete, aber die anderen arbeiteten nicht. Schirach war doch so etwas wie der Bürgermeister von Wien gewesen,[2] dort hatte man ihn festgenommen. Die Zensur erhielt sehr viele Briefe, die ihm Damen schrieben. Sie schrieben über Bälle, auf denen sie mit ihm getanzt hatten, wie schön er gewesen war. Er hat mit niemandem gesprochen, und er arbeitete auch nicht. Er war immer sehr in Gedanken.

Breloer: Was für einen Eindruck machte das auf Sie – so ein Garten in einem Gefängnis?

Margarita Nerutschewa: Ich habe noch nicht einmal darüber nachgedacht. Ich bin ja auch nicht sofort in den Garten oder in den Zellenblock gegangen. Ich habe die ersten zwei Jahre lang als Übersetzerin bei den Sitzungen der Direktoren gearbeitet, und erst als ich Deutsch gelernt hatte, begann ich Briefe zu lesen. Außerdem musste ich Speer bitten, dass er leserlich schreibt, weil ich es sonst nicht verstehe. Aber er sagte mir, dass er Knoten in den Knöcheln hätte, und deshalb täten ihm die Hände weh. Aber jetzt kommt es mir vor, als sei er damals überhaupt nicht alt gewesen …

Breloer: Was blühte hier im Frühling?

Margarita Nerutschewa: Darauf habe ich nicht geachtet. Ich war sehr selten im Garten. Dort waren die Aufseher. Wenn wir Briefe brachten, dann warteten wir im Zellentrakt, bis die Aufseher sie aus dem Garten hereinführten. Und Heß ging absichtlich so mit ganz kleinen Schritten, damit wir länger warten mussten. Die anderen benahmen sich ganz normal. Sie waren sehr höflich. Sie nannten mich am Anfang *(deutsch:) Die gnädige Frau.* Und ich sagte ihnen, dass ich Hauptmann der Sowjetarmee sei und keine gnädige Frau. Die Aufseher und zum Beispiel der Sanitäter nannten die Gefangenen »Minister«. »Der Minister« ging in den Garten zur Arbeit. Das sagten *sie,* aber *wir* taten das nicht. Wir nannten ihn ›Nummer 5‹, nicht anders. ›Number five‹, wir sagten das auf Englisch, oder Französisch ›Numéro cinq‹.

BRELOER: Er musste Sie grüßen, wenn er Sie sah, und die Mütze abnehmen?

MARGARITA NERUTSCHEWA: Ja, auf jeden Fall. Das war das Erste. Der Aufseher öffnete die Zelle, und er hatte so viele Schlüssel *(zeigt mit den Händen)* und so ein Lachen – eben ein wirklicher Aufseher. Der Gefangene stand stramm *(macht vor):* »Guten Tag«, und wir sagten auch »Guten Tag«. Und dann sagte ich meinen Satz *(überlegt kurz, dann deutsch):* »Haben Sie Fragen oder Beschwerden zu stellen?« *(Lacht.)* Jedes Mal sagte ich diesen Satz – nicht, wenn ich als Zensor, sondern wenn ich mit dem Direktor kam.

BRELOER: Erinnern Sie sich noch an das erste Mal, als Sie in die Zellen kamen?

MARGARITA NERUTSCHEWA: Ja, daran erinnere ich mich sehr gut. Ich hatte in der Nacht vorher nicht schlafen können, weil ich nicht in den Zellentrakt gehen mochte. Aber mein Vorgesetzter – verstehen Sie, es gefiel ihm, dass er eine Frau, einen weiblichen Offizier, als Übersetzer hatte. Die Amerikaner protestierten sofort dagegen, dass eine Frau im Gefängnis arbeitete. Aber er sagte, dass ich seine Übersetzerin sei. Ich kam natürlich nicht sofort in den Zellentrakt. Ich arbeitete zuerst bei den Sitzungen, und das lag auch daran, dass ich bei meinem ersten Vorgesetzten noch nicht so richtig sicher war, aber mit dem zweiten fühlte ich mich bereits sehr wohl. Ich sagte ihm, was er sagen und was er antworten sollte, weil er sich selbst nicht auskannte. Wir gingen in den Zellentrakt, und die erste Zelle war die von Heß. Der Aufseher mit diesem großen Schlüsselbund öffnete die Tür. Ich bin ja eine Frau, deshalb lassen mir die Herren den Vortritt – wie schrecklich! Wenn ich ein Mann wäre, hätte ich neben meinem Vorgesetzten gestanden und übersetzt.

Aber ich bin nie in die Zelle hineingegangen, ich habe immer vor der Zelle gestanden. Der Vorgesetzte fragte mich, warum ich mich fürchte. Ich war ja keine Mimose, ich war in der Schule Fallschirmspringerin gewesen – aber mir war es ganz furchtbar unangenehm. Dann musste ich Heß meinen Satz sagen *(deutsch)*: »Haben Sie Fragen oder Beschwerden zu stellen?« Ich fürchtete, dass er plötzlich etwas sagen könnte, das ich nicht verstand. Aber Gott sei Dank hat er gar nichts gesagt. Verstehen Sie, ich war aufgeregt – das war jetzt nicht Französisch oder Englisch, sondern Deutsch, das ich noch nicht richtig beherrschte. Zum Glück sagte er dann aber so etwas wie ›Jawoll‹. Und er schaute mich an ohne das kleinste bisschen Neugier, wie durch eine Wand. Ich war ja immerhin die erste Frau im Zellenblock nach so vielen Jahren. Danach kam die Zelle von Speer und dann die von Schirach. Speer verhielt sich ganz normal. Er lächelte ein wenig,[3] »Guten Tag«. Ganz normal. Fragen hatte er auch keine. Schirach aber, der versuchte, den Frauenhelden herauszukehren. Aber für mich waren sie alle alt.

ROMANENKOW: Wie wirkte Speer auf Sie, war er ein schöner Mann?

MARGARITA NERUTSCHEWA: Nein, Schirach.

ROMANENKOW: In Ihrem Buch schreiben Sie zum Beispiel über Speers Schuhe.

MARGARITA NERUTSCHEWA: Na ja, in dem Moment habe ich natürlich nicht auf seine Schuhe geachtet. Ich wusste nur, dass er sie entworfen hatte und herstellte. Ich glaube, sie waren aus Holz. Aber wir gingen dann schnell in die Zelle von Schirach. Er begann sich zu beschweren, dass er dunkles Brot braucht, dass er aber weißes bekommt. Das habe ich alles verstanden und habe es dem Vorgesetzten übersetzt. Der sagte nichts dazu, und wir verließen die Zelle.

BRELOER: Waren die Gefangenen denn überrascht, eine Frau zu sehen, die erste Frau seit zehn Jahren?

MARGARITA NERUTSCHEWA: Ja, das fiel mir auf: Sowohl Speer als auch Schirach bemühten sich zu lächeln und einen guten Eindruck zu machen, weil zum ersten Mal eine Frau kam. Aber ich wusste natürlich nicht, ob ich ihnen gefiel. *(Lacht.)* Ich war Hauptmann der Sowjetarmee, das war alles.

BRELOER: Wie haben die Männer Sie angesehen?

MARGARITA NERUTSCHEWA: Ich bin kurzsichtig, und eine Brille wollte ich nicht tragen. Ich habe das nicht gesehen. Ich hatte *so* lange Wimpern *(zeigt),* und ich trug keine Brille, weil ich fand, dass sie mir nicht steht, dass sie mich alt macht. Außerdem muss man sagen, dass es zu der Zeit keine hübschen Gestelle gab, es gab sie einfach nicht. Noch nicht einmal in Westberlin.

BRELOER: Stöckelabsätze, Sie tragen einen Rock, Sie sind geschminkt – war das nicht ein merkwürdiges Gefühl, als einzige Frau in einer Männerwelt?

MARGARITA NERUTSCHEWA: Ja, es war merkwürdig, aber nur gegenüber den Gefängnisdirektoren, auch gegenüber den Übersetzern. Ich muss zugeben, dass ich recht kokett war, und mir gefiel es einfach, dass ich gefiel. Aber nicht gegenüber den Gefangenen. Die waren für mich keine Männer, die waren Faschisten.

BRELOER: Was sind für Sie Faschisten?

MARGARITA NERUTSCHEWA: Inzwischen hat sich meine Einstellung geändert. Das Hakenkreuz ist eigentlich das Symbol der ewigen Bewegung, das ist die Sonne. Das weiß ich jetzt, aber damals habe ich das nicht gewusst. Was habe ich damals gedacht? Faschisten sind furchtbare Menschen, Untiere, die Kinder umgebracht haben, ein Horror! Sie okkupierten unser Land … Wenn ich Hausaufgaben machte, drehte ich am Radio. Es war mitten im Krieg, aber ich war doch eine Schülerin, ein kleines Mädchen.

BRELOER: Sie schreiben, dass viel Personal auf sowjetischer Seite vom KGB[4] war und man Meldung machen musste, was die Gefangenen sagen. Sind Sie auch vom KGB vorbereitet worden, worauf Sie zu achten haben?

MARGARITA NERUTSCHEWA: Die Aufseher waren vom KGB. Verstehen Sie – ich wuchs in einer Familie auf, die das KGB nicht mochte. Als ich das Institut beendete, war ich Leutnant, und sie sprachen mit mir, ob ich nicht bei ihnen arbeiten wollte. Und mein Vater sagte: »Niemals im Leben im KGB! Dort wird Tag und Nacht gearbeitet, das sollst du nicht. Dort kann man nicht arbeiten, du wirst nie ein Privatleben haben.« Und als sie mit mir sprachen, sagte ich nein.

BRELOER: Albert Speer schreibt unter dem 18. August 1960 im *Spandauer Tagebuch*: »Große Aufregung im Gefängnis. Heute war zum ersten Mal die Russin, die vor einiger Zeit nach Spandau kam, im Zellenblock. Sie steht im Rang eines Kapitäns und ist für die Zensur verantwortlich. Auf keinen Fall darf sie erfahren, meinte Schirach heute, daß wir sie häßlich finden.«[5]

MARGARITA NERUTSCHEWA: Das habe ich gelesen. Und er schreibt dort, dass er und Schirach mit der Meinung von Heß nicht einverstanden waren.[6] Aber er irrt sich mit den Daten. Das war früher, nicht 1960, sondern 1958 oder 1959.[7]

BRELOER: Speer hat sein Material etwas arrangiert.[8]

MARGARITA NERUTSCHEWA: Außerdem benutzt er nicht die richtigen Familiennamen. Er nennt zum Beispiel Namen für die Aufseher, die es überhaupt nicht gab. Und er schreibt ja auch, dass er diese Menschen nicht nennen will, weil sie noch am Leben sind. Dem Direktor hat er zum Beispiel auch einen neuen Namen gegeben, weil er damals noch am Leben war. Aber er nennt die Namen von Generälen und Mitgliedern der Kommandantur, die die Inspektionen durchführten.

BRELOER: Speer schreibt weiter: »Wir vermuten, daß sie unseren russischen Direktor zur scharfen Einhaltung des seit längerem nur leger gehandhabten Reglements anhält.«[9]

MARGARITA NERUTSCHEWA: Das stimmt nicht, das kam ihm nur so vor. Der Direktor war ohne mein Zutun sehr streng, und er war es, der mir sagte, dass ich strenger vorgehen sollte.

ROMANENKOW: Über die Schallplatten-Zensur schreiben Sie: »Wir sitzen und hören diese wunderbare Musik und witzeln, man hätte Mozart und Beethoven diese Passage herausschneiden müssen.«

MARGARITA NERUTSCHEWA: Das ist wahr.

BRELOER: Warum?

MARGARITA NERUTSCHEWA (lacht): Weil er ein Deutscher war. Deshalb hätte man ihm das herausschneiden müssen. Übrigens liebe ich seine fünfte Symphonie sehr.

BRELOER: Können Sie uns schildern, wie die Musik im Gefängnis präsentiert wurde?

MARGARITA NERUTSCHEWA: Es gab ein spezielles Zimmer, wo der Gottesdienst abgehalten wurde. Jeden Monat kam der französische Kaplan und hielt dort einen Gottesdienst ab. Normalerweise ging Heß nicht dorthin. Er war Protestant, und er saß in seiner Zelle. Die ganze Zeit über stand dort eine Physharmonika,[10] ein altes Klavier. Früher spielte Funk darauf. Sie hörten dort nur, was Funk spielte. Aber als sie Funk entließen, gab es in diesem Zimmer einen Plattenspieler und Schallplatten. Und wir hatten auch einen Plattenspieler, und bevor wir ihnen die Platten gaben, hörten wir sie selbst. Was uns sehr gefiel, haben ich und Hartman mehrere Male angehört. Aber das war das einzige, was mir wirklich gefallen hat.

Breloer: Speer schreibt: »Schon vor Wochen hatten die Direktoren die Vorführung von Mozarts ›Don Giovanni‹ genehmigt. Aber als es so weit war, kam die hübsche Margret hinzu und protestierte: ›Das ist eine Liebesoper, und alles, was mit Liebe zu tun hat, ist den Gefangenen nicht gestattet!‹ Die Gefängnisverwaltung schickte als Ersatz die Neunte Sinfonie von Beethoven.«[11]

Margarita Nerutschewa: Das kenne ich, das habe ich gelesen, und ich bin damit nicht einverstanden.[12] Die Neuigkeiten, die mündlich in den Zellentrakt überbracht wurden, waren oft recht verzerrt, wenn sie dort ankamen. Es war nicht immer alles wahr, nicht so, wie es wirklich gewesen war. Ich will Ihnen das Folgende sagen: Bei meiner Arbeit als Zensorin war ich sehr selbständig und unabhängig. Der Direktor hat niemals kontrolliert, was ich zensiert hatte. Was ich wollte, habe ich ausgeschnitten. Wir hatten solche Scheren *(deutet mit den Händen eine lange Schere an, lacht)*. Mein Kollege Hartman war ein angenehmer und lachlustiger Mann. Er gab mir eine Schere und sagte: »Margarita, schneide aus, wozu du Lust hast.« Und Margarita war sehr jung und sehr prinzipientreu. Sie entschied so: »Warum soll er dieses oder jenes erfahren?« *(Lacht.)* Jetzt würde ich natürlich anders entscheiden, aber damals fragte ich mich mit gewisser Empörung, warum ein Verbrecher dieses oder jenes erfahren sollte. Warum wird ihm das geschrieben? Wir kennen diese Namen nicht, das sind doch keine Verwandten. In den Briefen sollten nämlich nur Verwandte erwähnt werden. Aber alles das betrifft eigentlich eher die Frau von Heß, denn sie führte eine Pension, sie besaß eine große Bibliothek, zu ihr kamen viele Leute. Gerade bei Speer haben wir sehr wenig ausgeschnitten, weil die Briefe an ihn fast immer nur von den Kindern berichteten. Er hatte sechs Kinder, und über jedes musste berichtet werden. ›Der Jüngste lernt schlecht – was soll mit ihm geschehen?‹ Und er antwortete: ›Senke seine Ration, Pension‹ – ich erinnere mich nicht mehr genau an das Wort – ›um zehn Mark.‹ Mir kam das grausam vor. Andere Kinder werden gezwungen zu essen, alle Menschen halten ihre Kinder und Enkel zum Essen an, und der Kleine sollte nicht ernährt werden! Wie konnte man einem kleinen Jungen das Essen wegnehmen?[13] Und obwohl ich wusste, dass ihnen viel geholfen wurde, habe ich als Frau mit seiner Frau – wenn Sie so wollen – sympathisiert. Sie kam zu den Besuchsterminen und war so ausgelaugt, und wenn sie von allen Kindern erzählt hatte, war die Besuchszeit schon vorbei.

Breloer *(gibt ihr eine Zeichnung vom Besuchsraum in Spandau)*: Das hat der Sohn Albert für uns gezeichnet.

Margarita Nerutschewa: Als ich hier arbeitete, gab es kein Gitter mehr. Hier habe ich gesessen. Hier saß der Besucher, und da saß der Gefangene und dort der Aufseher. Und so saßen sie sich gegenüber und sprachen. Aber es war nicht erlaubt, sich mit den Händen zu berühren oder etwas zu überreichen. Einmal kam die Tochter von Schirach und brachte ihm ein kleines gelbes Blümchen mit. Sie drehte sich zu mir um und fragte: »Darf ich?« Und ich habe es ihr erlaubt, und sie übergab die Blume. Aber der englische Aufseher verbot es. Obwohl die Sowjets eigentlich immer strenger waren. Als die Kinder von Speer kamen, da schauten sie nicht ihn an, sondern die *hübsche Margret*. Ich war für sie interessant: Da sitzt eine Frau in Uniform und tut ein bisschen so, als würde sie alles mitschreiben.

Breloer: Haben Sie alles aufgeschrieben, was gesprochen wurde?

Margarita Nerutschewa: Ich habe überhaupt nicht geschrieben. Warum hätte ich schreiben sollen, wenn ich mich doch daran erinnerte, worüber sie sprachen? Wenn ich meinem Vorgesetzten hinterher berichtete, dass sie das Problem eines Kinderheimes besprachen, dann hieß es: »Ah –«, winkt mit der Hand ab, »das ist nicht interessant.«

Breloer: Es gibt aber Protokolle.

Margarita Nerutschewa: Ich habe so getan, als ob ich schreiben würde, aber in Wirklichkeit schrieb ich nicht. Speer begann zum Beispiel, jedem seiner Kinder moralische Vorträge zu halten: »Du sollst gut lernen, du sollst …« dies oder das. Aber sie interessierte das nicht. Sie waren von ihrem Vater doch schon weit entfernt. Deshalb schauten sie sich um, schauten sich den Raum genau an. Sie waren eben Kinder.

Breloer: War es unangenehm für Sie, private Gespräche zu beobachten und mitzuschreiben?

Margarita Nerutschewa: Ja. Ich mochte den Dienst während der Besuchszeiten nicht. Wenn es die Möglichkeit gab, dass es jemand anderer tat – der letzte Direktor setzte sich manchmal dorthin, aber die Direktoren vor ihm kannten ja die Sprache nicht. Ich mochte die Besuchszeiten nicht. Und warum saß ich so bescheiden in der Ecke? Weil ich sie nicht stören wollte, wenn sie über irgendetwas sprechen wollten, vor allem, wenn Margarete Speer so ausgelaugt und müde im Gefängnis ankam. Außerdem legte sie Besuchstermine zusammen. Zum

Beispiel gab es die Vorschrift, dass sie ihren Mann einmal im Monat besuchen durfte. Dann nahm sie einen Termin am Ende des Monats und den nächsten am Anfang des nächsten Monats, weil es ja teuer war herzufliegen. Und dann brauchte sie ja wohl auch noch ein Hotel in Berlin.

Breloer: Einmal war Albert Speers Sohn da, man hat sich verabschiedet, und das Licht wurde ausgemacht. Sie haben das Licht wieder angemacht, und da war etwas geschehen, was nicht hätte geschehen dürfen. Erinnern Sie sich?[14]

Margarita Nerutschewa: Ich habe das in seinem Tagebuch gelesen, aber ich kann mich nicht daran erinnern. Es sind doch schon vierzig Jahre vergangen. Kann schon sein, dass es wahr ist, ich will es nicht leugnen, aber ich kann mich nicht daran erinnern.

Breloer: Das Spandauer Bestrafungs-Logbuch[15] zeigt: Er gab seinem Sohn die Hand, er wurde dafür bestraft.

Margarita Nerutschewa *(liest)*: Ja, hier steht es auf Englisch, er drückte ihm die Hand. Der Direktor war ja nicht anwesend, also folgt daraus, dass ich es ihm gesagt habe. Aber ich erinnere mich leider nicht daran. Außerdem ist das so ein winziger alltäglicher Regelverstoß.

Breloer: Wie war die Stimmung zwischen den vier Direktoren? Gab es den Kalten Krieg auch in Spandau?

Margarita Nerutschewa: Im Gefängnis war nicht Kalter Krieg. Aber nicht nur zwischen den Direktoren, sondern auch zwischen den Aufsehern war die Stimmung angespannt. Wenn im Zellenblock ein Russe und ein Amerikaner zusammen Dienst hatten, dann saßen sie so da *(verschränkt die Arme)*. Dann kam der Franzose, sah den Russen und den Amerikaner, stellte sein Gewehr in die Ecke und legte sich schlafen und schnarchte so laut, dass sich die Gefangenen darüber beschwerten. In der französischen Armee steht ja jedem Soldaten ein Viertelliter Wein zu, und dieses Viertel tat seine Wirkung. Und so war es auch zwischen den Direktoren: Die Franzosen waren immer mit allem einverstanden, die Engländer auch. Hauptsächlich stritten die Amerikaner und die Russen miteinander. Die Amerikaner wollten kommandieren – wie jetzt auch auf der Welt.

Breloer: Sie schreiben: Alle Vorschläge der Russen wurden von den Amerikanern abgelehnt, alle Vorschläge von den Amerikanern wurden von den Russen abgelehnt.

Margarita Nerutschewa: Nein, gewöhnlich ging das so: Sie lehnten nicht sofort ab, sondern sagten: Vertagen wir diese Frage auf die nächste Sitzung. Sie hielten dann natürlich Rücksprache mit den Vorgesetzten.

Breloer: Bitte lesen Sie uns etwas aus Ihrem Tagebuch von damals vor.

Margarita Nerutschewa: Ich habe sogar Schwierigkeiten, die Handschrift zu lesen – als ob nicht ich das geschrieben hätte. Die Regeln der Gefängnisleitung verboten eigentlich, ein Tagebuch zu führen, aber wenn der Direktor und ich zurückkamen, gingen wir in verschiedene Zimmer, und er schrieb etwas und ich schrieb etwas. Aber ich schrieb wenig – auch aus Faulheit natürlich. Was ich übrigens auch nicht bedauere. Ich brauche das alles nicht. – »Schon wieder habe ich fast 10 Tage lang nichts geschrieben. Es herrschte furchtbare Hitze. Speer schreibt, dass es in Berlin keine solche Hitze seit 1865 gegeben habe. Daran ist zu erkennen, dass er jeden Tag sehr genau die Zeitungen liest, denn diese genauen Kenntnisse bezieht er gewiss aus ihnen. Dieser Monat ist besonders arbeitsintensiv und anstrengend. Es ist Juli, unser Monat, der sowjetische Monat. Im letzten Jahr war ich im Juli im Urlaub und wusste nicht, dass im Juli neben den Belastungen in Spandau fast an jedem zweiten Tag Empfänge und Cocktail-Einladungen sind.« – Das ist hier alles über die Empfänge, das ist nicht interessant. Bevor ich als Zensorin arbeitete, war ich im Zellenblock, warten Sie – mit dem amerikanischen Kommandanten von Westberlin, er führte eine Inspektion durch. *(Liest leise, dann laut:)* »Die Hitze ist unglaublich in der Uniform – ich glaube, dass ich sterbe. Zum ersten Mal ging ich als Erste in die Zellen der Kriegsverbrecher und fragte auf Deutsch: ›Haben Sie Fragen oder Beschwerden zu stellen?‹ Nach Heß kommen die Zellen Nr. 5 und Nr. 1, sie leben in jeder übernächsten Zelle, um eine Verständigung per Klopfzeichen auszuschließen. Nr. 5 ist freundlich, er grüßt, wie es sich gehört. Als Antwort auf die Frage nach Beschwerden dankt er und sagt, dass er keine Beschwerden vorzubringen habe. Ihm gefällt der Zellentrakt, der nach der Renovierung sehr hell ist, mit weißer Farbe gestrichen.« Aber der General hörte ihm nicht lange zu, sondern ging sehr bald in die Zelle von Schirach hinüber. *(Sortiert die losen Seiten ihres Notizbuches.)* Hier ist etwas, als ich zum ersten Mal dort war: »Ich lief hinter dem General her und fürchtete die ganze Zeit, auf dem glatten Fußboden auszurutschen, weil er mit so großen Schritten ging.« Wenn ich gewusst hätte, dass Sie das alles interessiert, dann hätte ich damals mehr geschrieben. Deshalb seien Sie mir bitte nicht böse. *(Lächelt, blättert weiter.)* »Der Besuch des Zellenblocks mit dem französischen General Laque [?] am 12. Februar 1959. Ich hatte ihn schon vorher auf einem Empfang im Maison de France gesehen und auf einem Cocktailempfang im Haus des ehemaligen französischen Kommandanten. Nachdem er sich bei allen in Spandau vorgestellt hatte, sagte Laque [?], dass er mich schon gesehen hätte, und erinnerte sich auch daran, wo. Nachdem er sich die Dienstzimmer angesehen hatte, ging der General in den Zellenblock. Dort sprach er wie alle mit den Gefangenen. Als er zu ihnen in die Zelle ging, grüßte er als Erster, indem er die Hand an die Mütze legte. In der Zelle des Gefangenen Nr. 5 blieb der General länger. In einer angeregten Unterhaltung interessierte sich der General für die Gesundheit des Gefangenen und ob er oft die Möglichkeit hätte, seine Verwandten zu sehen. Der Gefangene Nr. 5 ...« – sehen Sie, ich schreibe nie *Speer*, ich schreibe immer *der Gefangene Nr. 5*, sogar im Tagebuch –, »der Gefangene Nr. 5 antwortete lächelnd auf Französisch. Nach der Besichtigung des Zellenblocks ging der General mit seinen Begleitern zum Mittagessen in die Offiziersmesse. Der Wein floss in Strömen.« Trockener roter zum Fleisch, weißer zum Fisch. Der französische Monat war der allerbeste.

BRELOER: Nicht der amerikanische?

MARGARITA NERUTSCHEWA: *Nein*. Im amerikanischen Monat waren Spirituosen verboten.

BRELOER: Vielleicht können Sie noch ein Stück lesen?

MARGARITA NERUTSCHEWA: Hier habe ich noch einmal etwas gefunden über die Franzosen – irgendwie kommen hier ständig die Franzosen vor. »Nach dem reichhaltigen Essen in der Bar entspann sich ein Gespräch darüber, dass sich die Franzosen über die Satzung hinweggesetzt hatten und entgegen jedem gesunden Menschenverstand den Gefangenen sehr kalorienreiche Kost gäben, wobei sie sogar die Amerikaner übertrafen. General Laque [?] antwortete mit einem Lächeln, dass die Russen aller Wahrscheinlichkeit nach strengere Menschen seien, sie mussten mehr Schrecken durchmachen als die Franzosen. Aber er fügte hinzu: ›Aber alles in allem bin ich erstaunt, warum sie nicht seinerzeit alle aufgehängt wurden.‹« – Stellen Sie sich vor, plötzlich sagte er so etwas: Sie hätten alle aufgehängt werden müssen.

BRELOER: Hatten Sie nicht auch das Gefühl, dass die Gefangenen eigentlich den Tod verdient hätten?

Margarita Nerutschewa: Nein. Ich vertraute den Urteilen von Nürnberg. So war geurteilt worden. Speer war der einzige Mensch, der dort seine Schuld bekannte. Aber mir schien es, dass er gerissen ist, ich habe ihm nicht geglaubt. Damit sie ihm weniger gaben, nur zwanzig Jahre, deshalb hat er sich schuldig bekannt. Der Ansicht war ich.

Breloer: Sie hatten das Gefühl, es war ein Trick, und er hatte Glück gehabt, dass er noch lebte?

Margarita Nerutschewa: Ja, vollkommen richtig.

Breloer: Erinnern Sie sich an Herrn Boon, den Holländer Boon, und an Toni Proost?

Margarita Nerutschewa: Ja. Ich habe das *Tagebuch* von Speer gelesen, ich bekam es geschenkt. Ich war erstaunt: Wozu hatten wir eine Zensur, wenn er so eine gute Verbindung mit der Außenwelt hatte? Aber über wen, das könnte ich noch nicht einmal erraten. Ich habe über alle nachgedacht, die während meiner Zeit dort waren – ich kann es nicht erraten. Aber das kann man einfach erklären: Ich war ja kein Aufseher im Gefängnis. Ich kam zur Zensur oder zu einer Sitzung der Gefängnisdirektoren, arbeitete drei Stunden lang und ging wieder nach Hause. Deshalb kann ich nicht sagen, wen ich verdächtigen könnte. Aber natürlich auf keinen Fall unsere Leute! *(Lacht.)* – Ich möchte noch sagen: Wir Zensoren gaben ihnen Hefte, so spezielle, in die sie alles schrieben, zeichneten. Und dann, wenn das Heft voll war, sammelten wir die Hefte ein und verbrannten sie. Und sie – so stellte es sich später heraus – haben alles hinausgeschmuggelt.

Breloer: Verbrannt? Nicht geschreddert?

Margarita Nerutschewa: Dieses hier *(deutet mit den Händen feine Papierstreifen an)*, mit dieser Maschine.

Breloer: Die Gefangenen wussten nicht, dass ihre Ideen zerschreddert wurden. Es hätte ja vielleicht etwas Wichtiges sein können; hat es jemand gelesen, bevor es verbrannt wurde?

Margarita Nerutschewa: Niemand. Wir Zensoren sammelten die Hefte einfach bei ihnen ein und gaben sie in der Kanzlei ab.

Romanenkow: Aber vielleicht las sie dort irgendjemand?

Margarita Nerutschewa: Nein. Sie haben sich dafür irgendwie nicht interessiert. – Das war eigentlich verkehrt, nicht wahr?

Breloer: Ja.

Margarita Nerutschewa: Ja, ich hätte das alles einsammeln sollen und nicht an die Kanzlei abgeben. *(Lacht.)*

BRELOER: Es gab viele Petitionen und Versuche, die Spandauer Gefangenen vorzeitig zu entlassen, und die Russen haben immer gesagt: *Njet*. Warum?

MARGARITA NERUTSCHEWA: *Und amerikanischen auch.*

BRELOER: Amerika hätte Speer freigelassen.

MARGARITA NERUTSCHEWA: *Nein.* Es gab hier verschiedene Amerikaner – sie waren immer dagegen.

BRELOER: Ja, aber die konnten es nicht entscheiden. Die Entscheidung lag bei den Regierungen. Was war Ihre Meinung, Margarita – freilassen oder nicht?

MARGARITA NERUTSCHEWA: Nein, auf keinen Fall! Ich bin Ukrainerin, ich weiß, was die Faschisten in der Ukraine angerichtet haben. Ich habe an einer Exkursion nach Sachsenhausen teilgenommen. Ich konnte mir diese Filme gar nicht anschauen, ich konnte diese Untaten nicht anschauen. Nein, niemals war ich dafür. Ich vertraute auf die Urteile des Nürnberger Prozesses. Daran habe ich nicht gezweifelt.

Der Sohn des Freundes

Friedrich Wolters

1942 geboren in Berlin als Sohn des Architekten Rudolf Wolters und seiner Frau Erika geb. Lange. Zwei Geschwister. Ab 1945 Jugend in Westfalen, Besuch des Gymnasiums in Coesfeld, 1961/62 Wehrdienst. Nach Praktika in Handwerksbetrieben 1963–67 Architekturstudium an der Werkkunstschule Krefeld, 1967–69 an der TU Wien. 1970–72 im Architekturbüro Georgije Nedeljkov, Berlin. Eröffnet 1972 gemeinsam mit Leonore Wolters-Krebs ein Architektur- und Stadtplanungsbüro in Coesfeld. 1992–96 Projekte in Brandenburg, Sachsen-Anhalt, Berlin und Potsdam, seit 1992 in Russland im Auftrag der Arbeitsgemeinschaft Historische Stadtkerne Nordrhein-Westfalen und der NRW-Landesregierung. Seit 2000 auch Geschäftsführer der »Regionale 2004«, eines Entwicklungsinstruments der Landesregierung NRW für regionale strukturpolitische Prozesse.

»Selbst im Tode spielt er uns noch einen Streich!«

Sein Büro hat der Architekt Friedrich Wolters dort, wo er aufgewachsen ist – im ehemaligen Vaterhaus. Dahinter hat er sich sein eigenes Haus gebaut – unaufgeregte Architektur, die sich wegzuducken scheint, ein wenig die Anmutung einer Scheune, innen weiß und weit, sodass man Luft hat zum Atmen. Hier sitze ich ihm zwei Tage lang gegenüber und versuche, mehr über seinen Vater zu erfahren: wie er war als Person, was es mit seiner Freundschaft zu Albert Speer auf sich hatte und wie daraus nach Speers

Entlassung aus Spandau eine traurige Enttäuschung und allmählich eine erbitterte Feindschaft entstand. Wolters spricht bedächtig und leise, es ist alles noch ganz lebendig in ihm, und es ist das erste Mal, dass er sich öffentlich über seinen Vater äußert.

Rudolf Wolters hat seinem Sohn nicht die Wahrheit gesagt über die Jahre an der Seite von Albert Speer. Er war kein Parteigenosse gewesen, Speer hatte es ihm erspart, und so konnte er nach dem verlorenen Krieg mit den Kollegen aus Berlin sofort unbeschwert und unbelastet an den Wiederaufbau gehen. Fritz Wolters blättert mit mir in den alten Gästebüchern, und wir finden sie alle wieder, die Architekten, die damals an der großen Achse von »Germania« und bei den Planungen für den Wiederaufbau kriegszerstörter Städte mitgearbeitet hatten und sich nach 1945 hier zu feuchtfröhlicher, karrierefördernder Kontaktpflege wiedertrafen.

Die Dokumente des Vaters zum Thema Albert Speer haben wir gemeinsam aus dem Keller hochgeholt, und er würde das alles, die Chronik, die Briefe, Tagebücher und Tonbänder, am liebsten irgendwo in einen tiefen Fluss versenken.

Er versucht keinen Augenblick, den Vater schönzureden. Dabei hat er sich noch gar nicht intensiv mit dessen Geschichte beschäftigt; es reicht ihm schon, was er über die »Entmietung« der Berliner Juden weiß. Diese Vergangenheit belastet ihn. Während des Gesprächs leidet er, ist schließlich still und erschöpft von all den Bildern, die er an sich hat herankommen lassen. Und dabei hat er doch, ohne viel Aufhebens davon zu machen, längst sein eigenes erfolgreiches Leben als Architekt und Städteplaner weit jenseits der Welt des Vaters gefunden.

BRELOER: Albert Speer und Ihr Vater lernten sich als Studenten kennen. In einem sehr viel späteren Brief[1] versucht Albert Speer sich zu erinnern, wer sie beide damals waren: »Sicher waren wir immer schon Gegensätze: Wenn ich mir Dein Bild zurückrufe, wie Du während der Studentenjahre gewirkt hast, so fällt mir nun Deine Gradlinigkeit, Deine oft bis zum Verletzenden gehende Offenheit, Deine Fundiertheit und Geborgenheit ein, verursacht vielleicht durch Generationen von westfälischen Schwerblütern.« Ist was dran an dieser Charakteristik?

FRIEDRICH WOLTERS: Mag wohl so sein, da ist sicher was dran.

BRELOER: Speer weiter: »Du hast gar nicht Unrecht, wenn Du mir eine Art Pragmatismus unterschiebst ...« – hier hatte Ihr Vater etwas an Albert Speer kritisiert, was dann auch im Streit zwischen den beiden wichtig war: Speer konnte jonglieren, Ihr Vater nicht.

Friedrich Wolters: Ja, der war vermutlich viel zu sehr Westfale und hier verwurzelt in dieser natürlich auch oft vordergründigen Geradlinigkeit. Ich habe den Albert Speer ja nur sehr kurz oder einige Male kennen gelernt – ich denke, er war einfach gleitender, vielleicht ein bisschen kieseliger als dieser sehr apodiktische Rudolf Wolters.

Breloer: In der Universität: Wolters in Anzug, Schlips und Kragen, Albert Speer: Knitterhose. Ihr Vater nennt ihn Boheme.

Friedrich Wolters: Das hat der Rudolf Wolters eigentlich bis in die ganz späten Jahre durchgehalten. Und ich denke, das zeigt vielleicht auch ein bisschen die Zwänge, in denen er sich fühlte. Und wie möglicherweise sein Weltbild ausgesehen haben mag, in diesen Zeiten des Studiums: Er hat nur so eine Geschichte erzählt, dass sie in München mit weißen Glacéhandschuhen, also solchen aus ›Sämischleder‹, wie er sagte, in der Straßenbahn standen, mit Staubmantel und Krawatte und Anzug und ›tipptopp‹ – das waren so Lieblingsausdrücke von ihm.

Breloer: Bei Heinrich Tessenow begegnen sie sich wieder. Albert Speer, schon gleich wieder das Sonntagskind, wird Assistent. Wie muss man sich Tessenow vorstellen? Was bringt der den beiden bei? Was für eine Autorität, welches Weltbild steckte dahinter?

Friedrich Wolters: Als ich Rudolf Wolters fragte: »Wie seid ihr überhaupt in die Zone dieses Klassizismus reingekommen?«, hat er gesagt: »Du musst dir das so vorstellen: Wir lebten in einem Raum, der war weiß gestrichen, mit einer Glühbirne unter der Decke, einem Stuhl, einem Bett, in einer völlig reduzierten Atmosphäre, also in dieser Atmosphäre der zwanziger Jahre und der Moderne in der Architektur; das hing uns zum Halse raus. Und dann kommt auf einmal Heinrich …« – Ich kann das nicht beurteilen. Es gibt ja noch einige ganz schöne Entwürfe von meinem Vater für Wettbewerbe; ein Theater in Krakow, wo man das nachvollziehen kann. Und nun kommt dieser Tessenow, im Gegensatz zum völlig expressiven und genialen Poelzig, und hat wohl ein unglaubliches Talent, den Studenten Architektur zu vermitteln, und zwar eine Architektur, die sicher auch immer ein bisschen Blut und Boden ist, und ihnen das Zeichnen zu vermitteln. Ich bin in der Tessenow-Gesellschaft und habe noch diese ganzen alten Schüler kennen gelernt, die so langsam wegsterben, und die haben alle eins: den zitternden Strich und dieses Behutsame, Distanzierte,

Gründliche, auch Grundsätzliche. Rudolf Wolters hat ja fürchterliche Zustände gekriegt, wenn hier in Coesfeld bei uns, als wir 1972 hier gemeinsam eine kurze Zeit werkelten, Berge von Skizzierpapier herumflogen, und hat dann immer gesagt: »Das macht man so nicht. Heinrich hätte das auch anders gemacht! Man geht spazieren, und dann denkt man sich das aus, dann hat man es im Kopf, und dann setzt man sich hin und zeichnet es runter.« Tessenow hat sich ja später distanziert, aber ich denke, die ganze Art, wie er seine Weltanschauung in der Architektur verbündelte und die kleinen Sachen bedeutend machte, das waren vielleicht für die Architekten die ersten Schritte in diesen späteren Klassizismus hinein.

BRELOER: Ihr Vater rettet sich dann vor der Arbeitslosigkeit, indem er in die Sowjetunion geht. Albert Speer dagegen hat, so schildert er es uns wenigstens, ein Erweckungserlebnis – er hört eine Hitlerrede, er ist bezaubert. Wo sehen Sie Linien von seiner Herkunft, seiner Ausbildung zu seinen späteren Bauten für Hitler?

FRIEDRICH WOLTERS: Das ist eine ganz schwierige Frage, weil das auch immer sehr wertend wird. Speer war sicher ein talentierter Architekt mit einem untrüglichen Gespür für Situationen. Das zieht sich auch durch sein Leben. Es gibt viele Architekten, die behaupten, dass die Saat dazu schon Heinrich Tessenow gelegt hat. Ich weiß nur von meinem Vater, in diesen Jahren in Sibirien und während dieser ganzen Zeit bei der Reichsbahn, wo es nichts zu essen gab und wo er dann wieder rausflog, weil er auch sonst weiterarbeiten wollte. In dieser wahnsinnigen Depression haben die alle etwas gesucht, was greifbar war, wo sie eine Hoffnung hatten, und da kam dann dieses Völkische. Speer war, glaube ich, auch ein begeisterter Wanderer. Die Natur und Bauen und Architektur, so eine Symbiose – vielleicht sind das die Gelenke, an denen sich etwas entwickelt hat, was dann in diesen Neoklassizismus geführt hat. Ich kann mir das eigentlich nicht anders vorstellen. Und es wird schon auch so gewesen sein, dass denen das dann irgendwann auch Spaß gemacht hat. Ich bin selber zu sehr Architekt, um nicht zu erkennen, dass, wenn auf einmal ein Bauherr da ist, man geneigt ist, über alles andere schnell hinwegzugucken. Das ist eine große Gefahr.

BRELOER: Speers Vater als normaler, guter Gebrauchsarchitekt ist erschrocken, als er die Modelle sah: »Ihr seid komplett verrückt geworden!«[2]

FRIEDRICH WOLTERS: Die waren natürlich auch verrückt geworden. Ich

weiß von meinem Vater, dass sie für dieses große Modell für die Achse in Berlin – das muss ein gigantisches Modell gewesen sein – als Bäume, die sie da eingestellt haben, Azaleen entblättert und weiß gespritzt haben. Das Problem ist ja bei diesen ganzen Architekturen nicht die Größe, nicht die Frage der Achse, sondern die Frage der Zeit. Als das entsteht, ist es ja im Grunde genommen hundert Jahre zu spät.

Breloer: Wie sind Ihr Vater und Albert Speer wieder zusammengekommen? Während Ihr Vater in der Sowjetunion war, hatten sie sich ja aus den Augen verloren.

Friedrich Wolters: Der Speer hat ihn meines Wissens angesprochen und ihn gefragt, ob er nicht bei ihm arbeiten will, es gäbe was zu tun. Und daraus ist dann so eine enge Verbindung geworden.

Breloer: Speer war als Generalbauinspektor mit der Neugestaltung Berlins beauftragt worden, und dafür wurde Ihr Vater jetzt von ihm in sein Büro geholt. Welche Rolle spielte er dort?

Friedrich Wolters: Ich gehe davon aus, dass Speer sehr früh erkannt hat, dass er so einen wie den Rudolf Wolters braucht, der ihn auf eine merkwürdige Art und Weise verehrt, seine Genialität erkennt und in ihm vielleicht so etwas wie den getreuen Eckart gesehen hat, der bereit ist, das durchzuziehen, was er für ihn an Aufgabenstellungen hat. Und dafür hält er ihn auch aus allen Geschichten raus. Rudolf Wolters hat mir mal gesagt, er hätte dem Albert Speer gesagt: »Ich muss doch jetzt auch in die Partei gehen, wenn wir hier so große Sachen machen«, und da hätte der Speer gesagt: »Du bleibst mal außen davor.« Ich vermute mal, auch aus gutem Grund: weil Rudolf Wolters dafür völlig ungeeignet gewesen wäre.

Breloer: Vielleicht bildete sich, obwohl sie ja im Zentrum des Systems waren und es bestens bedienten, bei Speer und auch bei Ihrem Vater so ein Gefühl heraus, Außenseiter zu sein und deshalb auch nicht für alles moralisch verantwortlich, was die Partei machte. Und durch dieses Gefühl einer Sonderstellung gerieten sie auf eine Art Rutschbahn ... Könnte das für Ihren Vater zutreffen?

Friedrich Wolters: Ja, ich gehe mal davon aus, dass Albert Speer auch auf diese Rutschbahn geraten ist, also da sind sie sicher beide kräftig mitgerutscht. Und man hat auch in den späteren Jahren den Eindruck, dass diese desaströse Entwicklung in Deutschland, in der Welt, in Europa in diesen Zirkeln überhaupt keine Rolle spielte, weil sie nicht gesehen wurde oder nicht gesehen werden wollte und man wirklich auf so einer Insel der Glückseligen war.

Breloer: 11. September 1940, 8.15 Uhr abends: Der Führer mit Speer, Brugmann, Kreis besichtigt die Modelle, Ihr Vater ist dabei. »Das Innere der Soldatenhalle gefällt dem Führer außerordentlich gut, es macht ihm Spaß, als Kreis ihm erklärt, wie er es zustande gebracht habe [...]. Führer besichtigt eine Zeit allein mit Speer den großen Bogen«, Bauwerk T, wie es genannt wurde. »Beim Weitergehen Führer: ›Ein nettes Siegespförtchen.‹«[3] – So in der Sonne zu stehen, mit dem Weltenlenker Hitler, der gerade Frankreich niedergeworfen hat, durch die Räume zu gehen – können Sie sich vorstellen, was Ihr Vater dabei empfunden haben mag?

Friedrich Wolters: Offen gestanden kann ich es mir überhaupt nicht vorstellen. Es ist so grotesk und es ist eine solche innere Isolation und Korruption, die da stattfindet, ich sage jetzt nur mal: die Korruption der Architekten, dass das eigentlich überhaupt nicht nachvollziehbar ist. Mir

ist es schleierhaft und unerklärlich, dass Rudolf Wolters, der sich ja als
junger Spund, nicht nur, weil er keine Arbeit fand, sondern weil er Ziele
hatte, bei Le Corbusier und in solchen Büros beworben hat, auf einmal in
einen solchen innerlichen Absturz kommt. Das ist mir bis heute völlig
schleierhaft, und das ist, denke ich, auch das Verhängnis vieler Architekten, die immer dann, wenn sie große Aufträge sehen, alles andere verdrängen und nicht standhaft sind und nichts ablehnen.

Breloer: Was wird sich Ihr Vater vorgestellt haben, wer diese ganzen
Bauten bezahlt?

Friedrich Wolters: Ich bin mir nicht so sicher, ob er überhaupt darüber nachgedacht hat. Ich gehe davon aus, dass die in dieser Zeit noch
geglaubt haben, dass das so gottgegeben ist und dass irgendeiner, die
Partei, der Staat, Hitler, es schon richten wird und dass es so weitergeht.

Breloer: Aber man sieht die konkrete Planung, 1950 soll die Große
Halle stehen, der Granit ist bestellt. Das war doch mit der Wirtschafts-
kraft des Deutschen Reiches allein nicht zu bezahlen, das ging nur mit
Raubkriegen.

Friedrich Wolters: Für mich ist es schwer, das zu beantworten oder
auch nur eine Idee dazu zu finden, wie die sich das vorgestellt haben,
weil Rudolf Wolters in seiner eigenen Familie über so etwas ja nie geredet hat. Nie.

Breloer: Haben Sie mal versucht, von ihm eine Erklärung über diese
Jahre zu bekommen?

Friedrich Wolters: Ja. Ich habe in den späteren Jahren seines Alterns
und meines Älterwerdens immer mal versucht, ein Gespräch anzufangen, und immer dann, wenn es ein bisschen kritisch wurde, endete
das damit, dass er einen roten Kopf bekam und ich dann die Schnauze
hielt und abgehauen bin, weil das die ganze Familie erschütterte. Es
war bei Lichte betrachtet unerträglich. Es hat keine Auseinandersetzung darüber gegeben. Mich hat das mit der Architektur nicht so interessiert, weil dieser späte Klassizismus nicht mein Ding ist; da gibt es
durchaus Sachen, die finde ich nicht unästhetisch, wenn ich mir etwa
den Grundriss der neuen Reichskanzlei angucke – aber es hat mich
nicht so interessiert. Mich hat etwas anderes interessiert, das war immer das Thema der Juden. Und das war ein absolutes Tabu in der Familie, und das führte auch regelmäßig zum Krach.

Breloer: Haben Sie ihn nach seinen Russland-Reisen im Krieg gefragt,

zu den Speer-Bautrupps? Er hat ja die Zwangsarbeiter, das wandernde KZ entlang der Straße fotografiert.[4]

FRIEDRICH WOLTERS: Ich bin ja interessanterweise an diese ganzen Unterlagen vor seinem Tod nicht herangekommen. Das war alles unter Verschluss.

BRELOER: Er wusste, dass er etwas wegzuschließen hatte?

FRIEDRICH WOLTERS: Davon gehe ich mal aus. Und ich gehe auch davon aus, dass er vieles, mag sein aus guten Gründen, abgeblockt hat. Denn ich wusste ja von meiner Mutter, die ja auch schweigsam war – wie sie alle merkwürdigerweise schweigsam waren –, dass es in Berlin die Spatzen von den Dächern pfiffen, was mit diesen armen Juden passierte. Ein Thema, das mit ihm nicht zu diskutieren war. Es war ja so, dass wir hier in dem Haus in der Daruper Straße wohnten und das Büro in der Beguinenstraße war, in so einem von ihm wieder aufgebauten biedermeierlichen Häuschen. Und das war sein zweites Leben, in seinem Architekturbüro, wo ja auch die Marion Riesser wirkte und wo dieses ganze Speer-Thema, das Wolters-Thema, das »Dritte Reich«-Thema verschlossen war. Das Einzige, was ich mitbekam, waren die blauen oder grünen Umschläge, die regelmäßig hier ankamen, wo irgend so ein Ausschnittdienst ihm alles ausschnipselte, was Speer betraf. Das war in der Zeit, als Speer in Spandau im Gefängnis saß. Aber sonst ist das ein dunkles Kapitel des Schweigens.

Breloer: Hat Ihnen Ihr Vater mal von der engen Beziehung zwischen Speer und Hitler erzählt?

Friedrich Wolters: Ja, natürlich. Immer dann, wenn es um diese spätere Auseinandersetzung ging und insbesondere auch um die Distanz, die Speer dann ja in Spandau aufbaut, hat mein Vater mir gesagt, dass der Speer eigentlich bei Hitler wie das Kind im Hause war und als Architekt irgendwie der Liebling des Geschehens. Und für Rudolf Wolters war ja dieser Auftritt 1940 mit Hitler an den Modellen eines der zentralen Erlebnisse.

Breloer: Rudolf Wolters, *Vom Beruf des Baumeisters. Vom künstlerischen Ringen und Bekennen*, Berlin-Prag-Amsterdam 1944. »Es ist uns heute selbstverständlich, dass der Baumeister nicht abseits vom politischen Geschehen stehen kann, im Gegenteil, es ist die unerläßliche Voraussetzung für den Beruf, daß der Architekt mitten im Politischen stehen muß, das heißt auf jenem Boden, der ihm Saft und Kraft gibt und ihn zu fruchtbarer Tätigkeit bringt. Nur so kann der Architekt seinem Schaffen den Stempel seiner Zeit geben, kann er Wahres und Schönes, Schöpferisches und Großes erfinden. Er muß gläubig sein, von der politischen Notwendigkeit überzeugt und bereit, für die Weltanschauung seiner Zeit und seines Volkes das Letzte zu geben.«[5]

Friedrich Wolters: Hören Sie auf, es ist zum Kotzen! Es ist fürchterlich, es ist grauenhaft. Das ist schon ein Drama.

Breloer: Es ging dann ja noch eine Stufe höher: Todt stirbt, Albert Speer wird Rüstungsminister und nimmt Ihren Vater mit. Was wissen Sie über diesen nächsten Schritt Ihres Vaters?

Friedrich Wolters: Ich weiß nur, dass er dann angefangen hat, die Chronik des Ministeriums Speer zu schreiben und relativ direkten Zugang zum Minister hatte. Und er hat sich unter anderem um ganz merkwürdige Sachen gekümmert wie diese Buchreihe der Organisation Todt, wo sie Klassiker für die Frontarbeiter verlegt haben. Was er in der Zeit im Ministerium im ureigensten Sinne gemacht hat, ist mir eigentlich überhaupt nicht bekannt, es gibt ja so einen Orgaplan – das habe ich nie verstanden.[6] Er war ja immer noch auch mit Speers Baugeschichten befasst.

Breloer: Sind Sie in Berlin aufgewachsen?

FRIEDRICH WOLTERS: Ja, ich bin da 1942 geboren und bin dann so knapp drei Jahre in Berlin gewesen.

BRELOER: Erinnern Sie noch den Krieg?

FRIEDRICH WOLTERS: Nein.

BRELOER: Wo setzen Ihre Erinnerungen ein?

FRIEDRICH WOLTERS: Meine Erinnerungen setzen ein, als wir mit irgendeinem Lastwagen von Berlin weggefahren sind in Richtung Höxter, glaube ich. Da gab es irgendwo nachts einen Stopp, und da gab es Schmalzbrote. Dann sind wir auf einen Bauernhof gezogen, da haben meine Mutter und meine beiden Schwestern in anderthalb oder zwei Zimmern gelebt. Und mein Vater war die Woche über in Coesfeld, baute das Büro auf und kam am Wochenende.

BRELOER: Was wissen Sie über die letzten Aufträge, die Speer Ihrem Vater erteilt hatte?

FRIEDRICH WOLTERS: Darüber weiß ich relativ wenig. Ich weiß nur, dass sich dieser Wiederaufbaustab kriegszerstörter Städte in Höxter, Corvey zusammenfindet und das irgendwie nichts Rechtes wird;[7] mein Vater schreibt in seinen Erinnerungen,[8] dass nur Chefs da waren, keiner wollte arbeiten, weil niemand da war, der zuarbeitete. Und es ist dann auch die Zeit, in der der Lübke[9] irgendwo noch eine Rolle spielt. Den haben ja alle nicht so ernst genommen. Karl Berlitz, der spätere Partner meines Vaters, eigentlich ein netter Mann, mit dem ich mal über Lübke sprach, um ein bisschen etwas zu erfahren, sagte mir nur: »Er war ein Stinkstiefel.«

BRELOER: Wie geht es dann nach dem Krieg mit Ihrem Vater weiter?

FRIEDRICH WOLTERS: Der kommt also nach Coesfeld und kriegt die ersten Aufträge der kriegszerstörten Städte, fängt auch wieder ein bisschen an zu bauen, baut das Schloss in Ahaus auf und in Coesfeld hier und da ein bisschen. Und da setzt eigentlich meine deutliche Erinnerung ein. Wir sind dann 1948 vom Bauernhof weggezogen hier in das Haus, und da kommt dann zwangsläufig eine ganz andere Berührung mit dem Vater. Von da ab ist eigentlich Albert Speer allgegenwärtig.

BRELOER: Was heißt ›allgegenwärtig‹?

FRIEDRICH WOLTERS: In allen Reden des Vaters. Wenn er die Zeitung aufschlägt und irgendetwas liest, sagt er: »Ach Gott – das hätte Albert anders gemacht.« Oder wenn es irgendwo ein Problem in der Wirtschaft gibt, sagt er: »Wenn der Speer das machen würde, dann würde das laufen.« Das begleitet das Leben in der Familie.

Breloer: Wie stellten Sie sich diesen Mann vor, von dem da immer geredet wurde?

Friedrich Wolters: Das war ja für mich eine eigenartige Welt: Es gab drei Informationsquellen für mich; die eine war der Vater, der den schon heilig gesprochen hatte, der war der Nukleus, um den sich alles drehte. Die andere Informationsquelle, die spärlich floss, war meine Mutter. Die kam aus einem protestantischen Haushalt und war mit den Bonhoeffers befreundet; das – und nicht nur das – führte zu Spannungen. Ein bisschen erfuhr ich auch von der Seite. Und dann erfuhr ich natürlich von den Lehrern in der Schule, die sich im Widerstand befunden hatten. Das ist rückblickend ein interessantes *mixtum compositum* aus unterschiedlichen Informationen, Wahrheiten, Halbwahrheiten und Lügen. Wir hatten auf dem Gymnasium Geschichtsunterricht, und es wurde irgendetwas über das »Dritte Reich« durchgenommen, über die Nazis. Ich war noch relativ jung, fünfzehn. Und ich erfuhr, dass das Verbrecher waren und Schweine und Proleten, die sich nicht benehmen konnten, und ich dachte in hellem Entsetzen: »Dein Vater! Das kann doch nicht wahr sein!« Da gab es ein Buch über die Neue Reichskanzlei, das habe ich mit in die Schule genommen, um den Gegenbeweis anzutreten – von dem Tag an war ich unten durch. Dann kam ich mit eingekniffenem Schwanz nach Hause und erzählte meinem Vater davon, und da kriegte ich die zweite Ladung ab, da er außer sich war, dass ich seine Bücher in die Öffentlichkeit trug. Und in dieser Zeit habe ich irgendwie so ein komisches Gefühl gehabt. Aber ich habe das nicht weiter verfolgt. Ich hatte ein ganz schwieriges Verhältnis zu meinem Vater, der extrem autoritär war – extrem.

Breloer: Er konnte schreien, dass die Wände wackelten?

Friedrich Wolters: Dass die Wände wackelten, dass die Kaffeetassen hochsprangen. Er hat ja nicht argumentiert, er hat immer nur gesagt: »Ihr habt keine Ahnung, ihr versteht das alles nicht!« und: »Es war alles völlig anders, als das heute dargestellt wird.«

Breloer: Irgendjemand hat mir erzählt, er hätte eine codierte Autonummer gehabt – etwas mit 88 …

Friedrich Wolters: Etwas, das ich erst gemerkt habe, als ich das Auto verkauft habe. Ich war in Berlin, mein Vater hat mich ja knapp gehalten, äußerst knapp, ich kriegte einen Wechsel, der war immer so hoch wie damals diese offiziellen Studienstipendien, 250, später 350 DM, immer so, dass ich so gerade eben über Wasser schwimmen konnte.

Und dann ging ich auf seinen Wunsch hin nach Berlin und, obwohl ich überhaupt keine Lust hatte, in ein Büro, und da sagte er: »Wir müssen für dich jetzt ein Auto kaufen, weil du uns auch beraten wirst.« Es wurde ein weißer VW gekauft, ein Käfer, und der hatte eine Autonummer: COE-AH 88, und mit dem bin ich hier noch rumgefahren. AH stünde für die Stadt Ahaus. Irgendwann habe ich mir dann ein eigenes Auto gekauft, und Rudolf Wolters sagte mir: »Schade, dass du die Nummer nicht mehr hast, die hatte ich damals für dich extra besorgt. Du weißt ja: Adolf Hitler.« Da war ich einigermaßen konsterniert, das hat dann auch zu leichten Auseinandersetzungen geführt. – Er hat so etwas möglicherweise auch mal an seinem Auto gehabt, ich weiß es nicht.

BRELOER: Die 8 ist der achte Buchstabe des Alphabets, und das ist das H. 88 gleich HH – das hieß: Heil Hitler. Das wussten alle, die die 88 hatten.

FRIEDRICH WOLTERS: Das erfahre ich jetzt. Es ist vielleicht auch ganz gut, dass ich es jetzt erst erfahre.

BRELOER: Anfang der fünfziger Jahre wird hier ein Riesenbetrieb aufgebaut – Ihr Vater betreut Albert Speers schwarze Post aus Spandau. Was wissen Sie darüber?

FRIEDRICH WOLTERS: Ich weiß nur, dass hier regelmäßig Sendungen ankamen, aber merkwürdigerweise nicht in der Daruper Straße, sondern in der Beguinenstraße, im Büro meines Vaters – diese ganzen »Späne«, glaube ich, die Albert Speer schrieb und die dann rausgeschmuggelt wurden, die dann Marion Riesser, die Lebensgefährtin meines Vaters, abschrieb. Und ich kann mich nur erinnern, dass es manchmal irgendwelche Anrufe gab, und dann gab es so ein hektisches Treiben, dann wurden irgendwelche Sachen in Kisten verpackt und irgendwohin gefahren, weil man immer Angst hatte, dass da was rausgekommen war und mit einer Durchsuchung oder so etwas gerechnet werden musste. Ansonsten bekamen wir nur mit, dass ein Schinken besorgt werden musste oder Kaviar oder eine Minox oder eine Pfeife, eine Dunhill. Und ich bekam natürlich auch mit, dass Rudolf Wolters dieses Schulgeldkonto einrichtete.

BRELOER: Ein Thema dürfte auch gewesen sein: Wann kommt Speer aus dem Gefängnis?

FRIEDRICH WOLTERS: Ja, das hat ja meine ganze Jugend mit verfolgt, dieses ständige: »In einem halben Jahr ist Albert draußen«, und dann brach wieder alles zusammen. Ich kann mich auch an Situationen erinnern, wo mein Vater in großem Zorn war, weil er wohl mit Werner Höfer gesprochen oder versucht hatte, ein Gespräch aufzubauen, den er ja auch aus der Zeit kannte, und Höfer wohl gesagt hatte, er könne sich nicht erinnern.[10] Und über Lübke hat man was versucht, und das waren alles Nieten, die da gezogen wurden.

Breloer: In seinen Briefen berichtet Ihr Vater öfter nach Spandau, dass die Speer-Kinder hier sind, vor allen Dingen sein Patenkind, der Fritz: »Mit Fritz wie immer ein gutes Auskommen, wir hatten einmal eine längere Unterhaltung über den normalen Benimm, der ihm sehr abgeht. Ich hatte das Gefühl, dass es ein freundschaftliches Gespräch war, und dass ihm vor allen Dingen die Notwendigkeit einging.« – Ihr Vater als Pädagoge – was sagen Sie dazu?

Friedrich Wolters: Ich habe das damals natürlich nicht besonders erfreut zur Kenntnis genommen, weil ich überhaupt keine Rolle spielte. Ich war überhaupt nicht existent.

Breloer: Er hat sich mehr um die Speer-Kinder gekümmert als um Sie?

Friedrich Wolters: Aus heutiger Sicht betrachtet und mit Abstand spielt das für mich nicht mehr so eine Rolle, aber damals war es grauenhaft. Es war Hilde, und es war der erfolgreich werdende Albert, der schon bei Apel arbeitete und mit einem Sportwagen hier vorbeigefahren kam, und es war Fritz, der Chemiker – das war offen gestanden für mich ein Albtraum.

Breloer: Und alle sind sie so gelungen. – Irgendwie wurden Sie zum Stiefkind in dieser Familie.

Friedrich Wolters: Ja, das war schon eigenartig. Ich habe ja nicht viel gelesen von diesen ganzen Speer-Geschichten und Erinnerungen meines Vaters, aber es ist schon erstaunlich, dass in diesen ganzen Kompendien und Massen an Schriftsätzen eigentlich seine eigenen Kinder überhaupt keine Rolle spielen, überhaupt nicht vorkommen. Das lässt dann auch im Laufe der Jahre, bei aller Wertschätzung, die ich sicher auch für meinen Vater hatte, eine gewisse Distanz entstehen oder auch die Gespräche irgendwann ruhen. Wobei das bei Fritz Speer auch so war, dass der, auf gut Deutsch gesagt, irgendwann die Schnauze voll hatte von diesem ständigen Reingerede und Nicht-bereit-Sein, sich auseinander zu setzen. Er hatte das, was man bei uns als schlechte Manieren bezeichnete, und war total individualistisch. Rudolf Wolters trieb das dann so weit, dass er sagte: »Wir verabreden ein Zeichen. Wenn ich ›Otto‹ sage, dann ziehst du nicht mehr die Nase hoch.« –

Vollkommener Irrsinn. Ich hätte eins mit der Dachlatte gekriegt, und da wurde ein Zeichen verabredet zur moderaten Erziehung!

Rudolf Wolters vom Diktiergerät: »… als ich ihm einmal den etwas preiswerteren Presskaviar schickte, kam der Hinweis: In Zukunft nur noch Beluga, und zwar frisch. Mitte 1964 gelang es mir, ihm eine Minox in die Zelle zu befördern, die in unserem Briefwechsel unter dem Tarnnamen ›Minotaurus‹ oder ›Unternehmen Mount Palomar von der Firma Petit & Diskret‹ lief.«

BRELOER: Da kamen Sie ins Spiel, mit der Minox.

FRIEDRICH WOLTERS: Irgendwann brachte mein Vater einen entwickelten Film von einer Minox mit, und ich habe dann so eine Schablone geschnitten, und habe dann einen ganzen Film entwickelt, aber auch nur einmal. Ich hab damals zum ersten Mal Albert Speer gesehen, wie er in der Zeit aussah. Irgendjemand muss ihn fotografiert haben, vor diesem Backstein-Gefängnis in Spandau, und auf einem Foto hatte er so eine Beule auf dem Kopf.[11] Es war mir ein eigenartiges Gefühl.

BRELOER: Direkter Kontakt mit diesem fernen Gefangenen, der Ihnen hier im Haus so viel Sonne wegnahm.

FRIEDRICH WOLTERS: Ja, auf der einen Seite nahm er für die Kinder, oder ganz speziell für mich, die Sonne weg, auf der anderen Seite war er natürlich auch in der Familie irgendwo eine solche Dimension. Und er war auch der Vater der Speer-Kinder, die ich ja irgendwo gerne mochte. Das war ein – distanziertes Fiasko, was ich da für mich erlebte, eine merkwürdige Begegnung.

Rudolf Wolters vom Diktiergerät: »Entscheidende Arbeit nahm mir im Interesse meines Häftlings die schon erwähnte Mitarbeiterin meines Büros Riesling-Spätlese ab. […] Besagter Spätlese-Vater, ein Physiologe, konnte bei Freunden in Holland unterschlüpfen, während ihre Berliner Großmutter, die Geheimrätin, ihr schönes Haus in der Lichtensteinallee in unmittelbarer Nachbarschaft des von Speer für die eigenen Wohnzwecke benutzten Hauses verlassen musste. Sie selbst bekam eine Freikarte nach Theresienstadt …«

BRELOER: Speer lässt Häuser räumen, die jüdische Großmutter von Marion Riesser muss raus und wird nach Theresienstadt verschickt, wo

sie umkommt – das sind die drei Pünktchen am Schluss. Und das diktiert er der Marion.

Friedrich Wolters: Und sie wiederum das schreibend – das ist schon
eine ganz unglaubliche Geschichte, die mich auch traurig macht. Es
ist fürchterlich. Mit Marion war ja auch nicht darüber zu reden. Die
war ja eine sehr intelligente und kluge Frau, eine sehr schöne Frau,
außergewöhnlich gut aussehend. Ich habe sie ja von unterschiedlichen
Seiten erlebt. In der Familie war sie immer bei uns, bei allen Festen und
Familienveranstaltungen. Sie war auch eine große Meisterin des Verdrängens und des Lavierens, nie bereit, die Sachen offen auszusprechen. Ich hab auch mit ihr ganz am Ende ihrer Tage versucht, ein
bisschen ins Gespräch zu kommen über dieses ganze Thema der Judenvernichtung und Judenverfolgung, weil sie ja als Halbjüdin über
ihre Großmutter unmittelbar involviert war. Das hat aber auch nicht
zu mehr gereicht als zu so einer Äußerung, dass es eben doch wohl ein
großer Fehler war und ein großes Verbrechen, was da passiert ist. Aber
sie hat es nicht rausgelassen, wie sie das im Kontext mit Rudolf Wolters – die hatten ja nun mal ein liebevolles, extrem enges, vertrauens-
volles Verhältnis – weggedrückt, verdrängt hat. Die Marion Riesser trat
eigentlich zum ersten Mal in mein Leben, als wir noch auf dem Bauernhof wohnten; da gab es immer zwei Frauen, eine Sekretärin und
noch eine Sekretärin, und ich habe das damals überhaupt nicht realisiert. Ich habe gedacht, sie sind die guten Tanten, die dem Vater da im
Büro helfen. Irgendwann gibt es dann eine groteske Geschichte: Ich
war vielleicht dreizehn, da kaufte mir meine Mutter in einem Laden
in Coesfeld so einen Dufflecoat mit diesen Knebelknöpfen. Der war
außen irgendwie graugrün, und er hatte etwas, was total sensationell
für mich war: ein bunt kariertes Futter. Und die Marion Riesser sieht
dieses Ding an mir und sagt meinem Vater: »Wenn du wüsstest, wie
deine Kinder rumlaufen!« Er sah sich das an, das wurde wieder zu-
rückgetragen und umgetauscht, und ich musste was ›Ordentliches‹
kriegen. Das war englisch, das war undenkbar. Und da habe ich zum
ersten Mal auch gegen sie eine große Aggression aufgebaut, weil mich
das persönlich betraf. Irgendwann kam ich ins Internat, und dann war
ich wieder hier, weil er das Internat nicht mehr bezahlen konnte, und
dann war ich weg – der eigentliche, der richtige Konflikt mit Marion
Riesser beginnt erst Anfang der siebziger Jahre, als wir hier nach Coesfeld kommen und ich merke, dass sie eine totale Politik in diesem Büro

macht. Sie bestimmt, sie sagt auch, wer geht und kommt, sie beobachtet und hat auch natürlich Fans – wie immer im Leben. Das hat in
dem kleinen Coesfeld ganz flache Wellen geschlagen, keine außerordentlich hohen – Rudi Wolters war eine Erscheinung außerordent-
lichen Auftritts, jeder scheute es, sich mit ihm anzulegen, weil er wirklich fürchterlich losbrüllen und unangenehm werden konnte.

BRELOER: Er kam von ganz oben, aus Berlin, der Freund des großen Albert Speer …

FRIEDRICH WOLTERS: Unabhängig von diesen Segnungen hat er natürlich auch hohe Kompetenzen gehabt. Nicht alle Planungen, die er nach
dem Krieg gemacht hat, sind von außerordentlicher Bedeutsamkeit,
aber es ist auch so, dass sie tolle Zeichnungen gemacht haben, und die
Marion Riesser hat diese ganzen wunderbaren Blätter von Coesfeld
aquarelliert – sie war Grafikerin. Das war eben so, und das hat sich so
durch die Zeiten gependelt; am Anfang wollte sich meine Mutter
scheiden lassen, da wollte mein Vater nicht, und dann wollte sich mein
Vater scheiden lassen, dann wollte meine Mutter nicht mehr.

Rudolf Wolters vom Diktiergerät: »Absatz. Schon beim ersten noch fröh-
lichen Wiedersehen in Coesfeld wusste ich unterschwellig bereits – die
enge Spandauer Freundschaft ist zu Ende. Er brauchte mich nicht
mehr, und ich sah ihn jetzt leibhaftig vor mir plötzlich ganz anders als
in der Spandauer Entfernung. Es ging mir mit ihm ähnlich wie ihm
seinerzeit mit Hitler, als er diesem nach langer Krankheit wieder be-
gegnete: Er sah nicht mehr das bezwingende Auge, dem er bis dahin
erlegen war, sondern nur noch die ›dicke Nase‹.«

BRELOER: Was war passiert?

FRIEDRICH WOLTERS: Es fing damit an, dass Speer in einem Fernsehinterview, als sich die Tore öffneten in Spandau und er gefragt wurde,
was er wählen würde, wenn er jetzt wieder wählen könnte, wohl gesagt
hat, er möchte sich dazu nicht äußern, aber er könnte sich vorstellen,
dass, wenn er jung wäre und diese ganze Vergangenheit nicht wäre, er
vielleicht doch SPD wählen würde. Und das war für Rudolf Wolters
ein Peitschenhieb. Und der Friedrich Tamms sagte mir: »Das habe ich
kommen sehen, dein Vater will den an die Hand nehmen. Das funktioniert nicht, der wird selber laufen vom ersten Tag an, das kann ich
dir sagen, so wie ich den gekannt habe aus dem Studium und aus der

ganzen Zeit des ›Dritten Reichs‹.« Und dann gibt es ja so eine merkwürdige Geschichte: Mommsen kam natürlich mit einem großen
Auto, einem Jaguar, und wir hatten vorne an unserem Zaun zum heutigen Parkplatz hin zwei Pfeiler, die standen da an einem weißen hohen Holztor, und das war eng, da musste man die Autos immer in
Millimeterarbeit durchsteuern. Frau Mommsen, die wohl den Wagen
fuhr, traute sich nicht, da wieder rückwärts rauszufahren, und Speer
sagte: »Geben Sie mir den Schlüssel!«

Breloer: Der hatte zwanzig Jahre nicht hinter dem Steuer gesessen –

Friedrich Wolters: Der ließ sich den Schlüssel geben und fuhr das
Auto ohne einen Kratzer und eine Schramme mit sicherer Hand durch
das Tor. Und da hat Rudolf Wolters wohl gemerkt, dass Albert Speer
sich nicht mehr an die Hand nehmen lässt. Und mein Vater hatte ja
auch versucht, mit irgendwelchen Verlegern schon etwas für ihn vorzubereiten und hat überhaupt nicht begriffen und es auch nicht mitbekommen, dass Albert Speer das schon lange strategisch vorbereitet
hatte und seine eigenen Wege ging. Was ja auch verständlich ist.

Breloer: Das hat er aber noch hingenommen. Als Nächstes kam dann
das große *Spiegel*-Interview. Was dachte Ihr Vater darüber?

Friedrich Wolters: Das hat er auch noch hingenommen. Was er überhaupt nicht verstanden hat, war das Interview mit dem *Playboy*,[12] das
war für ihn ein Albtraum. Das war 1971, da kamen wir gerade nach
Coesfeld, und da, muss ich sagen, stand mir das bis hier, und ich
konnte es nicht mehr hören. Das war ein Bruch in der Beziehung, und
dieser Bruch war so, dass meinen Vater dieses Thema dann bis zum
Ende verfolgt, nicht losgelassen hat und er auch immer wieder darüber geredet hat. Weil er der Meinung war, dass Speer nicht das aufschreiben oder sagen würde, was wirklich gewesen sei. Und wir, Rudolf Wolters und ich, haben uns zeitweilig darüber unterhalten, und
ich habe immer gesagt: »Du musst auch davon ausgehen, dass ein
Mann, der zwanzig Jahre im Gefängnis sitzt unter wirklich sehr harten
Bedingungen der Isolation, sich verändert und vielleicht vieles anders
sieht und es deshalb auch so sagt.« Aber das war für ihn kein Thema,
eher ein Ärgernis. Wenn er gesagt hat, wie es seiner Ansicht nach war,
dann waren das seine kolossalen Erinnerungen an diesen berühmten Auftritt mit Hitler und die Modelle und die Achse und die Auto-
bahnen und die Brücken. Alle anderen Sachen wurden nicht disku-
tiert.

BRELOER: Was hatte Ihr Vater eigentlich von der ersten Publikation von Albert Speer erwartet?

FRIEDRICH WOLTERS: Mit Sicherheit ist er davon ausgegangen, dass er irgendwo in angemessener Weise gewürdigt wird …

BRELOER: Mit einer Widmung?

FRIEDRICH WOLTERS: … mit Widmung, mit Namensnennung. Diese Verschlüsselung, diese Codierung ›der Coburger Freund‹ – die hat ihn sehr getroffen. Speer hat dann später gesagt, er hätte das getan, um ihn zu schützen und aus der Sache rauszuhalten – aber ich vermute, dass Speer diesen wild gewordenen Rudolf Wolters mit seiner eigenartigen Ehrlichkeit in gewissen Dingen da auch nicht gebrauchen konnte …

BRELOER: Im Gegenteil. Wenn Speer ihn mit Namen und Adresse genannt und sich bei ihm bedankt hätte, hätte er die ganze Presse auf eine Quelle aufmerksam gemacht, die gefährlich für ihn hätte werden können. Hat Ihr Vater das durchschaut?

FRIEDRICH WOLTERS: Das hat er natürlich durchschaut, und das hat er auch bewundert. Er hat immer gesagt: »Der alte Fuchs!«

BRELOER: Hat Ihr Vater sehr darunter gelitten, dass sein Freund ihn fallen ließ?

FRIEDRICH WOLTERS: Ja, natürlich. Es war für ihn ein Fiasko, ganz eindeutig. Für ihn war es eine schreckliche Erfahrung, dass der Freund, für den er nun zwanzig Jahre in Spandau getan und gemacht hat und dessen Familie er unterstützt hat, jetzt ohne seine Hilfe auf die Beine kam und einen Riesenerfolg mit den Büchern hatte. Dass er als ›Coburger Freund‹ abgespeist wurde, hat er nicht verwunden.

BRELOER: Dann war ein Doktorand hier, dem Ihr Vater Einblick in seine Unterlagen gegeben hat, Matthias Schmidt. War das Aufklärungsbedürfnis oder Rache Ihres Vaters?

FRIEDRICH WOLTERS: Es gab einige Leute, bei denen die Familie nicht anwesend war. Wenn Giesler[13] mit seinem Sohn kam, dann sprachen nur Wolters und Giesler miteinander, da war meine Mutter nicht dabei, da war ich nicht dabei. Und der andere war Schmidt. Wenn sonst irgendwelche Leute kamen, hat er immer gesagt: »Willst du dazukommen? Es ist vielleicht interessant für dich.« Als Schmidt kam, war nie jemand dabei, nur Marion, Schmidt, Rudolf Wolters. Und dann bringt der Schmidt sein Buch heraus,[14] und Albert Speer stirbt. Und Rudolf Wolters stellt fest, mit seinen Worten: »Der geniale Hund! Selbst im Tode spielt er uns noch einen Streich.«

Epilog

Breloer: Welche Fragen hätten Sie an Ihren Vater gehabt, wenn Sie mit ihm hätten reden können? Oder welche Fragen hätten Sie heute an ihn?

Friedrich Wolters: Es bleibt letztlich diese unbeantwortete Frage: Was ist mit euch passiert? Was ist mit den Juden passiert? Was habt ihr gewusst? Warum habt ihr das mitgemacht? Warum habt ihr euch nicht eingeschaltet? Und das ist eine bittere Geschichte für mich.

Breloer: Gab es ein letztes Testament, ein Vermächtnis Ihres Vaters?

Friedrich Wolters: Nein, gar nichts. In diesen ganzen Speer-Geschichten hat es überhaupt nichts gegeben. Er hat mir nur irgendwann gesagt: »Wenn ich mal tot bin, dann sieh zu, dass das Zeug ins Bundesarchiv kommt.«

Breloer: Es gibt dieses Bild, wo Speer und Hitler im Gebirge wie bei Caspar David Friedrich in die Ferne gehen.

Friedrich Wolters: Ja, das ist hier auch.

Breloer: Wo hing das bei Ihrem Vater?

Friedrich Wolters: Im Schlafzimmer.

Breloer: Das hat er auch nach dem Streit nicht abgehängt?

Friedrich Wolters *(schüttelt den Kopf)*: Tessenow hing da – und er.

Breloer: Gibt es bei Ihnen in Ihrer Arbeit ein Gegenkonzept, eine Anstrengung: Weg vom Vater, von der Vaterwelt?

Friedrich Wolters: Ich habe mit meinem Vater über städtebauliche Fragen keine wirklichen Auseinandersetzungen gehabt, weil der sich ja nach dem Krieg verhältnismäßig ordentlich aufgeführt hat. Er ging wieder dahin zurück, wo er herkam, in die kleine Welt, in der er auch nicht glücklich gewesen ist. Ich bin ja eher jemand, der bei den Häusern, die wir bauen, wenn wir es uns leisten können, im Detail herumschraubt und guckt, dass die Ecken ordentlich sind. Das war ihm ja vollkommen gleichgültig.

Breloer: Damit sind Sie ja wieder eher bei Tessenow als bei Ihrem Vater.

Friedrich Wolters: Wir bauen nicht so wahnsinnig viel, aber das, was wir bauen, ist eher relativ einfach und ein bisschen der Moderne verpflichtet, dem Material. Das war für ihn ganz merkwürdigerweise überhaupt kein Thema. Die haben zusammengeklebt, was nur zusammenzukleben war. Krankenhäuser, Waschbeton, geschosshohe Platten, die mitten in diese Orte reingeknallt wurden, ohne Rücksicht auf Verluste.

BRELOER: Ist Ihr Vater friedlich gestorben?

FRIEDRICH WOLTERS: Nein. Fürchterlich, grauenhaft. Der hatte ja dann irgendwann Darmkrebs, und das haben die ziemlich versaut in irgendeinem Krankenhaus. Dann hat er einen zweiten Ausgang gekriegt, und damit hat er noch so zehn Jahre gelebt. Das war zuletzt alles ganz dramatisch. Der Einzige, der ihn verstehen konnte, war ich. Es waren schwere Gänge, muss ich sagen, auch für mich. Und es gibt da eine groteske Situation: Ich bin bei ihm, und mein ehemaliger Lateinlehrer, ein Geistlicher, war da gewesen und war fluchtartig gegangen. Ich frage: »Was wollte er?« – »Er wollte das Vaterunser mit mir beten.« Ich sage: »Was hast du mit ihm gemacht?« Mein Vater in seiner mühsamen Aussprache: »Ich habe ihm gesagt: ›Beweisen Sie es mir, dann beten wir.‹« – Grotesk. – Er wollte nicht sterben, er hat gekämpft. Er hatte mir vorher immer gesagt, er hätte vorgesorgt. »Ich werde von selber gehen, wenn es Zeit ist« – aber dann hat er doch gekämpft. Ist ja auch verständlich.

BRELOER: Das Leben der Kinder wird mit hineingezogen in das System des Verdrängens und Verschweigens, und es wird damit belastet.

FRIEDRICH WOLTERS: Ja, und man kommt kaum raus.

BRELOER: Sie haben ja weite Schritte gemacht, um da rauszukommen, einen Schnitt.

FRIEDRICH WOLTERS: Ja. Aber es bleibt natürlich immer der Vater, nicht? Das ist ein Riesen-Dilemma.

BRELOER: Sie haben sich eine besondere Aufgabe gestellt: in der Sowjetunion zu helfen. Was ist der Grund?

FRIEDRICH WOLTERS: Wir planen seit 1992 für das Land Nordrhein-Westfalen in Russland, für die ›Arbeitsgemeinschaft historische Stadtkerne‹. Und ich unterstütze zusammen mit Freunden hier in der Stadt ein Waisenhaus. Das ist ein bisschen eine Bringschuld: Überall, wo wir in Mittelrussland hingekommen sind, sind ja deutsche Bomben gefallen.

BRELOER: Sie sind noch mal die Wege gefahren, die Ihr Vater im Krieg im Auftrag von Albert Speer zurückgelegt hat?

FRIEDRICH WOLTERS: Ein wenig, ja.

Die Schwester der Helferin

Birgit Wenger-Riesser

Geboren 1921 als Tochter des Pharma-
kologen Prof. Dr. Dr. Otto Riesser und
jüngere Halbschwester Marion Riessers
in Frankfurt am Main. Schulbesuch in
Greifswald, Breslau und Oberursel/
Taunus. 1940 Arbeitsdienst. Kann als
»Mischling ersten Grades« nach den
Maßstäben der Nürnberger Rassengesetze nicht, wie beabsichtigt, Medizin
studieren, macht eine private Röntgen-
assistentinnenausbildung und arbeitet
bis 1945 in einem Röntgeninstitut in
Frankfurt am Main. Kann der Deportation nach Theresienstadt am 8.2.45
durch waghalsigen Einsatz entgehen.
Heiratet am 27.7.45 ihre Jugendliebe,
lebt mit ihrem Ehemann in Basel.

»Und Marionchen hat das alles abgeschrieben?«

*In Basel, in einem ›guten‹ Viertel nicht weit vom Hauptbahnhof, wohnen
oben in einer Residenz Birgit Wenger-Riesser und ihr Ehemann. Vor den
Dreharbeiten war ich hier zum Abendessen eingeladen. Überall hingen Bilder von Meret Oppenheim, der Malerin und Objektkünstlerin des Surrea-
lismus. »Das ist meine Schwester«, sagte der freundliche ältere Herr, der mir
die Spaghetti brachte und mir eine Schürze um den Hals legte.*

*Im Gespräch mit Birgit Wenger geht es um die ältere Schwester, um Ma-
rion Riesser. Wie auch Birgit nach den Rassengesetzen der Nazis ein
»Mischling«, fand sie 1944 im Büro von Rudolf Wolters in Speers Macht-*

bereich ein Unterkommen. Wolters schützt die schöne Frau, die beiden werden ein Paar, er nimmt sie nach Kriegsende als Sekretärin mit nach Coesfeld. Sie erledigt einen Großteil der Arbeit, die bei der Abwicklung der umfänglichen Kassiber-Korrespondenz Albert Speers anfällt. Wie war es möglich, dass die Tochter eines angesehenen jüdischen Arztes, der außer Landes gejagt wurde, die Enkelin einer in Theresienstadt umgekommenen geliebten Großmutter mit einem Mann wie Rudolf Wolters, wie es scheint, glücklich sein konnte?

Über die Rätsel dieser Liebesgeschichte rede ich mit Birgit Wenger; sie spricht offen und direkt, da ist kein vorsichtiges Taktieren nötig. Sie liest uns alte Briefe Marions vor und hört sich erschrocken die Tonbänder an, auf denen Rudolf Wolters, zum Teil sehr sarkastisch, ihrer Schwester sein Leben diktiert.

Ich wäre froh, wenn ich durch diesen Blick auf einige deutsch-jüdische Schicksale vielleicht auch ein wenig von diesem verlorenen Teil unserer Geschichte zurückholen könnte.

Breloer: Wer war Marion Riesser?[1]

Birgit Wenger-Riesser: Meine Schwester war das, meine sehr geliebte Schwester. Sie war neun Jahre älter als ich, war die Tochter meines Vaters.[2]

Breloer: Woher kam sie? Welchen Hintergrund hatte sie? Und wie kommt sie in das Milieu von Rudolf Wolters und Albert Speer?

Birgit Wenger-Riesser: Das sind ganz viele Fragen. Aufgewachsen ist sie in einer absolut – wie soll ich sagen? – deutschnationalen Familie. Und wie sie zu Rudolf Wolters kommt? Sie war Grafikerin, hat in Berlin ihre Ausbildung gemacht, und Anfang des Krieges war sie wohl fertig.

Breloer: Wie sah sie aus?

Birgit Wenger-Riesser: Sie war immer ein wunderhübsches Kind, schon als ganz kleines Mädchen. *(Zeigt ein Foto.)* Da ist sie, 1917, fünf Jahre alt, ganz herzig mit ihrem Vater.

Breloer: Der, obwohl jüdischer Herkunft, deutscher Soldat ist.

Birgit Wenger-Riesser: Ja, natürlich – er war ja getauft, er war nicht das, was man ›jüdisch‹ nennt. Er ist auch evangelisch aufgezogen. Das kannte man ja damals gar nicht – das ›jüdisch‹ war eigentlich auf die Religion fixiert. Wenn man gesagt hat: ›Der ist jüdisch‹, dann war er jüdischer Religion, aber nicht abstammungsmäßig oder so, das hat man damals gar nicht beachtet. Dann hat mein Vater, nachdem er Witwer geworden war, noch einmal geheiratet, und da kam meine Schwester in eine Familie. Meine Mutter, die mein Vater dann geheiratet hat, hatte nämlich auch schon zwei Kinder; das war für Marion ganz wichtig, dass sie eine Familie hatte. Das waren also ihre Stiefgeschwister, und später wurde es dann eine größere Familie, da waren wir fünf Kinder.

Breloer: Ihr Vater war Professor für Pharmakologie und Physiologie?

Birgit Wenger-Riesser: Pharmakologe. Dr. chem., und Dr. phil., glaube ich, auch noch. Er hatte zwei Doktortitel.

Breloer: Und war Professor an der Universität.

Birgit Wenger-Riesser: Ordinarius.

Breloer: Erst einmal in Breslau?

Birgit Wenger-Riesser: Erst in Königsberg, Greifswald, dann Breslau.

Breloer: 1940 – Marion studiert, ist in der Ausbildung. Welchen Beruf lernt sie?

Birgit Wenger-Riesser: Grafikerin. An der Kunstschule in Berlin, bei Professor Böhm.

Breloer: Was wollte sie werden?

Birgit Wenger-Riesser: Grafikerin, Malerin – einfach, was mit Kunst zusammenhängt. – Wenn die Schwester achtzehn ist und weggeht, ist man erst neun Jahre alt und ist nicht so interessiert, was die große Schwester macht.

Breloer: In Deutschland gibt es jetzt Rassengesetze,[3] die besonders die so genannten Mischlinge betreffen, und das waren Sie und Ihre Schwester.

Birgit Wenger-Riesser: Mein Bruder[4] auch.

Breloer: Wie verengte sich das Leben für Sie dadurch?

Birgit Wenger-Riesser: Ich kann natürlich nur sagen, wie es auf mich gewirkt hat. Auf mich hat es eine Art ›Nun erst recht‹-Wirkung gehabt, ich bin ein bisschen arrogant geworden den anderen gegenüber. Dann natürlich viele Verletzungen durch die Gesetzgebung. Dass man nicht mehr mit den Schulkameraden in der Schule reden durfte. Aus ihren Briefen sehe ich es zwar nicht – aber das wird wohl Marion auch miterlebt haben. Sie hat sehr wenig über sich erzählt. Marion war, wie man so schön sagt, ein leicht zu behandelnder Mensch. Also sie war immer harmonisch, man konnte nicht mit ihr diskutieren.

Breloer: Also nicht streiten?

BIRGIT WENGER-RIESSER: Überhaupt nicht, auch nicht richtig diskutieren. Sie wich allen Schwierigkeiten aus. Und meine Mutter hat immer
gesagt: »Marion ist mein liebstes Kind«, weil sie eben so sehr ›hand-
lich‹ war. Sie war einfach immer lieb.

BRELOER: Sehen Sie eine Ursache dafür in ihrer Lebensgeschichte?

BIRGIT WENGER-RIESSER: Natürlich. Wenn Sie als siebenjähriges Kind
in eine neue Familie kommen, plötzlich eine neue Mama kriegen,
dann müssen Sie ja ein neues Kind werden. Entweder werden Sie ein
ganz verstocktes, oder Sie werden ein ganz liebes. Und jedes Kind sucht
nach Liebe. Marion wurde also ein ganz liebes Kind und war immer
lieb und war auch entzückend, und alle flogen natürlich auf das ent-
zückende Kind. Denn ihre Mutter war ja auch schon so wunder-
hübsch. Dadurch hat sie sich so in diese Rolle des lieben Menschen,
bei dem man nie angeeckt ist, hineingelebt und hat das richtig wie eine
Maske angezogen bis ganz zuletzt. Nur ganz in ihren letzten Tagen
kam die Seite ein bisschen heraus, die nicht so lieb war.

BRELOER: Woran haben Sie das gemerkt?

BIRGIT WENGER-RIESSER: Bei ihren Krankenhausaufenthalten. Wie sie
sehr ungeduldig und fast unhöflich mit den Schwestern umgegangen
ist und sich immer gegen jede Bevormundung gewehrt hat. Man muss
natürlich, wenn man krank wird, das und jenes machen, und sie wollte
sich nicht mehr anziehen – ist also ganz störrisch geworden. Diese
Nussschale, in der sie war – plötzlich ist das aufgebrochen, und dann
kam diese Seite noch etwas hervor, die sie immer unterdrückt hatte.[5]

BRELOER: Sich anzupassen, um von der Familie geliebt zu werden …

BIRGIT WENGER-RIESSER: Von allen!

BRELOER: Sie hatte in Berlin offenbar noch die Möglichkeit zu studieren.

BIRGIT WENGER-RIESSER: Ja. Ich habe 1940 den Arbeitsdienst gemacht,
und dann kamen Gesetze raus, dass Halbjüdische nicht mehr studieren dürften. So konnte ich dann nicht mehr Medizin studieren, und
ich nehme an, dass auch andere Sachen dann nicht mehr erlaubt waren. Denn auch den Schwesternberuf durfte ich dann nicht mehr lernen, ich musste privat ausgebildet werden. Aber sie war da mit ihrer
Ausbildung schon fast fertig.

BRELOER: Wo ist Ihr Vater ab 1933?

BIRGIT WENGER-RIESSER: Von 1933 bis 1935 oder 1936 noch in Breslau,
dann in Frankfurt. Da konnte er noch in einem Privatlabor arbeiten
bis 1939. Nach der »Kristallnacht« hat er wohl auch eingesehen: »Jetzt

nichts wie raus!«, und ist leider nach Holland gegangen, obwohl er die Erlaubnis für Amerika und Schweden hatte.

BRELOER: Aber in Holland hat er den Krieg überlebt.

BIRGIT WENGER-RIESSER: Ja, er hatte eine schützende Hand über sich und hat den Krieg überlebt, ist aber im Grunde dann doch noch an den Folgen gestorben – an einem schweren Magen-Darm-Leiden, bei dem man, als man ihn operierte, nicht gewusst hat, dass das schon so weit ist. Er ist dann verblutet nach der Operation, kurz bevor er wieder Ordinarius werden sollte.

BRELOER: Das war etwa 1948?

BIRGIT WENGER-RIESSER: 1949 ist er am 1. Dezember gestorben.

BRELOER: Sie haben sich also alle noch wiedergesehen?

BIRGIT WENGER-RIESSER: Nicht alle. Meine zwei Geschwister[6] sind ja gestorben. Die hatten diese Spannung nicht ertragen.

BRELOER: Die haben sich selbst getötet?

BIRGIT WENGER-RIESSER: Ja. Die waren ja nun rein arisch und in einer verschmähten Familie aufgewachsen – das haben sie nicht ertragen. Da sind Krankheiten ausgebrochen …

BRELOER: Seelische Krankheiten?

BIRGIT WENGER-RIESSER: Seelische Krankheiten, beide. Vererbt.

BRELOER: Deshalb haben sie sich getötet.

BIRGIT WENGER-RIESSER: Ja, im Abstand von fünf Jahren. Leider. Meine arme Mama.

BRELOER: Sie gingen aber nicht nach Holland. Ihr Vater hat seine Kinder in Deutschland gelassen, weil man es nicht für gefährlich ansah?

BIRGIT WENGER-RIESSER: Nein, nicht deswegen, sondern weil er kein Geld hatte. In Deutschland kriegte meine Mutter eine Witwenpension von 400 und etwas Mark, und in Holland wusste er gar nicht, was er verdienen kann. Darum konnte er uns nicht mitnehmen. Er hätte natürlich am liebsten seine ganze Familie mitgenommen.

BRELOER: Wo wohnte Marion ab 1940 in Berlin?

BIRGIT WENGER-RIESSER: Bei der Großmama[7] in der Lichtensteinallee.

BRELOER: Wenn Sie uns ein bisschen über die Großmutter erzählen würden und darüber, wo sie wohnte?

BIRGIT WENGER-RIESSER *(zeigt Fotos)*: Das ist das Haus, natürlich ein Traumhaus für Kinder. Wir waren klein und fanden das doppelt so groß, als es wirklich ist. Und das ist die Großmama, die geliebte – immer mein Vorbild gewesen. Eine ganz tolle Frau.

BRELOER: Was war das Vorbildhafte an ihr?

BIRGIT WENGER-RIESSER: Die Güte. Ich habe mit fünfzehn Jahren in
mein Tagebuch geschrieben: »Ich möchte mal so gütig werden wie
meine Großmutter.« Und sie war absolut unwahrscheinlich lieb und
eine ganz dezidierte Persönlichkeit, sehr gescheit, hat auch immer mit
dem Großvater[8] zusammen die Reden geschrieben, wie sie mir, glaube
ich, selber erzählt hat, aber da bin ich nicht ganz sicher. Für uns war
sie die tollste Großmutter, die man sich vorstellen kann: immer ver-
ständnisvoll, hat uns immer geschrieben, hat, wenn wir dort waren, alles gemacht, dass wir uns wohl gefühlt haben. Eigentlich eine Mär-
chengroßmama für mich, und wahrscheinlich für meinen Bruder
auch.

BRELOER: Die Frau eines berühmten Mannes – Jakob Riesser, Vizepräsi-
dent des Deutschen Reichstages. Das heißt: Diese Familie in der Lichtensteinallee war Berlin, war …

BIRGIT WENGER-RIESSER: … das gute alte, recht bürgerliche Berlin –
›recht‹ im Sinn von wirklich: Die hohen Qualitäten vom Menschen haben die vertreten.

BRELOER: Man kennt Hindenburg, man kennt die Größen seiner Zeit in
Berlin, auch Militärs. Damit muss es etwas zu tun haben, dass Ihre
Großmutter 1933, auch nach dem Tode ihres Mannes, sich in Berlin
nicht gefährdet fühlt, sondern glaubt: Ich kann hier bleiben.

BIRGIT WENGER-RIESSER: Ja, wissen Sie – das ist eine gewisse Naivität,
die meine Großmutter genauso hatte wie mein Vater – dass das einfach nicht so klar gesehen worden ist, was da passiert. Das konnte ja
eigentlich nicht wahr sein, das konnte man sich nicht vorstellen mit
dieser Einstellung zum Leben, zu Deutschland, zum Menschlichen.
Die hohen Werte, wie man so schön sagt, waren da ganz wichtig in der
Familie. Die konnten sich gar nicht vorstellen, dass da etwas Böses he-
ranwächst. Übrigens habe ich Hindenburg selber begrüßen dürfen mit
meinem Großvater und habe ein braves Knickschen gemacht im
Reichstag. Das nebenbei.

BRELOER: Was konnte einem schon passieren, wenn man Hindenburg
jederzeit zur Hilfe holen konnte gegen Hitler?

BIRGIT WENGER-RIESSER: Der Großvater war natürlich schon gestorben, als die ganze Sache anfing. Und ich glaube, dazu war meine Großmutter auch zu bescheiden, die hätte niemals bei Hindenburg für
irgendetwas angefragt.

BRELOER: Marion, die studiert, wohnt also mit der Großmutter zusammen. Und es gibt irgendwann eines Tages eine sehr wichtige Entscheidung in ihrem Leben: Sie gerät in das Büro von Rudi Wolters. Was wissen Sie darüber?

BIRGIT WENGER-RIESSER: Das habe ich hier in Briefen.

BRELOER: Lesen Sie einfach mal vor.

BIRGIT WENGER-RIESSER: »Jetzt muss ich zum Speermann. Mach's weiter gut, Lesterschweinchen« – das hat sie immer geschrieben statt Schwesterlein –, »sei bitte nicht traurig und bleib mir gut, so wie ich Dir.«

BRELOER: Welches Datum ist das?

BIRGIT WENGER-RIESSER: Das ist am 16. März 1944. – Hier habe ich noch mal was: »Werner wird sich bei der OT anstellen lassen« – das ist ihr langjähriger Freund vor Wolters, auch ein Grafiker, den sie in der Kunstschule, glaube ich, getroffen hat, bis zu beider Tod waren die befreundet.

BRELOER: Wann könnte also Marion zu Wolters gekommen sein, und wann könnte diese Liebesgeschichte begonnen haben?

BIRGIT WENGER-RIESSER: Das habe ich mir auch überlegt. Ich würde sagen: Das muss so im Herbst 1943 gewesen sein, glaube ich.[9] Nach der Ausbombung meiner Großmutter in Dahlem – da hat sie auch noch gewohnt. Und nachdem Werner B., ihr Freund, mit der OT nach Wriezen gegangen ist, ich glaube nicht vorher. Marion hat mal als freie Mitarbeiterin im Verlag »Volk und Welt«[10] gearbeitet.

BRELOER: Das gehörte auch zu Rudi Wolters' Bereich, glaube ich.

BIRGIT WENGER-RIESSER: Das weiß ich nicht. Da hat sie Bucheinbände entworfen, und irgendwann schreibt sie: »Ich habe Listen, Listen, Listen schreiben müssen.« Da dachte ich: ›Was für Listen?‹ Das weiß ich auch nicht. Das ist alles so 1943. Das ist mir aber erst ganz viel später, nachdem ich die anderen Briefe gelesen hatte, aufgefallen.

BRELOER: Wir fragen uns, was sie im Büro von Rudolf Wolters gesehen hat.

BIRGIT WENGER-RIESSER: Da können Sie mich nicht fragen – das weiß ich nicht. In den Briefen, die ich habe: nichts.

BRELOER: Der Zusammenhang ist, dass Rudolf Wolters ab 1937 an der neuen Achse, die Speer durch Berlin legt, mitarbeitet; und da ist er auch für das Gesandtschaftsviertel zuständig, für die Lichtensteinallee. Speer lässt, um Platz für die »Neugestaltung« Berlins zu bekommen, Häuser abreißen, und, das ist seine Idee: Die nichtjüdischen Abrissmieter setzt er in jüdischen Wohnraum. Das heißt, er veranlasst die »Ausmietung« jüdischer Mieter, »schachtelt« sie, drängt sie zusammen, und am Ende werden sie abtransportiert.[11] Das alles weiß auch Wolters, der schreibt das in seiner *Chronik der Speerdienststellen* auf. Da gibt es zum Beispiel auch einen Zettel, den Albert Speer 1940 an seinen Mitarbeiter Clahes geschrieben hat: »Was macht die Aktion der Räumung der 1000 Juden-Wohnungen? Besonders Lichtenstein-Allee?«[12]

BIRGIT WENGER-RIESSER: Was meine Großmutter betrifft: Soviel ich weiß, das kann ich nicht belegen, ist sie nicht enteignet worden, sondern man hat ihr Geld gegeben, und sie konnte dann das Haus in Dahlem kaufen. Und es hieß, gerade die Lichtensteinallee 4 wäre vorgesehen gewesen für die Schweizer Botschaft. Ob das stimmt, weiß ich nicht. Die ganze Allee sollte für Diplomaten sein.

BRELOER: Direkt daneben oder gegenüber die Nummer 3 – das war später die Dienstwohnung von Albert Speer.[13]

BIRGIT WENGER-RIESSER: Gegenüber kann es nicht gewesen sein, da ist der Teich.

BRELOER: Dann war es direkt daneben. Und so hätte Rudi Wolters auf die Großmutter kommen können. Wann ist sie ausgezogen?

BIRGIT WENGER-RIESSER: 1938.

BRELOER: 1938 – da hatte man schon das Viertel für die Neubebauung im Auge.

BIRGIT WENGER-RIESSER: Aber da hat Marion, glaube ich, überhaupt noch nichts mit Wolters zu tun gehabt, da war sie noch in der Kunsthochschule. Ich glaube eher, dass das 1943 war. Wann ist der Sohn, der Fritz Wolters, geboren? 1942?[14] Ich glaube, dass Rudolf mir mal gesagt hat, mit der Marion – aber das bitte mit Vorsicht! – sei er zusammen, seitdem der Fritz zweijährig gewesen ist. Und er hat mir auch erzählt, warum und wieso seine Ehe nicht so glücklich war und so.

BRELOER: Ja, er hatte eine schöne junge Sekretärin, die dann auch seine Geliebte war. Sie glauben, das fing schon in Berlin an, als er ihr Schutzpatron war?

BIRGIT WENGER-RIESSER: Das kann ich Ihnen nicht sagen. Marion ist ja dann auch nach Wriezen.[15] Und später ist immer wieder mal Höxter[16] erwähnt worden.

BRELOER: Er hat sie direkt nach Kriegsende mitgenommen, und das macht man ja nicht mit irgendeiner Hilfskraft.

Birgit Wenger-Riesser: Hier, das ist noch ein Brief von Marion: »Ich kann noch gar keine Sommerpläne machen. Ich find's aber sehr richtig, dass Ihr schon welche habt und schon nach Nidden geschrieben habt. Ich muss jetzt erst einmal eine richtige Arbeit haben. […] Zur Zeit verhandle ich mit einem Mann bei Speer […] Er wird mir wahrscheinlich wieder eine freie Mitarbeit beschaffen können. Das entscheidet sich hoffentlich noch diese Woche.« – Das ist vom 14. März 1944. – »Ich hoffe sehr, dass es was wird.« – Wenn sie Wolters schon vorher gekannt hätte, hätte sie das nicht so geschrieben.

Breloer: Unterdessen passiert etwas Dramatisches mit der Großmutter. Wie geht deren Schicksal weiter? Die hat also 1938 das Haus in der Lichtensteinallee verkauft. Und dann ist sie …

Birgit Wenger-Riesser: … ist sie nach Dahlem, Königin-Luise-Straße. Als die bombardiert wurde, weiß ich, dass meine Großmutter, als es gebrannt hat, in den Garten ging und da zugeguckt hat, wie alles abgebrannt ist. Da sehen Sie auch den Charakter der Großmutter. Sie hat gesagt: »Ich will sehen, wie alles, was mir gehört, jetzt abbrennt, damit ich das wirklich weiß.« Nachher, 1943, ist sie zu der Tochter, verheiratete Ruge, nach Zehlendorf. Und dann ist sie 1944 nach Theresienstadt. Da gibt es einen Brief von meinem Onkel Hans und ein amtliches Schreiben. Mein Onkel Dr. Hans Riesser schreibt: »Bevor wir die Reise zu den Kindern nach Houston antreten, möchte ich Dir den Abschiedsbrief meiner Mutter senden, den Sie an Deinen Vater und an mich gesandt hat. Sie wurde am 8. März 1944 von der Gestapo im Hause meines Schwagers Albert und meiner Schwester Gabriele Ruge in Berlin-Zehlendorf, Radtkestr. 3, von der Gestapo abgeholt und am 10. März nach Theresienstadt gebracht, wo sie am 5. April 1945 gestorben und dort begraben ist.« Und dann ist hier dieser handgeschriebene, wunderschöne Abschiedsbrief.

Breloer: Wenn Sie vorlesen würden, was Ihre Großmutter da schreibt?

Birgit Wenger-Riesser: »Meine Buben, nun muß ich den Kelch bis zu Ende leeren. Morgen muß ich fort. Seid nicht zu traurig. Denkt an die schöne Zeit, das schöne Leben, was wir gehabt. Reich und schön war mein Leben, reich an Liebe und an Erleben. Ich gehe schweren Herzens, weil mir die Trennung von Euch allen so schwer wird. Lebt wohl! Und glaubt nur« – jetzt muss ich heulen; das dürfen Sie ruhig aufnehmen –, »es wird alles wunderfroh und schön. Ich drück' Euch innig. Eure Mama.« Das rührt mich immer so. Ich habe auch noch Briefe von einer Verwandten, die dabei war, als die Großmutter aus dem Krankenhaus noch mal in irgendein Asyl transportiert wurde; und es war meiner Großmutter ganz entsetzlich, dass sie auf einer Bahre über den Hof getragen wurde, und da hat sie sich ein Goethegedicht vorgesagt, damit sie sich ablenkt, damit sie das selber nicht so mitkriegt.

BRELOER: In Theresienstadt sagt sie Goethe auf?

BIRGIT WENGER-RIESSER: Ja. In dem Moment, als sie wahrscheinlich zu ihren letzten Stunden irgendwohin transportiert wird, entweder in ein Lager oder ins Spital dort. Es war ihr so entsetzlich.

BRELOER: Marion erlebt, wie Ihre geliebte Großmutter abtransportiert wird. Sie weiß, dass Wolters' Büro auch mit den Deportationen zu tun hat. Im Rüstungsministerium sieht sie, wie Speer den Krieg verlängert …

BIRGIT WENGER-RIESSER: Ja, sie kriegt alles mit.

BRELOER: Sie weiß: Diese Regierung hat es darauf abgesehen, sie alle aus Deutschland wegzubringen, wenn nicht gar zu ermorden. Die Gerüchte wurden doch wahrscheinlich immer dichter.

BIRGIT WENGER-RIESSER: Außerdem hat sie dann ein Jahr später erlebt, wie ich eigentlich abtransportiert werden sollte.[17] Es ist eben unverständlich.

BRELOER: Sie verliebt sich in einen ihrer Todfeinde, die es auf das Leben ihrer Liebsten abgesehen haben, die sie verachten – wie ist das denkbar? Dass sie Rudi Wolters umarmt?

BIRGIT WENGER-RIESSER: Es ist eine ganz große Abhängigkeit, seelisch wahrscheinlich, natürlich auch körperlich. Aber das ist es nicht allein gewesen, denn sie muss absolut von ihm aufgesogen worden sein. Ich kann es mir nicht anders vorstellen.

BRELOER: Ihr Leben war in seiner Hand, denn er konnte ihr Schutz geben. Das wird vielleicht auch etwas ausgemacht haben.

BIRGIT WENGER-RIESSER: Das glaube ich schon. Aber dann nachher, nach Kriegsende, wie sie sich dann noch so einsetzt für Speer – das ist mir so schleierhaft!

BRELOER: Lesen Sie uns doch noch etwas aus Marions Briefen an Sie vor.

BIRGIT WENGER-RIESSER: Ja, kommt sofort. Das ist 1946: »In dem Brief schrieb ich neulich ›mein ehemaliger Chef‹ oder so was. Das bezog sich auf meinen ersten Brief, in dem ich Dir gesagt habe, dass aus meinem Chef ein guter Freund geworden ist, wie man so sagt … Bei mir ist es aber auch tatsächlich wie verhext. Ich hab's mit den verheirateten

Männern! Ob sie nun mit einer Frau oder mit der Malerei verheiratet sind, spielt dabei keine Rolle. Wenn's nach mir ginge, hätte ich längst geheiratet und ich fänd's auch schade, wenn's nicht mehr dazu käme. Vor allem ist es falsch, kein Kind zu haben, was mir von jeher klar war. Na, mal sehen! Ich bin jedenfalls fest entschlossen und – von gelegentlichen Zweifeln abgesehen – überzeugt, dass ich aus meinem Leben schon irgendwie eine runde Sache machen werde. Ab und zu hören wir über Radio Beromünster schöne Konzerte. So vermissen wir selten diese Freuden der Großstadt.« – Denn Coesfeld war ja ein Coesdorf. – »›Wir‹ heißt immer Wolters und ich. Wir arbeiten sehr viel, meistens bis abends zehn, elf Uhr. Wir haben drei Räume in der Wohnung einer netten omihaften alten Dame, in einem arbeitet und schläft Wolters, im anderen sein Kompagnon Herr Berlitz,[18] im dritten zeichnet ein Berliner Architekt und unser netter junger Praktikant. In einem kleinen Vorzimmer sitzt unsere auch sehr nette Sekretärin, und ich habe eine Etage höher auf dem Dachboden mein Arbeits- und Schlafzimmer mit eigener Couch und immer viel Blumen, eine schöne alte Truhe, Zeichentisch und Bücherregal. Es ist übrigens gar nicht so ganz einfach, mit jemandem von früh bis spät zusammen zu leben. Manchmal dachte ich schon, die Frauen haben's leicht, die ihren Mann immer erst ab 6 Uhr nachmittags sehen! Andererseits aber doch wiederum viel Freude, gemeinsame Arbeit zu haben. Bloß hört man dann selten auf, fachzusimpeln. Und das ärgert mich nun manchmal. Nichts desto dennoch, einewäg« – das ist schweizerisch – »sind wir immer von neuem froh, zusammen zu sein.« – So! Das ist eigentlich das aufschlussreichste Dokument, das ich habe über die Zeit. Eine tolle Beschreibung der Situation, nicht? Da habe ich sie ja auch besucht, da war ich mehrmals. Da war in der ersten Zeit eine sehr kleine Wohnung, nur ein Zimmer mit Küche war das, glaube ich. Nachher wurde es umgebaut, und dann waren es zwei Zimmer; ein Schlafzimmerchen, ein winziges, und ein großer Wohnraum.

BRELOER: Wo lebte wohl in dieser Zeit die Familie von Wolters? Denn er schläft ja auch dort?

BIRGIT WENGER-RIESSER: Nicht immer. Die wohnten zuerst in der Daruper Straße. Wenn ich dort war, hat mich Frau Wolters auch eingeladen. Einmal war ich bei meiner Schwester zu Besuch, da hat uns Wolters (oder seine Frau, das weiß ich nicht mehr) zum Tee eingeladen. Ich komme dorthin, und wer sitzt da? Speer und Frau. Und ich hatte keine Ahnung – ich hatte schon gewusst, dass Wolters mit Speer befreundet war. Ich war ziemlich geschockt, habe mich dann so weit als möglich weggesetzt. Und ich glaube, ich habe keinen Ton geredet mit dem Speer. Also – es war mir wie abgeschnitten.

BRELOER: Warum?

BIRGIT WENGER-RIESSER: Ja, weil ich natürlich wusste, was Speer gemacht hatte.

BRELOER: Der Rüstungsminister.

BIRGIT WENGER-RIESSER: Der Rüstungsminister. Ich bin ja aufgewachsen in der Zeit. ›Speer – Speer – Speer‹, hieß es da ja immer. Und außerdem war inzwischen der Speer verurteilt, war raus, alle Welt hat über die *Erinnerungen* geredet, Speer war in aller Munde. Und ich war einfach geschockt, denn meine Schwester hatte mir ja immer gesagt: »Der war nur ein Studienfreund von Wolters, und wir haben uns ein bisschen um ihn gekümmert mit Päckchen- und Bücher-Schicken«, aber sie hat mir nie einen Ton gesagt hat über ihre Rolle in der ganzen Zeit.

BRELOER: Warum hat sie wohl darüber geschwiegen?

BIRGIT WENGER-RIESSER: Ja, das frage ich mich auch. Warum hat sie es überhaupt gemacht? Das ist eigentlich für mich die Kernfrage. Warum sie geschwiegen hat – da hat sie wahrscheinlich ein schlechtes Gewissen gehabt, das könnte ich mir noch vorstellen; aber warum sie es überhaupt gemacht hat, das ist für mich eine große Frage. Sie muss wohl sehr abhängig gewesen sein von Wolters. Und sie ist wohl sehr geformt worden von Wolters, denn Wolters war ein interessanter, gebildeter und sehr – wie soll ich sagen? – heute würde man sagen ›Macho-Mann‹, also sehr patriarchal in seinem ganzen Wesen. Ich hab oft gestritten mit ihm.

BRELOER: Worüber?

BIRGIT WENGER-RIESSER: Über Politik.

BRELOER: Wolters war konservativ, nationalkonservativ, wenn nicht sogar … Wie schätzen Sie ihn ein?

BIRGIT WENGER-RIESSER: Er war Nazi. Aber das weiß ich erst seit fünf Jahren. Damals habe ich gedacht, er ist immer noch böse auf Speer, weil der sich so, wie er gesagt hat, opportunistisch verhalten hat. Aber über Nationalsozialismus haben wir nie geredet.

BRELOER: Wie kommen Sie darauf, dass er Nazi war?

BIRGIT WENGER-RIESSER: Das habe ich aus dem Buch von der Sereny[19] gesehen und vor allem mit Fritz Wolters dann darüber geredet.[20]

BRELOER: Das Bild von Hitler und Albert Speer hing im Schlafzimmer von Rudi Wolters.

BIRGIT WENGER-RIESSER: Ja, eben.

BRELOER: Das ist das Auto von Rudi Wolters. Und Sie müssten sich mal die Autonummer angucken. Können Sie sie sehen?

BIRGIT WENGER-RIESSER: H 88.

BRELOER: Wissen Sie, was das heißt?

BIRGIT WENGER-RIESSER: Nein. Hitler ist mal sicher, aber 88 weiß ich nicht.

BRELOER: Das ist in den Jahren ein Geheimcode gewesen und ist es heute noch bei den Neonazis: 8, der achte Buchstabe des Alphabets, ist das H, und 88 heißt ›Heil Hitler!‹.

BIRGIT WENGER-RIESSER: Oh Scheiße! – Entschuldigung. Aber das ist wirklich Scheiße. Na ja – Wolters war entzückend zu mir und meiner Tochter, hat uns mit Geschenken überhäuft, und ich dachte immer: Schwester von der Marion und Patenkind von der Marion; dann ist mir doch klar geworden, dass das vielleicht auch ein bisschen aus einem anderen Grund war – können Sie sich vorstellen? –, etwas wieder gutzumachen oder eine Schuld abzuzahlen. Ich habe einen silbernen Becher mit der jüdischen Menora darauf, den mir Wolters geschenkt hat. Das war vielleicht gar nicht so aus reiner Liebe und Sympathie, sondern eher aus diesem Grund.

BRELOER: Noch einmal ein wenig zurück. Wolters diktierte ihr, sie schreibt alle Briefe an Speer, aber er diktiert ihr auch seine Lebenserinnerungen. Ich will Ihnen mal eine Stelle vorspielen, es gibt ein Tondokument davon.

Rudolf Wolters vom Diktiergerät: »Unser freundschaftliches Verhältnis zueinander entwickelte sich weit enger als in unseren ersten Berliner Jahren. Neue Zeile. Bald nahm mir im Interesse meines Häftlings die schon erwähnte Mitarbeiterin meines Büros Riesling-Spätlese –«

BRELOER: »Riesling-Spätlese« nennt er sie?

Rudolf Wolters vom Diktiergerät: »Sie führte das Hilfskonto, erledigte die zahlreichen materiellen Wünsche meines Freundes und griff bei meiner Abwesenheit im Urlaub in den Kassiberwechsel selbst ein. Zu gern hätte ich das Gesicht des Spandauer Brieflesers gesehen, als ich ihm auf seine Bitte hin einiges über die Herkunft seiner Schreibhilfe sagte: dass sie aus seinem eigenen Dienstbereich, nämlich aus meinem seinerzeitigen Schriftleitungsbüro stammte, wo sie, da fünfzigprozentig ›belastet‹, mit zwei weiteren Figuren, die den gleichen ›Webfehler‹ aufwiesen, bei mir Unterschlupf gefunden hatte. Der Vater besagter Spätlese, Pharmakologe und Physiologe, konnte bei Freunden in Holland unterschlüpfen, während die Berliner Großmutter, die Geheimrätin, ihr schönes Haus in der Lichtensteinallee – in unmittelbarer Nachbarschaft des von Speer für die eigenen Wohnzwecke benutzten Hauses – verlassen musste. Sie selbst bekam eine Freikarte nach Theresienstadt …«

BIRGIT WENGER-RIESSER: Das ist wahnsinnig!

BRELOER: Eine Freikarte nach Theresienstadt.

BIRGIT WENGER-RIESSER: Ja. Und überhaupt. Nicht mal den richtigen Namen, Riesling –

BRELOER: Das waren so Scherze, Kassibersprache. Adenauer hieß ›Adele‹ und so etwas.

BIRGIT WENGER-RIESSER: Und Marionchen hat das alles abgeschrieben?

BRELOER: Ja.

BIRGIT WENGER-RIESSER: Da muss sie sich aber gefreut haben!

BRELOER: Sie erfährt dabei auch, wenn sie es nicht vorher schon wusste, dass Wolters diese Chronik verfasst und über die Räumungen Buch geführt hat. Und jetzt fängt er an, das alles durchzustreichen, und sie muss das dann sauber neu tippen.[21]

BIRGIT WENGER-RIESSER: Und das auch noch. Also alles geschönt.

BRELOER: Speer und auch Wolters wussten, dass sie die jüdischen Bürger von Berlin in die Wohnungslosigkeit, ins Elend und in die Deportation treiben. Man wusste doch, wohin man die Juden schickte.

BIRGIT WENGER-RIESSER: Natürlich. Und das wusste auch Marion, wenn sie das geschrieben hat. Sie war also Mitwisserin. Sie hat das alles ganz schön unter Verschluss gehalten, wie ihr Freund Wolters. Es muss zwischen den beiden eine Symbiose bestanden haben, sonst kann man sich das nicht erklären, also: dass Marion gar nicht mehr eine selbst denkende Person war, sondern so gedacht hat wie Wolters. Denn Wolters war, das wissen Sie ja auch von seinem Sohn, einfach ein Despot.

BRELOER: Als Ihr Vater nach dem Krieg zurückkommt, fragt der nicht: ›Mit wem lebst du da zusammen?‹

BIRGIT WENGER-RIESSER: Doch, er ist sie besuchen gegangen. Das habe ich aus dem Brief von meinem Vater, der schreibt:»Ich habe Wolters und Berlitz kennen gelernt. Sie haben mir beide sehr gut gefallen.« Punkt. Er war bei ihr, ist auch verwöhnt worden, wie ich verwöhnt worden bin, wie meine Tochter verwöhnt worden ist.

entfremdung von Wohnraum zugunsten von Büros für Behörden usw. entgegenzusteuern, wurde von Herrn Speer
angeregt, die diesbezügliche VO des Reichsarbeits-
ministers entsprechend dem Erlaß über Ankauf von Beher-
herbungsbetrieben abzuändern.

Gemäß Speer-Anordnung wird eine weitere Aktion
zur Räumung von rund 5000 Judenwohnungen gestartet.

Der vorhandene Apparat wird entsprechend vergrößert,
damit die Judenwohnungen trotz der allseits bestehenden Schwierigkeiten infolge der Kriegslage schnell-
stens instandgesetzt und mit Abrißmietern aus den vor-
dringlich zu räumenden Bereichen belegt werden können.
Durch diese Maßnahmen werden die Judenwohnungen ihrem
vorbestimmten Zweck zugeführt und auf der anderen
Seite weitere Leerwohnungen für Katastrophenzwecke
bereitgestellt.
    Gegen Ende August flog Dr. W o l t e r s be-
gleitet von Renner als Ausstellungskommissar des General-

BRELOER: Und Wolters bekommt noch den Segen …

BIRGIT WENGER-RIESSER: … vom Papa. *(Lacht.)* Es ist unfasslich.

BRELOER: Was haben Sie denn gedacht, wer Rudi Wolters ist, als Sie ihn kennen lernten?

BIRGIT WENGER-RIESSER: Rudi Wolters ist ein bekannter Architekt. Er hatte mit Speer studiert, war mit ihm befreundet – das wusste ich, das ist auch nie verheimlicht worden. Ein interessanter Mann – aber sonst? Hinterfragt habe ich das nicht. Hat mich auch, ehrlich gesagt, nicht so interessiert; mich hat interessiert, mit wem meine Schwester zusammen war: mit dem netten, interessanten, manchmal etwas jähzornigen Wolters. Und sie schreibt ja auch, dass sie sehr glücklich ist mit ihm.

BRELOER: Dass sie die geheimen Briefe abschreibt, hat sie Ihnen nicht erzählt?

BIRGIT WENGER-RIESSER: Nie! Nein, das hab ich alles erst später von Wolters' Sohn erfahren, und das Buch von der Sereny hat mir die Augen geöffnet. Darauf haben mich mehrere Leute angesprochen: »Ist das Ihre

Schwester, die da in dem Buch vorkommt?« Und das erste Mal habe ich glatt gesagt: »Nein, das kann nicht sein! Das ist sie sicher nicht.«

BRELOER: Haben Sie etwas vom Streit zwischen Wolters und Speer, der dann mit der Veröffentlichung der Bücher beginnt, mitbekommen?

BIRGIT WENGER-RIESSER: Da hat mir nur Wolters gesagt, er breche den Kontakt mit Speer ab, das sei ja unmöglich! Diese *Erinnerungen* seien so opportunistisch, und wie er dazu käme, da Hitler so abzulehnen ... Also er hat behauptet, die *Erinnerungen* seien nur geschönt, damit die Nürnberger Geschichte untermauert würde.[22]

BRELOER: Haben Sie Speer die Wandlung geglaubt?

BIRGIT WENGER-RIESSER: Ja, der Mensch ist zu allem fähig, insofern ist es absolut möglich. Es ist möglich, aber ich kann es nicht beurteilen.

BRELOER: Er hat auch Geld nach Israel gespendet.

BIRGIT WENGER-RIESSER: Das kann natürlich sowohl als auch sein. Es kann eine Alibifunktion sein, die er da inszeniert hat ...[23]

BRELOER: Das war klug.

BIRGIT WENGER-RIESSER: Ja, das war ein kluger Mensch, dieser Herr! Ganz sicher eine gespaltene Persönlichkeit.

BRELOER: Fritz hat mir ein Fotoalbum von Rudi Wolters gegeben. Der ist 1942 mit dem Bautrupp Speer im Osteinsatz.[24] Hier sehen Sie zum Beispiel Sklavenarbeiter, die eine Straße durch Russland bauen.

BIRGIT WENGER-RIESSER: Oh Gott! Ja. Russische Gefangene – die musste er alle einsetzen, weil er ja fertig werden musste mit dem Zeug. So haben wir sie auch in Frankfurt gesehen.

BRELOER: Jetzt ein Text dazu – Bericht von Wolters. »Die Landschaft ist hier wunderbar schön, leicht hügelig [...]. Auf der Straße wird überall mit Hochdruck gearbeitet. Unter dem Kommando der deutschen OT-Männer wirken hier die fremden Kolonnen. In der Qualität stehen die Judentrupps mit an erster Stelle. Wie uns berichtet wird, arbeiten sie teils freiwillig zwei Schichten hintereinander.«

BIRGIT WENGER-RIESSER: Freiwillig?

BRELOER: »Sie wissen jetzt, worum es geht.«[25] – Und Wolters weiß es auch.

BIRGIT WENGER-RIESSER: Ja. Unglaublich!

BRELOER: Zehntausende starben bei diesen Straßenbauten. Ab 1942, nach der Wannseekonferenz, gab es das Konzept, Juden durch Arbeit zu vernichten.[26] Wie weit Wolters schon damals wusste, dass die Arbeit, die er hier fotografiert, zum Tode führen soll, weiß ich nicht; aber hinter seiner Formulierung »Sie wissen jetzt, worum es geht« steckt doch wohl: Wenn sie nicht fleißig sind, werden sie umgebracht.

Birgit Wenger-Riesser: Ja, das würde ich auch meinen. Es ist wirklich unfassbar! Ich habe ja die ganze Zeit, diese »tausend Jahre«, miterlebt und war auch genauso betroffen. Vieles hat man nicht gewusst, das werden Sie immer wieder hören, und das ist auch bekannt. Aber ich habe mich auch selber ertappt, wie ich auf die Propaganda der Nazis reingefallen bin. Das ist so ein Erlebnis, dass ich das nie vergessen werde: Ich fuhr jeden Tag mit der Tram nach Frankfurt und sah eines Tages russische Gefangene schippen, nicht genügend bekleidet. Und da fährt mir doch wahrhaftigen Gottes der Gedanke durch den Kopf: ›Ach, das sind ja nur Russen!‹ Und in dem Moment, als ich das merkte, was ich da gedacht habe, habe ich mich so geschämt. Und das ist so ein Eindruck, den ich heute noch wieder spüre. Wie konnte ich überhaupt nur diesen Gedanken haben?

Breloer: Hätten Sie sich damals in einen Deutschen verlieben können?

Birgit Wenger-Riesser: Ja – solange ich nicht gewusst hätte, was passiert; das wäre mir vielleicht auch passiert. Aber ich habe es immer jedem gesagt, dass ich mich sowieso nicht in ihn verlieben kann, wenn ich auch gerne möchte oder er gerne möchte. Und ich glaube, ich hätte nie und nimmer – nein. Ich habe meiner besten Freundin geschrieben: »Dein Mann ist zurückgekommen und ich habe gehört, was er erzählt hat aus Polen, wie sie die Juden oder die Polen abgeschossen haben. Ich kann leider nicht mehr mit Dir verkehren.« – Obwohl ich den Mann fast nicht gekannt habe, nur das erste, zweite Mal gesehen. Also ich glaube nicht, dass ich – nein! Unmöglich.

Breloer: Da muss bei Ihrer Schwester etwas anders gewesen sein, dass sie das konnte.

Birgit Wenger-Riesser: Die Symbiotik, Herr Doktor!

Breloer: Sind Sie anders aufgewachsen als Ihre Schwester? Fehlte ihr irgendein Organ der Wahrnehmung?

Birgit Wenger-Riesser: Das ist möglich. Wir sind zwar vom selben Vater, aber nicht von der gleichen Mutter. Ich habe vielleicht andere Gene mitbekommen, mutigere …

Breloer: Vielleicht auch eine andere Erziehung. Haben Sie das »Dritte Reich« früher durchschaut als Ihre Schwester?

Birgit Wenger-Riesser: Die Erziehung – der unvergessliche Assistent meines Vaters, der für die Familie ein Freund wurde seit 1929, der Professor Taubmann, hat alles bestens gewusst und uns immer wieder darauf hingewiesen, mich vor allem – obwohl meine Schwester sogar mal ein Verhältnis mit dem hatte und immer in Verbindung war. Der hat mir zum Beispiel Sätze aus *Mein Kampf* hingelegt, um mir klarzumachen, dass diese Vereinigung Deutschland-Russland, die eine Zeitlang war, 1939,[27] glaube ich, dass die unmöglich sei, da solle man aufpassen, was da passiert. Solche Sachen hat er mir gesagt …

BRELOER: … sodass Sie etwas wacher wurden.

BIRGIT WENGER-RIESSER: Ja, ganz sicher. Ich bin wacher geworden in dem Moment, als ich gemerkt habe, dass ich eine jüdische Großmutter hatte, die übrigens auch getauft war; aber von dem Moment an habe ich gemerkt: Ich gehörte nicht dazu. Und das habe ich auch immer zum Entsetzen meiner Verwandten gesagt: »Ich bin halb jüdisch und halb schweizerisch.« Also nie das Deutsche, weil ich mich nicht mehr als Deutsche gefühlt habe. Ich bin mit dreiundzwanzig in die Schweiz gekommen und hatte genug von Deutschland und den Nazis.

BRELOER: Wie haben Sie sich gerettet?

BIRGIT WENGER-RIESSER: Das ist eine lange Geschichte, ich weiß nicht, ob das so interessant ist. Also ich kam einmal nach Hause, nachdem ich mein letztes Visum in die Schweiz auf die Kennkarte gedruckt bekommen hatte, und da fand ich meine Mutter in Tränen, und sie hielt mir den Befehl zur Paratmachung für Theresienstadt entgegen. Den habe ich übrigens noch. Und ich habe dann Gott und die Welt antelefoniert. Meine Mutter hat alle Sachen zusammengesucht, die Nazifrau, die bei uns einquartiert war, hat mir noch schnell die Strümpfe gestopft, und dann kriegte ich von meiner Tante, die den obersten Gestapo-Mann in der Hand hatte, weil sie ihm mal eine jüdische Geliebte untergejubelt hatte, die Anweisung, ich sollte nicht da sein am 7. Februar 1945 morgens um fünf Uhr – eiskalt, minus weiß-ich-wie-viel Grad –, sondern ich sollte nach Kronberg zu meinem Rechtsanwalt fahren und den auffordern, mich zu beschützen. Und ich bin dann nachts auf Glatteis mit dem Velo, mit dem Fahrrad nach Kronberg zu dem Anwalt gefahren, wollte dort läuten, und da war eine Bombe bei dem Haus gefallen. Es war alles durchgeblasen, aber ich wusste, dass er noch dort wohnt. Ich bin erst mal in eine Grube gefallen, habe dann aber doch noch mit einer Stange klopfen können. Und dann hat er aufgemacht, und ich habe ihm meinen Fall erzählt. Er hat gesagt: »Ich kann Ihnen nicht helfen, ich habe Angst«, und hat mir noch Kleingeld gegeben, dass ich telefonieren konnte, weil ich keins hatte. Dann habe ich noch mal die Tante angerufen, und die hat gesagt: »Also dann steh morgens um sieben Uhr vor dem Quartier in Kronberg, wo dieser oberste SS-Mann wohnt, und sage ihm einen schönen Gruß von der Tante, das müsse ja wohl ein Irrtum sein!« Das habe ich gemacht, stand da zwei Stunden – immer wieder die Backen rot gerieben, damit ich wenigstens ein bisschen nett aussah. Dann kam der raus mit zwei, drei anderen Herren, und ich sagte ihm dieses Sprüchlein. Er hat mich angefaucht: »Was? Sie kommen sofort mit ins Hauptquartier!« Er hat mich mitgenommen und erst einmal in einen Raum gesetzt. Dann kam er herein und sagte: »Ich glaube, ich könnte Sie freilassen, wenn Sie mir eine goldene Uhr aus der Schweiz beschaffen.« Habe ich gesagt: »Das kann ich nicht versprechen, ich will es versuchen.« Dann hat mich irgendwie der Teufel geritten, und ich habe gesagt: »Wenn Sie mich freilassen, dann müssen Sie neun andere Oberurseler, die mit mir aufgeboten waren, auch freilassen!« Ich dachte: ›Na, mal sehen.‹ Und dann hat er die auch freigelassen. Und dann rief er mich mal an und sagte, ich solle doch zu ihm in die Wohnung kommen, Grüneburgweg in Frankfurt – da bin ich geboren. Das habe ich mit Zögern gemacht, und ich fand da ein kleines Häufchen Elend …

BRELOER: … denn der Krieg ging zu Ende.

BIRGIT WENGER-RIESSER: Der Krieg ging zu Ende, es muss so Mitte März gewesen sein. Und er fragte mich: »Was soll ich denn jetzt machen? Soll ich nach Ost oder West gehen?« Da habe ich gesagt: »Wohin, ist mir Wurscht. Aber wenn Sie in Frankfurt bleiben, dann werden Sie aufgehängt.« Und das ist passiert.

BRELOER: Nach 1945 konnte Marion alles wissen, sie hat die ungeheuren Opferzahlen gehört. Und sie wusste, wer Speer war.

BIRGIT WENGER-RIESSER: Leider.

BRELOER: Jetzt schreibt sie Woche für Woche seine Lebensgeschichte ab,[28] sieht, wie er sie sich zurecht schreibt, seine Legende schreibt, und hilft noch dabei.

BIRGIT WENGER-RIESSER: Ja, es tut mir so leid, dass ich meine Schwester da so zeihen muss – ich zeihe es ihr, und ich kann es auch nicht verzeihen.

Der aufdeckende Historiker

Matthias Schmidt

Historiker. Veröffentlichte 1982 die erste kritische Monographie über Albert Speer: *Das Ende eines Mythos. Speers wahre Rolle im Dritten Reich*. Lebt in Berlin.

»Daran kann isch misch nicht erinnern«

Der einstmalige Doktorand, den Albert Speer für weitere Auskünfte in eigener Sache an seinen Freund Rudolf Wolters verwies, residiert jetzt in einem dieser großen Berliner Gründerzeitwohnhäuser. Der promovierte Historiker ist Chef einer Firma für Anlageberatung. Mit unverändertem Engagement in der Sache, aber auch mit einer gewissen mitunter scharfen Ironie blickt er zurück auf die Jahre 1980/81 mit seiner Recherche im Fall Speer, die ihn nach Coesfeld führte, wo Wolters ihm nach und nach brisante Unterlagen zugänglich machte, vor allem seine Fälschung der »Chronik der Speerdienststellen« – jene Dokumente, die Schmidt dann sein Buch Albert Speer. Das Ende eines Mythos *ermöglichten. Schmidt hat wichtige Telefo-*

nate zu erledigen und kommt dann zurück mit dem Aktenordner, in dem er die freundlichen Briefe aufgehoben hat, mit denen der ehemals beste Freund Speers den Fortgang seines denkmalstürzlerischen Unternehmens wohlwollend und zustimmend begleitete.

Es gefällt Dr. Schmidt, wieder einmal als Historiker angesprochen zu werden; mit Freude kommentiert er noch einmal seine Fundstücke und erzählt von den seltsamen Telefonaten mit dem großen Albert Speer, den er, kurz vor dessen Tod, noch mit einer Reihe unangenehmer Wahrheiten konfrontiert hat. Er spielt uns noch einmal die Heidelberger Mundart von Speer vor, der noch versuchte, zu widerlegen, was nicht mehr zu widerlegen war: »Daran kann isch misch nicht erinnern.«

MATTHIAS SCHMIDT: Ich habe die *Erinnerungen* gelesen, und die haben mich genauso fasziniert wie alle übrigen Menschen auch. Auf der einen Seite war es emotional geschrieben; und es war mit Fakten unterlegt, die auch überprüfbar waren, sonst wären nicht so viele Historiker darauf hereingefallen.

BRELOER: Speers *Erinnerungen* sind als ein Meisterwerk wahrhafter Berichterstattung durchgegangen und haben das Bild des »Dritten Reichs« und vor allem Hitlers stark geprägt. Wie war das möglich?

MATTHIAS SCHMIDT: Ich glaube, dass das ein Problem ist, an das sich Historiker noch heranmachen müssten. Es war leicht, jemanden zu akzeptieren, von dem man wusste, der war zweiter Mann im Staat, der schreibt aus der Kaminrunde, der schreibt von den Operetten, von den Schallplatten, die abends gehört wurden, von den netten Abenden – der musste doch Hitler kennen. Und wenn der in dieser engen Runde nichts hatte wissen können, wie sollten wir dann wissen? Speer war, wenn man so will, eine nationale Exkulpation. Deswegen der Erfolg.

BRELOER: Und da setzten Ihre ersten Zweifel ein?

MATTHIAS SCHMIDT: Da war einer, der an der obersten Stelle in der Nazihierarchie saß und der sagte: »Ich war Hitler sehr nah und ich stehe dazu; aber von all den fürchterlichen Missetaten, die da passierten, habe ich überhaupt nichts gewusst.« Es ist sehr unwahrscheinlich, dass ein Mensch mit jemandem zusammensitzt, dieser Jemand schimpft über die Juden und sagt, er wird die Juden vertreiben, wird die Juden ausrotten, er wird dafür sorgen, dass Europa judenfrei wird – und man sitzt dabei, löffelt seine Suppe, liebt diesen Jemand noch und sagt: »Ich habe davon nichts gewusst.«

BRELOER: Sie machen sich wie ein Detektiv auf die Spur. Erinnern Sie noch, wann Sie die ersten Beweisstücke in der Hand hatten?

MATTHIAS SCHMIDT: Das ist eine interessante Geschichte, die mich immer wieder zum Nachdenken gezwungen hat: Speer selbst hat mich auf die Spur gebracht. Als ich bei ihm im Allgäu war und ihn fragte, wer mir noch Auskunft geben kann, nachdem ich schon mit vielen Leuten gesprochen hatte, sagte er mir: »Wenn Sie noch weitere Fragen haben, dann rufen Sie doch meinen alten Freund Rudolf Wolters in Coesfeld an.« Und kein Historiker wusste, was Coesfeld war, kein Historiker wusste, wer Dr. Wolters war, und ich wusste es auch nicht.

BRELOER: Speer hatte ihn begraben?

MATTHIAS SCHMIDT: Das ist eine schwierig zu beantwortende Frage; ich glaube, er hat ihn schon gefürchtet.

BRELOER: Wann waren Sie bei Speer im Allgäu?

MATTHIAS SCHMIDT: 1980.

BRELOER: Da war das Verhältnis zwischen den beiden nicht mehr gut.

MATTHIAS SCHMIDT: Das war ja schon seit 1953/54, als Albert Speer den ersten Entwurf seiner *Erinnerungen* niedergeschrieben hatte, etwas kritisch, weil der Wolters sich fragte: »Was ist das für ein Mensch, der da Dinge niederschreibt, die so gar nicht gewesen sind?« Die beiden hatten sich bereits in München in den zwanziger Jahren kennen gelernt, und Dr. Wolters kannte Albert Speer so gut, dass er genau wusste: Das hat mit der Realität überhaupt nichts zu tun. Deswegen hat er zu mir irgendwann einmal gesagt: »Wenn ich die Biographie hätte schreiben müssen« – was ja auch möglich gewesen wäre, es war ja nicht sicher, dass Speer die zwanzig Jahre in Spandau überlebt –, »dann wäre daraus ein völlig anderes Bild entstanden.«

BRELOER: Speer hatte Wolters ja in Nürnberg den Auftrag erteilt.[1]

MATTHIAS SCHMIDT: Ja. Speer hat eine testamentarische Verfügung gemacht, in der er genau festgelegt hat, in welcher Form er für die Geschichte dargestellt werden sollte. Als Erstes wollte er seine architektonischen Arbeiten in den Vordergrund gestellt wissen, dann die Arbeit als Minister und schließlich vor allen Dingen sein Verhältnis zu Hitler; und da hat er wortwörtlich geschrieben: »in seiner idealistischen Art, wie es nun einmal war«. Das heißt für einen Historiker, dass er sich selbst 1946 noch nicht von Hitler getrennt hatte.

Breloer: Was meinte er wohl damit? Es war doch ein ganz praktisches Verhältnis, es ging um Geld und vor allem um Ruhm.

Matthias Schmidt: Ich glaube, dass das mit der ganz schwierigen Persönlichkeit Speers zusammenhing. Speer hatte ein Elternhaus, das dem Großbürgertum der Jahrhundertwende um 1900 entsprach, und er hat ja einmal geäußert, dass bei seinen Eltern Liebe im Ehekontrakt nicht vorgesehen war. Und das hat er sein ganzes Leben lang mitgenommen. Ich glaube, dass er zu Gefühlsäußerungen irgendwelcher Art nicht fähig war. Das machte ihn zu einer Person, die auf der einen Seite so eine Art von Charme hatte, auf der anderen Seite sehr ironisch, sehr sarkastisch, sehr zynisch, aber auch sehr witzig war.[2] Speer war ein ungemein imponierender Mann, eine Mischung aus Charme, aus hoher Intelligenz, ungemeinem Wissen. Wer hätte das nicht, wenn er zwanzig Jahre so klug genutzt hätte? Und das hat er ja in Spandau gemacht. Er hat einen wirklich eingenommen. Selbst mir erging es so, dass ich, nachdem ich ihn zwei oder drei Tage lang gesprochen hatte, erst mal eine Woche lang in Urlaub fahren musste, um mich von dieser Faszination der Persönlichkeit zu befreien und mich zu fragen: ›Was hat dieser Mensch eigentlich gesagt?‹ Der Faszination, der Speer Hitler gegenüber erlegen ist, der ist jeder andere Mensch, der ihn getroffen hat, auch Speer gegenüber erlegen.

Breloer: Wolters sagt: »Mein Verhältnis zu Speer war wie das Speers zu Hitler.«

Matthias Schmidt: Trifft exakt zu.

Breloer: Und damit sind wir bei Wolters.

Matthias Schmidt: Im Grunde genommen basieren ja solche Dinge der Erkenntnis häufig auf Zufällen, in meinem Falle auch. Ich war früher ein begeisterter Tanzsportler, und da gab es ein Tanzturnier in den höheren Rängen in Coesfeld. Das ist das eine. Das Zweite ist, dass »Coesfeld« bei mir, nachdem ich schon mit meinem Buch halb fertig war, die Erinnerung wachrief, dass dort der Dr. Wolters lebt; und Dr. Wolters war mir von Albert Speer nah ans Herz gelegt worden. Da sind wir wieder bei der Frage: Wieso hat Speer mir ausgerechnet den Dr. Wolters für Nachfragen empfohlen? Das klingt fast wie ein geplanter Selbstmord. Er musste ja nach den vielen kritischen Briefen, nach der Auseinandersetzung, die er mit ihm hatte, damit rechnen, dass Wolters seine Akten vorzeigt.[3]

Breloer: Sie tanzen in Coesfeld, Sie erinnern sich, wie geht es weiter?

Matthias Schmidt: Der Dr. Wolters unterschied sich total von Speer. Er war ein nach außen sehr strenger, sehr akkurat wirkender Mann, der damals schon Krebs hatte und der genau wusste, was er machte. Und er hat sich nicht mit mir unterhalten, sondern mit meiner damaligen Verlobten, die zu der Zeit Mathematik studierte. Nun muss man wissen, dass Dr. Wolters ein ungemein gebildeter Mann war und für Mathematik und auch für Astronomie sehr viel übrig hatte; er unterhielt sich zwei Stunden mit meiner damaligen Verlobten, und dann sagte er zu mir: »Junger Mann, Sie gefallen mir. Sie haben eine nette, hübsche Frau, die auch noch intelligent ist – kommen Sie morgen wieder, dann zeige ich Ihnen alle Akten.« Das heißt, der Zugang wurde mir auch durch eine Frau eröffnet. Das passt im Übrigen zum Dr. Wolters, der mir hinterher in vielen Stunden und Tagen, die ich in Coesfeld zugebracht habe, auch gesagt hat: »Wann immer eine Frau bei Speer angeklopft hat, hat Speer mir gesagt: ›Rudi, erledige du das mal.‹«

Breloer: Ihnen wird also sozusagen das Pharaonengrab gezeigt. Wie sind Sie jetzt vorgegangen?

Matthias Schmidt: Ich war erschüttert, und zwar aus dem Grunde, weil ich schon ein halbes Buch über Speer fertig in Berlin zu liegen hatte, ähnlich dem von Janssen,[4] eine halbe Heiligsprechung. Ich hatte zweihundert Seiten fertig und musste nach Berlin zurückfahren, bin an die Universität gegangen, in den Raum, der mir zur Verfügung gestellt worden war, habe eine Flasche Whisky getrunken und anschließend das Manuskript zerrissen. Das war die Reaktion darauf. Anschließend habe ich den Dr. Wolters angerufen und einen neuen Termin ausgemacht. Dramatischer kann es für einen jungen Historiker, glaube ich, kaum sein.

Breloer: Durften Sie in Coesfeld arbeiten, oder konnten Sie das Material mitnehmen?

Matthias Schmidt: Ich bin immer in Coesfeld geblieben, habe mit großer Sorgfalt die Dokumente durchgearbeitet und abgeschrieben, teilweise auch fotokopiert, und dabei ist mir natürlich als Erstes die »Chronik« aufgestoßen. Da fiel mir auf, dass da irgendetwas total schief gelaufen ist in der Geschichtsschreibung. Der Dr. Wolters war durchaus nicht so schnell bereit, alles herauszugeben, was mit dieser Chronik des Rüstungsministeriums zusammenhing, sondern man musste ihn auch schon ein bisschen fragen und quälen, bis er nach und nach die Geschichte der »Chronik« erzählte. Und das ist wirklich eine spannende Geschichte: Die »Chronik« wurde von ihm eingepackt, lagerte dann im Schloss des Grafen, wenn ich mich recht entsinne, von Ratibor und Corvey, und anschließend, um sicher zu gehen, hat der Dr. Wolters die gesamte »Chronik« im Garten seines Elternhauses vergraben, um sie dann wieder herauszuholen und nach Jahren selbst wieder zu lesen.[5] Im übrigen stellt sich hier auch die Frage: Wie lange hat sich auch ein Dr. Wolters davor gedrückt, die Realität zu sehen und sich wieder mit ihr konfrontieren zu lassen? Sonst hätte er sie nicht so spät ausgegraben. Und damit fing die wirklich handfeste Geschichtsfälschung an.[6]

BRELOER: Was zeigte Ihnen diese Chronik?

MATTHIAS SCHMIDT: Zu dem Zeitpunkt nahm ja jeder namhafte Historiker an, dass Speer tatsächlich die Judenverfolgung – egal, wie weit sie jetzt ging, Judenvertreibung, Aussonderung der Juden – nicht wahrgenommen hat, nicht wahrnehmen wollte und im letzten Ende auch nicht davon wusste. Jetzt haben wir aber hier eine Chronik, und wir sehen, dass da Streichungen sind. Das ist der erste Punkt, das hat ja noch nichts zu sagen, weil Wolters die Streichungen vorgenommen hat, und zwar schon 1964. Speer hatte nun, nachdem er seine *Erinnerungen* veröffentlicht hatte, die gereinigte Fassung dem Bundesarchiv übergeben. Und nun passiert etwas ganz Witziges, Bösartiges: David Irving, Enfant terrible der historischen Wissenschaft,[7] entdeckte in London ein Exemplar und merkte sofort, dass es da Abweichungen gab. Da gab es einen Briefaustausch zwischen Wolters und Speer, in dem er sagte: ›Wir müssen unbedingt verhindern, dass das an die Öffentlichkeit kommt.‹[8] Das haben sie auch beide erfolgreich geschafft. Das mag im Übrigen auch ein Hinweis sein, warum Speer fast bis zum Ende seines Lebens an Wolters gehangen hat: Die beiden wussten zu viel voneinander. Und wenn er Wolters zu schnell hätte fallen lassen, hätte Wolters wahrscheinlich früher den Gang an die Öffentlichkeit angetreten.

BRELOER: Wollte Wolters, dass sein Freund Speer erwischt wird?

MATTHIAS SCHMIDT: Das würde ich nicht sagen – weil Wolters ja die Abhängigkeit zu Speer hatte wie Speer die Abhängigkeit zu Hitler. Aber ihm war, glaube ich, klar, als er mich kennen lernte, dass wahrscheinlich keiner sonst die Härte haben würde, das zu erzählen, was er in seinen Archiven hatte. Denn wir hatten ja eine Menge Ärger.[9]

BRELOER: Als Sie dann im Fortgang Ihrer Arbeit mit Wolters korrespondierten – hat er mit einer gewissen Irritation oder mit einer gewissen Freude gesehen, was da entsteht?

Matthias Schmidt: Mit Freude überhaupt nicht, auch nicht mit Irritation, sondern einfach mit einer erstaunlichen Objektivität. Wir hatten vereinbart, dass er das Gesamtmanuskript oder einzelne Kapitel zu lesen bekommt, zumindest die Teile, für die er die Dokumente geliefert hat – und die hat er auch erhalten. Ich bin sogar weiter gegangen – ein Historiker hat nichts zu verbergen – und habe ihm das gesamte Manuskript geschickt, und er hat es kommentiert. Ich habe nicht jeden Kommentar hingenommen und nicht alles so geändert, weil ich ja eine eigene Auffassung davon hatte und die Akten, die er hatte, auch mit den offiziellen Akten vergleichen musste, die in den Archiven lagen. Aber das hat er voll akzeptiert und in keiner Weise negativ kommentiert. Also nicht, wie Speer das behauptet hat, oder auch Fest in seiner Biographie,[10] im Sinne einer Rache, die er da verübt, sondern er hat im Grunde genommen nichts anderes gemacht, als das Testament, das er 1946 erhalten hatte, in minimaler Weise so zu Ende zu bringen, wie es durch ihn geworden wäre, wäre Speer damals zum Tode verurteilt worden.

Breloer: Wenn Sie uns mal etwas aus der Korrespondenz zwischen Ihnen und Wolters während Ihrer Arbeit vorlesen würden?

Matthias Schmidt: »Lieber Autor« – er hat immer »Lieber Herr Schmidt«, »Lieber Magister« oder was weiß ich geschrieben, das entsprach seiner im Grunde genommen liebenswerten Art – »Lieber Autor, endlich wieder ein Kapitel, und zwar ein sehr aufschlußreiches für die Wandlungsfähigkeit unseres Helden. Selbst für mich, für den dies alles, abgesehen von Details, nichts grundsätzlich Neues ist, höchst aufregend zu lesen. Ich las es diesmal mit den Augen Speers, um mir vorzustellen, wie erschüttert er selbst sein muß im nachhinein. M. R. ...«, das ist immer das Kürzel für Marion Riesser gewesen, »... war dagegen der Ansicht, der wird nicht im geringsten erschüttert sein, sondern ganz im Gegenteil, er wird die Sache in Sekundenschnelle in seinem Kopf so zurechtdrehen, bis es passend ist.«[11]

Breloer: Die kannte Speer.

Matthias Schmidt: Die Marion Riesser, abgesehen davon, dass sie selbst für mich als jungen Mann eine hinreißende Frau war, war eine tolle Arbeiterin und hat Speer sehr kritisch gesehen. Die hat Speer kritischer gesehen als Wolters selbst.

Breloer: Sie gingen dann noch einmal zu Speer und sagten ihm, was Sie alles gefunden hatten?[12]

Matthias Schmidt: Nein, das ist ein Irrtum, ich war nicht ein zweites Mal bei Speer, sondern wir waren nach dem ersten Besuch so verblieben, dass wir telefonieren. Aber jetzt kommt ein ganz typischer Speer zum Vorschein, eine Situation, die ich während der ganzen Zeit als Historiker nie erlebt habe: Er machte die Bedingung, dass, wenn wir telefonieren, er ein Tonbandgerät einschaltet und ich ein Tonbandgerät einschalte. Und wir haben dann ausgemacht, dass wir beide das überspielen und wir uns jeweils auch noch das Band der Gegenseite zuschicken; denn man konnte damals ja nur das aufnehmen, was man selbst sagte. Tatsache ist, dass wir über Stunden hinweg telefoniert haben und Herr Speer unwahrscheinlich aufgeregt war und versucht hat, alles zu widerlegen und dabei trotzdem noch freundlich zu bleiben. Das heißt, er war auch da wieder der Organisator, der versucht hat, etwas noch ins Reine zu bringen, was damals schon überhaupt nicht mehr ins Reine zu bringen war. Als ich mit ihm telefoniert habe, da habe ich das erste Mal gemerkt, dass er da so gewesen ist, wie er als Rüstungsminister gewesen sein muss; er hat mich am Telefon behandelt wie einen seiner Angestellten, vielleicht von der Zentralen Planung, wie auch immer. Aber das kam schon sehr deutlich durch, weil er natürlich wusste, welche Unterlagen ich in der Hand hatte.

Breloer: Wie lief so ein Dialog ab?

Matthias Schmidt: Mit seinem Heidelberger Akzent: »Daran kann isch misch nicht erinnern.« So einfach, so simpel.

Breloer: Womit haben Sie ihn zum Beispiel in diesen Telefonaten konfrontiert?

Matthias Schmidt: »Ich habe die ›Chronik‹ gelesen, ich habe Briefe gelesen, die ich in den Akten des Reichsführers SS gefunden habe, wo Sie sehr engen Kontakt mit den Konzentrationslagern hatten. Wie stehen Sie dazu?« Und dann habe ich ihn gefragt: »Ich will das veröffentlichen. Gehen Sie gegen Ihren Freund vor, der Ihnen ja zwanzig Jahre lang geholfen hat?« Da sagte er in seinem Heidelberger Akzent: »Wie könnte isch denn, der hat mir doch so viele Jahren geholfen.« – Der Rudolf Wolters war ja ein Mensch, der wirklich Hilfe leistete.[13]

Breloer: Er hat Ihnen gesagt, er würde nichts gegen Wolters unternehmen; das hat er dann aber doch getan?

Matthias Schmidt: Als ich ihn mit den Unterlagen konfrontierte, war er erschüttert. Wahrscheinlich war er auch erschüttert, weil er doch zeit seines Lebens in dem Glauben war, dass er über den engsten Freund und Verbündeten, den Dr. Wolters, eine Macht besäße, die auch über die Zeit des »Dritten Reiches« hinausging, eine Autorität, von der er glaubte, die reicht so weit, dass da nichts rauskommt. Und als er merkte, dass es rauskommt, hat er natürlich versucht, mit allen Mitteln gegenzusteuern, die ihm in einem Rechtsstaat zur Verfügung standen. Er hat dann Anwälte eingeschaltet, indem er im *Börsenblatt des deutschen Buchhandels* hat inserieren lassen, dass alle Dokumente, die ihn betreffen und an denen er seine Autorenschaft geltend machen könnte, nur mit seiner Genehmigung zu veröffentlichen seien.[14]

Rudolf Wolters vom Diktiergerät: »Im Laufe der Zeit erschreckte mich die Publizitätssucht Speers mit seinem Schuldbekenntnis – Komma – seiner totalen politischen Umkehr – Komma – seinem offensichtlichen Opportunismus – Komma – seiner mir bis dahin ganz unbekannten Eigenschaft – Komma – Fußtritte gegen die toten gehängten Kumpane des Dritten Reiches auszuteilen – Punkt.«

MATTHIAS SCHMIDT: Das ist Wolters, ich kenne das. Die Reaktion, die wir hier hören und die Wolters auch niedergeschrieben hat, entspricht den Reaktionen, die alle Mitarbeiter Speers, alle im engen Umkreis von Speer, genauso gezeigt haben. Die haben gesagt: »Wir haben nach 1966 einen völlig anderen Speer erlebt, als wir ihn vorher erlebt haben. Einen stilisierten Speer, einen Speer, wie es ihn vorher nicht gab.« Es konnte keiner irgendetwas mit ihm anfangen. Wobei man eines sagen muss: Reue, egal, über welche Missetat, ist erst einmal zu achten. Die Frage ist eine andere: Wie echt war die Reue von Speer? Und wenn man jetzt die Ruhmessucht von Speer betrachtet, dann passt die schlecht zu der Reue, die er nach außen getragen hat. Und das war der Punkt, der Wolters gestört hat.

BRELOER: Wenn jemand sagt: »Ich fühle mich für Auschwitz persönlich verantwortlich«, dann wird man erwarten können, dass er zur Aufklärung der Tatsachen beiträgt, dass er die entsprechenden Dokumente anerkennt und auf den Tisch legt. Nach einer Lagerbesichtigung will Speer wissen, ob in allen KZs so großzügig gebaut wird wie in Mauthausen,[15] und er schickt seine Mitarbeiter Desch und Sander …

MATTHIAS SCHMIDT: … durch sämtliche Konzentrationslager. *(Nimmt ein Dokument zur Hand.)* Sie können an der Spezifizierung der Akten sehen, dass die nicht im Bundesarchiv in der Reihe der Speer-Akten liegen, sondern die finden Sie nur in den Himmler-Akten. Speer hat nach dem Krieg für eine sehr differenzierte, detaillierte Aussortierung der Akten gesorgt.

BRELOER: Gesäubert, meinen Sie?

MATTHIAS SCHMIDT: Speer hat seine Akten gesäubert. Er hatte ja Zeit genug dafür. Das hat er ganz ausführlich gemacht, und er schreibt ja auch, dass er auf dem Bette liegend die Akten durchgesehen und sie dann den Amerikanern übergeben hat.[16] Übrigens ein Zeichen seines Zynismus und auch seiner Ironie – wie immer man es bewerten will. In Himmlers Akten nun lesen wir: »Lieber Parteigenosse Himmler! Auf Grund der vorliegenden Berichte und der Besichtigung des KZ-Lagers Auschwitz durch meine Herren Desch und Sander« – das waren ganz enge Mitarbeiter von ihm – »bin ich bereit, über die im III. Quartal 1943 zur Verfügung gestellte Baueisenmenge in Höhe von 450 moto [Monatstonnen] für den Bedarf im Reichsgebiet und 180 Tonnen für den Bedarf in den angeschlossenen und besetzten Gebieten einmalig folgende Mengen zuzuteilen. […] Diese Baueisenmengen sind nur für den Ausbau der KZ-Lager, insbesondere Auschwitz, zu verwenden.«[17] Das heißt, er muss tatsächlich mehr gewusst haben, denn die Mitarbeiter können ihm nicht nur erzählt haben: ›Es sind Lager, dort wird gearbeitet, dort wird produziert‹ – was ja auch passiert ist –, sondern die müssen andere Dinge gesehen haben; und es ist absolut unwahrscheinlich, dass sie dann sagen: ›Herr Minister, darüber wollen wir nicht weiter reden.‹ Und er schreibt darunter: »Es freut mich, dass die Besichtigung der anderen KZ-Läger ein durchaus positives Bild ergab.« Das ist eindeutig seine Handschrift. Und er schreibt diese Bemerkung später, im *Sklavenstaat*, dem SS-Führer Oswald Pohl zu.[18] Solche Fälschungen kennzeichnen das Bild von Albert Speer. Im Grunde genommen muss man sagen: Albert Speer hat sich, um zu überleben, systematisch, organisatorisch genial, selbst gefälscht.[19] Ich glaube, kein Mensch hätte überleben können bei dem, was er gewusst hat. Er wusste mehr, als er je zugegeben hat, er wusste im Grunde genommen alles. Es macht sich ja immer sehr nobel, wenn man für Dinge verantwortlich zeichnet, für die man eigentlich gar nicht verantwortlich ist. Das ist etwas ganz Generöses – und es kam ja auch so gut an. Das ist ja das Entscheidende, was Speer nach seiner Entlassung populärer gemacht hat als alle übrigen Naziführer, dieses »Ich hätte wissen können, wenn ich hätte wissen wollen.« Tatsache ist, dass er wusste. Man kann ein Leben, wie Speer es geführt hat, von der bürgerlichen Großmoral zum Massenmord und dann wieder zurück in die normale Gesellschaft mit dem Ansehen, das er dann hatte, nur führen, wenn man lügt und vor allen Dingen sich selbst belügt. Das ist nicht nur ein Verdrängungsprozess, es ist Lüge. Und er hat nicht unter dem Verdrängungsprozess gelitten, wie Gitta Sereny schreibt – er hat meiner Meinung nach unter der dauernden Lüge sich selbst gegenüber gelitten.

Der »vernehmende Redakteur«

Joachim Fest

Geboren 1926 in Berlin. Publizist und Historiker. Ab 1965 Chefredakteur des Norddeutschen Rundfunks, 1973 bis 1993 Herausgeber der *Frankfurter Allgemeinen Zeitung*. Beriet Albert Speer redaktionell bei der Abfassung seiner Erinnerungen und der *Spandauer Tagebücher*. Verheiratet, zwei Söhne, lebt im Taunus. Veröffentlichte unter anderem: *Hitler. Eine Biographie* (1973); *Speer. Eine Biographie* (1999); *Die unbeantwortbaren Fragen. Gespräche mit Albert Speer* (2005).

»Hitler hatte sich verliebt in den«

Die klassizistische Villa von Joachim Fest liegt in Kronberg am Hang. Der Blick fällt auf Frankfurt am Main. Viele, die es unten geschafft haben, wohnen hier oben. Ein idealer Alterssitz mit S-Bahn-Anschluss in die City. Es ist ein stilsicher eingerichtetes Haus, und wir unterhalten uns im großzügigen, lang gezogenen Wohnraum mit ergiebiger Bibliothek, Kleinplastiken, Gemälden, Leuchtern, gediegenem Mobiliar.

Joachim Fest ist Profi. In den letzten vierzig Jahren hat er immer wieder, mit und ohne Kamera, Interviews gegeben oder selbst andere befragt. Er kann erzählen, er weiß sehr präzise zu formulieren.

Ich möchte mit ihm über seine Arbeit als »vernehmender Redakteur« sprechen, als er Albert Speer bei der Abfassung seiner Erinnerungen *und*

der Spandauer Tagebücher *behilflich war. Worin bestand seine Mitarbeit?*
Wie offen konnte er mit Speer reden, wo setzte der die Grenzen, wenn er be-
fragt wurde? Wie sieht Fest seine Arbeit heute, aus dem Abstand von fast
vierzig Jahren? Was hat Speer ihm verschwiegen?

Fest nimmt meine Fragen und Einwürfe aufmerksam auf und ist gele-
gentlich erstaunt über den anderen Speer, den ich da zur Sprache bringe. Er
bleibt stets geduldig, auch wenn ihm ab und zu bei mir noch Reste der ihm
grässlichen Achtundsechziger-Denkweisen durchzuschimmern scheinen.

Speer war ja auch ein wichtiger Teil von Fests Leben, vom Hitler *bis zum*
Untergang. *Lebensnah von ihm erzählen, auch ihn in seinem Verhältnis zu*
Hitler deuten kann er wie kaum ein anderer; aber wie stark wirkt der
Selbstentwurf Speers da noch hinein?

JOACHIM FEST: Als wir zum ersten Mal zusammenkamen – das war auf
   Initiative von Herrn Siedler, dem damaligen Leiter der Ullstein Verlage –, da kam Speer zu mir ins Haus, und wir beide waren informiert,
   dass wir eventuell, wenn wir es für möglich hielten aufgrund des Vor-
   gesprächs, bei der Abfassung seiner Erinnerungen zusammenarbeiten
   sollten. Ich war damals dabei zu planen – oder ging mindestens mit
   dem Gedanken um –, eine Hitler-Biografie zu schreiben, und der
   Speer schneite mir gewissermaßen wie ein Geschenk der Götter ins
   Haus. Denn das war mir klar: Wenn ich die Hitler-Biografie schreibe,
   dann muss ich mich auch der Redaktion der Speer-Erinnerungen zu-
   wenden, denn einen solchen Zeugen – ersten Zeugen! – wie Speer bekommt eigentlich kein Historiker je, solche Glücksfälle gibt es gar
   nicht. Die Entscheidung war damals noch nicht gefallen, aber ich habe
   das Gespräch mit Speer ganz ernsthaft in der Absicht geführt, es möglicherweise doch zu einem Erfolg werden zu lassen – also, wenn wir
   uns gar nicht verstehen, dann nicht; aber wenn es Ansatzpunkte gibt,
   und wenn er sich nicht ganz renitent und verstockt und rechthaberisch
   zeigt, dann wollte ich das mit ihm gerne machen, weil mir klar war:
   Eine solche Gelegenheit gibt es nicht wieder.
BRELOER: Von allem abgesehen, was er schriftlich hinterlassen hat – Sie
   haben das System Speer noch wirklich eins zu eins erlebt. Wie war der
   Mann wirklich?
JOACHIM FEST: Ja, das ist die Frage aller Fragen. Entweder gab es, habe
   ich mir immer gesagt, mehrere Personen Speer – also Dr. Jekyll, Hyde
   und vielleicht noch ein Dritter …

Breloer: Ein Dritter sogar?

Joachim Fest: Ja, würde ich denken. Das war die eine Möglichkeit. Es kann aber auch sein, dass es den jungen Speer gibt, der er bis 1933/34 war – ein junger, nicht unbegabter, ehrgeiziger Architekt, der aber mit seinen Möglichkeiten und seinen vielen Verbindungen dennoch ganz brach lag, weil nichts passierte auf dem Gebiet der Architektur, und in Mannheim und Heidelberg herumsaß und sich langweilte – und dennoch, wie er einmal gesagt hat, immer das Gefühl hatte: »Ich bin für irgendetwas Besonderes berufen und werde irgendwann eine große Karriere machen.« Er war, was Thomas Mann ein »Sonntagskind des Lebens« nennt. Und das ist ihm übrigens auch zum Verhängnis geworden, das ist nicht nur ein Vorzug. Er hatte ja 1929, glaube ich, ein Angebot des Königs von Afghanistan, dorthin zu kommen und die Staatsarchitektur dort zu errichten. Und er war der Lieblingsschüler seines Lehrers Tessenow gewesen, und wohin er kam, war er beliebt und war er der Mittelpunkt. Und wer das ist, muss nicht hinterher einen Mythos seines Lebens verfertigen, sondern der kann sich sagen: ›Für irgendetwas bin ich auserwählt‹, oder ›Irgendetwas steht mir in den Sternen geschrieben, ich muss nur zupacken.‹ Ich glaube, dieses Selbstvertrauen hat er schon sehr früh gehabt. Dann kommt die zweite Phase, das ist die Phase unter Hitler, da war er zunächst wahrscheinlich doch mehr der Künstler, der auch ein bisschen – ich denke mal, mehr, als er in den *Erinnerungen* und anderswo schreibt – in diesen bohemienhaften Schlendrian verfiel, den Hitler praktizierte, natürlich immer sehr viel arbeitsamer, genauer, pedantischer, organisatorischer in seinem Leben war, aber doch eben da auf dem Berghof herumsaß und sich die öden Scherze dieser beschränkten Parteigewaltigen anhörte und dazu lachen musste – und natürlich auch gelacht hat und das alles mitmachte. Das ist die zweite Phase. Da ist er blass und eigentlich ein Schatten, finde ich, obwohl er gewisse Aufträge bekam, die ihn sehr ausgezeichnet haben oder durch die er sich sehr ausgezeichnet fühlte. Dann kommt die dritte Phase, die des Rüstungsministers. Da ist er ein ganz und gar anderer Speer – jedenfalls nichts von dem, was die beiden ersten Phasen ausmacht, ist da zu spüren. Man muss einmal einige der Reden hören, die auf Tonband oder im Film erhalten sind, die er damals vor Unternehmern, Vorarbeitern oder was auch immer gehalten hat, da klingt seine Stimme plötzlich hart, männlich, entschieden …

BRELOER: ... drohend ...

JOACHIM FEST: Ja, drohend, nicht ganz so drohend, wie andere das getan haben, aber immerhin von einer ganz unglaublichen oder mir jedenfalls unglaublich scheinenden Entschiedenheit, und das Verblüffende ist: Man glaubt ihm. Ich glaube nicht, dass er sich dazu verwandelt hat. Das war eine Schicht in seinem Wesen, die das durchaus konnte und beherrschte, vielleicht unter einigen Mühen dahin gelangte, aber er trat mit einer solchen Energie und Entschlossenheit auf und drohte auch gelegentlich – jeder weiß, welche Konsequenzen er zu erwarten hat, wenn er Arbeitskräfte zurückhält oder wenn er Materialien hortet oder was auch immer –, er droht also Unternehmern, die auch ein großes Prestige hatten, ganz unverhohlen. Und dann – ich lasse mal Nürnberg aus – kommt der Speer der Gefangenschaft, der zwanzig Jahre in Spandau, über die wir relativ wenig wissen, ich weiß eigentlich nichts darüber. Er hat da ständig im Streit gelegen mit seinen Mitgefangenen – er war ja eher unbeliebt, weil er wirklich gebrochen hat mit dem Regime oder mindestens den doch sehr glaubwürdigen Anschein machte, damit gebrochen zu haben. Jedenfalls war er bei seinem alten Freund Dönitz, aber auch bei den übrigen Leuten, Raeder und wer da noch in Spandau war, außerordentlich unbeliebt, weil er sich abfällig über das Regime äußerte. Der Einzige, der ihm eine gewisse Narrenfreiheit zugestand, war erstaunlicherweise Rudolf Heß – der duldete ihn. Und dann gibt es schließlich die letzte Phase: den Speer nach Spandau, der ist scheu, schüchtern, wirkt mitunter fast demütig, schuldbewusst, ganz ohne Frage, spricht zögernd, stockend, nimmt immer wieder mal ein Wort zurück, denkt unablässig beim Reden nach. Und ich habe mitunter den Eindruck gehabt, er tue zum ersten Mal etwas, was er sein ganzes Leben lang – von Spandau, partiell jedenfalls, abgesehen – nie gemacht hat: Er reflektiert seine Worte. Man muss sich vorstellen: Die Nazijahre waren Zeiten ohne jede Reflexion, da hat er einfach nur funktioniert. Mehr wollte er auch nicht, und mehr war auch nicht seine Aufgabe. Um Gottes willen nicht nachdenken. Und das hat ja vielen die Möglichkeit zu existieren überhaupt verschafft, dass sie über nichts nachdachten.

BRELOER: Er hieß aber schon im »Dritten Reich« der Geheimrat, weil er sehr verschlossen war, weil er sehr genau seine Worte setzte. Taktik, Schachspielen beim Reden – das muss auch da schon eine Eigenschaft von ihm gewesen sein.

Joachim Fest: Möglicherweise. Ich habe immer gedacht: Wer es gewohnt ist, von Jugend auf oder von der Nazizeit an so überlegt zu reden und seine Worte zu wählen, der wird nicht plötzlich so unsicher, oder er ist doch mehr, als ich geglaubt habe, von all dem bedrückt, was ihm zur Last gelegt wird. Das ist sicherlich bei Speer in höherem Maße, als ich es sonst wo kenne, der Fall gewesen. Aber ob das so weit ging, dass er seine Persönlichkeit im Grunde verändert hat, das weiß ich nicht, da habe ich große Zweifel.

Breloer: Er hatte unzählige Verhöre hinter sich,[1] als Sie kamen; er war trainiert …

Joachim Fest: Und das waren auch wieder Verhöre, das ist richtig. Herr Siedler hat immer gesagt: »Wir haben jetzt sein Vertrauen. Das ist der Unterschied zwischen uns und allen Leuten, die ihn bis dahin verhört haben.« Ich habe nie geglaubt, dass wir wirklich sein Vertrauen hätten, Siedler vielleicht in etwas höherem Maße als ich – ich war derjenige, der ihm gegenüberstand und die Fragen aus ihm herausholen musste. Herr Siedler hat mal die schöne Formulierung für meine Funktion gefunden: die des »vernehmenden Redakteurs«.

Breloer: Welche Arbeit mussten Sie am Manuskript leisten?

Joachim Fest: Speer hatte in Spandau ein Erinnerungsbuch geschrieben, wenn man so will. Das hatte er Seite für Seite geschrieben und dann immer per Kassiber durch einen holländischen Sanitätshelfer, der sich ihm angeboten hatte, kurz nachdem Speer in Spandau eingeliefert worden war, nach draußen geschafft. Da hatte eine brave Sekretärin gesessen und das alles abgeschrieben. Das waren vielleicht zwölf-, vierzehnhundert Seiten, ich weiß das nicht genau, ich habe dieses Manuskript auch nie gesehen. Und als er aus Spandau entlassen wurde, hat er das noch einmal alles überarbeitet und ergänzt und erweitert, sodass schließlich an die zweitausend Seiten Erinnerungen zusammengekommen waren. Meine Aufgabe war es nun, das Manuskript, das endgültige durfte nicht mehr als fünf-, sechshundert Seiten haben, zu kürzen, also am Rande anzumerken – und dafür fanden wir dann bald eine Art System: was unverzichtbar ist, was ganz wichtig, was entfallen kann – da waren viele Seiten, die für ihn selber und für seine Auffassung von den Dingen vielleicht mitunter wichtig waren, aber dann doch nicht in ein Erinnerungsbuch gehörten. Schließlich war die wichtigste Aufgabe, ihn auf das aufmerksam zu machen, was fehlte, was der mindestens zeithistorisch interessierte Leser von einem

solchen Buch oder solcher Selbstdarstellung erwartet und worauf er
keine Antworten findet.

BRELOER: Worüber hatte Speer nicht geschrieben – was fiel Ihnen da auf?

JOACHIM FEST: Es waren natürlich viele sachliche Lücken drin. Aber im
Ganzen fiel mir sehr bald auf, dass Speer in dem Manuskript immer
wieder allgemeine Schuldgeständnisse untergebracht hat, das kam
sehr häufig vor. Nur sein ganz persönliches, konkretes, individuelles
Versagen, das war – ich würde nicht sagen: ausgelassen, aber das kam
eigentlich nicht vor. In der allgemeinen Darstellung der Schuld des Regimes war er sehr freimütig und gestand alles zu. Wie er selber daran
mitgewirkt hatte, was sein persönlicher Anteil daran war, das blieb
meist unausgesprochen oder nur angedeutet, und da habe ich ihn immer wieder drängen wollen oder natürlich auch gedrängt, das deutlicher zu machen. Daraus haben sich über eine Reihe von Monaten hin
bei dem ersten Buch – und dann später noch einmal – mitunter auch
sehr heftige Konflikte entwickelt, die einmal fast bis zum Abbruch der
Zusammenarbeit führten; er verstand einfach nicht, was ich meinte.

BRELOER: Wenn Sie ihn zum Beispiel nach der »Kristallnacht« fragten –
wie reagierte er darauf?

JOACHIM FEST: Wie wir bei der Arbeit herausfanden, ist er an diesem Tag
durch die Fasanenstraße gefahren, an der sich eine der Synagogen Berlins befand, und hat die Trümmer gesehen. Während er da in seinem
Dienstwagen vorbeifuhr, hat er Akten gelesen, hat kurz aufgesehen,
aber es hat – um eine Goethe'sche Formulierung zu benutzen – kein
Bild in seiner Seele gemacht; er hat das zwar auf der Netzhaut registriert, aber es hat ihn überhaupt nicht berührt. Und da sagte ich zu
ihm – und das war eigentlich der größte Konflikt, den wir auszustehen
hatten neben einem anderen:»Herr Speer, jetzt müssen Sie in das Buch
zwei Seiten aufnehmen, warum Ihnen das nicht aufgefallen ist oder
warum Sie das nicht beeindruckt hat, denn das ist genau ein reprä-
sentatives Verhaltensmuster, was Sie da gezeigt haben, und das möchte
man wissen. Was hat ein Zeitgenosse gedacht, der mitten im Frieden
ein brennendes Gebäude sieht, und sieht und hört, dass Menschen auf
den Straßen verfolgt, totgeschlagen worden sind oder in Konzentrationslager eingeliefert werden – für nichts anderes, als dass sie einer
anderen Religionsgemeinschaft oder anderen Rasse angehören? Das
ist doch ein ungeheuerliches Vorkommnis, das muss doch irgendeinen Eindruck hinterlassen haben bei Ihnen und muss Sie doch beun-

ruhigt, beschäftigt haben. Haben Sie mit Menschen darüber geredet? Darüber müssen Sie was schreiben.« Darauf sagte er: »Ich habe damals nichts gedacht! Was soll ich da schreiben? Ich kann doch nichts erfinden.« Dann habe ich gesagt: »Dann reflektieren Sie darüber, warum Sie nichts gedacht haben! Sie mit Ihren bürgerlichen Grundsätzen, mit Ihrer auch im Bürgerlichen strengen Moral erleben so etwas, fahren sehenden Auges daran vorbei, sehen die rauchenden Trümmer und sagen: ›Ich habe nichts gedacht‹? Dann, gut – schreiben Sie darüber, warum Sie wohl nichts gedacht haben. Das ist doch ungeheuer aufschlussreich und natürlich auch erschreckend. Aber dann erschrecken Sie mal über sich und schreiben Sie, wie das möglich sein konnte.« – Also darüber gab es einen langen, sehr ernsthaften Streit, und ich sagte ihm irgendwann, wenn er das nicht schreibe, dann wüsste ich nicht, ob wir die Zusammenarbeit fortsetzen könnten. Und er hat sich dann sehr gequält hingesetzt und hat – ich glaube, eine Seite oder anderthalb Seiten, ich weiß nicht mehr genau, wie viel es dann in dem Buch geworden ist – darüber geschrieben. Es war nicht sehr substanziell, muss ich aus der Erinnerung sagen.[2]

BRELOER: 1971 im *Playboy* baut er die Geschichte aus, die Sie von ihm gefordert haben.

JOACHIM FEST: Ich habe das nie gelesen.

BRELOER *(liest vor)*: »Am Tag nach der Kristallnacht 1938, dem großen Pogrom, bei dem Dutzende von Synagogen und Tausende jüdischer Häuser angezündet und geplündert wurden, schlenderte ich durch die schwelenden Ruinen einer Berliner Synagoge, und meine einzige Reaktion war, daß ich ästhetisch ein Ärgernis darüber empfand, daß die Trümmer über die Fasanenstraße verstreut waren. Das war alles.«[3]

JOACHIM FEST: Das ist zumindest sehr stilisiert. Ich glaube, da ist auch einiges an Übertreibung in dieser Äußerung. Nun hat er allerdings immer wieder gesagt, auch mir mehrfach, das *Playboy*-Interview sei sehr stilisiert und sehr für die amerikanischen Bedürfnisse »zurechtgefummelt«, wie er sich, wenn ich mich richtig erinnere, ausdrückte; ich dürfte das nicht allzu wörtlich nehmen, was da steht. Aber das kommt mir ganz erstaunlich vor, was Sie mir jetzt vorgelesen haben.

BRELOER: Sie unterstellen Speer eine strenge bürgerliche Moral; die Frage ist nun, wie er trotz dieser Moral diesem wahnwitzigen Politiker anheimfallen konnte.

JOACHIM FEST: Er hat, wie Millionen Deutsche, diese strenge bürgerliche

Moral, aber er kann sie jederzeit abschalten. Das ist wirklich eine der Kernfragen, finde ich, für die Wirkungsweise des »Dritten Reiches«. Ich habe keine definitive formelhafte Antwort darauf, die ich Ihnen jetzt geben könnte, aber es ist schon erstaunlich: Speer empört sich zum Beispiel einmal, als Hitler Eva Braun ein Kuvert mit Geld zusteckt oder zustecken lässt. Wie kann Hitler in einem Hotel, im *Vier Jahreszeiten* in München, seiner Geliebten und Mätresse ein Kuvert mit Geld zustecken? Das schlägt allen Vorstellungen offen ins Gesicht, die er von so einer erotischen oder intimen Beziehung zwischen zwei Menschen hat. Das Ganze spielt so 1938/39. In der gleichen Zeit hat der sogenannte Anschluss Österreichs stattgefunden, wo Menschen auf den Straßen die Pflastersteine mit Zahnbürsten reinigen müssen, es ist der Einmarsch in Prag und alles mögliche andere geschehen – und das alles hat Speer überhaupt nicht berührt, das hat seine Moralvorstellungen gar nicht affiziert. Aber dieses Geldkuvert – das fand er empörend. Alles andere nicht. Und diese merkwürdige Zweiteilung des Gewissens – da ist der Staat, der kann sich eine ganze Menge erlauben, und das muss man einfach hinnehmen –, das ist auch nicht nur deutsch. Ich neige immer wieder dazu zu sagen, so etwas ist sehr viel mehr Anthropologie, so reagieren Menschen in bestimmten gesellschaftlichen, sozialen und zivilisatorischen Verhältnissen. Aber erstaunlich bleibt es in jedem Falle, und immer wieder verwunderlich. Und ich glaube, um das auch dazu zu sagen, dass heute – wo wir ja, wie ich jeden Tag aufs Neue lerne, einer Nation von Helden angehören, die leider nicht die Gelegenheit hatten, den Nazis mal zu zeigen, wie man ihnen heimleuchtet – sich die Menschen ganz genauso oder eigentlich noch schlimmer verhalten würden als damals.

Breloer: Trevor-Roper sprach mal, glaube ich, von einer Leere bei Speer.[4]

Joachim Fest: Ja, er sagte, er habe bei Speer gedacht: ›Er ist ein Typus, den es eigentlich gar nicht geben kann: der kultivierte Nazi.‹ Aber er habe durch die ersten Begegnungen mit Speer gelernt, dass es so etwas in Ausnahmefällen eben doch gab. Und dann hat er bei einer Rundfunk- oder Fernsehsendung dem Speer einige Fragen gestellt, und Speer hat völlig verständnislos, ohne die Implikationen, die in dieser Frage steckten, zu entdecken, geantwortet. Und da hat Trevor-Roper, wenn ich es richtig in Erinnerung habe, gesagt: »Da riss plötzlich bei mir der Faden des Interesses an diesem Mann. Ich hatte ihn immer als eine sehr problematische Natur gesehen, jemanden, der sich quälte, abmühte und so weiter, der den Verrat an einer ganzen Welt auf seine Schultern geladen hatte. Und jetzt sah ich plötzlich: Er hatte überhaupt nichts verraten. Er war etwas viel Schlimmeres als ein Verräter: Er war absolut leer.«

Breloer: Leer an der Stelle, wo andere im Elternhaus Gut und Böse so intensiv gelernt haben, dass sie dieses Gefühl immer, zumindest am Anfang, unterdrücken müssen, wenn in ihrer Gegenwart Menschen geschlagen werden? Die Frage ist nun, ob diese Prägung überhaupt stattgefunden hat; wenn man sich das Elternhaus genauer ansieht, ging es da sehr früh um Konkurrenzen; jeder gegen jeden …

Joachim Fest: Das ist meiner Ansicht nach die Achtundsechziger-Sicht auf die Dinge.

Breloer: … darum könnte Trevor-Roper Recht haben, dass da eine Leere war an dieser Stelle, dass er sich ausdenken musste, was Sie von ihm wissen wollten, weil er es gar nicht fühlte.

Joachim Fest: Dem widerspricht aber sein Verhalten sowohl in Nürnberg als auch dann in Spandau und danach. Da hat er eine bestimmte Überzeugung vertreten gegen eine ganze Welt.

Breloer: Die Überzeugung der Sieger. Die waren begeistert von Speer.

Joachim Fest: Nein, überhaupt nicht. Begeistert war niemand. Es waren alle gegen ihn. Die einen glaubten ihm nicht, die sagten, das seien diese Lippenbekenntnisse, und die anderen, das war eine ganze Welt von Leuten, der Flugkapitän Hans Baur, oder ein Chauffeur aus einem Ministerium, den ich mal getroffen habe, gar nicht aus dem Speer-Ministerium, der mir sagte: »Speer? Kein Hund nimmt mehr was von ihm! Wir alle wollen von ihm nichts mehr wissen! Wir haben immer geglaubt, das sei der aufrechte, klare, idealistisch gesinnte Deutsche, und jetzt sehen wir: Er ist ganz mieses Pack. Der Speer ist ganz schrecklich, der ist der Schlimmste von allen! Der hat nicht nur Hitler verraten, sondern alles – das ganze Regime, die ganze Vergangenheit, unsere Träume!« Das war doch die herrschende Auffassung, und das war die Auffassung, der er in Spandau zwanzig Jahre lang die Stirn bieten musste. Und das hat er getan. – Ich will Speer gar nicht reinwaschen, ich will nur sagen: Dies muss man auch sehen.

Breloer: Die Sieger standen vor dem Problem: Wie kann man den Deutschen klarmachen, dass das ein schlechtes Regime war, wie kann man sie zur Demokratie erziehen? Wenn nun einer aus dem innersten

Zirkel sagte, dass Hitler ein Verbrecher war, und das autoritäre System als verbrecherisch entlarvte, dann war das ideal einzupassen in ihre Strategie, dann war er für sie der ideale Zeuge. Das wusste er auch, und er hat eine geniale Taktik gefahren – sonst wäre er auch nicht am Strick vorbeigekommen.

JOACHIM FEST: Ja, gut – dafür spricht sehr viel. Nur finde ich die Schlussfolgerung schon wieder etwas fragwürdig, nur so sei er am Strick vorbeigekommen. Ich glaube, das wollte er überhaupt nicht. Ich fragte ihn einmal, und darüber gab es einen langen Streit zwischen uns, warum er auf diese völlig absurde und wahnwitzige Idee gekommen sei, Hitler am 23. April, also eine Woche vor Hitlers Selbstmord, in der Reichskanzlei zu besuchen – erst einmal die Gefahr auf sich zu nehmen, mit einem Flugzeug von Norddeutschland, vom Flugübungsplatz Rechlin, nach Gatow, von Gatow mit einem Fieseler Storch durch das russische Feuer, dicht über die Köpfe der Russen hinweg, zum Brandenburger Tor zu fliegen und sich von dort in die Reichskanzlei zu begeben. Was wollte er? Er wollte von Hitler Abschied nehmen. Eigentlich gar nicht zu begreifen. Und ich sagte: »Sie hätten sich doch darum sorgen müssen, dass Sie entweder von einem russischen Geschütz getroffen werden, abstürzen und tot sind, oder dass Hitler ein Exekutionskommando holen lässt, wenn Sie ihm tatsächlich gestehen wollten, dass Sie monatelang gegen seine Befehle gearbeitet haben. Mit achtzigprozentiger Sicherheit ruft Hitler ein Exekutionskommando. Haben Sie daran überhaupt gedacht?« Da sagte er: »Natürlich habe ich daran gedacht.« Ich sagte: »Und warum ...« Und dann hat er gesagt: »Was heißt warum?« – »Haben Sie nicht gefürchtet, dass Hitler Sie erschießen lässt?« Da sagte er: »Ja, gefürchtet schon. Aber, wissen Sie – wir waren anders aufgewachsen, lebten in einer anderen Umwelt. Das Leben war für uns nichts Wichtiges.« Dann habe ich von wagnerianischer Todessehnsucht gesprochen und von diesen fatalen deutschen Mythen, und da sagte er: »Nein, so ist es auch nicht; natürlich habe ich überleben wollen, aber doch nicht um jeden Preis!« Und: »Ihr könnt das eben alle nicht begreifen, ihr Wohlstandsbürger, ihr habt eben keine Ahnung, wie wir innerlich gebaut waren. Das Leben war für uns nicht das Wichtigste.« Er habe sich gesagt, fällt mir ein, wörtlich: »Wenn es der Tod ist, die Begegnung mit Hitler, dann ist es eben der Tod.« Mehr war dazu nicht zu sagen. Und eigentlich ist das tief erschreckend, finde ich.

Breloer: Durch Sie ist das in die Geschichtsschreibung hineingekommen?

Joachim Fest: Diese ganze Szene, die letzte Begegnung mit Hitler – ja.[5] Er hat das ja kurz in den Memoiren geschildert. Dann habe ich gesagt: »Herr Speer, da müssen doch mehr Informationen vorliegen, Sie können doch auch schreiben, wie Sie den Raum betreten haben, womit Hitler beschäftigt war, worum sich das Gespräch entwickelt hat und so weiter.« – »Ach, ich will das alles nicht.« Ich sagte: »Warum, Herr Speer? Das ist wirklich hochinteressant, und das ist wichtig für die Geschichtsschreibung, für jeden Historiker und für jeden, der überhaupt daran interessiert ist!« – Er wollte nicht, er hat sich dann abringen lassen, es ein bisschen zu erweitern, hat es dann aber, bevor das Imprimatur erfolgte, nochmals gekürzt. Man hat keinen Grund dafür – die ganze Szene ist für ihn nicht diskriminierend, und er macht da ja einen ganz passiven Eindruck; also warum hat er eine solche Szene nicht in seine *Erinnerungen* aufgenommen? Und das kann man von vielen Szenen sagen. Er hat solche Vorschläge von Herrn Siedler wie von mir einfach mit dem Bemerken abgewiesen: »Ich will es nicht.« Damit war die Diskussion beendet.

Breloer: Wenn er so etwas sagte – schien da die alte Speer'sche Härte durch?

Joachim Fest: Er hat es gar nicht so hart gesagt, aber im Kern war es das, das glaube ich schon. Er sagte das nicht als Befehl; er sagte einfach nur, manchmal sogar auch nur ganz zögernd: »Ich will es nicht.« Und einmal, als ich insistierte bei einer Sache, die mir sehr wichtig vorkam, sagte er: »Ich habe Ihnen wieder und wieder gesagt, ich will es nicht. Lassen Sie es jetzt damit sein Bewenden haben.« Da war plötzlich etwas von dieser Härte spürbar, die nicht mit sich reden ließ. Aber das war ganz, ganz selten.

Breloer: Er hat ja diese letzten Tage viele Male verhörenden Offizieren erzählt, mit Variationen. Diese ganzen Versionen, das erste Interview mit Galbraith,[6] dann Hoeffding,[7] die Nürnberger »Erinnerungen«,[8] schließlich dann die Schilderungen aus Spandau – das alles lag Ihnen bei Ihrer Arbeit nicht vor; Sie mussten ihm glauben.

Joachim Fest: Ja, richtig.

Breloer: Sie haben ihn nicht kontrollieren und keine Gegenrecherche anstellen können, aufgrund deren Sie ihn hätten fragen können: ›Da haben Sie es so erzählt, in einer anderen Version haben Sie aber ganz andere Motive in den Vordergrund gestellt?‹

JOACHIM FEST: Nein.

BRELOER: Sie tragen es jetzt in die Geschichte ...

JOACHIM FEST: Na ja, gut – die Verantwortung liegt letzten Endes bei ihm. Ich habe versucht, da herauszuklopfen, was mir möglich schien. Ich bin auch sicher, dass er mir nicht alles gesagt hat, und auch Herrn Siedler nicht; und dass unsere Gespräche oft seiner Gesamtstrategie gefolgt sind. Ob die so sehr im Einzelnen festgelegt war, wage ich nicht zu entscheiden.

BRELOER: Albert Speer hatte sich systematisch auf die Zeit nach Hitler vorbereitet – von der Wiederaufbauplanung bis zur Sabotage des »Nero-Befehls«.

JOACHIM FEST: Vielleicht. Ich glaube aber nicht, dass sein Leben so rational geordnet war.

BRELOER: Glauben Sie nicht, dass er ein großer Schachspieler war, der nur so im »Dritten Reich« überleben konnte, der immer sehr genau wusste, was er tat?

JOACHIM FEST: Ja, er hat immer versucht, genau zu wissen, was er tut – aber das erreicht man nicht immer. Man hat auch gesagt, sein Schuldeingeständnis in Nürnberg – oder nein, er hat ja in Nürnberg noch nicht die Schuld eingestanden, er hat sich nur zu der Gesamtverantwortung einer Regierung bekannt –, das sei nur ein geschickter Trick gewesen.

BRELOER: Ja.

JOACHIM FEST: Ich glaube nicht, dass das ein geschickter Trick war, denn wie wir inzwischen aus den Gutachten der Richter wissen, hat das doch eine ganz entscheidende Rolle auf Seiten derjenigen gespielt, die gesagt haben, Speer hätte die Todesstrafe verdient. Jeder hat gesagt: »Ich bin verantwortlich für das, was ich unterschrieben und angeordnet habe, aber ich bin nicht verantwortlich für das, was Himmler oder sonst wer gemacht hat; wie komme ich dazu?« – Das hat Göring so vertreten, Schirach hat das vertreten, Dönitz, Papen und sonst wer. Speer hat die Gesamtverantwortung übernommen.

BRELOER: Nur: Die war sozusagen preiswert.

JOACHIM FEST: Nein! Die war nicht preiswert – da war ja Himmler drin, da waren doch die KZs drin, und da war die Menschenvernichtung drin, da waren die Zwangsarbeiter drin ...

BRELOER: Und dafür gab es nur zwanzig Jahre?

JOACHIM FEST: Nein, für Himmler und für die Massenvernichtung gab es keine zwanzig Jahre, da gab es die Todesstrafe.

Breloer: Aber nicht für Speer. »Ich habe es nicht gewusst«, hat er immer gesagt, »ich nehme nur die Verantwortung auf mich.«

Joachim Fest: Ja, natürlich.

Breloer: Das war doch sicher auch Ihr Kampf mit ihm bei der Abfassung der *Erinnerungen:* ›Sie müssen mehr gesehen haben, als Sie uns sagen!‹

Joachim Fest: Natürlich – ja.

Breloer: Sie bringen ihn dazu, über die »Kristallnacht« zu sprechen, weil es nicht geht, dass man so darüber hinweggeht – und da hat er Ihnen auch nicht die Wahrheit gesagt.

Joachim Fest: Das glaube ich auch nicht.

Breloer: Wenige Tage vorher leitet er die Räumung von Judenwohnungen in die Wege – Sie kennen die Akten, die jetzt auftauchen.

Joachim Fest: Die sind ja damals schon aufgetaucht, bei Matthias Schmidt.[9]

Breloer: Da war Speer gerade tot, als das Buch erschien.

Joachim Fest: Das gehört zum »Sonntagskind«, dass er auch im rechten Augenblick stirbt.

Breloer: Da sehen wir: Er wird zum Täter, er markiert die Wohnungen sozusagen mit dem Judenstern –

Joachim Fest: Nein, Moment! Er markiert nicht nur die Judenwohnungen, sondern alle Wohnungen. Das wird immer etwas missverständlich dargestellt: Er brauchte für seine große Straße einen Durchbruch, da, wo heute etwa der Mehringdamm verläuft, und da mussten beide Straßenseiten oder eine Straßenseite, was weiß ich, geräumt werden, und die andere Straßenseite später dann auch, weil da Ministerien und sonst was gebaut werden sollten. Da mussten alle raus, und natürlich hat man den Nichtjuden irgendwelche richtig annehmbaren Wohnungen zugewiesen, und die Juden hat man, wie es in diesem schauderhaften administrativen Deutsch heißt, »geschachtelt«. Also man hat, sagen wir, in eine Dreizimmerwohnung, in der drei Personen wohnten, weitere fünf Personen hineingelegt. Das war natürlich eigentlich barbarisch und schrecklich. Das hat Speers Beauftragter gemacht, und Speer hat die Verantwortung, die Zuständigkeit für diese Art der Entmietung irgendwann sehr früh abgegeben. Das ist dann an eine andere Behörde gegangen, er hat damit nichts mehr zu tun gehabt. Und wir kennen die Motive nicht, und ob es von Speer veranlasst worden ist, von Wolters oder einem anderen seiner Mitarbeiter, keiner weiß es so richtig. Es gibt oder gab jedenfalls zu der Zeit, als ich die Speer-Biografie schrieb, darüber keine Unterlagen, und ich weiß nicht, ob es die heute irgendwo gibt.[10]

BRELOER: Als Sie mit Speer sprachen, konnten Sie es nicht wissen – nur er hätte es aufklären können. Und dieses Schreiben an seinen Abteilungsleiter Clahes: »Wo bleiben die 1000 Judenwohnungen?«[11]

JOACHIM FEST: Ja, das ist bekannt.

BRELOER: Dass dann, nach der »Schachtelung«, unter Umständen die »Ostwanderung« kam – das musste er wissen. Das alles hätte er Ihnen doch schildern können. Fühlen Sie sich da nicht betrogen?

JOACHIM FEST: Ja, natürlich. Ich war sehr erbittert oder verbittert. Als er starb, war ja schon die Rede davon, dass diese Doktorarbeit von Matthias Schmidt erscheinen würde. Und man versuchte, im Herbst 1981 war das, irgendwie an das Manuskript zu kommen – ich kam nicht daran. Dann habe ich mir im März 1982 oder so, also kurz nach Speers Tod, dieses Buch beschafft und habe es gelesen. Und da fühlte ich mich tatsächlich richtiggehend hinters Licht geführt, und ich habe das auch verschiedentlich gesagt – auch zu Herrn Siedler: »Er hat uns allen eine Nase gedreht.« Wir haben ihn mehrfach gefragt nach irgendwelchen Dingen, die er in seinen *Erinnerungen* verschwiegen habe, ob es irgendwelche Geheimnisse gab, die ihm jemand vorhalten könnte und so weiter, und er hat immer wieder mit dem glaubwürdigsten Gesicht von der Welt gesagt: »Es gibt dergleichen nicht.« Er habe genaue, langwierige Gewissenserforschungen betrieben, aber wir könnten da ganz beruhigt sein, es gebe nichts, was man ihm da vorhalten könne. Nun stirbt er, und drei oder fünf Monate später kommt ein Buch, das genau das bekannt macht, wonach wir ihn immer wieder gefragt haben und was er bestritten hatte.

BRELOER: Und schon zwölf Jahre vor dem Buch Schmidts, 1970, erinnert Rudolf Wolters ihn daran, dass er die entsprechenden Passagen in der »Chronik der Speerdienststellen« gestrichen hat.[12] Denn das droht jetzt rauszukommen. Und er begründet diese Streichung: »Den Ludwigsburgern würde ich es glatt zutrauen, daß sie auch Dir noch einen zusätzlichen Prozess machten unter dem Vorwand, dass dieses ›Delikt‹ nicht Gegenstand der Nürnberger Anklage gegen Dich war.« Speer schreibt lässig zurück: »Durch meine Totalerklärung umfassender Verantwortung ist bei mir wohl ›alles incl[usive]‹?« – Ist das der Ton eines reuigen Sünders?

Joachim Fest: Aha. – Ja, das ist ja nun nicht ohne Zynismus geschrieben.

Breloer: Speer hatte dummerweise, ohne Wolters zu fragen, 1969 die revidierte Fassung der Chronik ins Archiv gegeben. Darüber war Wolters natürlich ärgerlich, wie auch darüber, dass er in den *Erinnerungen* nicht erwähnt wurde. …

Joachim Fest: Ja, es ist erstaunlich und, fand ich immer, fast ein Beweis von Illoyalität, dass Wolters, mit dem Speer ja seit 1937/38, seit der Ernennung zum Generalbauinspektor, eng zusammengearbeitet hat und befreundet war schon in der Zeit als Studenten, in den *Erinnerungen* überhaupt nicht auftaucht – ich glaube, nicht ein einziges Mal. Eigentlich ist das eine Freundschaftsverweigerung, die man dem Speer nicht ohne weiteres zutrauen würde; aber er hat es getan, das ist gar keine Frage.

Breloer: Später kam es ganz zum Bruch, weil Wolters Speers Interviews nicht passten, das im *Spiegel* etwa;[13] und dann hat er die Bücher im Einzelnen kritisiert, und auch Speers Haltung überhaupt: »… warum zwischen Deinem Schuldbekenntnis und Deinem tatsächlichen jetzigen Leben eine ausgesprochene Diskrepanz besteht (von der Playboy- oder Quickleser natürlich nichts wissen!). Ich selbst kenne Dich jedenfalls als einen ziemlich heiteren Gesellen, der eine schöne Reise nach der anderen macht, seine alten Kumpel besucht und strahlend von seinen literarischen und finanziellen Erfolgen erzählt.«[14]

Joachim Fest: Ich will ihn nicht verteidigen, ich habe ja vorhin gesagt, dass ich sehr verärgert und verstimmt war am Ende. Nur: Die Haltung, die er gezeigt hat, ist ein wenig die Haltung, die von aller Welt erwartet wurde. Stellen Sie sich vor, er hätte sich nicht schlaflos gezeigt und nicht ständig von seiner Reue und seinen Schuldgefühlen und seinem Zusammenbrechen unter der Last der Verantwortung und so weiter geplaudert – um es mal etwas despektierlich zu sagen –, dann hätte alle Welt ihm das furchtbar übel genommen.

Breloer: Leni Riefenstahl hat das nicht so gemacht. Ich habe sie gefragt, warum nicht, und sie sagte: »Das konnte ich nicht.«[15]

Joachim Fest: Die haben unterschiedliche Rollen gespielt. Die Riefenstahl war natürlich viel unpolitischer als Speer, und ihr ästhetizistisches Weltbild hat eben alles überlagert. Die hätte für jede Ideologie ihren ästhetizistischen Vorstellungen versucht Genüge zu tun, daran habe ich keinen Zweifel. Das ist etwas anderes, das ist diese Künstlerlibertinage –

wenn man so will, ideologische Libertinage: ›Mir ist ganz egal, für wen ich arbeite und wen ich verherrliche, wenn er mir nur die Möglichkeit dazu gibt.‹ Das ist es, was auch Speer, jedenfalls am Anfang der Beziehung, als Gefühl erfüllt hat. Er hat mir irgendwann einmal gesagt, er sei natürlich durch die kleinen Aufmerksamkeiten Hitlers, durch die Bevorzugungen, die er immer wieder habe erkennen lassen, schon sehr eingenommen gewesen; aber dann habe Hitler eines Tages zu seiner Frau gesagt: »Ich werde Ihrem Mann eine Welt zu Füßen legen, und er wird Bauten errichten, wie sie kein Architekt der Weltgeschichte hat je errichten können« –, und Speer hat angefügt: »Wissen Sie, man hat ja immer bestritten, dass ich ein wahrer Künstler war, aber so weit Künstler war ich, dass mich eine solche Äußerung Hitlers völlig betrunken gemacht hat.« Das muss man verstehen, und wer das nicht versteht, weiß nichts von einer Künstlernatur. Das nehme ich ihm auch ohne weiteres ab. Das war im Frieden, und Speer hat, wie viele andere auch, geglaubt, es komme nun eine lange Periode von Frieden, Ordnung, Arbeit, öffentlichem Glück, Sozialstaat und so weiter. Und: »Ich werde Bauten errichten wie kein Architekt in der Weltgeschichte.« Und Hitler hat sich jedes Mal, wenn Speer kam, die neuen Entwürfe und Pläne zeigen lassen, und sie haben dann nächtelang geschwärmt über diesen Zeichnungen. Ein Märchentraum ging für ihn innerhalb von einem, anderthalb Jahren in Erfüllung. Und das war ein Mann, der das nicht so hinsagte, das war eine Autorität. Wenn der das sagte, konnte man das glauben. Und er hat ja auch dem Speer sofort die Aufträge gegeben, erst den Auftrag Nürnberg, dann den Auftrag, die Welthauptstadt »Germania« zu errichten. Und er hat ihm seine frühen Entwurfsskizzen für diese Welthauptstadt zur Verfügung gestellt, ihm übergeben und gesagt: »Machen Sie was daraus, das sind meine frühen Entwürfe.« Warum sollte er daran zweifeln?

BRELOER: Und da beginnt auch schon wieder das Dunkle und Unerzählte: Alle diese Großbauten, erst Nürnberg, dann Berlin, brauchten ja Steine, Granit; er erzählt auch im Fernsehinterview mit Ihnen,[16] dass die Granite bestellt und bezahlt waren. Er erzählt natürlich nicht, dass KZ-Steinbruchbetriebe vom GBI kreditiert werden, dass Himmler ein Riesenunternehmen mit den Deutschen Erd- und Steinwerken aufbaut und dass dort Sklaven wirklich mit blutenden Händen die Quader für Nürnberg herausholen.[17] Davon will er nichts gesehen und gewusst haben.

JOACHIM FEST: Nein, ich glaube, über den Unrechtscharakter des Regimes hätte er sich nicht im Zweifel sein können, wenn er je nachgedacht hätte – was wir nicht wissen. Da waren der »Röhmputsch« und die Nürnberger Gesetze, und es war da – wenn man die Rheinlandbesetzung als internationalen Unrechtsakt abstreicht – Wien erst, dann Prag, dann der 1. September 1939. Ich lasse mal den ganzen KZ-Komplex, den Vernichtungslagerkomplex und so weiter weg – auch ohne das konnte man wissen, was es mit dem Regime auf sich hat. Man musste nicht im KZ gewesen sein und das besichtigt haben, sondern man konnte einfach aus allem übrigen Verhalten, auch aus dem, was im Lande unablässig passierte an Willkürakten und Unrecht, schließen, was es mit dem Regime auf sich hat.

BRELOER: Wollten Sie nicht wissen: Was hat er gesehen?

JOACHIM FEST: Warum eigentlich? Ich halte das für eine falsche Frage.

BRELOER: Jemand, der, gewohnt an den Umgang mit Zahlen, alles in Abstraktion auflösen kann, erschrickt, wenn plötzlich blutende Menschen vor ihm stehen – und da wäre der Punkt, wo dann unabweisbar die Schuld einsetzt, denn er hat es gesehen. So ein Punkt ist zum Beispiel Dora. Was hat er Ihnen davon erzählt?

JOACHIM FEST: Na ja, er ist hingefahren, als einer seiner Mitarbeiter ihm sagt: »Ich habe Dantes Hölle gesehen.« Immerhin, das darf man nicht gering schätzen – er hätte da, wenn er dem Klischee folgte – dem einen Klischee jedenfalls, das wir vielleicht zu entwerfen gerade dabei sind –, sagen können: »Ach, das geht mich nichts an, ist nicht meine Zuständigkeit, ist Zuständigkeit von Ley und Kammler, ich hab damit nichts zu tun.« Nein, er macht sich ein paar Tage später auf und fährt dahin. Nun können natürlich Sie und alle entschiedenen Gegner Speers sofort wieder sagen: »Er hat das schon gemacht in Vorbereitung auf den Prozess in Nürnberg, der da folgen mag« – nein, da ist er durch die Schilderung dessen, was da im Harz vor sich geht, zum ersten Mal mit der Wirklichkeit konfrontiert worden. Nürnberger Gesetze, Prag, Kriegsausbruch – das waren alles Abstraktionen; aber hier kommt plötzlich jemand und schildert ihm, wie Dantes Hölle aussieht, und da sagt er: »Das muss ich sehen.«[18] Ich habe ihm das eigentlich immer angerechnet. Es entlastet ihn nicht von allem, um Gottes willen nicht, ich habe keine Absicht, in diese Richtung …

BRELOER: Wenn er Ihnen geschildert hätte, was er da gesehen hat – das nach Auschwitz vielleicht schrecklichste KZ –, dann hätten Sie ihn auch fragen können: Wie kann man mit solchen Bildern noch leben?

Joachim Fest: Hat er nicht geschrieben, er habe wochenlang nicht mehr
schlafen können, oder wochenlang habe ihn der Gedanke und die Erinnerung daran gequält? Und er hat ja alles Mögliche in Bewegung
gesetzt, um das abzuändern.[19] Also es hat ihn schon, glaube ich, tief
beeindruckt. Das Ganze hat eine Parallele – ich glaube, es sind dies Ge-
lenkpunkte in der Biografie Speers: Er hat eigentlich von dem Ver-
brechenscharakter des Regimes überhaupt keine zutreffend konkrete
Vorstellung gehabt. Dann sieht er plötzlich in Nürnberg, am 10. oder
12. Tag des Nürnberger Prozesses, den Film, den die Amerikaner in
den Konzentrationslagern gedreht haben, und er ist aufs Tiefste erschüttert. Da bricht eigentlich seine Welt, die bis dahin so eine Mischung war aus Idealen und aus »Wo gehobelt wird, da fallen Späne« –
diese ganze Scheinwelt bricht da plötzlich zusammen, zumindest nach
allem, was er darüber gesagt hat. Das sind so Punkte, wo jemand, der
nur an Schreibtischen sitzt, plötzlich mit der grausigen Wirklichkeit
zusammenstößt, und da geht ihm dann plötzlich – im besten Falle jedenfalls – ein Licht auf oder mindestens wird es etwas heller, und es
fällt vielleicht ein Schein von Licht auf eine Wirklichkeit, die man selber zu verantworten hat.

Breloer: Dora hat ihn vielleicht auch getroffen; irgendwann wird er ja
krank am Ende des Jahres. Und da gab es noch ein Ereignis vorher, das
war die Posener Rede Himmlers. Sie haben miterlebt, wie Speer erfährt, der Amerikaner Erich Goldhagen hat da etwas entdeckt: Er soll
bei dieser Rede dabei gewesen sein. Wie reagierte er darauf?

Joachim Fest: Ich glaube, das war nicht der Schlag für ihn; er hat ja in
dem Interview mit diesem »Jewish Board« in Südafrika ohnehin zugegeben – ich glaube, erst etwas später war das –, dass er die Maßnahmen gegen die Juden, ohne von Einzelheiten zu wissen, gebilligt habe.
»Billigung« ist das Wort, an das sich dann eine große Kontroverse an-
geknüpft hat.[20] Nein, was ihn hier, mindestens nach meinem Eindruck, so erschüttert hat, ist, dass er plötzlich das Gefühl bekam, er
könne seiner Erinnerung nicht mehr trauen. Er selber glaubte sich fest
zu erinnern, so jedenfalls mir gegenüber, er sei mittags abgereist oder
am frühen Nachmittag um zwei oder drei Uhr, und Himmler hat etwa
um vier geredet – also könne er die Rede Himmlers nicht verfolgt haben. Und dann hat er Rohland und dem Veranstalter dieser Posener Tagung, einem Beamten namens – jetzt fällt mir der Name nicht
ein[21] –, geschrieben, oder er habe sie angerufen, um zu wissen: Wie war

das? Wann sind wir abgefahren? Sind wir vor der Rede Himmlers abgefahren, oder haben wir die Rede Himmlers noch erlebt? Und – anders, als Gitta Sereny das darstellt, die tut so, als hätten die sich nur aus
Freundschaftsgründen überreden lassen, ihm diesen …

Breloer: … Persilschein …

Joachim Fest: … diesen Persilschein auszustellen[22] – beide haben mir
versichert, es habe keiner Überredung bedurft, sondern sie hätten sich
genau erinnert: Speer ist mittags um soundso viel Uhr abgefahren, also
er sei nicht bei der Rede Himmlers dabei gewesen. Ich würde auch da
wieder sagen, die Schuld Speers würde durch ein Anhören dieser Rede
sich nicht ins Gewaltige erhöhen. Schuldig war er in jedem Falle: Er
hat alles, was bis dahin von dem Regime geschehen war und was das
Regime sich an grauenhaften Exzessen geleistet hatte, wie gering oder
blass oder unkonkret seine Vorstellung auch war, immer mit gebilligt,
und die Himmlerrede gab ein paar grauenhafte Einzelheiten hinzu;
aber – du lieber Gott! – ich finde, das ist alles, wenn man so will, ge-
deckt durch die Gesamtschuld oder das, was er ohnehin auf sich geladen hat, indem er noch zu dieser Zeit, im Herbst 1943, alles ohne
Widerspruch hingenommen und an führender Stelle mitgemacht und
dafür gesorgt hat, dass der Krieg möglichst erfolgreich weitergeführt
werden könne und so weiter. Ich finde es also eigentlich einen subal-
ternen Streit; wenn es erwiesen wäre, dann fände ich es schon ein
wichtiges Detail, aber um einen großen Streit darum zu entfachen,
finde ich den Anlass dann doch nicht wichtig genug.

Breloer: Immerhin: Seine Anstrengung, den Krieg zu verlängern, hätte
dann einen anderen Aspekt: Wenn er in den Massenmord so explizit
eingeweiht gewesen wäre, musste er auch wissen, dass er für das Wei-
terfunktionieren der Todesmühlen in Auschwitz mitverantwortlich
war.

Joachim Fest: Ja, wenn er sich überhaupt solche Gedanken gemacht
hätte. Ich glaube eben nicht, dass solche reinen Funktionierer solche
Gedanken denken. Aber im Übrigen – die Kunst der Menschen, zu verdrängen, ist ungeheuer groß, viel, viel größer, als irgendeiner von uns
sich das in unseren zivilisierten westlichen Verhältnissen vorzustellen
vermag. Ich glaube, in totalitären Systemen kann man überhaupt nur
überleben, wenn man diese Kunst mindestens auf einer mittleren Stufe
entwickelt. Es gibt Virtuosen in dieser Kunst, und Speer ist, glaube ich,
ein Virtuose gewesen.

BRELOER: Aber diesen Schleier, den er über alldem immer wieder aus-
breitete, den konnten Sie ja auch nicht ertragen.

JOACHIM FEST: Wissen Sie – ich neige dazu, keinen Vorwurf gegen jemanden zu richten, solange ich keine Beweise habe. Es spricht gegen
ihn sehr viel, und ich bin immer noch, wenn ich das Ganze abwäge,
geneigt zu sagen: Er hat mehr gewusst, als wir alle wissen. Aber was für
Speer spricht: Es ist in den nun bald sechzig Jahren, die das Naziregime
vergangen ist, nicht ein einziger Zettel, nicht eine Tagebucheintragung,
nicht ein Protokoll, nicht eine Aktennotiz aufgetaucht, die uns zweifelsfrei darüber belehren würde, dass Speer gewusst hat. Das ist eigentlich der stärkste Beweis dafür, dass es sich so verhält, wie er sagt. Das
»Dritte Reich« hat alles in Tinte und Papier verwandelt, alles! Es wurde
alles unablässig aufgeschrieben, aufgeschrieben, aufgeschrieben. Da
saßen ganze Heere von Bürokraten und schrieben unablässig irgendwas. Und dann die privaten Tagebücher und so weiter. Ich hab immer,
zumal nach meinem großen Ärger über ihn, nachdem das Buch von
Matthias Schmidt erschienen war, gedacht: Irgendwann jetzt demnächst kommt hier eine Aktennotiz, dort kommt ein Schriftstück, da
hat jemand in einem privaten Brief, der nur per Boten übergeben
wurde, etwas geschrieben über ein Gespräch mit Speer, da hat der
irgendetwas hinterlassen, was den Speer belastet – das kommt demnächst in Dutzenden ans Licht. Heere von Historikern sitzen daran
und graben alles um und sehen alles nach. Und es ist bisher – also das
war nun Anfang 1980/81, es ist nun zwanzig Jahre her – nicht ein einziger Zettel aufgetaucht. Und das ist etwas – *ex negativo* gewissermaßen –, das mich berechtigt zu meinem Zweifel, ob wir ihm das einfach
so nachsagen können. Und deswegen, finde ich, sollten wir, schon um
dem Vorwurf der Selbstgerechtigkeit zu entgehen, es uns nicht zu
leicht machen mit dem Bemerken: Er hat alles gewusst. Er hat bestimmt mehr gewusst, als wir wissen, aber ob das bis in die Einzelheiten und die grausigen Details ging, das bleibt nach wie vor die Frage.

BRELOER: Ich erinnere mich an einen Dialog zwischen Speer und Ihnen,[23] wo Sie versuchen, ihm bei der Frage nach seiner Schuld Brücken
zu bauen und er Ihnen in einem Rätsel antwortet: »Stellen Sie mir ...«

JOACHIM FEST: »Stellen Sie mir doch nicht immer diese unbeantwortbaren Fragen!« Was hat er gemeint? Ich habe dann natürlich nachgefragt,
aber ich habe keine Antwort bekommen. Ich weiß nicht, heißt »unbeantwortbar«: ›weil ich es aus moralischen Gründen nicht tun sollte‹?

Heißt »unbeanwortbar«, ›dass es längst hinter den Horizont versackt ist und ich es gar nicht mehr in mein Bewusstsein zurückholen kann‹? Heißt »unbeantwortbar«: ›Ach, es haben sich so viele andere Erinnerungsschichten darüber gelegt, und ich habe damals schon verdrängt und dann habe ich in Spandau verdrängt und jetzt habe ich auch noch verdrängt – was soll ich denn noch tun? Und immerzu werde ich wieder danach gefragt.‹ – Dann kommt hinzu: ›Seit ich 1966 entlassen wurde – in Tausenden von Interviews, die ich gegeben habe, immer die gleichen öden Fragen. Ich habe so eine Art schlaftrunkener Routine entwickelt; ich sage einfach irgendetwas, es ist immer richtig, ich muss nur sagen: Ich bin so furchtbar schuldig.‹ Natürlich gibt es diese Routine, das ist ja selbstverständlich, und er hat eine Routine entwickelt, darauf leere Antworthülsen gewissermaßen auszuspucken, ganz nach Bedarf. All das steckt in dem Wort »unbeantwortbar«. Ich habe also zwei oder drei Zusatzfragen gestellt, und er hat gesagt: »Lassen Sie es gut sein mit dieser Antwort, die mag Ihnen ein bisschen sibyllinisch vorkommen, aber es ist alles, was ich dazu sagen will.« – Ich habe ja über meine Gespräche mit Speer Notizen gemacht; es ist die letzte größere Eintragung, bei unserem letzten Treffen. Das war irgendwann im Frühjahr 1981, ich habe ihn dann nicht mehr gesehen, im Herbst ist er gestorben. Bei diesem letzten Gespräch fügte er, wenn ich mich jetzt richtig erinnere, hinzu: »Wissen Sie – das Leben wird für mich immer mehr zu einem großen Durcheinander von Fragen, auf die ich nichts zu sagen habe. Ich komme nicht weiter.« Dann gingen wir so ein paar Schritte, und dann blieb er plötzlich stehen, drehte sich um und sagte: »Oder wissen Sie vielleicht irgendeine Antwort?« Aber er hatte gerade gesagt, die Fragen seien unbeantwortbar, also was sollte ich noch sagen?

BRELOER: In diesem Zusammenhang hat er Ihnen, glaube ich, gesagt, er habe sich schuldig gemacht – aber was sei, aufs Ganze gesehen, die Alternative gewesen?

JOACHIM FEST: »Größe, Machtstellung, Ruhm, Rüstungsminister mit Befehlsgewalt über die Industrie in ganz Europa, Verbrechensverstrickung und Gericht, Urteil und Haft – das ist das eine. Und das andere ist: Stadtbaurat in Göttingen mit einer anständigen Badeanstalt im einen Jahr, einer Stadtsparkasse im nächsten, einem Ein- oder Zweifamilienhaus im dritten Jahr und so weiter, ein Leben lang, Urlaub auf Juist oder auf Borkum oder Sylt im Sommer mit der Familie, fröhliches Beieinander, und dann wieder zurück und wieder die nächste

Stadtsparkasse – ist das eine Alternative?« Und ich habe gesagt: »Herr Speer, das müssen Sie beantworten.« Da sagte er: »Nein, das wissen Sie selber, das ist keine Alternative. Und wenn man die Wahl hat – man hat ja nicht die Wahl, aber wenn man die Wahl hätte –, würde man natürlich doch, so schrecklich es ist, die erste Alternative wählen. Ich will mich damit nicht für die erste Alternative aussprechen, aber ich weiß natürlich: Die Antwort lautet immer so.«[24]

BRELOER: Ein Komplex, den ich unbedingt noch ansprechen muss, ist die Beziehung, mit der Sie sich wie kein anderer befasst haben: das Verhältnis zwischen Hitler und Speer. Wieweit haben Sie sich hineinversetzt in die beiden Figuren und sie zu verstehen versucht?

JOACHIM FEST: Also, ob ich mich in Hitler hineinversetzen kann, weiß ich nicht, glaube ich nicht. Sich hineinzufühlen in einen Kopf oder ein Gemüt, das denkt, die Welt ist geteilt in Unterrassen und Herrenrassen, und die einen haben das Recht, die anderen umzubringen, und sie müssen es sogar tun und so weiter – sich in einen solchen Kopf hineinzuversetzen, der alle humanen Erwägungen völlig von sich abstreifen kann und denken oder empfinden kann ohne die geringste Irritation durch ein menschliches Motiv – das ist doch sehr schwer, und man kann eigentlich nur von außen beschreiben, was diesen Menschen ausmacht. Man bleibt auch immer außen, aber man kann natürlich auch da eine Menge von Gesichtspunkten finden und dem Publikum plausibel machen, die einiges von dem erklären, was er angerichtet hat. Bei Speer ist das natürlich sehr viel einfacher – aber natürlich auch hochproblematisch. Zu verstehen ist er eigentlich schwerer als Hitler. Denn Hitler ist ein fremdes, merkwürdiges Reptil, das da vor einem unter dem Mikroskop liegt, wenn man als Historiker ganz leidenschaftslos an die Sache herangeht. Speer ist doch ein Mensch, der gerade durch die größere Verwandtschaft, die er mit jedem von uns hat, noch irritierender und fremdartiger und rätselhafter wirkt. So ist es mir jedenfalls immer ergangen in der Zeit, als ich mit ihm zusammenarbeitete, und später, als ich diese Biografie über ihn schrieb: Ich stieß eigentlich immer nur auf Widersprüche, und wenn ich meinte, ich komme jetzt dem, was Speers Geheimnis ausmacht, ein Stück näher, dann kam sofort der nächste Einwand, und ich hatte das Gefühl, ich bin schon wieder ein paar Meterdistanzen weiter von ihm entfernt, als ich unmittelbar davor zu sein glaubte. Eigentlich ist mir der Typus Speer, gar nicht so sehr Speer persönlich, das Fremdeste, was ich mir vorstellen kann.

(Unterbrechung der Aufzeichnung)

Joachim Fest: Speer hat sich womöglich eine Kunstfigur geschaffen und der alles Mögliche an Positivem oder Negativem zugeschrieben; aber ob das irgendetwas mit dem wirklichen Speer, wie nur er ihn hätte kennen können, zu tun hat, das ist die Frage. Ich glaube das nicht.

Breloer: Speer und Hitler treffen nun aufeinander, und es ist gleich etwas Besonderes: Hitler gibt Speer seine Jacke;[25] er wusste schon, dass er da jemanden besonders auszeichnete.

Joachim Fest: Nein, weiß ich nicht. Er hatte sich einfach auf seine Weise, ich drücke es jetzt mal sehr salopp aus, verliebt in den, verknallt. Er hatte mehrfach diesen jungen Mann da gesehen, der an einem Umbau in der Reichskanzlei arbeitete, der war ihm aufgefallen. Der führte dort das Kommando, und er war bestimmt, hatte gute Manieren, auf Fragen war er niemals subaltern – selbstbewusst, aber bescheiden. Alles Eigenschaften, die ihn ja ausgezeichnet haben und viel vermerkt worden sind. Er hatte Charme, was noch hinzukam, sodass Hitler sehr von ihm eingenommen war.

Breloer: Speer war sicher intelligent genug, davon etwas zu bemerken.

Joachim Fest: Natürlich.

Breloer: Hitler verliebt sich, haben Sie gesagt. Speer ist alles das, was er auch gerne wäre …

Joachim Fest: Das kommt hinzu. Erst einmal ist Liebe ein Gefühl, für das man keine Begründungen hat, das Irrationale schlechthin. Deswegen kann man nicht sagen: Weil Speer die und die Eigenschaften hatte, die Hitler gern gehabt hätte, hat Hitler sich in ihn verliebt. Nein, er hat sich einfach in ihn verliebt. Und Speer selber hat sich natürlich ausgezeichnet gefühlt. Das war der große Führer, der hat ihn ja nicht nur zu diesem einen Essen geladen, sondern hat sich dann immer wieder seiner bedient, hat zwei-, dreimal gehört, dieser Vorschlag ist von Speer gemacht worden, jener, da ist ein Gauhaus von Speer renoviert und etwas umgebaut worden, und hier hält Speer einen Termin ein, den er, Hitler, für ganz unmöglich gehalten hatte – all das beeindruckt ihn, und er sagt sich: ›Donnerwetter, ich muss mir diesen jungen Mann mal ansehen.‹ Er äußert sich aber irgendwann Ende 1933, Anfang 1934 auf die Frage eines Mitarbeiters, ob man mit der und der Sache nicht Speer beauftragen könne, sehr unsicher über diesen jungen Mann, er kenne ihn nicht genug.[26] Aber dann kommt der nächste Auftrag, da ist Hitler dann wirklich beeindruckt von ihm, und dann fängt er an, ihn systematisch immer näher an sich heranzuziehen.

BRELOER: Was passiert auf Seiten Speers? Der verliebt sich ja wohl weniger in Hitler.

JOACHIM FEST: Überhaupt nicht. In jeder Beziehung zwischen zwei Menschen gibt es einen, der der Starke und Bestimmende ist, und den anderen, der der Abhängige ist. Es gibt keine menschliche Beziehung, in der es nicht bald zu einer solchen Austarierung kommt. Und in diesem Falle ist es so: Hitler ist der Schwächere und Speer ist der Stärkere, weil er der viel Kältere ist. Er bewundert Hitler natürlich, er hält ihn für einen großen Staatsmann, für den Guru, wenn man ein heutiges Wort benutzen will.

BRELOER: Den Weltbeweger.

JOACHIM FEST: Ja. Die nannten ihn sogar, wie Speer mir irgendwann gestanden hat, den »Beweger unserer Welt«. Und das war er in den Augen von Speer auch. Natürlich gab es Leute, die ihm noch viel bedingungsloser anhingen und gar keine Zweifel hatten: Speer hatte mindestens manchmal den einen oder anderen, wenn auch sehr minderen Zweifel. Aber im Übrigen hat er in Hitler natürlich das Werkzeug oder den Ermöglicher einer Weltlaufbahn, um mal das Vokabular der Zeit zu benutzen, gesehen, und er hat mir gestanden, er habe sich doch in der Architekturgeschichte dereinst als ein zweiter Schinkel verewigt gesehen – Schinkel, der größte deutsche Baumeister des Klassizismus. Und Speer wollte ein zweiter Schinkel sein, wobei er im Stillen hoffte, dass er den historischen Schinkel noch übertreffen würde, weil der ja mit unendlich viel Schwierigkeiten und einem ewig griesgrämigen und missgelaunten König[27] und Finanzproblemen zu tun hatte – alles Dinge, die bei Speer wegfielen. Er konnte frei walten und wirtschaften und hatte in Hitler einen Mann vor sich oder neben sich oder hinter sich, der nach kurzer Zeit fast alles blind unterstützte, was Speer vorschlug. Es gibt ja die Äußerung von Hitler: »Speer, ich unterschreibe alles, was Sie mir vorlegen.«[28] Das ist ja eine Äußerung – wenn sie denn stimmt, und ich habe keinen Zweifel daran, dass sie stimmt –, die Hitler zu keinem anderen seiner Paladine je gemacht hat.

BRELOER: Hier sind einige Fotos[29] von der intimen Situation zwischen den beiden. Die Hände gehen über das Zeichenbrett, sie könnten sich auch berühren. Zwei Kollegen, ganz versunken im Gespräch.

JOACHIM FEST: Und doch ist hier schon der Fotograf dabei, und da ste-

hen sicher noch zwanzig Chargen herum; aber dennoch ist es immer noch eine intime Atmosphäre. Die beiden sind eigentlich für sich allein. Aber das eigentlich intime Foto ist natürlich ein anderes, das wollen Sie mir jetzt sicher auch vorlegen. Es ist ein Bild, auf dem Hitler und Speer auf einer Bank am Obersalzberg sitzen und offenbar das tun, was man unter Liebespaaren »schmollen« nennt. Sie sind also beide aus irgendeinem Grunde verstimmt aufeinander. Speer hat mir irgendwann dieses Foto vorgelegt, er wollte das gerne in seine *Erinnerungen* aufgenommen sehen, und ich habe etwas überrascht und auch etwas ironisch gesagt: »Ach, sieh da – zwei Verliebte grüßen vom Obersalzberg.« Und daraufhin war Speer sehr ungehalten, und es gab eine Verstimmung. Ich habe ihm dann klarzumachen versucht, dass dieses Bild ganz deutlich eine homoerotische Beziehung offenbare, wie sie offenbar zwischen ihnen geherrscht habe. Speer hat das leidenschaftlich bestritten und gesagt, woran ich denn da nur dächte – er hatte das offenbar in seiner etwas bürgerlichen Prüderie so verstanden, als hätte ich andeuten wollen, sie hätten beide das Bett geteilt; was ich natürlich gar nicht gesagt habe. Aber ganz zweifellos zeigt sich an dem Bild, dass es eine Intimität zwischen beiden gab. Ich habe ihm dann auch irgendwann im Verlauf des Gesprächs gesagt, auch, um ihn wieder ein bisschen aufzulockern: »Stellen Sie sich vor, Herr Speer – ein solches Bild mit diesen wirklich schmollenden Mienen mit Himmler oder Goebbels ist doch völlig undenkbar.« Das sah er sofort ein, da war natürlich sofort auch sein Gefühl provoziert, die anderen reichten nicht an ihn heran, Er hat das dann eingeräumt, und wir haben einige Zeit später über den Charakter der Beziehung zwischen beiden gesprochen. Aber es war merkwürdigerweise nicht furchtbar viel aus ihm herauszubringen – er stammte aus diesen großbürgerlichen Verhältnissen um die Zeit kurz nach der Jahrhundertwende, und da war immer noch alles, was mit Erotik zusammenhing, mit einem Tabu belegt, das bis in die sechziger oder siebziger Jahre bei ihm weiterwirkte. Er wollte darüber nicht reden, das merkte man ganz deutlich, er hat da immer wieder Widerstände gezeigt. Dass es ihm unappetitlich war, der Hitler mit dem Mundgeruch und all dem, kam vielleicht noch hinzu.

Breloer: Hat er davon gesprochen – Mundgeruch?

Joachim Fest: Davon hat er einmal gesprochen, nicht gerne.

Breloer: Es hieß, Speer habe das Ohr des Führers; er hatte mehr, nämlich sein Herz. Und Speer seinerseits behauptet zumindest eine tiefe Anbindung an den Führer. Hat er uns da auch eine Maskerade vorgespielt?

Joachim Fest: Nur gespielt nicht, nein. Es war Emotion natürlich auch bei ihm, er hat das ein bisschen heruntergespielt. Speer hatte sich ja von Hitler am 19. März 1945, also ungefähr einen Monat vor dem Ende, zum ersten Mal ein Widmungsfoto erbeten. Der 19. März ist Speers Geburtstag gewesen, und Hitler hatte Speer ein solches Foto ausgestellt, ein paar sehr herzliche Worte daraufgeschrieben, und das wurde ihm dann am Geburtstag mit einem Silberrahmen in einer Schatulle überreicht. Als Speer dann irgendwann Anfang Mai, glaube ich, nach Schleswig-Holstein kam und seinen Koffer öffnete, fiel ihm als Erstes dieses Hitlerfoto in die Hand, und er bekam einen Weinkrampf, wie er es selber beschrieben hat,[30] von dem er sich Stunden nicht lösen konnte, es hat ihn durch und durch geschüttelt. Er hat dann immer behauptet, danach sei wirklich dieser Faden zu Hitler gerissen gewesen, das, was er an Emotion für Hitler aufgebracht und bewahrt habe, das sei mit diesem Weinkrampf vorbei gewesen. Ich glaube es nicht. Es glühte immer über all die folgenden Jahre mindestens noch so ein Rest von Emotion unter diesem Haufen von Asche, so ein ganz klein wenig. Ich glaube, man kann es nicht völlig aus seinem Leben eskamotieren, wenn es eine so intime Beziehung gegeben hat mit so großen Plänen. Was sie verband, war gar nicht so sehr das große Gefühl, schon weil es bei Speer da mangelte, sondern es waren die großen Pläne, die sie hatten für die kommende Welt, grauenhafte Pläne, die sie aber in eine Art Rauschzustand versetzten. Sie waren selig, das alles wie vom leeren Tisch aus planen zu können. Das muss für Architekten überhaupt, nicht nur für Speer, ein ungeheures, fast orgiastisches Glücksgefühl bedeuten, so eine Stadt aus dem Nichts heraus entwerfen zu können.

BRELOER: Einer hat die Liebesbeziehung zwischen Hitler und Speer ganz gut erkannt, das war Hettlage.

JOACHIM FEST: Ja, der spätere Staatssekretär im Finanzministerium in Bonn. Der war Finanzchef bei Speer, und der hat irgendwann, nachdem er Speer und Hitler beobachtet hatte bei einer dieser rauschhaften Architektur-Schwärmereien, zu Speer gesagt: »Sie müssen wissen, Sie sind die große unglückliche Liebe Hitlers.« Da hat Speer gefragt: »Wie meinen Sie das?« Und da hätte Hettlage sehr rätselhaft geantwortet, so hat Speer es mir erzählt: »Das gilt im Guten wie im Bösen, müssen Sie wissen.« Da hat Speer gesagt: »Ich frage noch mal, was soll denn das nun wieder heißen?« Und da hat Hettlage dann gesagt: »Das müssen Sie selber rausfinden.«

BRELOER: Und hat Speer es rausgefunden?

JOACHIM FEST: Ich habe ihm die gleiche Frage gestellt, und da hat Speer gesagt: »Ich habe es damals nicht rausgefunden. Heute weiß ich es.« Und ich fragte: »Was wissen Sie heute?« – »Ach, wissen Sie – lassen Sie mich über diese Dinge nicht reden.« Was da wiederum sich verbarg – ich kann es nicht sagen. Aber ich glaube, es war von Speers Seite ein bisschen mehr Emotion in der Sache, als er es je zugegeben hat.

BRELOER: Wenn dieses Liebesverhältnis ihn heraushob über all die anderen – haben Sie mal mit Speer darüber gesprochen, ob er sich Hoffnungen machte, der Nachfolger Hitlers zu werden?

JOACHIM FEST: Ja, natürlich; mehrfach. Er glaubte, eine reelle Chance zu haben, der Nachfolger Hitlers zu werden, davon war er fest überzeugt. Ich habe diese Idee für absurd gehalten. Denn was ihm gegenüberstand, war eine Phalanx von abgebrühten Machttechnikern, die auch keine Rücksichten nahmen und sich von jemandem wie Speer und seinem ganzen Weltruhm überhaupt nicht einschüchtern ließen. Wenn ich ihm das sagte, hat er geantwortet: »Aber Sie müssen bedenken: Die waren alle sehr in sich zerstritten, und irgendwann hätten die sich gegenseitig totgeschlagen, und ich wäre als der lachende oder triumphierende Dritte aus diesem Chaos hervorgegangen.« Das war mindestens eine Möglichkeit, die dürfen Sie nicht zu gering veranschlagen, und dafür spricht einiges. Dennoch glaube ich, er war da zu ahnungslos, machttechnisch, auch machttaktisch. Nein, er war tatsächlich ein ganz und gar unpolitischer Mensch.

BRELOER: Er verlängert den Krieg, er reißt die Rüstung hoch[31] – haben Sie überhaupt diese Statistiken geglaubt?

JOACHIM FEST: Na ja – dass die deutsche Rüstungsindustrie ihren größten Ausstoß im Sommer 1944 hatte, ist durchaus nachgewiesen. Aber es gab keine Leute mehr dafür und nicht mal die Transportmöglichkeiten, um diese Rüstungsgüter an die eigentlich geeignete Stelle zu schaffen, es fehlte vorn und hinten an allem, und deswegen hat es gar keinen Sinn gehabt.

BRELOER: Möglicherweise bestand bei seinen fantastischen Erfolgen manches auch nur in statistischen Tricks.

JOACHIM FEST: Ja, das ist sicher auch so gewesen. Goebbels hat ja mal so eine Bemerkung in seinen Tagebüchern gemacht: ›Der Speer schreibt da ständig von irgendwelchen Panzerfahrzeugen, die nun in dieser großen Masse produziert und bereitgestellt seien. Ich wüßte mal gerne, wo mindestens zehn von diesen Dingern tatsächlich stehen.‹ [32] Sicher ist da auch manipuliert worden, das ist gar keine Frage, das haben alle getan, und warum soll es Speer nicht getan haben?

BRELOER: Ein Grundtenor aller Erzählungen aus Speer Leben: Ich wurde eingefangen, ich wurde verstrickt, die Magie Hitlers hat mich da hineingezogen. Immer steht er irgendwie außerhalb des Systems, er ist nicht das System, bestenfalls ein fleißiges Rädchen. Wenn man aber genauer hinguckt: Er war nicht der Außenstehende, der fast verständnislos und ein wenig angeekelt das fürchterliche Treiben der Nazis beobachtete.

JOACHIM FEST: Nein, natürlich nicht.

BRELOER: Er war nicht das Rädchen, er war der Dynamo.

JOACHIM FEST: Ich sage ja auch in meiner Speer-Biographie an irgendeiner Stelle: ›Er war der Typus, ohne den das ganze Regime nicht funktioniert hätte.‹ Er verkörperte diesen Typus wie kein anderer, mit seinen Widersprüchen und Ungereimtheiten, Unauflösbarkeiten und so.

Speer war eigentlich das, was ein totalitäres Regime ermöglicht – er ist die große repräsentative Figur dafür. Und weil er so widersprüchlich war, macht sich das an ihm deutlich wie an keinem anderen. Die Sauckels und Streichers und Kaltenbrunners und Leys und wie sie alle heißen, das alles sind im Grunde genommen Protuberanzen, das sind kleine, größtenteils auch verächtliche Figuren, an denen nichts deutlich wird als nur eine kleine, auf Macht und auf materielle Vorteile besessene Raffgier. Das ist unter Menschen immer anzutreffen und erklärt gar nichts. Bei Speer kann man einiges herausfinden, wenn man sich ihm mit der nötigen Behutsamkeit und den Fragestellungen, die in seinem Fall angemessen sind, nähert. Das glaube ich bis heute, und es ist bei weitem noch nicht alles herausgefunden. Ich hoffe, man findet noch mehr heraus. Nur, ob daraus dann Konsequenzen gezogen werden – das bezweifle ich auch wieder sehr.

BRELOER: Letzte Frage. Zu einer Person, über die wir noch gar nicht geredet haben. Sie haben sie noch kennen gelernt.

JOACHIM FEST: Nein, habe ich nicht.

BRELOER: Wissen Sie, wen ich meine?

JOACHIM FEST: Die letzte Liebe von Speer, vermute ich.

BRELOER: Die erste.

JOACHIM FEST: Gretel?

BRELOER: Ja. Sie spielt in unserer Erzählung keine große Rolle – kein Zufall wahrscheinlich.

JOACHIM FEST: Nein. Wann immer wir uns in Heidelberg bei Speer trafen, wenn Speer und ich an dem Buch arbeiteten, wenn wir am Anfang Tee tranken, hat sie den Tee gebracht und ist weggegangen. Er sagte immer wieder, auch ich sagte das sehr häufig: »Bleiben Sie doch hier, Frau Speer, wir reden über dies und über tausend Dinge, vom Wetter angefangen bis zu den Kindern und Ihrem Labrador«, das war ihr Hund. Und sie sagte: »Ach nein, nur, wenn Sie es unbedingt wollen.« Dann setzte sie sich mit allen Zeichen des Unbehagens zu uns, weil sie fürchtete, hatte ich immer den Eindruck, wir kämen wieder auf diese grauenhafte Zeit zu sprechen.

BRELOER: Eine für sie grauenhafte Zeit?

JOACHIM FEST: Na ja – für sie war es eben eine schöne Zeit. Und was wir darüber sagten oder wie wir uns darüber austauschten, das kehrte ja nur die negativen Seiten der Sache hervor. Wir sahen, wenn sie sich auf dem Berghof im Sonnenlicht mit den Kindern tummelte, immer nur die Schatten, die irgendwo unten, tiefer im Tal, zu entdecken waren, und das mochte sie nicht. Das war ihre große Lebenszeit. Sie haben sich da zusammen ein Haus gebaut, und sie hat gewissermaßen das Nest bereitet und hat da mit den sechs Kindern gelebt – und sie war glücklich. Sie hat nur darunter gelitten, dass der Mann so selten da war und so wenig Zeit hatte, aber sie sagte sich dann: ›Ach, hier hat ja keiner Zeit von all den Leuten, die hier zu tun haben.‹ Sie hat sich da so glücklich gefühlt, wie man sich fühlen kann – es war doch alles erfolgreich, der Mann stand im Licht, aber auch ein bisschen im Schatten, was ja doch eigentlich ihrem Temperament sehr viel mehr gerecht wurde, als wenn er so ganz vorne an der Rampe gestanden hätte. Sie mochte das: wachsender Ruhm, aber nicht zu viel Spektakel. All das kam ihr entgegen, all das liebte sie. Sie bewunderte ihren Mann und hatte ja auch eine ganze Zeit lang allen Anlass, das zu tun. Vom Politischen wusste sie sowieso nichts. Er hat mir irgendwann mal erzählt, welch schweren Teil seine Frau in der ganzen Beziehung habe auf sich nehmen müssen; ihr sei eigentlich mehr mitgespielt worden als ihm, hat er dann auch chevaleresk gesagt.

Breloer: Er brauchte diesen Typ des Kameraden, glaube ich.

Joachim Fest: Das hat er immer wieder gesagt. Er hat von der glücklichen Zeit ihrer Verlobung gesprochen und von den gemeinsamen Theater- und Konzertbesuchen in ihren jungen Jahren. Er hat mit großer Bewunderung, Hochachtung, mit großem Respekt von ihr gesprochen, auch dass sie niemals versucht habe, sich nach vorn zu drängen. All das hat er an ihr außerordentlich geschätzt, und ich glaube, sie war genau die Frau, die er sich immer in seinen kühnsten Träumen vorgestellt – nicht einmal erwartet hat.

Breloer: Als sie die *Erinnerungen* gelesen hatte, soll sie gesagt haben: »Jetzt hast du mir auch die Zeit verdorben.«[33]

Joachim Fest: Das halte ich für sehr plausibel. Es war ja auffällig: Wann immer wir in kleinerer Gesellschaft zum Essen gingen oder bei ihnen aßen, war sie gern dabei, da kam dann auch oft der Sohn und dieser und jener zu Besuch; und man saß zusammen und redete, und die Gefahr war relativ gering, dass wir über die Nazizeit zu sprechen anfingen. Wir sprachen eben über das Alltägliche – Smalltalk, wenn man so will. Daran hat sie gern teilgenommen, wenn auch immer etwas zurückgezogen und still, aber man hatte den Eindruck, sie hat Vergnügen an diesen Zusammenkünften. Aber wenn ich mit dem Speer alleine saß und wir Tee tranken, dann dachte sie, jeden Moment komme diese schreckliche Geschichte hoch, und sie wollte damit nichts mehr zu tun haben. Ich glaube, es hat ihr das ganze Leben, die Lebensstimmung überhaupt vergällt.

Breloer: Margarete Speer ist eine Leerstelle in seiner Autobiographie – sie kommt nicht wirklich vor in seinem Leben. Hat er Ihnen dazu Näheres gesagt?

Joachim Fest: Ich weiß nicht, ob ich Ihnen die Bemerkung erzählt habe, die Speer mir machte, als ich ihm sagte: »In den Memoiren kommt Ihre Frau, kommt die Familie überhaupt nicht vor.« Da sagte er: »Ja.« Ich fragte: »Was heißt ›ja‹?« – »Ja – sie kommen nicht vor, weil sie nicht vorkamen.« Und das ist meiner Ansicht nach die abschließende Bemerkung dazu, mehr kann man nicht sagen. Weniger auch nicht – oder Erschreckenderes.

Der Verleger

Wolf Jobst Siedler

Geboren 1926 in Berlin. Im Zweiten Weltkrieg Flakhelfer, wegen »Wehrkraftzersetzung« inhaftiert. Studium der Philosophie, Soziologie, Germanistik. 1955 bis 1963 Feuilletonchef des *Tagesspiegel*, ab 1963 Leiter des Propyläen Verlages, 1967–79 Geschäftsführer der Ullstein Verlage. In diese Zeit fallen die Veröffentlichung von Speers *Erinnerungen* und der *Spandauer Tagebücher*, an denen Siedler beratend mitwirkte. Ab 1980 Geschäftsführer und Verlagsleiter des Siedler Verlages. Zahlreiche eigene Veröffentlichungen, darunter die zweiteilige Autobiographie *Ein Leben wird besichtigt* (2000) und *Wir waren noch einmal davongekommen* (2004). Verheiratet, 2 Kinder, lebt in Berlin.

»Noch einmal der Glanz, noch einmal die Schande …«

Ein nobles Reihenhaus aus der Zeit vor dem Ersten Weltkrieg in Berlin-Dahlem, ein geräumiges Wohnzimmer mit viel Blick in den kleinen, gepflegten Garten. Überall Kunstwerke, Bilder, Plastiken – erlesen und auf höchstem Niveau. Alles zeugt von einem langen, erfolgreichen Leben als Verlagschef und Publizist. Wolf Jobst Siedler war krank, und wir dürfen nur eine, höchstens zwei Stunden mit ihm sprechen. Sobald die Kamera läuft, ist nichts mehr von seinem Leiden zu merken – jung, geistesgegenwärtig, erinnerungsfrisch führt mich Siedler durch seine Jahre mit Albert Speer. Eine Erfolgsgeschichte für den Autor Speer, aber auch für seinen Verleger Siedler.

Der Architekt und Rüstungsminister Speer war weitgehend vergessen, als er 1966 aus Spandau entlassen wurde. Es war der Verleger Siedler, der ihn mit der Herausgabe der Erinnerungen *und, wenige Jahre später, der* Spandauer Tagebücher *im Propyläen Verlag wieder weltweit bekannt und berühmt gemacht hat. Wie verlief das Management eines Hauptkriegsverbrechers zum sympathischen, allseits respektierten Bestsellerautor in der Rolle des »Engels, der aus der Hölle kam«? Aufgeräumt, souverän und manchmal nachdenklich liest er mit mir diese Erfolgsgeschichte noch einmal – gegen den Strich. Wenn Speer einen Freund gehabt hätte, wäre er es gewesen?*

Siedler ist immer davon ausgegangen, dass Speer an den Verbrechen der Nazidiktatur stärker beteiligt war, als er es in seinen Büchern je eingestanden hat. Wie konnte er darüber mit Speer reden? Wie ging er für sich selbst damit um?

Breloer: Ihre erste Begegnung mit Speer – 1963 hatten Sie angefangen, sich darum zu bemühen. Erinnern Sie sich noch?

Wolf Jobst Siedler: Ja. Ich schrieb an Frau Speer – Gretel – einen Brief, dass von allen wichtigen Männern des »Dritten Reichs« mich nur ihr Mann beeindruckt gelassen habe. Ich hätte, das sagte ich auch ihm nachher, seine Verhörprotokolle gelesen, also noch von vor dem Prozess, und dann seine große Schlussrede in Nürnberg; und er hätte mich sehr beeindruckt, er wäre der einzige Mann, den ich gerne kennen lernen würde und bei dem ich es für möglich hielte, dass bedeutende Erinnerungen herauskommen. Wenn es möglich wäre, ihm das mitzuteilen oder zumindest zu notieren, wäre ich sehr dankbar dafür. Dann bekam ich kurze Zeit später einen Brief von ihm, den er rausgeschmuggelt hatte, in dem er mir mitteilte, er freute sich sehr, er wäre fast geehrt, aber er müsse doch gleichzeitig mitteilen, es hätten sich schon amerikanische Konzerne, französische Konzerne gemeldet und ich wäre nicht der Einzige.

Breloer: Sie haben also einen ersten Einblick bekommen, dass es ein konspiratives Netz gab, Wege von draußen nach drinnen.

Wolf Jobst Siedler: Genau. Und dass er auch Sachen herausschicken konnte, dass man ihm hineinschreiben konnte, meine Briefe ihm zugestellt werden würden. Und dann fragte er oder seine Familie, was ich denn bieten würde; denn die anderen Verlage – Alfred Knopf, New York; Gallimard, Paris; Paris Match – hätten große Angebote gemacht.

Und da schrieb ich zurück, ich glaube, das Leben von ihm, die Verwicklung in das »Dritte Reich« wären kein Anlass für eine Auktion im Stile eines Basars im Orient, in Bagdad; er wisse um mein ernsthaftes Interesse und er kenne mich und meinen Verlag – er hatte mir geschrieben, dass er sich meine Bücher habe hinein besorgen lassen und mit großem Interesse gelesen habe und dass ihm das sehr sympathisch sei. Ich würde also nicht mehr schreiben, ich würde warten, bis er sich meldet, jedenfalls wollte ich mich nicht an einem Gebot beteiligen. Und dann wurde er entlassen, ich verfolgte wie alle Welt im Fernsehen sehr interessiert seinen Auszug, hörte von seinem Familientreffen irgendwo in Norddeutschland und dachte, ich würde nie wieder etwas von ihm hören. Dann bekam ich plötzlich einen liebenswürdigen Brief auf dem kleinen Papier, das er schon vorher hatte drucken lassen, als er noch in Spandau saß, und er eröffnete mir, von den Briefen, die er bekommen habe, würde ihn mein Brief am meisten interessieren. Wann wir uns sehen könnten?

BRELOER: Sie haben dann natürlich Versprechungen auf viel Geld machen müssen und auch gemacht.

WOLF JOBST SIEDLER: Ja, aber keine Summe genannt.

BRELOER: Albert Speer wollte auch Geld verdienen.

WOLF JOBST SIEDLER: Das spielte eigentlich bei uns keine große Rolle. Er wollte ernst genommen werden, er wollte historisch gesehen werden, und er wollte mit einem seriösen Verlag und einem sympathischen Verleger zu tun haben. Ich habe natürlich zum Ausdruck gebracht, da sich alle Verlage Europas und Amerikas nach ihm drängten, würde das beträchtliche Summen abwerfen.

BRELOER: Ihnen ist dann damit ja ein Welterfolg gelungen.

WOLF JOBST SIEDLER: Das überraschte ihn und mich natürlich. Ich dachte immer, so 20 000 bis 50 000 Exemplare sind es sicher, aber dass es dann nachher 200 000, 300 000, 400 000, zum Schluss 500 000 Exemplare sein würden, ohne Volksausgabe und Paperback-Ausgaben, das wird ja jetzt bei weit über einer Million stehen – das wussten wir nicht. Nun waren schon die Erinnerungen von Baldur von Schirach erschienen, der mit ihm zusammen entlassen worden war, und das war ein reiner Flop. Dass die Erinnerungen von Speer ein sensationeller Erfolg werden würden, einer der größten Erfolge der Nachkriegszeit, das hat uns alle überrascht.

BRELOER: Sie haben ihn erst populär gemacht, zu der großen Medienfigur, die er dann wurde. Sie haben etwas getroffen mit dem Buch; was war das?

Wolf Jobst Siedler: Er fragte mich später mitunter: »Wie erklären Sie sich diesen Erfolg? In welches Restaurant ich auch gehe, kommen die Leute, grüßen vom Nachbartisch …« Und da sagte ich: »Wissen Sie, Herr Speer, ich würde sagen: der Engel, der aus der Hölle kam. Sie sind sozusagen fast eine Lichtgestalt in einem schreckensvollen Verbrechen, Sie selber sind scheinbar unbeschadet daraus hervorgegangen. Ohne die Verbrechen des Hintergrunds wären Sie nicht der große Mann, und ohne die persönliche Integrität wären Sie es auch nicht. Diese Kombination von beidem macht Sie wahrscheinlich interessant.«

Breloer: Hilde Schramm sprach mal von seiner »Entlastungsfunktion«. Was meinte sie wohl damit?

Wolf Jobst Siedler: Dass in dem Bild, das er von sich oder der Verlag von ihm gab, gleichzeitig das ganze »Dritte Reich« exkulpiert wurde: Das ganze »Dritte Reich« kann doch nicht so schrecklich gewesen sein, wenn ein persönlich sympathischer, gewinnender, gut aussehender Mann wie Albert Speer eine Mittelpunktfigur war, die einzige große Freundschaftsfigur von Hitler.

Breloer: Für die Arbeit mit ihm haben Sie einen Mann ausgesucht, der sich als Glücksgriff erwies. Wie kamen Sie auf Joachim Fest?

Wolf Jobst Siedler: Er hatte ja schon den Zeitgeschichtler des *Spiegel*, Dr. Malanowski, einen sehr netten, klugen, gebildeten Mann, als Ghostwriter engagiert, und ich sagte: »Nein, das hat nicht die Größenordnung, an die ich denke. Und ich möchte selber vom ersten bis zum letzten Moment dabei sein, jedes Gespräch müssen wir zusammen führen, und ich reise mit Ihnen.« Es hat sich dann ergeben, dass wir nach Frankreich fuhren, an die Loire, dass wir nach Italien fuhren, Südtirol, und alle Reisen zusammen machten, wochenlang auf Sylt waren und gemeinsam arbeiteten in den Dünen. Ich lag in der Badehose in einem Dünental, und er saß, auch leger gekleidet, aber noch angekleidet, auf einem Dünenhügel und beantwortete die Fragen. Ich weiß noch, wie ich einmal, da kannten wir uns schon näher, fragte: »Herr Speer, es ist mir verständlich, dass man Hitlers Bedeutung oder Genie zu sehen glaubte; aber Sie sind doch nun in seiner nächsten Nähe gewesen, sowohl in der Reichskanzlei als auch am Obersalzberg, da kamen immer Ley, Streicher, Göring, Sauckel, dies schreckliche Gesockse in seiner Umgebung – wie haben Sie denn darauf reagiert?« Da sagte er: »Ach, wissen Sie – ich habe mir gesagt: So sieht wahrscheinlich die Umgebung großer Männer immer aus. Die Marschälle von Napoleon waren alles nur Unteroffiziere und Feldwebel, bis Napoleon sie zu Marschällen gemacht hat, das waren nicht die großen Offiziere des alten französischen Heeres. Und ich dachte, das wird wahrscheinlich so sein.« Das ist sozusagen eine Selbsterklärung, Selbstrechtfertigung, Selbstentschuldigung, ich weiß nicht, wie weit er sich das nachträglich selber zurechtgelegt hat. Auf der anderen Seite wieder sagte er, als ich darauf beharrte – solche Gespräche dauerten Stunden: »Sie dürfen auch nicht vergessen: Der Speer von 1935 bis 1938 oder 1939 war ein anderer als der Speer, der Ihnen jetzt gegenübersitzt. Damals war ich jung, in meinen Dreißigern, ungeheuer ehrgeizig, wahrscheinlich auch sehr machthungrig, jetzt bin ich Anfang sechzig, nach zwanzig Jahren Einzelhaft ein völlig anderer Mensch. Sie dürfen den heutigen Speer nicht mit dem damaligen jungen Mann identifizieren, das müssen Sie immer bedenken, wenn wir zusammen arbeiten.« – Insofern hat er mich selber sozusagen immer wieder genötigt, ihn realistisch, nüchtern, klar zu sehen.

BRELOER: Sie waren ja zu zweit, Fest und Sie. Hatten Sie sich eine Rollenaufteilung gegeben, was der eine macht und was der andere?

WOLF JOBST SIEDLER: Nein.

BRELOER: Es muss aber eine größere menschliche Anlehnung an Sie gegeben haben. Joachim Fest hat mir in einem Vorgespräch gesagt, dass Sie für ihn die Herzensrolle gespielt haben.

WOLF JOBST SIEDLER: Er sagte zu mir, und das hat er, glaube ich, auch mal in einem Brief geschrieben: »Ich bin wahrscheinlich ein anlehnungsbedürftiger, eher schwacher Charakter. Ich war ein ergebener Diener von Tessenow, und dann kam plötzlich Hitler, und ich war ihm bis Ende 1944, 1945, wo die Wende kam, völlig ergeben. Und jetzt sind Sie es, der mich bestimmt, dessen Stimme, Urteil, Meinungen für mich entscheidend sind. Ich bin wahrscheinlich ein doch schwacher, wankelmütiger Mensch, dass ich immer einen Katalysator« – wie er es nannte – »brauche.« Worauf ich sagte: »Wollen wir nur hoffen, dass es mit mir ein besseres Ende nimmt als mit dem letzten Katalysator; ich habe nicht die Absicht, mein Ende im Bunker unter der Reichskanzlei zu verbringen.« Da lachten wir, und ich sagte: »Das bin ich nun wirklich nicht.« Er sagte: »Doch, doch, Sie wissen gar nicht, welche Rolle Sie in meinem Leben spielen.« Und das scheint so gewesen zu sein.

BRELOER: Vielleicht hat er ja auch den Schwachen, der geführt werden

muss, nur gespielt – und wenn man das Schachspiel vom Ende her betrachtet, hatte er alle Züge vorausberechnet.

WOLF JOBST SIEDLER: Völlig richtig, ja. Man hatte immer den Eindruck,
er ist spontan im Gespräch, voller Herzlichkeit, fast voller Freundschaft
im Umgang miteinander – aber er war sich immer der Situation bewusst und führte sie. Und er ist nicht der naive Parzival, als der er eine
Zeit lang auftrat, sondern er war durchaus schon bewusst, ich will nicht
sagen berechnend, das glaube ich gar nicht mal, aber er war sich seiner
historischen Rolle bewusst, er hat sie ja selber zum Teil bestimmt, hat ja
auch alles getan, dass sie nicht in Vergessenheit gerät oder dass es wirklich zu einer historischen Rolle wird. Aber auch das gehörte zum Geheimnis seiner berechnenden Parzivalrolle. Ich sagte ihm mal: »Herr
Speer, Sie sind der Organisator nicht nur der deutschen Kriegsindus-
trie, sondern auch Ihres eigenen Bildes. Sie haben sozusagen Ihr Selbstverständnis organisiert, schon aus den Spandauer Jahren heraus bis zur
Gegenwart.« Da lachte er leicht erschreckt und verschämt.

BRELOER: Wenn wir sein Verhältnis zu Hitler verstehen wollen, müssen
wir Menschen fragen, die ihm begegnet sind, die das System Speer in
Arbeit erlebt haben. Seinen Charme. Wie machte er das?

WOLF JOBST SIEDLER: Da würde ich wieder sagen, er war natürlich ein
anderer Mann in den späten sechziger Jahren als Mitte der dreißiger
Jahre. Es waren eben dreißig Jahre Erfahrung, die dazwischen lagen. Zu
meiner Zeit war sein Charme sehr linkisch. Fast bat er immer um Entschuldigung, dass er im Raum war, und wenn meine Mutter ins Zimmer kam, das war eine Dame von Anfang siebzig, war er noch so ganz
der junge Mann, »Gnädige Frau«, und »Ich hoffe, Sie nicht zu sehr zu
stören.« Zu meiner silbernen Hochzeit[1] habe ich ihn ja eingeladen, was
sehr merkwürdig war, denn da saß er nun zusammen mit Hans Wallenberg, dem Generalbevollmächtigten Axel Springers für die Konzerne, einer alten jüdischen Rabbinerfamilie entstammend. Ich war
mit Wallenberg sehr befreundet, er war sozusagen mein Mäzen gewesen, und habe vorher gefragt: »Herr Wallenberg, ist es Ihnen unangenehm, mit Speer zusammen zu ...« – »Nein, um Himmels willen, ich
finde den Mann sehr interessant, und die Bücher haben mich sehr beeindruckt. Gerne.« Und dann setzte man meine Mutter zwischen Wallenberg und Speer an eine Tafel im Hotel Gehrhus in Berlin. Das ging
sehr gut.[2] Er war immer zurückhaltend, immer leise, immer unauffällig und immer eben – ich möchte noch mal das Wort gebrauchen – lin-

kisch. Ich glaube, das war nicht gespielt, so war er. Ich weiß, wie wir uns das erste Mal trafen: Da rief er so zehn Tage nach seiner Entlassung aus Spandau plötzlich an, und meine Sekretärin sagte: »Ein Herr Speer möchte Sie sprechen.« Ich nannte ihn dann »Herr Professor Speer«, und er sagte: »Nein, bitte nicht ›Professor‹, der Professorentitel ist mir ehrenhalber vom ›Dritten Reich‹ verliehen worden. Ich möchte den Titel nicht mehr gebrauchen. Ich bin Diplomingenieur. Aber am liebsten wäre es mir, wenn Sie mich nur Herr Speer nennen.« Ich habe gesagt: »Sehr gut.« – »Und wann können wir uns sehen?«, fragte er. Und da sagte ich: »Ich komme jederzeit, da ist mir die Sache schon wichtig genug, zu Ihnen nach Heidelberg.« Hat er gesagt: »Ich komme natürlich zu Ihnen. Ich stamme noch aus einer Zeit, wo ich gelernt habe: Der Autor geht zum Verleger, nicht der Verleger zum Autor.« Da sagte ich: »Herr Speer, da merkt man doch, dass Sie zwanzig Jahre nicht in der Welt waren. Die Zeiten haben sich völlig geändert, heute rennen alle Verleger den Autoren nach, und ich komme gerne zu ihnen.« Sagte er: »Nein, nein.« Habe ich gesagt: »Herr Speer, Sie haben fast Ihr ganzes Leben in Berlin verbracht: vor dem ›Dritten Reich‹ bei Tessenow, im ›Dritten Reich‹ dann erst Hitlers Architekt, dann Generalbauinspektor, dann Rüstungsminister, dann zwanzig Jahre im Zuchthaus in der Zelle ...« Da sagte er: »Nein, nein. Ich komme gerne wieder nach Berlin. Ich habe ja nichts zu verbergen, ich bin nach Abbüßung bis auf den letzten Tag mit Einwilligung der Sowjets entlassen worden, ich habe Berlin immer gemocht.« Dann kam er. Wir gingen essen in das Restaurant Schlichter, das in den zwanziger Jahren eine so große Rolle gespielt hat, das Restaurant von Bert Brecht war. Er kannte es noch, sagte: »Schräg gegenüber hat hier ursprünglich das Restaurant Horcher gelegen.« Das Schlichter war das ›kleine Horcher‹, Horcher war das Restaurant der Industrie und der Anwälte, Schlichter war das Restaurant der Intellektuellen. Da saßen wir zusammen, redeten, und nach zwei, drei Stunden sagte er: »Wollen wir einen Vertrag machen? Haben Sie ihn mit?« Ich sagte: »Nein, ich schicke ihn Ihnen zu.« – »Ach, machen Sie doch, können wir ihn nicht schon hier machen?« Und daraufhin rief ich den Leiter meiner Vertragsabteilung an und sagte: »Setzen Sie bitte den Vertrag auf mit den und den Konditionen, nehmen sich Ihren Wagen und kommen Sie hierher.« Nach einer Stunde etwa kam er, gab diesen achtseitigen Vertrag ab, und Speer blätterte die letzte Seite auf und schrieb seinen Namen darunter. Da sagte ich: »Herr Speer, Sie

müssen doch lesen, was Sie unterschreiben! Sie müssen einmal reingucken, ihn wenigstens überfliegen!« – »Ach nein, wissen Sie – entweder hat man Vertrauen, oder man hat kein Vertrauen. Zu Ihnen hab ich
Vertrauen.« Da habe ich gesagt: »Herr Speer, denken Sie daran: Das
letzte Mal, als Sie Vertrauen hatten, hat Ihnen das zwanzig Jahre Gefängnis gebracht!« – »Nein, nein, nein«, lachte er, »das unterschreibe
ich.« Dann versuchte ich ihm zu erklären, was in dem Vertrag gesagt
wurde. Er wollte gar nicht wissen, was wir eingesetzt hatten als Garan-
tiezahlung und so weiter. Ich hatte noch den Glauben, er hätte keine
Zeile geschrieben; ich wusste nicht, dass ja schon fast achthundert Seiten rausgeschmuggelt waren. Und als ich dann hinterher sage, dass wir
eine Flasche Champagner auf die Unterschrift trinken wollen, sagt er:
»Ich kann keinen Alkohol mehr trinken. Das bin ich eben nicht gewöhnt. Mal ist mir zu Silvester ein kleiner Schluck reingebracht worden, aber Trinken – das kenne ich nicht mehr. Das müssen *Sie* trinken!« – »Herr Speer, das tue ich gerne für Sie!« Und dann versuchte ich
einen Scherz zu machen und sagte: »Herr Speer, wir sind ja beide Opfer des ›Dritten Reiches‹.« – »Wieso?« – »Wir haben beide im Zuchthaus
gesessen, Sie wegen Hitler und ich unter Hitler. Im ›Dritten Reich‹ bin
ich ja als Siebzehnjähriger schon verhaftet worden.«[3] Da wurde er
weiß, wie mit Kalk übergossen. »Ist es Ihnen unangenehm, mein Verleger zu sein?« Da sagte ich: »Herr Speer, es war nur ein offensichtlich
missglückter Versuch, einen Scherz zu machen.«

Breloer: Er war ja dankbar, gerade im Propyläen Verlag erscheinen zu
können, in diesem Verlag, der ihm, dem Kriegsverbrecher, Renommee
verschaffte …

Wolf Jobst Siedler: Von dem er sagte – ich weiß nicht, ob es stimmte,
ich habe keinen Grund zu misstrauen: »Der Propyläen Verlag ist für
mich so wichtig. Ich habe sozusagen die Kunstgeschichte mit dem Propyläen Verlag studiert, in meiner Studentenzeit hatte ich immer ein
oder zwei Bände Propyläen Kunstgeschichte vor mir. Dass nun eines
Tages mein eigenes Buch im Propyläen Verlag erscheinen sollte, ist für
mich eine besondere Genugtuung.«

Breloer: Und er kannte Ihren Onkel, den Architekten Siedler.[4] Der
hatte an die alte Reichskanzlei etwas angebaut, und Hitler verlangte
nun einen Balkon, um zum Volk zu sprechen. Der Architekt Speer
setzte also einen Balkon an – architektonisch eine Verschandelung …

Wolf Jobst Siedler: Ich fand es natürlich sehr rührend, dass er immer wieder darauf zurückkam: »Ich habe die Urheberrechte Ihres Herrn Onkels verletzt …« Da habe ich zu ihm gesagt: »Und ich dachte, das Deutsche Reich ist in Trümmer gesunken, Berlin ist ein reines Trümmerfeld, und Sie reden über den Balkon, den Sie angebaut haben am Erweiterungsbau der Reichskanzlei, die längst nicht mehr existiert!« Aber er klammerte sich daran fest.

BRELOER: Aber als beim sogenannten Röhmputsch die Morde an der SA passiert waren und er das Borsigpalais umbauen soll, erschrickt er nur für einen Moment, als er eine Tür aufmacht und die Blutlache sieht, wo Hitlers Mörder gerade vor kurzem jemanden erschossen haben. Da ist auch eine Rigorosität in ihm, die von keiner moralischen Hemmung gebremst wird.

WOLF JOBST SIEDLER: Während wir am Buch arbeiteten, erzählte er ganz normal den Gang des Jahres 1938. Damals war doch die Pogromnacht, in der Hunderte von Synagogen niedergebrannt wurden. Ich ging damals, ein kleiner Junge noch, mit meiner Mutter den Tauentzien entlang, alles war schwarz von Menschen von dem einen Bürgersteig zum anderen, da wälzten sich Tausende schweigend an den zertrümmerten, eingeschlagenen Fenstern der Geschäfte vorbei. Ich erinnere mich, dass in einem Geschäft ein alter Herr im Zivilanzug saß, er wird siebzig gewesen sein, der hatte das Eiserne Kreuz erster Klasse angesteckt. Und dann kam die SA, holte ihn ab, sagte: »Schändung des Ordens.« Und ich sagte: »Herr Speer, das müssen Sie doch bemerkt haben! Sie fahren durch die noch qualmende Stadt zur Reichskanzlei – und essen mit Hitler gemütlich zu Mittag, mit Goebbels und den anderen Honoratioren?« – »Nein, ich hab es gar nicht bemerkt.« Ich sagte: »Herr Speer, es kann nicht sein, Sie müssen es bemerkt haben!« Und da sagte er: »Vielleicht waren der Antisemitismus und die Rabaukenhaftigkeit da in der Gesellschaft so ins Fleisch übergegangen, dass ich darauf gar nicht achtete.« Da sagte ich, so waren Einwirkungen von Fest und mir auf das Manuskript: »Herr Speer, versuchen Sie einmal, das genau zu rekonstruieren – wie Sie gegangen sind, ob in Ihrer Gesellschaft darüber gesprochen wurde. Was Sie empfunden haben, warum Sie es nicht empfunden haben. Und wenn Sie wirklich nichts empfunden haben, dann machen Sie das zum Gegenstand einer Reflexion. Denken Sie darüber nach!« Da ging er, und nach drei oder vier Wochen trafen wir uns wieder, und da hatte er die jetzt im Buch befindlichen Seiten geschrieben.[5]

Breloer: Ohne Ihre Arbeit wäre das Manuskript gar nicht zu veröffentlichen gewesen.

Wolf Jobst Siedler: Ich sagte: »Sie müssen nicht nur die Geschichte reflektieren, sondern auch Ihre Rolle in der Geschichte, sich selber zum Problem machen.« Dann habe ich das erklärt, wir haben wochenlang darüber geredet, dann ist er wieder weggegangen und hat neue fünfzig Seiten geschrieben.

Breloer: Der gebildete Bürgersohn Albert Speer erlebt den offen terroristischen Charakter des Systems, das eine Minderheit drangsaliert, bereit ist, sie zu töten, und das auch sagt. Er fährt da vorbei – und bietet Ihnen diese Geschichte? Wie erklären Sie sich das?

Wolf Jobst Siedler: Mit Naivität und dem Drang nach Wirkung. Er sagte immer wieder: »Mein Drang nach oben, der Drang, große Bauwerke zu errichten, wie sie seit Alexander dem Großen nicht mehr errichtet worden sind, war offensichtlich« – sagt er selber, »offensichtlich«! – »übergroß, dass er über alles andere hinwegging.«

Breloer: Auch über Leichen?

Wolf Jobst Siedler: Er würde sagen: »Das habe ich nie gemerkt« – aber natürlich, ja. Ich sagte zu ihm: »Wenn man die Filmaufnahmen aus dem Sportpalast sieht, wo Sie Reden halten« – ungelenk, er ist ja kein Redner, geschweige denn ein Rhetoriker oder ein Demagoge, er redet ja doch im Grunde in dieser Gesellschaft des Sportpalasts, neben ihm sitzt Goebbels, als völlig fremde Figur –, »dann haben Sie ein gläubiges, strahlendes Gesicht und sind offensichtlich völlig mit allem einverstanden; nicht nur mit dem, was gesagt wird, sondern auch mit der Atmosphäre, die da geschaffen wird.« Und da sagte er: »Das ist eben der Unterschied zwischen mir heute und mir vor dreißig Jahren.« So erklärte er es immer: »Ich war eben ein anderer Mensch. Sie dürfen niemals den Fehler machen zu glauben, der Speer, der Ihnen gegenübersitzt, der Speer, mit dem Sie wandern, das wäre der Speer von 1935.«

Breloer: Dabei arbeitete er mit denselben Tricks. Als die »Reichskristallnacht« veranstaltet wurde, hatte er schon sein Programm zur »Entmietung« von Judenwohnungen angeregt. Sie haben gedacht, Sie führen ihn – und er setzt Ihnen die Geschichte mit der Unordnung vor, um das Eigentliche, das dahintersteckte, zu verschleiern. Er war auf die Idee gekommen, für seine Abrissmieter und dann auch für verdiente Parteigenossen Judenwohnungen zu besorgen, er ließ sie markieren, er ließ schließlich Leute durch die Gestapo abholen. Davon hat er Ihnen nichts gesagt.

WOLF JOBST SIEDLER: Nein, das war mir auch nie klar. Ich dachte, der Ehrgeiz richtete sich auf das Bauen. Dass er sozusagen auch in das Terrorregime verstrickt war, die Rücksichtslosigkeit …

BRELOER: Immer noch das Wort, das sie damals dafür hatten – ›verstrickt‹; damit arbeitete auch er selbst immer. Dabei *war* er das Terrorregime.

WOLF JOBST SIEDLER: Ja.

BRELOER: Worin, dachten Sie, lag der Wert seiner *Erinnerungen*, was war daraus für die Geschichtsschreibung zu gewinnen?

WOLF JOBST SIEDLER: Speer war fast der einzige Repräsentant des Bürgertums in diesem Kreis von Mordgesellen, und das machte ihn schon zu einer exzeptionellen Figur.

BRELOER: Speer als Beispiel-Kind des Bürgertums, dem alle Bremsen verloren gehen, wie insgesamt das deutsche Volk Hitler anheim fällt?

WOLF JOBST SIEDLER: Das würde mich nun wiederum überschätzen, so weit habe ich damals nicht gedacht. Ich dachte nur: Da ist ein Mann, durch den ich die Innenansicht des »Dritten Reiches« sehen kann, der offensichtlich Distanz und Nüchternheit genug hat, um seine Rolle und das Regime zu erkennen. Als Repräsentant des bürgerlichen Zeitalters habe ich ihn nicht gesehen.

BRELOER: Was war für Sie das Neue an Speers Blick auf Hitler?

WOLF JOBST SIEDLER: Zum einen war ich natürlich frappiert, dass Hitler offensichtlich sehr leise sprach, völlig ruhig war, dass er mit großem Wiener Charme sich auch widersprechen ließ, dass er überhaupt nicht aufgeregt war im kleinen Kreise. Speer sagte: »Der Führer war ganz ein anderer, wenn er mit mir sprach, als wenn vier Leute dabei waren. Dann war er sofort der Führer, aber bei mir war er nüchtern, klar, freundlich, lachend, und es war eine andere Welt.« Und fast wie ein Schüler fragte er Speer: »Was halten Sie davon, wenn wir die Kuppel nach dem Muster des Pantheon in Rom machen und nicht nach der Peterskirche?« Er fragte immer ängstlich nach, was Speers Meinung war.[6] »Ich fand ihn ungeheuer gewinnend«, sagte Speer, »wie zurückhaltend und bescheiden er auftrat, sowie wir alleine waren. Sowie auch nur drei andere Leute dabei waren, war er der unnahbare Führer.«

BRELOER: Oder im privaten Kreis, auf dem Berghof, mit seinen Sekretärinnen …

Wolf Jobst Siedler: Wenn er seinen Sekretärinnen Kuchen auflegte, ihnen die Hand küsste und fragte, ob sie noch ein bisschen Sahne zur Torte haben wollten … Er sah doch Hitler als den Kleinbürger. Ich fragte: »Haben Sie ihm jemals deutlich angesehen, dass er im Grunde aus der Unterschicht kam, aus dem Wiener Männerheim?« Und er sagte: »Ja, doch, das war ja nicht zu verkennen. Ich habe seine ästhetische Hässlichkeit nicht gesehen, die ist mir erst 1944 aufgefallen – seine Riesennase, seinen Zinken, die schlechte Gesichtshaut und sein schlechtes Auftreten.«

Breloer: Der Mundgeruch?

Wolf Jobst Siedler: Sein Mundgeruch. Dass er sich immer beim Lachen die Hand vor den Mund hielt, wahrscheinlich, um die schlechten Zähne und seinen Mundgeruch zu verdecken. Er putzte sich, weil er es selber wusste, die Zähne vier-, fünf-, sechsmal am Tag. Das hatte er schon gesehen, aber das spielte eben für Speer keine Rolle, denn: »Ich hatte das Gefühl, sozusagen der Weltgeschichte in Hitler zu begegnen.«

Breloer: Alexander, Napoleon, Friedrich der Große, Hitler – und Hitler größer als alle. So hat sich Hitler gesehen, so erzählt Ihnen Speer das. Und trotzdem sieht er auch, dass dieser mächtige Mann ihm gewissermaßen aus der Hand frisst. Wie hat er Ihnen dieses Verhältnis geschildert?

Wolf Jobst Siedler: Dass Hitler einen gewissen Neid hatte, weil er gerne so gewesen wäre, wie der junge Speer war. Er wäre gerne der große, der begabte Architekt gewesen mit einem bedeutenden Mäzen neben und über sich. Das war deutlich zu erkennen, als er sagte: »Ach, Speer, wir beide sind eine andere Rasse als die Marschälle und die Gauleiter – wir beide, wir sind Künstler.« Er hat sich und Speer immer als Künstler gesehen, und das hat Speer offensichtlich ungeheuer geschmeichelt.

Breloer: Es gab aber auch eine herzliche Zuneigung, also etwas, was sonst im Leben Hitlers keine große Rolle spielte, außer dem Hass natürlich – ein Gefühl, das Wort Liebe will man ja fast bei Hitler nicht in den Mund nehmen. Speer muss sich dessen bewusst gewesen sein.

Wolf Jobst Siedler: Ja, wie einer seiner nächsten Mitarbeiter, ich glaube, Hettlage, sagte: »Wissen Sie, Speer, Sie sind des Führers letzte Liebe.«[7] – »Was?« – »Nein, der Führer liebt Sie wirklich!« Und ich fragte ihn: »Haben Sie darüber nachgedacht?« – »Ja. Wahrscheinlich beneidete er mich, er wollte der größte Baumeister sein, dann hätte er nicht in die schreckliche Politik gehen müssen, die Politik sei sozusagen nur seine zweite Wahl gewesen, die erste Wahl wäre gewesen, der Michelangelo seiner Epoche zu werden …«

BRELOER: … und Speer wollte der Schinkel seiner Epoche werden.

WOLF JOBST SIEDLER: Mehr sogar noch. Er hat ja die Schinkel'sche Linie mit der Reichskanzlei in der Voßstraße verlassen; das war ja noch die Traufenhöhe der anliegenden Gebäude, ein vergröberter, ein bisschen banaler und vulgärer Klassizismus. Nach der Reichskanzlei wird die Wiener Ringstrasse der Maßstab für Speer, er möchte überall mehr Säulen, mehr Kuppeln, mehr Bögen, Triumphbögen, mehr größere Häuser – dann verliert er ja jeden Maßstab. Im Grunde ist die Planung nach der Reichskanzlei die eines Größenwahnsinnigen. Bis dahin ist alles, was er in Berlin baut, relativ ein europäischer Durchschnitts-Klassizismus, nicht sehr viel anders als die Admiralitätsgebäude in London, als das Musée d'Art Moderne in Paris, als die römischen Sportforen, das fällt aus dem Rahmen Europas nicht hinaus. Aber was er dann baut, die berühmte Nord-Süd-Achse, die Große Halle, der Führerpalast, wie die neue Reichskanzlei dann heißen soll – das wurde dann gigantisch, eine Theaterdekoration. Der Wandel des Architekten Speer findet eigentlich zwischen 1938 und 1942 statt, als das Bauen aufhört, da ist er plötzlich ein völlig anderer Speer.

BRELOER: Sie haben ja mit ihm über diese Zusammenarbeit gesprochen. Man sieht die beiden Herren sich über die Zeichenbretter beugen, der Radiergummi wandert von Hand zu Hand, und Hitler konnte durchaus den Bleistift führen …

WOLF JOBST SIEDLER: Ja, Speer hat mir viele Zeichnungen von Hitler gezeigt, und die schönste Zeichnung, das war die des Volkspalasts, der Großen Halle, die hat er mir gegeben. Und die ist viel eindrucksvoller als Speers Große Halle. Das ist sozusagen stark angelehnt an das Pantheon in Rom, mit einer Flachkuppel, und die Säulenhalle davor sieht aus wie französische Odéon-Architektur, und er ist wirklich sehr begabt. Und Speer sagte: »Wir überlegten gemeinsam, die Siegessäule zu versetzen.« Die stand ja ursprünglich vor dem Reichstag, war kurz, gedrungen und ziemlich scheußlich, sodass die Berliner sagten: »Die Göttin, die obendrauf steht, ist die einzige Berlinerin, die kein Verhältnis hat.« Und Speer hat erzählt, wie Hitler mit ihm am Tisch stehend skizziert hat, wie sie vergrößert werden muss, um eine Trommel, die, glaube ich, dreißig Prozent höher sein muss als die anderen Trommeln. So steht sie heute da. Und Speer sagte: »Es ist in der Tat viel besser als früher.«

Breloer: Aber als Hitler sah, was Speer aus seiner Hallen-Idee gemacht hatte, war er selbst einen Moment erstaunt über die Riesigkeit.

Wolf Jobst Siedler: Da war Speer aber uneinsichtig. Ich sagte: »Wissen Sie, Herr Speer, diese Kuppelhalle ist ja so riesenhaft, dass die Leute, die auf den Rängen sitzen, den Führer auf seiner Empore bei seinen großen Reden überhaupt nicht mehr sehen können, die müssen einen Feldstecher nehmen.« Und da sagte er: »Es spielt ja auch nur die Aura des Führers eine Rolle, nicht mehr die Physiognomie.« Und genau dasselbe war, als er das große Sportstadion für das Nürnberger Reichsparteitagsgelände entwickelte, für 400 000 Leute, da sagte er auch: »Das, mein Führer, entspricht aber nicht mehr den olympischen Maßen«, und da sagte Hitler: »Das spielt keine Rolle, denn nach diesem Kriege finden in Zukunft alle olympischen Festspiele ohnehin immer nur in Berlin statt.« Und ich fragte Speer: »Ist Ihnen da nicht schwummerig geworden?«, und er sagte: »Nein, ich fand das sehr kühn, aber ich nahm doch an, das wird tatsächlich der Mittelpunkt Europas werden: Vielleicht soll das ja so sein.« Er hat nachher in Spandau eine These entwickelt, dass normalerweise die Abläufe des Stils etwa zweihundert Jahre dauern, und er sagte: »Das geht bei Hitler innerhalb von jeweils zwei, drei Jahren. Das Haus der Deutschen Kunst in München von Troost ist noch normaler Vulgärklassizismus, die Reichskanzlei ist dann noch vergröberter Neoklassizismus, und zum Schluss ist das Bauen des »Dritten Reiches« wieder eine reine Verfallskunst gewesen. Das, wozu Europa und Frankreich Jahrzehnte brauchten, das machten wir in zwei, drei Jahren. Das wurde mir aber erst nachträglich klar.« – Ich weiß noch, wie Speer mir eines Tages in Heidelberg in seinem Haus Schloss-Wolfsbrunnenweg mit allen möglichen Fotos von der Krönung der Kuppelhalle kam, vom ersten Entwurf, zweiten Entwurf, dritten Entwurf, und der mittlere Entwurf war: Der Reichsadler saß auf dem Hakenkreuz über dem größten Gebäude der Welt, und im letzten, der angeblich auf Hitlers Verlangen geändert worden war, saß er auf der Weltkugel. Ich fragte ihn: »Ist Ihnen da nicht erst recht unheimlich geworden? Da merkten Sie doch auch an solchen architektonischen Details, in welchen Dimensionen Hitler dachte, dass er einst die ganze Welt beherrschen wollte und nicht nur Europa.« – »Ja, aber ich nahm

es mehr so, dass er berauscht gewesen sei durch die allmählich näher
rückende Vision der Großmacht im Herzen Europas.«

BRELOER: Sie hätten ihn auch fragen können: ›War Ihnen in dem Moment klar, dass vor diesen großen Gebäuden erst einmal die Erobe-
rung der Welt über Berge von Leichen kommen müsste?‹

WOLF JOBST SIEDLER: Natürlich.

BRELOER: Hat er das nicht gesehen oder nicht sehen wollen?

WOLF JOBST SIEDLER: Das hielt er ja teilweise nur für Fantasterei. Ich
fragte auch Milch, den Feldmarschall der Luftwaffe, einmal:»In welcher Größenordnung hat sich eigentlich Hitler selber gesehen? Friedrich der Große, Bismarck, Karl der Große, in welcher Nähe hat er sich
gesehen?« Milch war ja noch gläubiger Verehrer Hitlers bis in die aller-
letzten Tage; er sagte:»Wir haben einmal darüber gesprochen, ich
glaube, da war Albert dabei« – die beiden duzten sich ja, Albert und Er-
hard –,»und da lehnte er es ab zu sagen, mit welchem großen Mann
der Vergangenheit er sich vergleichen lasse. Aber als einmal ich oder
Speer irgendwie sagten, dass wahrscheinlich Mohammed der einzige
Vergleichsmaßstab sei, ein Mann, der eine neue Religion schafft und
aus der Religion ein Weltreich gründet, da hat Hitler nichts gesagt, war
aber offensichtlich sehr befriedigt; das hat er wohl als den angemesse-
nen Vergleichsmaßstab gesehen.«

BRELOER: Man hat ja gesagt, Speer habe diese Große Halle Hitler zu Gefallen noch größer gemacht, als der das bestellt hatte. Speer entgegnete
darauf:»Nein, ich habe auf den Zeichnungen die kleinen Punkte genommen, die Hitler als Menschen dazugezeichnet hatte, und habe das
maßstabgetreu vergrößert.« Haben Sie das geglaubt?

WOLF JOBST SIEDLER: Nein. Ich glaube aber nicht, dass es ein bewusstes
Täuschungsmanöver von Speer war oder eine bewusste Verzerrung
seiner Selbstsicht; ich glaube, dass er so rauschhaft dachte in Dimensionen, dass er sozusagen gar nicht mehr über solche Kleinigkeiten
nachdachte. Speer erzählte mehrmals, so wichtig war ihm das, dass
Hitler seiner Frau gesagt habe:»Ihr Mann wird für mich Gebäude errichten, wie seit zweitausend[8] Jahren in Europa nicht mehr konzipiert
und gebaut worden sind.« Und dazu sagte Speer:»Ich habe das auch
langsam geglaubt.« Und er setzte entschuldigend dazu:»Wissen Sie –
wenn Ihnen alle Welt sagt, Sie sind der größte Architekt, größer als
Schinkel, dann glauben Sie es allmählich selber. Und da ich die Goldmedaille der internationalen Architekturausstellung von Paris bekam«

– verschweigend, dass auch die Sowjetunion eine Goldmedaille bekam –»und überall in Architekturzeitschriften von Paris und von Rom abgebildet wurde als der geniale Architekt des ›Dritten Reiches‹, glaubte ich nachher selber« – da lachte er allerdings über sich selber sehr –, »ich bin zumindest so groß wie Schinkel, wahrscheinlich größer. Ich habe es wirklich geglaubt.«[9]

BRELOER: Das war eine der Prämien, die er bekam für das Wegsehen. Wenn er überhaupt wegsehen musste … Die Bauten konnten ja nur mit einem Raubkrieg bezahlt werden, durch die Ausplünderung fremder Völker.

WOLF JOBST SIEDLER: Ja.

BRELOER: Und man brauchte auch Steine, das war das nächste Problem. Sie haben ihn doch sicher gefragt: Wo kamen die her?

WOLF JOBST SIEDLER: Das wurde zum Teil in Skandinavien bestellt, zum Teil in Österreich. Es wurden extra Schiffe gebaut, die die Steinblöcke aus den Steinbrüchen Skandinaviens nach Berlin schaffen konnten …

BRELOER: Das war das eine. Aber für die Bauten in Nürnberg zum Beispiel – da gab es nun nicht nur freundliche Geschäftsbeziehungen mit Skandinavien …

WOLF JOBST SIEDLER: Nordhausen, die Steinbrüche.

BRELOER: Flossenbürg[10] und andere Steinbrüche arbeiteten für Nürnberg. Als Sie mit Speer sprachen, wussten Sie, dass das Konzentrationslager waren, von der SS betrieben, in denen die Häftlinge unter unglaublichen Umständen Sklavenarbeit leisten mussten. Haben Sie Speer danach gefragt?

WOLF JOBST SIEDLER: Ich habe das vorausgesetzt und habe angedeutet, dass ich das voraussetze; und da widersprach er nicht.

BRELOER: Aber von ihm ist das nicht ins Gespräch gebracht worden.

WOLF JOBST SIEDLER: Nein. – Ich glaube, es war ein ältester Jugendfreund von mir, der Berliner Architekt Georg Heinrichs, der unter anderem das Märkische Viertel gebaut hat, ein Halbjude, Halbrusse mit einem tiefen Hass aufs »Dritte Reich«, der, als ich ihn zur Silbernen Hochzeit einlud, fragte: »Wer ist denn dabei?« Ich sagte: »Von Wallenberg bis zum Theologen Scholder« und erwähnte dann zuletzt: »Und da kommt übrigens auch Albert Speer.« Da sagte er: »Nein, ich möchte niemals im selben Raum sein wie Albert Speer. Der Bruder von meinem Freund war als Halbjude in Steinbrüchen im Harz, Mittelwerk, gewesen und umgekommen. Ich möchte nicht dieselbe Luft

atmen wie dieser Mann, der über Leichen weggegangen ist.« Und das
erzählte ich Speer. Ich sagte:»Leider müssen wir auf meinen engsten
Freund verzichten, der will nicht kommen«, und erzählte ihm, dass der
Bruder in seinem – Speers! – Lager bei Nordhausen im Harz umgekommen ist.[11] Das hörte er sich sehr betroffen an und fragte, ob er sich
mal mit Heinrichs treffen solle. Und da sagte ich:»Herr Speer, ich
glaube, das hat keinen Zweck. Ich glaube, das wird für beide ungeheuer
peinlich.«

Eines Tages rief mich Speer an und fragte:»Was sagen Sie zu Goldhagen?«Ich hatte den Artikel[12] da noch gar nicht gelesen. Erich Goldhagen, der auch schon Historiker war, war der Vater meines Autors.[13]
Und der hatte die Protokolle, die Einzelheiten der Reden in Posen entdeckt,[14] in denen Himmler offen von der Vernichtung der Juden gesprochen hat, dass es eben sehr schwer sei, auch für die beteiligten SS-
Leute, Juden zu ermorden, besonders die Frauen, die Kinder, die
Babys. ›Manche werden zwar wissen, wie es ist, wenn man hundert
oder tausend Tote sieht, andere werden sich vorstellen können, wie es
ist, wenn man Berge von Leichen sieht, aber wie es ist, wenn man Millionen von Leichen sieht, das weiß man nicht, und das, meine Kameraden, ist ein nie geschriebenes und nie zu schreibendes Ruhmesblatt der
SS.‹ Und Speer legte ja äußersten Wert darauf, dass er da nicht dabei
gewesen ist. Er kam sofort nach Berlin, sagte:»Wenn Sie das glauben,
dass ich dabei war, dann beruht unsere ganze Bekanntschaft, die zum
Schluss fast zu einer Freundschaft geworden ist, auf einer Lebenslüge;
dann wäre ich ja genau das gewesen, was ich immer abgestritten habe.
Ich möchte mich rechtfertigen.« Er hatte dieses berühmte Verteidi-
gungsargument, er wäre schon am Mittag, nach dem Mittagessen, ins
Führerhauptquartier gefahren, da er einen Termin bei Hitler gehabt
hätte. Bei der Rede wäre er nicht dabei gewesen, sondern nur am Vor-
mittag, als ein allgemeiner Bericht über die Kriegslage gegeben wurde.
Da ließ er alle möglichen Leute Persilscheine schreiben …

BRELOER: Rohland …

WOLF JOBST SIEDLER: Rohland, ja. Aber alle schrieben sozusagen:›Wenn
du willst, bescheinige ich das.‹[15]

BRELOER: Er hat sie zum Teil vorformuliert.[16] Aber er fragte zum Beispiel
Dönitz nicht, der an dem Tag ja auch einen Vortrag in Posen gehalten
hatte. Den kannte er ja gut, und der lebte noch.[17]

WOLF JOBST SIEDLER: Mir sagte er:»Wenn Sie das glauben, Herr Siedler, wenn Sie das für möglich halten, dass ich dabei war, dann hätte unsere ganze Bekanntschaft, Freundschaft sozusagen auf einer Lüge bestanden.« Ich sagte daraufhin: »Herr Speer, ich halte es für denkbar, dass Sie das sozusagen im Freud'schen Sinne vor sich selber verdrängt haben, dass Sie selber ehrlich, aufrichtig überzeugt sind: Das kann nicht gewesen sein, ich kann das nicht gehört haben. Denn es ist ja offensichtlich so viel in Ihrer Gegenwart gesprochen worden, beschlossen worden, angeordnet worden, von dem Sie jetzt sagen wollen, Sie hätten nichts davon gewusst. Das ist wie ein Schutzmechanismus, den Sie wohl vor sich aufgezogen haben, um sozusagen sich selber ins Auge blicken zu können. Ich halte es für denkbar, dass Sie es selber nicht mehr wahrhaben wollen. Aber die Fakten sind da eigentlich unmissverständlich.« Und dann sind wir davon abgegangen.

BRELOER: Was sagte er darauf?

WOLF JOBST SIEDLER: Er sagte: »Sicherlich kann das mitgespielt haben.« Aber dann kam er wieder mit »Ich bin mit dem Auto gefahren, weil die Züge so unordentlich waren, und ...«

BRELOER: ... das Flugzeug konnte nicht landen, und vom ADAC hatte er sich bestätigen lassen, dass man das in sechs Stunden schaffen konnte nach Rastenburg auf den polnischen Straßen. Nur dummerweise steht er an diesem Abend nicht auf Linges Anwesenheitsliste,[18] sondern erst am nächsten Tag, und dummerweise hat er in den *Erinnerungen* zunächst erzählt, er sei mit dem Zug gefahren. Und diese direkte Anrede von Himmler während der Rede ...

WOLF JOBST SIEDLER: »Sie, Parteigenosse Speer, sind nicht gemeint!« ...

BRELOER: ... das alles setzt doch ein großes Fragezeichen hinter seine Version. Hätte es Ihr Bild sehr verändert, wenn er tatsächlich diese Rede gehört hätte?

WOLF JOBST SIEDLER: Nicht sehr verändert: Ich ging immer davon aus, dass er tiefer verwickelt war in das Geschehen, als er es zugab oder sich selber gestehen wollte.

BRELOER: Das konnte man ihm aber nicht ins Gesicht sagen?

WOLF JOBST SIEDLER: Doch, ich sagte: »Speer, wir wissen ja wahrscheinlich selber nicht wirklich alles, und wie weiß ich, wie ich mich sehe, und ich verkehre mit dem Speer von 1965, nicht mit dem Speer von 1939, also will ich das gar nicht genau ergründen.« Ich war ja immer relativ offen ihm gegenüber.

BRELOER: Dann wäre es ja auch um Ihren Helden geschehen gewesen.

WOLF JOBST SIEDLER: Natürlich. Dann wäre der Engel, der aus der Hölle kam, nicht mehr der Engel gewesen.

BRELOER: Aber man konnte ihm doch sagen, dass man skeptisch war?

WOLF JOBST SIEDLER: Ich nehme an, das konnte ich fast als Einziger ihm sagen. Er hatte ein besonderes Vertrauens-, Freundschafts- und Respektverhältnis zu mir, da ich doch erstens für ihn aus der bürgerlichen Welt kam, aber andererseits im »Dritten Reich« als Siebzehnjähriger schon verhaftet worden war, dass ich also nicht zu der Kameraderie gehörte, die ihn sonst umgab. Ich nehme an, dass er mir auch die Autorität gab, dass ich, auch nur unter vier Augen, manche Sachen sagen durfte, sagen konnte, die andere nicht sagen konnten. Wahrscheinlich war das auch der Unterschied zu Joachim Fest, obwohl – Fest kommt ja auch aus einer Familie, der Vater wurde 1933 gleich als Schulrat entlassen und lebte dann von Gartengemüsezucht. Aber er fühlte sich meiner Welt eher vertraut als der von Fest, obwohl er Fest sehr mochte, sehr respektierte, sehr bewunderte.

BRELOER: Sie haben mit ihm damals vorsichtig über Posen gesprochen, und Sie haben gesehen, welche Klimmzüge er noch Jahre später in seinem Aufsatz in dem Sammelband von Reif[19] macht. Was war Ihr Gefühl – war er da oder war er nicht da?

WOLF JOBST SIEDLER: Sicherlich war er da.

BRELOER: Ach.

WOLF JOBST SIEDLER: Das glaube ich. Schon der Widerspruch zwischen Eisenbahnfahrt und Autofahrt und dem Protokoll des Abends bei Hitler – nein, er war ganz sicherlich da. Aber ich weiß nicht, ob er wirklich wusste, dass er wusste – wieweit er sich selber einer Täuschung hingegeben hat, wieweit er nicht nur die anderen, die Umwelt täuschte, sondern sich selber – das weiß ich nicht. Bloß: das Wort von Lavater, das Goethe so liebte: »*individuum est ineffabile* – der Mensch ist nicht enträtselbar« – das galt für Speer in höchstem Maße. Er blieb ein Rätsel vom ersten bis zum letzten Moment.

BRELOER: Das Schicksal, die »Vorsehung« – welche Rolle spielte das im Weltbild von Speer? »Vorsehung« – ein Wort, das Sie wahrscheinlich auch dauernd streichen mussten aus den Memoiren.

WOLF JOBST SIEDLER: Ja, »Vorsehung« war natürlich schrecklich, jedes dritte Wort war die »Vorsehung«. Ich sagte: »Wissen Sie, Herr Speer, das sagte unser ›Führer‹ dauernd, also das Wort würde ich um alles in der Welt vermeiden.«

Breloer: Was war das wohl für ihn, die »Vorsehung«?

Wolf Jobst Siedler: Ein entgöttlichtes Walten des Schicksals. Er brauchte nicht mehr einen persönlichen Gott oder seinen Propheten Mohammed oder Jesus, sondern das war eben das Walten des Schicksals. – Einmal sagte ich ihm, ich hätte die italienische Lösung des Kriegsendes richtiger gefunden: dass ein paar Maschinengewehrsalven in den Rücken des Mussolini und der Petacci das Problem des Prozesses, der ja in Rom vorbereitet war, beendet hatte. Wahrscheinlich wäre es gut gewesen, im Sinne Churchills vorzugehen, der im Kriege gesagt hatte, man sollte 5000 Nazis einfach standrechtlich erschießen, dann wäre das ganze Problem der Entnazifizierung erledigt. Als ich das Speer sagte, es wäre vielleicht wirklich die eleganteste, beste, radikalste Lösung gewesen, bei aller Ungerechtigkeit, sagte er: »Ja, ich glaube auch, das wäre richtig gewesen.« Ich sagte: »Das hätte Ihnen zwanzig Jahre Einzelhaft erspart.« – »Ja, sehen Sie – das auch.«

Breloer: Dennoch wollte er überleben.

Wolf Jobst Siedler: Er hatte ja das Gefühl, dass ihm eine zweite Architektenkarriere bevorstünde. Er zeichnete dauernd Privathäuser für seine Gefängnisbeamten,[20] und er kam ein Jahr nach der Entlassung aus Spandau zu mir und brachte Rollen von Zeichnungen für ein Rathaus in Rendsburg mit. Der Oberbürgermeister von Rendsburg hatte ihn gebeten, ein neues Rathaus zu entwickeln. Ein scheußlicher Bau, den er entworfen hatte, halbmodern und eigentlich nichts, weder sozusagen Schinkel-Verschnitt, noch war er wirklich modern, er war eigentlich gar nicht sehr modisch. Wie Arno Breker nach dem Kriege ja auch alle Kraft verloren hatte, er machte nicht mehr seine Athletenfiguren und seine Frisiertoilettengotik. Und da sagte ich: »Herr Speer – wollen Sie wirklich noch mal Architekt sein? Eben haben Sie die Welthauptstadt ›Germania‹ entworfen, und jetzt bauen Sie ein Rathaus für eine deutsche Provinzstadt. Ich finde es nicht angemessen.« Und darauf ging er sofort ein und sagte: »Ja, wahrscheinlich haben Sie Recht, ich habe mich das auch schon gefragt. Wahrscheinlich schreibe ich Herrn Soundso, dem Oberbürgermeister, ab; ich wolle nicht mehr als Architekt arbeiten.« Ich habe gesagt: »Man kann nach den Ereignissen nicht mehr dort anknüpfen, wo man 1932 aufgehört hat.«

Breloer: Sie stellen eine Lücke fest in den *Erinnerungen*; Sie sagen zu ihm: »Sie schreiben ja gar nichts über Ihre Familie – die kommt gar nicht vor!«

WOLF JOBST SIEDLER: Er scheint ja gar keine Beziehung gehabt zu haben zu seinen Brüdern. Er scheint auch ganz geringe Beziehungen zu seinem Vater, zu seiner Mutter gehabt zu haben, und er hat – das Merkwürdigste – Hitler jahrelang verschwiegen, dass er eine Frau hat. Er bringt sie dann irgendwann mit – auf Befehl von Hitler! Ich weiß nicht, wofür das eigentlich sprach, ob diese latent homoerotische Bindung zwischen Hitler und Speer dadurch beeinträchtigt wurde, dass der Führer nun merkte: Der ist ja ein ganz normaler junger Mann, der eine Frau hat – aber vielleicht ist das schon wieder übertrieben interpretiert.

BRELOER: Wie nah, hat Ihnen Speer erzählt, war er der Hitler-Nachfolge?

WOLF JOBST SIEDLER: Ich glaube, das war bei beiden nur ein ganz vorübergehender, momentaner Gedanke. Ich glaube nicht, dass Hitler jemals ernsthaft daran gedacht hatte, Speer zu seinem Nachfolger zu machen, obwohl er sagte: ›Hess fällt ja sowieso aus, Göring ist ein Morphinist, und Goebbels bleibt der kleine Hinkepeter, den nimmt niemand ernst …‹

BRELOER: … Himmler ist kurios und als Herr der Konzentrationslager unmöglich …

WOLF JOBST SIEDLER: ›… und Sie hätten die Autorität sowohl in der Armee wie in der Industrie gehabt, die Industrie kannte Sie nun -‹, das hat er wohl mal so gesagt. Ich glaube nicht, dass er es ernsthaft gemacht hätte; die Partei hätte ja Speer nie akzeptiert. Und ich glaube auch nicht, dass Speer das selber ernst genommen hat, das war mehr so ein kokettes Gedankenspiel.

BRELOER: Haben Sie eine Erklärung für diesen Widerspruch: Er weiß, dass das schief geht, er fängt an, für die Zeit nach dem Krieg zu planen – und macht dennoch weiter bis zum Schluss?

WOLF JOBST SIEDLER: Das ist so wie bei den Feldmarschällen der Wehrmacht, die ziemlich klar sahen, dass der Krieg verloren war, und zwar relativ früh. Am allerfrühesten hat es ja wohl Hitler selber gesehen, der, wie Jodl in Nürnberg beim Prozess sagte, im Winter 1941 vor Moskau gefragt hat: »Jodl, Ihnen ist doch klar, der Krieg ist verloren?« Russland, die Sowjetunion ließ sich nur als Blitzkrieg gewinnen; sowie der Raum und die Zeit dazukamen, war es aus. Jeder, der einen solchen Gedanken auch nur versuchsweise geäußert hätte, wäre mit ständiger Verbannung aus dem Führerhauptquartier bestraft worden. Warum hat Rundstedt weitergemacht, warum hat Feldmarschall Kluge, warum hat Manstein weitergemacht? Sie alle sahen, worauf es hinausläuft, und sie

haben weitergemacht. Ich glaube, da ist Speer kein Sonderfall. Das
Ende war die Rote Armee und der Bombenkrieg. Wie im Siebenjähri-
gen Krieg ein Wunder Friedrich den Großen gerettet hat, so hofften sie,
dass irgendetwas nicht Berechenbares, nicht Absehbares, nicht Her-
beiführbares ihn zum Schluss noch einmal rettet. Und Hitler sagte immer wieder: »Wissen Sie, Speer – in meiner Kampfzeit sah es so oft ver-
zweiflungsvoll aus, und es hat sich immer noch in letzter Minute ein
Ausweg gezeigt, bei dem Putsch der SA mit Röhm und beim Putsch der
Strassers. Man muss durchhalten, es kommt eine Lösung, immer wieder. Ich bin felsenfest überzeugt: Den Krieg, den führen wir zu einem
guten Ende.« Ob Speer selber daran geglaubt hat, sich hat überreden
lassen, überzeugen lassen, oder ob er nur einfach sagt, er hatte keine
Möglichkeit – was sollte er machen? Er behauptet ja, er habe dann ganz
zum Schluss an die Leitung von Gas in den Tiefbunker gedacht; ich
glaube, das hätte Speer gern getan, ich glaube, das ist Phantasterei.

Breloer: Wir fragten uns: Welche Substanz hat Speer gehabt, wo war
seine Werteskala? Fest sagte, Roper[21] sei am Ende seines Lebens darauf
gekommen, dass er vielleicht gar keine gehabt hätte.

Wolf Jobst Siedler: Na, da würde ich wieder bei meinem Lavater bleiben: »*Individuum est ineffabile*« – der Mensch ist ein Rätsel.

Breloer: Halten Sie es für möglich, was Roper sagt – dass Speer an der
Stelle, wo andere ein Gewissen haben, leer war?

Wolf Jobst Siedler: Es ist denkbar. Ich kannte ja Roper sehr gut, er hat
mich zwei-, dreimal in Berlin besucht, wir sind einmal die ganze Nacht
in Berlin spazieren gegangen, haben in Restaurants gesessen, geredet.
Er hatte *au fond* ein ganz negatives Urteil von Speer, das ich nicht ganz
teilte. Aber Roper sagte immer: »Fest und Sie haben Speer zu der Figur gemacht, die in die Geschichte eingehen wird. Ohne Sie beide wäre
Speer ein erfolgreicher Rüstungsminister gewesen.«

Breloer: Das ist wahr. Ist Ihnen unheimlich dabei?

Wolf Jobst Siedler: Es gibt Schlimmere im »Dritten Reich« als Speer.
Wenn ich an Himmler oder Göring oder Goebbels denke, haben wir
wenigstens einen bemerkenswerten Mann nicht erfunden, aber ihm
zu seiner eigentlichen Bedeutung verholfen.

Breloer: Als Sie mit Speer über Mittelbau-Dora sprachen, hätten Sie
durch Nachfragen rauskriegen können, was dort wirklich los war. Da
war das Rollo runter?

Wolf Jobst Siedler: Ja. Da sagte er: »Ich war zweieinhalb Stunden da

zur Besichtigung der Werke und habe schreckliche Sachen gesehen. Ich
habe versucht, die Unterbringung und die Verpflegung zu verbessern,
und ich sagte, die Arbeitskraft der Leute wird hier gestärkt, wenn sie
anständig versorgt werden. Dann sind wir gleich weitergegangen zu
den für uns, für die Rüstung wirklich wichtigen Dingen: Wann sind
die V1 und V2 startbereit?« – Ich fragte ihn was ganz anderes, ich fragte
ihn in dem Jahr, nachdem das Buch erschienen war: »Was sagt denn
Ihre Frau? Was hat sie denn für einen Eindruck? Was für ein Gefühl
hatte Ihre Frau bei der Lektüre?« Da sagte er: »Gretel hat es noch nicht
gelesen.« Ich sagte: »Was? Ihre Frau hat Ihr Buch nicht gelesen? Auf
der Bestsellerliste Platz eins, es erscheinen Riesen-Aufsätze in *Le Monde*
und *New York Times*, aber Ihre Frau liest es nicht?« – »Nein« – jetzt
kommt es –, »ihr ist das alles zu nah. Sie war eine junge Frau, und es
war ihre größte Zeit; ihr Mann war ein Genie, und der Führer küsste
ihr die Hand. Und sie litt darunter – da ich ihr Leben schon zerstört
hatte, zerstörte ich jetzt ihre Erinnerung.« Sie hat es, glaube ich, überhaupt erst ein oder zwei Jahre später gelesen.[22]

BRELOER: Ein Wort noch zu Gretel. Was war das für eine Partnerwahl?
Das freundliche Mädchen von unten?

WOLF JOBST SIEDLER: Sie war eigentlich nicht mehr erkennbar ›aus kleinen Kreisen‹, wie meine Eltern oder Großeltern gesagt hätten. Sie war
wirklich eine Dame. Die Eltern Speers haben offensichtlich empfunden, dass sie sozusagen sozial einer andern Welt angehörte und dass
ihr geliebter Sohn in eine Schicht einheiratet, die nicht die ihre ist.
Speer, glaube ich, hat gerade das gewählt. Speer wollte ausbrechen aus
dieser bürgerlichen Welt. Eine merkwürdige Sache: Die Hochzeitsreise
mit seiner Frau macht er auf dem Neckar mit Paddelbooten, er ist
nicht, wie es üblich ist, nach Venedig gefahren oder nach Paris, sondern er paddelt mit ihr auf dem Neckar. Er will also ausbrechen aus
der bürgerlichen, sogar fast großbürgerlichen Welt seines Vaters, seiner Familie.

BRELOER: War sie herzlich, lebhaft?

WOLF JOBST SIEDLER: Nein, nicht lebhaft … Mit ihr war meine Frau viel
enger vertraut als ich; sie wanderten zusammen. Wenn Speer, Fest und
ich am Buch arbeiteten, dann wanderten die drei Damen stundenlang
in den Dolomiten oder in den anderen Bergen, und sie waren sehr vertraut mit ihr. Sie war eigentlich ganz natürlich, und sie hat peinlich
vermieden, über Erinnerungen zu sprechen, übers »Dritte Reich« zu

sprechen, über ihre Erfahrungen zu sprechen – über ihren Eindruck von Hitler zum Beispiel. Sie redeten über alles Mögliche, aber darüber nicht. Das war tabu.

Breloer: Ich habe mich gefragt: Wie viel Gefühl konnte Speer sich ihr gegenüber gestatten? War das Kameradschaft, das Gefühl: ›Wir gehen zusammen durchs Leben, ich habe in dir jemanden, auf den ich mich verlassen kann bei all dem, was ich vorhabe‹, oder war es die große Herzensliebe?

Wolf Jobst Siedler: Er hat mir mal erzählt, dass er kurz vor seinem Tode eine große Leidenschaft hatte.

Breloer: Wir wissen davon.[23] Eine Frau in London tauchte in seinem Leben auf ...

Wolf Jobst Siedler: ... als Bewunderin. Da sie sein Buch inzwischen drei- oder viermal gelesen habe und völlig fasziniert, beeindruckt, persönlich berührt davon sei, fragte sie an, ob sie ihn mal besuchen dürfe. Es war eine junge Deutsche, die nach dem Kriege einen alliierten englischen Offizier heiratete, nach England ging, Engländerin wurde und die dann, als sie sich kennen lernten, bei der ersten Begegnung wohl, Speer bekannte, dass er ihre unsterbliche Liebe sei. Und er war nicht nur emotional, sondern auch körperlich ihr völlig verfallen. Er sagte mir einmal: »Wissen Sie, Herr Siedler – ich kann ja nicht zu meinen Kindern davon sprechen, zu meiner Frau sowieso nicht, Sie sind der einzige Mensch, dem ich auch die privaten Sachen erzählen kann: Ich habe fast siebzig werden müssen, um die Erfahrung erotischer Liebe, Zuneigung zu erleben.« Er hat nicht Sexualität gesagt, sondern »erotische Liebe«. Dann fuhren wir extra nach Baden-Baden, in ein altes bezauberndes kleines Gasthaus, das berühmt war wegen seiner Spargelgerichte, da holte er aus seiner Jackentasche ein Bündel Fotografien heraus von dieser Dame und ihm auf einem Balkon eines Hotels an der Côte d'Azur, wo sie wochenlang gelebt hatten, und wo sie im Negligé und er in einer Hausjoppe saß, und sie frühstückten gerade. Und da sagte er, deswegen komme ich darauf: »Wenn ich meiner Frau« – mit der er ja fünf oder sechs Kinder hatte – »auch nur einmal am Tisch die Hand streichelte, sagte sie: ›Lass diese Intimitäten, das macht man nicht in der Öffentlichkeit.‹« Und da war es natürliche Herzlichkeit, Liebe, Erotik. Und dann ist er bei ihr in London gestorben.

Breloer: Man könnte fast sagen: Das eine Mal in seinem Leben, als er sein Herz geöffnet hat, ist er genau daran gestorben.

WOLF JOBST SIEDLER: Ja, natürlich. Und das war für ihn ein sehr schöner Tod.

BRELOER: Es würde fast in seine Selbstinterpretation passen, ein Sonntagskind des Glücks zu sein. Aber wenn man sich sein Leben insgesamt ansieht – er hat doch auch immer mit sehr viel Geschick selbst die Fäden gezogen.

WOLF JOBST SIEDLER: Ich fragte ihn ja: »Herr Speer, wenn Sie jetzt Ihr Leben passieren lassen – der junge Mann von Tessenow, der junge Architekt, der große Generalbauinspektor, der Reichsrüstungsminister; und dann zwanzig Jahre Einzelhaft, trostlose Haft in einer Zelle, drei mal drei Meter – würden Sie, wenn Sie Ihr Leben neu leben könnten, auf alles verzichten und lieber ein nobler, anständiger Stadtarchitekt von Heidelberg werden?« Da sagte er: »Nein, ich würde alles so noch einmal durchmachen wollen: noch einmal der Glanz, noch einmal die Schande, noch einmal das Verbrechen, und noch einmal der Weg in die Geschichte.«[24]

Die Zeithistorikerin

Susanne Willems

Historikerin, Autorin von: *Der entsie-delte Jude. Albert Speers Wohnungs-marktpolitik für den Berliner Haupt-stadtbau* (2002).

»Daran erkennt man die Lüge«

Dr. Susanne Willems hat als Stiftungsvorstand der Internationalen Ju-gendbegegnungsstätte Auschwitz und als Forscherin viele Wochen ihres Le-bens in Auschwitz verbracht, und sicher mehr aus diesem unmittelbaren Erleben vor Ort als aus der akademischen Beschäftigung kam für sie der Impuls, der Frage nachzugehen, wer eigentlich die Deportationen aus Deutschland an diesen Ort der Menschenvernichtung in Gang gesetzt hat. Die konkrete Spur, die sie aufnahm: Wer hat die ersten tausend Berliner Ju-den nach welchen Kriterien für die Deportationen ausgewählt? Ihre akri-bische Suche in den Akten der Oberfinanzdirektion, die über die Vermö-genswerte der deportierten Juden verfügte, und in den Gestapoakten führte sie bald auch in die »Durchführungsstelle« des Generalbauinspektors für die Reichshauptstadt, Albert Speer.

Mit Auszügen aus diesen Akten in ihrer Handtasche fahren wir mit dem Kamerateam durch Berlin. Nur einen Kameraschwenk weit von der Göttin auf der auf Hitlers Vorschlag hin erhöhten Siegessäule landen wir, unter den Kandelabern von Albert Speers Ost-West-Achse, am Haus des Deutschen Städtetages, in dem die mit der Räumung der »Judenwohnungen« und ihrer Weitergabe an privilegierte Interessenten befasste Speer-Dienststelle ihrer Arbeit nachging. An den Gleisen des Bahnhofs Grunewald, von dem aus die Deportationszüge nach Osten in die Ghettos und später in die Konzentrationslager fuhren, überprüfen wir Speers Aussagen zu diesem Thema vor Ort. Wieder hat Susanne Willems eine Akte hervorgeholt und zeigt uns anhand der vergebenen Nummern den Fingerabdruck der Speer-Behörde.

Durch wessen Hände sind die Akten gegangen? Eine kluge, eine scheinbar einfache Frage; Susanne Willems hat sehr viel Zeit damit verbracht, die oft ganz unscheinbare Spur der Täter in behördlichen Vorgängen zu ermitteln. Es muss Leidenschaft dabei sein, wenn jemand solche Mühen auf sich nimmt. Ein beständiger Zorn auf die Täter teilt sich bei jedem ihrer Sätze mit.

Dr. Susanne Willems: Ich habe mich mit der etwas weniger bekannten Seite Albert Speers befasst, nämlich mit seiner Tätigkeit als Architekt, von der es beim Nürnberger Prozess sehr wichtig war, sie als unpolitisch erscheinen zu lassen. Diese Tätigkeit habe ich untersucht, soweit sie verbunden ist mit dem Neubauvorhaben für die Hauptstadt Berlin, dem Ausbau Berlins zur Hauptstadt »Germania«. Mitte September 1938 verknüpfte Albert Speer aus freien Stücken diesen Hauptstadtbau mit einer judenfeindlichen Politik, und zwar in einem Augenblick, als das gigantische Neugestaltungsprojekt zu scheitern drohte, weil die erforderlichen Ressourcen nicht verfügbar waren. Dazu gehörte insbesondere, dass für die Mieter, die aus den Abrissvierteln umgesetzt werden sollten, keine adäquaten Ersatzwohnungen vorhanden waren. Im September 1938 gab es dann eine Besprechung wegen dieser Krise des Neugestaltungsvorhabens, und die ist vom Stadtbaudirektor protokolliert worden.[1] Da steht unter dem Punkt 2 Folgendes: »Hinsichtlich des Baues von Mittel- und Großwohnungen entwickelte Prof. Speer einen Vorschlag, der darauf abzielt, die erforderlichen Großwohnungen durch zwangsweise Ausmietung von Juden freizumachen.

Es würde dann erforderlich sein, statt der 2500 Großwohnungen schätzungsweise 2700 Kleinwohnungen zu schaffen. [...] Die Überlegung des Generalbauinspektors ging davon aus, dass für die Errichtung von 2500 Großwohnungen ein Betrag von rd. 67,5 Mill. RM mit einer vermutlich von den Abrißträgern aufzubringenden Spitzenfinanzierung von rund 18 Mill. RM [...] erforderlich sei. Die 2700 Kleinwohnungen erfordern nur einen Aufwand von 24,5 Mill. RM und bedürfen eines entsprechend geringeren Betrages für die Spitzenfinanzierung. Außerdem ist die Finanzierung der Kleinwohnungen bereits gesichert; mit ihrem Bau könnte im Frühjahr begonnen werden. Damit ist auch die Wahrscheinlichkeit, daß ausgangs des Sommers 1939 die Großwohnungen verfügbar werden, sehr viel größer, als wenn erst im Frühjahr mit dem Bau von Großwohnungen begonnen würde. Als weitere begrüßenswerte Erleichterung ist anzusehen, daß die durch Freimachung gewonnenen Großwohnungen sowohl hinsichtlich der Raumgröße als auch hinsichtlich der Mieten den Erfordernissen einer Unterbringung von Abrißmietern sehr viel näher kommen. Prof. Speer bat in diesem Zusammenhang um Feststellungen, wieviel Mittel- und Großwohnungen in Berlin von Juden besetzt sind. Dieser Vorschlag ist streng vertraulich zu behandeln, da Prof. Speer zunächst die Auffassung des Führers erkunden will. Danach würden die erforderlichen gesetzlichen Handhaben zu schaffen sein.«[2] Dies ist der Augenblick, in dem Speer das Hauptstadt-Bauen in Berlin im Jahre 1938 mit der Judenverfolgung verknüpft; und diese Verbindung besteht bis zum Ende des Krieges. Besonders bezeichnend in dem Protokoll ist es, dass kalkuliert wird, als ob Geld gespart würde; und Speer fängt sofort an, für dieses Projekt zu werben, und rechnet seinen Vertrauten im Reichswirtschaftsministerium noch mal vor, wie groß die Ersparnis an Bauaufwand sein würde, wenn man Juden zwangsweise aus ihren großen Wohnungen raussetzt, diese Wohnungen an Mieter aus Abbruchvierteln vermittelt und stattdessen Kleinwohnungen zur Verfügung stellt. Das Nächste ist, dass wenige Tage später ein Vertreter Speers in eine Beratung beim Reichsjustizministerium geht, denn dieses Projekt hatte ja Hindernisse: Der Mieterschutz galt im September 1938 auch für Juden; und deshalb war es wichtig für Speer, sein Interesse anzumelden an einer Durchbrechung oder Aufhebung des Mieterschutzes für Juden.

Breloer: September 1938; wann genau war die Reichspogromnacht?

Susanne Willems: Acht Wochen später. Das heißt, Speer und seine Vertreter werben sechs Wochen vor dem Novemberpogrom für diese Entrechtung der Juden. Und nach dem Novemberpogrom ist keine Rede mehr davon, den Juden, die man aus großen Wohnungen zwangsweise rausgesetzt hat, kleine Wohnungen zur Verfügung zu stellen, sondern da geht es der Speer'schen Behörde nur noch darum, die durch Flucht und Vertreibung in Folge des Pogroms gekündigten Wohnungen schnell zu registrieren, also eine Meldepflicht zu etablieren, und alle diese Wohnungen möglichst an räumungspflichtige Mieter aus Abbruchvierteln zu vermitteln. Und das wiederum konnte Speer nur, weil er dafür von Göring eine Art Vorausvollmacht vom 26. November 1938 hatte,[3] dass er die erste Wiedervermietung bestimmen konnte. Und nur das erlaubte es, dass im ersten Halbjahr 1939 Räumungen von Vierteln, die abgebrochen werden sollten, stattfinden konnten. Also ohne die Verfolgung der Juden hätte es noch nicht mal vor Kriegsbeginn den Einstieg in die Neugestaltung gegeben.

Breloer: Nun verlassen aber nicht alle Juden freiwillig Berlin, und die Wohnungen derjenigen, die geblieben sind, könnte Speer auch gut gebrauchen. Was macht er jetzt?

Susanne Willems: Außer seiner eigenen Verordnung über die Meldepflicht für gekündigte Wohnungen von Juden braucht er die Anmeldepflicht über sämtliche von Juden bewohnten und von Juden vermieteten Wohnungen in Berlin, die mit dem Gesetz über Mietverhältnisse im Mai 1939 reichsweit umgesetzt werden kann. In Berlin wird sie sofort umgesetzt. Ein Teil der Erfassung findet bei der Stadt Berlin statt, und Anfang 1940 werden diese Registraturen oder Karteien in der Speer'schen Behörde zusammengeführt. Das heißt, im ersten Halbjahr 1940 verfügt die Behörde Speers über eine Bestandskartei sämtlicher von Juden bewohnten Wohnungen und sämtlicher Räume im Eigentum von Juden in Berlin. Und sie betrachtet das als ihr Eigentum, es gibt ein Dokument, in dem steht: »Diese Wohnungen gehören weiterhin dem Generalbauinspektor.«[4]

Breloer: Wie entwickelt sich jetzt dieses Verfahren der Entmietung weiter?

Susanne Willems: Speers Planung vor dem Krieg war, innerhalb eines Jahres mehr als zwölftausend Wohnungen in Abbruchvierteln geräumt zu haben. Nichts von dem konnte er wirklich durchsetzen, es wurden nach den Aufstellungen der Behörde keine zweitausend Wohnungen in Abbruchvierteln geräumt. Die Räumungen aber waren nur möglich wegen der Zugriffsmöglichkeit auf die von Juden in Berlin aufgegebenen oder noch bewohnten Wohnungen. So weit zu der Vorkriegszeit. Im August 1940 ist der erste Bombenangriff auf Berlin, also der Krieg rückt auch für die Berliner Bevölkerung etwas näher. Und genau das weiß auch Speer, und das wissen auch seine Vertreter. Wäre es so zugegangen, wie in der Reichskanzlei und im Reichsfinanzministerium zunächst geplant, wären einfach die Gelder, die für solche Neubauvorhaben bereitgestellt wurden, in den Kriegshaushalten storniert worden. Speer holte sich nun gerade Anfang 1940 einen in Finanzangelegenheiten versierten neuen Mitarbeiter und machte ihn im April 1940 zum Präsidenten seiner Durchführungsstelle – das war Professor Karl Maria Hettlage, der war ab 1934 bis Ende 1939 Stadtkämmerer in Berlin gewesen. Der war der richtige Mann in Speers Behörde, um durchzusetzen, dass alle Reichsmittel, die für die Neugestaltung Berlins vorgesehen waren, auch während des Kriegs im vollen Umfange angewiesen wurden, sodass die Vorbereitungen weitergehen konnten. Das war im Februar 1940, und den viel zitierten Befehl Hitlers,[5] der angeblich vom 25. Juni 1940 stammen soll, den besorgte sich Speer, wie immer, später. Von Ende Mai 1940 datiert die letzte Fassung des Räumungsplans, nämlich die Terminsetzung für die Räumung in den Abbruchvierteln. Und dieser Räumungsplan diktierte dann innerhalb der Behörde wieder den Zeitdruck, zu räumen. Juli 1940 standen in der Behörde Speers die Zeichen auf baldiges Kriegsende, sofortiger Räumungsbeginn, die Juden werden mit Hilfe der Gestapo innerhalb von wenigen Wochen aus Berlin abgeschoben. Die Vorstellung war: Bei Kriegsende wird Berlin sofort judenfrei. Die planten das in der Behörde zwischen April und Juli 1940, weil sie nach der Räumung der Abbruchviertel, der Umsetzung der Mieter in die Wohnungen von Juden, sofort abreißen wollten. Und das Abreißen stieß auf Widerspruch, damit konnte Speer sich nicht durchsetzen. Vom 29. September 1940 stammt eine Aktennotiz, also ein ganz unscheinbares Dokument, da hat Speer wahrscheinlich in einem direkten Gespräch mit Hitler die Zustimmung erhalten, dass zwar in den Abbruchvierteln die Räumung stattfindet, die Mieter umgesetzt werden in die Wohnungen von Juden, dass aber diese Viertel zunächst nicht abgerissen werden.

BRELOER: Ich lese das mal vor: »29. September 1940. Der Führer hat festgelegt, daß die durch die Freimachung von 1000 Judenwohnungen zu räumenden Bereiche während des Krieges nicht abgerissen werden, sondern für durch Fliegerschäden obdachlose Bewohner vorübergehend freizuhalten sind.«[6] – Klingt doch ganz vernünftig?

SUSANNE WILLEMS: Ja, aber das ist Schwindel. Das Interessante ist der Nachsatz – in Klammern: »Mit dieser Notwendigkeit kann unter Umständen die ganze Räumung mitbegründet werden!« Und das heißt: Nicht das Bereitstellen von Notunterkünften in Gegenden, die man nach dem Krieg dann sofort abreißen will, um die Hauptstadt neu zu bauen, war das Ziel der Umsetzung der Bereichsmieter und der Verdrängung der Juden aus ihren Wohnungen, sondern es ergab sich als Begründung für die Öffentlichkeit. In der Speer'schen Behörde war Räumen immer für den Hauptstadtbau.

BRELOER: Wie verliefen nun die einzelnen Schübe, in denen Juden von der Speer'schen Behörde aus Berlin vertrieben wurden?

SUSANNE WILLEMS: Im Sommer 1940 also die Vorstellung, nach Kriegsende werden die Juden ohnehin auch aus Berlin abgeschoben – wohin, war den Planern bei Speer egal. Ab Ende September 1940 war Speer zugleich interessiert an den Deportationen der Juden während des Kriegs; und dieser Unterschied macht im Wesentlichen das Verbrechen aus, dessen Opfer mehr als fünfzigtausend Juden aus Berlin wurden. Speer kann sich vor September 1941 nicht damit durchsetzen, dass Juden aus Berlin deportiert werden, er will aber die Räumungen; es ist auch in der Behörde alles vorbereitet. Speer klärt erst mal das Terrain: Wen braucht er für die Deportation? Er macht seit Ende September 1940 Lobbyarbeit dafür, dass diese vielen tausend Juden, die er wohnungslos machen will, auch aus Berlin verschwinden. Er geht zu Heydrich und sagt ihm: »Sie können für Ihre Behördenangehörigen auch ein Kontingent dieser geräumten Wohnungen haben.«[7] Er macht Goebbels Zusagen als Reichspropagandaminister, er kann für seine Schauspieler und Regisseure Wohnungen haben, die er nach Berlin holen will. Er macht dem Auswärtigen Amt Zusagen, sie können Wohnungen haben für die berechtigten Diplomaten, die in Berlin eine Wohnung suchen.

BRELOER: Er bietet die Beute an, wenn sie mitmachen.

SUSANNE WILLEMS: Er bietet einen kleinen Teil der Beute für eine vorübergehende Zeit an. Anfang Januar 1941 versucht Heydrich, von Hitler die Zustimmung für Deportationen aus Berlin zu bekommen, Hitler verweigert diese Zustimmung. Es gibt zu dem Zeitpunkt schon Schwierigkeiten an den Ankunftsorten, wo die Juden aus Wien hin deportiert wurden. Anfang Januar 1941: Die Ungeduld bei Speer wächst, dass endlich geräumt wird und die Mieter aus Abbruchvierteln in die von Juden bewohnten Wohnungen umgesetzt werden können. Und Ende Januar 1941 ist in der Speer'schen Behörde entschieden, dass die Räumungen beginnen und dass die Juden, die ihre Wohnung verlieren, in der Stadt Quartier finden müssen bei anderen Juden oder einquartiert werden in Wohnungen anderer Juden. Die Listen derjenigen Wohnungen von Juden, über die die Hauseigentümer oder Verwalter einen zweiten Vertrag mit einem Mietberechtigten Speers abgeschlossen hatten, diese Räumungslisten wurden weitergereicht an die Jüdische Kultusvereinigung, deren Wohnungsberatungsstelle dafür zu sorgen hatte, dass die jüdischen Mieter und ihre Untermieter die Wohnung räumen. Dieses Verfahren ging wiederum nicht schnell genug. Weder bis Ende Februar noch bis Mai waren überhaupt Mieter aus Abbruchvierteln umgezogen in Wohnungen von Juden, die sie aber schon ausgesucht und für passend befunden hatten. Und im Mai 1941 startet die Speer'sche Behörde eine zweite Räumaktion, und zwar zur Optimierung des Wohnungsangebots für Mieter aus Abbruchvierteln. Das heißt, nach Karteiauszügen des Generalbauinspektors, die wiederum der Wohnungsberatungsstelle der Jüdischen Kultusvereinigung übergeben wurden, mussten Juden innerhalb von zwei Wochen oder vier Wochen ihre Wohnungen räumen. Das waren Tausende betroffener Menschen jeweils in diesen Räumaktionen, die sich Quartier bei Freunden oder Verwandten suchen mussten oder die von der Wohnungsberatungsstelle der Jüdischen Kultusgemeinde zwangsweise in Wohnungen anderer Juden einquartiert wurden. Das vervielfacht noch mal die Zahl derjenigen, die von den Räumungen betroffen sind. Und das macht das Wohnungselend der Berliner Juden vor Beginn der Deportationen in Berlin aus – eine Vielzahl von Untermietverhältnissen, mehrere Familien in einer Wohnung.

Breloer: In einer Wohnung, in der vier Personen lebten, leben jetzt dreißig?

Susanne Willems: Ja.

Breloer: Und in Judenhäusern, wo vielleicht zwanzig wohnten, wohnen plötzlich zweihundert Menschen.

Susanne Willems: Ja. In der Behörde Speers gab es dafür auch ein Wort.

Der Wohnraum von Juden, wo andere Juden zwangsweise einquartiert wurden, hieß »Schachtelraum«.

Breloer: Im Sommer 1941 steigen die Zahlen; Wolters hat das ja später alles durchgestrichen in der Chronik: »Gemäß Speer-Anordnung wird eine weitere Aktion zur Räumung von rund 5000 Judenwohnungen gestartet. Der vorhandene Apparat wird entsprechend vergrößert [...] Durch diese Maßnahmen werden die Judenwohnungen ihrem vorbestimmten Zweck zugeführt.«[8]

Susanne Willems: August 1941 – das ist der Monat, in dem die Wohnungsräumungen gegen die jüdischen Bewohner von fünftausend Wohnungen, das sind also nach dem statistischen Durchschnitt in Berlin auf jeden Fall fünfzehntausend Menschen, in der Speer'schen Behörde vorbereitet sind. Das heißt, es ist nach den Karteien über die von Juden bewohnten Wohnungen entschieden, welche Wohnungen im Rahmen dieser dritten Wohnungsräumaktion zu räumen sind. Und dieser Auftrag geht nicht an die Jüdische Kultusvereinigung, sondern unmittelbar an die Gestapo, denn es war der Auftrag für die Deportationen. Und die Gestapo hat dann anhand der Wohnungen und der Namen der Hauptmieter, die Juden waren, nach den polizeilichen Registern ermittelt, welche anderen Juden in dieser Wohnung wohnen – Familienangehörige, Untermieter und so weiter. Damit war die Gestapo bis in den September hinein beschäftigt. Und dann ist es Himmler, der in einem Gespräch mit Hitler um den 16./17. September 1941 die Zustimmung zu den Deportationen erhält. Wohin, war auch zu dem Zeitpunkt noch nicht ganz klar. Himmler berät dann mit seinen Höheren SS- und Polizeiführern, und die Entscheidung fällt, dass der erste Schub der Deportationen, einschließlich der Deportationen aus Berlin, zunächst in das Ghetto Litzmannstadt in Polen, in die Stadt Łódź, durchgeführt werden soll. Der Räumauftrag der Speer'schen Behörde über diese fünftausend Wohnungen lieferte der Gestapo viel mehr Menschen zur Deportation aus als in den ersten vier Deportationen, das waren etwa viertausend Menschen, die nach Łódź deportiert wurden ins Ghetto. Und er umfasst auch die Deportationen im November 1941 und im Januar 1942, wahrscheinlich auch die Deportationen im März und April 1942 aus Berlin. Das heißt, diesen einen Auftrag von August 1941 arbeitet die Gestapo ab durch Deportationen bis April 1942. Und in der Chronik gibt es eine Eintragung von November 1941, in der es heißt, dass Speer eine weitere Großaktion der

Räumungen in Auftrag gegeben hat; dies ist der Auftrag Speers an die Berliner Gestapo, also innerhalb des Apparats des Reichssicherheitshauptamts, sämtliche Wohnungen von Juden zu räumen. Diesen Deportationsauftrag wiederum arbeitet die Gestapo durch Deportationen von Juni 1942 bis Februar und März 1943 ab, einschließlich der Deportationen der zwangsbeschäftigten Juden, die in Berlin Opfer der »Fabrikaktion« wurden, also einer Großrazzia in den Betrieben und parallel straßenweisen Razzien, die ab November 1942 in Berlin durchgeführt wurden, Wohnung für Wohnung.

BRELOER: Was musste Speer davon wissen? Kann es sein, dass das alles der Hettlage, der Clahes und so weiter für ihn machten? Und der Speer, idealistisch gesonnener Künstler, wie er schreibt, denkt nur an seine Bauten? Woher wissen Sie, dass er genau weiß, was er tut?

SUSANNE WILLEMS: Erstens hat Wolters es in der Chronik aufgeschrieben, man konnte nur diese Passagen bisher nicht eindeutig interpretieren. Speer wusste, bei wem er die Wohnungsräumungen in Auftrag gibt: bei der Gestapo.

BRELOER: Macht er das selber, oder macht das beispielsweise Hettlage? Wer telefoniert?

SUSANNE WILLEMS: Das weiß ich nicht. Doch auch wenn ich nicht weiß, auf welchem Weg und auf welcher Ebene zwischen den beiden Behörden die Befugnis lag – in jedem Fall bleibt der Leiter dieser Behörde verantwortlich für das, was seine Behörde macht.

BRELOER: Das ist juristisch und allgemein – ich will aber die Person Speer verstehen. Wo ist der Punkt, an dem Sie ihm anhand der Akten nachweisen können, dass er wusste: Was er da macht, ist kriminell?

SUSANNE WILLEMS: Speers Politik ist seit September 1938 in verschiedenen Graden kriminell, und sie wird insgesamt immer verbrecherischer. Speer gibt Aufträge an die Gestapo zur Räumung von Tausenden von Wohnungen; die Gestapo arbeitet insgesamt über anderthalb Jahre, um Speers Räumaufträge aus dem Jahr 1941 durch Deportationen zu erfüllen. Im Jahr 1941 wusste Speer sehr genau, dass er Deportationen in Auftrag gibt. Und nachdem er am 9. Februar zusätzlich zu seiner Funktion als Generalbauinspektor auch Minister für Bewaffnung und Munition geworden ist, weiß er auch, da ja im Laufe des Jahres 1942 die Konzentrationslager eingebunden sind in das System der Rüstungswirtschaft, dass nur die Arbeitsfähigen in den Konzentrationslagern eine vorübergehende Chance haben, ihr Leben zu erhalten.

Er möchte aber aus Berlin alle Bewohner von Wohnungen deportiert sehen – und das sind außer den Arbeitsfähigen auch alte Menschen und kleine Kinder.

BRELOER: Die Gaskammern von Auschwitz. Da gibt es diese Akte …

SUSANNE WILLEMS *(liest)*: 28. Oktober 1942.[9]

BRELOER: … in der im Detail aufgeführt ist, wofür Speer beim Ausbau von Auschwitz die Kontingente bewilligt. Dort heißt es ausdrücklich, und das ist ein interessantes Wort: »Vorhaben des Kriegsgefangenenlagers Auschwitz (Durchführung der Sonderbehandlung)«.

SUSANNE WILLEMS: Das heißt zweifelsfrei Mord. Also Massenmord.

BRELOER: Das wird in der Behörde Speer genehmigt.

SUSANNE WILLEMS: Speer hat ja in den Tagen nach dem 9. Februar innerhalb von wenigen Wochen sämtliche Funktionen seines Vorgängers Todt übernommen, darunter auch die des Generalbevollmächtigten für die Regelung der Bauwirtschaft, und es ist Speers Ministerium, das bei der Zuweisung von kontingentierten Baumaterialien das Sagen hat. Und dieses ist die Aufstellung vom 28. Oktober 1942. Die politische Entscheidung teilt Speer am 15. September in einer Sitzung dem Chef des Wirtschafts- und Verwaltungshauptamtes der SS, Oswald Pohl, mit, der darüber an Himmler berichtet. Sie sehen das hier gleich an der Tagesordnung: Punkt 1 auf der Tagesordnung der Beratung, an der Speer persönlich teilgenommen hat, ist die Vergrößerung des Barackenlagers Auschwitz.

BRELOER (liest): »Reichsminister Prof. Speer hat die Vergrößerung des Barackenlagers Auschwitz im vollen Umfang genehmigt und ein zusätzliches Bauvolumen für Auschwitz in Höhe von 13,7 Millionen Reichsmark bereitgestellt.«[10] Was passierte in Auschwitz?

SUSANNE WILLEMS: Der Massenmord an den nicht arbeitsfähigen Deportierten. Und die Interessenlage, aus der heraus Speer diese Bewilligung macht, hat auch zu tun mit seiner Funktion als Generalbauinspektor, als der er die Wohnungsräumungen in Berlin in Auftrag gegeben hat. Speer hatte seit Anfang 1942 ein Problem: Die Deportationen stagnierten, weil er in Widerspruch geraten war mit der Arbeitsverwaltung und den Rüstungsbetrieben, die ihre zwangsbeschäftigten Juden behalten wollten, weil sie ja die Rüstungsaufträge erfüllen mussten. Und so sehr auch Speer Sauckel durch Europa schickte, zwangsweise Menschen zur Arbeit zu verschleppen, das genügte im Jahr 1942 nicht. Und es ist eine Art architektonisches Modell aus dem

Kopf eines Architekten, das Speer dann in die Lage versetzt, in einem noch größeren Verbrechen diesen Widerspruch, den er in seiner Person vereinigt, aufzulösen: Als Generalbauinspektor ist er an der Räumung der Wohnungen interessiert. Jung, alt, arbeitsfähig, nicht arbeitsfähig – die Wohnungen müssen geräumt werden, und zwar alle. Als Rüstungsminister will er natürlich alle Arbeitskräfte an Betriebe binden, am besten zu schlechtesten Bedingungen als Zwangsbeschäftigte. Diesen in seiner Person stattfindenden Konflikt überwindet Speer durch Expansion des Verbrechens. Durch diese politische Entscheidung, die Pohl am 15. September 1942 von Speer in einer Sitzung mitgeteilt bekommt, Auschwitz zu einer Drehscheibe zu machen, wo von den deportierten Juden aus Berlin genauso wie aus allen Ländern unter deutscher Herrschaft die arbeitsfähigen selektiert und in den industriellen Arbeitsprozess zurückgeführt werden, verliert Speer statistisch keinen Rüstungsarbeiter. Die nicht arbeitsfähigen Deportierten umzubringen ist Bedingung dieses selben Projekts. Und das genau stützt Speer politisch und finanziell.

BRELOER: Sie sagen: Speer wusste, was in Auschwitz geschah – Völkermord.

SUSANNE WILLEMS: Ja.

BRELOER: Woher wissen Sie das?

SUSANNE WILLEMS: Weil die Politik, die er macht, genau dies zur Bedingung hat. Also der Völkermord ist die Bedingung der sozusagen statistischen Reintegration der deportierten Arbeitsfähigen in den Arbeitsprozess.

BRELOER: Es gibt diese Rede in Posen,[11] wo Himmler über den Völkermord spricht, und da spricht er ja auch Speer direkt an.

SUSANNE WILLEMS: Speer ist im Nürnberger Prozess die Lüge abgenommen worden, er hätte bis März 1943 um die zwangsbeschäftigten Juden gekämpft. Deshalb hat man auch lange gedacht, man müsste ihm die Beteiligung an dem Auftritt Himmlers in Posen nachweisen, um ihm nachzuweisen, dass er Kenntnis von den Verbrechen hatte. Das ist nur auf Grund der Lüge ein plausibler, sehr später Zeitpunkt. Speer war beteiligt an den Gesprächen, die vom 20. bis 22. September [1942], also eine Woche nach dieser politischen und finanziellen Zustimmung zum Ausbau von Auschwitz, mit Himmler, mit Hitler und Goebbels stattfanden. Und in diesen Tagen liegt die dann berichtete Auffassung Hitlers, dass jetzt Schluss ist mit dem Austauschprogramm, die Juden

Zusammenstellung

der Bauvorhaben Kriegsgefangenenlager Auschwitz
(Durchführung der Sonderbehandlung)

Bauwerke	Gesamtbaukosten	Im 3.K.W.J. zu verbau- ende Summe	Überhang ins 4.K.W.J.
1) Unterkunfts-,Effekten-,Wasch-, Abort- u.Wirtschaftsbaracken, Wach- und Kommandanturgebäude, Lagerhaus,Entwesungsanlage, Drahtzaun,Krematorien u.Leichen- hallen,Heiz- und Kochkessel	9.225.300,-	5.326.000.-	3.899.300,-
2) Wasserversorgungsanlage	800.000,-	150.000.-	650.000,-
3) Entwässerungsanlage	1.000.000,-	160.000,-	840.000,-
4. Gleisanschluss	600.000,-	-	600.000,-

14) **Kochkessel und Heisöfen:**
216 Stück "Kaliba" Kochkessel je
3oo Ltr. Inhalt liefern und
aufstellen
Kosten für 1 Stück: RM 2ooo,-
216 x 2ooo,oo = 432.000,-
25o8 Stück Heisöfen liefern
und aufstellen
Kosten für 1 Stück: RM 2oo,-
25o8 x 2oo,oo = 5o1.600,-
Für Ofenrohre, Bleche
usw. 16.4oo.- 950.000,-

15 a) **Krematorium I u. II.**
(55,50 x 12,00 + 12,00 x 1o,oo)
x 3,5o x 2 = 5.5o2,oo m³
unterkollerter Teil:
13,7o x 12,00 x 2,6o x 2 = 855,oo "
Leichenkeller 1 :
3o,8o x 8,o2 x 2,6o x 2 = 1.284,oo "
Leichenkeller 2 :
5o,oo x o,95 x 2,44 x 2 = 2.184,oo "
Krematorium III u. IV:
(4o,25 x 12,85 + 4,5o x 4,oo)
3,8o x 2 d 4.849,oo "
14.674,oo m³

Übertrag RM 7.485.3oo,-

werden unter allen Umständen deportiert. Und Speer hat versucht, das nach dem Krieg so zu deuten, dass er dagegen war und dann Goebbels und Hitler übernahmen.[12] Die Analyse der erhaltenen Dokumente und die Analyse der Politik, die Speer seit September 1938 betrieben hat, zeigt, dass die sich einig waren. Es war Speer, der seit September 1940 auf Deportationen gedrängt hat, Speer ist derjenige, der die brutalste Verfolgung der Juden, ihre Deportation, die Auslieferung an die Gestapo und an das Konzentrations- und Vernichtungslagersystem Himmlers, in die Ghettos, wo die Überlebenschancen gering waren, Ghettos, die im Jahr 1942 geräumt wurden und deren Bewohner in

Vernichtungszentren abtransportiert wurden – Speer ist derjenige, der
das alles will und immer mit einem so vernünftig klingenden und deshalb leicht vertretbaren Interesse verbinden kann.

BRELOER: Für Sie ist er einer der großen Verbrecher des »Dritten Reichs«?

SUSANNE WILLEMS: Ja, sicher.

BRELOER: Welcher Satz zeigt Ihnen, dass er vom Völkermord wusste?

SUSANNE WILLEMS: In diesem Dokument steht ja drin, dass Krematorien und Leichenkeller gebraucht wurden, Drahtzäune, Wachtürme …

BRELOER: Und ich sehe hier: vier Leichenhallen, zehn Stück Dreimuffel-
öfen, zwei Stück Achtmuffelöfen, das waren die Verbrennungsöfen –
das waren ungeheure Verbrennungskapazitäten, die gar nicht mehr
mit natürlichem Sterben zusammenhängen konnten.

SUSANNE WILLEMS: Nein, natürlich nicht – diese Krematorien hatten Ka-
pazitäten von mehreren tausend Menschen am Tage. – Sie haben nach
dem Satz gefragt, der das Wissen nachweist. Ich sage: Die Analyse der
Politik Speers sagt das. Bei dieser Zusammenstellung der einzelnen Positionen der für den Ausbau von Auschwitz bewilligten Gelder sind neben den Krematorien mit unterkellertem Teil, das sind die Gaskammern, und zwar vier Krematorien zusätzlich, und den Leichenkellern
auch unter der Position 16 die Entwesungsanlagen, erstens für die »Sonderbehandlung« und zweitens für die Wachtruppe. Entwesungsanlagen braucht man natürlich auch für Kleidung, hier steht unter Punkt
»16 a: Entwesungsanlage«: »1. für Sonderbehandlung Grundfläche: …
1000 m²«, das kann ein Architekt sich vorstellen, was das für Gebäude
sind, »Gebäudehöhe: 6,20« Meter – selbst eine Großreinigung braucht
das nicht. Die Entwesungsanlage für die »Sonderbehandlung« war ein
Teil der Ausstattung, die Unterkellerung der Krematorien, sprich die
Gaskammern, der andere, die Auschwitz zum Ort des Völkermords
machten, an dem die Deportierten selektiert wurden: die meisten zur
sofortigen Vernichtung in die Gaskammern, zur Vernichtung durch
Arbeit die anderen. Die wurden dann durch die Entwesungsanlage, die
»Zentrale Sauna«, geschleust, alles Persönlichen beraubt, desinfiziert
und registriert als Sklavenarbeiter für den Rest ihrer Lebenszeit.

BRELOER: Jetzt könnte Speer sagen: ›Das habe ich nie in der Hand gehabt.‹

SUSANNE WILLEMS: Aber als guter Architekt verlangte er eine Fundierung
aller Berechnungen in Einzelpositionen; was er Pohl vom Reichssi-
cherheitshauptamt am 15. September 1942 zugesagt hatte, war nicht
nur ein zusätzliches Bauvolumen von 13,7 Millionen Reichsmark, son-

dern es heißt hier: »Dieses Bauvolumen umfaßt die Aufstellung von rd. 300 Baracken mit den erforderlichen Versorgungs- und Ergänzungsanlagen.« Und »Ergänzungsanlagen« schließt die Vernichtungseinrichtungen, den Bau dieser Gaskammern und Krematorien mit ein. Ich habe keinen Zweifel, dass Speer wusste, wofür er die Gelder bereitstellte.

BRELOER: Wie stellt sich überhaupt die Zusammenarbeit zwischen Speer und der SS über die Jahre dar?

SUSANNE WILLEMS: In Berlin jedenfalls nehmen die Vertreter des Reichssicherheitshauptamtes und die Berliner Gestapo die Aufträge von Speer entgegen. Das entfaltet ein etwas anderes Bild von der Arbeitsweise dieses Nazistaats: Eine bis dahin ja unverdächtige Sonderbehörde für den Hauptstadtbau gibt Aufträge an die Gestapo, die insgesamt fünfzigtausend Juden in Berlin dem Völkermord ausliefert. Das ist neu. Und wenn Speer Mitte September 1942 der SS anbietet, Rüstungsbetriebe in eigener Regie zu übernehmen oder auf der grünen Wiese neu zu bauen, dann ist er derjenige, der in seiner Eigenschaft als Rüstungsminister der SS ein Angebot macht, in die Rüstungswirtschaft einzusteigen.

BRELOER: Aber er sagt es doch immer: ›Der Himmler will eine eigene Rüstungswirtschaft, das muss ich verhindern. Ich setze durch, dass die KZ-Arbeiter nur an vorhandene Betriebe herangeführt werden.‹

SUSANNE WILLEMS: Aber hier steht es anders. Pohl berichtet Mitte September 1942 an Himmler einen ganz anderen Vorschlag Speers: Der erste Punkt dieser Besprechung war der Ausbau von Auschwitz, der zweite Punkt die Übernahme von geschlossenen Rüstungsaufgaben größten Ausmaßes durch die Konzentrationslager. Und zu diesem zweiten Besprechungspunkt steht hier: »Alle Beteiligten waren sich einig, dass die in den Konzentrationslagern vorhandene Arbeitskraft nunmehr für Rüstungsaufgaben von Großformat eingesetzt werden müsse.« Da sitzt nicht irgendwer am Tisch, sondern Speer, der Rüstungsminister des »Dritten Reichs«. – »Die Übernahme großer geschlossener Rüstungsaufgaben durch uns setzt freilich voraus, daß wir uns von einem Grundsatz freimachen. Wir dürfen nicht mehr engstirnig darauf bestehen, daß alle Fertigungen in unsere Lager hinein verlegt werden müssen. Solange wir uns mit sogenanntem Kleckerkram, wie Sie, Reichsführer« – Pohl berichtet an Himmler –, »unsere bisherigen Arbeiten in Folge ihres geringen Umfanges ganz richtig bezeichnet haben, beschäftigt haben, konnten wir diese Forderungen mit Recht erheben. Wenn wir morgen« – und das ist jetzt nach dem Ge-

spräch Pohls mit Speer –, »morgen aber ein geschlossenes Rüstungs-
werk mit 5 oder 10 oder 15 tausend Häftlingen übernehmen wollen,
so ist es unmöglich, ein solches Werk intra muros« – innerhalb der
Mauern des KZs – »zu errichten. Es muß, wie Reichsminister Prof.
Speer es richtig bezeichnete, auf der grünen Wiese liegen. Dann wird
ein elektrischer Zaun herum gespannt, das bisher leere Werk wird mit
der erforderlichen Anzahl Häftlinge durch uns bemannt und läuft als-
dann als SS-Rüstungsbetrieb. [...] Reichsminister Prof. Speer will auf
diese Weise« – also nicht Pohl, sondern Reichsminister Prof. Speer! –
»kurzfristig den Einsatz von zunächst 50 000 arbeitsfähigen Juden in
geschlossenen vorhandenen Betrieben mit vorhandenen Unterbrin-
gungsmöglichkeiten gewährleisten. Die für diesen Zweck notwendigen
Arbeitskräfte werden wir in erster Linie in Auschwitz aus der Ostwanderung abschöpfen, damit unsere bestehenden betrieblichen Einrichtungen durch einen dauernden Wechsel der Arbeitskräfte in ihrer
Leistung und ihrem Aufbau nicht gestört werden. Die für die Ostwanderung bestimmten arbeitsfähigen Juden werden also ihre Reise unter-
brechen und Rüstungsarbeiten leisten müssen.«[13]
BRELOER: Übersetzen wir, was das heißt, »Ostwanderung«.
SUSANNE WILLEMS: Das heißt Deportation aus Westeuropa.
BRELOER: Diese »Reise« wird unterbrochen, indem sie in irgendeinen
    KZ-Betrieb kommen, bis sie dort durch Arbeit vernichtet sind oder
    aber weiter nach Osten transportiert werden. Das hat Speer bei dieser
    Konferenz gehört.
SUSANNE WILLEMS: Das hat er nicht nur gehört; Pohl unterscheidet sehr
    genau zwischen seiner eigenen Zusammenfassung und dem, was Speer
    selbst gesagt hat: »Reichsminister Prof. Speer will auf diese Weise kurz-
    fristig den Einsatz von zunächst fünfzigtausend arbeitsfähigen Juden
    gewährleisten.«

Vor Ort: Berlin
*Vor dem Haus des Deutschen Städtetages, Straße des 17. Juni
(ehemals Ost-West-Achse)*

BRELOER: Was war in diesem Gebäude?
SUSANNE WILLEMS: Hier saß die Durchführungsstelle für die Neuge-
    staltung der Reichshauptstadt, später das Hauptamt Verwaltung und

Wirtschaft unter Leitung von Professor Karl Maria Hettlage, das war die Abteilung in der Speer'schen Behörde, die sämtliche Karteien über die von Juden in der Stadt bewohnten Wohnungen und über die von Juden vermieteten Räume führte und die anhand dieser Karteien Wohnungsnachweise erstellte, um ihre mietberechtigte Klientel zu bedienen, die sich Wohnungen in der Stadt aussuchte. Wenn räumungspflichtige Mieter Doppelkarten erhielten mit der Kündigung und die Doppelkarte mit ihrem Wohnungswunsch zurücksandten, wurden die hierher geschickt. Wenn Mietberechtigungsscheine ausgestellt und abgeholt wurden, kamen die Menschen hierhin, Westflügel des Hauses des Deutschen Gemeindetags, Eingang Salzufer.

Breloer: Mit wie vielen Mitarbeitern hat diese Abteilung die Stadt nach Judenwohnungen durchkämmt?

Susanne Willems: Das Hauptamt Verwaltung und Wirtschaft hatte Ende 1941 und im Jahr 1942 mehrere hundert Mitarbeiter. Und es war in der Stadt auch die bekannte Stelle, an die man sich wenden musste, wenn man seine Wohnsituation verbessern wollte. Das heißt, auch die Direktoren aus der Industrie, die Ministerialbeamten, die Diplomaten, für die das Auswärtige Amt Wohnungen suchte, wandten sich an Speers Vertreter Hettlage im Hauptamt II der Generalbauinspektion. Und das war hier.

Breloer: Hier hatte man die Adressen, Tausende von Karteikarten. Wie sah die Zusammenarbeit mit der Gestapo aus?

Susanne Willems: Hier lag das Erfassungsmaterial über Wohnungen, auf das die Gestapo angewiesen war, um Wohnung für Wohnung die Juden aus Berlin zu deportieren. Ohne dieses Erfassungsmaterial hätte die Gestapo anhand der polizeilichen Melderegister selbst eine Auswahl unter mehr als fünfzigtausend Menschen treffen müssen. Und es war die Behörde Speers, die durch die Auswahl von fünftausend Wohnungen im August 1941 aus ihren Karteien zehn- bis zwölftausend Juden zur Deportation bestimmte. Diejenigen, die zwischen Mitte Oktober 1941 und April 1942 in dreizehn Massentransporten aus Berlin deportiert wurden in die Ghettos in Łódż (Litzmannstadt), nach Kowno, nach Minsk und nach Riga und im März und April 1942 in den Distrikt Lublin und in das Ghetto Warschau. Speer beauftragte von hier aus die Gestapo.

Breloer: Wusste man hier, was mit den Menschen dort geschah?

Susanne Willems: Keiner von diesen Menschen kehrte zurück, und die Briefkontakte brachen ab.

BRELOER: Ob Speer und Hettlage wussten, wo die Menschen hinkamen, die sie aus Berlin weg verwalteten?

SUSANNE WILLEMS: Die wussten, dass sie in den Osten deportiert werden würden, sie wussten auch vielleicht genau, in welche Städte. Sie mussten auf jeden Fall sicherstellen, dass diese aus Berlin deportierten und von der Speer'schen Behörde wohnungslos gemachten Menschen niemals zurückkehren würden, denn dann wäre das Ziel dieser Wohnungsräumungen verfehlt worden.

BRELOER: Wenn von hier die Aktionen gestartet wurden, zunächst noch ganz normal mit Briefzustellung, und die Leute tauchten unter, weil sie wussten: Jetzt kommt die Gefahr – was machte man dann?

SUSANNE WILLEMS: Zunächst war die Mitteilung, die die Jüdische Kultusvereinigung auf Verlangen der Gestapo an Juden in Berlin weiterleiten musste, die Kündigungsanordnung, das existenzbedrohende Warnsignal für die Menschen. Und von da an versuchten die Menschen, von der Deportation zurückgestellt zu werden.

BRELOER: Und wenn es dann so weit war – wurden sie abgeholt? Wie sah das rein praktisch aus?

SUSANNE WILLEMS: Das wandelte sich im Laufe dieser anderthalb Jahre der Wohnungsräumungen für die Deportationen. Anfangs wurden Menschen von Polizeibeamten und Gestapo abgeholt. Dann gab es eine Zeit, wo die Menschen, nachdem sie diese Kündigungsanordnung erhalten hatten, nachdem sie ihre Vermögenserklärungen erneuert hatten, mit der Zuteilung der Transportnummer durch die Gestapo die Aufforderung erhielten, sich zu einem bestimmten Zeitpunkt im Sammellager Levetzowstraße einzufinden mit den vorgeschriebenen fünfzig Kilogramm höchstens an Gepäck. In einer späteren Phase, nämlich genau ab November 1942, wurde das Berliner Gestapopersonal ausgetauscht, und unter dem Eichmann-Schergen Alois Brunner begannen straßenweise Razzien. Und diese wurden abgeschlossen durch die »Fabrikaktion« als letzte Aktion zur Massendeportation. Das war im Februar/März 1943.

BRELOER: Also man ging mit den Listen von Speer hin, sperrte eine Straße ab, stürmte die Häuser und holte die Leute raus?

SUSANNE WILLEMS: Richtig. Das heißt, zu Beginn der Deportationen im Oktober 1941 stand das bürokratische Erfassungssystem durch die Gestapo vor dem polizeilichen Zugriff auf die Menschen. Ab November 1942 wurde der polizeiliche Zugriff auf die Menschen durch Straßenrazzien und die Fabrikrazzien vorgezogen und dann in dem neu eingerichteten Sammellager Große Hamburger Strasse die bürokratische Erfassung nachgeholt.

BRELOER: Was hat es auf sich mit diesem Dokument?

SUSANNE WILLEMS: Auch ich habe nach den Fingerabdrücken der Speer'schen Behörde in den Akten der Deportierten gesucht. Beim Oberfinanzpräsidenten wurden Vermögenserklärungen gesammelt, die die Juden vor ihrer Deportation noch ausfüllen mussten, damit der Finanzbehörde die Verwertung des Vermögens erleichtert wurde. Diese Vermögenserklärungen sind gekennzeichnet: Bei den ersten dreizehn Transporten, die hier aus Grunewald abgefertigt wurden, mit einem Kürzel für die Kündigungsanordnung der Speer'schen Behörde, gefolgt von der Transportnummer der Deportierten.

BRELOER: Ich sehe eine römische Drei …

SUSANNE WILLEMS: Für »Dritte Aktion«.

BRELOER: Dann sehe ich ein »Ka« …

SUSANNE WILLEMS: Für »Kündigungsanordnung«.

BRELOER: Vier-drei-sieben.

SUSANNE WILLEMS: Die laufende Nummer der Wohnung.

BRELOER: Sieben-neun-vier-acht.

SUSANNE WILLEMS: Das ist eine Transportnummer, die ist personenbezogen und wurde von der Gestapo vergeben.

BRELOER: Und welches Geheimnis steckt dahinter?

SUSANNE WILLEMS: Dieses Kürzel für die Kündigungsanordnung verweist auf die Karteiauszüge, die in Speers Behörde gemacht und der Gestapo übergeben wurden, das verweist auf insgesamt fünftausend Wohnungen, die geräumt wurden. Dieses Kürzel verweist auf eine Wohnung, nämlich auf die Wohnung der Juden Bendix in der Schwäbischen Straße 9 in Schöneberg.[14] Und die Kennzeichnung der Wohnung ist hier identisch, die Kennzeichnung der Personen, die die Gestapo durch die Transportnummer vornahm, ist verschieden.[15]

BRELOER: Was beweist das?

SUSANNE WILLEMS: Das ist die Spur in den Akten von Speers Verantwortlichkeit für die Auswahl von insgesamt 45 000 Berliner Juden zur Deportation, und sie wurden in den Ghettos und Vernichtungslagern im Osten und in Theresienstadt, das Transitstation für das Vernichtungslager Auschwitz war, ermordet. Dies hier bezieht sich auf die

»Dritte Aktion«, das ist die Auswahl von etwa 13 000 Berliner Juden zur Deportation durch Speers Behörde, durch die Auflistung und Kündigungsanordnung des Generalbauinspektors über fünftausend Wohnungen von Berliner Juden im August 1941. Das ist der Beweis.

Bahnhof Grunewald

Susanne Willems: Wir befinden uns hier am Bahnhof Grunewald in Berlin, dem Bahnhof, wo ab 18. Oktober 1941 die Massendeportationen von Berliner Juden abgefertigt wurden. In Sonderzügen der Reichsbahn jeweils etwa tausend Deportierte, die vom 18. Oktober 1941 bis jedenfalls Ende Januar 1942 in zehn Transporten vom Bahnhof Grunewald deportiert wurden, wahrscheinlich auch die mehr als dreitausend Opfer der Transporte im März und April 1942 in den Distrikt Lublin und in das Ghetto Warschau. Für die Deportierten hieß das, sie mussten zumeist zu Fuß in den Wintermonaten vom Sammellager Levetzowstraße diesen zehn bis fünfzehn Kilometer außerhalb liegenden Ort erreichen, sie wurden von der SS durch die Stadt hierher getrieben.

Breloer: Ich lese Ihnen mal vor, was Albert Speer schreibt: »Wenn ich an das Schicksal der Berliner Juden denke, überkommt mich ein unabweichliches Gefühl des Versagens und der Unzulänglichkeit. Oft sah ich bei einer täglichen Fahrt in mein Architekturbüro und seit dem Februar 1942 auf dem Weg in mein Ministerium von der Avus aus auf dem nahegelegenen Bahnhof Nikolassee Menschenmassen auf dem Bahnsteig. Ich wußte, daß es sich um die Evakuierung der Berliner Juden handeln mußte. Sicher überlief mich für diesen Augenblick des Vorbeifahrens ein bedrückendes Gefühl, vermutlich hatte ich das Bewußtsein düsterer Vorgänge.«[16]

Susanne Willems: Die »düsteren Vorgänge«, auf die Speer Bezug nimmt, sind die Wohnungsräumungen, die er selbst in Auftrag gegeben hatte im August 1941. Und die Menschenmengen von Berliner Juden, die der Gestapo zur Deportation ausgeliefert waren, das waren diejenigen, die von hier von Oktober '41 bis April '42 deportiert wurden. Speer schreibt »Bahnhof Nikolassee«; wir stehen hier am Bahnhof Grunewald, wo die Züge tatsächlich abgefertigt wurden.

Breloer: Ich kann mir nicht vorstellen, dass man das hier von der Avus aus sehen kann.

SUSANNE WILLEMS: Ich auch nicht.

BRELOER: Warum schreibt er so etwas?

SUSANNE WILLEMS: Speer schreibt dies in dem spätesten Buch *Der Skla-venstaat*, seiner angeblichen Auseinandersetzung mit der SS, und es klingt wie ein aufgeschriebener Pflichtsatz, um irgendwo in seinem Lü-gengebäude die Ahnung, die er angeblich nur gehabt hat von den Deportationen der Berliner Juden und von deren Schicksal in den Ghettos und Vernichtungslagern, zu verankern. Möglicherweise war es ganz anders, als er es da aufgeschrieben hat, und es mögen ihn Zweifel überkommen haben ob der Folgen seiner eigenen Anordnung.

Breloer: Es passt in das Bild eines Parzival, der durch Berlin geht, Menschenmassen sieht und etwas ahnt. So viel will er uns zugeben: Er hat es geahnt, aber das ist seine Schuld, dass er weggesehen hat an dem Tag von der Avus aus. – Er hat weder weggesehen, noch war es hier, er hat es sich einfach später ausgedacht, weil es zu der Figur passte, die er …

Susanne Willems: Ja. Er musste die Lüge verankern in dieser letzten Darstellung seiner angeblichen Auseinandersetzung mit der SS, die in Wirklichkeit sein Auftragsempfänger war, was die Räumungen von Berlin angeht.

Breloer: Dass er glaubte, damit durchzukommen …

Susanne Willems: Er ist ja zu lange Zeit damit durchgekommen.

Breloer: Kann man denn von der Avus aus den Bahnhof Nikolassee sehen? Könnte er das verwechselt haben?

Susanne Willems: Das ist möglich, dass man den Bahnhof Nikolassee sehen kann, der liegt höher. Aber diese Gleisanlagen hier sind schwerlich einsehbar von den Parallelstrassen und auch nicht von der Avus.

Breloer: Und von Nikolassee waren keine Abtransporte?

Susanne Willems: Nein.

Breloer: Er schreibt: »Oft sah ich bei meinen Vorbeifahrten …« Wie viele Transporte gab es denn in den zwei, drei Jahren? Dreißig? Hundert?

Susanne Willems: Dreizehn.

Breloer: »Oft sah ich …« – bei den Zufallsfahrten, wenn er überhaupt mal hier vorbeikam. Das ist ja grotesk.

Susanne Willems: Ja. Daran erkennt man die Lüge.

Der Architekt und Soziologe

Werner Durth

Architekt und Stadtplaner, Professor für Geschichte und Theorie der Architektur an der Technischen Universität Darmstadt. Autor unter anderem von: *Deutsche Architekten. Biographische Verflechtungen 1900–1970* (1986) und *Träume in Trümmern. Planungen zum Wiederaufbau zerstörter Städte im Westen Deutschlands 1940 bis 1950* (1988, zusammen mit Niels Gutschow).

»… dieses völlig konkurrenzorientierte Übertrumpfungsgehabe«

Als junger Wissenschaftler hat Werner Durth noch viele von Speers Architekten, die an der »Neugestaltung« der Reichshauptstadt Berlin mitgearbeitet und sich im Wiederaufbaustab bombenzerstörter Städte betätigt hatten, kennen lernen und befragen können – zum Teil berühmte Männer, die das Baugeschehen der Nachkriegszeit in der Bundesrepublik geprägt haben.

Über diese Kontinuitäten in den Biografien wie, daraus folgend, in der Architekturtheorie und -praxis deutscher Baumeister wollte ich Werner Durth befragen. Denn ich hatte vor, eine Szene zu schreiben, in der bei einem Treffen der alten Berliner Freunde mit Rudolf Wolters im Düsseldorf der fünfziger Jahre so etwas wie eine verdichtete Bestandsaufnahme erfolgt: ihre Arbeiten für die neue Demokratie, ihr Umgang mit vereinzeltem Protest gegen die Seilschaften, ihr etwas melancholischer Rückblick auf eine große, scheinbar unendlich weit zurückliegende Zeit.

So trafen wir uns während der Dreharbeiten in den Bavaria-Studios und haben unser Gespräch über Hitlers Architekten aufgezeichnet. Dem Autor/ Regisseur ging es immer erst einmal darum, die Biografie einer Figur, des fragwürdigen Helden seines Films, zu erforschen und dem Zuschauer nahe zu bringen; der Wissenschaftler dagegen legte größten Wert auf die Zusammenhänge, in denen alle Beteiligten agierten – ein hoffentlich für den Leser fruchtbar gemachter, nur scheinbarer Interessenkonflikt. Werner Durth jedenfalls hat durch sein schnell reagierendes, klares und eindrückliches Formulieren das Gespräch für mich angenehm und lehrreich gemacht.

Eine Kernfrage dabei war: Was konnten all diese hoffnungsvollen, so überaus privilegierten jungen Architekten, die da im Berlin des Jahres 1938 ihre maßlosen Träume träumten, von der finsteren Zukunft sehen, deren Teil sie schon waren?

Breloer: Als Speer und Hitler zusammentrafen – was passte da zusammen? Wie war Speer auf Hitler vorbereitet? Was sah Hitler in Speer?

Werner Durth: Ich denke, dass dabei zwei Fähigkeiten Speers zusammenkamen, die Hitler vielleicht gespürt hat: zum einen ein unglaubliches Organisationstalent – auf Ereignisse präzis zu reagieren, energisch Druck zu machen, kurzfristig Abläufe zu koordinieren, aber auch auf längere Zeiträume hin zu planen; und zum anderen dieses ungeheure inszenatorische Vermögen. Zuerst hatte Speer ja für Goebbels die Einrichtung seines Ministeriums entworfen,[1] dann folgten diese legendären Inszenierungen der Reichsparteitage – das waren ja schon alles Probestücke gewesen.[2] Er selber hat sich mal als denjenigen beschrieben, der insbesondere die Logistik von Massenaufmärschen als komplizierte Abläufe innerhalb kürzester Zeit mit größtem Effekt hingekriegt hat, und ich glaube, dass es weniger das Architektonische war, was da zählte, als vielmehr diese anderen sekundären Fähigkeiten geschickter Inszenierung. Man muss sich in Erinnerung rufen, dass der Favorit Hitlers, der ältere Architekt Paul Ludwig Troost, der ja die ersten Ikonen der neuen Architektur des »Dritten Reichs« in München gebaut hatte, gerade gestorben war. Von daher war diese Position des Favoriten kurzfristig unbesetzt. Speer beschreibt selbst, dass er sich in

seiner zukünftigen Formensprache ganz stark an diesen Troost'schen
Entwicklungen orientiert hat. Das Faszinosum lag nicht so sehr im
architektonischen Vermögen als vielmehr im eher organisatorischen
Talent.

BRELOER: Als Speer seinen Entwurf für den Nürnberger Parteitag macht
und den zum »Führer« bringt, guckt der nur kurz darauf beim Pisto-
lenreinigen: »Genehmigt!«[3] Da hatte Speer anscheinend etwas erfunden, woraus Hitler erkennen konnte, was in ihm angelegt war. Was war
das Ihrer Meinung nach?

WERNER DURTH: Ich glaube, zwei Elemente. Das eine: das »Fahnen-
meer«, also die Erkenntnis, dass er mit Parteisymbolen arbeitete, die
gleichsam Architekturersatz wurden; dass er gleichsam eine sekundäre
Schicht über die jeweiligen Situationen legte. Und zweitens, das hat
mir ein Mitarbeiter von Speer genau beschrieben: dass er damit Per-
spektiven lenken konnte; wie er in diesem riesigen Zeppelinfeld die
Hinorientierung auf diesen kleinen, nur stecknadelkopfgroßen Füh-
rerauftritt durch diese Sekundärelemente hindurch visuell staffeln
konnte, sodass die gesamte Aufmerksamkeit auf diesen kaum sichtbaren Punkt hin zentriert wurde. Ich glaube, das sind solche fast filmi-
schen Elemente, mit denen Speer sehr gut umgehen konnte, und ich
würde seine Qualität als Architekt demgegenüber weit zurückstellen
wollen. Denn es waren ja doch oft nur Klischees, die da reproduziert
wurden – aber eben hoch effektvoll in Szene gesetzt.

BRELOER: Eine mittelmäßige Begabung als Architekt?

WERNER DURTH: Das möchte ich nicht beurteilen. Man weiß ja nie, was
wirklich er selbst geplant hat und was aus seinem Umfeld, was aus diesem Kreis hochbegabter Emporkömmlinge in seiner unmittelbaren
Umgebung kam. Das waren ja zumeist ganz junge Leute, die er in seine
Generalbauinspektion hineinholte – junge Leute, die an den besten
Hochschulen ausgebildet worden waren und die dann in den Strudel
der Arbeitslosigkeit geraten sind; die, voll gepumpt mit Ehrgeiz, nichts
zu tun hatten; Leute wie sein späterer Mitarbeiter Wolters, der nach Sibirien ging in der Hoffnung, im Fünfjahresplan Stalins zu großen Aufgaben zu kommen. Der entsetzt war über die Diskrepanz zwischen Anspruch und Wirklichkeit dieses Staates, der zwar Riesen-Pläne machte,
aber konkret an den Baustellen nichts voranbrachte. Er hat darüber ein
Buch geschrieben: *Spezialist in Sibirien*.[4] Diese jungen Leute kamen
dann aus den desaströsen Erfahrungen von 1929 bis 1933 wenige Jahre

später in eine hoch privilegierte Situation, in der sie im Umfeld Speers zeigen konnten, was sie alles gelernt hatten; zeigen, was sie können, und dabei natürlich hoch motiviert Speer zuarbeiteten. Deswegen ist für mich die Autorenschaft Speers immer mit einem gewissen Fragezeichen versehen.

BRELOER: Sie würden sagen, die berühmten Speer'schen Kandelaber[5] hat er vielleicht gar nicht selber gezeichnet?

WERNER DURTH: Auch das will ich so nicht beurteilen. Und das halte ich auch nicht für anrüchig, denn es ist in jedem großen Büro so, dass man für bestimmte Aufgabenfelder seine Spezialisten hat und dass sich die großen Büros bis heute mit dem Namensgeber des Büros – manchmal durch drei Generationen hindurch – auch in der Autorenschaft verbinden. Das Interessante ist – und das mag eine dritte besondere Begabung gewesen sein –, dass Speer sicher ein sehr großes Geschick hatte, sich dann auch für seine Aufgaben die richtigen Leute zu holen, wie sich gerade im späteren Verlauf ab 1943 zeigen wird, als es um den Wiederaufbau ging.

BRELOER: Speers Sohn hat uns gesagt: ›Architekten sind Huren. Die brauchen Bauherren.‹[6] Nun hatte Albert Speer einen sehr reichen Vater, er war finanziell gar nicht auf Hitler angewiesen. Er hat dann selbst eine Art Erweckungserlebnis beschrieben. Hat er geahnt, dass der Mann bauen wird, sehr viel bauen?

WERNER DURTH: Ich bin sicher, dass im Aufbruch dieses neuen Reiches mit starkem Staat für Opportunisten mit einigem Gespür schon früh zu sehen war, dass da Aufgaben kommen würden, die in der Weimarer Ära schlichtweg nicht möglich gewesen waren, zumindest nicht mit dieser rasanten Umsetzungskraft, mit der Partei und Staat gerade im Planen und Bauen ihre Ordnungsmacht zur Schau stellen wollten. Das beginnt mit dem Projekt der Reichsautobahn, das, seit Jahren schon in der Weimarer Ära vorbereitet, nie richtig zustande gekommen war, dann ab 1933 nach »Führerprinzip« unmittelbar auf den Weg gebracht und innerhalb kürzester Zeit auch realisiert werden konnte. Ich glaube, dass dieser Weltentwurf universeller Machbarkeit, der dort suggeriert worden ist, eine völlig andere Form der Bauherrschaft in Aussicht stellte als die Normalperspektive, sich mit privaten Bauherren ins Benehmen setzen und dann in der Banalität des Alltags bleiben zu müssen.[7]

BRELOER: So einem ehrgeizigen, begabten jungen Mann wird jetzt gesagt: ›Sie werden für mich bauen, wie man seit 4000 Jahren nicht mehr gebaut hat.‹ Wenn ein so mächtiger Mann, der immer mächtiger wird, einem 26-Jährigen so etwas sagt – wie muss das auf den wirken?

Werner Durth: Es liegt nahe zu sagen: als die große Verführung, die große Faszination. Das ist sicher richtig. Ich sehe es ganz bewusst aber auch von einer anderen, von der ganz materiellen Seite: Wo kamen diese jungen Leute her? Was hatten sie in den letzten Jahren, in der Wirtschaftskrise seit 1929, denn wirklich zu tun gehabt? Irgendwo umgebaut, Flickwerk, kleine Butzen verändert, um sich überhaupt über Wasser zu halten.[8] Und dann dieser Gedanke, nun in einem neuen, autoritären Staat sich auf Dauer existenziell absichern zu können, ich wiederhole: unter hoch privilegierten Bedingungen … Speer konnte in seiner GBI ab Januar 1937 einstellen, wen er wollte, zu Konditionen, die absolut unglaublich waren, geradezu fürstlich entlohnt. Und wenn den jungen Architekten nun auf einmal selber Zweifel kamen, ob das nicht überzogen war, was sie da machten, ließ Speer anfragen. Daraufhin kam die offizielle Antwort, dass der »Führer« selbst keine Berechnungen angestellt wissen wollte, weil man planen und bauen solle, als ob es keine Grenzen gäbe. Der Gedanke der völlig unerschöpflichen Verfügbarkeit von Arbeitskräften – und das heißt unterm Strich: von Arbeitssklaven – sowie über alle Materialien im eroberten Europa, aus den Steinbrüchen Skandinaviens bis sonst wohin sich alles herbeischaffen zu können, ohne dass man auf die Kosten schaut – das war und ist natürlich für Architekten völlig unvergleichbar mit allen anderen Auftragssituationen, die denkbar waren. Und dies alles in einer kollektiven Euphorie in einem ganz kleinen Kreis – und ich betone wieder: von Gleichaltrigen. Anfang dreißig, Mitte dreißig, viele noch Ende zwanzig, die an allen Planungsinstitutionen vorbei in der direkten Nähe Hitlers niemandem unterstellt waren, noch nicht einmal dem Bürgermeister von Berlin, nicht einmal dem Gauleiter Goebbels, sondern nur Hitler selbst verantwortlich. Und wenn irgendwas nicht funktionierte in der Rückvermittlung zur Baubehörde, konnten die jungen Leute ganz autoritär auftreten und das einfach verlangen. Einer der Stellvertreter Speers erzählte mir, dass ihre Gruppe den Spitznamen »Speers Kindergarten« hatte, weil diese Kollegen um genau eine Generation jünger, deutlich unter dem Durchschnittsalter all der angestammten Mitarbeiter und Behördenleiter der planenden Verwaltung Berlins waren. Dieses Selbstbewusstsein einer nachrückenden Gene-

ration, die sozusagen auf einen Schub schon die Wirklichkeit der übernächsten Generation gestalten sollte, das brachte natürlich neben allen materiellen Bedingungen auch eine ungeheure Identifikation mit
diesen Aufgaben mit sich, die auf Jahrzehnte hin angelegt waren.

BRELOER: Eine starke Droge natürlich, die aber auch den Blick auf die
Realität verstellte, auf das Machbare, auf die Ressourcen eines Landes
wie Deutschland. Das war ja alles ...

WERNER DURTH: ... alles Vorgriff auf den Eroberungskrieg mit dem
Selbstverständnis, dass die noch nicht vorstellbaren Bedingungen für
diese Bauten selbstverständlich geschaffen würden. Ich glaube, dass solche Erwartung Konsens in der Gruppe war. Und das bestätigte sich ja
auch kurz darauf. Ich erinnere nur daran, dass am 25. Juni 1940, unmittelbar nach der bedingungslosen Kapitulation Frankreichs, der berühmte Führererlass zur Sicherstellung des Sieges[9] veröffentlicht wurde.
Nach dieser raschen Folge von Blitzkrieg und Blitzsieg hatte Hitler in
Erwartung des Siegfriedens, der Herrschaft über Europa, nichts anderes zu tun, als einen Erlass herauszubringen, der besagte: Die Fertigstellung der Neugestaltungspläne ist jetzt oberstes Ziel, weil die kriegerischen Erfolge dokumentiert werden sollen in den Bauten des Führers.
Das heißt: Mitten im Krieg, während ringsum die Generationskollegen
an den Fronten verbluten und die Völker Europas hingemetzelt werden, sitzen die Architekten um Speer gleichsam im Auge des Taifuns
und haben die kriegswichtige Aufgabe, die Bilder der Nachkriegszeit
zu entwerfen, die großen repräsentativen Räume, die Siegesembleme,
die großen öffentlichen Bauten der Gemeinschaft, wie es immer hieß.

BRELOER: Warum war Hitler davon fasziniert, so zu bauen, wie wir es
jetzt an den Modellen sehen? Welche Volkspädagogik ...

WERNER DURTH: ... Massenpsychologie ...

BRELOER: ... hatte er damit instinktiv erfasst?

WERNER DURTH: Das hatte er nicht instinktiv erfasst, sondern alles schon
nach seinen merkwürdigen Studien in der Gefängniszelle exakt niedergeschrieben. Wenn Sie nur unter diesem Aspekt *Mein Kampf* lesen,
dann finden Sie da ganz aufschlussreiche Stellen: eine, an der er zum
Beispiel schreibt, dass auch diese politische »Bewegung« einen Ort
braucht wie das Christentum den Petersplatz in Rom und den Petersdom oder wie die islamische Welt ein Mekka mit der Kaaba. Das heißt,
er glaubte fest daran, dass die gebaute Dauer all die Führer, all die Mis-
sionare überleben und zugleich auch dauerhaft den Ort prägen würde,

an dem das kollektive Gedächtnis einer nationalsozialistischen Bewegung vergegenständlicht ist. Und er spricht davon, dass sich auch diese »Bewegung« einen solch mythischen Ort wie Rom oder Mekka erschaffen müsse.[10] Über alle späteren Führer hinaus sollte es diesen verpflichtenden Identifikationsort geben: eben das »Wort aus Stein« – das ist ja dann die abgedroschene Vokabel für solchen gesteigerten Anspruch und Größenwahn geworden. Dieses Kryptoreligiöse der Bewegung – »Heil Hitler!« – nun auch an diesen quasireligiösen Orten zu schaffen und erlebbar zu machen, an denen sich der Einzelne in der Masse verliert, aber gleichzeitig einen vergegenständlichten Rahmen hat, der die Kraft der Bewegung zeigt – das sind schon hoch reflektierte massenpsychologische Formulierungen, die sich in *Mein Kampf* finden. Und nicht zufällig bezog sich Hitler dabei auf die entsprechenden wissenschaftlichen Erkenntnisse seiner Zeit. Durchaus modern.

BRELOER: Was sollte nach Hitlers Wunsch ein Mensch erleben, der diesen riesigen Boulevard entlanggeht auf die Große Halle zu?

WERNER DURTH: Sowohl der große Platz wie die Halle sind ja gedacht für eine Masse von Menschen; und wenn ich mich als Einzelner dort bewege, habe ich auch immer die Masse da, ich weiß, dass es sie gibt. Selbst wenn die Räume leer sind, stehen sie für die Kraft einer Bewegung, für die Masse der Mitglieder, die Gläubigen. Deswegen vergleicht Hitler seine Bauten auch immer wieder mit den Kathedralen, die über Jahrtausende hinauswirken, eben weil sie die Kraft des gläubigen Christentums repräsentieren. Selbst wenn sie leer sind, kündigen sie immer noch von der Gläubigkeit all der Generationen, die durch diese Räume hindurchgegangen sind. Und diese Weihe durch Abwesenheit ist ja auch ein Motiv gewesen, das Hitler schon sehr früh inszeniert hat. Vor den Ehrentempeln von Troost auf dem Münchener Königsplatz gab es die abendlichen Versammlungen zu Ehren der »Märtyrer« der »Bewegung«. Dabei wurden die Namen aufgerufen, und es meldete sich aus dieser tausendköpfigen Masse dann immer ein »Hier!«. Das heißt: Der Tote rief zurück, dass er anwesend sei. Und nun lässt sich die gleiche Inszenierung auch vorstellen ohne Masse: Wenn ich mich in diesen Räumen bewege, sind auch, durch den Raum, diejenigen imaginär präsent, die nicht mehr leiblich da sind, zu deren Ehre aber der Raum geschaffen wurde.

BRELOER: Speer muss geahnt haben, dass er dabei war, dieser Religion die neuen Stätten zu bauen; er muss es verstanden haben.

Werner Durth: Natürlich. Ich glaube, dass ein Schlüsselerlebnis die Inszenierung der Reichsparteitage mit dem später legendären »Lichtdom« war – mit dem es Speer gelang, durch irgendwelche hundertfünfzig Flakscheinwerfer einen Raum zu schaffen, der in der Dunkelheit plötzlich der erste immaterielle monumentale Raum der Geschichte wurde. Das heißt: Die Menschen kamen, verstreut als Masse, formierten sich und gingen in einen Raum, der nur aus Licht bestand. Zeitzeugen, mit denen ich über dieses Erlebnis gesprochen habe, berichteten völlig fasziniert, dass dann kurz vor der Rede Hitlers eine Wolke über diesen Lichtdom zog, sodass der Raum des »Führers« auch noch ein Dach aus Licht bekam; dass also auf einmal eine Art von Umfassung geschaffen war, von Umgrenzung einer – ich sage jetzt wieder: Glaubensgemeinschaft, die durch diese Immaterialität zusätzlich eine gewisse Weihe erhielt, welche ganz suggestiv wirkte. Mir wird immer ganz unheimlich, wenn ich diese kryptoreligiösen Seiten des Führerkults betrachte. Saul Friedländers Buch *Kitsch und Tod* ist für mich ein Schlüsselwerk gewesen. Diese Verbindung von gezielt eingesetzter unterschwelliger Todessehnsucht, die den »Volkskörper« bewegte, und unglaublichem Kitsch in den Klischees – das ist ein Zusammenspiel besonderer Art. Dazu Architektur als ein Medium politischer Inszenierung, die mit Bildern und Emotionen arbeitet und weit über das Gebaute hinauszielt: eine einmalige Mischung, in hoher Dosis.

Breloer: Die Architekten sind ganz wichtig in diesem Reich. Sie sind Vermittler der neuen Ideologie.

Werner Durth: Sie inszenieren sie.

Breloer: Sie haben davon gesprochen, wie stark es den Einzelnen macht, Mitglied einer so starken Gemeinschaft zu sein; aber er selbst, der vor diesen Bauten steht, fühlt sich erst einmal klein – es ist auch eine Art Demütigungsarchitektur.

Werner Durth: Darüber kann ich schwer spekulieren, weil das Dimensionen subjektiven Erlebens sind. Aber ich glaube, es ist ein Moment des Dazugehörens oder aber des Ausgegrenztseins darin: Den hackenknallenden SS-Leuten hätte das nie groß genug sein können, weil diese Architektur Identifikationspotenzial für sie selber war. Ein zweifelnder Volksgenosse, gar ein ausgegrenzter Intellektueller – für den mag das Terror pur gewesen sein. Diese subjektive Dimension ist, glaube ich, ganz stark mit dem eigenen Standort in diesem Terrorsystem, in dieser Gesellschaft verbunden gewesen. Und ich habe Schwierigkeiten, mir die sogenannten überzeitlichen Determinanten von Architektur und Proportionen vorzustellen; ich denke, die Wahrnehmung von Architektur ist immer hochgradig kulturell kontextabhängig.

Breloer: Ich lese Ihnen mal eine Szene aus dem Drehbuch vor: Speer und Hitler schauen sich im Modellsaal des GBI diese Riesen-Halle an. »Hitler: ›Der Petersdom in Rom ist ein Nichts dagegen.‹ – ›Wir übertreffen Rom‹, sagt Speer, ›um das 17-fache.‹ Speer zeigt etwa die Länge der Champs-Élysées im Vergleich zur kilometerlangen Achse, die zwischen Triumphbogen und Großer Halle entstehen soll. Hitler lächelt. – ›Das ist etwa die Länge der Champs-Élysées. Unsere Prachtstraße hier bis zur Großen Halle, das ist zweimal so breit und dreimal so lang wie der Boulevard in Paris. Unser Triumphbogen mit 120 Metern Höhe lässt das Bauwerk Napoleons in Paris verkümmern!‹« – und so weiter.

Werner Durth: Wenn man dem wirklich glauben darf, was Speer bei allen Großprojekten immer wieder als Vergleiche anführt, dann spiegelt sich da ein für mich erschreckendes Zahlendenken, mit dem sich die Architekten vermutlich wirklich in Begeisterung haben reden können. Es wird reduziert auf Zahlen und Dimensionen, vervielfacht, malgenommen und vergrößert, ohne die Frage zu stellen, was denn dann noch an Qualität bleiben kann. Dieses verdinglichte Denken, dieses Vergrößernde, dieses völlig konkurrenzorientierte Übertrumpfungsgehabe – das zeigt für mich immer wieder geradezu erschreckend, dass es gar nicht um Architektur ging, sondern nur um Inszenierung und Machtgebärde, darum, Stimmungsbilder herzustellen, Suggestionen – um Auftritte vorzubereiten. Ich kann mich an keine Stelle erinnern – auch in den Gesprächen mit den anderen Architekten – in denen sie beschrieben, wie sie mit einem Projekt gerungen haben, also wirklich überlegt: ›Welche Elemente nehmen wir auf? In welchen Traditionen stehen wir? Wie arbeiten wir auch mit der Sprache der Architektur selbst in ihrer inneren Entwicklung und Qualität?‹ Es ist eigentlich immer auf eine merkwürdige Weise der Erfolg, die Größe, die Zügigkeit, dann auch die Effektivität ihrer Tätigkeit, die vor allem interessiert.

Breloer: Man sieht Speer und Hitler mit den Modellen spielen, sieht, wie sie sich berauschen – und andererseits wird alles getan, das tatsächlich zu bauen. Was wissen Sie über die Vorbereitungen?

Werner Durth: In allen Gesprächen, die ich mit Angehörigen dieses Kreises geführt habe – und das intensivste war das mit dem letzten lebenden Stellvertreter Speers, Willi Schelkes –, herrschte die völlige Gewissheit, dass die Realisierung der Pläne nur eine Frage der Zeit und der Bedingungen gewesen sei. Wissen Sie, dass für diesen riesigen Triumphbogen schon die Belastungskörper in den Berliner Boden gesenkt waren, um zu erfahren, welche Fundamentierung das Ding braucht, um später nicht wegzukippen? Die Voraussetzungen nicht nur am Reißbrett, sondern auch in der statischen und in der logistischen Umsetzung sind sozusagen nach allen Regeln des Handwerks schon so weit getroffen worden, dass die damals avanciertesten Großunternehmen der Bauindustrie bereits überlegt haben, mit welchem Kransystem sie etwa die Schalung der Großen Halle bewerkstelligen könnten. Die finden Sie in den Archiven schon als Konstruktionsanleitungen für diese uns übermäßig erscheinenden Dimensionen.

Breloer: Was lief da noch an praktischen Arbeiten an, sodass Speer gar nicht log, wenn er sagte, dass sie 1950 fertig sein wollten?

Werner Durth: Das hat Hitler ja selber so geäußert. Das war für Hitler schon bei der Ernennung Speers die Zeitvorgabe, und dann erst recht in jenem Sommer 1940, als zum ersten Mal offiziell von der Nachkriegszeit gesprochen wird. Da gibt es den berühmten Satz: ›All diese Pläne will ich bis 1950 fertig gestellt wissen!‹[11] Das war die Vorgabe, von der aus man jetzt nur bis zur Zeit 1937/38 zurückzurechnen brauchte, um zu wissen, welche Vorbereitungen zu treffen waren, von den Fundamentierungs- und Gründungsfragen bis hin zur Frage des Freiwerdens der Bauplätze. Sie kennen den großen Abbruchplan, den Zeitplan, den Speer erstellen ließ, und Sie können sehen, welche gewaltige Schneise dort in dieses dicht bebaute Berlin hineingefräst werden musste, um überhaupt erst einmal Platz zu schaffen für diese große Achse, die ja nicht nur Achse war, sondern Bauten, die ganz tief rückgestaffelt waren in die von vielen Menschen bewohnten Wohnquartiere. Eine gewaltige Stadtzerstörung wäre die Voraussetzung für die Anlage der großen Achse gewesen.

Breloer: Woher kommen die Elemente dieser Architektur? Das kommt einem ja alles merkwürdig bekannt vor. Ohne dass man sagt, Speer sei ein Architekturdieb gewesen – er hat sich anregen lassen.

Werner Durth: Das hat ihm eigentlich Paul Ludwig Troost schon vorgemacht. Die Großikone der Anfangszeit war das Haus der Deutschen Kunst in München. Und ohne dass man den Bezug direkt sieht, ist das eine Referenz an das Alte Museum von Schinkel, an dessen große, klare

Säulenhalle. Die wird als Bild aufgenommen und mit dieser, wie es dann auch genannt wurde, »soldatischen« Reihung von Pfeilern in München in eine ganz andere Disziplin gebracht; das ist ein Stramm-stehen, das sind jetzt nicht mehr Säulen, sondern Pfeiler, es ist auch kein Prinzip von Tragen und Lasten mehr zu erkennen, es ist eigentlich ein strikter Betonbau, der dort so steinern vorgestellt wird. Es ist ein Erinnerungsbild, das gleichzeitig in einer besonderen Form von Mo-dernität interpretiert ist, sodass es gleichzeitig als Zeichen einer neuen Zeit präsentabel wird.

BRELOER: Es ist Beton, Stahlbeton, aber es wird verkleidet auf Antike.

WERNER DURTH: Ja. Aber es ist schon immer auf das Serielle, auf das schnell Produzierbare ausgerichtet und nicht sozusagen auf die tastend formende, suchende Architektentätigkeit. Nicht die Arbeit an der Qua-lität des Objektes ist ausschlaggebend – aber das sind jetzt ästhetische Fragen, die auf Spekulationen zulaufen: Der Rückbezug auf Schinkel jedenfalls ist ein Motiv, das häufig wieder auftaucht.

BRELOER: Aber es gibt ja auch einen Rückbezug auf die Zeit der Cäsaren, auf die Zeit einer Weltherrschaft, an die Hitlers Faschismus unbedingt anknüpfen wollte. Deren Bauten sind ja auch dort wiederzuerkennen …

WERNER DURTH: Genau. Dieser imperiale Gestus des neuen Reiches ist natürlich gleichzeitig die Präsentation der Ordnungskraft dieses Staa-tes. Durch vorhandene Stadtstrukturen durchpflügen zu können, die großen Körper zu setzen. Oder, in Nürnberg, alle antiken Stadien überbieten zu können, also ganz bewusst mit diesem Repertoire der Geschichte nicht nur in der Formensprache, sondern auch bautypo-logisch zu arbeiten, sozusagen die Leistungen der Jahrtausende einzu-sammeln, in ihrer Formensprache aufzunehmen und in Erinnerung zu bringen, aber gleichzeitig in den eigenen Bauten zu übertrumpfen und diese in Technik und Produktion als Zeichen höchster Modernität und Rationalität vorzustellen: Das heißt, Geschichte gewissermaßen zum Abschluss zu bringen – ich glaube, das ist der große Traum ge-wesen. Und das war nicht so weit entfernt von dem, was gleichzeitig in der Sowjetunion geschah.

BRELOER: Wenn man eine solche Stadt baut, und Hitler verlangt darü-ber eine Weltkugel, und der Adler hat sie in den Krallen, Triumphbo-gen, Endsieg – musste man nicht wissen, wer das bezahlen sollte, wel-che Eroberungskriege das erforderte?

WERNER DURTH: Ich bin sicher, dass mit einem ganz zynischen Selbstbewusstsein alles dies als selbstverständliche Bedingung vorausgesetzt war. Einer meiner Gesprächspartner schilderte mir das genau mit diesem Begriff: Cäsarenwahn. Teilhaben zu können an diesem Siegeszug, und sei es auch nur am Reißbrett – das war die Motivation, so ungebrochen dabeizubleiben. Und dieser Sommer 1940 mit dem berühmten Führererlass »zur endgültigen Sicherstellung des Sieges«[12] durch die Neugestaltung der Städte zeigt genau diese Dimension. Die Arbeit an der Großen Halle war auf der einen Seite bis in die Entwicklung der Produktionstechnik hinein fortgeschritten, und auf der anderen Seite gab es ganz merkwürdig komplementär dazu auch die zynische Distanzierung von diesen Großprojekten, wie sie sich beispielsweise in den Karikaturen von Hans Stephan[13] zeigt, wo der große Bagger versehentlich den Reichstag nimmt, der gerade so groß ist wie ein Kapitell. Und der Bauleiter sagt: »Sollen wir ihn wieder absetzen – oder sollen wir ihn in die Große Halle hängen?« – Ein ganz merkwürdig zynisches Spiel mit diesem Machtanspruch und Größenwahn, den sie aber gleichzeitig völlig ungebrochen mittragen. Das macht für mich dieses Spannungsverhältnis im inneren Kreis dieser technischen Funktionselite aus, die hoch interessiert daran war, dass dies alles als völlig ungebrochen realisierbar erschien, die aber dennoch ein Stück Distanzierung herstellte durch solche ironischen Zeichnungen, durch die Witzchen, die sie darüber machten, um zumindest einen gewissen Abstand zu den unmittelbaren Vorgaben Hitlers zu erzielen.

Breloer: Eine Sekretärin, die noch lebt, erzählte mir, dass es locker und lustig zuging im Speer'schen »Kindergarten«. Kein »Heil Hitler!«, kein lautes Wort, kein Strammstehen, man machte sich lustig über die einfachen Volksgenossen, die diesen primitiven Blödsinn mitmachen mussten. Man fühlte sich als etwas Besonderes. Man hatte dadurch eine gewisse Distanz …

Werner Durth: Eine doppelte Distanz: auf der einen Seite eine Distanz zu dem, was sonst Planung hieß. Einer meiner Gesprächspartner hatte mal die schöne Formulierung: »Es herrschte immer ein fröhlicher Ton.« Es war also diese junge Altersgruppe in dieser abgesonderten Situation – man distanzierte sich einerseits von den üblichen Gepflogenheiten in irgendwelchen muffigen Planungsbüros, und zum anderen gab es ebendieses Bewusstsein der völligen Vertrautheit untereinander; es waren sehr viele Kommilitonen berufen worden. Dieses Bewusstsein, einer Generation anzugehören, die diese einmalige historische

Chance bekam, an diesem Jahrhundert-, Jahrtausendwerk mitzuwirken – das machte eine ganz besondere Art von Verblendung aus, in der man zwar von all den Bedingungen außerhalb wusste, sie aber auch ganz bewusst abspaltete.

BRELOER: Das ging natürlich nur bedingt, denn die Modelle – gut, das war der Traum. Sie aber durchsetzen hieß eine Schneise durch die Stadt schlagen.

WERNER DURTH: Dazu muss man etwas zurückgreifen. Man muss wissen, dass für diese Generation – um 1900, nach 1900 geboren – die bestehende Großstadt, die Großstadt des 19. Jahrhunderts das Schreckbild schlechthin war. Die großen Reformbewegungen um 1900 – »Gartenstadt« – ließen diese Großstadt als Moloch erscheinen. Und die großen, auch die demokratischen Aufbruchsbewegungen ab 1918 wollten immer die Gliederung und Auflockerung der städtischen Siedlungsmasse.

BRELOER: Speer findet dieses Zwanziger-Jahre-Berlin fürchterlich, er wandert, geht auf die Berge, schaut in die Ferne – Caspar-David-Friedrich-Bilder gleichsam.

WERNER DURTH: Die Großstadt ist das Bild des Verrotteten. Das ist ja ein Syndrom: der »Asphaltintellektuelle« und weitere Klischees von Dekadenz und Untergang. Gleichzeitig sollte es aber die imperiale Hauptstadt geben, nur musste die grundsätzlich anders aussehen. Und da konnte man sich ja auch durchaus auf Reformbewegungen seit dem 19. Jahrhundert beziehen, auch auf eines der wichtigsten und schönsten Architekturprogramme von 1918, von Bruno Taut.[14] Dort heißt es im Aufruf: »Lasst sie zusammenfallen, die gebauten Gemeinheiten! Steinhäuser machen Steinherzen!« Und er lässt die Großstadt explodieren. Die Zerstörung der Mietskasernen war keine Erfindung der Nazis, sondern die konnten da anknüpfen, wo die Veränderung von Wohnverhältnissen schon lange gefordert worden war. Und dazu muss man sehen, dass dieses Zerfräsen der verdichteten Großstadt auch der Traum einer Generation gewesen ist, die alles dies nicht hatte leisten können in den 20er Jahren, sondern die jetzt hoffte, es mit den riesigen Neubaustädten endlich zu bewerkstelligen – etwa mit der Südstadt Berlin; gleichzeitig und nachgezogen zur großen Achse wurden die neuen Wohnstädte geplant. Als drittes Element kam noch hinzu, dass es eine übergreifende Grünplanung gab, in der breite Grünzüge parallel zu den großen Verkehrsschneisen von außen wieder in die Stadt

hineingeschoben werden sollten. Ich glaube, dass die Überlagerung
dieser verschiedenen Planungstätigkeiten das eigentliche Faszinosum
war. Also bitte nicht nur immer auf die große Achse und die Großbauten und den Kuppelbau schauen, sondern sehen, wie da ein Großraum
in der Dimension einer ganzen Region neu formiert wurde.

BRELOER: Gleichzeitig die technisch-verkehrspolitische Modernisierung
der Stadt mit den zwei Bahnhöfen, den neuen Flugplätzen – das alles
war modern …

WERNER DURTH: Exakt.

BRELOER: … und hätte gehalten bis weit ins 21. Jahrhundert. Aber jetzt
stehen sie vor einem Problem ganz praktischer Art: Sie müssen räumen für den Abriss, die sogenannten Abrissmieter brauchen Ersatzwohnungen, und Berlin hat keinen freien Wohnraum. Wie gehen sie
vor?

WERNER DURTH: Das ist ja eigentlich der erschreckendste Teil dieser ganzen Planung. Der Gedanke, dass man jetzt für diese Tausende von Be-
wohnern aus den zu räumenden Gebieten Platz schaffen muss, lässt
eine Entlastungsstrategie suchen, und die wird von Speer im September 1938 mit einem ganz beiläufigen Gedanken formuliert: Ob man
sich nicht der Judenwohnungen bedienen könnte? Eine erste Überlegung zur Frage der Ersatzwohnungen geht gleich in die Richtung, dass
man an Stelle des Neubaus von Großwohnungen die Wohnungen von
Juden räumen lassen und irgendwelche Ersatzangebote schaffen könnte,
sei es in Kleinwohnungen, oder dass die Juden sich dann selber versor-
gen. Das Ganze mit Blick vor allem auf die freien Berufe, jüdische Ärzte,
Rechtsanwälte und so weiter, die gerade die bevorzugten Großwohnungen frei machen könnten, um Platz zu schaffen für die Abrissmieter.
Und daraus wird dann ein ganz langer Prozess, der in der »Entjudung«
ganzer Stadtquartiere enden wird, die später dann auf dem Stadtplan
umzeichnet und mit der Kennzeichnung »judenrein« versehen werden.[15]

BRELOER: In welchen Etappen lief nun die Realisierung dieses Gedan-
kens ab?

WERNER DURTH: Stellen wir uns vor: Es ist jetzt Sommer 1938. Die Bauten sollen bis 1950 fertig sein. Das heißt: Man kann gar nicht früh genug anfangen, und deswegen wird das ja dann auch so schubhaft in
Bewegung gesetzt. Ich glaube aber, man muss nochmals unterscheiden: Sie sprechen so gern von ›Speer … und dann hat er …‹. Es war

aber doch nicht nur Speer. Das war ein weit verzweigtes Imperium, und wenn Speer einen solchen Impuls wie den zur »Entjudung« gab, konnte er sicher sein: Er hat seine Leute. Und es gibt andere Stellen, die einen solchen Impuls aufnehmen. Meine Berliner Kollegen Geist und Kürvers[16] zeigen minuziös, wie schnell alle möglichen anderen Stellen dort eingebunden werden, um genau diese Umsetzung der Abrissmieter in Judenwohnungen hinzubekommen, wie schnell Formulare gedruckt werden zum Freiwerden von Judenwohnungen, die an die Hausbesitzer verteilt werden, und wie mit einem diabolischen Gedanken die Opfer der Planung, die jetzt sogenannten Abrissmieter, zu Tätern werden können, indem sie sich selber Wohnungen suchen, diese melden und sagen können: ›Das ist eine Judenwohnung, in die ich gerne einziehen möchte.‹ Wie über Denunziationen auf einmal ein Geflecht auch von Bereicherung entstehen kann, das in diesem Ablauf nachher bis zu den langen Meldelisten der totalen Erfassung der Judenwohnungen in Berlin führt.

BRELOER: Wie kommen die Listen der Judenwohnungen zustande, die Speer in die Hand kriegen will und die er dann von der Gestapo räumen lässt?

WERNER DURTH: Da sind jetzt Meldezettel über Judenwohnungen von arischen Hausbesitzern, die das zu melden haben, um zumindest das Potenzial der Judenwohnungen und ihrer Standorte sichtbar zu machen, um eben für die Abrissmieter wiederum solche Angebote vorbereiten zu können. Das ist die Mechanik.

BRELOER: Der Abrissmieter bekommt dann eine Adresse in Wilmersdorf …

WERNER DURTH: Beispielsweise.

BRELOER: … dann klingelt er da …

WERNER DURTH: Beispielsweise.

BRELOER: … und eine jüdische Familie macht die Tür auf, ahnt schon, was los ist, der Interessent guckt sich die Wohnung an und sagt: ›Die nehme ich.‹

WERNER DURTH: Das sind ja genau immer wieder diese traumatischen Erinnerungen in den jüdischen Biografien: Die Stiefel auf der Treppe, das Klingeln, das Rausgewiesenwerden – diese Räumungsaktion, die dann aber wieder völlig außerhalb des GBI über ganz andere Institutionen verläuft. Es ist ja zunächst nur der Anstoß, der von der GBI gegeben worden ist und dann über andere Dienststellen umgesetzt, weiterverfolgt wird und dann nachher – wenn Sie so wollen – in der Konsequenz bis in die Deportationslisten hinein zu verfolgen ist.[17]

BRELOER: 1941/42 fahren diese hinausgedrängten jüdischen Mieter schon nach Łódź und nachher dann direkt von Berlin, vom Bahnhof Grunewald, nach Auschwitz. Das ist das Ende dieser Idee von Speer. Hat er davon nichts gewusst, was er angerichtet hatte?

WERNER DURTH: Nun muss man sehen, dass das alles im Zuge einer systematischen Entrechtung der Juden verlief; die Arisierung von jüdischem Eigentum zum Beispiel – das waren ja Gepflogenheiten, die das ganze Klima der Stadt, des gesellschaftlichen Lebens in Deutschland bestimmten. Dass man daraus auch einen Vorteil für die Planung ziehen konnte, lag auf der Hand. Aber die konkrete Umsetzung wurde ja dann von den anderen gemacht. Man konnte die Idee am Schreibtisch erfinden, man hatte auch die Spezialisten dafür – das musste Speer gar nicht mehr interessieren. Und da sind wir genau in der Grauzone: Was wussten die wirklich? Was haben sie gesehen? Was konnten sie antizipieren? Und was haben sie dabei reflektiert? Ich erinnere mich an Diskussionen mit einem Architektenkollegen, der für die Herstellung eines gewissen Ziegels in einem KZ ein und aus ging. Der beschrieb mir, bei aller Offenheit, dass ihn wirklich nur der Ziegel interessiert hätte, dass er zwar auch die Zwangsarbeiter sah, dass das aber nicht sein Thema gewesen sei. Dieses Abspalten von Wirklichkeiten mag eine nachträgliche Konstruktion gewesen sein; doch vielleicht war diese selektive Sicht auf die Logistik der Planung auch tatsächlich Voraussetzung dafür, alle Folgerungen und Seitenwirkungen abspalten zu können. Dass es für Speer hingegen selbstverständlich war, dass man auf diese Weise rigoros Platz schaffte, liegt ja schon in diesem Anstoß, den er gegeben hat.

BRELOER: Aber Speer muss sich doch – wenn auch in einer Grauzone, wie Sie sagen – das Schicksal dieser Zehntausende, die er aus der Stadt hinaustreibt, wenigstens ahnungsweise vorstellen. Die lösen sich ja nicht vor den Stadttoren in Luft auf. Er weiß ja später, als Rüstungsminister, dass sie manchmal für ihn arbeiten; Himmler sagt in seiner Posener Rede: »… angebliche Rüstungsbetriebe, die der Parteigenosse Speer und ich in den nächsten Wochen und Monaten gemeinsam reinigen wollen …«[18] Und dennoch glauben Sie, er habe das vergessen? Das kann ich mir nicht vorstellen.

WERNER DURTH: Nein, das ist so nicht richtig. Mir ist es sehr schwer gefallen, bei meinen Recherchen und Gesprächen zu verstehen, dass es ein unglaublicher Unterschied ist, ob ich alles von der Perspektive *ex post*, nämlich von den Ergebnissen her, von meinem Wissen her interpretiere oder ob ich ganz genau frage: ›Moment! Was war im September 1938 los?‹

Breloer: Die blicken nach vorne und sehen nur einen Triumphbogen, durch den sie marschieren, nicht die Schornsteine von Auschwitz.

Werner Durth: Die konnten sie nicht mal ahnen, behaupte ich.

Breloer: Und wir gucken von heute durch den Rauch der Schornsteine von Auschwitz auf das »Dritte Reich«.

Werner Durth: Und ich sehe die in ihrer obsessiven Planungseuphorie mit diesem Schlüssel in der Hand, die Judenwohnungen räumen zu lassen. Und jetzt würde ich sagen: Umso schlimmer! Denn selbst Teil dieser Entrechtung zu sein, dieser Ausgrenzung – genau damit fing ja Auschwitz an. Und das mit zu betreiben ist natürlich etwas ganz Entsetzliches, auch von dem Zeitpunkt aus gesehen. Sich von jeder Moral, von jeder ethischen Frage der Stadtplanung freizumachen und nur den logistischen Erfolg einer Technokratie auf ihrem Siegeszug vor Augen zu haben ist entsetzlich genug; und nur so konnte ja Auschwitz zustande kommen. Nur kann man nicht sagen, dass schon die Intention der Völkermord war. Ich habe geschrieben, dass auch diese Architekten bereits zu jener Zeit objektiv dem späteren Völkermord zugearbeitet haben. Aber das kann man nicht schon von der Absicht her voraussetzen.

Breloer: Speer hat sich ja hinterher immer gern als das Rädchen im Getriebe dargestellt. Ich denke: Er war nicht das Rädchen, er war der Dynamo.

Werner Durth: Ja, aber auch das Rädchen, das in ein immer größeres Zahnrad als Schwungrad eingegriffen hat. So wurde er zum Schwunggeber, um im Bild zu bleiben: um jetzt den Maßstabssprung zu schaffen aus der Rolle des Lieblingsarchitekten Hitlers, der in dessen Sandkasten sozusagen die Förmchen hin und her schieben konnte, in die Rolle des Rüstungsministers, der die Arbeitseinsätze für KZ-Häftlinge organisiert – und das mit dem gleichen sportiven Schwung, den er für sich immer in Anspruch nahm mit seiner logistischen Obsession. Diese Form des modernen Intellektuellen und Technokraten lässt sich von einer tiefen Demoralisierung gar nicht trennen; und diese Seite der Moderne im »Dritten Reich«, dieser neue Typus von Rationalität in der Planung – das ist für mich auch in den Gesprächen mit den Kollegen immer wieder das Erschreckende gewesen. Die haben das ja bis zuletzt als logische Fortsetzung dessen betrachtet, was sie an Modernisierungsstrategien schon in ihrer Ausbildung in den 20er Jahren gelernt, als Auftrag zur Rationalisierung der Welt mitbekommen hatten. – Ich habe immer Probleme, wenn alles fokussiert wird auf Speer, auf seine Person hin. Ich habe in meinen Forschungen ganz bewusst den Blick stets auch auf das Umfeld, auf diesen ganzen Apparat der Mittäter, auf diese reibungslose Umsetzung in allen Verfeinerungen der Ämterbürokratie gerichtet – alles das hat ja schließlich zusammengewirkt. Und diese ganzen Fragen der Mittäterschaft in der Umgebung, schließlich sogar der Komplizenschaft der Abrissmieter, dieses ganze System ist für mich viel erschreckender als das – ich nenne es mal ›System Speer‹, das man nach allen Richtungen hin, freilich auch psychologisch, deuten kann. Natürlich war er der Anstoßgeber, das Schwungrad – aber dieses ganze Umfeld, das dort mitwirkte, ist für mich das Atemberaubende dieser Geschichte. Das Ineinandergreifen von eingeschränkten Sichtweisen und machtvoll ausgeweiteten Handlungsfeldern, die insgesamt dieses mörderische System ermöglicht haben – das ist für mich das so viel Spannendere, das Grauenhafte dieser Geschichte von Architekten.

Anmerkungen

Siglen

BA-B   Bundesarchiv Berlin-Lichterfelde
BA-K   Bundesarchiv Koblenz
BDC   ehemaliges Berlin Document Center, Bestände jetzt im Bundesarchiv
        Berlin-Lichterfelde
IMT   *Der Prozess gegen die Hauptkriegsverbrecher vor dem Internationalen
        Militärgerichtshof Nürnberg. 14. November 1945–1. Oktober 1946,*
        Nürnberg 1947–49
NA   National Archives Washington
PRO   Public Record Office, Kew

HILDE SCHRAMM

1   Wann die Familie ihren Lebensschwerpunkt von Berlin nach Berchtesgaden ver-
    legte, ist nicht ganz klar – Albert Speer gibt den Mai 1937 an (*Erinnerungen,*
    S. 98), Hilde Schramm meint, das müsse später gewesen sein, auch Margret Nis-
    sen, die andere Speer-Tochter, nennt das Jahr 1938 (*Sind Sie die Tochter Speer,*
    S. 15), und Albert Speer jun. tippt auf »1938 oder 1939«.
2   Klara Samuel, Speers Haushälterin in Berlin, vgl. Sereny, *Das Ringen mit der
    Wahrheit,* S. 487. An anderer Stelle des Gesprächs: HILDE SCHRAMM: Wissen Sie,
    wer Fräulein Klara ist? Fräulein Klara war die Haushälterin von meinem Vater
    in Berlin. Wenn die noch leben würde, die könnte ganz viel erzählen. Die hat die
    Bombardierungen sowohl in Schwanenwerder wie nachher am Pariser Platz
    [miterlebt], und überall war die ganz nah dabei, weil die das Essen gekocht hat.
    Jegliche Form von Ernährung lief über Klara. Die hatte eigentlich gar keinen Be-
    zug nach Heidelberg und hat dann nach einem kurzen Übergang im amerikani-
    schen Casino in der Küche gearbeitet. Die hat dann Kannen mit Pfannkuchen-
    teig, oder was eben da gerade übrig war, rausgeschleppt. – ALBERT SPEER JUN.:
    Das war für uns Kinder natürlich etwas ganz Schönes, weil sie ab und zu mal
    Hershey-Schokolade oder diese ganz weichen Weißbrot-Sandwiches oder sol-
    che Sachen mitgebracht hat.
3   Wilhelmine Leidheuser, Haushälterin bei Speers, die der Familie auch noch nach
    1945 verbunden blieb.
4   Paula Züfle.
5   Speer hielt sich zu Weihnachten öfter auf Baustellen seiner Organisation Todt
    auf, 1942 am Atlantikwall, 1943 in Lappland.

6   Vgl. das Gespräch mit Albert Speer jun., S. 158 f.

7   So hießen die Jungen von 10 bis 14 Jahren im »Deutschen Jungvolk« der Hitler-jugend.

8   Reichsleiter Martin Bormann hatte neun Kinder.

9   Das von Speer 1935 für die Familie gebaute schlichte Einfamilienhaus in Berlin-Schlachtensee, Schopenhauerstr. 31.

10   Das ehemalige Haus des Filmschauspielers Gustav Fröhlich in der Inselstr. 18 (vgl. Reif u. a., *Schwanenwerder*, S. 164 ff., 210–213). Zu Schwanenwerder – nach dessen »Entjudung« – als Domizil der NS-Prominenz vgl. Reif u. a., a. a. O., insbes. das Kapitel »Nationalsozialistisches Hoheitsgebiet«, S. 112–124.

11   Wie mir der Nachbewohner des Grundstücks berichtete, an den Hitler-Adju-tanten Albert Bormann, den Bruder von Speers Erzfeind Martin Bormann – mit diesem ebenfalls verfeindet.

12   Lina Weber geb. Arnold (genannt Linale). Vgl. auch das Gespräch mit Albert Speer jun., S. 114 f.

13   Die »Sommerfrische« im Schwarzwald. Margarete Speer hat darüber berichtet: »Kindheitserinnerungen von Margarete Speer geb. Weber, aufgeschrieben um 1980« – unveröffentlichtes Manuskript.

14   Albert Friedrich Speer.

15   Luise Mathilde Wilhelmine Speer geb. Hommel.

16   Ähnlich Speer, *Spandauer Tagebücher*, S. 326 f.

17   Der Film »Ich klage an« von 1941 behandelte einen Fall von Tötung auf Verlan-gen und war Einstimmung auf die Vernichtung »lebensunwerten Lebens«.

18   Hilde Schramms Cousin Wolf Speer – vgl. das Gespräch mit diesem.

19   BRELOER (liest aus der Nürnberger Urfassung von Speers Erinnerungen vor [BA-K, N 1340/84, S. 18 f.]): »Mein Bruder [Ernst] schreibt an die Eltern aus Stalin-grad alarmierende Briefe. Er hat die Krankheit der sechsten Armee. Gelbfieber, geschwollene Gliedmaßen, Nierenleiden. Ungenügende Ernährung. – Er geht in ein Lazarett. Es ist ein Pferdestall ohne Heizung, nur teilweise überdeckt. Im rus-sischen Winter. Ein furchtbares Elend. Tote aus Hunger und Erschöpfung.« Gitta Sereny erzählte er später (*Das Ringen mit der Wahrheit*, S. 424 f.): »Meine Mut-ter […] weinte am Telefon. ›Das kannst du ihm doch nicht antun! Es ist doch nicht möglich, dass ausgerechnet du nichts tun kannst, um ihn da herauszuho-len.‹ Meinen Bruder hatte ich das letzte Mal im Sommer gesehen auf der Durch-reise zur Front. Er suchte mich in meinem Büro auf, aber es warteten andere Be-sucher, ein Arbeitsessen und andere Termine. Ich hätte ihm vielleicht gegen die Regel dieser Zeit, dass gerade die nächsten Angehörigen der führenden Personen keine Vorteile haben sollten, zugesagt, ihn nach dem nächsten Feldzug zu versu-chen, herauszuziehen, um ihn auf einer Baustelle am Atlantik seiner Weiterbil-dung als Architekt entsprechend eine Stellung zu besorgen. Er saß neben mir in meinem Büro, während die Telefone klingelten und ein ständiges Kommen und Gehen herrschte, und sah, dass ich keine Zeit hatte. ›Also – vielen Dank für alles‹, sagte er. Ich war peinlich berührt, als er beim Aufstehen automatisch stramm-stand. ›Na dann, auf Wiedersehen‹, sagte er und war verschwunden, bevor ich auch nur aufstehen konnte. Einen Augenblick später eilte ich hinaus und ver-suchte noch, ihn zu erwischen. Ich wollte das Arbeitsessen absagen und statt-dessen ihn zum Essen einladen. – Aber da war er bereits fort. […] Trauigerweise erhielten meine Eltern noch einen letzten Brief von ihm, zweifellos dank der Flugzeuge Milchs. Er war verzweifelt über sein Leben, haderte mit dem Tod und war verbittert über mich, seinen Bruder.« – Albert Speer an Annemarie Kempf,

22. 10. 53: »Ich erwarte einen gemeinen Vorstoß meines Bruders [Hermann] wegen des tragischen Todes von Ernst. Dieser schrieb einige Briefe, in denen er den Kopf verloren hatte, gegen mich an meine Eltern. Es waren einseitige Briefe, da er nicht mehr für uns erreichbar war. Er machte dabei den Vorwurf, daß ich ihn im Stiche gelassen mit sehr drastischen Ausdrücken. Mein Vater erzählte mir davon. – Ich habe damals Engel [Gerhard Engel, Adjutant des Heeres bei Hitler] gebeten, etwas für ihn zu tun, ihn aus der 6ten Armee herauszukommandieren, aber Engel erklärte mir, dass Hi[tler] das ausdrücklich verboten habe. Es seien auch andere Prominente an ihn herangetreten, die Verwandte dort hatten, und allen diesen Prominenten sei zu sagen, dass er, Hi., in der 6ten Armee auch einen Verwandten habe, den er nicht zurücknehme.« BA-K, N 1340/154. Unter den Entlastungsdokumenten zur Verwendung 1950 im Entnazifizierungsverfahren bzw. zusammen mit dem 1955er Gnadengesuch Albert Speers (BA-K, N 1340/408) findet sich auch eine eidesstattliche Erklärung Milchs vom 12. 7. 47: »Am 15. Januar 1943 erhielt ich Befehl, sofort von Berlin in Hitlers Hauptquartier zu kommen, um die Versorgung der Festung Stalingrad zu organisieren. Speer brachte mich auf den Berliner Flugplatz. Dabei teilte er mir mit, daß sein jüngerer Bruder auch in Stalingrad sei und krank in einem Lazarett läge. Er mache sich um ihn große Sorgen. Wenn er als Kämpfer doch ausfalle, würde er seinen Abtransport mit Flugzeug für angebracht halten. Ich habe am 17. Januar in Tauganrog sofort Auftrag gegeben, den genauen Aufenthalt von Bruder Speer festzustellen. Alle Lazarette meldeten Fehlanzeige. [...] Bei jedem der häufigen Telephongespräche mit Speer fragte dieser nach meinen Ergebnissen. Ich war von Speers großer Sorge um seinen Bruder tief beeindruckt und sehr unglücklich, ihm keine guten Nachrichten geben zu können.«

20 Robert Frank.

21 Es ist dies die Erklärung, die Speer selber in seinen *Erinnerungen* gibt (S. 588, Anm. 3). Dort erwähnt er aber auch, dass »das Gut im Befehlsbereich von Dönitz [lag], zu dem ich mich begeben wollte, wenn die letzten Tage gekommen waren«, und das auf Hitlers Befehl – was er hier nicht erwähnt, aber in seinen Nürnberger Memoiren schreibt: »Ich biete ihm [Hitler] an, in Berlin zu bleiben. Er lehnt ab und sendet mich zu Doenitz.« (BA-K, N 1340/395, T. III/IV, S. 6.).

22 Nach Kriegsende wird die britische Besatzungsmacht wohl kaum ein einsames deutsches Kleinflugzeug durch Schleswig-Holstein fliegen gelassen haben. In einer Rekonstruktion der Speer-Termine der letzten Kriegstage (BA-B, R 3/1661) ist für den 26. April ein Abstecher nach Kappeln vermerkt.

23 Die Strategie Hitlers, die Gebiete, aus denen man vom vorrückenden Gegner vertrieben wurde, als Wüstenei zurückzulassen, war im Ostfeldzug schon seit 1943 praktiziert worden. Mit dem Vorrücken der Alliierten im Westen wurde sie auch dort zum Thema. Im sog. Nero-Befehl vom 19. 3. 45 wurde sie dann von Hitler auch auf das Reichsgebiet übertragen.

24 Alain Resnais' Film »Nacht und Nebel« wurde 1956 uraufgeführt und kam im Herbst 1957 in die deutschen Kinos.

25 Der überwiegende Teil des Genozids an den europäischen Juden wurde erst nach Speers Amtsübernahme als Rüstungsminister (Februar 1942) verübt – die Wannsee-Konferenz lag, als er sein Amt antrat, gerade erst knapp drei Wochen zurück.

26 IMT Bd. 16, S. 616 f.

27 Zu denken ist hier an Speers Einführung seines vorgeblichen Giftgas-Attentatsversuchs auf Hitler in die Verhandlung durch den Anwalt Kubuschok und sein erfolgreiches Bemühen, statt des versierteren, auf seinen Fall gut vorbereiteten

Anklägers Dodd, der ursprünglich dafür vorgesehen war, im Kreuzverhör dem Ankläger Jackson gegenübergestellt zu werden, der sich bei der Befragung Görings als nur mäßiger Kreuzverhörpraktiker erwiesen hatte. Auch Speers Bemühungen, noch vor Beginn der Verhandlung im Kontext der sich abzeichnenden Spannungen zwischen den westlichen Siegermächten und der Sowjetunion seinen Wert für den Westen herauszustellen (vgl. Van der Vat, *Der gute Nazi,* S. 394 bis 397), kann man dazu rechnen.

28 Neben dem bekannten, im Prozess vorgebrachten Vorhaben der Einleitung von Giftgas in den Führerbunker auch die Idee einer Entführung der nationalsozialistischen Führungsmannschaft nach London und das Projekt eines Feuerüberfalls auf Himmler, Goebbels und Göring auf deren abendlicher Heimfahrt aus der Reichskanzlei (Aussage von Dietrich Stahl, dem ehemaligen Verbindungsmann Speers zu den Hauptausschüssen des Technischen Amtes, bei der Befragung für die Speer-Verteidigung im Nürnberger Prozess. IMT Band 41, S. 519.)

29 IMT Bd. 22, S. 461 f. Auch zitiert bei A. Reif, *Albert Speer,* S. 217 f.

30 Brief im Besitz von Hilde Schramm.

31 In den USA war es zeitweise zu einer Kontroverse um die Einladung Hilde Speers gekommen.

32 Brief im Besitz Hilde Schramms.

33 Albert Speer an Hilde Speer, 9. 1. 53 (BA-K, N1340/136).

34 Albert Speer an Bormann, 3. 10. 44: »Mich interessiert der Wiederaufbau von Kirchen nur insofern, als es sich um nationale Baudenkmäler historischen oder künstlerischen Wertes handelt, aber auch hier bleibt eine Entscheidung über den Abriß und den Wiederaufbau dem Führer für die Zeit nach dem Krieg vorbehalten.« Zitiert nach Durth, *Deutsche Architekten,* S. 221. Wolters sollte später im »Sühneverfahren«, das nie zustande kam, offenbar auf Wunsch Speers etwas aussagen, was er nicht beeiden mochte: »[...] muß ich darauf aufmerksam machen, daß ich unter Eid über die Kirchenfrage nicht aussagen kann, was gewünscht wird. Die Kirchenangelegenheit würde ich überhaupt aus dem Spiel lassen. Sie wurde damals an mich abgeschoben, und ich hatte die Aufgabe, sie dilatorisch zu behandeln. Leider weiß das Professor Schwarz heute noch viel zu genau ...« (Wolters an Annemarie Kempf, 17. 12. 56 – Wolters-Material Coesfeld).

35 Albert Speer an Hilde Speer, 13./14. 5. 53 (BA-K, N 1340/136).

36 Die Episode steht in Speers *Erinnerungen,* S. 385. Vgl. hierzu Hepp, »Fälschung und Wahrheit«, S. 15 f.

37 Als ich dieses Gespräch mit Hilde Schramm im Juni 2003 führte, war mir zwar schon klar, dass hinter Speers Bewilligung eines Baukontingents in Höhe von 13,7 Millionen RM für Auschwitz mehr stecken dürfte als jene Rohre zur Verbesserung der hygienischen Verhältnisse im Lager, die er selber bewilligt zu haben einräumt (Speer, *Sklavenstaat,* S. 71 f.); der volle Umfang des von ihm zum Ausbau des Vernichtungslagers Auschwitz-Birkenau zur Verfügung Gestellten ergab sich für mich jedoch erst aus der Kenntnis des Dokuments »Vorhaben: Kriegsgefangenenlager Auschwitz (Durchführung der Sonderbehandlung)«, in: Freund/Perz/Stuhlpfarrer, »Der Bau des Vernichtungslagers Auschwitz-Birkenau«: auch Stacheldraht, Wachtürme, Krematorien und Leichenkeller genannte Gaskammern. Und das alles zur »Sonderbehandlung« – dies die eindeutige Verschleierungs-Chiffre des Terrorregimes für Mord. Ob er selber dieses detaillierte Papier auf seinem Ministerschreibtisch gehabt hat, lässt sich zwar mit letzter Sicherheit nicht sagen – ein Exemplar mit seiner Paraphe liegt uns nicht vor. Dass der Vorgang in einer seiner Behörden (als Generalbevollmächtigter Bau) be-

arbeitet und das in der Aufstellung spezifizierte Baukontingent von ihm selber genehmigt wurde, steht jedoch außer Zweifel. Nach der von ihm selbst in Nürnberg vorgetragenen Theorie der zwei Arten von Verantwortung, der allgemein-moralischen »Gesamtverantwortung« und der engeren, auch juristisch gänzlich unstrittigen Verantwortung für alles, was im eigenen Amtsbereich geschieht, ist Speer damit hier auf eine Art und Weise ganz konkret schuldig, die dem Nürnberger Tribunal, hätte es davon gewusst, überhaupt keine Wahl mehr gelassen hätte, ihn mit dem Leben davonkommen zu lassen oder nicht. (Angemerkt sei hier noch, dass im Licht dieses Dokuments Speers Beteuerung in seiner prophylaktischen Rechtfertigungsschrift *Der Sklavenstaat,* die von ihm bewilligten Baumaßnahmen seien »*nicht* für die Vernichtungslager in Polen und Oberschlesien, wie Sobibor, Treblinka und Auschwitz gedacht« gewesen [ebd., S. 72], noch merkwürdiger erscheint, als sie es sowieso schon war – wie konnte er etwas grundsätzlich von der Bewilligung ausschließen, von dessen Existenz er gar nichts wusste? Und wer sonst mag die Eisen-Kontingente für diese Lager genehmigt haben?) – Vgl. das Gespräch mit Susanne Willems.

38   Brief im Besitz von Hilde Schramm.

39   Speer, *Erinnerungen,* S. 44: »Für einen großen Bau hätte ich wie Faust meine Seele verkauft. Nun hatte ich meinen Mephisto gefunden. Er schien nicht weniger einnehmend als der von Goethe.«

40   Diese Frage stellt sich in einem ganz wörtlichen Sinn, den ich, als ich mit Hilde Schramm sprach, noch nicht ahnte. Vgl. das Gespräch mit Susanne Willems.

41   Am 6. 10. 43 war Speer als Referent zu einer »Rüstungstagung« der Reichs- und Gauleiter in Posen eingeladen. Am Spätnachmittag desselben Tages hielt Heinrich Himmler auf derselben Veranstaltung eine Rede, in der er das ganze Ausmaß des von ihm und seiner SS schon weitgehend vollzogenen Genozids an den europäischen Juden, ausdrücklich auch an Frauen und Kindern, ganz offen verkündete. (Abgedruckt in: Smith/Peterson [Hg.]: *Heinrich Himmler.*) Im Laufe dieser Ansprache redete er auch Albert Speer als im Saal anwesend direkt an. Dieser Sachverhalt wurde erst Ende 1971 durch den amerikanischen Historiker Erich Goldhagen bekannt gemacht. Speer bestritt seine Anwesenheit, indem er behauptete, schon vor Beginn der Himmler-Rede nach Rastenburg zu Hitler gefahren zu sein, und brachte anderthalb Jahre später nach mancherlei wenig überzeugenden Indizien auch die eidesstattliche Erklärung eines ehemaligen Mitarbeiters bei, die seine Aussage bestätigte. Da er jedoch auf der anderen Seite im von Hitlers Diener Linge geführten Verzeichnis der stattgefundenen Führer-Termine erst am nächsten Tag als in der Wolfsschanze bei Hitler aufgeführt ist, bestehen nach wie vor ganz erhebliche Zweifel an Speers Darstellung. (Der Goldhagen-Artikel und Speers Erwiderungen bei A. Reif, *Albert Speer,* S. 383–407, die ausführlichste Diskussion des Problems bei Sereny, *Das Ringen mit der Wahrheit,* S. 456–466.) Vgl. auch Anm. 15 und 16 zum Gespräch mit Siedler.

42   Brief im Besitz von Hilde Speer.

43   Das Zitat lieferte Hilde Schramm später nach: »Jetzt, da wir dem ›natürlichen‹ Ende so nahe sind, sehe ich es als ganz normal an, dass ich die Suppe auslöffelte. Die Russen haben durch meine erhöhte Aktivität ungeheure zusätzliche Verluste erlitten. Das wurde zwar nicht ausgesprochen in Nürnberg, aber natürlich sind sie sich darüber im klaren. Daher kann ich es ihnen nicht übel nehmen, daß sie mich schmoren ließen, und muß anerkennen, daß sie mich fair behandelt haben.« – Eine Abschrift dieses Briefes vom 25. 9. 66 befindet sich in BA-K, N 1340/148.

44　Albert Speer an Hilde Speer, 13./14. 5. 53. BA-K, N 1340/136.

45　Entsprechende Bedenken formuliert Speer in seinem Entlassungsgesuch aus der Dönitz-Regierung am 14. 5. 45: »Es gilt meiner Ansicht nach, nun für die einzelnen Ministerium [sic] geschäftsführende Leiter auszusuchen, die ihrer politischen Vergangenheit nach geeignet sind, vom Gegner anerkannt zu werden. Ich glaube nicht, dass dies für meine Person zutreffen kann.« (An den Chef der geschäftsführenden Regierung, Schwerin von Krosigk, BA-B, R 3/1624.)

46　Im (hier nicht dokumentierten) Vorgespräch benutzt Hilde Schramm den womöglich passenderen Begriff der Ambivalenz: »Es ist ja nicht so – ich lebe ja nicht mit zwei Vätern. Weil ich sowieso davon ausgehe, dass die Grunderfahrung in mir selbst gegenüber allem eine Ambivalenz ist, und die muss ich aushalten. Die Ambivalenz ist überall. Manchmal gibt es Eindeutigkeiten – aber nur sehr selten. Und ich muss damit leben. Eine Einstellung, wo ich bei meinen eigenen Kindern, bei mir selbst gut und böse immer vermischt sehe, finde ich viel realitätsangemessener. Ich brauche also keinen guten Vater und keinen bösen Vater. Das ist ein sehr hilfreiches Konzept, und ich denke, es ist sehr realitätstauglich.«

47　1944 würdigt ihn Sebastian Haffner im britischen *Observer*: »*For Speer is, in a sense, more important for Germany today than Hitler, Himmler, Goering, Goebbels, or the generals; they all have, in a way, become the mere auxiliaries of the man who actually directs the giant power machine – charged with drawing from it the maximum effort under maximum strain. [...] Much less than the other German leaders does he stand for anything particularly German or particularly Nazi. He rather symbolises the type which is becoming increasingly important in all belligerent countries: the pure technician, the classless bright young man without background, with no other original aim than to make his way in the world and no other means than his technical and managerial ability. It is the lack of psychological and spiritual ballast, and the ease with which he handles the terrifying technical and organisational machinery of our age which makes this slight type go extremely far nowadays. [...] The Hitlers and Himmlers we may get rid of, but the Speers, whatever happens to this particular specimen, will long be with us.*« – »*Albert Speer. Dictator of Nazi Industry*«, Observer, 9. 4. 1944.

48　Als Beispiel möge Hildes Schilderung eines etwas heiklen Vatersymbol-Begräbnisrituals dienen: HILDE SCHRAMM: Das ist ein Brief von 1959. Ich bin damals schon im Studium, das weiß ich, und bin offenbar in Heidelberg. *(Liest:)* »Heute beim Abendessen im Wohnzimmer begingen Deine Sprösslinge eine schrecklich pietätlose Handlung; ich hab nun die Aufgabe, sie Dir mitzuteilen. Wir taten sie in der Hoffnung, nachträglich deine Billigung zu bekommen, was Deine ungemeine Großzügigkeit und Deinen Humor beweisen würde, von dem wir sowieso längst überzeugt sind. Seit ungefähr zwei Jahren steht – nicht hängt, denn die Größe passt nirgends hin wegen der Holzverkleidung rundrum – im Eßzimmer Dein Bild vom Maler Klecksel an der Wand.« Maler Klecksel ist, glaube ich, der Maler Kasper. »Es stand die Jahre hindurch an die Wand gelehnt, so als wäre dies nur mal eine Übergangslösung – wie auch geplant. Aber wie gesagt, es fand sich kein geeigneter Platz. Jedes Mal, wenn ich frisch nach Hause kam, störte mich dieses Bild ohne Standort von neuem, nach kurzem gewöhnte ich mich aber wieder dran und trat für eine Lösung des Problems ein. Nun ist Mama gerade weg, wir saßen alle am Abendtisch und das Problem wurde von neuem energisch in Angriff genommen, aber alle Versuche wie Ernsts ›über Mamas Bett‹, dann, da ersteres unmöglich, ›unter Mamas Bett‹, konnten nicht akzeptiert werden. Langsam machte sich ein außerhäusliches Quartier immer breiter in unseren Köpfen, wobei wir uns unserer Pietätlosigkeit, solche Gedanken überhaupt zu haben, völlig bewußt waren. Gleichzeitig mußten wir aber auch schrecklich lachen gerade über die Pietätlosigkeit, die sich, das weißt Du, nur auf Abbilder beziehen könnte, nie auf das Modell selbst, aber das hat ja wenig mit Pietät zu tun. So faßten Deine 4 Sprösslinge Ernst, Arnold, Fritz und ich das Bild jeweils an einer Ecke, ein ganz feierlicher Zug. Das Bild wurde umgedreht, darauf wurde ein schöner Blumenstrauß gestellt; es war ganz dunkel draußen, Ernst leuchtete manchmal mit der Taschenlampe, so zogen wir alle voller Ehrfurcht und Bewunderung und so weiter für das Modell, aber nicht genügend Pietät für das Abbild, da unförmig und zu groß, in die Garage, stellten es da sicher hin, daß ihm nichts passierte. Arnold hielt es für einen sehr geeigneten Ort, da ihm da nichts passieren kann, keine Feuchtigkeit und so weiter. Wenn du Krawall schlägst oder doch Abbild und Modell gefühlsmäßig nicht trennen kannst, so lasse Dein väterliches Ungewitter über uns ergehen, und das Bild wird sofort wieder in das Wohnzimmer an die Wand gelehnt. Daß Du eine unheimliche Autorität hast, weißt Du ja. Ganz herzliche Grüße, Deine Hilde.« – BRELOER: »Unheimliche Autorität« – er war sehr präsent mit dem Bild. – HILDE SCHRAMM: Das war uns offenbar zu viel. Es war auch so ein gravitätisches Bild, so ein Brustbild, ich sehe es noch dunkel vor mir. Sehr bedeutsam. So einen Fast-Übervater wollten wir nicht im Zimmer haben, das war ganz klar. Und dann haben wir, man kann es schon tiefer deuten, eigentlich eine kleine Beerdigung veranstaltet und darüber noch sehr gelacht.« – »Maler Klecksel« ist Hermann Kaspar, Kunstprofessor in München, mit Speer befreundet und von ihm für die Ausstattung der Neuen Reichskanzlei herangezogen; unter anderem stammt das sinnreiche mittlere Intarsienfeld des Hitler-Schreibtisches, das halb gezogene Schwert, gekreuzt mit einem Speer, von ihm (Müller-Mehlis, *Die Kunst im Dritten Reich*, S. 57 f.).

49 Zweiter Sohn von Speers älterem Bruder Hermann, Bruder von Wolf Speer.

50 Margarete Speer schreibt am 19. 7.[1948] an Wolters: »Meine finanzielle Lage ist denkbar einfach. In 3–4 Monaten bin ich bargeldlos. Ein Glück, dass mein Vater noch ein Haus hat, wovon wir sparsamst leben können. Die Kinder kosten eine Menge Geld. Ich brauche allein 100 Mk. Schulgeld im Monat. Vielleicht könnte man es später so machen, daß Sie noch ein paar frühere Freunde finden, die heute noch Geld verdienen, und jeder gibt 10 Mk. im Monat für seinen früheren Chef. Wenn ich nur erst das Schulgeld habe, das andere geht dann schon.«

51 Hans Reuter, Vorstandsvorsitzender der DEMAG – jener Firma, deren Top-Manager »Mittelbau-Dora« geführt hatten.

52 Toni Proost.

53 Speer, *Spandauer Tagebücher*, S. 348 f.

54 Vgl. das Gespräch mit Albert Speer jun., S. 119 f.

55 Friedrich Wolters. Vgl. das Gespräch mit diesem, S. 402.

56 Vgl. das Gespräch mit Matthias Schmidt, Anm. 1.

57 »Zentrale Stelle der Landesjustizverwaltungen zur Aufklärung nationalsozialistischer Verbrechen« in Ludwigsburg.

58 Albert Speer aus Selva di Val Gardena an Wolters, undatiert [Januar 1970], BA-K, N 1318/40. Dort auch der vorher zitierte Wolters-Brief.

59 »Werner Schütz war eine barocke Figur, vielleicht 1,90 m groß, ein Riesenkerl, total gebildet, der seitenweise Thomas Mann aus dem Gedächtnis zitieren konnte, ein konservativer Rechtsanwalt aus Düsseldorf« (Friedrich Wolters).

60 Brief vom 6. 4. 59, im Besitz von Hilde Schramm.

61 In seiner Eigenschaft als Chef des Stabes des Militärbefehlshabers in Paris hatte

Hans Speidel Hitler (und in dessen Begleitung Speer) im Juni 1940 auf seiner »Kunstreise« durch das frisch besetzte Paris geführt (*Erinnerungen*, S. 186 f.).

62 1945, als Wolters nach Westdeutschland ging, um in Speers Auftrag Nachkriegsbüros in Höxter und Flensburg aufzubauen, war Heinrich Lübke, zum Speerschen Baustab Schlempp gehörend, zeitweise dabei; darauf bezieht sich diese Anekdote. Lübke wurde wegen seiner Tätigkeit während des »Dritten Reiches« im Baustab Schlempp als »KZ-Baumeister« angegriffen.

63 John F. Kennedys Berlinbesuch fand im Juni 1963 statt.

64 Der Auschwitz-Prozess dauerte von Dezember 1963 bis August 1965, 365 Zeugen, davon 220 Opfer, sagten gegen 22 Angeklagte aus, von denen sechs zu lebenslanger Haft, elf zu befristeten Haftstrafen verurteilt wurden. Der Prozess wird als Beginn der öffentlichen Auseinandersetzung mit dem Holocaust in der Bundesrepublik betrachtet.

65 Die »schwarze«, also illegale Korrespondenz Speers aus Spandau heraus wird von der Familie auch als »blaue« bezeichnet, weil Speers Briefe zum großen Teil auf blauem Luftpostpapier geschrieben waren.

66 Speer, *Spandauer Tagebücher*, S. 662 f.

67 Vgl. das Gespräch mit Siedler.

68 Vgl. das Gespräch mit Fest.

69 Manuskripte der *Erinnerungen* mit Korrekturvorschlägen der Kinder befinden sich im Speer-Nachlass im Bundesarchiv Koblenz (z. B. N 1340/325 ff.).

70 Wörtlich im Gespräch mit Siedler, als Speer-Zitat:»Sie litt darunter – da ich ihr Leben schon zerstört hatte, zerstörte ich jetzt ihre Erinnerung.« (Vgl. das Gespräch mit Siedler, S. 493.)

71 Korrespondenz hierzu im Speer-Nachlass, BA-K, N 1340/95.

72 Hilde Schramm führte das im Gespräch noch weiter aus:»Wir wissen, dass durch den Verlust der Familienmitglieder in ganz vielen Familien so etwas wie ein Netz der Unterstützung für die Juden und Jüdinnen, die jetzt in Deutschland leben, nicht da ist. Das ist ein Gesichtspunkt, den man sehr oft übersieht: Viele von uns, natürlich auch nicht alle, haben, wenn eine Notsituation ist, irgendwelche Verbindungen, die sie aktivieren können; und ganz viele von den jüdischen Bürgern hier haben das nicht. Wir wollten eine symbolische Geste des Zurückgebens auf freiwilliger Basis anregen und wollten zugleich erreichen, dass auch andere Familien nachdenken, woher die Gegenstände, die eventuell um sie herum sind, eigentlich stammen. Denn wie man ja weiß, haben sich ziemlich viele Bürger auf Auktionen und auch sonst Gegenstände von Juden, die deportiert wurden und vorher ihre Wertgegenstände abliefern mussten, angeeignet. Und es gibt noch einen anderen Aspekt, der aber bisher noch wenig gegriffen hat: Wir meinen, dass auch Menschen, deren Väter, Großväter eine Praxis übernommen haben, sei es als Arzt sei es als Anwalt, dadurch, dass die jüdischen Kollegen vertrieben wurden, schneller in bestimmte gute Positionen kamen oder überhaupt erst in Positionen kamen. Wir meinen auch, dass die Erben von Leuten, die in der Rüstungsindustrie viel Geld verdient haben oder überhaupt im NS-Staat die Grundlagen für das spätere Vermögen in der Nachkriegszeit gelegt haben, und das sind ja nicht wenige, doch auch in dieser Form zeigen könnten, dass sie diesen Zusammenhang, wo ihr Geld, von dem sie jetzt leben, herkommt, sehen und dieses Wissen in konkretes Handeln umsetzen, indem sie zum Beispiel etwas in diese Stiftung geben.« Stiftung ZURÜCKGEBEN. Greifswalder Str. 4 – D-10405 Berlin – info@stiftung-zurueckgeben.de, www.stiftung-zurueckgeben.de.

73 Aus dem Vorgespräch: BRELOER: Haben Sie nie daran gedacht, mal eine Psycho-

analyse zu machen? – HILDE SCHRAMM: Nein. – BRELOER: In Ihrem ganzen Leben nicht? – HILDE SCHRAMM: Ich habe immer gedacht, dass ich keine mache. – BRELOER: Diese beiden Bilder: der Vater, den Sie so lebhaft in hellen Farben aus der guten Zeit bis 1945 in Erinnerung haben, und der Vater, den Sie danach kennen lernen mussten. Das helle Bild erschwerte sozusagen immer das Vordringen zum wahren Bild des Vaters. – HILDE SCHRAMM: Jetzt sage ich etwas ganz Hochmütiges: Ich habe keine Analyse nötig. Ich kriege das selber hin. – BRELOER: Aber Sie wissen auch, dass Sie die letzten Türen noch nicht aufgemacht haben zur Wahrheit Ihres Vaters. – HILDE SCHRAMM: Die werde ich auch nicht aufmachen. Und die kann mir auch keine Analyse aufmachen, denn das ist sein Leben. – BRELOER: Das ist wahr. – HILDE SCHRAMM: Ich gestatte mir, zu heulen … Aber mir kann keine Analyse weiterhelfen. Ich habe ja Freunde, ich habe immer viel geredet. Ich bin ja nicht isoliert. Alles kluge Leute, da sind auch Psychoanalytikerinnen dabei. Die machen keine Analyse mit mir, und vor allen Dingen rede nicht ich, sondern wir reden alle. Nein, ich denke, ich brauche keine Analyse.

74 Dokument aus NA Microfilm M3352, Roll 13, Speer. Vgl. auch Reif u. a., *Schwanenwerder*, S. 120 f.

ALBERT SPEER

1 Seit Anfang 1939 hatte Eva Braun eine eigene Wohnung in der alten Reichskanzlei.

2 Vgl. das Gespräch mit Leni Riefenstahl.

3 Film über den 1934er Reichsparteitag der NSDAP; Letzteren hatte Albert Speer ausgestattet und mitgestaltet.

4 So wurde Speers Dienststelle nach Aussage seines Mitarbeiters Willi Schelkes aufgrund des außergewöhnlich niedrigen Alters ihrer Beschäftigten in anderen Behörden genannt. Durth, *Deutsche Architekten*, S. 136.

5 Albert Speer jun. bezieht sich hier auf Durth, *Deutsche Architekten*, S. 203–246.

6 Der Wiederaufbaustab war schon im März 1943 initiiert, gegen Ende des Jahres von Hitler eingesetzt worden – es ist also kaum anzunehmen, dass die Beteiligten – einschließlich Speer! – zu diesem Zeitpunkt von einer deutschen Niederlage ausgingen. Vgl. auch das Gespräch mit Wolf Speer, S. 278 f. und Anm. 8 zum Gespräch mit Friedrich Wolters.

7 Die Charta von Athen wurde 1933 auf dem IV. Internationalen Kongress für neues Bauen verabschiedet. Maßgeblich von Le Corbusier beeinflusst, trat sie für die Entflechtung städtischer Funktionsbereiche ein.

8 Es sollten an die 300 Meter werden, vgl. Reichhardt/Schäche, *Von Berlin nach Germania*, S. 61.

9 Es ist eine Schätzung Speers nach der Pünktchen-gleich-Menschengröße auf Hitlers Skizze. Wenn man sich die bei Speer, *Erinnerungen*, nach S. 160 reproduzierte Skizze ansieht – nach 300 Metern Gebäudehöhe sieht das eigentlich nicht aus.

10 Albert Speer jun. bezieht sich hier vermutlich auf den Aufsatz von Lars Olof Larsson in Speer, *Architektur*, S. 151–179.

11 Der Begriff »Dampferstil« leitet sich von der Ausstattung der Gesellschaftsräume der Norddeutscher-Lloyd-Überseedampfer her, die der Architekt Paul Ludwig Troost entworfen, die Vereinigten Werkstätten (München) ausgeführt hatten. Vgl. hierzu Schönberger, *Die Neue Reichskanzlei von Albert Speer*, S. 15–138.

12 Zur Lippert-Affäre vgl. Anm. 28 zum Gespräch mit Arnold Speer.

13 Gestaltung der Feier des ersten 1. Mai unter nationalsozialistischer Herrschaft 1933 auf dem Tempelhofer Feld in Berlin.

14 Umbau der Diensträume im Siedler-Anbau, Unterstützung des Troost-Umbaus der Reichskanzlerwohnung. Zu den Details vgl. Schönberger, *Reichskanzlei*, S. 23–27.

15 Friedrich Weber.

16 Albert Speer jun. bezieht sich hier wahrscheinlich auf die Passage, in der Fest über Speer schreibt, »daß er seinem Wesen nach unfähig war, Schuld zu begreifen. Es war wie eine blinde Stelle.« (Fest, *Speer*, S. 470).

17 Im Oktober 1941 wurde jede Form jüdischer Emigration endgültig unterbunden, und das dürfte dem Chef einer Obersten Reichsbehörde eigentlich nicht entgangen sein.

18 Lina Weber geb. Arnold.

19 Später im Gespräch: »Frau Brandt war eine Schwimmsportlerin und hat mir das Schwimmen beigebracht. Aber nicht hier in Berchtesgaden. In der Nähe von Berlin hatte mein Vater an einem See ein Hausboot, so ein Ponton-Ding. Da waren wir öfter im Sommer. Ich war ja nicht gerade ein mutiges Kind, und Frau Brandt hat mir also Schwimmen beigebracht und Kopfsprung, und pro Kopfsprung bekam ich einen Pfennig. Da bin ich öfter gesprungen, nehme ich an.« *(Lacht.)*

20 Matthias Schmidt berichtete uns, was Rudolf Wolters ihm dazu gesagt hat: Speer »war gar nicht so häufig in den Vorlesungen, und wenn er mal da war und es wurde irgendeine Zeichnung verlangt, dann machte er das mit wenigen Skizzen, und dann sagte er: ›Rudi, mach das mal fertig für mich.‹ Und das ging so weiter: Als Speer Generalbauinspektor der Hauptstadt war, sagte er: ›Rudi, ich hab hier eine Idee, pass mal auf, die soll so aussehen – ich mache ein paar Skizzen, und dann arbeite das mal aus.‹ Und dann hat der Dr. Wolters das mit seinen Architekten ausgearbeitet. Er war, sagt Dr. Wolters, ein Genie darin, mit wenigen Strichen eine Idee aufs Papier zu bringen, was andere dann in millimetergetreue Formate gezeichnet haben.«

21 Albert Speer an Hilde Speer, 13./14. 5. 53. BA-K, N 1340/136.

22 Briefe im Besitz von Albert Speer jun.

23 Operette (1874) von Johann Strauß, die teilweise in einem fidelen Knast spielt.

24 Für eine Verurteilung Speers waren alle Richter des Internationalen Militärtribunals gewesen, und für die Todesstrafe hatte ursprünglich außer dem sowjetischen auch der amerikanische Richter Biddle votiert.

25 Vermögens-Anmeldung bei den Alliierten, Kransberg, 1. 9. 45: 250 000 RM Bankguthaben, 150 000 in Dortmunder Union- und anderen Aktien, 950 pr. Morgen ländlicher Grundbesitz, unbebaut, in Altranft bei Wriezen/Oder, Wert: ca. 500 000 RM, Möbel für 80 000 RM, Bilder 120 000 RM. BA-K, N 1340/95. Da die über Speers »privates« Büro abgewickelten Aufträge nach den allgemein üblichen Honorarsätzen abgerechnet wurden und es sich dabei auch um Großaufträge handelte, ist wohl von höheren Summen auszugehen.

26 Ein Teil des Grundbesitzes, 100 ha, war ein Geschenk von Göring. »Auf besondere Anweisung des Staatssekretärs im Reichsfinanzministerium, Fritz Reinhardt, war dieser Transfer von öffentlichem Eigentum des preußischen Staates in den Privatbesitz Speers sowohl von der Schenkungs- als auch der Einkommensteuer befreit.« (Bajohr, *Parvenüs und Profiteure*, S. 64). Wert des Geschenks (ohne den Steuervorteil): über 200 000 Reichsmark.

27 Altranft liegt in der Nordwestecke des Oderbruchs zwischen Bad Freienwalde und Wriezen, *vor* der heutigen deutsch-polnischen Grenze.

28 Als ein nicht ganz so dramatischer Bruch erscheint diese Entwicklung, wenn man die – allerdings nur gemietete – Filmstar-Villa auf Schwanenwerder (Wert 1943: 210 000 RM) und die 1943 kurz nach ihrer Fertigstellung (Umbaukosten: 1 673 631 RM – Bajohr, *Parvenüs und Profiteure*, S. 64) zerbombte Dienstwohnung Speers in der Lichtensteinallee 3/3 a am Tiergarten mit berücksichtigt. Übergeben wurde sie ihm am 1. 9. 43, zerbombt am 22. 11. 43 (BA-B R 4606alt/ 432).

29 Robert Frank in Sigrön.

30 Flensburg war zu der Zeit Sitz von Großadmiral Dönitz, der Anfang April 1945 von Hitler mit der Verteidigung des »Nordraums« beauftragt worden war und dann per Hitler-Testament Reichspräsident und Oberbefehlshaber der Wehrmacht wurde.

31 Das schreibt jedenfalls Galbraith, *Wirtschaft*, S. 238. Albert Speer hingegen bestreitet, jemals eine SS-Wache gestellt bekommen zu haben.

32 Vgl. zur Wohnungsreihenfolge das Gespräch mit Hilde Schramm, S. 67, und Arnold Speer, S. 173 und S. 204: Hausackerweg, Gärtnerhaus Schloss-Wolfsbrunnenweg, Sozialwohnung Franz-Knauf-Str., Villa. In der Sozialwohnung lebte man nur kurze Zeit.

33 Führererlass vom 19. 3. 1945, mit dem Hitler die Zerstörung aller Industrieanlagen und Versorgungseinrichtungen im Reich, die den heranrückenden Alliierten von Nutzen sein konnten, anordnete (»Verbrannte Erde«).

34 Das Kabarett um Lore Lorentz spottete: »In der Landeshauptstadt da kommt man glatt/hoch ins Stadtbauamt obenan./Bedingung ist nur, daß man 'ne Spur/ an der Reichskanzlei mitgebaut hat.« Und: »Aller Anfang ist der Ziegel/Und dann später der Zement,/Aber nichts hält so zusammen/Wie 'ne Clique, die sich kennt.« Zitiert bei Durth, *Deutsche Architekten*, S. 306.

35 Das wörtliche Zitat aus Wolters' Bericht über seine »Fahrt in die Ukraine OT-Einsatz Russland-Süd Mai/Juni 1942«: »Unter dem Kommando der deutschen OT-Männer wirken hier die fremden Kolonnen. In der Qualität stehen die Judentrupps mit an erster Stelle. Wie uns berichtet wird, arbeiten sie teils freiwillig zwei Schichten hintereinander. Sie wissen, worum es jetzt geht«. BA-K, N 1318/ 76. – Zur Zusammenarbeit Speers mit der SS an der »Durchgangsstraße IV« vgl. Willems, *Der entsiedelte Jude*, S. 434–438. Vgl. auch Anm. 44 zum Gespräch mit Arnold Speer.

36 Vgl. das Gespräch mit Wolf Speer, Vor Ort: Mittelbau-Dora und dort Anm. 60.

37 »Nationalpolitische Erziehungsanstalten« – Internatsschulen, deren Aufgabe war, »dem deutschen Volke Männer zur Verfügung zu stellen, die den Anforderungen gewachsen sind, die an die kommende Führergeneration gestellt werden müssen. Um diese Aufgabe erfüllen zu können, brauchen sie laufend einen völlig gesunden, rassisch einwandfreien, charakterlich sauberen und geistig überdurchschnittlich begabten Nachwuchs.« Die meisten Napola-Zöglinge gingen zur Waffen-SS. (Kammer/Bartsch, *Nationalsozialismus*, S. 131 ff.)

38 Speer, *Spandauer Tagebücher*, S. 348.

39 Speer, *Erinnerungen*, S. 350.

40 An anderer Stelle des Gesprächs erinnert sich Albert Speer: »Meinen Opi hab ich in sehr guter Erinnerung. Der war ja Westfale, die Familie kam aus Dortmund, früher aus Schlesien. Der hatte im ersten Stock ein Arbeitszimmer, hat ja nicht mehr gearbeitet, aber hatte da ein Arbeitszimmer, und wenn er gut gelaunt war, durfte man ihn so morgens um elf Uhr in diesem Arbeitszimmer besuchen. Da

hatte er ein Schränkchen, und das machte er dann auf, und in dem Schränkchen war Westfälischer Schinken, Pumpernickel und, ich weiß nicht, ob Dortmunder Union-Bier – ob das da oben war oder ob er sich das hat kommen lassen –, aber Bier bekamen wir ja eh keins. Aber ich bekam bei ihm Schinken und Pumpernickel. Und das war etwas ganz Tolles. Der Opi war auch, kann ich mir vorstellen, ein relativ schwieriger Mensch und ein Eigenbrötler und ein Dickkopf. Es gibt Geschichten, dass er um die Hundesteuer Prozesse mit der Stadt Heidelberg geführt hat, weil er sagte: Da oben sind wir so weit weg von der Stadt, da brauche ich einen Wachhund, und deshalb darf der Hund nichts kosten. Die Hundesteuer, das waren damals vielleicht fünf Reichsmark oder zehn. Aber der galt als äußerst streitbar, und ich kann mir vorstellen, dass das Leben meiner Großmutter an der Seite dieses Mannes auch nicht so unbedingt einfach war.«

41 Das »Oststädte«-Projekt, das der GBI in Zusammenarbeit mit dem Minister für die besetzten Ostgebiete, Rosenberg, ab Ende 1941 entwickelte, war ein Teil der deutschen Besiedlung des eroberten »Lebensraums« im Osten. Über der Lächerlichkeit der Idee von Klon-Städten sollte man das Mörderische der dahinterstehenden Programmatik nicht übersehen. Vgl. hierzu Müller, *Hitlers Ostkrieg*, und Aly/Heim, *Vordenker der Vernichtung*. – »Nur der klare, soldatisch strenge, auf eine starke bauliche Mitte [nämlich die »großen Neubauten von Staat und Partei«] ausgerichtete Stadtgrundriß kann der Spiegel des gewaltigen politischen Willens und militärischen Geschehens des Großdeutschen Reiches sein«, formuliert Rudolf Wolters die von Butzenscheibenromantik weit entfernte Zielvorstellung in einem Themenheft der von Speer herausgegebenen *Baukunst* (November 1941) zum »Neuen Städtebau« im Osten. Entsprechend sehen die dort vorgestellten Entwürfe, zum Teil »unter der Leitung von Architekt Albert Speer« entstanden, auch aus.

42 Das Telegramm, mit dem Speer, noch in üblicher Verschlüsselung auf den Stand seiner fiktiven Weltumrundung Bezug nehmend, Wolters seine Entlassung aus Spandau meldet: »Bitte mich 35 Kilometer südlich Guadalajara Mexiko abholen. Onkel Alex«. Van der Vat, *Der gute Nazi*, S. 486.

43 Behörde des »Generalbauinspektors für die Reichshauptstadt«.

44 Das Gespräch kommt noch einmal auf die Große Halle. BRELOER: Wie wäre denn diese Kuppel rein technisch jetzt zu bauen gewesen? – ALBERT SPEER: Das weiß ich nicht. Ich weiß nur, dass es bauphysikalisch größere Schwierigkeiten gegeben hätte, denn wenn da hundertzwanzigtausend Menschen drin sind, entwickeln die Wärme, und diese Wärme steigt nach oben. Und es gab Berechnungen, dass es sich nach einer Stunde in dieser Kuppel allein durch die menschlichen Ausdünstungen oben so abkühlt, dass es in der Kuppel regnet, also dass diese Feuchtigkeit sich an den Gewölben niederschlägt und wieder runtertropft.

45 Speer, *Erinnerungen*, S. 148.

46 IMT Bd. 16, S. 543 f.

47 Chronik der Speerdienststellen 1943, BA-K, N 1318/4, Bl. 111.

48 Speers Sekretärin Annemarie Kempf, hier noch unverheiratet.

49 Chronik der Speerdienststellen 1943, a. a. O., Bl. 111 f.

50 Speer, *Spandauer Tagebücher*, S. 556.

51 Die Mitarbeit Speers als »Berater« am Projekt »Gesamtplanung Dortmund« der Dortmunder Union-Brauerei, deren Aktionärin die Familie Speer traditionell war, dauerte von Januar 1967 bis Juli 1968 und ist im Speer-Nachlass dokumentiert (BA-K, N 1340/41). Dem Protokoll einer Arbeitsbesprechung zufolge war da sein einziger Redebeitrag: »Man könnte es gar nicht besser machen.«

52 Speer wurde nicht wegen Führung (geschweige denn Verlängerung) eines An-griffskrieges verurteilt, sondern wegen Kriegsverbrechen und Verbrechen gegen die Menschlichkeit (IMT Bd. 22, S. 657).

53 Siehe das Gespräch mit Siedler, S. 489.

54 Bezieht sich auf Albert Speers Reaktion auf die Morde an der SA-Führung und politischen Gegnern Hitlers im Zuge des »Röhm-Putsches«, wie sie Speer in den *Erinnerungen*, S. 66, schildert: »In einem der Zimmer sah ich eine große ver-trocknete Blutlache auf dem Boden. Dort war am 30. Juni Herbert von Bose, einer der Mitarbeiter Papens, erschossen worden. Ich sah weg und vermied von da an den Raum. Weiter berührte es mich nicht.« – Der NS-Rundfunkkom-mentator und Nürnberger Mitangeklagte Hans Fritzsche bestätigt diese Haltung beim selben Anlass: Auf die Frage, wo denn von Papen geblieben sei, soll Speer geantwortet haben: »Das weiß ich nicht, es geht mich auch nichts an. Macht ihr eine anständige Politik, ich baue anständige Häuser.« Springer (Hg.), *Es sprach Hans Fritzsche*, S. 173 f.

ARNOLD SPEER

1 Genauer: Sigrön in der Prignitz.

2 Hitler erschoss sich am 30. April 1945.

3 Frau Cliever – vgl. das Gespräch mit Hilde Schramm, S. 40, 42.

4 Das dreisitzige Verbindungsflugzeug »Fi 156« mit extremen Kurzstart- und -landeeigenschaften.

5 Den Spandauer Gefängnisakten (in den National Archives Washington) zufolge dürfte der erste Besuch Arnolds (zusammen mit seiner Mutter) am 31. 10./ 2. 11. 1953 stattgefunden haben (NA Microfilm M3352, Roll 13).

6 Friedrich Weber und Lina geb. Arnold.

7 An anderer Stelle des Gesprächs: BRELOER: Für die Großmutter war es ein Ab-sturz. – ARNOLD SPEER: Richtig. Aber sie versuchte, aus diesem Absturz noch das Beste zu machen. Sie blieb in sich diese Grande Dame, die sie immer versuchte darzustellen. Ob sie eine war oder nicht, das kann ich nicht beurteilen – aber sie versuchte, die weiter darzustellen, mit diesem großen Hut und diesem aufrech-ten Gang … – BRELOER: Kriegte man nicht mal ein Märchen vorgelesen? Konnte man sich nicht mal Plätzchen abholen bei der Großmutter? – ARNOLD SPEER: Sie war keine Plätzchen-Großmutter. Überhaupt nicht.

8 Sereny, *Das Ringen mit der Wahrheit*.

9 In der Tat könnten die exakten Daten in der Statistik vorsätzlich verschleiert wor-den sein. So fasst ein Rüstungsarbeitskräfte-Gesamtüberblick vom 23. Februar 1945 für den Zeitraum 30. 6. 41 bis 31. 12. 44 die Kategorien »Juden« und »Aus-länder« zusammen, wobei sich insgesamt eine fast bis zuletzt ansteigende Kurve ergibt – mit einer Ausnahme allerdings: Im ersten Halbjahr 1943 sinkt die »Ju-den und Ausländer«-Anzahl um 135 000. Eine eindeutige Interpretation dieses Knicks in der Kurve auf irgendwelche Judendeportations-Maßnahmen dieses Zeitraums hin (z. B. die Berliner »Fabrikaktion« Ende Februar/Anfang März) wird jedoch durch das Zusammenwerfen mit der diffusen »Ausländer«-Gruppe unmöglich gemacht (Ergebnis der Beschäftigtenmeldung zum 31. 12. 1944, BA-B, R 3/3009).

10 Speer, *Erinnerungen*, S. 385.

11 Vgl. Anm. 37 zum Gespräch mit Hilde Speer.

12 Dieses Worte-Limit wurde schon im September 1947 eingeführt, als die Korrespondenz der Spandauer Gefangenen der Gefängnisverwaltung über den Kopf zu wachsen drohte.

13 Im Besitz von Arnold Speer.

14 Zum Antisemitismus bei Albert Speer vgl. auch, was er seiner Tochter Hilde am 14. 5. 53 weiter schreibt (N1340/383): »Dann war da noch ein ungeheurer Fehler, den nicht nur ich machte: Es war zu einer Gewohnheit geworden, daß man nur seine Aufgabe betrachtete und sich nicht um das kümmerte, was der Nachbar tut. Ich will damit sagen: Ich dachte gar nicht daran, daß es mich persönlich etwas angeht, wenn ein anderer vielleicht in meiner Gegenwart redete, man müsse alle Juden totschlagen. Es war klar, daß ich das nicht sagte und auch nicht dachte, wie ich überhaupt ein reines Gewissen habe, indem ich nie mich antisemitisch betätigte oder äußerte. Ich hatte tatsächlich kein Gefühl der Abneigung gegen sie, oder besser, nicht mehr, als jeder von uns so etwas wie ein unangenehmes Gefühl manchmal im Umgang mit ihnen hat. – Das ist aber auch keine Entschuldigung so wenig wie, daß ich vielen im einzelnen geholfen habe. Im Gegenteil, eigentlich verschärft es noch die innere Schuld.« – Kein Antisemitismus, aber ein instinktiver Widerwille, wie ihn »jeder von uns« hat – es ist schon erschreckend, mit welcher Selbstverständlichkeit noch 1953 der »geläuterte« Speer im selben Satz seinen Gefühls-Antisemitismus dementiert und ihn gleichzeitig zum Standard erhebt. Auf dieser Grundierung war Empathie mit dem Schicksal der Juden allerdings nicht zu erwarten.

15 Die Anklage im Nürnberger Hauptkriegsverbrecherprozess führte am 29. November 1945 vor Gericht einen Dokumentarfilm über die Konzentrationslager vor. Der Gefängnispsychologe Gilbert, *Nürnberger Tagebuch*, S. 50 registrierte die Reaktionen der Angeklagten.

16 Speer, *Spandauer Tagebücher*, S. 277.

17 Vgl. die Kreuzfahrt mit Albert, S. 130.

18 Arnold Speer: Das Kinderheim später, das ich ja gar nicht mochte, das ist mir noch gut präsent. Da war ein Kind, das spielte Flöte. Und das hatte mir überhaupt nichts getan, dem habe ich schlicht auf die Flöte vorne draufgeklopft, da hätte was passieren können – die ganze Flöte da rein, die Zähne weg. Das hatte mir überhaupt nichts getan! Das erinnere ich noch, dass ich … – Breloer: … dass Sie so eine Grundwut hatten? – Arnold Speer: Wahrscheinlich. Das ist eine Grundaggressivität, würde man heute sagen.

19 Christian Speer, geb. 1966. Die Konfirmation fand 1980 statt.

20 Zu dieser Finnland-Truppenbetreuungsreise mit Violinist und Zauberer vgl. Speer, *Erinnerungen*, S. 331. Die ausführlichere Beschreibung im Spandauer Entwurf wird bei Sereny, *Das Ringen mit der Wahrheit*, S. 471, referiert.

21 Zitiert in Speer, *Der Sklavenstaat*, S. 318 f.

22 Prof. Friedrich Koch, ein Mitarbeiter Sauerbruchs, übernimmt, wie Speer schreibt, »abgesichert« durch Speers Freund Prof. Karl Brandt, am 10. Februar, in der kritischen Phase, die Behandlung Speers. Zum Hergang dieses angeblichen »Mordversuchs Himmlers am eigenen Rüstungsminister« vgl. Speer, *Der Sklavenstaat*, S. 317–320, und die dazu bei Sereny, *Das Ringen mit der Wahrheit*, S. 482–494, angemeldeten Bedenken.

23 Die Gauleitertagung am 6. Oktober 1943, vgl. Anm. 41 zum Gespräch mit Hilde Schramm.

24 Das KZ Mittelbau-Dora, vgl. Anm. 60 zum Gespräch mit Wolf Speer.

25 Diese Rücktrittsabsichten Speers datieren von Ende April 1944. Von »Verbrannte

Erde«-Ideen im Westen kann eigentlich mehrere Wochen vor Beginn der Invasion in der Normandie kaum die Rede sein – auf alle Fälle ist es ein ehrenwert klingendes Alibi für seine Rückkehr zur Macht.

26 »Nürnberger Entwurf« N 1340/84, T. II, S. 21.

27 An anderer Stelle reflektiert Arnold Speer seine immer noch aktuellen emotionalen Probleme, mit Kritik an seinem Vater umzugehen: Breloer: Man identifiziert sich auch eine Zeit lang mit seinem Vater. – Arnold Speer: Aber diese Identifizierung geht ja weiter, bis man mausetot ist, bei uns allen. Intellektuell können wir zwar sagen: ›Da hat der Vater nicht gut getickt, dort hat der Vater nicht gut getickt‹ – aber wir nehmen unseren Vater mit, bis wir tot sind. Er durchzieht unser Leben. Und wie es mir jetzt gegangen ist, als Sie sagten: ›Er hat hier getrickst, dort getrickst, er hat da wahrscheinlich ganz schlicht gelogen‹ – ich bin jetzt 62 Jahre alt, Sie sagen das, und in mir kommen alle Stacheln hoch, die in der Emotion hochkommen können. ›Der sagt, mein Vater hat gelogen!‹ Und wenn ich jetzt einen Strich darunter mache und den Intellekt einschalte, dann kommt heraus: Ich kann mir auch vorstellen, dass er da gelogen hat. Aber Sie dürfen das nicht zu mir sagen! – Natürlich dürfen Sie das zu mir sagen. – Noch nicht mal das dürfen Sie zu mir sagen, dass er sein Fell retten will und deswegen lügt, da kommen mir auch schon diese Stacheln.

28 Der Berliner Oberbürgermeister Julius Lippert hatte sich Speers Anspruch auf absolute Vorherrschaft in allen Berliner Baufragen zu widersetzen versucht, war daraufhin vom Generalbauinspektor im Juli 1940 beim Führer angeschwärzt und prompt entlassen worden (vgl. Schmidt, *Ende eines Mythos*, S. 62–65). Das genügte Speer jedoch noch nicht – er gab den Vorgang Anfang 1941 »zur vertraulichen Kenntnisnahme« an den Reichsführer SS Himmler weiter (BA-B, BDC/PK, Speer, Albert).

29 In seiner Rede am 6. Oktober 1943 in Posen.

30 Vgl. hierzu Schmidt, *Ende eines Mythos*, S. 142 ff. Speers Aufforderungen zu energischem Vorgehen gegen »Bummelanten« (das bedeutete KZ-Einweisung für alle, die im Verdacht standen, die Arbeitsproduktivität zu bremsen, und implizite für KZ-Häftlinge, die auf diese Weise ja nicht mehr bestraft werden konnten, den Tod) waren bereits Gegenstand der Verhandlung vor dem Internationalen Militärgerichtshof in Nürnberg gewesen; Speer bestritt dort eine entsprechende Äußerung nicht (sie war auch in einem Protokoll der »Zentralen Planung« dokumentiert), führte aber entlastend an, sie sei folgenlos geblieben (vgl. IMT Bd. 16, S. 523).

31 Vgl. Schmidt, *Ende eines Mythos*, S. 140 f.

32 Speer, *Spandauer Tagebücher*, S. 662 f.

33 Das von der NSDAP 1938 gestiftete »Mutterkreuz« – golden für acht und mehr, silbern für sechs und sieben, bronzen ab vier Kinder – wurde an einem Ordensband um den Hals oder mit einem Schleifchen am Kleid oder Jackenrevers getragen. Die deutsche kinderreiche Frau sollte »den gleichen Ehrenplatz erhalten wie der Frontsoldat, denn ihr Einsatz von Leib und Leben [beim Kinderkriegen] war der gleiche wie der des Frontsoldaten im Donner der Schlachten«. Kammer/Bartsch: *Nationalsozialismus*, S. 130.

34 Die Familie der Schwiegertochter in spe – vgl. Anm. 6.

35 15. 12. 1987.

36 Gauleitertagung am 6. Oktober 1943, vgl. Anm. 41 zum Gespräch mit Hilde Schramm. Der entsprechende Aufsatz Erich Goldhagens von 1971, drei Jahre nach dem Erscheinen der *Erinnerungen*, in der Zeitschrift *Midstream* ist, wie

auch die Rechtfertigungs-Argumentationen Albert Speers, abgedruckt bei A. Reif, *Albert Speer*, S. 383–394 und S. 395–407. Hier hat Speer eigenem Bekunden zufolge wieder Gedächtnis-Sicherheit erlangt.

37 Albert Speer an Robert W. Kempner, 11. 12. 71: »Sehr geehrter Herr Dr. Kempner, Unterdessen habe ich das Dokument bestellt, das in ›Midstream‹ veröffentlicht wurde [Erich Goldhagens Artikel]. Ich erhalte es Dienstag oder Mittwoch und am Donnerstag wird es mein Anwalt Dr. Schlatter in Ludwigsburg vorlegen. Natürlich stehe ich unter einem Schock; mir ist das unerklärlich. Ich fürchte, Sie werden mich darin nicht verstehen können. Ich habe Ihre Ausführungen vor dem Schweizer Fernsehen gehört. Sie sagten etwa: Es muß sich da schon um einen merkwürdigen Fall von Verdrängung handeln. Dieses Dokument scheint Ihnen recht zu geben.« – Brief im Kempner-Nachlass, BA-K, N 1470/1100.

38 Vgl. das Gespräch mit Albert Speer, S. 109.

39 Aus dem Schlusswort des Angeklagten Brandt im sog. »Ärzteprozess«: »Ich bin mir voll der Tatsache bewußt, daß, als ich ›Ja‹ sagte zur Euthanasie, ich das aus tiefster Überzeugung tat, wie es auch heute meine Überzeugung ist, daß sie richtig war.«

40 Der Kamin wurde familienintern als »kleine Reichskanzlei« belästert.

41 Annemarie Kempf (»schwarz«) an Albert Speer, 25.1.54: »Im Bundeswirtschaftsministerium sind viele alte Mitarbeiter, das heißt ›alt‹ aus dem Reichswirtschaftsministerium. Und ich möchte sagen: Wir können auf sie rechnen. Im Auswärtigen Amt [...] sind freundliche Wege erschlossen. Im Kabinett sind ›unsere‹ Stimmchancen gewachsen, – einmal durch Prof. Oberländer, den neuen Vertriebenen-Minister und zum anderen natürlich durch (Rudis besten Freund) Lübke.« (BA-K, N 1340/155).

42 Annemarie Kempf an Albert Speer, 26. 1. 54, N 1340/155. – Theodor Heuss *wurde* übrigens wiedergewählt.

43 Zunächst, ab Dezember 1941, war der »Baustab Speer« des Generalbauinspektors für die Reichshauptstadt zur Unterstützung der Organisation Todt, der von Fritz Todt, Speers Amtsvorgänger als Minister, gegründeten Rüstungsbauorganisation, bei der Behebung der Verkehrskatastrophe hinter der Ostfront in der Ukraine eingesetzt worden. Als dann im Februar 1942 Speer die Leitung OT erbte, avancierte Wolters zum Leiter von deren Presseabteilung.

44 Zu diesem auch »Straße der SS« genannten Vorhaben vgl. Kaienburg, »Jüdische Arbeitslager an der ›Straße der SS‹«: »Die Wehrmacht hatte schon wenige Wochen nach dem Einmarsch in die Sowjetunion wegen des ungenügenden Zustandes der Nachschubstraßen im Osten mit Todt, dem Generalinspektor für das deutsche Straßenwesen, verhandelt. Unterhaltung und Ausbau der Straßen wurden daraufhin der Organisation Todt (OT) übertragen. Todt beauftragte seinerseits Hitlers Architekten Speer und seinen Baustab mit der Durchführung der Arbeiten. [...] Das größte und wohl wichtigste Projekt war die Durchgangsstraße IV. Sie verlief vom Süden des Generalgouvernements über Lemberg, Tarnopol, Winniza, Kirowograd und Dnjepropetrowsk bis östlich von Stalino (dem heutigen Donezk), das damals die Verwaltungsmetropole des unter Militärverwaltung stehenden Donezgebietes war. Ihre Gesamtlänge betrug ab der Grenze bei Tarnopol über 1200 Kilometer. Die Verbindung sollte später bis in den Kaukasus führen. [...] Ab Ende 1941/Anfang 1942 schaltete sich Himmler in den Bau der Durchgangsstraße IV ein. [...] Gegen eine alleinige Zuständigkeit der SS [...] erhob die OT, nunmehr unter Leitung von Todts Nachfolger Speer, jedoch sogleich Einspruch. In Verhandlungen beim Reichskommissar der Ukraine

in Kowno konnte sie verhindern, daß ihr Baupersonal an der DG IV der SS unterstellt wurde. Die Einzelheiten der getroffenen Vereinbarung sind nicht vollständig bekannt, aber aus den verfügbaren Quellen ist erkennbar, daß die SS die Gesamtleitung übernahm; technische und fachliche Angelegenheiten des Straßenbaus lagen dagegen in der Hand der OT. Später reduzierte sich die Tätigkeit von SS und Polizei immer mehr darauf, die Zwangsarbeiter zu beschaffen und zu bewachen« (S. 20–22). – »1942 waren an der DG IV insgesamt etwa 50 000 ukrainische Zwangsarbeiter, ebenso viele Kriegsgefangene und etwa 10 000 Juden eingesetzt. SS, Polizei und OT verfügten insgesamt etwa über 5000 deutsche Führungskräfte« (S. 25). – »Nachgewiesen ist die Existenz von mindestens zwanzig Lagern für jüdische Zwangsarbeiter an der DG IV in der Ukraine. […] Die Lager waren von unterschiedlicher Art und Größe. In der Regel quartierte man mehrere hundert Juden in der Nähe der Straße in irgendein Gebäude ein, das eine provisorische Stacheldrahtumzäunung erhielt. Nach Bedarf wurden die Lager aufgelöst, verlegt oder neu eingerichtet« (S. 26). – »Die Leitung der Lager lag meist in der Hand von SS- und Polizeiangehörigen. In mehreren Fällen waren aber auch OT-Angehörige einige Monate lang als Kommandanten tätig. […] Offenbar bestand die Anweisung, die Juden generell provisorisch und mit geringstmöglichem Aufwand unterzubringen. Die meisten Lager waren ausgesprochen primitiv. Sie wurden rücksichtslos überbelegt und besaßen nicht im mindesten die erforderlichen Einrichtungen. […] Die Ernährung war ungenügend. Morgens gab es nur eine Schale warmes Wasser. Die einzige regelmäßige Mahlzeit pro Tag war die Erbsen- oder Kartoffelsuppe, die nach der Arbeit verteilt wurde. […] Ab und zu gab es etwas Pferdefleisch dazu. […] Für die Verpflegung war offenbar die OT zuständig. […] Der Hunger wurde zur schlimmsten Plage, er beherrschte das Denken und Handeln tagsüber und die Träume des Nachts. […] Es gab keine besondere Lager- oder Arbeitskleidung. Da die Insassen ausnahmslos schon viele Monate in Gettos und Lagern zugebracht hatten, besaßen die meisten nur noch stark abgenutzte Kleidungsstücke und Schuhe. Oft gab es kein fließendes Wasser. Überall waren die Waschmöglichkeiten und Latrinen ungenügend und meist sehr primitiv. Läuse und anderes Ungeziefer breiteten sich aus und begünstigten Krankheiten. […] Es gab kaum Medikamente oder Verbandsstoffe, aber immerhin bestand die Möglichkeit, sich durch Ausruhen wieder zu erholen. Doch wer konnte, schleppte sich, so lange es noch irgend möglich war, zur Arbeit. Denn Kranke und Geschwächte wurden in unregelmäßigen Abständen ausgesondert und erschossen« (S. 27–30). »Allein bei den Erschießungsaktionen wurden etwa 25 000 Menschen getötet. Viele kamen durch die mörderischen Exstenzbedingungen um.« Kaienburg resümiert: »Die Art und Weise, wie im Protokoll der Wannseekonferenz vom 20. Januar 1942 […] vom Arbeitseinsatz der Juden beim Straßenbau in der besetzten UdSSR gesprochen wird, läßt keinen Zweifel daran zu, daß dort auf die Zwangsarbeitslager an der Durchgangsstraße IV Bezug genommen wird. Die Dezimierung der Juden durch mörderische Existenzbedingungen beim Arbeitseinsatz und die Liquidierung des ›allfällig endlich verbleibenden Restbestandes‹, das heißt derjenigen, die den Terror lange Zeit überlebten, galt für die am Wannsee versammelten Bürokraten als eine der Möglichkeiten zur ›Endlösung der Judenfrage‹. Sie stellte neben den anderen Arten der Massentötung – den Erschießungen der Einsatzgruppen und der Errichtung der ersten Vergasungsanlagen – im Kalkül Himmlers, des Architekten des Genozids, eine von mehreren Methoden zur Vernichtung der Juden dar« (S. 38 f.). Speers Bautrupps waren in erster Stunde dabei.

45 Text aus Wolters' Bericht »Fahrt in die Ukraine OT-Einsatz Russland-Süd Mai/Juni 1942«, Sonntag, 31. Mai. BA-K, N 1318/76. Dort findet sich am Vortag die Passage: »Über Jaroslau (schöne Barockkirche) und Przemysl geht es weiter über die DG IV, die vorläufig ausgezeichnet ist. Städte und Dörfer sitzen hier voller Juden, die durch aufgenähte gelbe Tuchfetzen auf Rücken und Brust kenntlich gemacht sind. Die Gestalten machen einen überaus trostlosen Eindruck«, und unter dem 9. Juni heißt es: »Der Ort Torczeryn hat etwa 4500 Einwohner, unter ihnen 2500 Juden. Außerdem gibt es Polen und wenige Ukrainer. Der Kreislandwirt lässt sich sofort den ›Rabat‹ komme, den Vorsteher der Juden, den er loshetzt, alle Mechaniker heranzuholen, die der Ort hat. Wie aus der Pistole geschossen, läuft der Jude im 100-m-Lauf-Tempo durch den Ort und holt die Leute, die alle im gleichen Tempo angestürzt kommen. Hier herrscht Ordnung!«

46 Ebd., 31. Mai 1942.

47 Vgl. das Gespräch mit Siedler, S. 474.

48 Siedler sagte wörtlich (S. 494): erotischer Liebe.

49 Vgl. das Gespräch mit Joachim Fest.

50 Flossenbürg (Kreis Neustadt an der Waldnaab) wurde 1938 als Straflager eingerichtet. Ein Teil der Häftlinge arbeitete für die SS-eigenen Deutschen Erd- und Steinwerke (DEST), deren Kreditgeber und Großabnehmer Albert Speer in seiner Eigenschaft als Generalbauinspektor war. Vgl. etwa Dietzfelbinger: »Bauen für die Ewigkeit«: »Nach einer Vereinbarung zwischen dem ›Reichsführer-SS‹ Heinrich Himmler und Albert Speer war dazu im April 1938 die SS-eigene Firma ›Deutsche Erd- und Steinwerke‹ (DEST) gegründet worden. Vorgesehen war die ›Lieferung von Baumaterialien für eine Periode von 10 Jahren‹. Speer stellte der DEST ›zum Zwecke der Ankurbelung‹ 9,5 Millionen Reichsmark zur Verfügung. Die DEST kaufte in der Folgezeit Steinbrüche im Deutschen Reich sowie während des Krieges in den besetzten Gebieten auf, errichtete daneben Konzentrationslager und ließ KZ-Häftlinge nach dem Prinzip ›Vernichtung durch Arbeit‹ Steine für das NS-Bauprogramm brechen, wobei Tausende Menschen zu Tode geschunden wurden« (S. 268). Vgl. das Gespräch mit Wolf Speer, S. 263–270. Mehr und detailliertere Information zum Thema Baupolitik der SS und zur Zusammenarbeit zwischen dem GBI und Himmlers Terrorapparat bei Jaskot, *The architectutral policy of the SS*.

Wolf Speer

1 Albert Friedrich und Luise Mathilde Wilhelmine Speer, die Eltern Albert Speers.

2 Das Haus Schloss-Wolfsbrunnenweg 50 in Heidelberg, in dem Speers Eltern ständig seit 1918, seine Frau Margarete mit den Kindern ab 1953 und er selber von seiner Entlassung aus dem Kriegsverbrechergefängnis Spandau 1966 bis zu seinem Tode lebte.

3 Nach Speers *Erinnerungen*, S. 23: 1905.

4 Wolf Speers Onkel Ernst, der jüngere Bruder Albert Speers.

5 Hermann Speer, der ältere Bruder Albert Speers.

6 Manuskript im Besitz von Wolf Speer.

7 In seiner Kurzbiografie zu Beginn der Vernehmung in eigener Sache sagt Speer: »Wenn Hitler überhaupt Freunde gehabt hätte, wäre ich bestimmt einer seiner engen Freunde gewesen.« IMT Bd. 16, S. 476.

8 Das geht noch weiter: BRELOER: Auch Puddel musste noch eine Strophe aufsagen: »Auch drüben bei dem nahen Feind/scheinen sie alle vereint,/um das
Weihnachtsfest zu feiern./Stille ringsum, bei den teuren Lieben die Gedanken
weilen./Die Krieger schauen sinnend drein/Stille ringsum, vom Feind nichts zu
hören/nur der Krieger Weihnachtsgesang/Ehre sei Gott in der Höhe und Friede
auf Erden/leise durch die Nacht erklang.« WOLF SPEER: Ist das nicht furchtbar?
Das hat sie alles selbst gedichtet.

9 Ein ironischer Text, der zeigt, dass Hermann Speer in der Tat im Mai 1933 den
Ernst der Lage noch nicht begriffen hatte, als er meinte, sich über das gerade an
die Macht gekommene NS-Führungspersonal mokieren zu können: »Menschen,
deren politische Qualifikation in der Dauerhaftigkeit des Ressentiments zu bestehen scheint, mit dem sie jahrelang einer Oppositionspartei angehörten, sind
teilweise in Stellungen gelangt, an denen sie eine aufrechte Arbeit nicht fördern.
[…] Nicht nur viele frisch dahergelaufene Karrierejäger, sondern auch manche
für den Aufbau nicht geeignete Alten werden keine Zukunft haben dürfen. Der
Umbau der nationalsozialistischen Bewegung aus der gradlinigen Richtung des
Angriffs in die Zeit der Erfüllung der großen Hoffnungen mag schwierig sein –
besonders, da etwas Wichtiges vielfach noch zu fehlen scheint: eine vorbildliche
menschliche Haltung, auf die hin geurteilt und erzogen oder durch die eine Aus-
lese bewirkt werden könnte. Diese eigentlich deutsche Geste … vergleichbar der
Gestalt des Gentlemans in England, des Ritters im staufischen Mittelalter, des
Gentilhuomo der Renaissance (von der Kalokagathia der attischen Epheben
ganz zu schweigen) ist noch nicht deutlich sichtbar geworden.« *Berliner Tage-
blatt*, 25. 5. 33.

10 Jedenfalls stellt Speer das so dar: »Gerade eine Darstellung des Feldherrn Hitler
sollte den Hinweis auf Karl May nicht unterlassen. Die Person Winnetous beispielsweise habe ihn, so meinte er einmal, nicht zuletzt in der taktischen Wen-
digkeit und Umsicht, die Karl May ihr beigegeben habe, tief beeindruckt. Er sei
geradezu das Musterbeispiel eines Kompanieführers.« (Speer, *Spandauer Tagebücher*, S. 523).

11 An anderer Stelle des Gesprächs begründet er das genauer. WOLF SPEER: Geglaubt habe ich sowieso nie an Hitler. Ich habe gesehen, dass der spuckt, und der
Speichel flog ihm aus dem Mund. Das hatte für mich überhaupt nichts. – BRE-
LOER: Wo konnte man sehen, dass der spuckt? – WOLF SPEER: In der Wochenschau. Das war mir total unangenehm. Schrecklicher Kerl.

12 Auch hier haben wir, was dieses erste Aufeinandertreffen von Ehefrau und Führer im Frühjahr 1934 betrifft, nur die Schilderung Albert Speers (*Erinnerungen*,
S. 70 f.).

13 Ebd., S. 34. Ob diese doch auf »Erweckungserlebnis« stilisierte Darstellung allerdings den Tatsachen entspricht, erscheint fragwürdig – er soll bereits im Herbst
1930, also Monate vor der Hitler-Rede in der Hasenheide, Kontakt zum Nationalsozialistischen Kraftfahrerkorps (NSKK), damals noch eine Untergliederung
der SA, aufgenommen haben, das schreibt jedenfalls die Bearbeiterin des Speer-
Nachlasses im Bundesarchiv, Hedwig Singer, in ihrem tabellarischen Speer-Le-
benslauf, BA-K, N 1340.

14 Wolf Speer zeigt an anderer Stelle des Gesprächs ein Aquarell, das ihm Albert
Speer geschenkt hat: »›Für Wolf.‹ Das hat mir mein Onkel mal mitgebracht, das
muss der 1. Mai 1933 oder 1934 gewesen sein. Das ist noch die Fahne Schwarz-
Weiß-Rot, ich weiß nicht, wann die abgeschafft wurde. Der 1. Mai war der Tag
der Arbeit, das ist er vor Hitler schon gewesen. Die Nazi-Partei hat sich selbst als

sozialistisch bezeichnet, die Arbeiter sollten also eingefangen werden, sollten mitmachen, und da wollte man ein großes Fest machen. Und dazu sollte mit wenigen Mitteln eine Kulisse geschaffen werden. Viel mehr hätte man gar nicht machen können, aber so eine Riesenfahne zusammenschneidern, das war schon in der kurzen Zeit möglich. Und dann die Tribünen. Dabei sollen die angeblich damals die Toiletten vergessen haben.«

15 Wahrscheinlich »Triumph des Willens« vom Reichsparteitag 1934.

16 Vgl. hierzu das Gespräch mit Susanne Willems.

17 Vgl. Anm. 43 und 44 zum Gespräch mit Arnold Speer.

18 Willems, *Der entsiedelte Jude*, S. 434.

19 Rudolf Wolters, »Fahrt in die Ukraine. OT-Einsatz Russland-Süd. Mai/Juni 1942«, S. 5. Bundesarchiv N 1318/76.

20 Vgl. hierzu Anm. 14 zum Gespräch mit Arnold Speer.

21 Brief Hermann Speers an Albert Speer, 25. 7. 73, zitiert nach Hepp, »Fälschung und Wahrheit«, S. 3. – 2. Mose 1, 13–14: »Und die Ägypter zwangen die Kinder Israel zum Dienst mit Unbarmherzigkeit und machten ihnen ihr Leben sauer mit schwerer Arbeit in Ton und Ziegeln und mit allerlei Frönen auf dem Felde und mit allerlei Arbeit, die sie ihnen auflegten mit Unbarmherzigkeit.«

22 WOLF SPEER: Zunächst einmal war ja der Nachfolger ernannt, das war Göring. Und Göring hat keiner mehr etwas zugetraut. Das ist ein Popanz gewesen, vollgefressen, faul … – BRELOER: … Morphium … – WOLF SPEER: … Morphium, alles Mögliche. Goebbels kam auch nicht in Frage, weil alles immer gelacht hat, wenn der ankam mit seinem Humpelbein … – BRELOER: … kein Germane … – WOLF SPEER: … kein Germane. Und Himmler kam nach Hitlers Meinung auch nicht in Frage, weil er total amusisch war. Na ja, da blieb nur der Albert übrig. – BRELOER: Ein Künstler könnte den Staat führen. So einer wie Hitler. – WOLF SPEER: Wie er selbst. Und Albert Speer hatte sich ja bewährt, hatte Organisationstalent bewiesen. Was er nicht hatte, war Charisma, er konnte die breite Masse nicht mit sich reißen. Was eigentlich die stärkste Eigenschaft von Hitler war, das hat er nicht gehabt. Aber das war vielleicht in der zweiten Generation auch schon nicht mehr nötig. – BRELOER: Weil er die Weihe des Führers hat. – WOLF SPEER: Ach, das war doch sowieso alles Quatsch. Der Gedanke des Nachfolgers war nur so lange wichtig, wie die Wehrmacht noch stark genug war, den Krieg zu gewinnen. Und in dem Maße, wie die Wehrmacht besiegt war, ist die SS hochgekommen. Aber nur in einem besiegten Land, das hatte ja schon gar nichts mehr zu sagen, war zeitlich begrenzt. Jeder wusste doch, dass es in ein, zwei Jahren mit denen aus sein würde. Natürlich musste man Acht geben, dass sie einen nicht in den ein, zwei Jahren noch umgeschossen haben.

23 BRELOER: Wo haben Sie den Krieg erlebt? – WOLF SPEER: Zunächst mal in Afrika, in Tunesien. Das war von Januar bis Mai 1943. – BRELOER: Krieg in der Wochenschau, Krieg in der Propaganda ist eine Geschichte; die Generale fahren mit dem Finger auf der Landkarte herum … – WOLF SPEER: Wenn es pfeift da oben, muss ich ein Loch haben, in dem ich liegen kann, und auf der Seite schlägt eine Granate ein, das muss gar keine schwere sein, eine siebeneinhalb Zentimeter dicke – das ist eine ganz andere Geschichte. – BRELOER: War das der Punkt, wo Sie sich auch ein Leben ohne Hitler vorstellen konnten und gesagt haben: Das hier muss ein Ende haben? – WOLF SPEER: Man glaubte damals nicht an Hitlers Niederlage, an einen Sieg konnte man aber schon gar nicht glauben, wenn man da unten die Überlegenheit der anderen gesehen hat. Ich habe damals, wie viele andere auch, gedacht, der Krieg zwischen Amerika und Deutschland würde gar

nicht zu Ende gehen. Das würde so ein Dauerzustand werden wie bei Napoleons Kontinentalsperre. Und deswegen bin ich auch, wieder freiwillig, von Afrika zurück nach Deutschland geflüchtet. Am letzten Tag, das war der 12. Mai 1943, glaube ich, da hatte die Heeresgruppe offiziell kapituliert und wir wurden entlassen. Jeder konnte machen, was er wollte. Es wurde noch eine Marschkompasszahl so und so ausgegeben, und wer schwimmen wollte, der konnte nach Sizilien schwimmen, und wer ein Boot gefunden hat, der konnte mit dem Boot fahren. Ich begab mich erst einmal zum Flugplatz und wollte da versuchen, ein Flugzeug zu finden. Da bin ich von anderen Kameraden aufgelesen worden, und die haben mir erzählt, dass da irgendwo ein Schiff wäre, das man flott machen wollte, und damit wollten wir bei Nacht hinüberfahren. Manchmal klappen solche Sachen, und das hat auch geklappt. Damit war ich in Sizilien. Für ein halbes Jahr war ich jetzt von der direkten Front befreit.

24 Vgl. an anderer Stelle des Gesprächs: WOLF SPEER: Er war bei irgendeinem Reichsforschungsrat, Kaiser-Wilhelm-Institut oder irgendwas, Göring, irgendwas, und hat da mit industriellen Sachen, mit Ernährungsindustrie, mit Tiefkühlkost und so etwas zu tun gehabt. Er hat einen Haufen Geld verdient und wurde nie eingezogen. Die von der Wehrmacht haben es alle vierzehn Tage versucht, Gestellungsbrief geschickt, und dann ist er ins Rüstungsministerium gegangen und hat sich da eine Bescheinigung geben lassen, dass er gebraucht wird. – BRELOER: Ob es Albert war, der ihm geholfen hat? – WOLF SPEER: Natürlich, wer denn sonst?

25 Vgl. Anm. 28.

26 Speer schreibt dazu (*Erinnerungen*, S. 470): »Auch der gegnerische Rundfunk beunruhigte mich durch einige Nachrichten: Ich hätte einem Neffen, der von einem Kriegsgericht wegen des Druckes [sic] von Schriften Lenins verurteilt werden sollte, zur Freiheit verholfen«, und merkt dazu an: »Hitlers Luftwaffenadjutant v. Below brachte diese Angelegenheit in Ordnung.« (Ebd., S. 588, Anm. 5.)

27 Siehe unten, *Vor Ort: Mit Wolf Speer in Hohenlychen*.

28 Eine etwas undurchsichtige Geschichte von Jugend-Widerstand: WOLF SPEER: AH, Adolf Hitler – das habe ich umgedreht und mein eigenes Signet draus gemacht: HV. *Hitler verrecke*, sollte das heißen. – BRELOER: Und was haben Sie denn damit gemacht? Wo ist das aufgetaucht bei Ihnen, in Briefen, oder wo haben Sie es benutzt? – WOLF SPEER: Ich glaube nicht, dass ich das in Briefe reingeschrieben habe. – BRELOER: Sondern? – WOLF SPEER: Gar nicht. Wir waren ja so eine Clique, die irgendwie ein bisschen gegen Hitler war, gestänkert hat. Wir haben immer gesagt: Das passt doch gut, HV statt AH. – BRELOER: Und dann haben Sie es auf Zettel geschrieben? – WOLF SPEER: Es wurden Briefe geschrieben. Ich hatte einen guten Freund, und der hatte wieder Freunde, und die haben das HV benutzt in ihren Briefen.«

29 Der Besuch fand am 29. 4. 53 statt, und es gibt davon in den Spandau-Akten der National Archives Washington ein unvollständiges Protokoll (NA Microfilm M3352, Roll 13 Speer).

30 Die Geschichte der von Albert Speers Eltern in den 30er Jahren eingerichteten Stiftung »Tremonia«, in der ein Teil des Familienvermögens für die kommenden Generationen festgelegt werden sollte, ist zu kompliziert und zu kontrovers, um sie hier darzustellen.

31 Im Gespräch mit Arnold Speer: BRELOER: Es gibt einen, der passt nicht so recht ins Bild der Familie, einen Außenseiter: Peter Reichert, der Sohn des toten Ernst. Der rumort, der will sich nicht anpassen. Was wissen Sie von ihm? – ARNOLD

SPEER: Er war nicht mein Freund. Er ist tot, und ich will nicht den Freunden, die er hatte, zu nahe treten. Was ich erinnere: Er wollte Regisseur werden und sollte auf die Schauspielschule. Die hat er anscheinend sehr schnell gecancelt, weil er das alles schon konnte. Und diese Art von Überheblichkeit durchzog dieses Leben. Er wurde dann von der Familie Albert Speer unterstützt, weil er eben kein Geld verdiente. – BRELOER: Er hat sich mit Ihrem Vater auseinander gesetzt. Haben Sie von diesen Streitereien etwas mitgekriegt? Er war einer der wenigen, die die *Erinnerungen* Ihres Vaters anders gelesen haben als mit Beifall. – ARNOLD SPEER: Das kann gut möglich sein. Peter war intelligent, zeitkritisch, aber er bediente sich zu seinem Wohlergehen all dieser Segnungen der Zeit und tat seinerseits nichts dazu. – BRELOER: Er war an Ihren Vater gebunden, sagte uns seine Witwe, weil er Geld von ihm brauchte. Aber andererseits hat er ihn außerordentlich abgelehnt. – ARNOLD SPEER: Dann muss man aber klare Verhältnisse schaffen. Wenn ich jemanden ablehne, dann nehme ich von dem auch kein Geld. Schluss. Punkt. Aus. Amen. – BRELOER: Er hätte gesagt: ›Es ist das Geld meines Vaters, das Albert hat.‹ – ARNOLD SPEER: Nur: Da gibt es ein Testament von den Großeltern, und darin waren alle unehelichen Kinder wohlweislich nicht bedacht. Das haben diese Großeltern gemacht aufgrund des Lebensstils von diesem jüngsten Sohn. – BRELOER: Ich hab' einen Brief von ihm gefunden, geschrieben 1969 nach Lektüre der *Erinnerungen*: »Lieber Albert, auf Dein Buch zu antworten macht mir mancherlei Kopfzerbrechen, und vielleicht wird es beim ersten Mal nicht ganz gelingen. Obwohl ich es mit viel Spannung wie einen Krimi gelesen habe, hat mich doch trotz gut placierter Reuesentenzen die Oberflächlichkeit erschreckt, mit der Ihr Mächtigen das Leben anderer um Eurer selbst willen bestimmt habt. ... Darüber gibt es viel, sehr viel zu sagen, auch darüber, wieso ausgerechnet Du, abgesehen von schlechten Entschuldigungen wie Ehrgeiz, Eitelkeit, Faszination, einer der Gestalter dieser Wüste der Häßlichkeit warst ... Entschuldige die Offenheit, aber unser nach Spandau beginnendes Gespräch hast Du mit ›ererbter Sturheit‹ schnell blockiert, was sicher für Dich bequem war. Weniger für mich. Sätze, die Du über meinen ›nichtsnutzigen Vater‹, der Dich ›ja schon als Kind verprügelt hat‹ und dem Du, weil er immer ›faul‹, Du aber ›fleißig‹ warst im Leben, heute nichts mehr schuldest, dessen Sohn Dir ›eigentlich nur eine Last ist‹, Sätze auch über mein Leben, nicht ohne Vorurteile, mit eisiger Kühle stehen schwer da und kontrastieren meiner Meinung nach nicht wenig mit dem guten Willen zu einer ernsthaften Beschäftigung mit Menschen, wie es eigentlich die Folge der Erkenntnis geschichtlichen und menschlichen Fehlverhaltens sein sollte ...« – ARNOLD SPEER: Das ist Peter, wie er leibt und lebt. Großartige Worte – eigentlich fehlt mir hier, dass er zur Sache kommt, nämlich zur Erbschaft. Ich bin, ich sage es ganz ehrlich, auf Peter nicht gut zu sprechen. Peter war schlichtweg faul und fordernd, und die Kombination, die kann ich bis heute nicht leiden.

32 Speer, *Erinnerungen*, S. 125.

33 Diese ungewöhnliche Art der Fensterteilung soll eine der wenigen originären Eigenheiten Speer'scher Bauten sein, las ich irgendwo; vgl. auch die Rückfront des Speer'schen Hauses in der Schopenhauerstraße, abgebildet in Albert Speer, *Architektur*, S. 54, sowie Albert Speer jun.s Klage über die beseitigte »Kleinteiligkeit« der Fenster des Berchtesgadener Ateliers (S. 164).

34 Weitere Informationen zum hier angesprochenen Themenkomplex und Hinweise auf weiterführende Literatur findet man in Dietzfelbingers Aufsatz: »Bauen für die Ewigkeit«.

35 Speers Zusammenarbeit mit der SS auf dem Sektor der Steinbeschaffung beschrieb uns auch Susanne Willems im Gespräch: »Speer war, bevor er Generalbauinspektor in Berlin wurde, schon beteiligt am Ausbau des Reichsparteitagsgeländes in Nürnberg. Und dafür wurde auch schon, ähnlich der Generalbauinspektion später in Berlin, eine der öffentlichen Verwaltung vorgeschaltete Behörde mit privaten Organisationsformen, also als Verbindungsstück zu den privaten Bauunternehmen, gegründet, der ›Zweckverband Reichsparteitag‹. Und dessen Leiter holte Speer 1941 nach Berlin in seine Generalbauleitung, also das wurde mit integriert. Und die Materialbeschaffung, Steinbeschaffung, Granitbeschaffung für die bereits geplanten Bauten für das Reichsparteitagsgelände in Nürnberg wurde zum Teil in direkter Zusammenarbeit mit der SS vereinbart, das heißt, die SS gründete im Jahr 1938 Konzentrationslager an ausbeutbaren Steinbrüchen. 1938/39/40 gibt es mehrere Gründungen von Konzentrationslagern, die ihren wirtschaftlichen Auftrag in der Ausbeutung der Häftlingsarbeitskraft für die Belieferung von Nürnberger Baustellen und Speer'schen Baustellen hatten. Dazu gehört das Lager Flossenbürg, der Ausbau des Lagers in Sachsenhausen mit dem Klinkerwerk, später Steinlagerplätzen, Steinbearbeitungsstätten, das Lager Neuengamme bei Hamburg, dann im besetzten Frankreich das Lager Struthof-Natzweiler im Elsass und später das Lager Groß-Rosen bei Breslau. Und das Verhältnis zwischen der Generalbauinspektion in Berlin, also Speers Behörde, und der SS und den Betrieben der SS, insbesondere der DEST, der Deutschen Erd- und Steinwerke, besteht darin, dass von Speers Behörde aus vor allem durch Hettlage Bankkredite für die DEST und damit für die Konzentrationslager befürwortet werden, Kredite direkt gegeben werden für eigene Bauvorhaben wie im KZ Sachsenhausen der Ausbau des Steinlagerplatzes und der Steinbearbeitungsstätten. Die frühesten Kredite sind schon für das Jahr 1938 belegt. Und das Verhältnis ist auch so zu beschreiben, dass die Behörde Speers viel mehr Bedarf an Steinen und Natursteinen und so weiter hatte, als die SS erfüllen konnte, aber umgekehrt die SS auf den Auftraggeber Speer angewiesen war. Das sagt etwas aus über das Kräfteverhältnis. Der Mechanismus für den Ausbau des KZ-Systems wird auch bestimmt von der Auftragslage, von außen aus der Kriegswirtschaft, also von Rüstungsbetrieben, aber auch von Speers Behörde, die einen unendlichen Steinbedarf hat. Auch dieses Segment der Produktion unter Leben vernichtenden Bedingungen in den Konzentrationslagern schöpft Speer mit ab. Und er ist der größte Auftraggeber der SS in diesem Bereich.«

36 4. September 1941, Speer an Reichsführer SS z. Hd. SS-Gruppenführer Pohl: »Betr. Granitwerk Natzweiler: Auf Ihr Schreiben vom 25. Juli ds. Jahres teile ich Ihnen mit, dass unter Bezugnahme auf ihre fernmündliche Besprechung mit Herrn Dr. Fränk das rötliche Material aus dem Steinbruch Natzweiler für das ›Deutsche Stadion‹ in Nürnberg Verwendung findet. Dieses Bauvorhaben ist in mein Kriegsprogramm unter der Nummer I Kr St Nürnberg IV aufgenommen worden. Ich glaube, dass mit der Einreihung dieses Bauvorhabens in die Dringlichkeitsstufe I auch die Möglichkeit gegeben ist, die vorbereitenden Arbeiten in Natzweiler zu Ende zu führen. Das für die Durchführung des Baues benötigte Eisen ist Ihnen für die ersten drei Quartale zugeteilt worden.« (BA-B, R 4606/16). – »Baurat Liebermann vom GBI weilte in Natzweiler und hatte mit Werkleiter SS-Standartenführer Blumberg dort eine längere Unterredung, die dazu beitragen dürfte, ein gutes Verhältnis herzustellen.« (BA-B, NS 3/1346, Nr. 24.)

37 Wolf Speer bezieht sich hier auf Albert Speers Besichtigung der A4-Fertigungs-
    stätte Mittelbau-Dora bei Nordhausen. Genaueres dazu weiter unten.

38 BRELOER *(Speer zitierend)*: »… meine ›Theorie‹ …: Die Verwendung besonde-
    rer Materialien sowie die Berücksichtigung besonderer statischer Überlegungen
    sollten Bauten ermöglichen, die im Verfallszustand, nach Hunderten oder (so
    rechneten wir) Tausenden von Jahren etwa den römischen Vorbildern gleichen
    würden. […] Allein die Vorstellung, dass ich für das soeben gegründete tau-
    sendjährige Reich eine Periode des Niedergangs einkalkuliert hatte, schien vie-
    len unerhört. Hitler jedoch befand die Überlegung einleuchtend und logisch; er
    ordnete an, dass in Zukunft die wichtigsten Bauten seines Reiches nach diesem
    ›Ruinengesetz‹ zu errichten seien.« [*Erinnerungen*, S. 69] – WOLF SPEER: Das be-
    weist aber auch, was der Albert sich leisten konnte im Verhältnis zu den anderen,
    was er sich getraut hat zu sagen. Den anderen hätte er es wahrscheinlich übel ge-
    nommen. Aber wenn Sie diese Steine hier sehen, wie sie jetzt aussehen – da ist ja
    nichts dran gemacht worden. Ein Stein, der halbwegs waagerecht liegt und dem
    Regen und dem Schnee und dem Eis ausgesetzt ist, der geht nun mal nach fünf-
    zig, sechzig oder hundert Jahren kaputt; das ist ja hier mit diesen Stufen auch so,
    man sieht überall die Risse. Und das muss dann renoviert werden, man kann das
    machen, dann hätte man alle fünfzig Jahre oder meinetwegen alle hundert Jahre
    eine Riesen-Baustelle gehabt, und dann wäre es doch kein Ruinenwert gewesen. –
    Vgl. Durth, *Deutsche Architekten*, S. 422 f.: »[…] Theorie vom *Ruinenwert* der
    Gebäude, die jenen Überlegungen glich, die Hitler schon zehn Jahre zuvor in
    Mein Kampf skizziert hatte: Wenn die Bauten des *Dritten Reiches* den großen
    Vorbildern standhalten und Jahrtausende überdauern sollten, müßten sie in Ma-
    terial und Konstruktion bereits so angelegt sein, daß sie noch im Verfall *würdig*
    von besseren Zeiten künden könnten.«

39 Speer, *Erinnerungen*, S. 69.

40 Bei Nürnberg. Dort kann man noch die Reste eines Teilmodells des »Deutschen
    Stadions« sehen.

41 Diese Art von Humor, der mit den Ängsten anderer spielt, ist nicht jedermanns
    Geschmack. Speer praktizierte ihn auch seinem Amtschef Saur gegenüber, dem
    er gegen Ende des Krieges einreden ließ, die Alliierten hätten seinen Evakuie-
    rungsort erfahren und würden speziell ihn bombardieren wollen. Hitlers Um-
    gebung schätzte solche Scherze: Die Idee, Ernst (»Putzi«) Hanfstaengl zu sug-
    gerieren, er würde ins spanische Bürgerkriegsgebiet geflogen und hinter der
    feindlichen Front abgesetzt, kostete den »Führer« seinen Auslandspressechef; der
    fand das nämlich nicht so komisch und emigrierte.

42 Zur Frage der Räumung von »Judenwohnungen« vgl. auch das Gespräch mit
    Susanne Willems.

43 Faksimiliert abgedruckt in: Reichardt/Schäche, *Von Berlin nach Germania*.

44 Zitiert bei Willems, *Der entsiedelte Jude*, S. 255 f. – »Wenn Ihre drei Schützlinge
    über die Wohnungszuteilung nicht das Maul halten können, werde ich die ent-
    sprechenden Häuser zum Abriss bestimmen, dass sie dadurch ihrer Wohnung
    wieder verlustig gehen!«, schreibt Speer am 24. 11. 41 an Hitlers Adjutanten Ger-
    hard Engel (ebd., S. 256).

45 Was die Zahl der von Speers Maßnahmen betroffenen Personen und Wohnun-
    gen angeht, resümiert der zuständige GBI-Sachbearbeiter 1942, »23 765 jüdische
    Wohnungen erfaßt« zu haben; 75 000 »Personen« seien umgesiedelt worden. Zi-
    tiert in einem Brief Rudolf Wolters' an Albert Speer vom 10. 1. 1970 (BA-K,
    N 1318/40).

46 Welche Monatszahl auch immer man da nennt – keine trifft zu. »Ende Januar 1938 empfing mich Hitler … Wie lange brauchen Sie? Abriß, Pläne, alles zusammen? […] Können Sie zum 10. Jan. 1939 fertig sein?« Und fertig war der Bau schon am siebten. So erzählt Speer in den *Erinnerungen* (S. 116) die Geschichte, so hatte sie schon Adolf Hitler verkündet. Knappe 12 Monate, alles inklusive – ein Beispielfall schier unglaublicher deutsch-nationalsozialistischer Effizienz. Wie nun aber Schönberger, *Die Neue Reichskanzlei von Albert Speer*, S. 37–44, nachgewiesen hat, gingen die Planungen (wenn auch zunächst in kleinerem Maßstab) bis ins Jahr 1934 zurück, wurden Grundstücke für den Neubau ab 1935 angekauft, konnte Speer schon im September 1937 eine Kostenschätzung (rund 28 Millionen Reichsmark) einreichen, und die später realisierten Baupläne waren zu diesem Zeitpunkt bereits weitestgehend fertiggestellt. »Am 1. 1. 38 war der Rohbau des ersten Bauabschnittes, Voßstraße 2–5, errichtet« (Schöneberger, a. a. O., S. 44) – fast einen Monat vor der vorgeblichen Auftragserteilung vom Nullpunkt! Dass die Nazipropaganda sich solchen ›Wunders‹ gern bediente, erstaunt nicht – wohl aber, dass Albert Speer, der es ja nun wirklich besser wissen musste, diesen Mythos auch noch nach 1945 weiterpflegte.

47 Das weist auf Mitte Januar 1945 – einen Termin, den auch Albert Speer öfter angibt.

48 Speer selber empfahl seinen französischen Ministerkollegen Bichelonne nach Hohenlychen; dieser starb dort. Sereny, *Das Ringen mit der Wahrheit*, S. 494.

49 Das Verhältnis Gebhardts zu Himmler soll nach dem Tod Heydrichs, den er nach dem Attentat behandelt hatte, getrübt gewesen sein – Hitlers Leibarzt Morell hatte ihm medizinische Fehler vorgeworfen.

50 Speer, *Erinnerungen*, S. 342 f. Noch dezidierter vertritt Speer diese Auffassung in *Der Sklavenstaat*, S. 316–324.

51 Matthias Schmidt erklärt das im Gespräch als *panic attacks*: »[…] dass er eine Krankheit entwickelte, die erst in letzter Zeit sehr gut untersucht wurde, dieses Panik-Syndrom. Aus der Krankheitsgeschichte von Speer wissen wir, dass er, wenn er große Bauten entwerfen sollte oder wenn er die ersten Entwürfe besichtigt hat oder wenn er mit Hitler, ganz besonders mit Hitler unterwegs war, wahnsinniges Herzrasen bekam, dass er sich auf den Boden legen musste, dass er fast ohnmächtig wurde. Das ist das klassische Syndrom des Panikanfalls. Das heißt, er war im Grunde genommen neurotisch krank. Die Neurose hörte in dem Moment auf, in dem er sich als Minister völlig von Hitler gesichert fühlte und wahrscheinlich seine wahre Aufgabe gefunden hatte.«

52 Erprobungsstelle der Luftwaffe – hier wurde unter anderem das Strahlflugzeug Me 262 getestet.

53 Text in BA-K, N 1318/12. Man hatte noch einmal die »neuesten Schöpfungen« der Waffenentwicklung vorgeführt.

54 Einige Hinweise auf Schönungen der Statistiken des RMRK gibt es immerhin, vgl. etwa Boelcke, *Deutschlands Rüstung*, S. 8, oder: »Um den Erfolg der Arbeit Speers besonders deutlich hervorzuheben, entwickelte Wagenführ einen Index der Rüstungsproduktion […]. Dieses System hatte mehrere Vorteile. Der Ausgangspunkt war zwar politisch korrekt gewählt *[Febr. 1942 = Indexziffer 100]* – die Ministerernennung Speers, fiel aber zusammen mit einem Tiefpunkt der Rüstung, bedingt nicht nur durch die üblichen saisonalen Einflüsse, sondern auch durch die Konfusion in der militärischen Kommandowirtschaft mit ihrer Drosselungs- und Umsteuerungssucht. Jeder verzeichnete Anstieg der Produktion nahm deshalb in der Grafik sogleich dramatische Ausmaße an und ließ

Speer in günstigstem Licht dastehen. Der Index verschleierte außerdem die realen Produktionszahlen und bot in seiner kumulativen Darstellungsform die Möglichkeit, Stagnation oder Rückgang in einzelnen Bereichen unauffällig zu verbergen.« (Müller, »Albert Speer und die Rüstungspolitik«, S. 345.)

55 Der Satz enthält eine Freud'sche Fehlleistung: ein ›nicht‹ zu viel, das offenbar niemandem aufgefallen ist. Natürlich will Speer sagen, dass sie davon ausgehen könnten, der Feind würde seinen gegenwärtigen Materialeinsatz nicht auf lange Sicht halten können. »Jede technische Waffe, insbesondere die Flugzeuge, aber auch die Panzer, haben eine sehr beschränkte Lebensdauer, und diese beschränkte Lebensdauer wird die Zahlen, mit denen der Gegner uns im Einsatz entgegentreten kann, von Monat zu Monat schwinden lassen.«

56 Speer richtet am 14. 5. 45 ein Entlassungsgesuch an Schwerin von Krosigk, in dem es unter anderem heißt: »Ich habe mir nach meiner Berufung als Nachfolger Dr. Todts Kenntnisse auf dem Gebiet der Produktion erworben. [...] Diese Kenntnisse auch unter den entehrendsten Bedingungen zum Nutzen des deutschen Volkes zur Verfügung zu stellen, wäre eine Aufgabe, mit der ich meine dreijährige Tätigkeit beenden könnte« (BA-B, R 3/1624).

57 Nähere Informationen über Schwanenwerder als NS-Spitzenwohnsitz sind dem Kapitel »Nationalsozialistisches Hoheitsgebiet« in Reif u. a., *Schwanenwerder*, zu entnehmen.

58 Inselstraße 18 – Vorbesitzer Gustav Fröhlich. Vgl. Ebd., S. 121 f.; 211. Als Vermieter wird dort ein Kaufmann namens Nestler angegeben. Das Haus ist nicht mehr erhalten, das Gespräch wurde auf einem Nachbargrundstück geführt.

59 Auch Speer konsultierte Dr. Morell 1936 wegen seiner Kreislauf- und Magenprobleme (*Erinnerungen*, S. 119 f.) und fungierte, sicher zur Freude Hitlers, als dessen »Paradepferd« erfolgreicher Therapie. Obwohl, wie er berichtet, Eva Braun sich bei ihm darüber beschwerte, wie »ekelerregend schmutzig« Morell sei, und obwohl Morell ein Konkurrent seines Freundes Brandt war, ließ Speer noch 1943 seine Tochter Hilde von ihm behandeln (Van der Vat, *Der gute Nazi*, S. 282).

60 Aus Platzgründen konnten wir hier leider das Gespräch, das ich mit dem Leiter der Gedenkstätte Mittelbau-Dora führte, nicht abdrucken. Umso nachdrücklicher sei auf seine Gesamtdarstellung verwiesen. Jens-Christian Wagner, *Produktion des Todes. Das KZ Mittelbau-Dora* (2001). Aus dem Online-Informationsmaterial der Stiftung Gedenkstätten Buchenwald und Mittelbau-Dora: »Der Gründung des KZ Mittelbau-Dora ging die Entwicklung der als Terrorwaffe konzipierten A4-Rakete in der Heeresanstalt Peenemünde auf der Insel Usedom voraus. Im Frühsommer 1943 lief dort [...] die Serienfertigung dieser später unter der Propagandabezeichnung ›V2‹ bekanntgewordenen Waffe an. Ein schwerer Luftangriff der Royal Air Force in der Nacht auf den 18. August 1943 bereitete jedoch der Peenemünder A4-Produktion ein schnelles Ende. Das forcierte die Entscheidung zur Verlagerung der A4-Produktion in weniger luftgefährdete Regionen. Die Wahl fiel auf ein Stollensystem der Wirtschaftlichen Forschungsgesellschaft (Wifo) im Kohnstein bei Nordhausen in Thüringen. Dort hatte die Wifo seit 1936 ein unterirdisches Treibstofflager für die Wehrmacht ausbauen lassen, das im Spätsommer 1943 nahezu fertiggestellt war. Am 28. August 1943, also nur zehn Tage nach dem Luftangriff auf Peenemünde, trafen am Kohnstein bei Nordhausen die ersten 107 KZ-Häftlinge mit ihren SS-Bewachern ein – damit erhielt das KZ Buchenwald ein neues Außenlager: das ›Arbeitslager Dora‹, wie es bei der SS offiziell hieß. In den nächsten Wochen und

Monaten folgten nahezu täglich weitere Häftlingstransporte aus Buchenwald. Ende September 1943 befanden sich bereits mehr als 3000, Ende Oktober 6800 und Weihnachten 1943 über 10 500 KZ-Häftlinge im Kohnstein. Von einem Lager im eigentlichen Wortsinn konnte indes noch nicht die Rede sein: Da im Herbst 1943 Baracken oder andere feste Unterkünfte für die Häftlinge noch nicht vorhanden waren, wurden sie von der SS in den Stollen des geplanten Mittelwerkes untergebracht. Zu diesem Zweck wurden mit den Kammern 43 bis 46 vier Querkammern des leiterförmigen Stollensystems als ›Schlafstollen‹ mit vierstöckigen Holzpritschen eingerichtet. Bis auf halbierte Ölfässer, die als Latrinen dienten, gab es keine sanitären Anlagen. Hunger, Durst, die Kälte und nicht zuletzt die Arbeit quälten und töteten die Häftlinge. Der größte Teil von ihnen wurde in den ersten Monaten bei schweren Bau- und Transportarbeiten für den Ausbau der unterirdischen Raketenfabrik eingesetzt. Dieser hatte dabei Vorrang vor der Errichtung des oberirdischen Barackenlagers am Südrand des Kohnsteins. Erst ab Januar 1944, als die Produktion der A4-Rakete im Mittelwerk anlief, wurden die ersten Häftlingsgruppen in das Barackenlager verlegt. Viele waren jedoch noch bis Mai 1944 in den Schlafstollen eingepfercht. Sehr viele Häftlinge, in der Mehrzahl Russen, Polen und Franzosen, überlebten die schweren Monate des Stollenausbaus nicht. Von Oktober 1943 bis März 1944 starben in Dora fast 2900 Häftlinge. Weitere 3000 Sterbende wurden im Frühjahr 1944 in die Konzentrationslager Lublin-Majdanek und Bergen-Belsen überstellt. Von ihnen hat kaum jemand überlebt. Für die SS, unter deren Leitung die Bauarbeiten vorangetrieben wurden, war der Ausbau des Stollensystems für das Mittelwerk ein Prestigeprojekt. Besonders SS-Gruppenführer Hans Kammler, Chef der Amtsgruppe C im SS-Wirtschafts-Verwaltungshauptamt (WVHA), ging es darum, sich mit Blick auf weitere Bauprojekte auf dem Rüstungssektor zu profilieren. Anfang Januar 1944 waren die Arbeiten so weit vorangeschritten, daß die Montage der A4-Raketen beginnen konnte. Mit dem Anlaufen der A4-Produktion im Mittelwerk setzte eine Umstrukturierung des Lagers Dora ein. Die Häftlinge, welche die kräftezehrenden Ausbauarbeiten im Herbst und Winter 1943/44 überlebt hatten, meinte man in der Produktion nicht mehr gebrauchen zu können, da sie entweder körperlich zu geschwächt oder für die Arbeit an den Montagebändern beruflich nicht qualifiziert schienen. Für die Fertigung der A4-Rakete wurden deshalb neue, in anderen Konzentrationslagern ausgewählte Gefangene nach Dora gebracht. Die erschöpften Häftlinge wurden hingegen in die ab März 1944 entstehenden Außenlager in der Umgebung Nordhausens abgeschoben, wo sie weiterhin im Stollenvortrieb oder auf Baustellen über Tage arbeiten mußten. Das Lager Dora entwickelte sich also bereits seit dem Frühjahr 1944 zu einer Drehscheibe des Häftlingsverschubs und übernahm damit schnell Funktionen eines Hauptlagers. Die Gründung der zunächst noch dem KZ Buchenwald zugehörigen späteren Mittelbau-Außenlager erfolgte im Zusammenhang mit der Bildung des ›Jägerstabs‹ und der Untertageverlagerung der Luftrüstung ab dem Frühjahr 1944. […] Schließlich befanden sich im Frühjahr 1945 über 40 000 Häftlinge in den mittlerweile etwa 40 Mittelbau-Lagern. Die Auflösungsphase des KZ Mittelbau begann bereits im Spätherbst 1944. Da die Außenlager überfüllt waren, besonders aber durch den einsetzenden Winter verschlechterten sich die Lebensbedingungen in allen Lagern des Komplexes, was zu einem starken Anstieg der Todesrate führte. War diese nach dem Höchststand im März 1944 (750 Tote) im Sommer jenes Jahres auf monatlich 100 bis 150 Tote abgesunken, so stieg sie ab November wieder stark an und erreichte im Dezember die Zahl von 570 offiziell von der SS registrierten Toten, davon allein knapp 500 im Lager Ellrich-Juliushütte. Ende 1944 begann die SS, die Insassen der Lager Auschwitz und Groß-Rosen vor der anrückenden Roten Armee in weiter westlich gelegene Konzentrationslager zu ›evakuieren‹. Viele dieser Transporte gingen in den ›Mittelbau‹ – insgesamt wurden bis zu 16 000 Häftlinge aus Auschwitz und Groß-Rosen bis März 1945 dorthin verschleppt, darunter auch Frauen und Kinder. Mit diesen Transporten stieg auch die Zahl der jüdischen Häftlinge in den Mittelbau-Lagern. Die meisten von ihnen waren nach wochenlangen Eisenbahntransporten krank und völlig erschöpft, viele überlebten die Transporte nicht. [...] Die ›Evakuierung‹ des Hauptlagers Dora begann am Abend des 3. April, als 4000 sowjetische Häftlinge per Bahn nach Bergen-Belsen gebracht wurden. [...] Mehrere mit Tausenden von Häftlingen beladene Züge verließen bis zum 6. April 1945 den Südharz in Richtung Bergen-Belsen, Sachsenhausen und Ravensbrück. Daneben schleppten sich viele Kolonnen erschöpfter Häftlinge, angetrieben von den Wachmannschaften, zu Fuß durch den Harz in Richtung Nordosten. Wer auf den Gewaltmärschen nicht mithalten konnte, wurde hinterrücks von den Wachmannschaften erschossen. Die meisten Lager des KZ Mittelbau wurden vollständig geräumt. Lediglich im Lager Dora und in der Boelcke-Kaserne ließ die SS einige hundert Kranke und Sterbende zurück, die am 11. April 1945 von Soldaten der US Army befreit wurden. Etwa 60 000 Häftlinge wurden von August 1943 bis März 1945 in die Mittelbau-Lager verschleppt. Die Gesamtzahl der Toten läßt sich nicht genau ermitteln. Etwa 12 000 Tote wurden offiziell in den SS-Akten vermerkt. Hinzu kommt eine unbekannte Zahl nicht registrierter in den Mittelbau-Lagern verstorbener und ermordeter Häftlinge, etwa 1200 Opfer eines britischen Luftangriffs auf die Boelcke-Kaserne, über 5000 Sterbende, die Anfang 1944 und im März 1945 in Vernichtungstransporten nach Lublin und Bergen-Belsen geschickt wurden, und eine unbekannte Zahl von Häftlingen, welche die Todesmärsche nach der Räumung der Mittelbau-Lager im April 1945 nicht überlebten. Es kann also selbst bei vorsichtiger Schätzung davon ausgegangen werden, daß mindestens 20 000 Häftlinge die Deportation in das KZ Mittelbau-Dora nicht überlebt haben.« (http://www.dora.de/downloads/historisches.pdf) Hinzugefügt werden muss, dass der verantwortliche »Sonderausschuss A4« unter Degenkolb zum Speer-Imperium gehörte und dass es sich bei der Trägerfirma der A4-Fertigung, der »Mittelwerk GmbH«, um ein Unternehmen im Besitz des Reichsministers für Bewaffnung und Munition (später für Rüstung und Kriegsproduktion) handelte.

61 BA-K, N 1318/4, Bl. 127.

62 Speer, *Sklavenstaat*, S. 300.

63 Näheres zu Hans Kammler bei Fröbe, »Hans Kammler«. Speer über Kammler in seinen *Erinnerungen*, S. 383: »Mir gefiel damals die sachliche Kühle Kammlers, der in vielen Aufgaben mein Partner, seiner gedachten Stellung nach mein Konkurrent und seinem Werdegang sowie seiner Arbeitsweise nach in manchem mein Spiegelbild war.«

64 Karl-Otto Saur, schon an der Gründung von Mittelbau-Dora beteiligt (vgl. Wagner, *Produktion des Todes*, S. 195), war ab März 1944 als Chef des sog. Jägerstabes nach Speer höchste Autorität für die Untertageverlagerungen in den Kohnstein.

65 Speer, *Sklavenstaat*, S. 300 f.

66 BA-K, N 1318/5, Bl. 9.

67 Diese Aussage wird durch eine bei Bornemann, *Geheimprojekt Mittelbau*, S. 60 ff., abgedruckte »Zusammenstellung der geleisteten Bauarbeiten bis

31. 12. 1943« bestätigt, der zufolge zu diesem Datum vom »Häftlings-Erholungslager« [sic!] für eine Belegschaft von 5500 Mann »43 Baracken für den Gesamtbedarf« fertig gewesen sein sollen, ebenso anscheinend der Elektrozaun; die vorgesehenen 18 Wachtürme befanden sich noch »im Abbund«, 9000 cbm Erde waren bewegt worden (S. 61). Es ist kaum anzunehmen, dass das alles in den drei Wochen nach dem Speer-Besuch aus dem Boden gestampft wurde.

68 Speer an Kammler, 17.12.43. BA-B, R 3/1585.

Leni Riefenstahl

1 »In den Bergen. Nürnberg, den 7. 9. 46«. BA-K, N 1340/405.

2 Es geht hier noch nicht um »Triumph des Willens«, sondern um den Vorgängerfilm »Sieg des Glaubens«.

3 Goebbels schreibt am 5. 6. 37 in sein Tagebuch: »Mit Speer meine Maßnahmen gegen den Kunstbolschewismus besprochen. Er wird mir dabei helfen.« Eine Woche später ist dann zwar von »Widerständen, jetzt sogar von Speer« gegen seine Tätigkeit »auf dem Gebiet der Verfallskunst« die Rede, am 5. 11. 37 scheinen die Differenzen aber wieder beigelegt: »Mit Speer, Arent und Ziegler die beschlagnahmten Machwerke der entarteten Kunst besichtigt. Nur ganz wenige Grenzfälle. Das andere ist ein derartiger Dreck, das [sic] einem bei einer dreistündigen Besichtigung direkt übel wird.« Fröhlich (Hg.): *Die Tagebücher von Joseph Goebbels*, T. 1, Bd. 4, S. 159, 178, 392.

4 Riefenstahl, *Memoiren*, S. 152.

5 Speer, *Erinnerungen*, S. 71.

6 Ebd., S. 74 f.

7 Mit der Widmung: »Leni Riefenstahl, in hoher und treuer Verehrung ihrer Pionierarbeit für die Kunst im deutschen Film. Albert Speer, 3. Mai 1941«.

8 Äußerung von Prof. Karl Hettlage, Leiter der Zentralabteilung Wirtschaft und Finanzen in Speers Reichsministerium für Rüstung und Kriegsproduktion (RMRK).

9 »Im toten Winkel« – Interview-Film von André Heller und Othmar Schmiderer mit der Hitler-Sekretärin Traudl Junge, 2002.

10 In »Hitler – die letzten zehn Tage« (1972), Regie: Ennio de Concini, engl./ital. Gemeinschaftsproduktion.

11 An anderer Stelle des Gesprächs antwortet Leni Riefenstahl, noch einmal nach ihrem »Demaskierungserlebnis« befragt: »Richtig ist das erst gekommen, als ich nach dem Krieg, selber als Gefangene, erfahren habe, was alles passiert ist. Von den Konzentrationslagern und so haben wir doch keine Ahnung gehabt. Davon haben wir doch nichts erfahren. Ich war in Gefangenschaft drei Wochen zusammen mit Fräulein Wolf, der ältesten Sekretärin von Hitler, im selben Raum; und die hat jeden Tag geweint und hat nichts geglaubt von dem, was da passiert ist. Und die war seine Sekretärin. Die hat geschworen, dass das nicht stimmt und dass Hitler so etwas [nicht] gemacht hat. Selbst die hat keine Ahnung gehabt von den Konzentrationslagern und so weiter.«

12 Hitler-Rede anlässlich der Eröffnung des »Hauses der Deutschen Kunst« in München am 18. Juli 1937.

13 Riefenstahl, *Memoiren*, S. 394–397: Die Trauung Leni Riefenstahls mit Peter Jacob fand am 21. 3. 44 statt, ihre letzte Begegnung mit Hitler auf dem Berghof kurz danach.

14 Riefenstahl, *Memoiren*, S. 289.
15 Speer, *Erinnerungen*, S. 75.
16 »Star Wars. Episode I – Die dunkle Bedrohung« (USA 1999), Regie: George Lucas.
17 Der Südtiroler Bergfilm-Kollege Leni Riefenstahls (»Der große Sprung«, 1927) hatte Ende der 40er Jahre ein gefälschtes Eva-Braun-Tagebuch in Umlauf gebracht. Darin räsoniert die vorgebliche Eva Braun über Leni Riefenstahl: »Diese Person hasse ich. Sie kann nichts anderes, als mit ihren vier Buchstaben wackeln. Aber damit kann man berühmt werden. Ich möchte um mein Leben gern wissen, ob es wahr ist, daß sie auf dem Berghof nackt getanzt hat.« Vgl. die ausführliche Schilderung dieser Affäre aus der Perspektive Leni Riefenstahls, *Memoiren*, S. 448–462; Zitat S. 462.

Rochus Misch

1 »Leibstandarte-SS Adolf Hitler« – ursprünglich persönliche Schutztruppe Hitlers, mit Sicherungs- und Repräsentationsaufgaben betraut, ab 1939 Teil der Waffen-SS.
2 Die alte Reichskanzlei: das Radziwill-Palais in der Wilhelmstraße, seit 1878 Wohn- und Amtssitz Bismarcks und der auf ihn folgenden Reichskanzler. In der Weimarer Republik als gleichzeitiger Sitz der kollegialen Reichsregierung erweitert, Architekt: Eduard Jobst Siedler. (Schönberger, *Die Neue Reichskanzlei von Albert Speer*, S. 16 ff.)
3 In der Freundes-Liste »Kreis Speer« von 1953 (BA-K, N 1340/408) taucht Hewel nicht auf.
4 »Ich finde es besser, Sie beenden, wenn es sein muß, Ihr Leben als Führer hier in der Hauptstadt als in Ihrem Wochenendhaus«, will Speer gesagt haben (*Erinnerungen*, S. 482). In seinen Nürnberger Aufzeichnungen (BA-K N 1340/84) ist von dieser schönen Formulierung noch nicht die Rede: »Was soll er auf dem Obersalzberg? Wenn Berlin gefallen sei, sei der Kampf ohnehin zu Ende. Wenn er sein Leben beenden wolle, sei das leicht in Berlin zu tun.«
5 Zu Speers Attentatsplan vgl. auch seine *Erinnerungen*, S. 437–439.
6 Aussage von Speers Attentatsplan-Kronzeugen Dietrich Stahl für das Internationale Militärtribunal in Nürnberg (IMT Bd. 41, S. 518).

Günther Rusnok

1 Schloss Kransberg im Taunus war 1945/46 »ein Gefängnis der besonderen Art« – hier hatten Briten und Amerikaner »vor allem die technische und ökonomische Intelligenz des Dritten Reiches versammelt«, darunter »die Direktoren der IG Farben, die Großindustriellen Thyssen und Krupp, die Mitarbeiter des Berliner Geologischen Instituts sowie führende Mitarbeiter aus Speers eigenem Ministerium«. Schlie (Hg.), *Albert Speer*, S. 62 f. Diese waren übrigens – nicht immer zu ihrer Freude – von Speer, unter Aufführung ihrer jeweiligen Qualifikationen, den Amerikanern zur Befragung vorgeschlagen worden. Bei diesen Verhören, die hauptsächlich von der amerikanischen Field Information Agency, Technical Control Commission for Germany (F. I. A. T.) durchgeführt wurden, an der sich aber auch andere britische und amerikanische Dienste beteiligten, standen technische Aspekte der Kriegführung im Vordergrund. Speer war hier, wie auch

schon in Glücksburg/Flensburg gegenüber dem US Strategic Bombing Survey, äußerst auskunftsfreudig. Protokolle seiner Befragungen sind im oben genannten Band von Ulrich Schlie veröffentlicht.

2 Zur fraglichen Zeit arbeiteten in Kransberg/»Dustbin« außer seiner persönlichen Sekretärin Annemarie Kempf und der von Todt übernommenen Edith Magiera noch zwei weitere Sekretärinnen aus seinem ehemaligen Ministerium. F. I. A.T. – Bitte um Überprüfung der Damen an die Gegenspionage vom 13. 8. 45, PRO, FO 1001/145.

3 Protokoll der Vernehmung Dietrich Stahls durch Rechtsanwalt Flächsner und einen Vertreter der Anklage am 1./2. 5. 46 in Kransberg. IMT Bd. 41, S. 514–520.

RICHARD W. SONNENFELDT

1 Manche Themen des folgenden Gesprächs werden, zum Teil ausführlicher, zum Teil anders nuanciert, auch im 6. Kapitel »Nürnberg 1945–46« von Sonnenfeldts Autobiografie angesprochen.

2 Gilbert, *Nürnberger Tagebuch*, S. 53.

3 Der Verhöroffizier Airey Neave schrieb Erinnerungen an seine Zeit in Nürnberg: *On Trial at Nuremberg* (1978).

4 Speer, *Erinnerungen*, S. 512.

5 Höß-Aussage im Vorfeld des Nürnberger Hauptkriegsverbrecherprozesses, verlesen in der Hauptverhandlung am 15. 4. 46 (3868-PS, US-819): »Ich befehligte Auschwitz bis zum 1. Dezember 1943 und schätze, daß mindestens 2 500 000 Opfer dort durch Vergasung und Verbrennen hingerichtet und ausgerottet wurden; mindestens eine weitere halbe Million starb durch Hunger und Krankheit, was eine Gesamtzahl von ungefähr 3 000 000 Toten ausmacht.« (IMT Bd. 11, S. 458). – Die neuere Holocaust-Forschung geht zum Teil von niedrigeren Zahlen aus: »Nach verschiedenen Schätzungen wurden 1,2 bis 1,6 Millionen Menschen im Vernichtungszentrum Birkenau ermordet.« Gutmann/Jäckel u. a. (Hg.), *Enzyklopädie des Holocaust*, S. 119.

6 Sonnenfeldt bezieht sich hier vermutlich auf jenes im Nürnberger Prozess eine wichtige Rolle spielende Dokument, in dem Göring am 31. 7. 41 Reinhard Heydrich beauftragt, »alle erforderlichen Vorbereitungen in organisatorischer, sachlicher und materieller Hinsicht zu treffen für eine Gesamtlösung der Judenfrage« (710–PS US–509, teilw. zitiert IMT Bd 4, S. 618).

7 Die unterirdische A4-Fertigung bei Nordhausen. Vgl. das Gespräch mit Wolf Speer, Anm. 60.

8 Der Historiker Gregor Janssen erzählte mir erst kürzlich, er habe 1998 den Naziverfolger Simon Wiesenthal gefragt, wieso er seinerzeit Albert Speer überhaupt empfangen habe. Und Wiesenthal habe ihm geantwortet: »Speer hat um das Gespräch gebeten. Er hatte ja seine Strafe abgebüßt. Und im Übrigen habe ich zu ihm gesagt: ›Wenn in Nürnberg das bekannt gewesen wäre, was wir heute [also vor 1981!] wissen, wären Sie in Nürnberg gehängt worden.‹« Auf Janssens Frage, wie Speer darauf reagiert habe, antwortete Wiesenthal: »Gar nicht. Er wusste, dass ich Recht hatte.«

9 Rauchloses Schießpulver.

Eugene K. Bird

1 Bird, *Hess*. Das Buch beruht auf seinen Gesprächen mit dem in Spandau inhaftierten ehemaligen »Stellvertreter des Führers« während Birds Dienstzeit sowie auf Aufzeichnungen und Unterlagen von Heß, zum Teil noch aus dessen Nürnberger Haftzeit. Es brachte Bird Ärger mit seinen vorgesetzten Behörden ein.

2 Bezieht sich wahrscheinlich auf Robinson, *The 100 Most Important People in the World Today*. Robinson nennt allerdings nicht die CIA, sondern »*as many experts as possible*« als seine Gewährsleute. Der Abschnitt über Speer, voll auf der Linie Speer'scher Selbstdarstellung in Nürnberg (»*He took no part in the Nazi barbarism*«), wurde dem Häftling 1953 von Annemarie Kempf in die Zelle übermittelt (BA-K, N1340/154).

3 Die Korrespondenz in der ersten Zeit war so rege, dass die Direktoren bereits im September 1947 das 1200-Worte-Limit einführen mussten. Vgl. NA Microfilm M3352, Roll 1, Administration.

4 Bird meint hier die Nummer 5 (Speer) oder 7 (Heß) – die Nummer 2 (Dönitz) war bereits 1956, lange vor Birds Direktorat, entlassen worden.

5 Wäre ein weggeführter Gefangener darauf zu erkennen, könnte es sich um die in den *Spandauer Tagebüchern*, S. 184, abgebildete Zeichnung handeln.

6 Der Kaiserdamm ist eine der Straßen im Zuge der Speer'schen Ost-West-Achse, und deren berühmte, sogar in einer Monografie (Herding/Mittig, *Alltag im NS-System*) behandelte Speer-Straßenlaternen sind hier gemeint.

7 Ein solcher Ausbruch ist in den Spandauer Gefängnisakten dokumentiert: Spandau Allied Prison, Bericht des Wächters Whitacker an den britischen Direktor Banfield, 29. 1. 66: Es war während der Essenausgabe gegen 6.50 Uhr, »als der Gefangene Nr. 5 plötzlich seinen Anzeiger betätigte. Nach dem Grund befragt, forderte er: ›Öffnen Sie die Tür!‹ Und als ich ihn nach der Ursache für das ungewöhnliche Benehmen befragte, antwortete er: ›Halten Sie den Mund‹, und ›Sie können das Chisholm und Banfield erzählen.‹ Auf weitere Befragung erklärte er: ›Sie werden sich niemals ändern‹ und wiederholte ›Halten Sie den Mund‹, und im Befehlston sagte er: ›Gehen Sie und öffnen Sie die Türen der anderen Gefangenen!‹« (NA Microfilm M3352, Roll 13 Speer.)

8 Hierin sind die beiden 1946 im Verteidigungs-Affidavit von Dietrich Stahl (vgl. Anm. 28 zum Gespräch mit Hilde Schramm) bezeugten, generell nicht sehr ernst genommenen Attentatspläne zu erkennen.

9 Das bezieht sich auf Speers verschiedene Entwürfe zu einer Rundfunkansprache vom April 1945 (dokumentiert im Bundesarchiv, R3/1557); tatsächlich im Radio gesprochen hat Speer dann aber erst nach Hitlers Tod.

10 Das u. a. bei Sereny, *Das Ringen mit der Wahrheit*, vor S. 433 abgedruckte Foto, das Speer zusammen mit Gauleiter Eigruber und Häftlingen im KZ Mauthausen zeigt, lag dem Nürnberger Kriegsverbrechertribunal vor; Speers Verteidiger Flächsner sprach ihn in der Vernehmung in eigener Sache, um das Beweisstück zu entkräften, darauf an: »FLÄCHSNER: Erfuhren Sie bei Ihrem Besuch in Mauthausen oder bei anderer Gelegenheit etwas über die Grausamkeiten, die in diesem und in anderen Konzentrationslagern stattgefunden haben? – SPEER: Nein.« (IMT Bd. 16, S. 491.) Demgegenüber hatte ein Zeuge ausgesagt, Speer habe dort auch den Steinbruchbetrieb besucht, in dem Häftlinge durch die grausamen Arbeitsbedingungen vernichtet wurden: »BOIX: Ich habe Speer auf sechsunddreißig Fotografien wiedererkannt, die von SS-Oberscharführer Paul Ricken 1943, während seines Besuches in Gusen und im Steinbruch von Mauthausen, aufgenom-

men worden sind. Er sah auf den Fotografien immer sehr zufrieden aus. Es gab sogar Fotografien, auf denen er mit einem herzlichen Händedruck den Obersturmbannführer Franz Ziereis beglückwünschte. Das war damals der Chef des Lagers Mauthausen.« (IMT Bd. 6, S. 299.) Auf diesen Widerspruch ging das Gericht nicht weiter ein.

11   Bird fährt fort: »Wir haben dann eine große Konferenz in Nürnberg geplant und erwarteten ungefähr zehntausend Leute, Geschäftsleute vom Evangelium. Und zwar sollte das passieren in diesem alten Graf-Zeppelin-Feld, wo Hitler ihm Befehl gegeben hatte, den Pergamon-Turm nachzubauen. Und ich habe gesagt: ›Herr Speer, Sie haben gesagt, die Bibel hat Ihnen am meisten geholfen. Wollen Sie unser Gast sein und das den Leuten dort erzählen? Das wird ein Segen für Deutschland sein, für Ihre Familie, für die ganze Welt.‹ Und er sagte: ›Selbstverständlich mache ich das, Herr Bird. Wenn Sie mich in Heidelberg abholen, mit mir nach Nürnberg fahren und dann oben mit mir zusammen stehen, wo ich mit den Leuten gestanden habe. Das mache ich selbstverständlich.‹ Ich sage: ›Oh, das wird wunderbar.‹ Die Zeit verging, und drei Tage vorher hat er angerufen: ›Herr Bird, das kann ich nicht tun.‹ – ›Was, Herr Speer? Warum denn nicht?‹ – ›Die Presse ist jetzt so bösartig mit mir, die werden mich wörtlich umbringen.‹ Ich sage: ›Bitte überlegen Sie es sich, sagen Sie bitte nicht ab.‹ – ›Nein, ich kann nicht.‹ Und er hat es nicht getan. Er ist paar Wochen später nach England geflogen, Interview mit BBC, die haben auf ihn gewartet unten, er kam nicht – sieben Uhr, oben tot auf dem Bett gefunden.«

Margarita Nerutschewa

1   Nach den vorzeitigen krankheitsbedingten Entlassungen von Neuraths (1954), Raeders (1955) und Funks (Mai 1957) sowie dem regulären Ende der Strafe von Dönitz (1956) waren zur Zeit von Hauptmann Nerutschewas Dienst nur noch Speer, von Schirach und Heß in Spandau übrig geblieben.

2   Gauleiter.

3   In Nerutschewas Autobiografie (wir zitieren hier nach einer Arbeitsübersetzung): »unterwürfig grinsend«.

4   KGB (*Komitet gossudarstwennoi besopasnosti*: Komitee für Staatssicherheit), die Geheimpolizei der Sowjetunion (seit 1954). Die wichtigsten Aufgaben des KGB im Ausland waren Spionage und Spionageabwehr.

5   Speer fährt fort: »Dabei kann ich seinem Urteil gar nicht zustimmen, denn sie sieht reizvoll aus. Heß und ich nennen sie ›die hübsche Margret‹. *Spandauer Tagebücher*, S. 528.

6   Dass Margarita Nerutschewa die absprechende Äußerung über ihr Aussehen hier irrtümlich Heß zuschreibt, mag auf ein altes Schirach-Faible zurückzuführen sein.

7   Nerutschewa verifiziert das später anhand ihres Notizbuchs: »Hier beschreibe ich meinen ersten Besuch im Zellentrakt. Sehen Sie, wann das war: der 17. Juli, und Speer schrieb etwas von August. 1959, und er schrieb 1960. Na ja – vielleicht hatte er es vergessen. Und ich habe das direkt nach dem Ereignis aufgeschrieben.«

8   Vgl. Anm. 19 zum Gespräch mit Matthias Schmidt.

9   Speer, *Spandauer Tagebücher*, S. 528 f.

10   Sonst als Harmonium bezeichnet.

11   Speer, *Spandauer Tagebücher*, S. 529.

12 An anderer Stelle des Gesprächs sagt Margarita Nerutschewa allgemein über die *Spandauer Tagebücher*: »Mein Eindruck von diesem Buch: Dort ist, ich will nicht sagen, *sehr* viel – aber viel ist ausgedacht. Ich kenne die Geschichte von Spandau gut, auch das, was vor mir dort passierte. Er dachte sich in seinem Buch so viel aus!«

13 Essensentzug als pädagogische Maßnahme gegen Schulschwäche – in der Tat ein barbarisches Vorgehen, wie es Speer unseres Wissens nicht vorgeschlagen hat. Es dürfte sich hier um ein Missverständnis des ausgeklügelten Schulnoten-Honorierungssystems handeln (vgl. Sereny, *Das Ringen mit der Wahrheit*, S. 743).

14 Speer, *Spandauer Tagebücher*, S. 547 f.: »18. Dezember 1961. Vor einigen Tagen war Albert zu Besuch. Nach der Verabschiedung schaltete die sowjetische Zensorin das Licht aus und verließ zusammen mit Pease den Raum. Albert nutzte die Gelegenheit und hielt mir rasch seine Hand hin. In diesem Augenblick öffnete die hübsche Margret wieder die Tür und ertappte uns. Natürlich meldete sie den Vorfall. Der sowjetische Direktor fragte Pease, der jedoch vorgab, nichts gesehen zu haben, da es dunkel gewesen sei. Heute erschien nun der amerikanische Direktor [...] ›Am Sonntag erhalten Sie keinen Brief und dürfen auch keinen nach Hause schreiben.‹«

15 NA, Microfilm M3352, Roll 1.

FRIEDRICH WOLTERS

1 Albert Speer an Wolters, 6. 7. 75, in einer kurzen Zwischenversöhnungs-Phase. BA-K, N 1318/40.

2 Speer, *Erinnerungen*, S. 148.

3 »Gedächtnis-Protokoll Führerbesuch Mittwoch, den 11. 9. 40, abends 8.15–10 Uhr«. Nachlass Wolters, Coesfeld.

4 Vgl. Kaienburg, »Jüdische Arbeitslager«, sowie die Anm. 44 und 45 zum Gespräch mit Arnold Speer. Einige Wolters-Fotos sind abgedruckt bei Durth, *Deutsche Architekten*, S. 142 f.

5 Wolters, *Vom Beruf des Baumeisters*, S. 69.

6 Die unmittelbare Ansiedlung des »Arb.-Stab Dr. Wolters« unter Speer (und dessen Vertreter Generalfeldmarschall Milch) im Organisationsplan des Speer-Ministeriums vom 1. August 1944 (als Ausschlagtafel am Bandende bei Janssen, *Das Ministerium Speer*) bezieht sich sicher auf seine Leiterfunktion im Wiederaufbaustab kriegszerstörter Städte. Was die Zeit zwischen Speers Ernennung zum Minister (Februar 1942) und der Einrichtung des Wiederaufbaustabs (Ende 1943) betrifft, scheint sich Wolters' Tätigkeit auf Propaganda hauptsächlich im Rahmen der OT beschränkt zu haben; für Funktionen im Rüstungsbereich fanden wir keinen Beleg.

7 Das Thema Wiederaufbaustab kommt an anderer Stelle noch einmal zur Sprache: BRELOER: War das der Blick auf eine Zeit nach dem Krieg mit oder ohne Hitler? – FRIEDRICH WOLTERS: Ob das ein Blick in die Zukunft mit oder ohne Hitler war, weiß ich nicht; aber ich vermute eher, dass die gespürt haben: Wenn es eine Zukunft gibt, gibt es die ohne Hitler. Es gibt ja irgendwo diese Geschichte von Rudolf Wolters, der in der Zeit einem Freund oder Kollegen sagt: »Mensch, jetzt muss ich meine gute Uniform und meinen Smoking und dieses ganze Zeug« – aus dieser Zeit, als er die Ausstellung durch Europa gefahren hat – »in die Wollsammlung des Winterhilfswerks geben.« Und dann sagt der: »Du brauchst es nicht mehr. Entweder kriegen wir was Neues, dann haben wir goldene Biesen an

den Hosen, oder wir laufen wieder ganz normal rum.« – Irgendwann hat sich das ja aufgelöst.

8 Unveröffentlicht. Verschiedene Fassungen im Wolters-Nachlass, BA-K.

9 Heinrich Lübke, der spätere Bundespräsident.

10 Werner Höfer, jahrzehntelang Moderator des »Internationalen Frühschoppens« der ARD, hatte eine Zeit lang für Wolters' OT-Propagandaabteilung gearbeitet. Höfer wurde erst sehr spät (1987) von seiner journalistischen Vergangenheit eingeholt: der Rechtfertigung von NS-Terrorurteilen gegen »defaitistische« Künstler.

11 Es könnte sich hierbei um das Kopfwärmer-Foto handeln, das in den *Spandauer Tagebüchern*, S. 183, abgedruckt ist.

12 Erschienen im Juni 1971. Rudolf Wolters hat sich den ganzen Text übersetzen lassen. Probe: »Für mich gibt es keinen Weg, der Verantwortung für die Ausrottung der Juden auszuweichen. Ich war genauso ihr Henker wie Himmler, weil sie an mir vorbei zu ihrem Tod gebracht wurden und ich es nicht sah. Es ist überraschend leicht, sein moralisches Auge zuzudrücken. Ich war wie ein Mann, der einer Spur von blutgetränkten Fußabdrücken im Schnee folgt und sich nicht vergegenwärtigt, dass da jemand verletzt ist.«

13 Hermann Giesler, Speers Erzkonkurrent als Hitler-Architekt. Rudolf Wolters hatte diesen über seine Speer-Kritik ausführlich informiert (Brief vom 21. 5. 71, BA-K N 1318/44).

14 Matthias Schmidt, *Albert Speer. Das Ende eines Mythos*.

BIRGIT WENGER-RIESSER

1 Siehe Personenregister. Vgl. auch das Gespräch mit Rudolf Wolters.

2 Otto Riesser (1882–1949).

3 Die »Nürnberger Gesetze«, am 15. September 1935 auf dem Reichsparteitag in Nürnberg verkündet: das *Reichsbürgergesetz* und das *Gesetz zum Schutze des deutschen Blutes und der deutschen Ehre*, Grundlage der Entrechtung und Verfolgung der deutschen Juden in der Folgezeit.

4 Hansjakob Riesser, geb. 1920.

5 An anderer Stelle des Gesprächs: BIRGIT WENGER-RIESSER: Die Maske wächst an, sie wird zu ihrem Wesen. Und das ist, glaube ich, da passiert. Als Marion krank war, so 1987, es war der erste Schub ihrer Krankheit, habe ich sie eine Zeit lang betreut. Und da hat sie in den Spiegel geguckt und gesagt: »Wua! Wie ich jetzt aussehe!« Da habe ich gesagt: Weißt du was? Ich mache dir eine schöne kosmetische Massage.« Das hat sie nicht vertragen! Sie konnte es nicht vertragen, dass ich an der Maske massiert habe. Ich habe aufhören müssen. Und das hat mir bestätigt, dass das wirklich wie diese Maske da sitzt.

6 Ruth und Heinz Kahlau vom Hofe. (Es handelt sich hier um zwei Kinder, die die zweite Ehefrau des Vaters von Marion und Birgit Riesser, eine verwitwete Frau Kahlau vom Hofe, mit in die Ehe brachte.)

7 Emilie Riesser geb. Edinger (1858–1945). Ihre ein Jahr jüngere Schwester Dora Edinger beging im August 1942 Selbstmord, um der Deportation zu entgehen.

8 Jakob Riesser (1856–1932).

9 Der Arbeitsbeginn Marion Riessers in der Wolters-Dienststelle lässt sich anhand der Korrespondenz recht genau datieren: Marion Riesser an Birgit Wenger-Riesser, 3. 4. 44: »Seit gestern bin ich nun freie Mitarbeiterin im Schriftleitungsbüro des Generalbauinspektors Speer […] Gänzlich zufällig traf ich den Chef der gra-

fischen Abteilung, mit dem ich vor Jahren zusammen bei Volk und Reich war. Er wollte mich sofort anstellen. Zu meinem Staunen hat er mich trotz allem akzeptiert. Eine Anstellung ist natürlich nicht möglich, aber immerhin ›freie Mitarbeit mit laufenden Auf-[trägen]‹« (mehr nicht erhalten). – Wann die engere Beziehung zwischen den beiden dann angefangen haben mag, ist kaum festzustellen – eine Briefpassage (12. 3. 46) deutet darauf hin, dass die Liebesbeziehung zu Werner B. erst zum Jahreswechsel 1945/46 definitiv beendet wurde.

10   Gemeint ist »Volk und Reich«. In der »Chronik der Speerdienststellen« ist im Juni 1941 davon die Rede, dass Wolters in diesem Verlag eine »Verlagsgruppe« zur Veröffentlichung der Schriften des GBI aufbauen sollte – in einem entfernten Beschäftigungsverhältnis zu Wolters könnte Marion Riesser also auch schon früher gestanden haben; auf eine persönliche Bekanntschaft vor April 1944 deutet jedoch nichts.

11   Näheres zu den Räumungsaktionen des GBI in den Gesprächen mit Willems und Durth.

12   Notiz von Speer an Clahes, seinen »Umsiedlungs«-Sachbearbeiter im GBI, vom 17. 11. 40, faksimiliert bei Reichhardt/Schäche, *Von Berlin nach Germania*, S. 77, und öfter.

13   Zur Dienstwohnung Speers in der Lichtensteinallee 3/3 a vgl. Anm. 28 zum Gespräch mit Albert Speer jun.

14   In der Tat: Friedrich Wolters ist Jahrgang 1942.

15   Sitz des Speer/Wolters'schen Wiederaufbaustabs bombenzerstörter Städte.

16   Dorthin wurde Wolters im Januar 1945 von Speer zur Einrichtung eines »Nachkriegsbüros zur Planung vorfabrizierten Wohnbaus« entsandt.

17   Die Geschichte wird weiter unten erzählt; s. S. 427 f.

18   Karl Berlitz, Oberregierungs- und Baurat aus dem Wolters'schen »Arbeitsstab zum Wiederaufbau bombenzerstörter Städte«. Näheres bei Durth, *Deutsche Architekten*, S. 210.

19   Sereny, *Das Ringen mit der Wahrheit*.

20   Rudolf Wolters' Sohn Friedrich, vgl. das Gespräch mit diesem.

21   Das Original der Chronik mit den Streichungen befindet sich im Wolters-Nachlass, der nach seinem Tod ins Bundesarchiv Koblenz kam. Das Faksimile einer solchen Streichungs-Seite druckt Hepp, »Fälschung und Wahrheit«, als Dokument 6.

22   Das meint wohl: Speers Linie, den Nürnberger Hauptkriegsverbrecherprozess für notwendig und insgesamt gerecht zu erklären.

23   So ganz abwegig ist diese Vermutung nicht, wenn man liest, dass Speer seine Spendenbereitschaft dem ehemaligen Nürnberger Ankläger Robert W. Kempner am 11. 12. 71 gerade in dem Moment, noch »unter Schock«, mitteilt, als seine Anwesenheit in Posen am Tag der Himmler-Rede über den Genozid an den europäischen Juden bekannt geworden ist: »Im übrigen werde ich, was wohl selbstverständlich ist, auf meine Bucheinkünfte aus der amerikanischen, englischen und französischen Ausgabe, sowie der andern Länder verzichten, wenn sie im März 1972 fällig werden.« BA-K, N 1470/1100. Kempner bemüht sich dann auch, Empfänger für Speer-Spenden zu finden; eine israelische Organisation will sie an die deutsche »Aktion Sühnezeichen« weiterleiten – was Speer über Kempner (a. a. O., 15. 3. 71) ablehnt.

24   Vgl. Anm. 44 und 45 zum Gespräch mit Arnold Speer.

25   »Fahrt in die Ukraine OT-Einsatz Russland-Süd Mai/Juni 1942«, BA-K, N 1318/76.

26 Hermann Kaienburg, »Jüdische Arbeitslager an der ›Straße der SS‹«, S. 39, führt aus, die Formulierung dieses Genozid-Stranges auf der Wannsee-Konferenz bezöge sich direkt auf die Arbeiten an der Durchgangsstraße IV.

27 Der deutsch-sowjetische Nichtangriffspakt (»Hitler-Stalin-Pakt«) vom 23. August 1939 – Vorbedingung für die Entfesselung des Zweiten Weltkrieges durch Deutschland eine Woche später –, von Hitler gebrochen mit dem Überfall auf die Sowjetunion am 22. Juni 1941.

28 Bezieht sich auf die Abschrift der 1953/54er Vorfassung der *Erinnerungen* aus den Spandau-Kassibern.

MATTHIAS SCHMIDT

1 Albert Speer an Rudolf Wolters, Nürnberg, 10. 8. 46 (also zwischen Kreuzverhör am 19.–21. Juni und der Urteilsverkündung am 1. Oktober 1946), BA-K, N 1340/76: »Mein lieber Freund Rudolf Wolters, Du warst mir einer der Nächsten und wir kennen uns seit früher Jugend. Ich habe daher die Bitte an Dich, für spätere Zeiten meine Arbeit zusammenzustellen und manches aus meinem Leben zu erzählen. Ich glaube, daß es einmal gewürdigt wird. Ich stelle mir dies in folgenden Teilen vor: I. die architektonische Arbeit, die Du ja am besten kennst. [...] II. Die Arbeit als Minister. Die Beratung dieses Teiles müßte die Wittenberg'sche [d. i. Annemarie Kempf] übernehmen. Wer von den alten Mitarbeitern noch greifbar ist, kann sie am besten feststellen. Einer von ihnen müßte die Führung übernehmen. Das soll eine sachliche Ausarbeitung über die Organisation und Leistung sein. III. Beiträge zu meinem Leben. Ich glaube, daß ich Anspruch darauf habe, als ein anderer Mensch, wie all die widerlichen ›Bürgerrevolutionäre‹ der Nachwelt überliefert zu werden. Dabei soll das positive Verhältnis zu Hitler offen geschildert werden – in seiner idealistischen Art, wie es nun einmal war. [...] Dann hat meine Frau Briefe aus unserer Jugendzeit, die sie sicher nicht gerne herausgibt. Aber das muß sein, ebenso wie meine Briefe von hier aus. [...] IV. Ich werde versuchen, hier in diesen letzten Wochen noch einiges aus meiner Erinnerung niederzuschreiben. [...] Ich weiß, Du wirst es gut machen. Vielleicht macht es Dir sogar Freude, Deine Tätigkeit als Chronist nun gründlich abzuschließen. Ich jedenfalls würde Dir sehr dankbar sein.«

2 Ein Beispiel für Witzigkeit in der Beziehung Speer-Wolters liefert Schmidt an anderer Stelle des Gesprächs: MATTHIAS SCHMIDT: Der Speer kam einmal zu Wolters und sagte: »Rudi, der Führer hat mir heute drei Antworten gegeben auf Fragen.« Und Rudolf Wolters fragte: »Und was ist es?« Da sagte der Speer in seiner saloppen Art – er war ja irgendwo ein ironischer Gentleman eher englischen Typs: »Glaubst du denn, Hitler hätte mir das erzählt, wenn er wüsste, ich würde es dir weitererzählen?«

3 Schon 1974 hatte Speer einen von Wolters zusammen mit dem Historiker Werner Maser geplanten »Skandal« gefürchtet (Brief an Wolf Jobst Siedler vom 25. 1. 74, BA-K, N 1340/54); man hatte sich dann zwar 1975, aus Anlass von Speers 70. Geburtstag, noch einmal oberflächlich vertragen, anschließend, nach *Playboy*- und *Spandauer Tagebücher*-Veröffentlichung, hatte Wolters jedoch verbittert ein Angebot Speers, sich noch einmal zu treffen, abgelehnt (19. 9. bzw. 1. 10. 75, N 1318/40).

4 Janssen, *Das Ministerium Speer*.

5 Wie die »Chronik« in mehreren Exemplaren von Marion Riesser aus dem ge-

fährdeten Berlin gerettet und das anscheinend einzige komplett erhaltene Exemplar über Höxter und die Schlossbibliothek des besagten Herzogs in die Jagdhütte eines Coesfelder Klempners gebracht, dort in Zinkkästen eingelötet und von Wolters ein- und Mitte der 50er Jahre wieder ausgegraben wird, erzählt er in seiner eigenen unveröffentlichten Autobiografie »Lebensabschnitte«, T. IV: »Spandau – Speer – Berlin« BA-K, N 1318/64, S. 502 f. Dort schildert er auch sein weiteres Vorgehen: »1964, zwei Jahre vor der Rückkehr Speers aus Spandau, habe ich die Chronik noch einmal durchgelesen und festgestellt, daß es zweckmäßig sei, den von mir verfaßten Text mit zwei Durchschriften abschreiben zu lassen und bei dieser Gelegenheit grammatische und stilistische Fehler zu beseitigen, Belanglosigkeiten wegzulassen, vor allem aber einige wenige Stellen zu streichen, durch die Speer und einer seiner Mitarbeiter hätten Unannehmlichkeiten haben können. Es handelte sich hier um wiederholte Meldungen eines Dienststellenleiters des Generalbauinspektors über die Evakuierung [sic!] mehrerer tausend Judenwohnungen in Berlin und deren vorübergehende Belegung mit anderen ›Mietern‹. Da die Ludwigsburger Zentralstelle für ›Kriegsverbrecher‹ [Anführungszeichen im Original] noch emsig arbeitete und ein Ende der Verfolgungen von Nationalsozialisten nicht abzusehen war, fühlte ich mich nicht nur berechtigt, sondern auch verpflichtet, diese Stellen in der Abschrift – nicht in der Originaldurchschrift! – zu streichen.« a. a. O. S. 503 f.

6 Siehe Anm. 5. Vgl. hierzu Van der Vat, *Der gute Nazi*, S. 506–512, wo die Entdeckung der Fälschung – an der Speer unschuldig ist – und deren anschließende Vertuschung – an der er mitwirkte – gründlich beschrieben sind.

7 Der britische Historiker David Irving stellte in seinem Buch *Hitlers Krieg* (deutsch 1983) die These auf, Hitler hätte bis Herbst 1943 nichts vom Massenmord an den Juden gewusst, und wurde zu einer Art Galionsfigur der sog. Revisionisten.

8 Korrespondenz Wolters-Speer, BA-K, N 1318/40.

9 Vgl. Van der Vat, *Der gute Nazi*, S. 538–541.

10 Fest, *Speer*: »Je unverkennbarer sein Leben dem Ende entgegenging, desto übermächtiger wurde sein Wunsch, dem Freund von einst die vielen Enttäuschungen heimzuzahlen« (S. 452), »... Schmidt, in dem Speer mehr und mehr ein Rachewerkzeug des verlorenen Freundes erkannte« (S. 454).

11 Brief im Besitz von Matthias Schmidt.

12 Fest, *Speer*, S. 452 ff.

13 Matthias Schmidt berichtet noch von anderen Facetten der Freundschaft: Matthias Schmidt: Was macht ein Mann, wenn er fünf Jahre, zehn Jahre, zwanzig Jahre weggeschlossen wird? Nicht ohne Grund hat ihm der sehr agile Dr. Wolters Hinweise gegeben, wie er seine Potenz aufrechterhalten kann. Er hat ihm, wie er mir erzählt hat, ein Buch über Christoph Columbus geschickt, der sich auch darüber geäußert hat, und hat ihm geraten, er solle regelmäßig onanieren, dann würde er, wenn er rauskommt, immer noch in der Lage sein, die Lust zu erleben. Würde er es sein lassen, würde es langsam einschlafen. Also insofern war der Wolters wirklich einer der intimsten Kenner und auch der Berater von einer Art, dass man nur sagen kann: Das ist ein echter Freund. Warum nun hat Speer diesen echten Freund in keiner einzigen Zeile seiner Bücher erwähnt? Da taucht schon der Verdacht auf, dass er mit dem Freund gemeinsam etwas zu verbergen hatte. – Breloer: Nämlich? – Matthias Schmidt: Beide wussten, was sie erlebt haben. Beide wussten, wer die wirkliche Leistung erbracht hatte. Beide wussten von der viel, viel engeren Verbindung zwischen Speer und

Hitler, als Speer sie in seinen *Erinnerungen* beschrieben hat. Wir neigen immer dazu, das so zu sehen, wie er es dort beschrieben hat.

14   Wolters selbst schreibt in seinen Erinnerungen zur letzten Phase seiner Speer-Beziehung: »Im Mai 1980 ließ Herr Speer mir durch seinen Rechtsanwalt mitteilen, daß die ›Vollmacht‹, die er mir am 10. August 1946 im Nürnberger Gefängnis ausgestellt hatte, bereits am 6. März 1963 ›incidenter‹ durch eine Übertragung auf seine Tochter Hilde gelöscht sei, und daß ihm, Herrn Speer, das alleinige Veröffentlichungs- und Verwertungsrecht an seinen schriftlichen Ergüssen zustünde. Was aber bei mir das Faß zum Überlaufen brachte, war die Bemerkung, daß die in Nürnberg seinerzeit erteilten ›Aufträge‹ als ›unentgeltlicher Freundesauftrag‹ anzusehen seien. Auf diesen unverschämten Hinweis konnte ich angesichts eines zwanzigjährigen vollen Einsatzes für Speer und seine Familie während seiner Spandauer Haft nicht mehr unmittelbar antworten. Ich mußte das, ebenfalls durch einen Rechtsanwalt, so kurz wie möglich erledigen lassen. Dies führte zum abrupten Ende unserer nahezu fünfzig Jahre alten Freundschaft.« »Lebensabschnitte«, T. IV, S. 506. BA-K, N 1318/64.

15   Nach seiner Besichtigung des KZs Mauthausen am 30. 3. 43 hatte Speer sich bei Himmler beschwert, dass dort »die SS Planungen durchführt, die mir unter den heutigen Umständen mehr als großzügig erscheinen«, und gefordert, »sofort zur Primitivbauweise« überzugehen. Zum hier beschriebenen Vorgang vgl. Schmidt, *Ende eines Mythos*, S. 224–229.

16   Speer, *Spandauer Tagebücher*, S. 55 f.: »Noch gegen Ende des Krieges [...] ließ ich mir in den vielen beschäftigungslosen Stunden Stöße von Akten bringen: Führerprotokolle, Briefe oder Beschlüsse der Zentralen Planung, die ich in bunter Reihenfolge, meist auf dem Bette liegend, durchblätterte, um Stellen ausfindig zu machen, die belastend wirken könnten.« Er beteuert dann, aus »perspektivischer Blindheit« nichts vernichtet zu haben – bis auf eine Denkschrift, die jemand anderen belastet hätte!

17   Als Faksimile bei Schmidt, *Ende eines Mythos*, S. 226 f.

18   Speer, *Sklavenstaat*, S. 71: »Wie aus einem handschriftlichen Zusatz des Pohlschen Berichtes an Himmler hervorgeht, muß mir aber gleichzeitig berichtet worden sein, ›daß die Besichtigung der anderen KZ-Lager ein durchaus positives Bild ergab.‹« – Wem Speer hier die Urheberschaft an diesem »Zusatz« zuschreibt, scheint uns in dieser Formulierung offen.

19   Als Fälschung qualifiziert Schmidt auch die »noch viel phantastischeren *Spandauer Tagebücher*, die ja auch deshalb nicht Original sind, weil die einzelnen Tage völlig versetzt sind, Ereignisse, die zwei Jahre zurücklagen, wurden dann an einem Tag notiert ...« – Breloer: Stark bearbeitet, zum Teil ein fiktives Tagebuch. – Matthias Schmidt: Es ist ein fiktives Tagebuch, das Erfolg hatte. Auch wieder eine Leistung dieses genialen Mannes – aber es ist kein echtes Tagebuch. Es ist wirklich eine historische Fälschung.« – Aus der frühen Haftzeit liegen tatsächlich gar keine kontinuierlichen Aufzeichnungen Speers vor, und das Spätere ist eine Zusammenstellung aus großenteils schon im Hinblick auf eine spätere Publikation verfassten Wolters- und Familien-Briefen.

JOACHIM FEST

1 Das begann im Mai 1945 in Flensburg/Glücksburg mit den Befragungen durch
   die Fachleute des United States Strategic Bombing Survey, setzte sich fort in
   Chesnay bei Paris, dann über drei Monate in Kransberg/»Dustbin« durch verschiedene britische und amerikanische Dienste, und schließlich folgten die Verhöre in Nürnberg.

2 Es geht hier um die Passage in den *Erinnerungen*, S. 125 ff., in der Speer dann,
   ausgehend von seinem so schwer erinnerten Fasanenstraßen-Eindruck von den
   Folgen der Reichspogromnacht, seine zentrale Stellungnahme abgibt zur Frage,
   »was mir von der Verfolgung, der Verschleppung und der Vernichtung der Juden
   bekannt ist [sic]; was ich hätte wissen müssen und welche Konsequenzen ich mir
   abverlangte«, nämlich: »Ich weiß deshalb heute, daß meine quälerischen Selbst-
   prüfungen die Frage ebenso falsch stellten wie die Wißbegierigen, denen ich inzwischen begegnet bin. Ob ich gewußt oder nicht gewußt, und wieviel oder wie
   wenig ich gewußt habe, wird ganz unerheblich, wenn ich bedenke, was ich an
   Furchtbarem hätte wissen müssen und welche Konsequenzen schon aus dem wenigen, was ich wußte, selbstverständlich gewesen wären.« – Zum Zustandekom-
   men dieser Passage vgl. auch die Darstellung Wolf Jobst Siedlers, S. 479.

3 *Playboy*, Juni 1971, Übersetzung aus dem Nachlass von Rudolf Wolters.

4 Hugh Trevor-Roper hatte schon 1945 bei den seinem Buch *Hitlers letzte Tage* vor-
   ausgehenden Recherchen Speer befragt.

5 Im »Nürnberger Entwurf« vom 28. 9. 46 (BA-K, N 1340/395) ist von einem Geständnis der »Verbrannte Erde«-Verhinderung ebenso wenig die Rede wie im
   »Spandauer Entwurf« vom 17. 9. 53 (BA-K, N 1318/416). Wie Sereny (*Das Ringen mit der Wahrheit*, S. 610 ff.) unter Heranziehung eines Briefes Speers an Wolters aus dem Spandauer Gefängnis nachweist, handelt es sich bei der Version der
   Erinnerungen mit Geständnis und Hitler-Träne um eine nachträgliche, wir-
   kungsorientierte Zutat wider besseres Wissen, angeregt durch einen französischen Zeitungsartikel.

6 Schiebinger, »The Speer Interrogation«.

7 Captain Otto Hoeffding war der amerikanische Vernehmungsoffizier, der Speer
   im Sommer 1945 in Kransberg hauptsächlich befragte. Protokolle dieser Vernehmungen wurden veröffentlicht von Schlie (Hg.), *Albert Speer. Die Kransberg-
   Protokolle 1945*.

8 Eine etwa hundertseitige memoirenhafte Skizze »Die Tätigkeit als Minister 8. Februar 1942–23. Mai 1945«, niedergeschrieben im Nürnberger Gefängnis zwischen dem 10. 8. und 27. 9. 46, also zwischen Kreuzverhör und Urteilsverkündung. Abschrift in BA-K, N 1340/84; N 1340/395.

9 Schmidt, *Albert Speer. Das Ende eines Mythos*.

10 Das Gespräch wurde am 18. 12. 2002 geführt. Die einschlägige Untersuchung
    von Susanne Willems war erst in diesem Jahr erschienen, aber die Arbeiten von
    Geist und Kürvers, die ein anderes Bild zeichnen, lagen schon einige Jahre vor.

11 Notiz vom Berghof an seine Behörde vom 27. 11. 1940, faksimiliert bei Fest,
    Speer, S. 166, und öfter.

12 Speer erwähnt die Angelegenheit in einem Brief an Wolters vom 3. 1. 70 – aller-
    dings auf eine Art, die darauf schließen lässt, dass die Problematik ihm nicht ganz
    neu ist: »Lieber Rudi, nun haben wir also die Bescherung: In London haben sie
    beim Durchstöbern der Archive einen Jahrgang der Chronik gefunden. […] Ich
    ließ mir von Irving eine Fotokopie zusenden, um sie mit dem Text zu verglei-

chen, den Du mir gegeben hast. Zum Glück sind nur, für den Geschichtsschrei-
ber, unerhebliche Abweichungen festzustellen [...]« (BA-K, N 1318/40). Speer
schlägt dann vor, die von Wolters gereinigte Fassung, die er inzwischen dem
Bundesarchiv übergeben hat, durch eine Fotokopie des Originals zu ersetzen –
was Wolters für keine gute Idee hält. In seinem Antwortbrief vom 10. 1. 1970
erklärt und erläutert er seine »Reinigung«: Es sei da auch um einige »zeitgeschichtlich leider nicht ganz unwichtige« Stellen gegangen, die gegipfelt hätten
»in einem abschließenden Bericht Deines Mitarbeiters Cl., aus dem zu entnehmen ist, daß die Zahl der umgesiedelten ›Personen‹ 75 000 betrug und insgesamt
›23 765 jüdische Wohnungen erfaßt‹ wurden. Das ist natürlich eine Leistung!«
Gestrichen habe er das, als »gerade wieder einige Hexenprozesse gegen sogenannte Schreibtischtäter im Gange waren«, aus Rücksicht auf die Clahes-Fami-
lie und auch auf ihn, Albert Speer, damals noch in Spandau. Obwohl Speer in
seiner (undatierten) Antwort aus Val Gardena die Sache für unbedenklich hält,
billigt er die Wolters-Aktion nachträglich und schlägt vor: »Die entsprechenden
Seiten existieren nicht mehr« – was man dann für die ganze Original-Chronik
gelten lässt. Wolters schreibt Speer auf dessen Anregung am 10. 2. 70 einen Brief,
in dem er mit Bedauern die Unauffindbarkeit des »Chronik«-Originals meldet,
und Speer reicht diese Nachricht am 13. 2. 70 an das Bundesarchiv weiter – auch
die vorhandene (gereinigte) Abschrift sei »für zukünftige Historiker wertvoll genug«, und als Trostpflaster spendiert er »einige Filme«. (Diese Korrespondenz
im Wolters-Nachlass, BA-K, N 1318/40.)

13 Brief von Wolters an Speer vom 13. 11. 66, BA-K, N 1318/40.
14 Wolters an Speer, 24. 5. 71 (nach Lektüre der Kurzfassung des *Playboy*-Interviews
    in *Quick*). BA-K, N 1318/40
15 Vgl. das Gespräch mit Leni Riefenstahl, S. 320.
16 »Der Architekt«. Interview mit Albert Speer von Joachim Fest. NDR 1969.
17 Vgl. das Gespräch mit Wolf Speer *(Vor Ort: Nürnberg)*, S. 263–271.
18 Fests Argumentation verlässt sich hier, was die Motive für Speers Besuch in
    Mittelbau-Dora angeht, allein auf die Aussagen Speers. Die Alarmierung durch
    den Arzt Dr. Poschmann *vor* dem Dora-Besuch ist belegt nur durch eine »schrift-
    liche Mitteilung Dr. Poschmanns vom 13. Februar 1978« (Speer, *Sklavenstaat*,
    S. 482) – und solchen indirekt zitierten A-posteriori-Statements von Beteiligten
    (in diesem Fall über 30 Jahre nach dem Geschehen geäußert, und zustande ge-
    kommen doch anscheinend im Zusammenhang mit der Arbeit Speers an seiner
    Sklavenstaat-Selbstrechtfertigung) einiges Misstrauen entgegenzubringen be-
    steht leider Anlass. Die Darstellung der Vorgänge in der »Chronik der Speer-
    dienststellen« jedenfalls stützt diese Version nicht: Da ist Speer am Tag zuvor
    sowieso im Harz, um gemeinsam mit Großadmiral Dönitz an einem »Kamerad-
    schaftsabend« des Hauptausschusses Schiffbau teilzunehmen. Die Feier klingt,
    schreibt Wolters (und streicht es 1964 wieder), alkoholisch aus: »Noch spät in der
    Nacht tönte das Echo der Feier in den stillen Gassen des Städtchens.« Er fährt fort:
    »Am Morgen des 10. Novembers fuhr der Minister zur Besichtigung eines neuen
    Werkes im Harz.« Und die »Chronik« vermerkt zwar: »Der Minister empfängt
    Dr. Poschmann, der als der ärztliche Betreuer sämtlicher Dienststellen des Mi-
    nisteriums dem Minister die Gesundheitslage am Mittelwerk in schwärzesten
    Farben darstellt« – doch das erst unter dem Datum des 13. 01. 44, also einen Mo-
    nat *nach* Speers Besichtigung von Mittelbau-Dora (BA-K, N 1318/5, Bl. 9).
19 Diese Frage wird im Gespräch mit Zeitzeugen im Dora-Tunnel erörtert (vgl. Ge-
    spräch mit Wolf Speer, S. 297 f. und Anm. 60 dazu).

20 Vgl. hierzu Sereny, *Das Ringen mit der Wahrheit*, S. 816 f. – Speer hatte im April 1977, also mehr als fünf Jahre nach der Goldhagen-Krise, eine eidliche Erklärung abgegeben, in der es hieß: »Meine Hauptschuld sehe ich immer noch in der Billigung der Judenverfolgungen und der Morde an Millionen von ihnen.« Als das dann in der *Zeit* veröffentlicht werden sollte, bat er darum, in einer Fußnote den Begriff »Billigung« erläutern zu dürfen: »Billigung durch Wegsehen, nicht durch Kenntnis eines Befehls oder der Durchführung. Das erstere ist so schwerwiegend wie das zweite.«

21 Vermutlich Ministerialrat a. D. Harry Siegmund – vgl. Anm. 15 zum Gespräch mit Siedler.

22 Sereny, *Das Ringen mit der Wahrheit*, S. 465.

23 Fest schreibt darüber in seinem Vorwort zur unveränderten Neuausgabe von Speer, *Spandauer Tagebücher*, 2002, S. VII.

24 Vgl. das Gespräch mit Siedler, S. 495.

25 So erzählt es Speer, *Erinnerungen*, S. 44.

26 Mitte 1935, es geht da schon um die Neugestaltung Berlins, äußert Hitler der Berliner Stadtverwaltung gegenüber, »daß er noch nicht den richtigen Architekten dafür wisse. [...] Ob Architekt Speer dafür ausreiche, könne er noch nicht sagen.« Zitiert bei Schäche, »Albert Speer«, S. 33.

27 Friedrich Wilhelm III., 1797–1840 König von Preußen.

28 Fest, *Speer*, S. 19.

29 Wie die bei Sereny, *Das Ringen mit der Wahrheit*, nach S. 192, oder Speer, *Erinnerungen*, nach S. 112 abgedruckten Fotos.

30 Speer, *Erinnerungen*, S. 491.

31 Viele der gerade aus der Speer'schen Fetischisierung der Produktionsziffern für die Praxis der Kriegführung entstehenden Detail-Probleme werden benannt im Kapitel ›Ergebnisse und Probleme der Rüstungsproduktion‹, in: Müller, »Albert Speer und die Rüstungspolitik im totalen Krieg«, S. 618–743.

32 7. 11. 43: »Zum Teil sind die Bolschewisten über den Dnjepr hinübergekommen, weil unsere Soldaten einfach keine Munition mehr hatten. Sie fragen nun verzweifelt, wo die Mehrproduktion, die Speer angekündigt habe, eigentlich geblieben sei.« – 19. 11. 43: »Der derzeitige dringende Waffenbedarf wird daher immer größer. Man kann sich vorstellen, daß die Truppen demzufolge den Reden Speers über eine Steigerung unseres Waffen- und Munitionsausstoßes sehr zweifelnd gegenüberstehen.« Elke Fröhlich (Hg.), *Die Tagebücher von Joseph Goebbels*, T. 2, Bd. 10, S. 245, 317.

33 Siehe das Gespräch mit Siedler, S. 493.

Wolf Jobst Siedler

1 Vgl. die Schilderung dieser Feier bei Siedler, *Ein Leben wird besichtigt*, S. 340 ff.

2 Marcel Reich-Ranicki reagierte empfindlicher auf eine – allerdings unvorbereitete – Konfrontation mit Albert Speer bei Wolf Jobst Siedler: »Anfang September 1973 erschien Fests Hitler-Buch. Aus diesem Anlaß veranstaltete der Verleger der Monografie, Wolf Jobst Siedler, in seiner Villa in Berlin-Dahlem einen großen Empfang. Auch wir, Tosia und ich, wurden eingeladen, was gewiß auf Fests Vorschlag zurückging. [...] Siedler kam auf uns zu und geleitete uns, höflich und zugleich energisch, zu dem Ehrengast, der uns jetzt zwei oder drei Schritte entgegenkam. Er begrüßte uns wie alte Freunde, ja, so war es, er begrüßte

uns geradezu herzlich. Dieser dezente Herr war ein Verbrecher, einer der schreck-
lichsten Kriegsverbrecher in der Geschichte Deutschlands. Er hatte den Tod un-
zähliger Menschen verschuldet. [...] Die Rede ist von Albert Speer. [...] Nein,
ich habe nichts getan, ich habe entsetzt geschwiegen. Doch habe ich mir die Frage
gestellt, was der Hausherr, der Verleger und Publizist Wolf Jobst Siedler, für ein
Mensch sein müsse, er, der es für möglich hielt, Albert Speer einzuladen und uns
mit ihm zusammen [...]« Marcel Reich-Ranicki, *Mein Leben*, Stuttgart 1999,
S. 480 ff.

3 Vgl. hierzu Siedler, *Ein Leben wird besichtigt*, insbes. S. 153 ff.

4 Eduard Jobst Siedlers Erweiterungsbau der alten Reichskanzlei wurde zwischen
1928 und der Jahreswende 1930/31 errichtet, kostete einschließlich Innenaus-
stattung knapp 2,4 Millionen Reichsmark und »zeichnete sich durch Modernität
und Zweckmäßigkeit im Stil des Neuen Bauens aus«. Schönberger, *Die Neue
Reichskanzlei von Albert Speer*, S. 21.

5 Speer, *Erinnerungen*, S. 125 ff. Vgl. auch das Gespräch mit Fest, S. 445 f.

6 Wenn man sich die protokollartigen Aufzeichnung von Wolters über einen Füh-
rer-Besuch bei den Neugestaltungs-Modellen am 11. 9. 40 ansieht (Wolters-
Nachlass Coesfeld), erhält man einen etwas anderen Eindruck: ein sehr knapp
und bestimmt entscheidender Hitler, ein Speer mit leicht devotem Auftreten, die
Führermeinung bereitwillig vorwegnehmend und gegebenenfalls noch stei-
gernd. Allerdings ist es hier auch keine ›Vier Augen‹-Situation – für solche sind
wir auf Speers Zeugnis angewiesen.

7 Gängigere Version: »unglückliche Liebe«.

8 Speer, *Erinnerungen*, S. 71: »seit vier Jahrtausenden«.

9 Breloer: Mal ganz in Parenthese – Ihr Urteil über seine Architektur? Ist sie nicht
mittelmäßig? Wolf Jobst Siedler: Ist völlig belanglos.

10 Vgl. hierzu die Expertenäußerung im Gespräch mit Wolf Speer, S. 263–270.

11 Vgl. auch Siedler, *Ein Leben wird besichtigt*, S. 341.

12 Erich Goldhagen: »Albert Speer, Himmler und das Geheimnis der Endlösung«.
Zuerst in *Midstream*, New York, Oktober 1971. Deutsch bei A. Reif, *Albert Speer*,
S. 383–394.

13 Daniel Jonah Goldhagen, *Hitlers willige Vollstrecker*, Wolf Jobst Siedler Verlag
1996.

14 Längere Passagen dieser Rede bei Erich Goldhagen, a. a. O.; der ganze Text in:
Smith/Peterson, *Heinrich Himmler*, S. 162–183.

15 So verfügte Speer über eine eidesstattliche Erklärung seines damaligen Amts-
gruppenchefs im RMRK und Posener Ko-Referenten Willy Schlieker, der aber
lediglich bestätigte, dass er selber Rohlands Vortrag in Posen gehört und dieser
ihm eine Woche später erzählt habe, »daß er unterdessen zusammen mit Speer
im Führerhauptquartier war und Hitler die gleichen Argumente wegen des Einsatzes der Frauen in der gleichen Schärfe mitgeteilt habe«. Also gerade nichts zur
entscheidenden Frage, ob diese Besprechung mit Hitler noch am 6. oder erst am
7. Oktober 1942 stattfand. Was die eidesstattliche Erklärung von Harry Siegmund, der 1943 persönlicher Referent des für Posen zuständigen Reichsstatt-
halters Greiser war, betrifft: Auch diese ist von Speer zumindest angeregt. Speer
fragt am 26. 8. 75 bei Siegmund, der den »sehr geehrten Herrn Reichsminister«
drei Wochen zuvor an ein persönliches Zusammentreffen anlässlich des Umbaus
des Posener Kaiserschlosses erinnert hatte, an, ob ihm noch erinnerlich sei, »dass
ich nach meiner Mitarbeiter Reden auf der Gauleitertagung vom 6. Oktober
1943 in Begleitung von Herrn Dr. Rohland mit dem Auto nach dem Führer-

hauptquartier fuhr. […] Ich habe bereits eine Erklärung von Herrn Dr. Walter Rohland, der sich auf Grund von Notizen genau an diese Fahrt nach dem Führerhauptquartier erinnern kann.« (BA-K, N 1340/52). Siegmund antwortet am 22. 10. 75: »Sehr verehrter Herr Speer, in den vergangenen Tagen habe ich oftmals mein Erinnerungsvermögen strapaziert, wobei mir Ihre ›Entgegnung‹ wertvolle Anhaltspunkte gab« (BA-K, N 1340/52). Nicht nur der präjudizierende Rohland, sondern auch noch die erste weitschweifige Goldhagen-»Entgegnung« Speers (abgedruckt gleichfalls bei A. Reif, *Albert Speer*, S. 395–403) als ›Gedächtnisstütze‹ für das (im »Nachtrag« bei A. Reif, a. a. O., S. 405 f. abgedruckte) Affidavit, in dem Siegmund dann schreibt, aufgrund seines »ständigen Kontakts« mit dem Hoteldirektor Pawellek, also aus zweiter Hand, bestätigen zu können, dass Speer tatsächlich nach dem Mittagessen abgefahren sei. Gleichzeitig attestiert er auch noch Himmlers Kurzsichtigkeit.

16 Speer schreibt am 8. 5. 1973: »Lieber Herr Rohland, um Ihnen die Mühe zu ersparen, meine Wünsche zu erraten, schicke ich Ihnen kurzerhand einen Entwurf für eine eidesstattliche Versicherung. Natürlich will ich Sie damit nicht beeinflussen, aber ich glaube alles ist ohnehin klar.« (BA-K, N 1340/196). Am 2. 7. 73 regt Speer noch Verbesserungen an: »Vielleicht wäre es gut, wenn Sie bei Ihrer eidesstattlichen Erklärung auf Seite 2 die Zeit (23 Uhr) weglassen würden. Erfahrungsgemäß ist es fast unmöglich, sich an ein derartiges Detail zu erinnern, um so weniger als Besprechungen bei Hitler wegen der Konzentriertheit ihres Inhalts einem oft länger vorkamen als sie tatsächlich waren.« Außerdem schlägt er noch einen ergänzenden Absatz vor, »um den Eindruck der eidesstattlichen Erklärung zu verstärken« (BA-K, N 1340/49). Die endgültige Erklärung Rohlands vom 6. 7. 73 (BA-K, N 1340/196), wie sie dann auch in Speers »Nachtrag« zu Goldhagen bei A. Reif, *Albert Speer*, S. 405, abgedruckt ist, entspricht im Wortlaut dem Speer'schen Entwurf, Änderungswünsche inklusive. Gitta Sereny schreibt, die Bundes-Archivarin Hedwig Singer habe ihr erzählt, Speer hätte Rohland bereits 1972 während seines Recherche-Aufenthalts im Bundesarchiv »ziemlich oft« aufgesucht. Hierzu und zu anderen Ungereimtheiten in Speers Selbstverteidigung vgl. Sereny, *Das Ringen mit der Wahrheit*, S. 456–466.

17 Dönitz starb erst 1980. – Merkwürdig auch, dass sich Speer gar nicht um eine entsprechende Bestätigung seitens eines bis 1974 lebenden Tagungsteilnehmers bemüht zu haben scheint, der ihm gut bekannt war und der seinerseits keinen Grund mehr hatte, die eigene Anwesenheit bei der Himmler-Rede zu verschleiern, weil er sie bereits öffentlich, nämlich in seinen Erinnerungen, zugegeben hatte: Baldur von Schirach (*Ich glaubte an Hitler*, S. 296 ff.). Und seltsam, dass niemand Speer nach den Gründen für diese Unterlassung gefragt hat.

18 Heinz Linge, Hitlers Diener, führte ein »Tagebuch« über Hitlers Besucher: »Linge bekam von Hitler, bevor er zu Bett ging, jeweils die Termine des nächsten Tages. Am Abend setzte sich Linge dann an die Aufzeichnung und korrigierte sie nach dem tatsächlichen Tagesverlauf.« – »Linge verzeichnete auch genau, mit wem Hitler an den jeweiligen Tagen sprach (sofern sie einen gewissen Rang in der NS-Hierarchie hatten, was bei Speer zweifelsohne zutraf). Am Mittwoch, dem 6. Oktober 1943, ist ein Gespräch mit Hitler nicht verzeichnet. Selbst bei dem nächtlichen Monolog Hitlers zwischen 23.50 und 2.30 ist Speer nicht in der Gästeliste aufgeführt. Erst am 7. Oktober findet sich ein Eintrag, in dem ›Min. Speer‹ vorkommt.« Hepp, »Fälschung und Wahrheit«, S. 9.

19 Albert Speer, »Antwort an Erich Goldhagen« und »Ein Nachtrag«, in: A. Reif, *Albert Speer*, S. 395–407.

20 Vgl. das Gespräch mit Bird, S. 370 f.
21 Hugh Trevor-Roper.
22 In seinen Erinnerungen zitiert Siedler einen Brief von Margarete Speer, den sie ihm zu diesem Thema schrieb: »Dank für Ihren Brief, über den ich mich besonders freute, für den bunten Herbststrauß und für die Übersendung des ersten Buches. Ich hatte Angst vor diesem Buch; sie tritt zurück beim Lesen vor den Gestalten, die auch ich alle kannte, und vor dem Geschehen, das ich miterlebte und vergessen wollte. Es war auch mein Leben, wie Sie schrieben. Für mich ist das Buch so aufregend und erschreckend, daß ich es abends nicht lesen kann.«
23 Die Geschichte ist spätestens seit dem Erscheinen von Gitta Serenys Speer-Biografie 1995 ›in der Welt‹. Sereny, *Das Ringen mit der Wahrheit*, S. 823 ff.
24 Vgl. das Gespräch mit Fest, S. 460 f.

SUSANNE WILLEMS

1 Vgl. Willems, *Der entsiedelte Jude*, S. 72–77. – Ausgehend von diesem Dokument wurden Verlauf und Konsequenzen der Speer'schen Juden-»Entmietung« zugunsten der »Neugestaltung« Berlins erstmals ausführlich dargestellt von Geist/Kürvers, *Das Berliner Mietshaus*, Bd. 3, S. 47–89, sowie dies.,»Tatort Berlin, Pariser Platz«, vgl. auch das Gespräch mit Durth, S. 530 ff.
2 Auszugsweise wiedergegeben in Geist/Kürvers, *Das Berliner Mietshaus*, Bd. 3, S. 68. Faksimile nach BA-B, R4606/157, Bl. 210 ff., s. www.SusanneWillems.de.
3 »In den Vorschriften über die Arisierung der Grundstücke und über die Entfernung der Juden aus Wohnungen, Läden, Speichern usw. arischer Vermieter ist für Berlin vorzusehen, daß dem Generalbauinspektor für die Reichshauptstadt ein Vorkaufsrecht bezw. die Entscheidung über die erste Neuvermietung oder Neuverpachtung eingeräumt wird. […] gez. Göring.« Erlass vom 26. 11. 38, faksimiliert bei Willems, *Der entsiedelte Jude*, S. 87.
4 Willems, *Der entsiedelte Jude*, S. 250.
5 »Berlin muß in kürzester Zeit durch seine bauliche Neugestaltung den ihm durch die Größe unseres Sieges zukommenden Ausdruck als Hauptstadt eines starken neuen Reiches erhalten. In der Verwirklichung dieser nunmehr *wichtigsten Bauaufgabe des Reiches* sehe ich den bedeutendsten Beitrag zur endgültigen Sicherstellung unseres Sieges. Ihre Vollendung erwarte ich bis zum Jahre 1950.« Faksimile bei Speer, *Erinnerungen*, vor S. 193.
6 Willems, *Der entsiedelte Jude*, S. 171 f., Faksimile s. www.SusanneWillems.de.
7 Vgl. Willems, *Der entsiedelte Jude*, S. 227.
8 BA-K, N1318/1, Bl. 70.
9 Unter den von Freund/Perz/Stuhlpfarrer 1993 in der Zeitschrift *Zeitgeschichte* (20. Jg., H. 5/6 Mai/Juni) abgedruckten und kommentierten Aktenmappen der Zentralbauleitung Auschwitz, »Vorhaben: Kriegsgefangenenlager Auschwitz (Durchführung der Sonderbehandlung)«. Vgl. Anm. 37 zum Gespräch mit Hilde Schramm.
10 BA-K, NS 19/14, Bl. 131 ff., Besprechung am 15. 9. 42, an der u. a. auch Speers Amtschef Saur sowie Hans Kammler vom SS-Wirtschafts- und Verwaltungshauptamt teilnahmen. Teilweise zitiert und kommentiert bei Freund/Perz/Stuhlpfarrer, a. a. O., S. 194.
11 Vgl. Anm. 41 zum Gespräch mit Hilde Schramm.
12 Speer, *Sklavenstaat*, S. 349–352.

13 BA-K, NS 19/14, Bl. 131 ff., Faksimile s. www.SusanneWillems.de.

14 Es handelt sich um die Vermögenserklärungen von Cilly, Hugo und Regina Bendix, deportiert am 13. 1. 42 nach Riga. Vgl. Dettmer, »Die Deportationen aus Berlin«, S. 189–380, 227–251, 228.

15 Das hier nicht erklärte »C« in der »Kündigungsnummer«, erläuterte uns Frau Willems später, steht für den Karteiauszug oder die Wohnungsart, meist gefolgt von einem Kürzel für den Berliner Verwaltungsbezirk.

16 Speer, *Sklavenstaat*, S. 355.

WERNER DURTH

1 1933 »Umbau der Amtsräume des Propagandaministers« – vgl. Speer, *Erinnerungen*, S. 39 f.

2 Speer wurde bereits 1933 »Amtsleiter für künstlerische Gestaltung der Großkundgebungen in der Reichspropagandaleitung« der NSDAP.

3 Speer, *Erinnerungen*, S. 42. – Ansicht der Dekoration bei Speer, *Architektur*, S. 118.

4 Erschienen 1933.

5 Die fast 400 Straßenlaternen der ehemaligen Ost-West-Achse, heute Straße des 17. Juni-Bismarckstraße-Kaiserdamm, gelten als einer der wenigen Überreste Speer'scher Architektur. Vgl. hierzu die (auch als Beispiel 1968er ›ideologiekritischer‹ Analyse wissenschaftsgeschichtlich interessante) Arbeit von Herding/Mittig, *Kunst und Alltag im NS-System*.

6 Vgl. das Gespräch mit Albert Speer jun., S. 165.

7 Das beschreibt Albert Speer jun. ähnlich, vgl. S. 104.

8 In welch hohem Maße das auch für Albert Speer zutrifft, geht aus seinem Werkverzeichnis hervor, das er seinem Aufnahmeantrag für den »Bund Deutscher Architekten« im Jahre 1932 (also vier Jahre nach seiner Diplomprüfung) beifügt: das Haus der Schwiegereltern in Heidelberg, Umbau und Einrichtung eines Heims für ausländische Studierende in Berlin, zwei Anbauten mit Gartenanlage in Berlin-Nikolassee (wohinter sich vermutlich nicht viel mehr als Geräteschuppen verbergen dürften) sowie »verschiedene Möbel, Lampen und gewerbliche Arbeiten« – für einen ehrgeizigen Architekten in der Tat eine deprimierende Bilanz. BA-B, BDC/RKK 2400/0299/19 Speer, Albert.

9 Jener Erlass Adolf Hitlers, datiert vom 25. 6. 1940, also unmittelbar nach dem Sieg über Frankreich, in dem die »Neugestaltung« der Reichshauptstadt zur »wichtigsten Bauaufgabe des Reiches«, zum »bedeutendsten Beitrag zur endgültigen Sicherstellung des Sieges« erklärt wird und »alle Dienststellen des Reiches, der Länder und Städte sowie der Partei« aufgefordert werden, dem Generalbauinspektor dabei »jede geforderte Unterstützung zu gewähren«. Faksimile bei Speer, *Erinnerungen*, vor S. 193, und bei Reichhardt/Schäche, *Von Berlin nach Germania*, S. 32.

10 Adolf Hitler, *Mein Kampf*, S. 381 f.: »Nur das Vorhandensein eines solchen, mit dem magischen Zauber eines Mekka oder Rom umgebenen Ortes, kann auf die Dauer einer Bewegung die Kraft schenken, die in der inneren Einheit und der Anerkennung einer diese Einheit repräsentierenden Spitze begründet liegt.«

11 »Ihre Vollendung erwarte ich bis zum Jahre 1950.« Vgl. Anm. 9.

12 Vgl. Anm. 9.

13 Die hier angesprochene Karikatur ist abgedruckt bei Reichhardt/Schäche, *Von Berlin nach Germania*, S. 28, allerdings mit einem anderen Begleittext: »Maurer

zum Polier: Um Gottes willen, da haben Sie gerade einen falschen Stein erwischt.«

14 Taut, *Die Auflösung der Städte,* Tafel 10.
15 Abbildungen solcher Pläne bei Willems, *Der entsiedelte Jude,* S. 136 f.
16 Geist/Kürvers, »Tatort Berlin«.
17 Viel unmittelbarer sieht den Zusammenhang von GBI-Interesse und Deporta-
    tionen Susanne Willems (vgl. das Gespräch in diesem Band).
18 Smith/Peterson, *Heinrich Himmler. Geheimreden,* S. 170. Es ist dies die Rede
    Himmlers vor den Gauleitern am 6. Oktober 1943, die mit angehört zu haben
    Speer bis zuletzt bestritt (vgl. Anm. 41 zum Gespräch mit Hilde Schramm).

Literatur

Aly, Götz, und Susanne Heim, *Vordenker der Vernichtung. Auschwitz und die deutschen Pläne für eine neue europäische Ordnung*, Frankfurt/M. 1993

Bajohr, Frank, *Parvenüs und Profiteure. Korruption in der NS-Zeit*, Frankfurt am Main 2001

Bird, Eugene K., *Hess*, München 1974

Boelcke, Willi A. (Hg.): Deutschlands Rüstung im Zweiten Weltkrieg. Hitlers Konferenzen mit Albert Speer 1942–1945, Frankfurt/M. 1969

Bornemann, Manfred, *Geheimprojekt Mittelbau*, 2., völlig neu bearb. u. erw. Aufl., Bonn 1994

Dettmer, Klaus, »Die Deportationen aus Berlin«, in: *Buch der Erinnerung. Die ins Baltikum deportierten deutschen, österreichischen und tschechoslowakischen Juden*, bearb. von Wolfgang Scheffler und Diana Schulle, 2 Bde., Bd. 1, München 2003

Dietzfelbinger, Eckart, »Bauen für die Ewigkeit. Das Reichsparteitagsgelände in Nürnberg«, in: Siegfried Zelnhefer, *Die Reichsparteitage der NSDAP in Nürnberg*, Nürnberg 2002 (= Schriftenreihe des Dokumentationszentrums Reichsparteitagsgelände Bd. 2), S. 261–301

Durth, Werner, *Deutsche Architekten. Biographische Verflechtungen 1900–1970*, Braunschweig-Wiesbaden 1986

Fest, Joachim, *Speer. Eine Biographie*, Berlin 1999

–, *Die unbeantwortbaren Fragen. Gespräche mit Albert Speer*, Reinbek 2005

Freund, Florian, Bertrand Perz und Karl Stuhlpfarrer, »Der Bau des Vernichtungslagers Auschwitz-Birkenau«, in: *Zeitgeschichte*, 20. Jg. (1993), H. 5/6, S. 187–213

Fritzsche, Hans, siehe Springer, Hildegard

Fröbe, Rainer, »Hans Kammler« in: Ronald Smelser und Enrico Syring (Hrsg.), *Die SS. Elite unter dem Totenkopf*, Paderborn u.a 2000.

Fröhlich, Elke (Hg.), *Die Tagebücher von Joseph Goebbels*, Teil 1, *Aufzeichnungen 1923–1941*, Bd. 4, *März–November 1937*, München 2000; Teil 2, *Diktate 1941–1945*, Bd. 10, *Oktober–Dezember 1943*, München u. a. 1994

Galbraith, John Kenneth, *Wirtschaft, Friede und Gelächter*, München u. a. 1972

Geist, Johann Friedrich, und Klaus Kürvers, *Das Berliner Mietshaus*, Bd. 3, Berlin 1989

–, »Tatort Berlin, Pariser Platz. Die Zerstörung und ›Entjudung‹ Berlins«, in: Jörn Düwel, Werner Durth, Niels Gutschow, Jochen Schneider, *1945. Krieg, Zerstörung, Aufbau. Architektur und Stadtplanung 1940–1960*, Berlin 1995 (= Schriftenreihe der Akademie der Künste Bd. 23), S. 55–118

Gilbert, Gustave M., *Nürnberger Tagebuch. Gespräche der Angeklagten mit dem Gerichtspsychologen*, Frankfurt am Main 2001 (1962)

Goldhagen, Daniel Jonah, *Hitlers willige Vollstrecker*, Berlin 1996

Goldhagen, Erich, »Albert Speer, Himmler und das Geheimnis der Endlösung«. Zuerst in *Midstream*, New York, Oktober 1971. Deutsch bei A. Reif, *Albert Speer*, S. 383–394.

Gutmann, Israel, Eberhard Jäckel u. a.: *Enzyklopädie des Holocaust*, München-Zürich 1998

Hepp, Michael, »Fälschung und Wahrheit. Albert Speer und der Sklavenstaat«, in: *Mitteilungen der Dokumentationsstelle zur NS-Sozialpolitik* 1/1985, H. 3, S. 1–69

Herding, Klaus, und Hans-Ernst Mittig, *Kunst und Alltag im NS-System. Albert Speers Berliner Straßenlaternen*, Gießen 1975

Irving, David, *The Secret Diaries of Hitler's Doctor*

Janssen, Gregor, *Das Ministerium Speer*, Berlin-Frankfurt/M.-Wien 1968

Jaskot, Paul B., »The architectural policy of the SS 1936–1945«, Phil. Diss., Evanston: Northwestern University 1993

Kaienburg, Hermann, »Jüdische Arbeitslager an der ›Straße der SS‹«, in: *1999. Zeitschrift für Sozialgeschichte des 20. und 21. Jahrhunderts*, Jg. 11 (1996), H. 1, S. 13–39

Kammer, Hilde, und Elisabet Bartsch, *Nationalsozialismus*, Reinbek 1992

Müller, Rolf-Dieter, *Hitlers Ostkrieg und die deutsche Siedlungspolitik*, Frankfurt/M. 1991

–, »Albert Speer und die Rüstungspolitik im totalen Krieg«, in: Bernhard R. Kroener, Rolf-Dieter Müller, Hans Umbreit, *Organisation und Mobilisierung des deutschen Machtbereichs*, 2. Halbband: *Kriegsverwaltung, Wirtschaft und personelle Ressourcen 1942–1944/45*, Stuttgart 1999 (= *Das Deutsche Reich und der Zweite Weltkrieg*, Band 5,2.), S. 275–773.

Müller-Mehlis, Reinhard, *Die Kunst im Dritten Reich*, München 1976

Musmanno, Michael A., *In zehn Tagen kommt der Tod. Augenzeugen berichten über Hitlers Tod*, München 1950

Neave, Airey, *On Trial at Nuremberg*, Boston-Toronto 1978

Nerutschewa, Margarita: *40 Let Odinotschestwa [40 Jahre Einsamkeit]*, Moskau 2000

Nissen, Margret, *Sind Sie die Tochter Speer?*, unter Mitarbeit von Margit Knapp und Sabine Seifert, München 2005

Reich-Ranicki, Marcel, *Mein Leben*, Stuttgart 1999

Reichhardt, Hans J., und Wolfgang Schäche, *Von Berlin nach Germania. Eine Ausstellung des Landesarchivs Berlin*, Berlin 1986

Reif, Adelbert, *Albert Speer. Kontroversen um ein deutsches Phänomen*, München 1978

Reif, Janin, Horst Schumacher und Lothar Uebel, *Schwanenwerder*, Berlin 2000

Riefenstahl, Leni, *Memoiren*, München-Hamburg 1987

Robinson, Donald, *The 100 Most Important People in the World Today*, Boston, Mass., 1952

Schäche, Wolfgang, »Albert Speer. Biographische Anmerkungen«, in: Vilar, *Speer*

Schiebinger, Londa, »The Speer Interrogation. Last Days of the Third Reich«, in: *Atlantic Monthly*, Juli 1979, S. 50–57

Schirach, Baldur von, *Ich glaubte an Hitler*, Hamburg 1967

Schlie, Ulrich (Hg.), *Albert Speer. »Alles, was ich weiß«. Aus unbekannten Geheimdienstprotokollen vom Sommer 1945*, München 1999

–, *Albert Speer. Die Kransberg-Protokolle 1945*, München 2003

Schmidt, Matthias, *Albert Speer. Ende eines Mythos. Speers wahre Rolle im Dritten Reich*, München-Bern 1982

Schönberger, Angela, *Die neue Reichskanzlei von Albert Speer. Zum Zusammenhang von nationalsozialistischer Ideologie und Architektur*, Berlin 1981

Sereny, Gitta, *Das Ringen mit der Wahrheit. Albert Speer und das deutsche Trauma*, München 1995

Siedler, Wolf Jobst, *Ein Leben wird besichtigt. In der Welt der Eltern*, Berlin 2000

–, *Wir waren noch einmal davongekommen*, München 2004

Sigmund, Anna Maria, *Die Frauen der Nazis*, München 2000

Smith, Bradley F., und Agnes F. Peterson (Hg.), *Heinrich Himmler. Geheimreden 1933–1945 und andere Ansprachen*, Frankfurt/M.-Berlin-Wien 1974

Sonnenfeldt, Richard W., *Mehr als ein Leben. Vom jüdischen Flüchtlingsjungen zum Chefdolmetscher der Anklage bei den Nürnberger Prozessen*, München 2003

Speer, Albert, *Architektur. Arbeiten 1933–1942*, Frankfurt/M.-Berlin-Wien 1978

–, *Erinnerungen*, Frankfurt/M.-Berlin-Wien 1969

–, *Der Sklavenstaat. Meine Auseinandersetzungen mit der SS*, Stuttgart 1981

–, *Spandauer Tagebücher*, Berlin-München 2002 (Frankfurt/M.-Berlin-Wien 1975)

Springer, Hildegard (Hg.), *Es sprach Hans Fritzsche*, Stuttgart 1949

Taut, Bruno, *Die Auflösung der Städte oder Die Erde eine gute Wohnung*, Hagen 1920

Trevor-Roper, Hugh, *Hitlers letzte Tage*, Franfurt/M.-Berlin-Wien 1965

Van der Vat, Dan, *Der gute Nazi. Albert Speers Leben und Lügen*, Berlin 1997

Vilar, Esther, *Speer*, Berlin 1998

Wagner, Jens-Christian, *Produktion des Todes. Das KZ Mittelbau-Dora*, Göttingen 2001.

Willems, Susanne, *Der entsiedelte Jude. Albert Speers Wohnungsmarktpolitik für den Berliner Hauptstadtbau*, Berlin 2002 (= Publikationen der Gedenk- und Bildungsstätte Haus der Wannsee-Konferenz Bd. 10)

Wolters, Rudolf, *Albert Speer*, Oldenburg i. Oldb. 1943

–, *Vom Beruf des Baumeisters*, Berlin 1944

Zeittafel

1889	20. April	Adolf Hitler in Braunau am Inn geboren
1905	19. März	Albert Speer in Mannheim geboren
ab 1911		Speer besucht in Mannheim eine Privatschule, dann, als die Familie 1918 nach Heidelberg übersiedelt, dort die Oberrealschule
1923		Höhepunkt der Inflation
1923–25		Speer studiert an der Technischen Hochschule Karlsruhe, dann in München Architektur; lernt Rudolf Wolters kennen
1925		Wechselt an die Technische Hochschule Berlin, Klasse Heinrich Tessenow; später dessen Assistent
1928		Dipl-Ing.; Heirat mit Margarete Weber
1930	Dezember	Speer besucht eine Hitler-Veranstaltung in der »Neuen Welt« in Berlin
1931	1. März	Speer tritt in die NSDAP ein; in der Folge kleinere Bauaufträge der Partei
1932		6 Millionen Arbeitslose
		Speer macht sich in Mannheim selbständig. Wahlkampfhilfe für die NSDAP
1933	30. Januar	Hitler wird Reichskanzler
	24. März	Ermächtigungsgesetz
	1. April	Judenboykott
		Auftrag zum Umbau des Goebbels-Ministeriums. Ausgestaltung der 1. Mai-Feier auf dem Tempelhofer Feld.
		Speer erhält von Hitler den Auftrag zur Reichsparteitags-Ausgestaltung
		Umbau des Reichskanzleianbaus, der Kanzlerwohnung
	Um die Jahreswende 1933/34	Essen-Einladung bei Hitler; Speer gehört von da ab zu dessen »engerem Kreis«
1934		Speer wird mit der Bauplanung für das Parteitagsgelände in Nürnberg beauftragt
	30. Juni	»Röhmputsch«
	29. Juli	Geburt des Sohnes Albert
	2. August	Tod Hindenburgs
	Anfang Sept.	Reichsparteitag der NSDAP

		Leni Riefenstahl dreht »Triumph des Willens« mit erstem »Lichtdom« Speers
1936	ab März	Planungen zur »Neugestaltung« Berlins
	17. April	Geburt der Tochter Hilde
1937	30. Jan.	Speer wird durch »Führererlass« zum Generalbauinspektor für die Reichshauptstadt ernannt
	6. Mai	Geburt des Sohnes Friedrich
1938	19. Juni	Geburt der Tochter Margret
	14. September	Initiative des GBI zur Zwangsräumung jüdischer Mieter in Berlin
	9./10. Nov.	Reichspogromnacht
1939	7. Januar	Speers Neue Reichskanzlei ist fertig
	23. August	Deutsch-sowjetischer Nichtangriffspakt
	1. September	Mit dem deutschen Angriff auf Polen beginnt der Zweite Weltkrieg
	ab Herbst	Der GBI betätigt sich im Luftschutz- und Rüstungsbau
1940	5. April	Geburt des Sohnes Adolf (Arnold)
	10. Mai – 22. Juni	Westfeldzug
	28. Juni	Speer begleitet Hitler nach Paris
1941	22. Juni	Deutscher Überfall auf die UdSSR
	Mai, Aug., Nov.	Aktionen des GBI zur Räumung von »Judenwohnungen«
	7. Dezember	Japanischer Überfall auf Pearl Harbor
	Dezember	Der »Baustab Speer-Ostbau« wird in der Ukraine (Russland-Süd) eingesetzt
1942	20. Januar	Wannsee-Konferenz
	8. Februar	Fritz Todt stirbt bei einem Flugzeugunfall
		Albert Speer als Nachfolger Todts zum Minister für Bewaffnung und Munition und Chef der OT ernannt
	Mai	Speer übernimmt die Heeresrüstung
	15. September	Speer bewilligt ein Ausbau-Kontingent für Auschwitz
	November	Stalingrad eingekesselt
1943	31.1./2.2.	Die 6. Armee in Stalingrad kapituliert
	Ende März	Speer besichtigt das KZ Mauthausen
		Speer übernimmt die Marinerüstung
	Sommer	Speer wird zuständig für die gesamte Kriegsproduktion
	ab 2. September	»Reichsminister für Rüstung und Kriegsproduktion«
	4. September	Geburt des Sohnes Ernst
	6. Oktober	Speer redet auf einer Gauleitertagung in Posen, anschließend spricht Himmler über den Völkermord an den europäischen Juden
	Oktober	Speer wird mit der Wiederaufbauplanung bombenzerstörter Städte beauftragt

	10. Dezember	Speer besucht »Mittelbau-Dora«, die KZ-Raketenfertigungsstätte bei Nordhausen
1944	ab 18. Januar	Speer hält sich krankheitshalber in der SS-Klinik Hohenlychen auf; anschließend Erholungsurlaub mit der Familie in Meran
	April	Speer erwägt seinen Rücktritt, versöhnt sich aber mit Hitler und tritt am 1. Mai sein Amt wieder an
	6. Juni	Alliierte Invasion in der Normandie
	Juni	Speer übernimmt auch die Luftrüstung
	20. Juli	Attentat auf Hitler
		Speer steht ohne sein Wissen auf einer Minister-Vorschlagsliste der Verschwörer
	Mitte September	Hitler billigt das Konzept Speers zur »Lähmung« der Industriebetriebe im Westen beim Herannahen des Gegners
	16. Dezember	Beginn der Ardennenoffensive
1945	4.–11. Februar	Konferenz von Jalta
	Anf. Februar	Speer plant angeblich ein Giftgasattentat auf Hitler.
	19. März	»Verbrannte Erde«-Befehl Hitlers
	30. März	Hitler beauftragt Speer mit der Durchführung von Industrie-»Lähmung« und -Zerstörung, nachdem der ihn seiner Loyalität versichert hat
	23./24. April	Speer verabschiedet sich im Bunker der Reichskanzlei von Hitler
	30. April	Selbstmord Hitlers
		Speer als Berater, dann als Wirtschaftsminister beim neuen Reichspräsidenten Dönitz
	7.–9. Mai	Gesamtkapitulation der deutschen Wehrmacht
	15. Mai	Dienste der Westalliierten beginnen Speer zu befragen
	23. Mai	Speer wird mit der Regierung Dönitz festgenommen
	bis Ende Sept.	Befragungen in Mondorf, Chesnay, Kransberg; dann Überführung nach Nürnberg
	ab 20. November	Angeklagter im Nürnberger Hauptkriegsverbrecherprozess
1946	19.–21. Juni	Zeugenaussage, Kreuzverhör Speers
	31. August	Schlussworte der Angeklagten
	1. Oktober	Urteilsverkündung: Speer wird zu 20 Jahren Haft verurteilt
1947	18. Juli	Speer wird mit den anderen in Nürnberg zu Haftstrafen Verurteilten ins Alliierte Gefängnis Spandau überführt
1948	21. Juni	Währungsreform
	Ab Juni	Berlin-Blockade, Luftbrücke
1949	8. Mai	Gründung der Bundesrepublik Deutschland
1949	30. Mai	Erster Besuch Margarete Speers in Spandau
1950	Juni	Beginn des Koreakrieges
1952	26. Mai	Deutschlandvertrag

	Juli	Hilde Speer reist als Austauschschülerin in die USA
	10. September	Wiedergutmachungsvertrag
1953	Anfang	Speer beginnt seine »Erinnerungen« niederzuschreiben
	5. März	Tod Stalins
	17. Juni	Volksaufstand in der DDR
	31. August	Erster Besuch von Albert Speer jun. in Spandau
	2. September	Erster Besuch Hilde Speers in Spandau
1954	Januar	Abschluss der Spandauer »Erinnerungen«
	März	Viererkonferenz über Spandau hat Hafterleichterungen zur Folge
	September	Speer beginnt eine Phantasie-Weltwanderung
1955	Mai	Volle Souveränität der BRD, Aufnahme in die NATO
	18.–23. Juli	Genfer Gipfelkonferenz
	September	Adenauer in Moskau
	Dezember	Speer reicht ein Gnadengesuch ein
1956	23. Oktober	Beginn des Volksaufstands in Ungarn
	Okt./Nov.	Suez-Krieg
1957	Herbst	Hilde Speer beginnt ihre Kampagnen zur vorzeitigen Haftentlassung des Vaters
1959	Mai/Juni	Außenministerkonferenz in Genf
	1. Juli	Heinrich Lübke wird Bundespräsident
1961	April-Dez.	Eichmann-Prozess
	13. August	Bau der Berliner Mauer
1962	4.9.–20.11.	Kuba-Krise
1963	26. Juni	US-Präsident Kennedy besucht Berlin
	15. Oktober	Rücktritt Adenauers
	Oktober	Der Propyläen Verlag interessiert sich für Speers »Erinnerungen«
	ab Dezember	Auschwitz-Prozesse
1963–66		Regierung Erhard
1964		Wolters überarbeitet die »Chronik«
1966–69		Große Koalition Kiesinger/Brandt
1966	1. Oktober, 0.00 Uhr	Albert Speer wird nach Verbüßung seiner Strafe aus der Haft entlassen
1969–74		Regierung Brandt
1969		Die Erinnerungen erscheinen
1974–82		Regierung Schmidt
1975		Die *Spandauer Tagebücher* erscheinen
1981		*Der Sklavenstaat* erscheint
	1. September	Speer stirbt auf einer Interview-Reise in London

Nachbemerkung

Aus mehr als 5000 Seiten Gesprächsmitschriften sollte ein Buch werden. Dass bei den dafür notwendigen Kürzungen manches weggefallen sein mag, was für die Interviewten von Bedeutung war, tut uns leid – es war aber unvermeidlich. Auch musste durchgehend gestrafft und konzentriert werden; insgesamt wurde vor allem der Frage-Anteil mitsamt den Texten der vorgelesenen Dokumente stark reduziert, doch sind sicher mitunter auch Argumentationslinien der Befragten verkürzt worden; auch dafür bitten wir um Verständnis.

In den Sprechduktus, die Details der Sprachgestalt der Gespräche haben wir möglichst wenig eingegriffen. Denn so viel wie möglich sollte, als schwacher Ersatz für die Aussage des bewegten Bildes, vom Kolorit der Gespräche, von der individuellen Ausdrucksweise des Sprechenden erhalten bleiben, solange nur die Lesbarkeit gewährleistet blieb; im Zweifelsfall ging das auf Kosten der rhetorischen Schönheit. Es war uns wichtiger, Persönlichkeiten abzubilden, als geglättete Verlautbarungstexte herzustellen.

Unsere etwas umfangreich geratenen Anmerkungen sind kein wissenschaftlicher Apparat. Schon gar nicht ging es uns dabei darum, hier nachträglich die Gesprächspartner zu korrigieren und ihnen Irrtümer nachzuweisen – auch wenn wir gelegentlich Informationen nachgetragen haben, die man, wie wir meinten, dem Leser weitergeben sollte; das haben wir auch getan, wenn unser eigener Wissensstand sich seit dem Gespräch erweitert hat. Auch hier also nur der Ausschnitt aus einem noch andauernden Suchvorgang. Vor allem wollten wir kenntlich und nachvollziehbar machen, aus welchen Quellen sich das hinter den Fragen stehende Vorverständnis speiste, und Hinweise darauf geben, wo man sich genauer informieren kann und in welche Richtung man weiterfragen könnte.

Danken möchten wir in erster Linie unseren Gesprächspartnern, die uns mit ihrer Geschichte, ihrer Erfahrung, ihrem Wissen auf unserer Reise begleitet haben. Dann den Archiven und Bibliotheken, die uns bei der Dokumentensuche und Materialbereitstellung behilflich waren; stellvertretend für alle sei hier das Bundesarchiv Koblenz genannt, wo uns vor allem Gregor Pickro ebenso kompetent wie freundlich zur Seite stand.

Dank gebührt schließlich den TranskriptorInnen, die teilweise schwer verständliche Dialoge in Schriftform brachten. Für eventuelle Irrtümer dabei und für andere Text-Missverständnisse bitten wir um Nachsicht.

Personenregister

Breuer, Marcel Lajos (1902–1981), ungarisch-amerikanischer Architekt und Designer, 1928–35 Berlin, 1935 London, ab 1937 USA 277

Brugmann, Walter (1887–1944, Flugzeugabsturz), Architekt, Chef des städtischen Hochbauamts Nürnberg, später OT-Einsatzleiter Russland-Süd 395

Brüning, Heinrich (1885–1970), 1930–32 Reichskanzler, seit 1931 auch Außenminister, 1934 Flucht in die Schweiz, dann USA (1937–52 Lehrstuhl für polit. Wissenschaft in Harvard) 241

Brunner, Alois (geb. 1912 im Burgenland), ab Jan. 1941 Nachfolger → Eichmanns in Wien. Für Deportation und Tod von mehr als 120 000 Juden. Lebte nach dem Krieg unentdeckt in Deutschland, seit 1954 in Syrien 512

Burgdorf, Wilhelm (1895–1945, Selbstmord), General der Infanterie, zuletzt Chef des Heerespersonalamtes, »Chefadjutant der Wehrmacht beim Führer« 330

Canaris, Wilhelm (1887–1945), Chef des Amtes Ausland/Abwehr im Oberkommando der Wehrmacht. Nach dem 20. Juli 1944 im KZ Flossenbürg hingerichtet 361

Cézanne, Paul (1839–1906), franz. Maler 316

Chaplin, Charlie (1889–1977), brit. Filmkomiker, -autor und -regisseur 310

Chisholm, Wally, brit./schottischer Aufseher in Spandau 567

Churchill, Winston S., brit. Kriegs-Premier 490

Clahes, Dietrich, »Umsiedlungs«-Sachbearbeiter beim GBI, später stellv. Chef des Rüstungslieferungsamtes im RMRK 75, 273, 417, 453, 504, 576

Clay, Lucius D. (1897–1978), 1945–47 stellv., 1947–49 Militärgouverneur der amerikanischen Besatzungszone, 1961–62 persönlicher Berlin-Beauftragter Präsident → Kennedys 82

Cliever, Carl C. (geb. 1897), Adjutant und persönlicher Referent von → Fritz Todt, 1942 von Speer als Adjutant übernommen 40, 340

Cliever, Frau, Ehefrau von → Carl C. Cliever 40, 42

Cocteau, Jean (1889–1963), französischer Schriftsteller und Filmregisseur 163

Daluege, Kurt (1897–1946), 1936 Chef der Ordnungspolizei, 1942 stellv. Reichsprotektor von Böhmen und Mähren (als Nachfolger Heydrichs), von den Tschechen hingerichtet 280

Day, Mrs., → Hilde Speers Gastmutter in den USA 60

Degenkolb, Gerhard (1892–1954), 1942–44 Vorsitzender Hauptausschuss Schienenfahrzeuge beim Reichsminister für Bewaffnung und Munition (Speer). 1943 Leiter des Sonderausschusses A4, Planer und Mitgründer des »Mittelwerks« 298

Desch, Ingenieur, 1944 persönliches Mitglied des Rüstungsstabes für das Marineprogramm, Mitarbeiter Speers 437 f.

Dettmer, Klaus, stellv. Direktor des Landesarchivs Berlin 272–275

Dietrich, Marlene (1901–1992), Schauspielerin 317

Dietrich, Sepp (1892–1966), SS-Oberstgruppenführer und Generaloberst der Waffen-SS. 1946 wegen Gefangenenerschießungen, 1957 wegen Teilnahme an den Morden an SA-Führern (1934) verurteilt, schwerer Kriegsverbrechen in der Sowjetunion beschuldigt 38

Dietzfelbinger, Eckart 263–271

Dijk, Albert van 289, 292–299

Dodd, Thomas J. (1907–1971), US-Ankläger beim IMT 539

Döllgast (1891–1974), Hans, Architekt und Grafiker in München 135

Dönitz, Karl (1891–1980), 1936 »Führer der U-Boote«. Auftrag, eine neue U-Boot-waffe aufzubauen, 1943 Nachfolger → Raeders als OB der Kriegsmarine, in Hitlers Testament zu seinem Nachfolger als Reichspräsident und OB der Wehrmacht bestellt. Bildete nach Hitlers Tod in Mürwik, Schleswig-Holstein, eine »Amtierende Reichsregierung«, verkündete am 8. Mai 1945 die Kapitulation der Wehrmacht. 1946 vom IMT zu zehn Jahren Haft verurteilt. Am 1. 10. 1956 aus Spandau entlassen 124, 285, 355, 368, 374, 443, 451, 487, 538, 541, 546, 567, 568, 576, 579

Dorpmüller, Julius (1869–1945), 1937–45 Reichsverkehrsminister, für die Bereitstellung der Transportkapazitäten für die Judendeportationen aus ganz Europa verantwortlich 340

Dorsch, Franz Xaver (1899–1986), seit Anfang 1941 Leiter der OT-Zentrale, später Stellvertreter Speers als GB Bau und Chef der OT 340 f.

Durth, Werner 14, 99, 517–534, 581 f.

Dustmann, Hanns (1902–1979), 1939 »Reichsarchitekt der Hitlerjugend«, 1938–43 Architekt des GBI, 1940–42 Neugestaltungsplanungen für Wien, 1943 »Arbeitsstab für den Wiederaufbau bombenzerstörter Städte«. 1945 freischaffender Architekt in Bielefeld, 1953 in Düsseldorf 276 ff.

Edinger, Dora (1859–1942, Selbstmord), jüngere Schwester von → Emilie Riesser 570

Eichmann, Adolf (1906–1962, hingerichtet), während des Krieges Leiter des Judenreferats im RSHA, Organisator der »Endlösung«. Nach dem Krieg Flucht nach Argentinien, 1960 vom israelischen Geheimdienst aufgespürt und entführt, 1961 in Jerusalem zum Tode verurteilt, 1962 hingerichtet 512

Eigruber, August (1907–1946, hingerichtet), seit 1940 Reichsstatthalter Oberösterreich, befahl April 1945 die Liquidierung aller in Mauthausen inhaftierten Oberösterreicher. 1945 verhaftet, im Mauthausen-Prozess zum Tod verurteilt 567

Eisenhower, Dwight D. (1890–1969), Juni 1942 OB der US-Truppen in Europa, Nov. 1942 OB der alliierten Truppen in Nordafrika, Dez. 1943 Oberster Befehlshaber der verbündeten Landungsarmee (SHAEF), leitete im Juni 1944 die Invasion in der Normandie, Mai-Nov. 1945 OB der amerik. Besatzungstruppen in Deutschland, 1950–52 NATO-OB, 1953–61 Präsident der USA 107, 163

Engel, Gerhard (1906–1976), 1938–43 »Adjutant des Heeres beim Führer und Reichskanzler« 249, 538, 559

Esau, Abraham (1884–1955), Physiker, 1939–45 Professor an der TH Berlin, Präsident der Physikalisch-Technischen Reichsanstalt 343

Fest, Joachim 14, 88 f., 112, 116, 206, 218, 435, 440–470, 474 f., 479, 489, 545, 575–577

Fintelmann, Volker (geb. 1935), Arzt für Innere Medizin/Gastroenterologie. Seit 1980 Leitender Arzt am Krankenhaus Rissen 193

Flächsner, Hans (geb. 1901), Rechtsanwalt, Speers Verteidiger beim IMT 567

Forster, Georg Heinrich, erster Schutzhaftlagerführer von Mittelbau-Dora bis Frühjahr 1944 290

Franco Bahamonde, Francisco (1892–1975), 1936 Putsch gegen die republikanische Regierung Spaniens (Bürgerkrieg 1936–39), 1937 Führer der faschistischen Falange, »Caudillo« (Führer) Spaniens bis zu seinem Tod 333

Frank, Hans (1900–1945), Hitlers langjähriger Anwalt, Reichsminister oGB, Generalgouverneur der nicht eingegliederten polnische Gebiete 352, 355 f.

Frank, Robert, bis 1933 Generaldirektor der Preußischen Elektrizitätswerke, Freund von Albert Speer 40

Fränk, Gerhard, Leiter der Zentralabt. Organisation und Verwaltung im RMRK 558

Freudenberg, Richard (1892–1975), Fabrikant, Wehrwirtschaftsführer, im Auf-

totalen Krieg«). In Hitlers Testament zu seinem Nachfolger als Reichskanzler bestimmt. Beging mit Frau Magda nach Tötung der sechs Kinder Selbstmord 104, 213, 246, 274, 288, 325 f., 328 ff., 355, 465, 467, 479 f., 491 f., 501, 507, 518, 521, 539, 555, 564

Gogh, Vincent van (1853–1890, Selbstmord), holländ. Maler 316

Goldhagen, Daniel Jonah, amerik. Historiker (Harvard), Sohn von → Erich Goldhagen, Autor von: Hitlers willige Vollstrecker 487

Goldhagen, Erich, überlebte das jüdische Ghetto im damals rumänischen Czernowitz, lehrte 25 Jahre lang als Professor an der Universität Harvard 457, 487, 540, 550, 577, 579

Goldschmidt-Rothschild, Marie-Anne von, Grundstücksbesitzerin auf Schwanenwerder, 1938 emigriert 95

Göring, Carin, geb. Fock (1888–1931), erste Ehefrau → Hermann Görings 287, 314

Göring, Hermann (1893–1946, Selbstmord), 1922 Kommandeur der SA, 1928 Reichstagsabgeordneter, 1932 Präsident des Reichstags, 1933 Ministerpräsident Preußens, 1935 OB der Luftwaffe, 1938 Generalfeldmarschall. Am 30. 8. 1939 zum Vorsitzenden des Reichsverteidigungsrates ernannt, am 1. 9. 1939 offiziell zu Hitlers Nachfolger bestimmt. Im April 1945 aller Ämter enthoben und verhaftet. In Nürnberg zum Tode verurteilt, nahm vor der Hinrichtung Gift 65, 246, 325, 328, 339, 350 ff., 355 f., 358 ff., 363, 451, 474, 491 f., 498, 539, 545, 555 f., 566

Greiser, Arthur (1897–1946, hingerichtet), Präsident des Danziger Senats, während des Krieges Reichsstatthalter des Gaues Wartheland, verantwortlich für Massendeportation und Ausrottung von Juden und Polen. Von den Amerikanern an Polen ausgeliefert, dort zum Tode verurteilt 577 f.

Gropius, Walter (1883–1969) Architekt und Designer, Gründer des Bauhauses. 1934 nach England emigriert, später USA 106, 277

Guardini, Romano (1885–1968) katholischer Religionsphilosoph und Theologe italien. Herkunft, 1923 Prof. für Religionsphilosophie und kath. Weltanschauung in Berlin, 1939 zwangsemeritiert, 1945 Tübingen, 1948–1962 München 121

Guinness, Alec (1914–2000), brit. Schauspieler 314

Günsche, Otto (1917–2003), Jan.-Aug. 1943 und ab Feb. 1944 Hitlers Adjutant; nach dem Krieg Manager in Köln 329

Gurfein, Murray Irwin (1907–1979), Assistent von US-Hauptankläger → Robert H. Jackson, Vernehmer in Nürnberg 353

Gutschow, Konstanty (1902–1978), 1939–43 Architekt des Elbufers und der Neugestaltung Hamburgs. 1943–45 in Speers Wiederaufbaustab, 1949–52 Berater der »Aufbaugemeinschaft« Hannover 99

Gutschow, Niels, Architekt und Autor, Sohn von → Konstanty Gutschow 517

Haffner, Sebastian, Publizist (1907–1999), 1938–54 Exil in Großbritannien, 1942–61 Auslandskorrespondent des Observer 541

Hahn, Kurt (1886–1974), Pädagoge, gründete 1920 das koedukative Landerziehungsheim Schule Schloss Salem, 1933 Vertreibung durch die Nationalsozialisten. Im britischen Exil Gründung und Leitung der Gordonstoun School in Schottland 337, 565

Halprin, Lawrence (geb. 1916), amerikanischer Landschaftsarchitekt 126

Hanfstaengl, Ernst, gen. Putzi (1887–1975), seit 1931 Auslandspressechef der NSDAP, 1937 Flucht nach England 559

Hanke, Karl (1903–1945, auf der Flucht getötet), Hauptamtsleiter in der Reichspropagandaleitung der NSDAP, 1933 → Goebbels' persönlicher Referent und Se-

enthoben. Nach der Kapitulation Selbstmord in brit. Gefangenschaft 63, 65, 190, 209, 227, 245 f., 263 f., 266, 270, 281, 324 f., 327 f., 352, 355, 359, 451, 455, 457 f., 465, 487 f., 491 f., 503, 505 ff., 509, 539 f., 549, 552, 555, 570 f., 579, 582

Himmler, Marga(rethe), geb. Boden (geb. 1892), Ehefrau → Heinrich Himmlers 361

Hindenburg, Paul von (1847–1934), 1925–1934 Reichspräsident. Ernannte Hitler am 30. 1. 1933 zum Kanzler einer Rechtskoalition. Nach seinem Tod riss Hitler auch das Amt des Reichspräsidenten an sich 241, 415

Hoeffding, Otto, britischer Verhöroffizier der F. I. A. T. (Field Intelligence Agency Technical Control Commission for Germany) in Kransberg/»Dustbin« 348, 450, 575

Hofer, Andreas (1767–1810), Tiroler Freiheitskämpfer 133

Höfer, Werner (1913–1997), Journalist, jahrzehntelang Moderator des »Internationalen Frühschoppens« der ARD 402, 570

Höß, Rudolf (1900–1947, in Polen hingerichtet), 1940–43 Kommandant des Lagers Auschwitz 351, 354, 359, 361

Hubmann, Hans, Fotograf 133

Idris as-Senussi (1890–1983), 1950–69 König von Libyen 136

Irving, David (geb. 1938), brit. Historiker und Schriftsteller 434, 573, 575

Jackson, Robert H. (1892–1954), Hauptankläger der USA beim IMT 48, 363, 539

Janda-Nötzold, Elsbeth 259–262

Janssen, Gregor, Historiker und Autor 433, 566

Jodl, Alfred (1890–1946, hingerichtet), 23. 08. 1939 Chef des Wehrmachtsführungsstabes, unterzeichnete am 7. 5. 1945 in Reims die Teilkapitulation der Wehrmacht vor den Westmächten 355, 491

Johnson, Philip C. (1906–2005), amerik. Architekt 165

Junge, Traudl, geb. Gertraud Humps (1920–2002), 1942–45 Sekretärin Hitlers 145, 313, 564

Kahlau vom Hofe, Ruth und Heinz Douaumont, Halbgeschwister von → Birgit (Wenger-)Riesser, Stiefgeschwister von → Marion Riesser 414, 570

Kaltenbrunner, Ernst (1903–1946, hingerichtet), 1942 Chef des Reichssicherheitshauptamtes (RSHA), Febr. 1944 Nachfolger von → Canaris, in Nürnberg zum Tod verurteilt 359, 361, 468

Kammler, Hans (1901–1945?), 1940 Baudirektor der Luftwaffe, Zusammenarbeit mit Speer. Leiter des Amtes Bauten der SS, später Amtsgruppe C (Bauwesen) im SS-WVHA. KZ-Bauten, mit dem Ausbau von Mittelbau-Dora beauftragt, dann maßgeblich bei allen Untertage-Verlegungen von Industriebetrieben, verantwortlich für die V-Waffen, gerüchtweise als Speer-Nachfolger gehandelt, im März 1945 zum »Generalbevollmächtigten des Führers für Strahlflugzeuge« ernannt. Anfang Mai 1945 wahrscheinlich Selbstmord vor der Gefangennahme 292, 298, 456, 562, 563, 580

Karl der Große (747–814), Kaiser 485

Kaspar, Hermann (1904–1986), 1938–72 Prof. an der Akademie der Bildenden Künste, München 542

Kaufmann, Karl (1900–1969), 1929 Gauleiter, 1933 Reichsstatthalter von Hamburg 9

Keitel, Wilhelm (1882–1946, in Nürnberg hingerichtet), 1938–45 Chef des Oberkommandos der Wehrmacht 350, 355, 359, 363

Kempf, Annemarie, geb. Wittenberg (1914–1991), seit 1932 neben-, ab 1937 hauptamtliche persönliche Sekretärin Speers im GBI, dann im Rüstungsministerium.

Pawellek, Hoteldirektor in Posen 579

Pease, Wachmann in Spandau 569

Petacci, Clara (1912–1945), Freundin → Mussolinis, mit ihm auf der Flucht in die Schweiz von italienischen Partisanen erschossen 490

Piepenburg, Carl, Speers Bauleiter beim Bau der Neuen Reichskanzlei. Nach dem Krieg Bauleiter u. a. für → Hentrich und Heuser 68, 99, 276 f.

Pinnau, Cäsar (1906–1988), selbständiger Architekt in Berlin, 1940 Lehrstuhl an der HfbK Berlin; gehörte zum engeren Kreis von Speer beauftragter Architekten, später Berater des Wiederaufbaustabes. Ab 1945 Ateliers in Hamburg und Frankfurt 98 f., 126, 276

Platen, Gutshofverwalter in Oehe 40

Poelzig, Hans (1869–1936), Architekt, lehrte in Breslau, Dresden, 1920–35 in Berlin. Einer der Hauptvertreter der expressionistischen Architektur 392

Pohl, Oswald (1892–1951, hingerichtet), 1934 Verwaltungschef im SS-Hauptamt, 1939 Ministerialdirektor im Reichsinnenministerium, 1942 Chef des SS-Wirtschafts-Verwaltungshauptamtes, mit der »Vernichtung durch Arbeit« der KZ-Häftlinge und ihrer »Verwertung« betraut. 1947 von einem US-Militärgericht zum Tode verurteilt 438, 505, 508 ff., 558, 574

Porsche, Ferdinand (1875–1951), Autokonstrukteur, 1937 mit der Entwicklung eines »Volkswagens« beauftragt. 1938 Gründung der Volkswagen GmbH in Fallersleben. Während des Krieges Konstruktion von Panzern und Panzerfahrzeugen. Nach dem Krieg zusammen mit Sohn Ferry Sportwagenproduktion in Stuttgart 339 f., 344

Poschmann, A., ärztlicher Betreuer sämtlicher Dienststellen des Speer-Ministeriums 297, 576

Pringsheim, Klaus jun. (1923–2001), Sohn von Klaus Pringsheim, dem Zwillingsbruder von Thomas Manns Ehefrau Katja, Professor der Politikwissenschaft in Ontario, Kanada 244

Proost, Toni (1924–1962), während des Krieges als Zwangsarbeiter in Deutschland, Sanitäter im Gefängnis Spandau, übermittelte Speers Kassiber 69 f., 388

Raeder, Erich (1876–1960), 1928 Chef der Marineleitung, 1934 Generaladmiral (1935 in »OB der Kriegsmarine« umbenannt). Aufbau der Kriegsflotte. Wegen Unstimmigkeiten mit Hitler am 30. 1. 1943 Ablösung durch Großadmiral → Dönitz. In Nürnberg zu lebenslanger Haft (Spandau) verurteilt, 1955 freigelassen 355, 368, 443

Reich-Ranicki, Marcel (geb. 1920), Literaturkritiker 577 f.

Reich-Ranicki, Teofila (geb. 1920), Ehefrau von → Marcel Reich-Ranicki 577

Reichert, Peter, unehelicher Sohn von → Ernst Speer 258, 556 f.

Reif, Adelbert, Historiker und Autor 489

Reitsch, Hanna (1912–1979), seit den 30er Jahren zahlreiche Segelflugrekorde, 1937 erster weiblicher Flugkapitän, erste Testpilotin der Luftwaffe, 1942 als erste Frau von Hitler mit dem Eisernen Kreuz I und II ausgezeichnet. Ende April 1945 als eine der Letzten bei Hitler im Bunker der Reichskanzlei. Nach 15-monatiger Internierung durch die amerik. Militärregierung im Dezember 1947 von der Spruchkammer Bad Homburg als »unbelastet« eingestuft 153

Reuter, Hans, Generaldirektor der DEMAG 68, 340, 542

Ribbentrop, Joachim von (1893–1946, hingerichtet), 1933 SS-Standartenführer, Hitlers außenpolitischer Berater. 1936 Botschafter in London. 1938 Außenminister. Unterzeichnete mit Molotow den deutsch-sowjetischen Nichtangriffspakt

1937 bei Speer: »Neugestaltung« Berlins, Rüstungsbauten, Flakbunker in Hamburg und Berlin, 1943 im Wiederaufbaustab. Ab 1948 Leiter des Stadtplanungsamtes Düsseldorf 68, 99, 147, 276, 278, 405

Taubmann, Prof., Assistent von → Otto Riesser 427

Taut, Bruno (1880–1938), Architekt, 1930 Professor für Siedlungs- und Wohnungswesen an der TH in Berlin, 1933 Emigration nach Japan, 1936–38 Leiter der Abt. Architektur an der Akademie der Schönen Künste in Istanbul und Chef der Bauabteilung im Unterrichtsministerium in Ankara 530

Tessenow, Heinrich (1876–1950), Architekt, 1926–41 Professor an der TH Berlin, 1930 Umbau und Ausgestaltung von → Schinkels »Neuer Wache« in Berlin, Lehrer von Albert Speer 104, 123, 156, 238, 256, 262, 392 f., 408, 475, 477, 495

Thadden, Elisabeth (1890–1944), Schulgründerin und -leiterin in Heidelberg-Wieblingen, Kontakt zum evangelischen Widerstand gegen das NS-Regime, wegen »Landesverrats« hingerichtet 46

Thorak, Josef (1889–1952), Bildhauer, seit 1937 Professor an der Akademie München. Repräsentative Monumentalplastiken. Entwarf u. a. die beiden Pferde an der Gartenfront von Speers Neuer Reichskanzlei, Speer baute ihm ein Atelier in Baldham 223

Thyssen, Fritz (1873–1951), begann in den 20er Jahren, Hitler und die NSDAP finanziell zu fördern. 1931 Parteibeitritt. 1933 Preußischer Staatsrat auf Lebenszeit, MdR der NSDAP. Ende der 30er Jahre Enttäuschung über die NS-Politik, 1939 Flucht in die Schweiz, öffentliche Kritik an Hitler. Entzug der dt. Staatsbürgerschaft, Beschlagnahmung seines Eigentums. 1941 in Vichy-Frankreich verhaftet, an Deutschland ausgeliefert. Bis Kriegsende im KZ 339, 341, 565

Todt, Fritz (1891–1942), Chef des Hauptamtes für Technik der NSDAP, seit 1933 Generalinspektor für das dt. Straßenwesen, seit Dez. 1938 Generalbevollmächtigter für die Bauwirtschaft, schuf zum Bau des Westwalls die »Organisation Todt« (OT). Seit 1940 Reichsminister für Bewaffnung und Munition, 1942 Tod nach Flugzeugabsturz 245, 261, 266, 347, 551, 561, 566

Trenker, Luis (1892–1990), Südtiroler Schauspieler und Autor 320

Trevor-Roper, Hugh (1914–2003), brit. Historiker, 1945 vom brit. Geheimdienst nach Deutschland geschickt, um Stalins Behauptung, Hitler sei noch am Leben, auf den Grund zu gehen: Hitlers letzte Tage (1947) 447 f., 492, 575

Troost, Paul Ludwig (1878–1934), Architekt 518 f., 523, 526, 545

Udet, Ernst (1896–1941, Selbstmord), erfolgreicher Jagdflieger des Ersten Weltkriegs, danach Kunstflieger und Testpilot. 1936 Inspekteur der Jagd- und Sturzkampfflieger, 1938 Generalluftzeugmeister. Von → Göring für die Mängel der Luftwaffe im Krieg gegen die Sowjetunion verantwortlich gemacht, sein darauf folgender Selbstmord wurde für die Öffentlichkeit als Flugunfall getarnt 305

Vlaminck, Maurice (1876–1958), franz. Maler 163

Wagenführ, Rolf, Leiter der Wirtschafts- und Planungsabteilung im RMRK 561

Wagner, Jens-Christian, Historiker, Leiter der Gedenkstätte Mittelbau-Dora in Nordhausen 561

Wagner, Richard, Komponist 105

Wallenberg, Hans (1907–1977), während der NS-Zeit in die USA emigriert, ab 1946 Hrsg. der Neuen Zeitung, ab 1962 Generalbevollmächtigter Axel Springers für die Ullstein GmbH 476, 486

Bildnachweis

Porträts der Interviewpartner: WDR/Bavaria
Privatarchiv Familie Speer: Seiten 33, 101, 161, 184, 311, 464, 527
ullsteinbild: Seite 163
Friedrich Wolters: Seiten 394, 397
Dietmar Arnold, Reiner Janick, Sirenen und gepackte Koffer, Berlin 2003: Seite 145
Susanne Willems, Der entsiedelte Jude, Berlin 2002: Seite 513
Bundesarchiv Koblenz: Seiten 335, 507